実務解説

借地借家法

第4版

澤野順彦 編

青林書院

第4版はしがき

　本書第3版が令和2年（2020年）に刊行されてから，早や4年が経過しました。この間，本書は多くの方々にご購読いただき，筆者一同感謝の念に堪えません。

　第3版改訂当時は，いわゆるコロナ禍の最盛期であり，社会活動も一様に低迷していたところですが，令和5年WHOのコロナ緊急事態宣言の終了と5類感染症への移行により，日常の社会経済活動も戻りつつある状況にあります。

　この間，借地借家関係法令の改正として，令和3年「デジタル社会の形成を図るための関係法律の整備に関する法律」（令和3年法律第37号）が成立し，借地借家法及び大規模な災害の被災地における借地借家に関する特別措置法の一部が改正されました。これらの改正内容については，第1編第1章第3節の〔9〕において簡単に紹介するとともに，関係条文を参考までに登載しました。また，その他関連する箇所についても，今日判明する範囲で加筆補正を行いました（第1編第2章第2節の「定期借地権」40頁以下，同章第3節の「定期借家権の設定」56頁以下ほか）。

　なお，令和4年に「民事訴訟法等の一部を改正する法律」（令和4年法律第48号）・令和5年に「民事関係手続等における情報通信技術の活用等の推進を図るための関係法律の整備に関する法律」（令和5年法律第53号）が公布され，民事訴訟手続の全面的デジタル化に向けた改革が行われつつあり，今後の借地借家関係の紛争解決手続においても少なからず影響を及ぼすものと考えられ，今後の検討課題となるものと思われます。

　最後に本書第4版の刊行にあたり宮根茂樹さんに大変お世話になりました。ここに厚く御礼申し上げます。

　　2024年10月

澤　野　順　彦

第3版はしがき

　本書の初版が平成20年（2008年）に，また，平成25年（2013年）に改訂版がそれぞれ刊行されてから12年，7年の歳月が流れました。この間，世の中は大きな変貌を遂げ，平成も令和に変わり，2020年4月1日から改正民法が原則施行されました。1964年以来，再び東京でのオリンピックが開催される運びとなり，アテネにおいて聖火の採火式が行われると時を同じくして新型コロナウイルスが世界中にはびこり，全世界の政治，経済，社会がマヒする状況となり，オリンピックも延期されました。

　本書第3版は，正にこの時期において，執筆者及び出版社各位のご尽力により，無事に発刊することができることに感慨深いものを感じます。

　本書は初版以来，大変多くの実務家，研究者その他の一般の方々に利用して戴き，執筆者一同感謝しているところですが，第3訂版執筆に当たっては，改正民法に沿った見直しを始め，改訂版以降の法令の改正，判例，論文等に対応するよう努めております。今後とも，本書をご活用戴けることを願っております。

　最後に，本書第3版刊行に当たっては，青林書院編集部宮根茂樹さんに大変ご尽力戴きました。心より感謝申し上げます。

　　2020年4月

　　　　　　　　　　　　　　　　　　　　　　　　　　澤　野　順　彦

改訂版はしがき

　2008年（平成20年）に初版が刊行されて以来，未だ5年を経過していないが，本書は法律実務家や法科大学院生のみならず一般の地主，家主さん，また，借地，借家人の方々にもご利用戴いているようで，編者としても誠にうれしい限りで，これもわかりやすく実務に即して解説して戴いた諸先生と青林書院の宮根茂樹さんのご尽力の賜と感謝している次第である。

　この間，平成23年3月11日に東日本大震災が発生したが，借地借家の分野では罹災都市借地借家臨時処理法の適用が認められる罹災都市の指定がなされず，本書はこの点今回も手つかずの状態にあるが，罹災法改正の準備も進んでいるようであり，その際には是非その点についても言及したいと考えている。

　本改訂版は，平成20年以降の借地借家に関する最高裁判例（定期建物賃貸借の締結に際し交付すべき書面の内容に関する平成24年9月13日，更新料特約の効力に関する平成23年7月15日，敷引特約の効力に関する平成23年3月24日及び同年7月12日，自動改定特約がある場合の賃料減額請求額を算定する場合の基礎とすべき賃料についての平成20年2月29日の各判例）並びに借地非訟事件手続に係る非訟事件手続法の改正（平成25年1月1日施行）について触れることとし，その他若干の字句等の修正を行った。

　これからもわかりやすい借地借家法の実務基本書として，多くの読者の方々に参考にして戴けるのであれば，編者及び執筆者一同望外の喜びである。

　　平成25年3月

　　　　　　　　　　　　　　　　　　　　　　　　　　　澤　野　順　彦

はしがき

　平成4年8月1日に現行の借地借家法（平成3年法律第90号）が施行されてから早や16年の月日が経過した。この間，平成11年の良質な賃貸住宅等の供給の促進に関する特別措置法により，いわゆる定期借家権の制度が新設され，また，建物賃貸借について，民法604条の期間の上限に関する規定の適用が除外された。さらに，平成19年の借地借家法の一部を改正する法律により，従来，存続期間が10年以上20年以下とされていた事業用借地権の規定が改正され，事業用の建物所有目的の場合には，結果的に存続期間10年以上50年未満の事業用定期借地権等として装いを新たにした。

　借地借家法制定後，借地借家法に関する優れた解説書やコンメンタール，論文等が多く発表されているが，そのほとんどは学者，研究者によるものである。しかし，借地・借家は生活に根ざした極めて庶民的な部分が少なくなく，より実務的アプローチが必要な法分野でもある。

　本書は，日頃から借地借家関係の法律実務に携わるとともに，その分野の研究にも造詣の深い実務家，研究者の参加を戴き，学問的水準を保ちつつ，より実務の側面から借地借家法の実務的解説を試みることにした。本書は，第1編において借地借家法の基礎的知識，第2編において借地権，借家権設定の際の，第3編において契約継続中の，また，第4編において契約終了の際の問題点，留意点等を取り上げ，第5編において借地借家に伴う経済的問題についてふれることとした。本来であれば，執筆者間で調整をとるべき部分もあるかも知れないが，本書においては，ベテランの各執筆者において自由に執筆して戴くことをお願いした。全体として，歩調のとれないところがあるとしたら，それはすべて編者である私の責任でありご寛恕戴きたい。

　本書は，単に法律実務に携わる方々だけでなく，これから法曹を志そうとしている法科大学院の学生にも参考となればという思いを載せて執筆させて戴いた。本書が，実務，研究の一助ともなれば，執筆者一同の望外の喜びである。

　最後に，本書の刊行にご尽力戴いた青林書院編集部の宮根茂樹氏に心から感

謝の意を表します。

　平成20年8月

澤 野 順 彦

凡　例

I　法令の引用表記

(1)　借地法，借家法，建物保護法（建物保護ニ関スル法律）は，原則として，「旧」の文字を付けずに表した。

(2)　カッコ内を除く地の文における法令名の表記は，原則として，正式名称によった。

(3)　カッコ内における法令条項の引用については，原則として，次のように行った。

　(a)　同一法令の場合は「・」で，異なる法令の場合は「，」で併記した。それぞれ条・項・号を付し，「第」の文字は省略した。

　(b)　主要な法令名については，次の略語を用いた。

■法令名略語例

仮登記担保	仮登記担保契約に関する法律	大規模災害	大規模な災害の被災地における借地借家に関する特別措置法
建基	建築基準法		
建保	旧建物保護ニ関スル法律	宅建業	宅地建物取引業法
		都計	都市計画法
高齢者住まい	高齢者の居住の安定確保に関する法律	非訟	非訟事件手続法
		不登	不動産登記法
国徴	国税徴収法	不登規	不動産登記規則
借地	旧借地法	民	民法
借地借家	借地借家法	民執	民事執行法
借地借家令	借地借家法施行令	民訴	民事訴訟法
借地非訟規	借地非訟事件手続規則	民調	民事調停法
借家	旧借家法	罹災都市	罹災都市借地借家臨時処理法

II　判例の引用表記

判例の引用表記は，「判例等略語例」の略語を用い，次の〔例〕のように行った。

〔例〕昭和48年10月5日，最高裁判所判決，最高裁判所民事判例集27巻9号1081頁 ─────→ 最判昭48・10・5民集27巻9号1081頁

■判例等略語例

大	大審院	下民集	下級裁判所民事裁判例集
大連	大審院連合部		
最	最高裁判所	裁時	裁判所時報
最大	最高裁判所大法廷	金判	金融・商事判例
控	控訴院	金法	旬刊金融法務事情
高	高等裁判所	銀法	銀行法務21
地	地方裁判所	裁判例	大審院裁判例
簡	簡易裁判所	ジュリ	ジュリスト
支	支部	新聞	法律新聞
判	判決	曹時	法曹時報
決	決定	大審院全集	大審院判決全集
		最判解説	最高裁判所判例解説
民録	大審院民事判決録	判時	判例時報
民集	最高裁判所（大審院）民事判例集	判タ	判例タイムズ
		判評	判例評論
裁判集民	最高裁判所裁判集民事	評論	法律〔学説判例〕評論全集
東高民時報	東京高等裁判所民事判決時報	法時	法律時報
高民集	高等裁判所民事判例集	民商	民商法雑誌

Ⅲ 文献の引用表記

文献の引用表記は，次の「文献略語例」を除いて，正式名称によった。

■文献略語例

基コメ〔第2版補訂版〕
　　　水本浩＝遠藤浩＝田山輝明編『基本法コンメンタール　新借地借家法〔第2版補訂版〕』〈別冊法学セミナーNo.199〉（日本評論社，2009年）

コメ借地借家〔第4版〕
　　　稲本洋之助＝澤野順彦編『コンメンタール借地借家法〔第4版〕』（日本評論社，2019年）

澤野・基礎
　　　澤野順彦『借地借家法の経済的基礎』（日本評論社，1988年）

澤野・訴訟鑑定
　　　澤野順彦『訴訟における不動産鑑定』（住宅新報社，1996年）

澤野・展開
　　　　澤野順彦『借地借家法の現代的展開』（住宅新報社，1990年）
澤野・法律実務
　　　　澤野順彦『現代借地・借家の法律実務』（ぎょうせい，1994年）
借家相談
　　　　古山宏＝水本浩編『借家の法律相談』（有斐閣，1968年／〔増補版〕1970年／〔新版〕1987年），水本浩＝澤野順彦＝内田勝一『借家の法律相談』（有斐閣，〔第3版〕1999年／〔第3版補訂版〕2002年）
新基コメ〔第2版〕
　　　　田山輝明＝澤野順彦＝野澤正充編『新基本法コンメンタール　借地借家法〔第2版〕』〈別冊法学セミナーNo.257〉（日本評論社，2019年）
新講座(1)～(3)
　　　　稲葉威雄＝内田勝一＝澤野順彦＝田尾桃二＝寺田逸郎＝水本浩編『新・借地借家法講座』（全3巻）（日本評論社，第1巻＝1998年／第2巻＝1999年／第3巻＝1999年）
新版注釈民法(15)
　　　　幾代通＝広中俊雄編『新版注釈民法(15)――債権(6)消費貸借・使用貸借・賃貸借』（有斐閣，1989年／〔増補版〕1996年）
鈴木・上（下）
　　　　鈴木禄弥『借地法（上・下巻）』〈現代法律学全集14〉（青林書院，1971年）
星野・
　　　　星野英一『借地・借家法』〈法律学全集(26)〉（有斐閣，1969年）

執筆者紹介

澤野　順彦*　　第1編・第5編担当

弁護士，不動産鑑定士，（元）立教大学大学院法務研究科教授，法学博士

〔主要著作〕

『借家の法律相談』（共編著，有斐閣），『借地借家法の経済的基礎』（日本評論社），『借地借家法の現代的展開』（住宅新報社）〔上記2点により第1回（1992年）日本不動産学会賞（論文賞）受賞〕，『定期借地権』（日本評論社），『コンメンタール借地借家法』（共編著，日本評論社），『訴訟における不動産鑑定』（住宅新報社），『新借地借家法講座1，2，3』（共編著，日本評論社），『新・競売不動産の評価』（住宅新報社），『改訂版・借地借家の正当事由と立退料』（新日本法規出版），『新・裁判実務大系14，15不動産鑑定訴訟法Ⅰ，Ⅱ』（共編著，青林書院），『新版・不動産鑑定評価の法律実務』（住宅新報社），『不動産法の理論と実務』（商事法務），『判例にみる　借地・借家契約の終了と原状回復』（新日本法規出版），『判例にみる　地代・家賃増減請求』（新日本法規出版），『判例にみる　借地・借家における特約の効力』（新日本法規出版），『専門訴訟講座⑤不動産関係訴訟』（共編著，民事法研究会），『判例にみる　借地借家の用法違反・賃借権の無断譲渡転貸』（新日本法規出版），『論点　借地借家法』（青林書院），『新基本法コンメンタール　借地借家法〔第2版〕』（共編著，日本評論社），『不動産法論点大系』（編著，民事法研究会），『不動産訴訟の実務から見た改正民法（債権法・相続法）POINT50』（青林書院）

吉田　修平　　第2編担当

弁護士，政策研究大学院大学特別講師

〔主要著作〕

『新借地借家法講座2』（共著，日本評論社），『実務注釈定期借家法』（共著，信山社）〔都市住宅学会著作賞受賞〕，『高齢者居住法』（共著，信山社），『高齢者専用賃貸住宅の手引き』（共著，大成出版），『中間省略登記の代替手段と不動産取引』（共編著，住宅新報社）〔日本不動産学会著作賞，都市住宅学会著作賞，資産評価政策学会著作賞各受賞〕，『競売の法と経済学』（共著，信山社）〔日本不動産学会著作賞，日本地域学会著作賞，都市住宅学会著作賞，資産評価政策学会著作賞各受賞〕，『ハンドブック個人再生手続』（共著，有斐閣選書），『Q＆A震災と建物賃貸借』（金融財政事情研究会），『不動産取引相談ハンドブック』（共編著，金融財政事情研究会），『Q＆Aサービス付き高齢者向け住宅のすべて』（金融財政事情研究会），『不動産賃貸借の課題と展望』（共著，商事法務），『不動産相続の法律実務』（学陽書房），『最近の不動産の話』（金融財政事情研究会），『2016年改正　新しいマンション標準管理規約』（共著，有斐閣）〔都市住宅学会学会賞・著作賞受賞〕，『民法改正と不動産取引』（金融財政事情研究会），『新基本法コンメンタール　借地借家法〔第2版〕』（共著，日本評論社），『相続法改正―新しい相続実務の徹底解説―』（共編著，青林書院），『民法改正

と不動産取引』（金融財政事情研究会），『2016年改正　新しいマンション標準管理規約』（共著，有斐閣）〔2018年都市住宅学会学会賞著作賞受賞〕，『新基本法コンメンタール　借地借家法〔第2版〕』（共著，日本評論社），『相続法改正―新しい相続実務の徹底解説―』（共編著，青林書院），『不動産相続の法律相談』（共編著，青林書院），『所有者不明土地の法律実務―民法・不動産登記法等の大改正による土地所有法制の実務対応―』（プログレス）

荒　木　新　五　第3編担当

弁護士，（前）学習院大学大学院法務研究科教授

〔主要著作〕

『実務借地借家法』（商事法務），『消滅時効実務便覧』（日本法令），『新しい保証制度と動産・債権譲渡登記制度』（日本法令），『要約　借地借家判例154』（学陽書房），『借家の法律実務』（学陽書房），『ケーススタディ債権管理』（共著，商事法務），『裁判実務大系23借地借家訴訟法』（共著，青林書院），『借家の法律実務』（共著，学陽書房），『新基本法コンメンタール　借地借家法〔第2版〕』（共著，日本評論社），『新基本法コンメンタール　物権』（共著，日本評論社）

藤　井　俊　二　第4編担当

創価大学名誉教授，博士（法学），日本土地法学会監事・関東支部長

〔主要著作〕

『現代借家法制の新たな展開』（成文堂），『借地権・借家権の存続保護』（成文堂），『ドイツ借家法概説』（信山社），『事例でわかる民法総則』（敬文堂），『クルツ・レーアブーフ民法総則』（成文堂），『レクチャー民法学債権各論』（共著，成文堂），『基本法コンメンタール・借地借家法』（共著，日本評論社），『コンメンタール借地借家法』（共著，日本評論社），『借家の法律相談』（共著，有斐閣），『借地の法律相談』（共著，有斐閣），『借地・借家の裁判例』（共著，有斐閣），『基本法コンメンタール・マンション法』（共著，日本評論社），『基本法コンメンタール・物権』（共著，日本評論社），『民法判例30講（債権法）』（共編著，成文堂），『マルシェ債権各論』（共著，嵯峨野書院），『借地借家法の基礎知識（上巻）』（共著，青林書院），『不動産法制概説』（共著，青林書院），『注解不動産法3不動産担保』（共著，青林書院），『現代の都市と土地私法』（共著，有斐閣），『都市と土地利用』（共著，日本評論社），『マンション学の構築と都市法の新展開』（共編著，プログレス），『民法学説百年史』（共著，三省堂），『講義債権各論』（共著，青林書院新社），『条解民法Ⅰ〔総則・物権〕』（共著，三省堂），『条解民法Ⅱ(1)（債権総論）』（共著，三省堂），『条解民法Ⅱ(2)（債権各論）』（共著，三省堂），『借地トラブルQ&A』（共著，有斐閣），『借家トラブルQ&A』（共著，有斐閣），『どう変わる借地・借家』（共著，有斐閣），『不動産取引』（共著，有斐閣），『ドイツの民間賃貸住宅』（共著，日本住宅総合センター），『民法注解財産法2物権』（共著，青林書院），『新基本法コンメンタール　借地借家法〔第2版〕』（共著，日本評論社）

（執筆順，＊＝編者）

目　次

第4版はしがき
第3版はしがき
改訂版はしがき
はしがき
凡　例
執筆者紹介

第1編　借地借家法の基礎知識

第1章　借地借家法の沿革 …………………………………………3
第1節　借地・借家法制定以前 ……………………………………3
〔1〕　旧民法の制定 ………………………………………………3
〔2〕　明治民法の誕生 ……………………………………………4
〔3〕　「地上権ニ関スル法律」の制定 ……………………………5
第2節　借地法・借家法の成立 ……………………………………6
〔1〕　建物保護法の制定 …………………………………………6
〔2〕　借地法・借家法の成立 ……………………………………8
　　(1) 第1次借地法案の提出 (8)　　(2) 借地法・借家法の成立 (9)
〔3〕　地代家賃統制令の制定 ……………………………………10
〔4〕　借地法・借家法の改正 ……………………………………11
　　(1) 昭和16年の借地法・借家法の改正 (11)　　(2) 第2次大戦後の借地・借家立法 (12)　　(3) 昭和30年代における借地・借家法改正事業 (13)　　(4) 昭和41年の借地・借家法の改正 (13)
第3節　借地借家法の成立 …………………………………………14
〔1〕　「借地借家法」の立法経緯 …………………………………14
　　(1) 借地・借家法改正に関する問題点の提起 (14)　　(2) 借地法・借家法改正要綱試案 (15)　　(3) 借地法等改正要綱 (15)

〔2〕 借地借家法の成立 …………………………………………16
 (1) 成立の経緯（16） (2) 借地借家法の特色（16）
〔3〕 定期建物賃貸借制度の新設等 …………………………18
〔4〕 終身建物賃貸借の新設 …………………………………18
〔5〕 事業用定期借地権等の改正 ……………………………19
〔6〕 非訟事件手続法の施行に伴う借地借家法の一部改正 …19
〔7〕 大規模な災害の被災地における借地借家に関する特別措置法の制定 …………………………………………20
〔8〕 民法（債権関係）の一部改正等 ………………………20
〔9〕 デジタル社会の形成を図るための借地借家法の改正 …21

第2章 借地・借家法の内容 …………………………………24

第1節 はじめに …………………………………………24
第2節 借 地 法 …………………………………………24
〔1〕 借地法の対象 ……………………………………………24
〔2〕 借地権の対抗力 …………………………………………25
〔3〕 借地法上の借地権 ………………………………………27
 (1) 既存借地権（27） (2) 既存借地権の存続期間（28） (3) 建物の朽廃による借地権の消滅（28） (4) 法定更新等（29） (5) 正当事由（31） (6) 建物買取請求権（33） (7) 賃借権の譲渡・転貸（34） (8) 借地条件の変更等（35） (9) 地代等の増減請求（36）
〔4〕 借地借家法上の借地権 …………………………………38
 (1) 借地権の種類（38） (2) 普通借地権（38） (3) 定期借地権（40） (4) 事業用定期借地権等（41） (5) 建物譲渡特約付借地権（44）
〔5〕 自己借地権 ………………………………………………46

第3節 借 家 法 …………………………………………46
〔1〕 借家法の対象 ……………………………………………46
〔2〕 借家権の対抗力 …………………………………………47
〔3〕 借家権の種類及びその内容 ……………………………48
 (1) 普通借家権（48） (2) 定期建物賃貸借（55） (3) 取壊し予定の建物の賃貸借（59）

第3章 借地借家紛争の類型とその要点 …………………60

第1節　はじめに …………………………………………………………60
第2節　借地関係 …………………………………………………………61
　〔1〕借地権設定時における紛争 …………………………………61
　〔2〕借地契約継続中における紛争 ………………………………61
　　　(1)　地代増減請求に関する紛争（61）　(2)　賃借権の譲渡，借地条件の変更等に関する紛争（62）　(3)　借地契約上の債務不履行による契約解除等に関する紛争（63）
第3節　借地権消滅時に関する紛争 ……………………………………67
　〔1〕建物の朽廃に関する紛争 ……………………………………67
　〔2〕期間満了による更新拒絶に関する紛争 ……………………67
第4節　借家関係 …………………………………………………………68
　〔1〕借家権設定時における紛争 …………………………………68
　〔2〕借家契約継続中における紛争 ………………………………68
　　　(1)　賃料増減請求に関する紛争（68）　(2)　賃借権の無断譲渡・転貸に関する紛争（69）　(3)　用法違反に関する紛争（69）　(4)　修繕義務履行等に関する紛争（69）　(5)　借家契約上の債務不履行に関する紛争（70）
　〔3〕借家契約終了時における紛争 ………………………………71
　　　(1)　更新拒絶・解約申入れによる賃貸借の終了に関する紛争（71）　(2)　原状回復に関する紛争（71）　(3)　敷金の返還等に関する紛争（72）

第2編　契約の締結

第1章　借地権の設定 ……………………………………………………75
第1節　普通借地権 ………………………………………………………75
　〔1〕普通借地権とは ………………………………………………75
　〔2〕普通借地契約の目的について ………………………………75
　　　(1)　建物を所有する目的（75）　(2)　一時使用目的での借地権の設定（77）
　〔3〕普通借地契約の成立について ………………………………78
　　　(1)　権利金（78）　(2)　使用・収益の範囲（78）
　〔4〕普通借地契約の効力について ………………………………79

　　　　　　(1)　地主の土地の修繕義務（民606条1項）(79)　　(2)　借地人の無断譲渡・転貸をしない義務(80)　　(3)　借地人の土地の保管義務(80)

　　　〔5〕　普通借地契約の終了について ………………………………………81
　　　　　　(1)　債務不履行による解除事由の明定(81)　　(2)　賃料の不払いによる解除事由(81)　　(3)　無断増改築禁止の特約違反による解除事由(82)　　(4)　その他の解除事由(82)

　　　〔6〕　賃料の支払について …………………………………………………82
　　　　　　(1)　賃料などの名称について(82)　　(2)　支払方法(82)　　(3)　賃料増減請求権について(83)

　第2節　定期借地権 ……………………………………………………………83
　　　〔1〕　はじめに ……………………………………………………………83
　　　〔2〕　定期借地権の存続期間について ………………………………………84
　　　　　　(1)　50年以上の期間の定め(84)　　(2)　確定期限の定めをしなければならない(84)

　　　〔3〕　契約成立時点での一時金の授受 ……………………………………85
　　　　　　(1)　一時金の種類(85)　　(2)　保証金について(85)　　(3)　権利金(87)

　　　〔4〕　定期借地権の基礎となる権利 ………………………………………90
　　　　　　(1)　賃借権と地上権(90)　　(2)　定期借地権を設定するにあたり賃借権と地上権のいずれを選択するか(91)　　(3)　譲渡・転貸の自由について(91)　　(4)　解除と消滅請求(92)　　(5)　土地の修補義務について(92)　　(6)　固定資産税の支払について(92)　　(7)　定期所有権について(93)

　　　〔5〕　定期借地権における賃料と地代について ………………………………93
　　　　　　(1)　賃料と地代との呼称について(93)　　(2)　支払方法(93)　　(3)　地代等の増減方法について(95)　　(4)　純賃料方式(95)

　　　〔6〕　定期借地権における特約 ……………………………………………96
　　　　　　(1)　建物・外構などについての特約(96)　　(2)　共用部分の使用についての特約(97)　　(3)　街作りの特約について(98)

　　　〔7〕　契約の更新がないこと ………………………………………………99
　　　　　　(1)　定期借地契約は更新されない(99)　　(2)　再契約について(99)　　(3)　再契約の予約について(100)

　　　〔8〕　建物買取請求権がないこと …………………………………………100

　　　　　　(1) 建物買取請求権の不存在（*100*）　(2) 原状回復の範囲について（*100*）　(3) 建物が存在するままで土地を返還する旨の特約について（*100*）
　〔9〕 書面によること ……………………………………………………*102*
　〔10〕 定借マンションについて ………………………………………*103*
　　　　　　(1) 定借マンションとは（*103*）　(2) 定期借地権の準共有（*103*）　(3) 地代の支払義務について（*103*）　(4) 定借マンションの管理の考え方について（*104*）
第3節　事業用定期借地権 …………………………………………………*105*
　〔1〕 はじめに …………………………………………………………*105*
　〔2〕 事業用定期借地権の対象となる建物 …………………………*105*
　　　　　　(1) 事業用建物（*105*）　(2) 一部に居住用建物を含む場合（*106*）　(3) 限界事例について（*106*）
　〔3〕 事業用建物の用法の変更 ………………………………………*107*
　　　　　　(1) 当事者間では事業用定期借地権の設定契約が作成されたが，実際に建築されたのは居住用の建物であった場合について（*107*）　(2) 居住用の建物の建築が合意されていた場合（*108*）　(3) 事業用の建物が居住用に改装された場合（*109*）　(4) 登記の効力（*109*）
　〔4〕 期間の定めに反した場合 ………………………………………*109*
　　　　　　(1) 存続期間の定め（*109*）　(2) 存続期間の定めに反した場合（*110*）
　〔5〕 事業用定期借地権の期間の延長 ………………………………*110*
　　　　　　(1) 期間の延長の範囲（*110*）　(2) 期間の延長の方法（*110*）　(3) 建物再築の場合（*111*）
　〔6〕 事業用定期借地契約の中途解約 ………………………………*111*
　　　　　　(1) 中途解約条項を定める意義（*111*）　(2) 中途解約条項の内容（*111*）　(3) 中途解約の特約を定める際に考慮すべき要素（*111*）
　〔7〕 事業用定期借地権は更新されないこと ………………………*113*
　　　　　　(1) 事業用定期借地権の再契約（*113*）　(2) 再契約の際に支払われる金銭（*114*）　(3) 再契約の予約（*114*）
　〔8〕 事業用定期借地権終了時の事業用建物の取得について ……*115*
　　　　　　(1) 原　則（*115*）　(2) 事業用建物を買い取る旨の特約（*115*）

〔9〕　契約は公正証書によらなければならない ·································· 116
　　　　　　(1)　公正証書によらない事業用定期借地権設定契約の効力 (116)
　　　　　　(2)　公正証書に先立つ覚書の効力 (116)
　第4節　建物譲渡特約付借地権 ··· 117
　　　〔1〕　建物譲渡特約付借地権とは ·· 117
　　　　　　(1)　意　義 (117)　　(2)　要　件 (117)　　(3)　特約の内容
　　　　　　(118)　(4)　契約設定時の注意事項 (118)
　　　〔2〕　相当の対価について ·· 119
　　　　　　(1)　相当の対価とは (119)　　(2)　相当の対価と借地権価格
　　　　　　(119)　(3)　相当の対価の決め方 (120)
　　　〔3〕　建物譲渡特約付借地権の公示（登記）································· 121
　　　〔4〕　存続期間中の建物滅失について ······································· 121
　　　　　　(1)　再築の可否 (121)　　(2)　再築後の法律関係 (121)　　(3)
　　　　　　建物再築をめぐるいくつかの問題点 (122)
　　　〔5〕　借地上の建物賃借人（借家人）との関係 ······························ 123
　　　　　　(1)　法定借家権 (123)　　(2)　借地人自身が建物の利用を継続す
　　　　　　る場合 (123)　　(3)　定期借家権の導入 (123)
　　　〔6〕　建物譲渡特約の付される借地権は，定期借地権か，普通借地
　　　　　　権か ··· 125
　　　　　　(1)　いずれでもよい (125)　　(2)　普通借地権に建物譲渡特約を
　　　　　　付した場合 (125)　　(3)　定期借地権に建物譲渡特約を付した場
　　　　　　合 (125)

第2章　借家権の設定 ··· 126

　第1節　普通借家権 ··· 126
　　　〔1〕　はじめに ·· 126
　　　〔2〕　敷金・保証金について ·· 126
　　　　　　(1)　敷金・保証金の意義 (126)　　(2)　敷金・保証金の移転
　　　　　　(130)　(3)　高額な預り金の問題 (131)
　　　〔3〕　賃料増減請求権について ·· 139
　　　　　　(1)　根　拠 (139)　　(2)　増額請求について (139)　　(3)　減額
　　　　　　請求について (140)　　(4)　賃料自動改定条項の拘束力について
　　　　　　(141)　(5)　増減請求権を排除する旨の特約について (141)
　　　　　　(6)　サブリース契約への適用について (142)
　　　〔4〕　存続期間について ·· 142

　　　　(1)　はじめに（*142*）　　(2)　期間の定めのある契約（*142*）　　(3)　期間の定めのない契約について（*146*）

　　〔5〕　原状回復について ································· *146*

　　　　(1)　原状回復とは（*146*）　　(2)　原状回復の内容（*147*）　　(3)　原状回復の具体的な作業について（*149*）　　(4)　原状回復の程度について（*149*）

第 2 節　定期借家権 ··· *152*

　〔1〕　はじめに ··· *152*

　　　　(1)　定期借家権の成立（*152*）　　(2)　定期借家権の概要（*153*）

　〔2〕　定期借家契約を締結する場合 ························· *155*

　　　　(1)　書面による契約の締結（*155*）　　(2)　先に合意のみをしておいて，後に書面を作成することの可否（*155*）　　(3)　将来効力を生じさせる行為を現在行う場合（定期借家契約の予約）（*156*）

　〔3〕　定期借家契約は期間の定めのある契約でなければならない ····· *156*

　　　　(1)　期間の定めがある契約であること（*156*）　　(2)　定期借家権においては1年未満の短期契約が認められる（*157*）　　(3)　長期契約について（*157*）

　〔4〕　定期借家契約は更新がない ··························· *158*

　　　　(1)　更新しない契約（*158*）　　(2)　再契約について（*160*）

　〔5〕　事前説明文書による説明 ····························· *164*

　　　　(1)　事前説明文書の作成と交付（*164*）　　(2)　事前説明文書による説明（*165*）　　(3)　事前の説明を要することについて（*166*）　　(4)　事前説明を怠った場合の効力（*167*）　　(5)　重要事項説明及びITとの関係（*168*）

　〔6〕　定期借家契約を終了させる旨の通知 ····················· *171*

　　　　(1)　意　義（*171*）　　(2)　再契約をする場合について（*172*）

　〔7〕　法定中途解約 ····································· *174*

　　　　(1)　中途解約について（*174*）　　(2)　定期借家権における強行規定としての中途解約（*174*）　　(3)　借地借家法38条7項の適用範囲（*175*）

　〔8〕　賃料増減請求権の排除について ······················· *176*

　　　　(1)　賃料増減請求権排除の特約（*176*）　　(2)　特約の決め方について（*177*）　　(3)　定期借家において考えることのできる賃料の定め方（類型）について（*178*）

- 〔9〕 普通借家から定期借家への切替えについて ……………………179
  - (1) 定期借家契約と普通借家契約の併存（*179*）　(2) 普通借家契約を定期借家契約に切り替えることが可能か（*179*）
- 〔10〕 居住用建物についての定期借家制度の見直しについて ………180
  - (1) 定期借家制度の見直し（*180*）　(2) 見直しが行われるべき事項について（*180*）
- 〔11〕 定期借家権と保証金について ……………………………………181
  - (1) 保証金とは（*181*）　(2) 定期借家において高額の保証金を授受することは許されるか（*182*）

第3節　終身借家権 ………………………………………………………………183
- 〔1〕 終身借家制度の成立 ………………………………………………183
  - (1) 成立に至った背景（*183*）　(2) 高齢者の居住の安定確保に関する法律（*183*）
- 〔2〕 終身借家権の意義 …………………………………………………184
  - (1) 終身借家権とは（*184*）　(2) 終身借家権の構成について（*184*）　(3) 終身借家制度の特徴について（*184*）
- 〔3〕 書面による契約であること ………………………………………185
- 〔4〕 認可事業であること ………………………………………………186
  - (1) 都道府県知事の認可（*186*）　(2) 認可の基準（*186*）
- 〔5〕 借家人の資格 ………………………………………………………187
  - (1) 借家人となり得る者（*187*）　(2) 配偶者について（*187*）
- 〔6〕 建物の基準 …………………………………………………………188
  - (1) 賃貸住宅の基準（*188*）　(2) 国などからの補助（*188*）
- 〔7〕 「終（つい）の住み家」であること ……………………………188
  - (1) 不確定期限付き賃貸借契約（高齢者住まい52条・54条2号）（*188*）　(2) 相続権の排除（高齢者住まい52条）（*189*）
- 〔8〕 期間付死亡時終了建物賃貸借制度の新設 ………………………190
  - (1) 意義・内容（*190*）　(2) 要　件（*190*）
- 〔9〕 中途解約 ……………………………………………………………191
  - (1) 家主からの解約申出制度（*191*）　(2) 借家人からの解約申入れ（高齢者住まい59条）（*191*）　(3) 強行規定（*192*）　(4) 借家人に不利な特約（*192*）　(5) 前払い賃料の処理（*193*）
- 〔10〕 高齢者が死亡した場合の同居者の居住の保護 …………………193
  - (1) 借家人が死亡した後の同居者の一時居住について（高齢者住

まい61条）（193）　（2）　終身借家における同居配偶者らの継続居住の保護（高齢者住まい62条）（193）　（3）　期間付死亡時終了建物賃貸借の場合（194）　（4）　新たに締結する契約の条件について（194）

　〔11〕賃料増減請求権について ……………………………………………194
　　　(1)　賃料改定特約がある場合（高齢者住まい63条）（194）　(2)　契約類型の多様化（194）

　〔12〕一時金の授受について ………………………………………………195
　　　(1)　権利金などの設定の対価の授受の禁止（高齢者住まい54条4号）（195）　(2)　賃料を前払いする場合について（196）

　〔13〕譲渡又は転貸の禁止 ……………………………………………………197
　〔14〕仮入居について …………………………………………………………197
　　　(1)　終身借家権に先立っての仮入居（197）　(2)　仮入居の期間について（198）

　〔15〕契約の主体について ……………………………………………………198
　　　(1)　契約の主体が単数の場合（198）　(2)　契約の主体が複数の場合について（198）

　〔16〕契約類型について ………………………………………………………200
　〔17〕サービス付き高齢者向け住宅について ………………………………200
　　　(1)　高齢者住まい法の改正（200）　(2)　サービス付き高齢者向け住宅制度の概要（201）

第3編　契約中の紛争処理

第1章　借地に関する紛争とその処理 …………………………………205
第1節　総　説 ……………………………………………………………205
　〔1〕借地契約中の紛争類型 …………………………………………………205
　〔2〕紛争処理の態様 …………………………………………………………206
第2節　地代等の増減請求 ………………………………………………206
　〔1〕はじめに …………………………………………………………………206
　〔2〕地代等増減請求権 ………………………………………………………207
　　　(1)　地代等増減に関する特約の効力（207）　(2)　地代等の増減請求をすることができる場合（208）

　〔3〕地代等増減請求の効果 …………………………………………………210

　　　　　　(1)　請求の不遡及性（210）　　(2)　形成的効力（210）　　(3)　裁判確定までの支払額（211）　　(4)　裁判確定後の地代等清算（212）

　　〔4〕　地代等増減請求についての裁判手続 ……………………………213
　　　　　　(1)　調停前置主義の採用（213）　　(2)　調停手続の概要（214）　　(3)　調停に代わる決定（215）　　(4)　調停条項裁定（216）　　(5)　訴　訟（216）

第3節　借地条件の変更 ………………………………………………………217
　　〔1〕　土地の利用と借地条件 ……………………………………………217
　　　　　　(1)　借地条件の意義（217）　　(2)　借地条件の有効性とその限界（218）　　(3)　「建物の種類，構造，規模又は用途を制限する旨の借地条件」と「増改築を制限する旨の借地条件」の関係（219）
　　〔2〕　借地条件の違反 ……………………………………………………220
　　　　　　(1)　条件違反の有無（220）　　(2)　条件違反を理由とする解除の可否（220）
　　〔3〕　条件変更の合意 ……………………………………………………221
　　〔4〕　借地条件変更の裁判 ………………………………………………221
　　　　　　(1)　借地非訟事件手続の概要（221）　　(2)　借地条件変更の裁判制度の沿革と意義（225）　　(3)　借地条件変更申立事件の当事者（226）　　(4)　申立ての趣旨（226）　　(5)　借地条件の存在（形式的要件）（227）　　(6)　事情変更による借地条件変更の相当性（実質的要件）（228）　　(7)　裁判所が考慮すべき事情（229）　　(8)　付随的裁判（232）　　(9)　裁　判（決定主文）（233）　　(10)　定期借地権等（234）

第4節　借地上建物の増改築 …………………………………………………234
　　〔1〕　増改築の可否 ………………………………………………………234
　　　　　　(1)　増改築の意義（234）　　(2)　増改築の自由（236）　　(3)　増改築禁止特約とその違反の効果（237）
　　〔2〕　増改築許可の裁判 …………………………………………………238
　　　　　　(1)　増改築許可の裁判制度の沿革と意義（238）　　(2)　条件変更の裁判と増改築許可の裁判との関係（238）　　(3)　増改築許可申立事件の当事者（239）　　(4)　申立ての趣旨（239）　　(5)　増改築禁止特約の存在（形式的要件）（239）　　(6)　増改築の相当性（実質的要件）（240）　　(7)　裁判所が考慮すべき事情（240）　　(8)　付随的裁判（240）　　(9)　裁　判（決定主文）（241）　　(10)

定期借地権等 (242)

〔3〕 更新後の再築許可の裁判 …………………………………242
　(1) 旧借地権についての再築の可否 (242)　(2) 普通借地権についての再築の可否 (243)　(3) 更新後の再築許可の裁判 (245)

第5節　借地権譲渡・土地転貸 …………………………………250

〔1〕 借地権譲渡・土地転貸の可否 ………………………………250
　(1) 借地権が地上権である場合 (250)　(2) 借地権が土地賃借権である場合 (251)

〔2〕 借地権の譲渡又は土地転貸と，借地権設定者との関係 ………251
　(1) 借地権と借地上建物の関係 (251)　(2) 借地権譲渡又は土地転貸と借地権設定者に対する対抗関係 (252)　(3) 借地権譲渡があったとき (253)　(4) 土地転貸があったとき (254)　(5) 土地賃借人による承諾等の取得 (256)

〔3〕 土地賃借権の無断譲渡又は無断土地転貸 ……………………257
　(1) 承諾等の要否（譲渡・転貸該当性）(257)　(2) 土地賃借権譲渡又は土地転貸につき承諾等がない場合 (260)　(3) 無断譲渡・無断転貸による解除 (260)

〔4〕 土地賃借権譲渡・土地転貸許可の裁判 ………………………261
　(1) 譲渡・転貸許可の裁判制度の沿革と意義 (261)　(2) 土地賃借権譲渡・土地転貸許可申立事件の当事者 (262)　(3) 申立ての時期 (264)　(4) 申立ての趣旨 (265)　(5)「賃借地上建物を第三者に譲渡しようとする場合」であること（形式的要件）(266)　(6) 第三者が賃借権を取得し，又は転借しても借地権設定者に不利となるおそれがないこと（実質的要件）(267)　(7) 裁判所が考慮すべき事情 (268)　(8) 付随的裁判 (268)　(9) 裁　判（決定主文）(270)　(10) 定期借地権等 (270)　(11) 他の借地非訟事件との関係 (271)

〔5〕 競売等に伴う土地賃借権譲受許可の裁判 ……………………271
　(1) 競売等に伴う土地賃借権譲受許可の裁判制度の沿革と意義 (271)　(2) 買受人譲受許可申立事件の当事者 (271)　(3) 申立ての時期 (272)　(4) 申立ての趣旨 (273)　(5)「賃借地上建物を競売又は公売により取得した場合」であること（形式的要件）(273)　(6) 買受人が土地賃借権を取得しても賃貸人に不利となるおそれがないこと（実質的要件）(273)　(7) 裁判所が考慮すべき事情（実質的要件）(273)　(8) 付随的裁判

xxiv　目　次

　　　　　　　(273)　(9)　裁　判（決定主文）(274)　(10)　定期借地権等
　　　　　　　(274)　(11)　他の借地非訟事件との関係 (275)
　　　〔6〕借地権設定者の建物及び土地賃借権譲受等の裁判 ……………275
　　　　　　(1)　借地権設定者の建物・賃借権譲受等の裁判制度の沿革と意義
　　　　　　(275)　(2)　設定者譲受等申立事件の当事者等 (275)　(3)
　　　　　　申立ての時期 (277)　(4)　申立ての趣旨 (277)　(5)　適法な
　　　　　　譲渡等許可申立て又は買受人譲受許可申立てがあること（形式的
　　　　　　要件）(278)　(6)　裁判所の裁量 (278)　(7)　相当の対価又
　　　　　　は転貸条件と義務の同時履行 (278)　(8)　裁判（決定主文）と
　　　　　　その効果 (279)　(9)　定期借地権等 (279)

第6節　土地の譲渡 ……………………………………………………………280
　　〔1〕総　説 ……………………………………………………………280
　　　　　　(1)　土地譲渡の可否 (280)　(2)　土地譲渡に関する問題点
　　　　　　(280)
　　〔2〕借地権の対抗力 …………………………………………………281
　　　　　　(1)　借地権の対抗力の意義 (281)　(2)　地上権設定登記・土地
　　　　　　賃借権設定登記による対抗 (281)　(3)　建物の登記による対抗
　　　　　　(282)　(4)　建物が滅失した場合における掲示による対抗等
　　　　　　(284)　(5)　転借地権が設定されている場合 (286)　(6)　定
　　　　　　期借地権等の対抗力 (286)　(7)　抵当権実行としての担保不動
　　　　　　産競売による土地譲渡の場合 (287)　(8)　借地権を土地譲受人
　　　　　　に対抗することができない場合 (288)
　　〔3〕土地譲渡に伴う借地権設定者たる地位の承継 ………………289
　　　　　　(1)　借地権設定者たる地位承継の有無 (289)　(2)　借地権者の
　　　　　　承諾の要否 (290)　(3)　借地権設定者たる地位承継の対抗
　　　　　　(291)　(4)　借地権設定者たる地位承継の効果 (291)

第7節　借地権又は土地の相続 ………………………………………………291
　　〔1〕借地権の相続 ……………………………………………………291
　　　　　　(1)　借地上建物と借地権の相続性 (291)　(2)　共同相続の場合
　　　　　　(292)
　　〔2〕土地の相続 ………………………………………………………294
　　　　　　(1)　借地権設定者たる地位の承継 (294)　(2)　共同相続の場合
　　　　　　(294)

第8節　土地の用法違反・地代等の不払い …………………………………294
　　〔1〕土地の用法 ………………………………………………………294
　　　　　　(1)　土地賃借権である場合 (294)　(2)　地上権である場合 (295)

〔2〕　用法違反 ··295
　　　　　(1)　総　説 (295)　　(2)　建物を築造しないこと (295)　　(3)
　　　　　駐車場としての利用 (296)　　(4)　建物の種類，越境等 (297)
　　　　　(5)　土地の掘り下げ等 (297)
　　　〔3〕　用法違反の効果 ··297
　　　〔4〕　地代等不払い ··297
　　　　　(1)　借地権が地上権である場合 (297)　　(2)　借地権が土地賃借
　　　　　権である場合 (298)

第2章　借家に関する紛争とその処理 ···300

第1節　総　説 ··300
　　〔1〕　建物賃貸借契約中の紛争類型 ··300
　　〔2〕　紛争処理の態様 ··301

第2節　賃料の増減請求 ···302
　　〔1〕　はじめに ···302
　　〔2〕　賃料増減請求権 ··302
　　　　　(1)　賃料増減に関する特約の効力 (302)　　(2)　賃料の増減請求
　　　　　をすることができる場合 (304)
　　〔3〕　賃料増減請求の効果 ···305
　　　　　(1)　請求の不遡及性 (305)　　(2)　形成的効力 (305)　　(3)　裁
　　　　　判確定までの支払額 (305)　　(4)　裁判確定後の賃料の清算
　　　　　(306)
　　〔4〕　賃料増減請求についての裁判手続 ······································306
　　〔5〕　サブリースの場合における賃料増減請求 ·····························307
　　　　　(1)　いわゆるサブリースに関する問題状況 (307)　　(2)　サブリ
　　　　　ースと賃料増減請求権 (308)

第3節　賃料債権の譲渡と差押え・担保不動産収益執行 ·················308
　　〔1〕　はじめに ···308
　　〔2〕　賃料債権の譲渡又は差押えの可否 ······································309
　　　　　(1)　賃料債権譲渡の可否 (309)　　(2)　一般債権者による賃料債
　　　　　権差押え (309)　　(3)　抵当権者による賃料債権に対する物上代
　　　　　位権行使としての差押えの可否 (310)
　　〔3〕　賃料に対する抵当権者の物上代位権行使と他の権利者との関係
　　　　　··311

(1) 賃料債権の譲渡と物上代位権行使 (311)　(2) 賃料債権に対する一般債権者の差押えと抵当権者による物上代位権行使としての差押えの競合 (312)　(3) 複数の抵当権者がいる場合 (313)　(4) 物上代位権行使としての差押えと第三債務者の反対債権による相殺 (313)

　　〔4〕担保不動産収益執行 ……………………………………………314
第4節　建物賃借権譲渡・建物転貸 …………………………………………315
　　〔1〕建物賃借権譲渡・建物転貸の可否 ……………………………315
(1) 賃貸人の承諾の必要性 (315)　(2) 借地の場合との相違 (315)

　　〔2〕建物賃借権譲渡・建物転貸につき賃貸人の承諾がある場合の法律関係 ……………………………………………………316
(1) 建物賃借権譲渡につき賃貸人の承諾がある場合 (316)　(2) 建物転貸につき賃貸人の承諾がある場合 (316)

　　〔3〕建物賃借権の無断譲渡又は無断建物転貸 ……………………317
(1) 承諾の要否（譲渡・転貸該当性）(317)　(2) 建物賃借権譲渡又は建物転貸につき賃貸人の承諾がない場合 (320)　(3) 無断賃借権譲渡・無断転貸による解除 (320)

第5節　建物の譲渡・敷地借地権の消滅 ……………………………………321
　　〔1〕総　説 ……………………………………………………………321
(1) 建物譲渡に関する問題点 (321)　(2) 敷地借地権の消滅等 (321)

　　〔2〕建物譲渡と建物賃借権の対抗力 ………………………………321
(1) 賃借権設定登記による対抗 (321)　(2) 建物の引渡しによる対抗 (322)　(3) 対抗問題 (322)　(4) 賃借権を建物譲受人に対抗することができない場合 (323)

　　〔3〕短期賃借権保護制度とその廃止 ………………………………323
(1) 短期賃借権保護制度の趣旨 (323)　(2) 短期賃借権保護制度の廃止 (324)

　　〔4〕賃借権優先同意とその登記による対抗 ………………………324
(1) 賃借権優先同意制度の創設とその意義 (324)　(2) 賃借権優先が生じる場合 (325)

　　〔5〕引渡猶予制度 ……………………………………………………325
(1) 引渡猶予制度の創設と意義 (325)　(2) 建物引渡猶予が認

　　　　　められる場合 (325)
　　〔6〕 建物譲渡に伴う賃貸人たる地位の承継 …………………………327
　　　　(1) 賃貸人たる地位の承継 (327)　(2) 敷金返還債務の承継 (327)
　　〔7〕 敷地借地権の消滅 ……………………………………………328
　　　　(1) 借地契約の合意解除と建物賃借権 (328)　(2) 借地権設定者の建物等譲受許可の裁判と建物賃借権 (329)　(3) 借地権者又は第三者による建物買取請求権と建物賃借権 (329)　(4) 借地権の存続期間満了による消滅と借地上建物の賃借人保護 (330)　(5) 建物譲渡特約付借地権における建物譲渡特約の履行による借地権消滅と建物賃借権 (331)
第6節　建物賃借権の相続・承継又は建物の相続 ……………………332
　　〔1〕 建物賃借権の相続 ……………………………………………332
　　〔2〕 居住用建物賃借権の承継 ……………………………………332
　　　　(1) 居住者による建物賃借権承継の制度 (332)　(2) 建物賃借権承継の要件 (333)　(3) 同居者の建物賃借権承継の効果 (334)
　　〔3〕 建物の相続 ……………………………………………………335
第7節　建物の修繕・用法違反・賃料不払い ……………………………335
　　〔1〕 建物の修繕 ……………………………………………………335
　　　　(1) 賃貸人の修繕義務とその免除 (335)　(2) 賃貸人の修繕義務不履行 (337)
　　〔2〕 建物の用法違反 ………………………………………………338
　　　　(1) 建物の用法 (338)　(2) 建物の用法違反 (338)　(3) 用法違反の効果 (343)
　　〔3〕 賃料不払い ……………………………………………………344
　　　　(1) 債務不履行による解除 (344)　(2) 建物賃借人のための保証人の責任 (344)

第4編　契約終了時の紛争処理

第1章　普通借地権 …………………………………………………………347
　第1節　契約の更新 ………………………………………………………347
　　〔1〕 概　要 …………………………………………………………347

〔2〕更新の要件 …………………………………………………………348
　　　　　(1) 更新請求による更新の要件 (348)　　(2) 法定更新 (354)
　　　〔3〕更新の効果 …………………………………………………………361
　　　〔4〕合意更新 ……………………………………………………………362
　　　　　(1) はじめに (362)　　(2) 更新の合意と効果 (362)　　(3) 更新の合意か否かの判断 (363)　　(4) 更新料 (363)
　　　〔5〕建物買取請求権 ……………………………………………………368
　　　　　(1) はじめに (368)　　(2) 建物買取請求権の性質 (368)　　(3) 建物買取請求権の成立 (368)　　(4) 建物買取請求権の行使者 (370)　　(5) 建物買取請求権行使の相手方 (371)　　(6) 建物買取請求権行使の時期 (372)　　(7) 建物買取請求権の行使の効果 (373)
　第2節　正当事由 ……………………………………………………………375
　　　〔1〕概　　要 ……………………………………………………………375
　　　〔2〕正当事由の判断基準 ………………………………………………375
　　　　　(1) 当事者双方の土地の使用の必要性 (375)　　(2) 従前の経過 (386)　　(3) 土地の利用状況 (388)　　(4) 土地の存する地域の状況 (389)　　(5) 借地上の建物の賃借人の事情 (389)　　(6) 立退料その他の財産上の給付の申出 (390)
　　　〔3〕正当事由の有無判断の基準時 ……………………………………393
　第3節　借地権者の建物収去義務及び原状回復義務 ……………………394
第2章　定期借地権等 …………………………………………………………395
　第1節　狭義の定期借地権の終了 …………………………………………395
　　　〔1〕概　　要 ……………………………………………………………395
　　　〔2〕定期借地権の終了 …………………………………………………396
　　　　　(1) 借地上の建物の処理 (396)　　(2) 有益費償還請求 (397)　　(3) 建物買取請求権 (399)　　(4) 借地上の建物の賃借人 (400)　　(5) 存続期間満了後における土地使用の継続 (401)
　第2節　事業用定期借地権等の終了 ………………………………………402
　　　〔1〕概　　要 ……………………………………………………………402
　　　〔2〕存続期間30年以上50年未満の事業用定期借地権 ………………403
　　　〔3〕存続期間10年以上30年未満の事業用借地権 ……………………403
　第3節　建物譲渡特約付借地権の終了 ……………………………………404
　　　〔1〕概　　要 ……………………………………………………………404

〔2〕建物譲渡特約 …………………………………………………… 405
　　〔3〕法定借家権 ……………………………………………………… 406
第3章　普通借家 ………………………………………………………………… 409
　第1節　借家契約の終了と更新 ………………………………………………… 409
　　〔1〕存続期間の定めがある借家契約の終了と法定更新 ………… 409
　　　　(1) 存続期間の満了と更新（409）　(2) 更新料（410）
　　〔2〕存続期間の定めのない借家契約の終了 ……………………… 412
　第2節　正当事由 ………………………………………………………………… 413
　　〔1〕概　　要 ………………………………………………………… 413
　　〔2〕建物の使用を必要とする事情 ………………………………… 413
　　　　(1) 居住の必要性（414）　(2) 営業の必要性（415）　(3) 第
　　　　三者が使用を必要とする場合（416）　(4) 建物売却の必要性
　　　　（417）　(5) 借地の明渡しの必要性（417）　(6) その他付随
　　　　的ファクター（417）
　　〔3〕賃貸借に関する従前の経過 …………………………………… 418
　　　　(1) 借家関係設定当初の事情（418）　(2) 契約締結時に存して
　　　　いた事情の変更（419）　(3) 賃料額（419）　(4) 当事者間の
　　　　信頼関係の破壊の有無（419）
　　〔4〕建物の利用状況 ………………………………………………… 420
　　〔5〕建物の現況 ……………………………………………………… 420
　　　　(1) 建物の朽廃が切迫している（421）　(2) 朽廃にやや遠い場
　　　　合（421）　(3) 建物の高度利用（421）
　第3節　契約解除・合意解約・約定解除 ……………………………………… 423
　　〔1〕契約解除 ………………………………………………………… 423
　　〔2〕合意解約 ………………………………………………………… 426
　　〔3〕約定解除 ………………………………………………………… 429
　第4節　原状回復 ………………………………………………………………… 430
　　〔1〕借家人の原状回復義務 ………………………………………… 430
　　〔2〕通常損耗分の修補 ……………………………………………… 431
　　〔3〕通常損耗について原状回復義務（通常損耗補修特約）を借家
　　　　人に負わせる特約 ……………………………………………… 434
　　　　(1) 通常損耗補修特約の成否（434）　(2) 通常損耗補修特約の
　　　　効力（436）

第 5 節　造作買取請求権 ··· *440*
　　〔1〕　概　　　要 ··· *440*
　　〔2〕　造作とは ··· *440*
　　〔3〕　造作買取りの当事者 ··· *441*
　　〔4〕　造作買取請求権の成立時期 ·· *442*
　　〔5〕　造作買取請求権の行使 ··· *443*
　　〔6〕　造作買取請求権排除特約 ··· *444*
第 4 章　定期借家（定期建物賃貸借）··· *445*
　第 1 節　定期借家の終了 ·· *445*
　　〔1〕　概　　　要 ··· *445*
　　〔2〕　終了する旨の通知 ·· *446*
　　　　⑴　通知期間を設けた趣旨（*446*）　　⑵　通知の相手方（*446*）
　　　　⑶　通知の方式（*447*）　　⑷　「対抗することができない」とは
　　　　（*447*）　　⑸　通知が遅れた場合（*448*）　　⑹　期間満了後も借
　　　　家人が賃借建物の使用を継続している場合（*449*）
　第 2 節　定期借家の中途解約及び解除 ··· *450*
　　〔1〕　中途解約 ··· *450*
　　　　⑴　床面積200㎡未満の居住用建物（*450*）　　⑵　居住用以外の
　　　　建物及び床面積200㎡を超える居住用建物（*451*）
　　〔2〕　解　　　除 ··· *451*
　第 3 節　再 契 約 ··· *452*

第 5 編　借地借家に伴う経済的問題

第 1 章　借　　　地 ··· *455*
　第 1 節　借地に伴う経済的問題 ·· *455*
　　〔1〕　借地権設定時の経済的問題 ·· *455*
　　〔2〕　借地権存続中の経済的問題 ·· *456*
　　〔3〕　借地権消滅時の経済的問題 ·· *456*
　第 2 節　借地権価格 ·· *457*
　　〔1〕　借地権価格の意義 ·· *457*
　　〔2〕　具体的事件と借地権価格 ··· *460*
　　　　⑴　借地当事者間の売買（*460*）　　⑵　建物買取請求（*460*）

　　　　　(3)　立退料（*461*）　　(4)　債務不履行解除（*461*）
　　〔3〕借地権価格の実質的内容 ……………………………………*461*
　　〔4〕借地権価格の評価方法 ……………………………………*463*
第3節　地　　　代 ……………………………………………………*464*
　　〔1〕新規地代と継続地代 ………………………………………*464*
　　〔2〕新規地代 ……………………………………………………*464*
　　〔3〕継続地代 ……………………………………………………*465*
　　　　　(1)　継続地代の性質（*465*）　(2)　継続地代の算定方法（*465*）
　　　　　(3)　継続地代の決定（*467*）
第4節　借地の立退料 …………………………………………………*467*
　　〔1〕正当事由の補強条件としての立退料 ……………………*467*
　　〔2〕借地の立退料の内容 ………………………………………*468*
　　〔3〕正当事由との関係 …………………………………………*468*
第5節　更　新　料 ……………………………………………………*469*
　　〔1〕更新料の意義 ………………………………………………*469*
　　〔2〕更新料の性格 ………………………………………………*469*
　　〔3〕更新料支払の慣行の有無 …………………………………*469*
　　〔4〕更新料の額 …………………………………………………*470*
　　〔5〕更新料支払契約の有効性とその性格 ……………………*472*
　　〔6〕合意更新料の不払いの効果 ………………………………*472*
　　〔7〕借地非訟事件と更新料 ……………………………………*473*
　　〔8〕更新料の経済的問題 ………………………………………*474*
　　　　　(1)　権利金との関係（*474*）　(2)　借地権価格との関係（*474*）
　　　　　(3)　賃料との関係（*475*）
　　〔9〕更新料の今後 ………………………………………………*476*
第6節　借地非訟事件に係る承諾料 …………………………………*476*
　　〔1〕賃借権譲渡承諾料 …………………………………………*476*
　　〔2〕借地条件の変更及び増改築承諾料 ………………………*477*
第7節　建物買取請求権 ………………………………………………*477*
　　〔1〕建物買取請求権の種類，根拠 ……………………………*477*
　　〔2〕建物買取請求権の存在理由 ………………………………*478*
　　〔3〕建物買取請求権行使の要件 ………………………………*479*

〔4〕 建物の時価 ……………………………………………………………480
　　　(1) 時価算定の基準時（480）　(2) 「建物の時価」の意味（480）
　　　(3) 建物の時価の内容（480）　(4) 建物の時価と借地権価格
　　　（481）　(5) 場所的利益（481）
〔5〕 場所的利益についての判例の動向 ……………………………………482
〔6〕 場所的利益の算定方法 …………………………………………………486
〔7〕 建物の時価算定上の個別の問題 ………………………………………489
　　　(1) 建物に抵当権等が設定されている場合（489）　(2) 建物が
　　　賃貸されている場合（489）　(3) 契約に違反した建物が建築さ
　　　れている場合（490）　(4) 賃借権の無断譲受人が増改築した場
　　　合（490）　(5) 短期賃貸借期間が満了した場合（490）　(6)
　　　賃借権の無断譲渡を理由として契約が解除された後に，賃料相当
　　　損害金の不払いがあった場合（491）　(7) 所有者の異なる数筆
　　　の土地に跨って建物が存在する場合（491）

第2章　借　　　家 …………………………………………………………493
第1節　借家に伴う経済的問題 ……………………………………………493
〔1〕 借家権設定時の経済的問題 ……………………………………………493
〔2〕 借家権存続中の経済的問題 ……………………………………………493
〔3〕 借家権消滅時の経済的問題 ……………………………………………494
第2節　借家権価格 …………………………………………………………494
〔1〕 建物賃貸借における敷地の利用関係 …………………………………494
〔2〕 借家権の価格とは ………………………………………………………495
〔3〕 借家権価格の評価方法 …………………………………………………496
第3節　家　　　賃 …………………………………………………………497
〔1〕 新規家賃 …………………………………………………………………497
〔2〕 継続賃料 …………………………………………………………………498
第4節　借家の立退料 ………………………………………………………498

判例索引
事項索引
参考文献

第1編

借地借家法の基礎知識

第1章

借地借家法の沿革

第1節　借地・借家法制定以前

〔1〕　旧民法の制定

　わが国において，近代的な不動産賃貸借法が制定されたのは，明治23年（1890年）の旧民法（明治23年法律第28号・第98号）が最初である。

　旧民法は，フランス人のボアソナードが起草したものであるが，不動産利用権として用益権（他人の所有物をその用法に従い，その物の性質本体を変えることなく，有期で使用及び収益することができる権利），使用権（使用者及びその家族の需要の程度に限られた用益権），住居権（建物の使用権）のほか，賃借権，永借権及び地上権が規定されていた。全体としてはローマ法＝フランス法の制度が模範となっているが，特に賃借権（小作権を意図したものであるが）については，プロシア法を除きヨーロッパ諸国にも例を見ない物権性を認め，その譲渡の自由を保障した画期的なものであった。

　しかし，その後，法律学者や法曹界はもとより政治家，議会をも巻き込んだいわゆる「法典論争」の末，明治25年（1892年）旧民法の施行が延期され，翌26年（1893年），伊藤博文を総裁とする法典調査会が発足した。同年，旧民法の修正要綱が決定されたが，不動産利用権に関する事項としては，地上権及び永借権は存続されるが賃借権は人権とされ，用益権，使用権，住居権は廃止されることになった。

〔2〕 明治民法の誕生

　この法典調査会の答申に基づき，明治29年（1896年）明治民法典の第１編，第２編，第３編が公布され（明治29年法律第89号），明治31年（1898年）７月16日から施行されることになった。明治民法典（特に財産編）は，その後平成29年（2017年）の債権関係規定の大改正（「民法の一部を改正する法律」平成29年法律第44号）があるまで実質的にはほとんど改正されることなく，わが国の私法分野の基本法となっているが，そこでは不動産賃貸借法に関して次のような特色が見受けられる。すなわち，建物所有のための土地利用権については，物権としての地上権と債権としての賃借権の２本立ての制度が採用されたこと，及び建物の利用関係は債権関係とされ，特別の規定は置かれず，一般の賃貸借の規定がそのまま適用されることになったことである。

　旧民法との大きな差異の一つは，旧民法が賃借権を物権としていたのを明治民法では人権（債権）としたことである。その修正の理由としては，「旧民法はプロシア民法と同様に賃借権を物権としたが，使用貸借については人権としており，借料を支払うか否かによって賃借権と使用借権について物権と人権の差を生ぜしめることは妥当ではない。しかも，旧民法は賃借権を物権としながらも，なお賃貸人に賃借物を修繕し若しくは諸般の妨碍を除き賃借人に契約上の利益を得させるべき義務を認めていることからすると，賃借権は人権とするほかない。さらに，賃借権が人権であることはローマ法以来の慣例であり，ドイツ普通法の解釈としてもこれを人権とするものが多く，かつ多数の国の民法においては明らかに人権として規定している。また，わが国の慣習によっても賃借権は人権とするのが適当である。もし賃借権をもって第三者に対抗できるようにすることが必要とするならば，それはあえて物権としなくても人権のままで，登記をすることによって第三者に対抗できるようにすればよい」旨述べられている。

　なお，建物所有を目的とする土地利用関係について，起草者たちは，地上権を原則と考えていたことが窺われる（法典調査会における箕作麟祥委員の質問に対する起草者の一人である梅謙次郎委員の回答）。

〔3〕「地上権ニ関スル法律」の制定

　明治民法典は，明治31年（1898年）7月16日施行されたが，従来からの借地に関しては地上権又は賃貸借の規定が適用されることになった。いずれの利用権であるかによる差異は，土地所有者に変更があった場合，借地権者はその権利が地上権であれば民法177条により，また賃借権であれば民法605条により登記がなされていないと新所有者に対抗できないこととされた。民法施行以前においては，不動産利用権の登記は存在しなかったが，不動産利用権が慣習上第三者に対抗できるか否かについては異なる認識がなされていた。いずれにしても民法施行後は登記がないと地上権も賃借権も第三者に対抗できないこととなったため，民法施行法（明治31年法律第11号）は民法施行の日より1年内に登記をしないと第三者に対抗できなくなるとの経過規定を置いた（同法37条）。しかし，地上権や賃借権について登記を認める不動産登記法（明治32年法律第24号）は明治32年（1899年）6月16日に施行されたため，登記のできる期間は1ヵ月間にすぎなかった。この間借地人は，自らの借地権を地上権と主張して地主に登記を請求し，あるいはこれに先立って仮登記仮処分の方法により地上権の仮登記をした。これに対し，地主側はその借地権は地上権ではなく賃借権であるとし，各地で地上権仮登記抹消請求事件が頻発した。裁判所の判決は，当初は地上権とするものも見られたが，多くは地上権であることを否定し，借地人側の主張をしりぞけた。

　このような結果に対して，借地人層に不満がつのり，明治33年（1900年），帝国議会に「地上権ニ関スル法律案」が提出された。この法律案は，この法律施行前から他人の土地に工作物又は竹木を所有するため土地を使用している者を地上権者と看做し，1年以内に登記をすれば善意の第三者にも対抗できるとするものであった。帝国議会は「地上権者ト看做ス」を「推定ス」に修正したほか，多少の修正をして同法案を可決し，同年4月16日から施行された。この法律は，同法施行前の工作物等所有のための土地利用権を地上権と推定した点で，借地権者の保護に一歩前進したものであったが，賃借権については登記請求の途なく，また地上権であっても登記がないものについては第三者に対抗す

ることができず，後に問題を残す立法となった。
　このように，建物所有目的の土地利用権を地上権と推定し，登記法上は単独仮登記の途があったにもかかわらず登記がなされず，また，建物所有目的の借地権が地上権でなく賃借権が一般化していった理由はどこにあるのだろうか。それは，ひと言でいえば，地主がそれを望まなかったからであり，借地人としてはあえて地主と争ってまでも地上権であることを主張し，登記をすることを欲しなかったからであろう。そして何よりも，地主と借地人との間には人的つながり，信頼関係が残存していたこと，及び日本人の権利意識がそのような状態をつくりだしていたものと思われる。しかし，これも地価の異常な値上りによる地代の値上げと，これに伴ういわゆる「地震売買」の弊害は，新たな立法を要求することになるのである。

第2節　借地法・借家法の成立

〔1〕　建物保護法の制定

　明治の土地改革は地租改正事業と密接な関連を持ちつつ推進されてきたが，地租賦課の前提となる土地価格の算定も再三見直されたようであり，次第に課税評価額も高くなっていった。そのうえ地租率も漸次改定され，明治30年代半ばには，地租率が市街地宅地は100分の5，農村耕宅地は100分の3.3であったのが，明治37年（1904年）の日露戦争による増税により，市街地宅地は100分の20，郡村宅地100分の8，その他100分の5.5に引き上げられた。さらに明治43年（1910年）には，宅地の課税評価額が修正され，市街地宅地は18倍，郡村宅地は7.2倍に引き上げられた（ただし，地租率は100分の2.5となった）。
　他方，日清・日露戦争（1894～1905年）は，日本の産業・経済構造を大きく変革させ，また，人口の農村部から都市部への流入は激しさを増し，地価の上昇と地代の値上げは恒常化した。地主は，地代の値上げに応じない借地人に対処する方法として，地上権あるいは賃借権の登記がなされていないのに乗じ，地代の値上げの対象となっている貸地を第三者に売却し，第三者が明渡しを求めるという挙に出た。多くは仮装売買であったが，借主側は仮装であることを

立証することが困難であったことから，結局明渡しに応ずるか，さもなくば不当な地代値上げに応じざるを得なかった。このような売買を，建物の基礎が地震に脅かされるのと同様に見られるところから，「地震売買」と呼んでいる。

この地震売買の弊に対し，明治41年（1908年），帝国議会に「借地人ノ権利保護ノ請願」が提出され，衆議院，貴族院とも願意を採択すべきものと議決した。その内容は，「土地の所有者がその地上に所在する他人の工作物又は竹木の収去を請求しようとするときは，あらかじめ相当の移転料を提供することを要する。ただしその工作物等の所有者に契約違反があった場合は移転料は不要である。移転料の額は工作物等の種類と土地の状況とを斟酌して裁判所がこれを決する」というものであった。しかし，この提案は陽の目を見ることはなかった。

次いで，明治42年（1909年），「借地権救済ニ関する請願」及び「借地ニ関スル請願」が衆議院に提出され，同院はこれを採択し「建物保護ニ関スル法律案」を可決した。原案は，「地上権又ハ土地賃借権ニ因リ工作物ヲ有スル者ハ登記ナシト雖モ其ノ事実ヲ知リタル第三者ニ対抗スルコトヲ得」という一箇条のみのものであった。

提案理由によると，「民法施行以前は登記がなくても新地主に対抗できた。しかし，民法施行後は登記がないと第三者に対抗できず，また地主の承諾がないと賃貸借や地上権の登記は不可能であるため，地震売買が盛んに行われることになった。裁判所において借地人から新地主に対し移転料を請求しても，裁判所は，これは地主の恩恵であって権利ではないと却下されるという始末で，借地人は窮地に陥った。そこで，民法177条，605条の例外を設け，この地震売買の弊を司法権の保護によって救済したい」というものであった。

衆議院は原案に大修正を加えたうえ可決した。この修正案は，建物の登記をもって借地権の第三者対抗力を認めた（1条）ほか，2条において，建物所有を目的とする地上権の最短存続期間を20年と定め，これより短い期間を定めたときは期間を20年に伸長されること，建物所有を目的とする土地の賃貸借が期間の満了により終了する場合においても，建物が存続する場合に限り期間を更新することができることを規定し，賃借人に存続期間の保護及び更新請求権を認めた斬新的なものであった。しかし，この法律案の回付を受けた貴族院はさらに大修正をし，最短存続期間の保護及び更新請求権等の規定を削除した

うえ可決し，同年「建物保護ニ関スル法律」（明治42年法律第40号）が成立した。

〔2〕 借地法・借家法の成立

(1) 第1次借地法案の提出

　「建物保護ニ関スル法律」の衆議院採択法案において認められた最短存続期間の保護及び更新請求権は，貴族院によって否決されたものの，その必要性は少なくなかった。同法成立の翌年である明治43年（1910年）には，「借地ニ関スル法律案」が提出された。この法案の内容は，借地権の最短存続期間を20年とし，建物所有を目的とする賃貸借について譲渡性を付与し，賃料の増額について協議が調わないときは当事者一方の請求により「地料協定委員会」（各市町村に置かれる，地主，借地人から選挙で選ばれた11人の委員により構成される一種の仲裁機関）に賃料額の決定を請求できるとするものであったが，この法案は衆議院で否決された。その後もたびたび借地法案や借地権救済に関する請願等が出され，また住宅問題もいよいよ深刻さを加えるに及んで，政府は明治44年（1911年），この問題の調査を開始し，翌45年（1912年）には法典調査会の後身である法律取調委員会の総会の議に付した。その後，紆余曲折の結果，大正7年（1918年），委員総会において，借地法案を議決した。政府はこれを借地法案（第1次）として貴族院に提出し，議会において活発な質疑応答がなされたが審議未了となった。翌大正8年（1919年），政府は再び同法律案を貴族院に提出したが，同院は，この法の精神には賛成であるが，あまりにも複雑すぎて人心の緩和にならないし，時弊を救うこともできないから，一応延期の意味において否決するとの意見が多数を占め，同法案はまたもや流産の憂き目をみた。

　同議会では，貴族院の借地法委員会において借家法の必要性について質疑がなされたが，政府委員は，「今，借家問題が非常に叫ばれるようになっているが，これは貸借の問題ではなく主として家屋の需給の問題であって，借家法を定めるのみでは借家払底の時弊を救うことにはならない。司法省の問題というよりも他省の問題ではないかと考える」との趣旨の答弁をしており，当時，政府としては，借家法を立案する気配さえもみえなかった。しかし，当時の住宅の欠乏と家賃の値上げ，借家の明渡しの問題は社会問題化しつつあり，諸外国

の立法事情もふまえ政府は翻然と態度を改め借家法の立案に着手した。

(2) 借地法・借家法の成立

　第1次借地法案は，規定が複雑でわからないということで貴族院において否決されたので，政府は，今度は前案に比べ大いに簡略化した借地法案と問題となった借家法案を作り，議会に提出した。大正10年（1921年），衆議院は，「借家借地等ニ関シ争議調停機関ヲ設置セラレタシ」との希望条件を付して政府原案を可決した。次いで，貴族院において若干の修正をしたうえ，「借地借家ニ関スル紛争ヲ簡易ニ解決スルタメニ裁判所ノ外ニ別個ノ機関ヲ設ケルコト右ノ為別ニ法律案ヲ来期議会ニ提案スルコト」及び「小額ノ借賃住宅ノ供給ヲ潤沢ナラシムル目的ヲ以テ建築会社ニ関スル法律案ヲ来期議会ニ提出スルコト」という2箇の附帯決議をして可決した。この修正案は衆議院に回付され同意を得て，ここに多年の懸案であった借地法及び借家法が成立した。時に大正10年（1921年）4月8日のことであった。

　もっとも，この法律は，当初から全国一律に適用されたわけではなく，その施行区域は「勅令ヲ以テ之ヲ定ム」（附則16条）とされており，当初は東京・京都・大阪・神奈川・兵庫の各府県のうち，東京・大阪が若干の郡部諸町を含む市のみに施行された。その後，大正11年（1922年）に名古屋市に適用され，昭和14年（1939年）には東京・京都・大阪・神奈川・兵庫・愛知の各府県全部及び広島県，山口県（下関市），福岡県に適用が拡張され，昭和16年（1941年）の改正と同時に全国に適用（同年3月10日）されることになった。

　なお，大正11年（1922年）には借地借家調停法が成立したが，この借地借家調停制度はわが国の調停制度の先駆けといわれ，借家紛争については相当の効果をあげたが，借地紛争の解決にはあまり効力を発揮しなかったようである。

　さらに大正12年（1923年）の関東大震災による借地借家関係の混乱を解消するため，大正13年（1924年）に借地借家臨時処理法が制定された。この法律は東京府及び神奈川県の一部のみについて限時法として制定されたが，その有効期限は再度延期され，結局昭和21年（1946年）の罹災都市借地借家臨時処理法が施行されるまでその効力を有していた。

〔3〕 地代家賃統制令の制定

　借地法・借家法制定後，しばらくの間は借地・借家法の改正運動も続けられていたが，次第に濃厚となる戦時体制と大衆運動の弾圧により完全に影をひそめてしまった。借地・借家法の本質について，従来学者がとっていた弱者保護の社会的見地から捉えようとする考え方は次第に姿を消し，「社会の繁栄のための不動産所有権の制限」といった考え方が有力となっていった。

　そして，昭和12年（1937年）の日華事変の勃発によりわが国は戦時体制に突入したが，総力戦の下での都市への急激な人口の集中により住宅の需要が激増した。しかし，物資の統制により住宅建築資材は欠乏し，また労力の不足等により，深刻化する住宅難は一向に回復するきざしは見えなかった。住宅の不足は勢い地代・家賃の騰貴へとつながった。しかし，戦時体制下における地代・家賃の急騰は，人心に不安をもたらし国民生活に悪影響を及ぼすことは必至であった。この地代・家賃の急騰に対処するため，政府は当初地主・家主に対する行政指導でその抑制を行うことを試みた。しかし，地主・家主の自制と行政指導には限界があり，政府は昭和14年（1939年），国家総動員法19条の規定による有効期間を1ヵ年とする「地代家賃統制令」（第1次）を制定した。

　同令の主な内容は，①地代・家賃の額を昭和13年8月4日に停止する，②借地借家条件についてもこれに準ずること，③昭和13年8月4日以降に初めて地代家賃が発生したものについては，その最初の額を超えることができないこと，④特別の事情があるときは地方長官の許可を受けて増額することができ，また著しく不当と認められる地代・家賃については，地方長官が減額を命ずることができることなどである。

　その後，昭和15年（1940年），「地代家賃の適正基準」が織り込まれた第2次地代家賃統制令が制定され，新たに発生する地代・家賃について届出の規定が設けられた。また，昭和17年（1942年）には地代家賃審査会に関する規定の一部改正が行われたが，この第2次統制は第2次大戦後の昭和21年（1946年），国家総動員法廃止法により効力を失うまで行われた。

〔4〕 借地法・借家法の改正

(1) 昭和16年の借地法・借家法の改正

　昭和16年（1941年），政府は故なき更新拒絶ないしは解約の申入れから借地人・借家人を保護するため，「正当事由」という一般条項を導入して，地主・家主が更新を拒絶し又は解約を申し入れるには，自己使用その他正当な事由が必要であることを内容とする借地法・借家法改正案を帝国議会に提出した。この改正案は，貴族院において若干の反発はあったもののほとんど抵抗もなく両院を通過し，同年施行された。借地法，借家法が同趣旨で同時に改定されたが，改正の中心は借家法であり，戦時体制下の住宅難が契機となっていた。

　政府の改正の提案理由は，およそ次のとおりである。まず借地法については，「大正10年の借地法の制定により借地関係は著しく鞏固となり，借地権者の地位も次第に安定してきた。その後建物及び土地の価格が漸次昂騰し，借地を求める者が次第に増加してきたため，借地期間が満了すると地主はその土地を他に利用する必要上，借地契約の更新に応じないという事態が生ずるようになった。もちろん，契約の更新を拒絶すれば借地上の建物を時価で買取らなければならないが，この時価にはいわゆる借地権の価格は含まれず，一般の建物価格に比し低額である。従って，地主は建物を買取ってもなお土地の明渡しを求めるほうが利益があるわけで，更新拒絶に対し建物の買取りを認めるだけでは，借地人は必ずしも救済されないのであり，この弊は最近とくに目立ってきており，建物そのものの重要性から考えても到底捨て置き難い問題である」と説明している。

　これに対し借家法の改正理由としては，「建物価格が昂騰し，借家が払底したため，賃貸人の中には期間の満了を奇貨とし，あるいは解約の権利を相当の理由なく行使して，何等の債務不履行もない賃借人を追立て，空家としてこれを他に売却し，または高額の権利金を得て他人に賃貸して不当な利益を受けるという弊害が生じてきた。例えば，権利金を支払って他人の店舗を借入れ，多くの資本を投じて営業を開始し懸命に努力して自分の地盤を開拓したにもかかわらず，しかも賃料の滞納その他の債務不履行がないのにもかかわらず，家屋

の明渡しを強制され多年の努力も一朝にして水泡に帰してしまったというような事例もあり，これは賃借人に酷であるばかりでなく国家経済の上からも甚だ憂慮すべきであり黙視することができない」というものである。

このような改正理由が昭和16年改正法の真の根拠づけとなり得るのか，また，改正法の位置づけをどのように考えるかは議論の分かれるところであろう。しかし，ともかくこれによって借地人・借家人が地主・家主からの不当な追立てから免れることができるようになったことは事実である。

(2) **第2次大戦後の借地・借家立法**

第2次大戦の戦災により，わが国の多くの都市は焼土と化し，「住宅を探すことは木にのぼりて魚をとる如し」との判例（東京地判昭22・7・11司法研究報告書第6輯第2号110頁）に象徴されるように極度な住宅難に見舞われた。このような中にあって，借地借家関係立法として主要な法令は，「罹災都市借地借家臨時処理法」及び「（第3次）地代家賃統制令」である。

「罹災都市借地借家臨時処理法」は，昭和20年（1945年）の戦時緊急措置法に基づく戦時罹災土地物件令を承継して制定されたもので，その法律の内容の骨子は大正13年（1924年）の借地借家臨時処理法から受け継がれたものである。この法律は，元来は戦災地のみに関する臨時立法であったが，昭和22年（1947年）の改正により「政令で定める火災，震災，風水害その他の災害のため滅失した建物がある場合にこれを準用する」（同25条ノ2）ことになったことから，臨時法的性格は失われ，平成23年（2011年）の東日本大震災後に成立した「大規模な災害の被災地における借地借家に関する特別措置法」（平成25年法律第61号）により廃止されるまで有効に存在していた。

他方,「地代家賃統制令」は，戦後の物価安定政策の一環としてポツダム政令に基づく勅令として昭和21年（1946年）に制定されたもので，①同年9月30日における地代家賃を「停止統制額」とし，②新たに発生する地代家賃については物価庁長官が認可することとし，これを「認可統制額」とする，③貸主は停止統制額又は認可統制額を超えて，地代・家賃の額を契約し，又は受領することができない，④借地・借家の権利金の受領は禁止される，というものであった。

この第3次地代家賃統制令は，わが国の経済復興，住宅難の漸次的解消などに伴い，次第に統制対象を縮小し，昭和25年（1950年）の改正では，①一時使

用のための借地借家及び②商業用その他事業の建物とその敷地を統制令の適用除外とし，さらに③同年7月11日以後新築に着手した住宅及びその敷地も適用除外とした。

昭和31年（1956年）の改正では，統制対象はさらに縮小され，庶民生活に影響の少ない大規模住宅（床面積が30坪を超えるもの）及びその敷地が適用除外になった。その後，たびたび地代家賃統制令の廃止法案が提出されたが，ついに昭和60年（1985年）廃止法が公布され，同年12月31日をもって効力を失った。

(3) **昭和30年代における借地・借家法改正事業**

第2次大戦後しばらくの間は，借地借家問題の処理はその多くを判例・学説によっていた。しかし，わが国の経済が徐々に回復するにつれて，他人の土地を有効に利用して収益をあげる者や政府の持家政策の影響を受けて借地する者も次第に増えていった。また，戦前と戦後のわが国の社会経済体制の激変は借地借家関係にも大きな影響を与え，さらに建物の構造・規模等も次第に変化していった。借地借家関係の規制，紛争解決等に関する従来の学説・判例の努力も，新たな事態の発生に対しては限界に達しようとしていた。

昭和31年（1956年），法制審議会民法部会財産法小委員会の一部からなる借地借家法改正準備会は，①現行借地・借家法が現在の社会事情に適合せず，紛争解決に不十分であること，②土地建物の使用の高度化に関する規定の整備が必要なこと，③借地権による金融の便宜を増進する必要があること，④罹災都市借地借家臨時処理法の再検討が必要なことなどを理由として借地借家法の改正準備作業に取り組んだ。

同準備会は，昭和32年（1957年）に「借地・借家法改正の問題点」を，同34年（1959年）に「借地借家法改正要綱試案」を，同35年（1960年）に「借地借家法改正要綱案」を発表した。この要綱案は，借地・借家法を全面的に改正し，一本の単行法にまとめようとするもので，借地権なる物権を創設するなど画期的なものであったが，借地権の物権化などに対する地主側の反対意見が強く，正式な法案化に至らないまま挫折した。

(4) **昭和41年の借地・借家法の改正**

昭和30年代半ばまで精力的に続けられた借地借家法改正準備会の作業は，結局法案の作成に至らなかったが，昭和37年（1962年）以降は，今度は，緊急

の手直しに必要な点だけに限って改正の検討がなされた結果，昭和39年（1964年），法制審議会において「借地法等の一部を改正する法律案」が決定され，昭和41年（1966年），借地法及び借家法の一部改正が成立した。改正内容は，おおむね次のとおりである。

まず借地法関係では，①非堅固建物から堅固建物への借地条件の変更及び増改築（借地8条ノ2），②建物の譲渡に伴う土地賃借権の譲渡・転貸（借地9条ノ2），③建物の競売に伴う敷地賃借権の譲渡・転貸（借地9条ノ3）についての代諾許可の制度が創設された。また，④地代増減額請求について，裁判所の地代額確定までは，従来の地代が支払われていれば，それが改定額に充たない場合でも債務不履行とはならない旨（借地12条2項）の改正がなされた。さらに，建物保護法1条2項が削除された。

次に借家に関するものとしては，家賃増減額請求の場合の処理（借家7条2項・3項）及び相続人不存在の場合の借家権の帰属（借家7条ノ2）が改正，追加された。

第3節　借地借家法の成立

〔1〕　「借地借家法」の立法経緯

(1)　借地・借家法改正に関する問題点の提起

昭和41年（1966年）の改正後，昭和60年代初頭（1980年代半ば）ころまでは，借地・借家法の改正が話題になることはほとんどなかったが，この間，土地と建物に対する人々の考え方も変わり，建物の構造・規模・種類，あるいは土地・建物の所有階層も大きく変転した。借家関係についていえば，公営住宅，公団・公社の賃貸住宅の著しい増加，また民間賃貸住宅の目ざましい発展に伴い，持家の増加とも相俟って，需給のバランスによる問題はほぼ解消してきていた。

これに対し，借地関係についていえば，新規の借地の供給が極めて少なくなり，高額な借地権価格の発生，地代の低廉化，更新料その他の各種承諾料の授受等の新たな借地慣行の発生，さらに，高層建物の建築に伴う地上げ問題等が生じてきていた。

このような借地借家をめぐる社会の実態の変化に対応し，また，わが国経済の活性化をはかるための民間活力の導入の必要性等から，昭和50年代半ばから60年代初頭にかけて借地・借家法の改正が話題にのぼり始めた。そこで，昭和60年（1985年），法制審議会民法部会財産法小委員会は，借地・借家法改正問題について審議を開始することを決定し，法務省民事局参事官室から「借地・借家法改正に関する問題点」及び「同説明」が公表された。

(2) 借地法・借家法改正要綱試案

「借地・借家法改正に関する問題点」及び「同説明」は各界に大きな反響を呼び起こし，多くの有益な意見が寄せられた。法制審議会民法部会は，これらの意見を参考として，今後の借地・借家関係における当事者の公平，適切な権利義務関係のあり方を中心に，借地・借家法の見直しを行い，平成元年（1989年），「借地法・借家法改正要綱試案」を公表した。

(3) 借地法等改正要綱

法制審議会総会は，さらに上記「要綱試案」に対する各界の意見を斟酌したうえ，次のような「借地法等改正要綱」を決定し，平成3年（1991年），これを法務大臣に答申した。

イ　当初の存続期間は，堅固・非堅固にかかわらず，一律30年とする。更新後の存続期間は，一律10年とする。

ロ　使用継続による法定更新は，建物が存する場合に限るものとする。

ハ　建物が朽廃したことにより借地権が当然に消滅することとする制度は，廃止する。

ニ　借地権の存続期間満了前の建物再築は，土地所有者の承諾がある場合に限り，存続期間が伸長する。

　　更新後における土地所有者の承諾を得ないで再築した場合は，借地契約を解除することができる。

ホ　立退料の提供の申出も，正当事由の一要素として考慮することができる（借地，借家双方）。

ヘ　更新のない借地権として，長期借地権，建物譲渡特約付借地権及び事業目的の借地権を新設する。

ト　自己借地権の設定を認める。

チ　借地上建物が滅失した場合の対抗力付与の方法を新設する。
リ　更新のない建物賃貸借として，賃貸人の不在期間及び取壊し予定の建物の賃貸借の制度を新設する。
ヌ　造作買取請求権の規定を任意規定とする。
ル　なお，民事調停法を改正し，地代・家賃増減請求の訴えを提起する場合には，まず，調停を申し立てなければならないものとする。

〔2〕 借地借家法の成立

(1) 成立の経緯

法制審議会の借地法等改正要綱の答申を受け，政府は平成3年（1991年），「借地借家法案」及び「民事調停法の一部を改正する法律案」を国会に提出した。これらの法案は，衆議院において一部修正のうえ，同年9月30日国会を通過し，同年10月4日公布され，平成4年（1992年）8月1日から施行された。

国会に提出された政府原案のうち，衆議院において修正された点は，次のとおりである。

① 更新後の借地権の存続期間は一律10年とされていたが，第1回目の更新に限り20年と修正された（4条）。
② 借家における建物の利用行為について「建物の使用又は収益」としていたのを，「建物の使用」と修正された（28条等）。
③ 賃料改定の調停手続における調停条項について，これによる旨の当事者の合意が必要であるが，当該合意は「当該調停事件に係る調停の申立ての後にされたものに限る」との限定を付す修正がなされた（民調24条の3第1項）。

(2) 借地借家法の特色

(a) 借地借家法の一元化

借地借家法は，借地法，借家法，建物保護ニ関スル法律の3法を統合する形で成立した。建物保護ニ関スル法律は，借地権の対抗力に関する規定を置くから，これを借地法と一体化することに問題はないが，借地法と借家法は保護の対象，法の理念が異なるとも考えられるから，同一の法律にまとめることには異論もあろう。しかし，この点は，借地，借家の各該当条文の解釈において考

慮すれば足りるともいえるから，土地・建物の賃貸借に関する特別法を一本化したことは，不動産利用権に関する特別法の整理統合という合目的的な観点から首肯できるし，また，これを利用する国民にとっても便利であるといえよう。

(b) **新法の不遡及**

借地借家法は，同法施行前から存する借地・借家には，原則としてこれを適用しないこととした。法施行前の借地・借家関係に借地借家法が適用されると，既存の借地人，借家人の権利，利益が損なわれるのであれば，不適用とすることはあながち不当なことではない。それなら，そのような条項のみの不適用を定めればよいわけであるが，借地借家法は原則として全面的に不適用とした（附則4条ただし書）。これは，借地借家法に対する借地人，借家人側からの危惧に対する政策的配慮がなされたものといえる。

(c) **定期借地権等の新設**

従来，借地関係は，借地法による法定更新制度と正当事由をめぐる判例，学説により，強固な土地利用権として定着してきた。このことは，借地人保護の観点からは歓迎されるが，逆に土地所有者からの借地供給が望めない結果をもたらした。そこで，借地借家法は，借地（宅地）供給の促進，土地利用の多様化に対応するものとして，3種類の定期借地権等（定期借地権，建物譲渡特約付借地権，事業用借地権）を新設した。

(d) **期限付建物賃貸借の新設**

一時的に利用する目的（例えば，建替え期間中の借家など）で建物を賃貸借する場合は，従来から借家法が適用されない一時賃貸借が利用されていたが，貸主側の必要（例えば，転勤している間だけ賃貸したい）から一時的に建物を賃貸する場合には，この一時賃貸借は使い勝手が悪く，期間満了時に借主から一時賃貸借であることを否定されることが少なくなかった。借地借家法は，合理的理由がある場合には，期間の満了により終了する建物賃貸借の制度を新設した。賃貸人の不在期間の建物賃貸借（旧38条）及び取壊し予定の建物の賃貸借（39条）である。前者は，転勤，療養，親族の介護その他のやむを得ない事情により，一定の期間に限り建物を賃貸し，その期間が満了したときは契約の更新がなく，賃貸借は終了するというものである。後者は，法令又は契約により，一定の期間経過した後に，建物を取り壊すべきことが明らかな場合には，建物を取り壊

すこととなる時に賃貸借が終了するというものである。このうち，賃貸人の不在期間の建物賃貸借（旧38条）は，平成11年（1999年）の改正で，より一般的な契約の更新のない定期建物賃貸借（38条）となった。

(e) **地代・家賃増減請求の調停前置**

地代・家賃増減請求については，従来は調停を経ることなく，直ちに訴えを提起できるものとされていたが，借地借家法の制定に伴い，民事調停法の一部が改正され，地代・家賃増減請求の訴えを提起する場合には，あらかじめ調停を申し立てなければならないことになった（民調24条の2）。なお，当事者双方の書面による合意がある場合には調停委員会は事件の解決のために適当な調停条項を定めることができるとされた（民調24条の3第1項）。この調停条項は，裁判上の和解と同一の効力を有するから（民調24条の3第2項），当事者は調停条項に不服であっても異議の申立て（民調18条）をすることはできない。

〔3〕 定期建物賃貸借制度の新設等

借地借家法成立後間もない平成11年（1999年），議員立法として国会に提出された「良質な賃貸住宅等の供給の促進に関する特別措置法案」が国会を通過し，平成12年（2000年）3月1日から施行された。この法律は，実質的には，借地借家法の一部を改正し，定期建物賃貸借の制度を一般化しようというものである。すなわち，旧38条は，賃貸人の不在期間の建物の賃貸について，一定の要件が存する場合に，更新のない建物賃貸借を認めたものであるが，改正後の38条は，一般的に（一定の要件を必要とせず），当事者の合意により，更新のない建物賃貸借契約の有効性を認めた。

なお，同時に，建物賃貸借については，民法604条の規定（賃貸借の存続期間）は適用しない旨の改正がなされた。

〔4〕 終身建物賃貸借の新設

平成13年（2001年），「高齢者の居住の安定確保に関する法律」（平成13年法律第26号）が制定され，一定の要件を備えた高齢者用建物の賃貸借については，

その賃借人が生存中のみ存続する終身建物賃貸借が認められることになった（52条）。

〔5〕 事業用定期借地権等の改正

借地借家法旧24条は，借地期間10年以上20年以下の事業用借地権を定めていたが，20年を超えても存続可能な事業用借地権（専ら事業の用に供する建物の所有を目的とする借地権）を認めることとし，平成19年（2007年）12月21日，借地借家法の一部を改正する法律（平成19年法律第132号）により，従来の事業用借地権の期間を伸長して10年以上30年未満としたほか，期間を30年以上50年未満とする事業用定期借地権の制度を新設した（借地借家23条。なお，建物譲渡特約付借地権の規定は，24条とされた）。この事業用定期借地権等の規定は，平成20年（2008年）1月1日から施行された。

〔6〕 非訟事件手続法の施行に伴う借地借家法の一部改正

平成23年（2011年）5月19日，新しい非訟事件手続法（平成23年法律第51号）が関連法規とともに成立し，同月25日公布された。借地借家法旧42条は特別の定めがある場合を除き旧非訟事件手続法第1編の規定を準用することとしていたことから，借地借家法41条に定めるいわゆる借地非訟事件の手続についても新非訟事件手続法に大きく影響を受けることになり，これに併せて借地借家法第4章の規定が大幅に改正された。もっとも，内容的には，借地非訟事件の特殊性から，従来，借地非訟事件手続規則により定められ運用されてきた事項について借地借家法に定められるなど実際上の大きな変更はない。なお，新非訟事件手続法は平成25年（2013年）1月1日から施行され，また，これに伴う借地借家法改正部分も同施行日から施行されたが，この法律が施行される前に申し立てられた借地非訟事件の手続（19条1項の申立てが施行日より前になされた場合の同条3項の申立てを含む）は，なお従前の例による（非訟事件手続法及び家事事件手続法の施行に伴う関係法律の整備等に関する法律118条）。

〔7〕 大規模な災害の被災地における借地借家に関する特別措置法の制定

　大規模災害時における借地借家の特例を定めた罹災都市借地借家臨時処理法（昭和21年律第13号。以下「罹災法」という）は、当初は第2次大戦後の戦災復興のため、次いで法律で定める火災、震災、風水害その他の災害に地区を定めて（昭和22年改正）、さらに政令で定める火災、震災、風水害その地の災害に地区を定めて適用できることとなり、平成16年（2004年）の新潟中越地震まで適用された。しかし、平成23年（2011年）の東日本大震災については、その適用が見送られ、これに代わるものとして、平成25年（2013年）6月26日、「大規模な災害の被災地における借地借家に関する特別措置法」（平成25年法律第61号）が制定され、罹災法は廃止された。

〔8〕 民法（債権関係）の一部改正等

　土地・建物の賃貸借等に係る基本法は民法であるが、その中核部分ともいわれる債権関係の規定が、平成29年（2017年）5月26日、121年ぶりに改正された（「民法の一部を改正する法律」平成29年法律第44号）。同改正法は、土地・建物の賃貸借等に関しても、多岐にわたるものであり、原則的に令和2年（2020年）4月1日から施行された。

　なお、平成30年（2018年）7月6日には、配偶者居住権等の新たな制度を取り入れた民法（相続関係）の一部改正も行われており、借地借家の実務にも種々の面で影響を及ぼすことになる。原則的施行日は令和元年（2019年）7月1日、配偶者居住権については令和2年（2020年）4月1日から施行されている。

〔9〕 デジタル社会の形成を図るための借地借家法の改正

　令和3年5月12日、「デジタル社会の形成を図るための関係法律の整備に関する法律」（令和3年法律第37号）が成立し、同月19日に公布された。この法律

により,「借地借家法及び大規模な災害の被災地における借地借家に関する特別措置法」(以下「被災地借地借家特措法」という)の一部が改正され,借地借家法上の一般定期借地権の設定や定期建物賃貸借の契約手続等の電子化,被災地借地借家特措法上の被災地短期借地権の設定手続の電子化などが行われており,これに伴い借地借家法施行令(令和4年政令第187号)及び借地借家法施行規則(令和4年法務省令第29号)が制定され,これらはいずれも令和4年5月18日から施行されている。

【参考】デジタル社会の形成を図るための借地借家法の改正等に関する関係法律等

> 1 「デジタル社会の形成を図るための関係法律の整備に関する法律」(令和3年法律第37号／令和3年9月1日施行)

(借地借家法の一部改正)
第35条 借地借家法(平成3年法律第90号)の一部を次のように改正する。
・第22条に次の1項を加える。
　2 前項前段の特約がその内容を記録した電磁的記録(電子的方式,磁気的方式その他人の知覚によっては認識することができない方式で作られる記録であって,電子計算機による情報処理の用に供されるものをいう。第38条第2項及び第39条第3項において同じ。)によってされたときは,その特約は,書面によってされたものとみなして,前項後段の規定を適用する。
・第38条中第7項を第9項とし,第4項から第6項までを2項ずつ繰り下げ,同条第3項中「前項」を「第3項」に改め,同項を同条第5項とし,同条第2項中「前項」を「第1項」に改め,同項を同条第3項とし,同項の次に次の1項を加える。
　4 建物の賃貸人は,前項の規定による書面の交付に代えて,政令で定めるところにより,建物の賃借人の承諾を得て,当該書面に記載すべき事項を電磁的方法(電子情報処理組織を使用する方法その他の情報通信の技術を利用する方法であって法務省令で定めるものをいう。)により提供することができる。この場合において,当該建物の賃貸人は,当該書面を交付したものとみなす。
・第38条第1項の次に次の1項を加える。
　2 前項の規定による建物の賃貸借の契約がその内容を記録した電磁的記録によってされたときは,その契約は,書面によってされたものとみなして,同項の規定を適用する。
・第39条に次の1項を加える。
　3 第1項の特約がその内容及び前項に規定する事由を記録した電磁的記録によってされたときは,その特約は,同項の書面によってされたものとみなして,同項の規定を適用する。

(法附則)
(第35条の規定の施行に伴う経過措置)

第5条 第35条の規定による改正後の借地借家法（以下この条において「新借地借家法」という。）第22条第2項の規定は，第35条の規定の施行の日以後にされる新借地借家法第22条第1項前段の特約について適用する。

2　新借地借家法第38条第2項の規定は，第35条の規定の施行の日以後にされる新借地借家法第38条第1項の規定による建物の賃貸借の契約について適用する。

3　新借地借家法第39条第3項の規定は，第35条の規定の施行の日以後にされる新借地借家法第39条第1項の特約について適用する。

2　1の整備法35条4項に定める政令（令和4年政令第187号／令和4年5月18日施行）

借地借家法施行令

内閣は，借地借家法（平成3年法律第90号）第38条第4項の規定に基づき，この政令を制定する。

1　借地借家法第38条第4項の規定による承諾は，建物の賃貸人が，法務省令で定めるところにより，あらかじめ，当該承諾に係る建物の賃借人に対し同項の規定による電磁的方法による提供に用いる電磁的方法の種類及び内容を示した上で，当該建物の賃借人から書面又は電子情報処理組織を使用する方法その他の情報通信の技術を利用する方法であって法務省令で定めるもの（次項において「書面等」という。）によって得るものとする。

2　建物の賃貸人は，前項の承諾を得た場合であっても，当該承諾に係る建物の賃借人から書面等により借地借家法第38条第4項の規定による電磁的方法による提供を受けない旨の申出があったときは，当該電磁的方法による提供をしてはならない。ただし，当該申出の後に当該建物の賃借人から再び前項の承諾を得た場合は，この限りでない。

附　則

　この政令は，デジタル社会の形成を図るための関係法律の整備に関する法律（令和3年法律第37号）第35条の規定の施行の日（令和4年5月18日）から施行する。

3　2の借地借家法施行令1項に定める施行規則（令和4年法務省令第29号／令和4年5月18日施行）

借地借家法施行規則

（電磁的方法）

第1条　借地借家法第38条第4項に規定する電子情報処理組織を使用する方法その他の情報通信の技術を利用する方法であって法務省令で定めるものは，次に掲げる方法とする。

　一　電子情報処理組織を使用する方法のうちイ又はロに掲げるもの
　　イ　送信者の使用に係る電子計算機と受信者の使用に係る電子計算機とを接続する電気通信回線を通じて送信し，受信者の使用に係る電子計算機に備えられたファイルに記録する方法
　　ロ　送信者の使用に係る電子計算機に備えられたファイルに記録された情報の内容を電気通

信回線を通じて情報の提供を受ける者の閲覧に供し，当該情報の提供を受ける者の使用に係る電子計算機に備えられたファイルに当該情報を記録する方法
　二　磁気ディスクその他これに準ずる方法により一定の情報を確実に記録しておくことができる物をもって調製するファイルに情報を記録したものを交付する方法
2　前項各号に掲げる方法は，受信者がファイルへの記録を出力することにより書面を作成することができるものでなければならない。

(借地借家法施行令に係る電磁的方法)
第2条　借地借家法施行令第1項の規定により示すべき電磁的方法の種類及び内容は，次に掲げるものとする。
　一　次に掲げる方法のうち，送信者が使用するもの
　　イ　電子情報処理組織を使用する方法のうち次に掲げるもの
　　　(1)　送信者の使用に係る電子計算機と受信者の使用に係る電子計算機とを接続する電気通信回線を通じて送信し，受信者の使用に係る電子計算機に備えられたファイルに記録する方法
　　　(2)　送信者の使用に係る電子計算機に備えられたファイルに記録された情報の内容を電気通信回線を通じて情報の提供を受ける者の閲覧に供し，当該情報の提供を受ける者の使用に係る電子計算機に備えられたファイルに当該情報を記録する方法
　　ロ　磁気ディスクその他これに準ずる方法により一定の情報を確実に記録しておくことができる物をもって調製するファイルに情報を記録したものを交付する方法
　二　ファイルへの記録の方式

(情報通信の技術を利用する方法)
第3条　借地借家法施行令第1項に規定する電子情報処理組織を使用する方法その他の情報通信の技術を利用する方法であって法務省令で定めるものは，次に掲げる方法とする。
　一　電子情報処理組織を使用する方法のうちイ又はロに掲げるもの
　　イ　送信者の使用に係る電子計算機と受信者の使用に係る電子計算機とを接続する電気通信回線を通じて送信し，受信者の使用に係る電子計算機に備えられたファイルに記録する方法
　　ロ　送信者の使用に係る電子計算機に備えられたファイルに記録された情報の内容を電気通信回線を通じて情報の提供を受ける者の閲覧に供し，当該情報の提供を受ける者の使用に係る電子計算機に備えられたファイルに当該情報を記録する方法
　二　磁気ディスクその他これに準ずる方法により一定の情報を確実に記録しておくことができる物をもって調製するファイルに情報を記録したものを交付する方法
2　前項各号に掲げる方法は，受信者がファイルへの記録を出力することにより書面を作成することができるものでなければならない。

　附　則
　この省令は，デジタル社会の形成を図るための関係法律の整備に関する法律第35条の規定の施行の日（令和4年5月18日）から施行する。

第2章

借地・借家法の内容

第1節　はじめに

　借地，借家に関する特別法として，現行法上は，借地借家法（平成3年法律第90号）が存し，建物保護ニ関スル法律（明治42年法律第40号），借地法（大正10年法律第49号），借家法（大正10年法律第50号）は，借地借家法施行の日（平成4年8月1日）をもって廃止された。

　借地借家法は，同法附則に特別の定めがある場合を除き，同法施行前に生じた事項にも適用されるが，廃止前の建物保護ニ関スル法律，借地法及び借家法の規定により生じた効力は妨げないとされているから（借地借家附則4条），本章においては，借地借家法のほか，廃止された「建物保護ニ関スル法律」（以下「建物保護法」という），借地法及び借家法についても取り扱うこととする。

第2節　借　地　法

〔1〕　借地法の対象

　借地法（本稿において，特に断りのない限り，借地借家法第2章ほかに規定されている借地に関する規定及び借地法を含む用語として使用する）は，土地の利用権のうち，建物の所有を目的とする地上権及び土地賃借権（両者を併せて「借地権」という）に適用されるが，臨時設備の設置その他一時使用のために借地権を設定したことが明らかな場合には，借地法の一部の規定は適用されない（借地9条，借地借家25条）。一時使用目的の借地権に適用されない規定は，借地権の存続期間や更新に関する規定（借地2条～8条ノ2，借地借家3条～8条・13条・17条・18条）

及び定期借地権等の規定（借地借家22条〜24条）であり，その他の規定は，一時使用目的の借地権にも適用される。

　建物所有を目的としても，土地の使用貸借（例えば，親族所有の土地上に，地上権又は土地賃借権を設定しないで，土地所有者以外の者が建物を所有する場合など）には，借地法は適用されない。なお，土地賃貸借は有償でなければならないが，地上権は無償でもよいから（民266条1項），土地使用の対価（地代）が支払われていなくても借地権として借地法が適用されるのに対し，土地の使用借人が土地の公租公課を負担していても使用貸借には借地法は適用されない（民595条1項参照）。地上権及び土地賃借権は，当事者間において設定行為（地上権設定契約，土地賃貸借契約）がなくても，法律上当然に発生するものであってもよい（民388条，民執81条－法定地上権，国徴127条－法定地上権等，仮登記担保10条－法定借地権等）。

　建物は，必ずしも，表示登記ができるほどのものに限られないが，少なくとも，土台，柱，屋根，周壁が存し，社会的経済的効用を有する土地に定着する構造物であることが必要である。船上の住居，キャンピングカー，テント，掘建小屋，単にコンテナを積み上げて倉庫等として使用しているものは，ここでいう建物にはあたらない。

　建物の所有を目的とするとは，借地契約の内容として，建物の所有を目的としていれば足り，建物が現に存する必要はない。借地権設定後，一度も建物を築造しなくても，借地契約において建物の所有を目的と定めていれば，借地法にいう借地権である。ただし，借地上に建物が存しない場合には，対抗力（建保1条，借地借家10条1項），更新（借地4条1項・6条2項，借地借家5条）に関し，借地人に不利となる場合がある。

〔2〕　借地権の対抗力

　地上権も土地賃借権も登記をすれば，地上権，土地賃借権の設定後にその土地の所有権を取得した第三者に対し，借地権を対抗できる（民177条。賃借権につき民605条）。しかし，賃借権者には登記請求権が存しないと解されていることから（大判大10・7・11民録27輯1378頁），土地所有者が土地賃借権の登記に協

力してくれなければ登記ができず，他方，地上権は登記請求権が認められているが，これも土地所有者の協力がなければ，地上権設定登記請求の訴えを提起して判決を得なければならず，一般的には，地上権者にそのようなことは期待できない。

　民法施行（明治31年7月16日）後しばらくの間は，建物所有目的の地上権及び土地賃借権について，土地について地上権又は賃借権の登記をする以外に，借地人が第三者に対抗できる途はなかったが，日露戦争を契機として発生した，いわゆる地震売買（地代の値上げに応じない借地人に対抗するため，地主は土地所有権を第三者に譲渡〈多くは仮装譲渡であったが〉し，明渡しを迫った）の弊に対処するため，明治42年に建物保護法が制定され，借地人は，借地上の建物の登記（表示登記で足りる──最判昭50・2・13民集29巻2号83頁）があれば，借地権の登記がなくても，これをもって第三者に対抗できることとされた（建保1条，借地借家法10条1項）。

　対抗できる第三者は，土地の所有権を取得した者に限られず，その土地に賃借権を取得した者に対しても対抗できる（最判昭28・12・18民集7巻12号1515頁）。広大な1筆の土地について範囲を確定しないで借地権を設定したときは，特別の事情がない限り，建物の敷地及び建物を所有かつ利用するために必要な範囲についてのみ，借地権を対抗できる（大判大14・4・23新聞2418号15頁）。また，借地権をもって対抗できる土地は，建物の登記に所在の地番として記載されている土地に限られるのが原則である（最判昭44・12・23民集23巻12号2577頁）。

　借地借家法10条1項（建保1条。以下同じ）の対抗力は，建物の登記がなされていることが必要であるから，建物が滅失した場合には，登記がそのまま残っていても登記の効力は失われ，本条の対抗力も認められない。このような場合，借地人は，借地上の見やすい場所に，滅失した建物の表示などその建物を特定するために必要な事項，建物が滅失した日及び建物を新たに築造する旨を掲示すると，建物が滅失した日から2年間に限り，借地権の対抗力を有するが（借地借家法10条2項），その2年の間に建物を新たに築造し，かつ，登記をしないと対抗力は認められない。

　借地権設定時には，土地に抵当権が設定されていなかったが，その後土地に抵当権が設定された後に，借地人が建物を再築し，建物の登記を行ったところ，

土地が競売に付された場合においては，土地を取得した買受人に対して，借地権を対抗できない。他方，借地借家法10条1項の要件が備わっていても，賃借地上建物の競落人は，土地賃貸人の承諾がなければ，譲受賃借権を土地所有者に対抗できない（大判昭7・3・7民集11巻4号285頁）。

なお，建物所有目的の地上権設定登記が存する場合において，借地法7条により地上権の存続期間が延長した場合に，延長後の地上権を表示するものとして効力を有するとした判例（最判昭59・4・5裁判集民141号529頁）がある。

〔3〕 借地法上の借地権

借地借家法の施行（平成4年〔1992年〕8月1日）前に設定された借地権（以下「既存借地権」という）は，実質的には，借地法の規定するところにより処理されるから，借地借家法に基づく更新のある借地権（以下「普通借地権」という）とは別に，その借地権の内容等を略述する。

(1) 既存借地権

既存借地権は，期間が満了しても，借地権設定者（地主）が借地権者（借地人）に対し，借地契約を終了させるには，正当の事由を必要とし，これが認められなければ，借地契約は法律上当然に更新（法定更新）するという借地権である（借地4条1項・6条）。

既存借地権は，借地上に築造する建物の種類によりその存続期間を異にしており，建物の種類の定めは重要な借地条件となっている。建物の種類として，借地法は，堅固の建物（堅固建物）と堅固の建物以外の建物（非堅固建物）とに区分し，堅固建物の例として，石造，土造，煉瓦造又はこれに類する建物をあげており，今日的にいえば，鉄筋・鉄骨コンクリート造の建物が代表的なものといえる。これに対し，非堅固建物とは，一般的に木造建物をいい，軽量鉄骨・鉄筋造の建物もこれに含まれる。建物が堅固建物であるか否かの区別は，建物の耐久性，耐震性，耐火性，堅牢性や解体の容易性等を総合考慮して定めるべきものであるが，いずれも相対的な基準であり，その実態に応じて判断するほかない。この場合の判断基準は，現在の建築の技術水準を基本とするものと解してよいであろう。堅固性を否定した判例として，最判昭48・10・5民

集27巻9号1081頁（重量鋼造組立式工場），東京高判昭59・12・27判時1158号203頁（軽量鉄骨造作業所），大阪地判平8・8・21判タ938号252頁（軽量鉄骨プレハブ造居宅），堅固性を肯定した判例として，東京地判昭38・11・27下民集14巻11号2308頁（ブロック造店舗兼居宅），東京地判昭40・1・28判時412号51頁（1階鉄筋コンクリート造事務所・倉庫，2階木造居宅），東京高判昭41・8・8東高民時報17巻8号176頁（鉄骨造工場）などがある。

堅固建物所有の目的の借地権か否かは，通常は借地契約において定めるところによるが，借地契約に際し，建物の種類，構造を定めなかったときは，堅固の建物以外の建物の所有を目的とするものとみなされる（借地3条）。

(2) **既存借地権の存続期間**

既存借地権の最初の法定存続期間は，堅固の建物の所有を目的とするものについては60年，その他の建物の所有を目的とするものについては30年であるが，契約で堅固の建物については30年以上，その他の建物については20年以上の存続期間を定めたときは，法定存続期間より短期であるが，その約定は有効とされ，その期間の満了により借地権は消滅する（借地2条1項本文・2項）。

この約定の最短存続期間より短い期間の定めは無効であるが，この場合の期間は法定存続期間（借地2条1項本文）となるのか，それとも合意で定めることのできる最短存続期間（借地2条2項）となるかについて，判例は，前者と解している（最大判昭44・11・26民集23巻11号2221頁）。

他方，最初の存続期間若しくは更新後の存続期間が満了した場合において，契約更新する場合の存続期間は，合意更新及び法定更新（借地4条1項・6条1項）のいずれの場合も，堅固建物30年，非堅固建物20年である（借地4条3項・5条1項・6条1項）。もっとも，合意更新の場合にこの期間よりも長い期間を定めた場合には，その定めは有効となる（借地5条2項）。なお，法定存続期間の満了前に建物が朽廃すると借地権は消滅する（借地2条1項但書・5条1項・4条1項・6条1項）。

(3) **建物の朽廃による借地権の消滅**

借地権も，地上権又は賃借権の一般的な消滅原因（期間の満了，目的物の滅失，契約解除等）の発生により消滅するが，借地法上，特有の消滅原因（建物の朽廃）があるほか，期間が満了しても借地権が消滅しない場合（法定更新）もあり，

本項においては建物の朽廃による借地権の消滅について述べる。

借地権は，目的物の滅失（借地権の目的である土地が地震，洪水，海没等により存在しなくなった場合）により消滅（履行不能により契約が終了）するが，借地上の建物が滅失しても借地権は消滅しない。ところが，借地法は，建物が朽廃すると借地権が消滅する場合を規定している。すなわち，借地権の存続期間が法定存続期間となる場合（借地2条1項・4条1項・5条1項・6条1項），建物が朽廃すると借地権は消滅するものとされている（借地2条1項但書・4条3項・5条1項・6条1項）。これは，当事者が借地期間を定めなかったときは，借地権は建物が朽廃するまで存続するという意思の推測を根拠にしているものといえる。

建物の朽廃とは，時の経過によって，建物の使用資材が腐朽，損傷し，全体的に観察してもはや建物としての社会的経済的効用を失ったとみられる場合をいう（最判昭35・3・22民集14巻4号491頁参照）。現存建物に大規模修繕が加えられている場合は，当初の建物について当該修繕がなされなかった場合を想定して朽廃の有無を判断すべきである（最判昭42・9・21民集21巻7号1852頁）。これに対し大規模修繕後に更新があった場合には，更新時の建物の状況を前提として，朽廃の有無を判断することになる（最判昭47・2・22民集26巻1号101頁参照）。朽廃は，機能的観点からみれば滅失ともいえるが，建物の外観は有している点で，物理的に建物が存在しない場合の滅失と区別することができる。なお，借地借家法上の普通借地権については建物の朽廃による借地権消滅の制度は廃止されたが，既存借地権については，借地法が廃止された後も，建物の朽廃による借地権の消滅に関しては，借地法の規定するところによる（借地借家法附則5条）。

(4) **法定更新等**

借地権は，約定又は法定の存続期間が満了するまで有効に存続し，期間の満了により消滅するのが原則である。しかし，既存借地権について，借地期間が満了しても借地人が借地契約の継続を希望する場合には，土地所有者と借地人が合意により借地契約を更新することができることに問題はない（これに対し，定期借地権及び事業用定期借地権等の更新は認められない。借地の継続を希望する場合は，再度，借地権設定契約をしなければならない）。

借地法は，契約の更新ないし期間の更新について，①借地人の請求による契約の更新（借地4条1項），及び②期間満了後の借地の使用継続による更新（借

地6条1項），並びに③建物滅失後の再築による期間の更新（借地7条）についで規定を置いている。

　①の借地人の請求による契約の更新とは，期間の満了により借地権が消滅した場合に，借地人が契約の更新を請求したときは，借地上に建物が存在する場合に限り，従前の契約と同一の条件（ただし，期間は借地法5条1項により，堅固建物30年，非堅固建物20年となる）で再度借地権が設定されたものとみなす制度である（借地4条1項・3項）。期間が満了した時に建物が存在しないと請求による更新は認められないが，借地上の建物が滅失し，借地人がこれを再築しようとしたのに，貸地人が再築を禁止し，土地明渡しの調停を申し立て，調停係属中に借地期間が満了した場合には，借地上に建物がないからといって，賃貸人は賃借人の借地法4条1項による更新請求権を否定することは信義則上許されないとする判例がある（最判昭52・3・15判時852号60頁）。なお，更新請求がなされても，土地所有者が自ら土地を使用する必要がある場合，その他正当事由がある場合において，遅滞なく異議を述べた場合には，契約は更新されずに終了する。もっとも，この点は，終局的には正当事由の有無についての裁判所の判断を待つことになる。

　②の借地期間の満了による借地権消滅後に，借地人が土地の使用を継続する場合において，土地所有者が遅滞なく異議を述べないと，借地権は従前の契約と同一の条件（期間は，借地法5条1項により堅固建物30年，非堅固建物20年となる）で更新される（借地6条1項）。法文上は，借地権消滅後とあり，借地権消滅の原因を限定していないが，同条2項が土地所有者の異議について正当事由の存在を要件としている趣旨に照らし，自らの債務を履行しない不誠実な借地人を保護するものではないとして，債務不履行に基づく解除により土地賃貸借が終了した場合には，借地法6条1項は適用されないとするのが判例（最判昭49・7・12民集28巻5号700頁）であり，借地借家法は，使用継続による更新を存続期間満了の場合に限ることを明文化した（借地借家5条2項）。土地の使用継続による更新は，借地法上は，必ずしも建物が存することは必要でない。他方，土地所有者が異議を述べるには，前記①と同様の正当事由を必要とするが，建物が存在しない場合には正当事由は必要でなく（借地6条2項），異議により借地契約の更新は阻止され，借地権は消滅する。なお，借地借家法は，使用継続に

よる契約更新が認められるのは，建物が存在する場合に限るものとした（借地借家5条2項）。

③の建物滅失後に再築された場合の期間の延長は，借地権の存続期間の満了前に建物が滅失した場合において，借地人が残存期間を超えて存続する建物を再築することに土地所有者が遅滞なく異議を述べないときは，借地期間が建物滅失の日から起算して，再築後の建物が堅固の場合は30年，非堅固の場合は20年，自動的に延長するというものである（借地7条）。建物が滅失した場合には，建物の滅失の原因が自然的であっても人工的であっても，また，借地人が任意に取り壊したか否かにかかわらず，建物が滅失した場合の一切の場合をいう（最判昭38・5・21民集17巻4号545頁）。また，旧建物が新建物の建築工事に応じ，逐次取り壊され，新建物完成時に全部取り壊された場合も，本条の滅失にあたるとする判例がある（最判昭50・9・11民集29巻8号1273頁）。

借地人は，建物が滅失した場合，土地所有者の承諾なく自由に建物を再築することができるのが原則であるが，借地契約において，建物の種類，構造，規模，用途についての借地条件が定められている場合には，これと異なる建物を再築するには土地所有者の同意を要し，また，増改築制限の特約がある場合には，再築について土地所有者の承諾を要することはいうまでもない。

借地人の建物再築について異議を述べると，期間の自動延長はなく，従前の存続期間の満了により借地契約は終了する。なお，土地所有者の異議は，特別の理由は必要でないが，異議を述べても建物の再築を阻止する効力はない。ただし，従前の期間満了時における更新拒絶の際の正当事由の判断にあたり考慮される。

なお，建物再築にあたり，存続期間満了の際の借地の返還を確保する目的で，残存期間を超えて存続する建物を建築しない旨特約させた場合には，その特約は借地法11条に違反して無効とする旨の判例がある（最判昭33・1・23民集12巻1号72頁）。

(5) 正当事由

①借地人の更新請求（借地4条1項本文），又は②借地権消滅後の土地使用の継続（借地6条1項本文），あるいは③建物滅失後の再築（借地7条）に対し，地主が遅滞なく異議を述べないと借地契約は更新されることについてはすでに述

べた。しかし，地主がこの異議を述べるのに何らかの理由が必要であるか否かは，以上の3つの場合で異なる。①の更新請求は借地期間満了時に建物が存する場合に限られ，これに対する地主の異議は正当事由が必要とされる。これに対し，②の使用継続の場合の地主の異議は，建物が存する場合には正当事由が必要であるが，建物が存しない場合は正当事由がなくても異議を述べることができ，それにより借地権は消滅する（更新を阻止することができる）。他方，③の再築に対する異議は正当事由を必要とせず，異議により期間の伸長を阻止することができる。③の場合の異議について正当事由を必要としなかったのは，異議を認めても①，②の場合と異なり，借地権が直ちに消滅するわけではないからであろう。この場合は，従前の借地期間が満了した時点で，再度，異議の正当事由を判断することになり，再築に対する異議の申出も，正当事由の一要素として考慮されることになる。

　ところで，借地権を消滅させる効力を有する正当事由とは，一体どのような理由をいうのであろうか。借地法は，「土地所有者カ自ラ土地ヲ使用スルコトヲ必要トスル場合其ノ他正当ノ事由」（借地4条1項但書）と規定していたが，借地借家法は，正当事由に関する判例法の形成を踏まえて，「借地権設定者及び借地権者（転借地権者を含む。以下この条において同じ。）が土地の使用を必要とする事情のほか，借地に関する従前の経過及び土地の利用状況並びに借地権設定者が土地の明渡しの条件として又は土地の明渡しと引換えに借地権者に対して財産上の給付をする旨の申出をした場合におけるその申出を考慮して」正当事由の有無を判断するものとした（借地借家6条）。すなわち，正当事由は，まず，地主及び借地人双方の土地の使用の必要性を考慮するほか，借地に関する従前の経過（契約締結の経緯，借地人の債務の履行状況，当事者間の信頼関係等），土地の利用状況（借地全体に対する建物の敷地面積の割合の程度，建物の残存耐用年数等建物の状況，建物の再築の可能性の有無，程度等）並びに地主が提供を申し出た立退料等を総合的に考慮して正当事由が備わっているか否かを判断することになる。立退料の提供又は増額の申出は，原則として，事実審の口頭弁論終結の時までになされたものについて考慮される（最判平6・10・25民集48巻7号1303頁）。なお，借地人が賃貸する建物の借家人の事情は，特段の事情がない限り，借地人側の事情として斟酌することは許されない（最判昭58・1・20民集37巻1号1頁）。

(6) **建物買取請求権**

　借地人の更新請求又は土地の使用継続に対する地主の異議に正当事由が認められると，借地権は更新することなく，期間満了時に消滅する。この場合，土地上には借地人の建物が残存するが，土地利用の権原はなくなり，借地人は借地契約の終了に基づく原状回復義務により，建物を収去して地主に土地を返還しなければならない（民269条・622条・599条1項）。

　これに対し，借地法は，更新請求又は土地の使用継続に対する異議により借地契約が更新されない場合には，借地人は地主に対し，建物その他借地人が権原により土地に附属させた物を時価で買い取るよう請求することができる旨規定する（借地4条2項）。債務不履行により土地賃貸借契約が解除された場合には，借地人に建物買収請求権は認められない（最判昭35・2・9民集14巻1号108頁）。借地人の建物買取請求権は，地主に対する意思表示があれば，地主の承諾等の意思表示を待つまでもなく，借地人と地主との間に，当然に売買契約が成立したことになり，借地人の建物等の所有権移転義務と地主の代金支払義務とは同時履行の関係に立つ（大判昭7・1・26民集11巻3号169頁）。

　建物買取請求の意思表示は，期間満了による借地権消滅に基づく，建物収去土地明渡請求事件の認容判決確定後においてもすることができるが（最判昭52・6・20裁判民121号63頁。なお，最判平7・12・15民集49巻10号3051頁参照），同請求権は，借地権消滅後，権利の行使が可能となった日から10年で時効により消滅する（最判昭42・7・20民集21巻6号1601頁参照）。

　この建物買取請求権は，契約の更新がない場合に借地人の投下資本の回収を図るため，借地人保護の観点から認められたものであるから，期間満了による借地権消滅後に，地上の建物を買い受けた者は，建物買取請求権を有しない（大判昭16・6・20民集20巻15号937頁）。

　建物の時価とは，建物を取り壊した場合の動産としての価格ではなく，建物が現存するままの状態における価格をいい，借地権価格は含まれないが，建物の存在する場所的環境は参酌される（最判昭35・12・20民集14巻14号3130頁）。場所的環境とは，いわゆる場所的利益をいい，借地権価格そのものではないが，借地権価格を構成していた要素の一部，いわゆる寄与配分利益（澤野・基礎381頁以下参照）の全部又は一部と考えられ，裁判実務上は借地権価格の20〜30％

程度考慮されるようである。建物に抵当権が設定されていても建物の時価は減額されるべきではないが（最判昭39・2・4民集18巻2号233頁），建物賃貸借における貸主の地位は地主が承継するから，建物の時価の算定にあたっては，建物賃借権の存在は，当然に考慮される。

なお，建物の買取代金が支払われるまでは，借地人は建物の引渡しを拒むことができるが，そのことに基づく敷地の占有については，地主に対し，不当利得として賃料相当の損害金を支払わなければならない（最判昭35・9・20民集14巻11号2227頁）。

(7) **賃借権の譲渡・転貸**

借地権が地上権の場合には，当該地上権の譲渡・転貸について地主の承諾を要しない。これに対し，借地権が土地賃貸借契約により設定されている場合には，当該土地賃借権を譲渡し，又は賃借物を転貸するには，賃貸人である地主の承諾が必要であり，賃貸人の承諾のない土地賃借権の譲渡・転貸は，賃貸人に効力を生じない（民612条1項）。賃貸人は無断譲渡・転貸を理由に賃貸借契約を解除することができ（民612条2項），また，契約を解除しなくても土地賃借権の譲受人，転借人に対し，所有権に基づき，建物収去土地明渡しを請求することができる（最判昭26・5・31民集5巻6号359頁）。土地賃借権の譲渡・転貸とは，土地賃借権そのものの譲渡・転貸があった場合のみならず，借地人が所有する建物を譲渡すると，当然に土地賃借権の譲渡・転貸があったことになる（民87条2項参照）。

借地人の土地賃借権の譲渡・転貸につき，地主の承諾が得られないときは，借地人は裁判所に対し，土地賃借権の譲渡・転貸の承諾に代わる許可の裁判を申し立て，その許可を得ることができる（借地9条ノ2第1項，借地借家19条1項）。この裁判は，借地上に建物が存する場合に限り申し立てることができ，土地賃借権が譲渡・転貸がなされても地主に不利となるおそれがないと判断される場合には，地代の改定，敷金の差入れ（最決平13・11・21民集55巻6号1014頁）等の借地条件を変更し，また，土地賃借権の譲渡・転貸の許可を承諾料（おおむね借地権価格の10％前後）の給付に係らせることができる（具体的には期間を定めて，期間内に承諾料を支払った時に許可の効力が生ずる等定める）。

これに対し，地主が借地人の土地賃借権の譲渡・転貸を拒むには，その譲

渡・転貸により不利となるおそれが生じることを主張・立証するか，裁判所が定めた期間内に，地主が自らその建物を買い取る旨（建物優先買受け）の申立てをすることになる（借地9条ノ2第3項，借地借家19条3項）。前者は，実務上は，特別の事情（暴力団による取得等）がない限りほとんど認められる可能性はない。後者は，申立てにより，その建物及び借地権について売買契約が成立したことになり，裁判所が定める相当の対価（借地権付建物価格から賃借権譲渡承諾料相当額を控除した価格）で，地主が当該建物と借地権を取得することになる。

　地主の承諾なく土地賃借権が譲渡・転貸された場合，譲受け又は転借した第三者は，土地所有者に対し，その地上建物を収去し土地を明け渡す義務を負うのが原則である。しかし，借地法は，この場合，その第三者は土地所有者に対し，建物その他借地人が権限により附属させた物を時価で買い取るよう請求することができる旨定めた（借地10条，借地借家14条）。この建物買取請求権の性質，内容等は，契約の更新がない場合の建物買取請求権（借地4条2項，借地借家13条1項）と同様と考えてよい。なお，建物とともに敷地の賃借権が転貸・譲渡され，いずれの各譲渡にも賃貸人の承諾がない場合でも，最後の譲受人は建物買取請求権を有する旨の判例がある（大判昭9・4・24民集13巻7号551頁）。

　なお，競売又は公売により賃借地上の建物を取得した者が，地主の承諾を得られないときは，建物の代金を支払った後，2ヵ月以内に，裁判所に対し土地賃借権譲渡許可を申し立てないと，賃借権を地主に対抗できないこととなる（借地9条ノ3，借地借家20条）。

(8) **借地条件の変更等**

　借地法は，建物の種類・構造（堅固・非堅固）により借地権の存続期間を異にしており，いずれの種類・構造の建物の所有を目的とするかは，まず，地主と借地人間の契約によるが，これを定めなかったときは，堅固でない建物の所有を目的とするものとみなされる（借地3条）。借地人が契約又は同法3条の規定により定まった建物と異なる種類・構造の建物を築造するには，契約を変更するか，その旨の地主の承諾が必要となる。また，契約で建物の増改築について制限する旨の特約が付されている場合には，その特約で定められた手続（地主の承諾等）をとらないと契約違反となり，債務不履行により借地契約が解除されるおそれがある。これらの場合に，地主が借地条件の変更を承諾してくれ

ず，また，法外な承諾料を要求するなどした場合に，同法が用意した手段が借地条件変更の裁判（借地8条ノ2第1項，借地借家17条1項）及び増改築許可（借地8条ノ2第2項，借地借家17条2項）の裁判である。

前者の借地条件変更の裁判は，非堅固建物所有目的の借地権が設定されており，借地人が堅固建物を築造するため地主に借地条件の変更を申し入れたが地主がこれを承諾しない場合において，その土地周辺が防火地域に指定され，また，付近の土地の利用状況の変化その他の事情の変更により，現時点において借地権を設定するとしたら堅固建物所有目的とすることが相当と判断される場合には，当事者（借地人のみならず地主も含まれる）の申立てによって，裁判所は堅固建物所有目的に借地条件を変更することができるというものである（借地8条ノ2第1項，借地借家17条1項）。この借地条件の変更を認める場合には，借地人に相当額（更地価格の10〜15％程度）の借地条件変更承諾料の支払が求められ，また，地代の改定等その他の借地条件の変更が行われる。

後者の増改築許可の裁判は，増改築を制限する旨の借地条件が定められている場合において，その増改築が土地の通常の利用上相当と認められる場合は，地主の承諾に代わる許可が与えられるというもので（借地8条ノ2第2項，借地借家17条2項），借地人に対し，相当額（更地価格の3〜5％程度）の増改築承諾料の支払が求められるほか，地代の改定等その他の借地条件の変更が行われることがある。

(9) 地代等の増減請求

地上権の地代又は土地賃貸借の借賃（以下「地代等」という）をいくらに定めるかは，当事者間において合意が成立すれば，いくらでもよい。かつての地代家賃統制令のような地代等を規制する法律はない。したがって，新規に借地権を設定する場合の地代等や権利金等の一時金をいくらとするかは，まったくの自由である。しかし，一度定められた地代等も，租税その他の公課の増減や経済事情の変動により，不相当となる場合がある。このような場合にも，契約は守られるべきで地代等の変更を認めない考え方もあり得るが，借地法は借地契約の当事者に地代等の増減請求権を認めている（借地12条1項，借地借家11条1項）。

地代等増減請求権を行使できるのは，(イ)土地に対する租税その他の公課の増減，若しくは(ロ)土地の価格の高低，(ハ)その他の経済事情の変動により，又は(ニ)

比隣の地代等に比較して不相当となった場合である（借地借家11条1項）。

　(イ)の租税公課は，地代等に占める必要経費等に着目し，(ロ)の土地の価格の高低は，借地の目的である土地の元本としての価値に着目し，(ハ)のその他の経済事情の変動は，地代等変動のその他の経済的要因に着目し，また，(ニ)の比隣の地代等は，地代等が形成される比較要因に着目するものである。もっとも，租税公課の変動が地代等の具体的変動額にどの程度影響を及ぼすかは，当該地代等に占める租税公課の割合により異なり，また，土地の価格の高低が地代等の高低に必ずしも連動するわけではない。さらに，地代等に影響を及ぼすその他の経済事情の変動には，国の財政，税制，国内総生産・総支出，企業物価，消費者物価，勤労者の賃金，株価，金利等多くの経済的要因があげられるが，いずれの変動がどの程度，地代等の変動に影響を与えるかの理論的解明はまったくなされていない。また，それぞれの地代等は，それぞれの契約関係において長期にわたり歴史的に形成された極めて個別性の高い性質を有するものであって，同様に個別性の高い比隣の地代等の額と比較して，当該地代等の不相当性を判断することは困難である。もともと，比隣の地代等より高かったり，低かった場合は，比隣の地代等と比べて差異があって然るべきであるから，ここでいう比隣地代等の比較は，比隣地代等の額との比較ではなく，比隣地代等の変動状況との比較と考えるべきであろう。

　地代等増減請求権の存否ないし具体的な適正額は，一般的には，不動産鑑定評価基準（平成14年7月3日全部改正，平成26年5月1日一部改正（最終）。国土交通省）に定める継続賃料の鑑定評価手法（差額配分法，利回り法，スライド法，賃貸事例比較法）に基づき求められた賃料（経済的適正賃料）を基準とし，契約の経緯，事情等を考慮して判断されることとなるが，経済的適正賃料の算定は，通常は不動産鑑定士の鑑定（裁判における鑑定人としての鑑定，若しくは書証としての鑑定評価書）によることとなる。

　一定期間，地代等の増額をしない旨の特約は有効であるが（借地借家11条1項ただし書），減額しない旨の特約があっても減額請求をすることができるとした判例がある（大判昭13・11・1民集17巻21号2089頁）。また，地代等自動改定特約は，その改定基準が借地借家法11条1項の規定する経済事情の変動等を示す指標に基づく相当なものであればその効力は認められるが，その基準の基礎となっ

ていた事情が失われたため，特約どおり地代等の額を定めることが同条の趣旨に照らし不相当なものとなった場合には，その特約の適用を争う当事者は，同条1項に基づく増減請求権を行使できるとする判例もある（最判平15・6・12民集57巻6号595頁）。

地代等の増減請求があった場合において，借地人の支払額が後に裁判において確定される適正な額等より低額である場合，借地人に地代等の一部未払いの状態が生じて，債務不履行による解除原因となる。そこで，借地借家法（借地法は昭和41年の法改正後）は，地主から増額請求があったときは，増額を正当とする裁判が確定するまでは，借地人自ら相当と認める額を支払えば足りるとし（借地借家11条2項），他方，借地人が減額請求した場合において，減額を正当とする裁判が確定するまでの間は，借地人は地主が相当と認める額を支払わなければならないこととした（借地借家11条3項）。いずれの場合も，適正な額が裁判により確定した場合には，その差額について，年10％の利息を付して清算しなければならない（借地借家11条2項・3項各ただし書）。

なお，地代等増減請求について，当事者間に協議が調わないときは裁判により適正額を決定することになるが，この場合には，当事者はあらかじめ調停の申立てをしなければならない（民調24条の2，調停前置主義）。

〔4〕 借地借家法上の借地権

(1) 借地権の種類

借地借家法は，既存借地権と同様に，更新のある借地権（以下「普通借地権」という）のほか，一定の期間の経過等により契約の更新なく，当然に消滅する定期借地権等（定期借地権，建物譲渡特約付借地権，事業用借地権）を新設した（なお，事業用借地権は平成20年（2008年）の改正で，事業用定期借地権等となった）。

(2) 普通借地権

(a) 普通借地権とは

普通借地権とは，借地借家法施行後に設定された，建物所有を目的とする地上権又は土地の賃借権で，既存借地権と同様に更新のある借地権をいう。

(b) 存続期間

普通借地権の当初の存続期間は，建物の種類・構造を問わず，一律30年であるが，これより長い期間を定めたときは，その期間となる（借地借家3条）。借地法のように，約定による期間の短縮の定めはない。更新後の存続期間は，最初の更新は20年であるが，2回目以降の更新は10年である（借地借家4条）。

　(c)　**法定更新**

　既存借地権と同様に，請求による法定更新及び土地の使用継続による法定更新が認められるが，いずれも建物がある場合に限られる（借地借家5条）。この法定更新を阻止するため異議を述べるには，地主に正当事由が存することが必要であるが，正当事由の存否は，地主及び借地人（転借地権者も含む）が土地の使用を必要とする事情，借地に関する従前の経過，土地の利用状況，並びに立退料等の提供の申出等を考慮して判断される（借地借家6条）。存続期間の満了により，契約が更新されないときは，借地人に建物買取請求権が存することは，既存借地権と同様である（借地借家13条）。

　なお，既存借地権と異なり，建物の朽廃による借地権消滅の制度（借地2条1項但書）はない。

　(d)　**建物の再築**

　借地権の存続期間が満了する前に建物が滅失した場合（人為的な取壊しを含む）において，借地人が残存期間を超えて存続する建物を築造したときは，地主の承諾があった場合に限り，承諾があった日又は建物が築造された日のいずれか早い日から20年間，借地期間が伸長する（借地借家7条1項）。

　この承諾は，明示のものに限られず，黙示であってもよく，また，借地人の再築の申出に対し，申出を受けた日から2ヵ月以内に地主が異議を述べなかったときは，承諾があったとみなされる（借地借家7条2項）。もっとも，この承諾があったとみなされるのは，最初の存続期間内に限られ（借地借家7条2項ただし書），更新後に地主の承諾なく，残存期間を超える建物を再築したときは，地主は借地契約を解約（又は地上権消滅請求）することができ，この解約申入れ後3ヵ月を経過すると借地権は当然に消滅する（借地借家8条1項～3項）。なお，建物の再築にあたり，地主が存続期間満了の際の借地の返還を目的として，借地人に残存期間を超える建物を築造しない旨の特約をさせた場合は，借地法11条によりその特約は無効とする判例がある（最判昭33・1・23民集12巻1号72頁）。

(e) 普通借地権の消滅

　普通借地権も存続期間の満了により消滅する。ただし，期間満了時において，建物が存する場合に限り，借地人が借地の継続を望むときは，地主に対し更新請求するか，使用を継続すると更新があったものとみなされ，借地権は消滅しない（借地借家5条）。これに対し，地主が借地人の更新請求ないし土地の使用継続に遅滞なく異議を述べ，正当事由が認められると借地権は消滅する。この場合には，借地人は地主に対し，借地上の建物等を時価で買い取るよう請求できる（借地借家13条）。

(3) 定期借地権

(a) 定期借地権とは

　定期借地権とは，50年以上の期間を定めて借地権を設定した場合において，①契約の更新（更新請求及び土地の使用継続によるものを含む）がないこと，②建物が再築されても期間の延長がないこと，及び③存続期間が満了した場合の建物買取請求をしないことの3つの特約をしたときは，これらの特約を有効とする借地権をいう（借地借家22条）。その結果，当初の約定期間が経過すると更新なく（借地借家5条の規定の排除），また，存続期間中に建物が再築されても期間の延長がなく（借地借家7条の規定の排除），さらに，期間満了時に借地上に建物が存する場合にも借地人は地主に対し，その建物の買取りを請求することができず（借地借家13条の規定の排除），借地人は建物を収去して土地を返還しなければならない更新のない借地権をいう。

(b) 定期借地権の設定

　定期借地権としての効力を生じる借地権を設定するには，公正証書等書面により，50年以上の期間を定めた借地権設定契約をしたうえ，前記の3つの特約を定めなければならない（借地借家22条1項）。

　なお，この「書面」については，デジタル社会の形成を図るための関係法律の整備に関する法律（令和3年法律第37号）において，電磁的記録（電子的方式，磁気的方式その他人の知覚によって認識することができない方式で作られる記録であって，電子計算機による情報処理の用に供されるものをいう）によってなされたときは，その特約は，書面によってなされたものとみなされることとなった（借地借家22条2項（新設）。令和4年5月18日施行）。

(c) 借地条件等

定期借地権における借地条件は，期間が50年以上であること及び前記3つの特約が定められていることにより適用されない規定（借地借家4条〜8条・13条・18条）を除き，普通借地権と同様の規定（借地借家10条〜12条・14条・15条・17条・19条・20条）の適用がある。

(d) 定期借地権の消滅

定期借地権は，存続期間の満了により，何らの意思表示を要せず，当然に消滅する。期間満了後，借地人が土地の使用を継続していても，借地借家法5条2項の法定更新はない。他方，民法619条の規定による使用継続による推定が働くことも考えられるから，この規定の適用を排除したいときは，定期借地権設定契約に際し，同条の適用がないことを明記しておくのがよい。もっとも，定期借地権を設定したこと自体，同条の推定を覆す事情と考えることもできる。

定期借地契約が終了すると，借地人は原状回復義務を負い，借地上の建物その他借地人が設置した施設，設備等を収去して，地主に土地を返還しなければならない。この場合，借地人には建物買取請求権がないことは，前述（(2)(a)）のとおりである。

(e) 借地上建物の賃借人の保護

この場合，借地上の建物に借家人がいる場合も，借地権の消滅により建物賃貸借関係は終了するから，借家人は建物から退去して土地を明け渡さなければならないことになる。しかし，借家人の中には，建物の敷地利用権が定期借地権であることを知らない場合もあり得ることから，借地権の存続期間が満了することをその1年前までに知らなかった借家人は，裁判所に請求することにより，これを知った日から1年を超えない範囲内において，土地の明渡しを猶予してもらうことができることとした（借地借家35条1項）。この猶予期間が到来すると，建物の賃貸借は終了する（借地借家35条2項）。

(4) 事業用定期借地権等

(a) 事業用定期借地権等とは

事業用定期借地権等とは，事業用定期借地権（借地借家23条1項）及び事業用借地権（借地借家23条2項）をいい，いずれも専ら事業の用に供する建物（ただし，居住用の用に供するものは除く。以下同じ）を所有する目的で設定される借地

権である。両借地権の差異は，存続期間及び設定契約の内容にあり，両者とも公正証書により設定しないと事業用定期借地権等として効力が認められない点は同様である。

　すなわち，事業用定期借地権は，専ら事業の用に供する建物を所有する目的で，期間を30年以上50年未満と定めて借地権を設定する場合には，契約の更新及び建物の築造による存続期間の延長がなく，並びに存続期間の満了により契約が終了する場合の建物の買取りの請求をしない旨定めることができるというもので，これらの特約を定めて，公正証書により借地権を設定した場合には，借地借家法の強行規定にかかわらず，これらの特約が有効とされるというものである（借地借家23条1項）。

　これに対し，事業用借地権は，従来の事業用借地権（借地借家旧24条）の存続期間の長期が20年以下から30年未満に改正されたもので，公正証書により借地借家法23条2項の事業用借地権として設定契約をすれば，法律上当然に，更新及び建替えに関する規定（借地借家3条～8条・18条）及び建物買取りに関する規定（借地借家13条）の適用がないとするものである（借地借家23条2項）。

　いずれの借地権も当初定めた期間が満了すると，契約の更新がなく，また，建物の再築による期間の延長もなく，期間満了時の建物の買取りを請求できないことから，借地人は地主に対し，土地上の建物その他の工作物を収去して，土地を原状に復して返還すべき義務を負うことになる。

　(b)　所有建物の種類

　借地上に築造，所有できる建物は，専ら事業の用に供する建物でなければならず，かつ，居住の用に供する建物は除かれる。事業は，営利事業のほか公共，公益事業でもよく，学校，病院，駐輪場等も可能である。「専ら」事業の用に供する建物でなければならないから，住居部分を併設する建物は除かれる。また，賃貸マンションは，事業の用に供するものであるが，居住用となるので，事業用定期借地権等の目的となる建物とすることはできない。

　(c)　事業用定期借地権等の設定

　事業用定期借地権等を設定するには，必ず公正証書によらなければならない（借地借家23条3項）。公正証書以外の書面で事業用定期借地権等の設定契約をしても，契約の更新及び建物の再築による期間の延長がない旨及び契約の更新が

ない場合の建物買取請求の規定がない旨の特約の効力は認められず（借地借家23条1項），また，更新の規定等（借地借家3条～8条・13条・18条）の適用は排除されない。なお，従前は，事業用借地権の存続期間が短い（10年以上20年以下）ことから，まず，当事者間において，事業用借地権を設定する旨の協議をしたうえ，公正証書による契約締結前に借地人が建物を建築し，建物の使用開始に合わせて事業用借地権の期間の始期とする公正証書による借地権の設定をするのが一般であったが（この協議の結果をまとめたのが，いわゆる「事業用借地権設定の覚書」といわれるもので事業用借地権設定予約契約としての性格を有していたものである），平成20年改正により事業用借地権の存続期間が10年以上30年未満と伸長したことにより，このような必要性は薄れた。

(d) **建物の種類，用途の変更**

事業用定期借地権等を設定した後に，借地人がその約定に反して，居住用建物を建築したり，非居住用の建物を建築したがその後用途変更をして居住用建物として使用した場合に，事業用定期借地権等は当然に普通借地権となり，法定更新等の規定が適用されるようになるかが問題となる。このような場合，地主は借地条件，用法違反を理由として借地契約を解除できるのが原則であるが，仮に，解除明渡しを求める訴訟において解除が認められなかった場合，あるいは，地主が建物の種類，用途の変更を容認している場合に問題となる。借地借家法23条は，更新等の規定の排除の要件として，建物の種類・用途を限定しており，これを事業用定期借地権等の存続要件と解すれば，建物の種類・用途の変更があると事業用定期借地権等としての効力が失われると解することになろう。事業用借地権の場合には，10年以上30年未満の短期の期間は無効となり，期間の定めのない借地権として，借地借家法3条により30年の存続期間となる。もっとも，このように解すると，借地人の契約違反により居住用建物に変更された場合，地主に酷となるが，このような場合には，約定の存続期間満了時における地主の建物収去土地明渡しに対し，借地人がこのような抗弁を主張することは信義則に反し許されないと解することもできよう。

(e) **事業用定期借地権等の消滅**

事業用定期借地権等は，当初定められた存続期間の満了により，更新なく消滅する。借地人は，建物を収去して土地を原状に復して返還しなければならな

い。もっとも，当事者間の合意により，再度，借地権を設定し，若しくは，地主が建物の譲渡を受けることができるのはいうまでもない。

(5) **建物譲渡特約付借地権**

(a) **建物譲渡特約付借地権とは**

建物譲渡特約付借地権とは，借地権設定後30年以上経過したときに，地主が相当の対価で借地上の建物の譲渡を受けることにより，消滅する借地権である（借地借家24条1項）。設定する借地権は，普通借地権でも定期借地権でもよく，さらに事業用建物所有目的の場合には，事業用定期借地権（借地借家23条1項）も設定することができる。いずれの借地権についても，借地権設定後30年以上経過したときに，地主が借地上の建物の譲渡を受けるべき特約を結ぶ必要がある。この特約としては，期限付売買あるいは売買予約等が考えられる。建物譲渡の相当の対価とは，譲渡時の建物の時価をいい，建物自体の価格にいわゆる場所的利益を考慮した価格と考えられる。この特約に基づき，地主が建物の譲渡を受けることにより，当然に借地権は消滅する。

(b) **建物譲渡特約付借地権の設定**

借地権設定後30年以上経過したときに借地権を消滅させるには，借地権の設定契約と同時に，建物譲渡の特約を結ぶ必要がある。将来の建物譲渡の特約の法律形式としては，一般的には，30年以上の一定の期間が経過した時に当然に売買の効力が発生することを内容とした期限付売買又は30年以上経過した後に地主が予約完結権を行使することにより，売買契約が成立する売買予約などが考えられる。この特約は，借地権設定契約に際し，将来，借地権を消滅させることを目的として建物を譲渡する旨定めることになる。

(c) **建物譲渡の保全**

地主が借地権設定後30年以上経過した時に，借地人から確実に借地上建物の譲渡を受けるには，あらかじめ，その権利を保全する必要がある。すなわち，借地上に築造された建物は，借地権存続中に他に譲渡されたり，また，差し押さえられて競売されることも考えられる。このような場合であっても，地主が将来，その建物の所有権を取得できるようにするには，建物建築後に最先順位の所有権移転又は所有権移転請求権保全の仮登記をしておく必要がある。また，期間途中で建物が再築された場合にも，同様の仮登記をする必要がある。

(d) **法定借家権の発生**

　30年以上の期間経過後，地主が建物の譲渡を受けると借地権は消滅し，建物の所有権は地主に帰属する。この場合，借地人は建物明渡義務があり，また，建物に賃借人がいる場合も，一般的には，前記(c)で述べた仮登記の存在により，借家人は地主に建物賃借権を対抗できないから，借地人と同様に地主に対し，建物明渡義務を負うことになる。しかし，借地借家法24条2項は，建物の譲渡により借地権が消滅した場合において，借地人又は建物の賃借人で，借地権消滅後もその建物の使用を継続している者が，地主に対し，建物賃貸借の請求をすると，その借地人又は建物賃借人と地主との間に，法律上当然に，期間の定めのない（借地人が請求した場合で，借地権の残存期間があるときは，その残存期間を存続期間とする）建物賃貸借が成立することとした。賃料は，当事者の合意で定めればよいが合意が成立しないときは，当事者からの申立てにより裁判所が定めることになる（借地借家24条2項後段）。なお，借地権消滅後の建物賃貸借について，借地人又は建物賃借人と地主との間で合意が成立すれば，借地借家法38条1項の定期建物賃貸借とすることができる（借地借家24条3項）。

(e) **建物譲渡特約付借地権の消滅**

　借地権の消滅を目的とした建物譲渡の特約が存するが，①建物が30年以上の期間が経過するより前に滅失した場合，②30年以上の期間経過後，地主が建物の譲渡を受ける前（例えば，建物譲渡に地主の売買予約完結権行使の意思表示をする前）に建物が滅失した場合，あるいは③建物が他人名義となっている場合において，当初の契約上の建物譲渡の条件が成就した場合，借地権は消滅するのであろうか。

　①，②の場合には，譲渡すべき建物が存しないから，建物譲渡による借地権の消滅はないといわざるを得ない。それでは借地権は消滅しないかというと，建物譲渡特約付借地権の基本借地権として定期借地権が設定されていれば，その期間の満了により借地権は消滅する。また，普通借地権が設定されていて，存続期間が満了していれば，その満了時において建物が滅失して存在しなければ，契約は更新されず，借地権は消滅する（借地借家5条）。これに対し，建物譲渡の条件が成就したが存続期間が満了していない場合，地主は借地権の消滅を請求することはできないと解するほかない。この場合，借地人が建物を再築

することを地主が拒めるかも疑問であり，基本借地権が普通借地権の場合には契約の更新が問題となる余地がある。

他方，③の場合，借地権設定の際に建物に仮登記を設定するなど，地主の建物譲渡の権利の保全をしていないときには，その第三者（通常は，借地権の承継者であろう）から建物の譲渡を受けることは不可能であって，結局，借地権は消滅せず，通常の定期借地権，事業用定期借地権又は普通借地権の終了と同様に処理することとなる。

〔5〕 自己借地権

自己の所有する土地上に建物を築造する場合，建物所有者はその敷地の所有者であるから，その敷地について建物所有のための何らかの利用権原を設定する必要はない。それでは，自己の所有地に自ら借地権を設定することができるであろうか。従来は，自己の所有地に借地権を設定することは，混同の法理（民520条）により，認められないとされていた。しかし，例えば，自己所有地上に分譲マンションを建築し，敷地利用権を借地権とすることを望んだ場合，土地所有者は，まず，自己の会社を設立し，会社との間で借地権を設定したうえ，同会社がマンションを建築して販売するという迂遠な方法をとらざるを得なかった。そこで，借地借家法は，他の者と共に有することとなる場合に限り，土地所有者も自ら借地権を設定することができることとした（借地借家15条1項）。

第3節　借　家　法

〔1〕 借家法の対象

借家法（本節において，特に断りのない限り，借地借家法第3章以下の借家に関する規定及び借家法を含む用語として使用する）は，すべての建物賃貸借について適用される。

建物とは，土地の上に定着し，土台，柱，屋根，障壁等を有する構造物で，居住，営業等の用に供されるものをいい，建物の一部であっても，障壁等によ

って他の部分と区画され，独占的，排他的支配が可能な構造，規模を有する場合には借家法が適用される。

借家法が適用されるのは，建物の「賃貸借」であって，使用貸借には適用されない（民法の使用貸借の規定による）。もっとも，賃貸借であっても，一時使用のための賃貸借であることが明らかな場合には，借家法は適用されない（借家8条，借地借家40条。最判昭36・10・10民集15巻9号2294頁，最判昭41・10・27判時467号36頁）。

公営住宅の使用許可による賃貸借についても原則として借家法が適用されるが（最判平2・6・22判時1357号75頁〔借家法1条ノ2の解約を認めた例〕。参照：最判昭62・2・13判時1238号76頁〔公営住宅の建替事業のための明渡し請求に借家法1条ノ2の要件具備を要しないとした例〕），社宅について，使用料が社宅使用の対価と認められない場合に，借家法1条ノ2の適用が認められなかった事例がある（最判昭29・11・16民集8巻11号2047頁）。

賃貸借であるか否かは，原則として，当事者が採用した契約の形式（「建物の賃貸借」としたか否か）により判断すべきこととなるが，建物賃貸借の形式をとっていても，その実質が他の目的にあり，賃貸借はその形式にすぎない場合には，借家法が適用される建物賃貸借と考えるべきではない（契約当事者も，借家法の適用がないことを前提として，契約内容を定めている場合など）。いわゆる，サブリース契約について賃貸借の法形式を採用していれば借家法が適用される建物賃貸借であって，借地借家法32条1項の賃料増減請求権の規定は適用されるとする判例があるが（最判平15・10・21民集57巻9号1213頁），サブリース契約にも種々のものがあり，一概にこのようにはいえない（澤野「サブリース再論」立教法学73号（2007年）131頁）。

なお，建物の賃貸借にあたり，一定期間，賃料を無償とする契約（フリーレンタル）も存するが，これは基本契約が賃貸借であって，無償期間内であっても使用貸借ではなく，賃貸借である。

〔2〕 借家権の対抗力

建物の賃借権も登記をすれば第三者に対抗できる（民605条）が，賃借権の登

記がなくても建物の引渡しがあれば，建物賃貸借後にその建物についての物権を取得した者に対し，その効力を生ずる（借地借家31条1項）。引渡しは事実行為であり，書面による等何らの形式を要しないが，賃貸借の効力を発揮させるような状態で目的物の使用収益を容認する外形を徴表する行為があれば足り，引渡文書の交付あるいは鍵の受渡しが一般的である。建物の一部であっても，他の部分と区画され，独占的・排他的支配が可能な構造・規模を有するものは，その建物部分について登記ができなくても，引渡しがあれば賃借権を対抗できる（最判昭44・7・17民集23巻8号1610頁）。

〔3〕 借家権の種類及びその内容

借家権には，契約の更新のある普通借家権，存続期間の満了により確定的に終了する定期借家権のほか，建物が取り壊されるべきときに終了する取壊し予定の建物の賃貸借及び生存中に限り存続する特別法上の終身借家権が存するが，その概要は次のとおりである。

(1) **普通借家権**

(a) **普通借家権とは**

普通借家権とは，定期建物賃貸借（借地借家38条）及び取壊し予定の建物の賃貸借（借地借家39条）並びに終身建物賃貸借（高齢者住まい52条）以外の建物賃貸借をいい，契約の更新が借地借家法により保障されている，いわゆる更新のある借家権である。

(b) **存続期間及び法定更新**

契約で存続期間を定めることができるが，最短期間は1年である（1年未満の期間を定めた場合は，期間の定めのない賃貸借とみなされる。借地借家29条1項）。最長期間についての制限はない（借地借家29条2項）。約定の存続期間が満了すると賃貸借は終了するが，期間満了の1年前から6ヵ月前までの間に更新拒絶の通知又は条件を変更しなければ更新をしない旨の通知をしないと更新があったものとみなされる（借地借家26条1項）。また，この通知がなされた場合でも，期間満了後賃借人が建物の使用を継続する場合において，賃貸人が遅滞なく異議を述べないと契約は更新されたものとみなされる（借地借家26条2項）。これ

らの法定更新後の存続期間は，期間の定めがないものとなり（借地借家26条1項ただし書・26条2項），賃貸人が賃貸借の解約を申し入れ6ヵ月を経過すると賃貸借は終了する（借地借家27条）。以上の賃貸人からの更新拒絶若しくは解約申入れには正当事由が必要である（借地借家28条）。

(c) 更新拒絶と正当事由

賃貸人が更新拒絶の通知（借地借家26条1項）又は解約の申入れ（借地借家27条1項）をするときは，賃貸人に継続している賃貸借を終了させるだけの正当事由がなければならない（借地借家28条）。具体的には，建物の賃貸人及び賃借人（転借人を含む）が建物の使用を必要とする事情，契約の解除に至らない賃借人の債務不履行の存在など建物賃貸借に関する従前の経過，建物の利用状況，維持修繕に多額の費用を要する状態にあるなど建物の現況，代替家屋の提供若しくは立退料の提供の申出などの事情を総合的に比較考慮して正当事由の有無を判断することになる（借地借家28条。大判昭15・9・18法律新報11巻17号14頁）。正当事由は，必ずしも解約申入れ時に存在しなくてもよく，訴訟係属中に正当事由が充足すれば，その時から6ヵ月経過することにより借家権は消滅する（最判昭41・11・10民集20巻9号1712頁）。

(d) 普通借家権の設定

普通借家権は，賃貸人と賃借人間における建物賃貸借の合意により成立する（法律上当然に成立する借家権については，定期借家権のところで述べる）。建物賃貸借は，契約書が作成されるのが一般的であるが（宅地建物取引業者が賃貸借の媒介をしたときは，契約書の作成が義務づけられる——宅建業37条2項），契約書が存在しなくても，建物引渡しの事実と建物使用の対価の支払が認められれば，特段の事情がない限り，建物賃貸借の存在を認めることができる。

建物賃貸借契約に記載される内容は，賃貸借の当事者，建物を使用収益できる者の範囲，賃貸借の目的，存続期間，賃料の額・支払方法及び賃料増減請求，敷金その他の一時金，建物使用に伴う維持・管理費用の負担（共益費等），修繕の負担区分，造作買取請求，原状回復義務，更新に関する定めなどである。なお，建物が区分所有建物であれば，これに区分所有建物の管理規約上の義務などが付加される。

(e) 賃貸人，賃借人の変更・承継

賃貸人は，必ずしも建物所有者である必要はないが，所有者が賃貸人である場合に建物所有権が移転すると，賃貸人の地位もこれに伴って新所有者に移転するのが原則である（民605条の2第1項）。建物所有権が移転しても賃貸人の地位が移転しないのは，従来の賃貸人が建物の新所有者から建物の賃貸借について授権されている場合（民605条の2第2項），若しくは譲渡担保や信託のように実質的には所有権の移転はなく，所有権移転の形式をとっている場合に限られる。建物所有権の移転に伴い賃貸人の地位が承継された場合には，旧賃貸人に差し入れられた敷金は，未払賃料に当然に充当され，その残額は新賃貸人に承継される（最判昭44・7・17民集23巻8号1610頁。民605条の2第4項）。なお，建物の所有権が移転しても，その旨の登記がなされない限り，新所有者は賃貸人の地位を賃借人に対抗できない（最判昭49・3・19民集28巻2号325頁。民605条の2第3項）。建物所有権の移転及び賃貸人の地位の移転については，当事者間で特別の定めがない限り，賃借人の承諾は必要でない（民605条の3）。

　これに対し，賃借人の地位の移転（建物賃借権の譲渡）は，これを可能とする特約（譲渡権利付建物賃貸借）がなされていない限り，あらかじめ賃貸人の承諾を受けなければならない。賃貸人の承諾を得ないでなされた賃借権の譲渡は賃貸人に対しては効力を生じないし，また，契約解除の理由となる（民612条）。もっとも，賃貸人は，契約を解除しなくても，無断譲受人に対し建物の明渡しを請求することができる（前掲最判昭26・5・31）。

　借家権も相続の対象となるから，賃借人が死亡した場合には，相続人が賃借人の地位を承継する（これに対し，賃貸人が死亡した場合は，相続人又は受遺者が建物を取得し，その者が賃貸人の地位を承継する）。他方，居住用建物の賃借人が死亡した場合において，婚姻又は縁組の届出をしていないが，事実上，内縁の夫婦関係又は養親子関係にあった同居者は，他に相続人がいない場合に限って，その賃借人の権利，義務を承継する。ただし，その者が相続人なしに死亡したことを知った日から1ヵ月以内に反対の意思を表示したときは，賃借権は承継されない（借地借家36条）。この建物賃借権の承継は，営業用建物賃貸借の場合及び相続人がいる場合には認められないが，生活実態のある者の居住の保護の観点から，後者の場合は認めるとする立法措置が必要であろう。

〔f〕　**普通借家権の消滅**

普通借家権は存続期間の定めがある場合において，賃貸人から所定の更新拒絶の通知があった場合はその期間の満了により，また，期間の定めがない場合には，賃貸人の解約申入れ後6ヵ月を経過したときに終了する（借地借家27条1項）。この期間満了による借家権の消滅について，賃借人が借家の継続を希望する場合は，賃貸人に正当事由が認められない限り契約は法定更新されることは，前述のとおりである。このほか，普通借家権は，一般の賃貸借契約終了事由，すなわち，目的物の滅失（民616条の2），債務不履行による解除，合意解約等により消滅する。

問題は，存続期間の定めがある場合の中途解約権である。中途解約権の留保条項（一定期間前に予告することにより，若しくは相当期間の賃料相当額の損害金を支払うことにより解約できる旨の定め）が定められている場合であっても，賃貸人が中途解約権を行使することは，借地借家法の強行規定にふれるから，できない（借地借家30条）。これに対し，中途解約権の留保条項が存する場合において，賃借人がその条項に従い中途解約できることに問題はない。

他方，中途解約権の留保条項が存在しない場合に，賃借人に中途解約権は認められないかが問題となる。通常は，賃借人の解約申入れにより合意解約が成立する場合が多い。この場合，事前（2～3ヵ月前）の解約申入れがある場合には解約金等の支払をしないで，直前の解約申入れに対しては，次の賃借人詮索に必要な期間（通常は2～3ヵ月）に相当する賃料相当の損害金の支払をして解約されるのが不動産賃貸市場の慣行といえよう。したがって，中途解約権の留保条項が定められていない場合にも，賃借人は，このような慣行に基づいて，若しくは，借地借家法38条7項の規定を類推適用して，中途解約をすることができるものと解される。

もっとも，中途解約により，賃貸人に著しい損害が発生する場合，あるいはこれを認めることが信義則上許されない場合（例えば，賃借人の仕様により賃貸建物を建設し，他の用途に転換することが困難となるような場合など）には，中途解約は認められず，賃借人の事実上の借家からの撤退に対しては，契約期間に相当する賃料相当の損害金を請求することができる。これに対し，賃借人が撤退した後の建物を他に賃貸するなどして収益をあげている場合に，賃貸人の賃料相当の損害賠償請求に対し，賃借人が不当利得の抗弁を主張できるかが問題とな

るが，ケース・バイ・ケースで処理するほかない。

　(g)　**原状回復義務と敷金返還請求**

　賃借人が賃貸借の終了により建物を返還する場合には，これを原状に復して返還しなければならない（民622条・599条1項）。原状に復するとは，賃貸借開始の状態に戻すことをいうのではなく，賃貸借の目的，用途に従って通常の使用をした場合を前提として，その状態を超える損耗を復旧，修復することをいう（民621条）。すなわち，賃借人の善良な管理者の注意義務に違反した使用や損壊についての原状回復をいう。居住用建物であれば，通常の使用による畳の擦り切れや壁紙や襖の汚れ，風呂釜，ガス台等の機能低下などについては原状回復の対象とならないが，ヘビー・スモーカーによる汚損は原状回復の対象となると解すべきであろう。

　他方，賃貸借が終了すると，賃借人は賃貸人に敷金返還請求権を有し，賃貸人は敷金から未払賃料や原状回復費用等の賃借人の債務を差し引いた残額を賃借人に返還する義務がある（民622条の2）。

　これに対し，敷金のうち一定の金額について当然に天引きして返還する旨のいわゆる敷引特約がある場合がある。敷引特約自体は有効と解してよいが，天災地変により建物賃貸借が終了した場合には，その特約の効力は認められないとする判例がある（最判平10・9・3民集52巻6号1467頁）。また，敷引特約の趣旨が原状回復費用に充てるべきものと解されるときは（一般的には，そのように解すべきものであろう），賃借人は通常程度の原状回復義務は免除されているものと解される。さらに，「消費者契約である居住用建物の賃貸借契約に付されたいわゆる敷引特約は，信義則に反して賃借人の利益を一方的に害するものであると直ちにいうことはできないが，賃借人が社会通念上通常の使用をした場合に生ずる損耗や経年により自然に生ずる損耗の補修費用として通常想定される額，賃料の額，礼金等他の一時金の授受の有無及びその額等に照らし，敷引金の額が高額に過ぎると評価すべきものであるときは，当該賃料が近傍同種の建物の賃料相場に比して大幅に低額であるなど特段の事情のない限り，信義則に反して消費者である賃借人の利益を一方的に害するものであって，消費者契約法10条により無効となる。」との最高裁の判決がある（最判平23・2・24民集65巻2号903頁）。

(h) 造作買取請求

　建物の賃貸人の同意を得て建物に付加した造作及び建物の賃貸人から買い受けた造作は，建物の賃貸借が期間の満了又は解約の申入れにより終了するときは，賃借人は賃貸人に対し，これらの造作を時価で買い取るべきことを請求できる（借地借家33条1項。借家5条参照）。

　造作とは，建物に付加された物件で賃借人の所有に属し，かつ，建物の使用に客観的便益を与えるもの（建物の使用に便益を与え，これを建物より取り除くことにより著しく価格の減少を来たすもの）をいい，賃借人がその建物を特殊の目的に使用するために，特に付加した設備を含まない（最判昭29・3・11民集8巻3号672頁）。また，いわゆる無形造作である老舗は含まないとするのが判例である（大判昭15・11・27新聞4646号13頁）。造作買取請求権の法的性質は形成権の一種であり，賃借人が買取請求をすると賃貸人と賃借人間に売買契約が成立したと同様の効果が生ずる（大判昭2・12・27民集6巻12号743頁）。買取りの時価は，建物に付加したままの状態で，造作自体の本来有する価格をいう（大判大15・1・29民集5巻1号38頁）。

　この造作買取請求権の規定は，借家法上は強行規定であったが（借家5条・6条），借地借家法上は，任意規定となっている（借地借家33条・37条）。しかし，借地借家法の施行（平成4年〔1992年〕8月1日）より前に設定された建物賃貸借については，借家法の効力が及ぶから（借地借家附則4条），その賃貸借契約において造作買取請求をしない旨の特約が存する場合，その特約は無効となる。もっとも，借家法下において設定された建物賃貸借であっても，借地借家法施行後になされた造作買取請求権の行使を制限する旨の特約は有効である。

　なお，賃借人が造作買取請求権を行使した場合において，造作代金の提供がないことを理由に建物の明渡しを拒むことができるかについて，判例は，造作代金債権は造作に関して生じた債権で，建物について生じた債権でないとして，賃借人の同時履行の抗弁権（最判昭29・7・22民集8巻7号1425頁）及び留置権（最判昭29・1・14民集8巻1号16頁）の行使を認めていない。

(i) 建物の転借人の保護——建物賃貸借終了の場合における転借人の保護

　建物の転貸借がなされている場合において，建物の賃貸借が期間の満了又は解約の申入れによって終了するときは，賃貸人が転借人に対し，建物の賃貸借

が終了することを通知しないと，賃貸借が終了したことを転借人に対抗できない（借地借家34条1項）。賃貸人がこの通知をすると，通知がなされた日から6ヵ月を経過したときに，転貸借は終了する（借地借家34条2項）。ただし，この場合においても，賃貸借終了後，転借人が建物の使用を継続しているときは，賃借人が建物の使用を継続しているものとみなされ，賃貸人が遅滞なく異議を述べないと，転貸借は法定更新されたことになる（借地借家26条3項・27条2項）。もっとも，この賃貸人の異議に，正当事由を要することは，賃借人の場合と同様である（借地借家28条）。

(j) **借地上建物の賃借人の保護**

定期借地権若しくは事業用定期借地権等が設定されている土地上の建物を賃借している場合において，借地期間が満了すると借地権は消滅し，借地人は建物を取り壊すことになるから，建物の賃貸借も履行不能により当然に終了するものと解される。この場合，建物の賃借人は土地所有者に土地を明け渡さなければならないが，突然に明渡しを請求される建物賃借人を保護するため，借地借家法は1ヵ条を設けた。すなわち，建物賃借人が借地権の存続期間が満了することをその1年前までに知らなかった場合は，裁判所に対し，賃借人がこれを知った日から1年を超えない範囲内において，相当の期間，土地の明渡しを猶予してもらうことができることとした。裁判所が許与した期限が到来すると建物の賃貸借は終了する（借地借家35条）。

(k) **居住用建物の賃貸借の承継**

居住用の建物の賃借人が，相続人なしに死亡した場合において，婚姻又は縁組の届出をしていないが，賃借人と事実上，夫婦又は養親子と同様の関係にあった同居者は賃借人の権利義務を承継し（借地借家36条1項本文），建物賃貸借関係に基づき生じた債権，債務（例えば，敷金返還請求権，未払賃料支払債務など）は，賃借人の権利義務を承継したこれらの同居者に帰属する（借地借家36条2項）。ただし，これらの同居者が，賃借人に相続人がいないことを知った時から1ヵ月以内に賃貸人に反対の意思を表示したときは，賃借人の権利義務は承継されないから（借地借家36条1項ただし書），これらの同居者は賃貸人との間で新たに建物賃貸借契約を締結しない限り，建物を明け渡さなければならない。

(l) **抵当建物使用者の引渡し猶予**

従前，抵当権設定後の建物の賃借人は，一定の要件の下に短期に限り建物の賃借権が保護される旨の規定（短期賃貸借の保護。民旧395条・602条）が存した。この規定は，平成15年に改正され，改正法施行日（平成16年4月1日）以降に設定された建物賃借権は，すべて抵当権者及び競売買受人に対抗できず，売却後は，賃借人は買受人に対し直ちに建物を明け渡さなければならないこととなった。ただし，現実に，競売手続の開始前から使用・収益する賃借人等は，買受人が買受けの時（売却代金支払の時）から6ヵ月間は，建物の引渡しの猶予を受けることができる（民395条1項）。この場合において，賃借人は買受人に対し，使用料（賃料相当額）を支払わなければならず，その支払がないときは直ちに建物を引き渡さなければならない（民395条2項）。しかし，この場合，買受人は従前の賃貸借関係を承継するわけではないので，賃貸人は買受人に対し，従前の賃貸人に対する敷金返還請求権を行使することはできない。

(2)　定期建物賃貸借
(a)　定期建物賃貸借とは
　定期建物賃貸借（以下「定期借家権」という）とは，期間が満了すると，契約の更新なく，確定的に終了する建物の賃貸借をいう。
　普通借家権は，期間の満了又は解約の申入れによって直ちに賃貸借が終了するわけでなく，期間の定めのある賃貸借については，賃貸人は期間満了1年前から6ヵ月前までの間に更新拒絶の通知（更新しない旨又は条件を変更しなければ更新しない旨の通知）をすることにより，また，期間の定めのない賃貸借については，解約申入れ後6ヵ月を経過した時に賃貸借が終了する。しかし，期間満了又は解約申入れによる賃貸借が終了した後も賃借人が建物の使用を継続している場合には，賃貸人が遅滞なく異議を述べないと，契約が法律上当然に更新され，しかも，賃貸人の異議は正当事由が認められるものでなければならないこととされている（借地借家26条～28条）。
　これに対し，定期借家権は，これらの法定更新制度ないし正当事由制度の適用を排除することが認められた建物賃貸借である。すなわち，借地借家法は，一定の手続要件を備えることにより，契約の更新のない（法定更新制度ないし正当事由制度の適用のない）建物賃貸借を認めた（借地借家38条）。
　この38条の規定は，借地借家法制定当初は，賃貸人の不在期間の建物賃貸

借として，賃貸人が生活の本拠としていた建物について，転勤，療養，親族の介護等のため，一時的に不在となる期間について期間を定めて賃貸し，期間の満了により，契約の更新なく終了する，正当事由制度の適用のない賃貸借として定められていた（借地借家旧38条）。しかし，平成11年の借地借家法の改正（「良質な賃貸住宅等の供給の促進に関する特別措置法」）により，「賃貸人の不在期間」という理由に限定されず，一般的に，契約の更新のない賃貸借が認められることになり，平成13年（2001年）3月1日から施行された。ただし，従前の普通借家権を定期借家権に契約を更改することは，営業用借家についてのみ認められ，居住用借家については，当分の間，当事者の合意があっても定期借家権に更改することはできないものとされた（上記特措法附則3条）。

(b) **定期借家権の設定**

定期借家契約をする場合には，賃貸人はあらかじめ，賃借人に対し，この定期借家は，契約の更新がなく，期間の満了により契約が終了する旨を記載した書面を交付して説明しなければならない（借地借家38条3項）。この書面は，契約書とは別個独立の書面である必要があるとするのが最高裁の判例（最判平24・9・13裁時1563号5頁）である。この書面の交付及び説明がなされないと，契約の更新がない旨の定めは無効となり（借地借家38条5項），契約の更新のある普通借家となる。

定期借家契約が宅地建物取引業者の媒介により行われる場合に，宅地建物取引主任者から，重要事項説明書の交付とともに，定期借家である旨の説明がなされるが，この説明がなされても，賃貸人からの定期借家である旨の書面の交付及び説明がなされないと，更新がない旨の特約の効力は認められないので注意を要する。

また，定期借家契約は，書面により契約した場合に限り契約の更新がない旨の特約は有効と定められており（借地借家38条1項），通常は，「定期建物賃貸借契約書」が作成され，その契約書において，契約の更新がない旨の特約が定められるのが一般である。

以上の「書面」については，「デジタル社会の形成を図るための関係法律の整備に関する法律」（令和3年法律第37号）により，建物賃貸借の契約がその内容を記録した電磁的記録によってなされたときは，その契約は書面によってな

されたものとみなされる（借地借家38条2項）こととなった。ただし，賃貸人が借地借家法38条3項の事前説明事項を電磁的方式により提供しようとするときは，あらかじめ賃借人に対し，その用いる電磁的方法の種類及びその内容を示し，書面又は電磁的方法による承諾を得なければならず（借地借家令1項），また，賃貸人がこの承諾を得た場合であっても賃借人からこれらの書面等により，借地借家法38条4項の規定による電磁的方法による提供を受けない旨の申出があったときは，当該電磁的方法による提供をしてはならない旨定められた（借地借家令2項）。これらの規定は，令和4年5月18日から施行された。

(c) **定期借家の存続期間**

定期借家の存続期間は，短期，長期とも制限はない（借地借家38条1項後段）。建物賃貸借の長期の期間については，民法604条の規定は適用されないから（借地借家29条2項），50年を超える期間の定めも有効である。また，普通借家の場合には，1年未満の期間を定めたときは，期間の定めのない賃貸借となるが（借地借家29条1項），定期借家の場合には，この規定は適用されないから（借地借家38条1項後段），1年未満の期間の定め（月，週，日を単位とした定め）も有効である。もっとも，定期借家であるから，期間の定めがない場合，若しくは期間の定めのない賃貸借と解される場合（例えば，「2年以上」と定めた場合）には，定期借家としての効力は認められない。

(d) **中途解約**

普通借家における中途解約については前述したが（〔3〕(1)(f)参照），定期借家についても，基本的には同様に解してよい。ただ，定期借家の場合には，賃貸人による中途解約を制限する場合が多いことも考えられることから，借地借家法はこの点について，賃借人保護の観点から，1項を設けた。すなわち，定期借家契約をした場合において，賃貸借の目的が居住用であり，かつ，賃貸床面積が200平方メートル未満の場合には，転勤，療養，親族の介護その他のやむを得ない事情により，賃借人がその賃借建物を自己の生活の本拠として使用することが困難となったときは，いつでも，解約の申入れをすることができ，解約の申入れの日から1ヵ月を経過することによって，建物賃貸借は終了することとされた（借地借家38条7項）。この規定に反する特約で，賃借人に不利な規定は無効とされる（借地借家38条8項）。

(e) 賃料改定特約

　建物の賃料の増減請求については，借地借家法32条に定めがあり，従前賃料が経済事情の変動又は比隣賃料に比較して不相当となったときは，一定期間，賃料を増額しない旨の特約がある場合を除き，当事者は相手方に賃料の増減を請求できることとされており，この規定は，強行規定と解されている。しかし，定期借家権の場合は，賃料の改定に係る特約が定められているときは，賃料増減請求権に関する32条の規定は適用されないとされており（借地借家38条9項），従前賃料が不相当となっても，当事者は32条の賃料増減請求権を有しないこととなる。これは，一定の期間の経過により確定的に終了する建物賃貸借における賃料に関しては，裁判所が関与することなく，賃貸借当事者の自由な意思に委ねるのが相当とする考え方に基づくものである。賃借人の希望する仕様により建築され，代替性を欠く建物の賃貸借などの場合には，中途解約禁止条項とともに，一定期間，賃料を減額しない旨の条項を有効とする契約をする必要があり，定期借家契約がこれに適しているものといえる。

(f) 定期借家の終了

　定期借家権は，存続期間が満了すると契約の更新なく，賃貸借は終了する。しかし，借地借家法は，期間が1年以上である場合において定期借家権の終了を賃借人に対抗するには，期間満了の1年前から6ヵ月前までの間に，賃借人に対し，期間の満了により賃貸借が終了する旨の通知をしなければならないとした（借地借家38条6項）。ただし，賃貸人がこの通知期間経過後に通知した場合には，その通知の日から6ヵ月を経過すると，定期借家の終了をもって賃借人に対抗できる（借地借家38条6項ただし書）。それでは，定期借家の存続期間満了後も，賃貸人がこの契約の終了の通知をしなかった場合，賃貸借はどのようになるのであろうか。契約の更新がない旨の特約は有効であるから，借地借家法上の法定更新（借地借家26条・27条）が成立することはない。民法619条の規定の適用により，更新が推定されるか。特約により，同条の適用を排除していれば当然に，また，かかる特約がない場合であっても，定期借家であることの趣旨から，同条の適用はないと解すべきものと考えられる。そうすると，期間満了後は，賃借人は何ら権限なく建物を使用していることになり，少なくともその後に建物を取得した第三者に対しては，建物賃借権を対抗することができ

ないことになる。なお，賃貸人は，期間満了後はいつでも契約終了の通知をすることができ，その通知の日から6ヵ月を経過すると，賃借人に賃貸借の終了を対抗することができる（建物明渡しを請求できる）こととなる。建物賃借人の安定性が損なわれる問題のある規定というほかない。

(3) 取壊し予定の建物の賃貸借
(a) 取壊し予定の建物の賃貸借とは

借地借家法39条は，法令又は契約により，一定期間経過した後に建物を取り壊すことが明らかな場合には，建物を取り壊すべき事由を記載した書面により建物を取り壊すこととなる時に賃貸借が終了する旨を定めることができることとした。この規定は，主として，定期借地権の導入に伴い，定期借地上の建物の賃貸借を定期借地権が消滅し，建物が取り壊されるべき時に終了する建物賃貸借の可能性を予定したものであるが，土地区画整理事業や市街地再開発事業その他公共事業の実施に伴う用地買収等にも利用することができる。

(b) 取壊し予定の建物の賃借権の設定

この賃貸借は，具体的な法令又は契約に基づいて，一定の期間が経過すると建物を取り壊すこととなる事由が記載された書面（建物賃貸借契約書）により，建物が取り壊されるべき時に賃貸借が終了する旨の特約を定めて契約することになる。賃貸借契約時において，建物が取り壊されるべき時が確定していればその日を特定すればよいが，確定していない場合には，取り壊されることが予定される日より以前の相当の期間を定め，その期間経過後，実際に建物が取り壊される時に賃貸借が終了する旨定めることもできるものと解される。一種の停止条件付建物の賃貸借ということもでき，建物の取壊しという条件成就により賃貸借は終了する。

◆

第 3 章

借地借家紛争の類型とその要点

第 1 節　はじめに

　総務省の住宅・土地統計調査によれば，平成30年（2018年）における全国の住宅所有世帯総数3287万3700世帯のうち，その敷地が借地権（定期借地権等を含む。以下同じ）であるものは103万8700世帯約3.2％を占め，東京都の場合には住宅所有世帯307万900世帯のうち，借地権は17万5900世帯約5.7％を占めている。他方，全国の住宅総数5392万5000世帯のうち，借家であるものは，1912万4700世帯約35.5％，東京都の場合には住宅総数685万700世帯のうち，借家であるものは335万2000世帯約48.9％を占め，主要都市では，札幌48.1％，仙台49.1％，川崎49.3％，横浜37.7％，名古屋49.5％，大阪54.4％，福岡60.2％となっている。このように，住宅を例にとっても，全国では住宅総数の約37.4％，東京都の場合は約51.5％が借地借家であるうえ，借地借家は契約期間が長期にわたるのが通常といえるから，契約期間中や契約終了に際しての紛争は少なからず存するものと思われる。また，司法統計によれば，令和5年度における第一審通常訴訟既済事件数（全地方裁判所）約13万7600件のうち，建物又は土地（宅地以外も含む）を目的とする訴えは約4万4500件約32％であり，借地借家に関する事件はその一部ではあるが，訴訟に至らない紛争を含めると，借地借家に関する紛争は，かなりの数にのぼり，また，その紛争の内容も種々のものがあると考えられる。そこで，本章においては，借地借家紛争の類型ごとに，紛争の要点，主要な問題点並びにその解決の指針について述べる。

第2節　借地関係

〔1〕　借地権設定時における紛争

　新規に借地権を設定する場合は，通常，当事者間で借地条件その他経済的条件等について協議がなされ，合意に達した後に借地契約が締結されるから，契約内容について解釈上問題が発生することはあっても，主要な借地条件（例えば，地代・土地の借賃（以下「地代」という）や借地権設定権利金の額など）について争いが起きることは少ない。しかし，借地条件の一部について後日協議することとして借地権が設定されたが，後日その協議が調わない場合には，最終的には裁判所の判断を得ることとなる。地代や権利金の額について協議が調わない場合には，当事者の請求に基づき，裁判所は新規地代や権利金の額について鑑定を徴したうえ，当事者間の協議の経緯等を考慮して適正額を決定することになろう（この点，第5編第1章第1節〔1〕参照）。

〔2〕　借地契約継続中における紛争

　借地契約の継続中における主要な紛争としては，①地代増減請求に関する紛争，②賃借権の無断譲渡・転貸に関する紛争，③借地条件の変更等に関する紛争，④借地契約上の債務不履行による契約解除等に関する紛争に大別できる。

(1)　地代増減請求に関する紛争

　従前地代が，地価の上昇，下落や土地に対する租税公課に増減があった場合，その他の経済事情の変動により，又は近傍類似の地代に比較して不相当となったときは，当事者は地代増減請求権を有する（借地借家11条1項）。

　借地契約継続中の地代をいくらに定めるかは，地代家賃統制令のような法的規制はなく，当事者の合意により自由に定めることができるが，改定地代について当事者で合意に達しないときは，いずれの当事者も，裁判所に対し，地代増減請求の訴えを提起できる。もっとも，地代増減請求の訴えを提起するには，まず調停を申し立てる必要がある（民調24条の2）。これは，専門家を交えた調

停委員会において，当事者の合意により，早期，かつ，円満に紛争を解決することを意図したものであるから，当初からそれが見込めない場合には，直接，訴えを提起することもできる。

　この地代増減請求権は当事者の意思表示により効力を生じ，裁判所はその請求額が適正であるか，また，そうでないとしたらいくらが適正な額かを決定する。裁判所は，具体的な適正額を判定することになるが，この場合，通常は鑑定を徴し，その鑑定結果を参考にし，契約の経緯等諸事情を考慮して，具体的な地代額を定める。

　このような借地契約の継続中に支払われる地代を継続地代といい，新規に借地する場合の地代（新規地代）とは，その性質及び適正額評価手法が異なる。新規地代は，客観的に適正な経済地代であるが，継続地代は，当該借地契約締結の経緯，契約の内容その他当該借地契約の諸事情が反映した主観的に適正な地代である。このことを反映して，適正な地代を求める評価手法は，不動産鑑定評価基準において，裁判実務を反映した手法（差額配分法，利回り法，スライド法，賃貸事例比較法）が定められている。

(2) 賃借権の譲渡，借地条件の変更等に関する紛争

　この範疇に属する紛争としては，(イ)土地の賃借権の譲渡・転貸，(ロ)建物競売等の場合の賃借権の譲渡，(ハ)建物の種類，構造，規模，用途を制限する借地条件がある場合の借地条件の変更，(ニ)増改築を制限する借地条件がある場合の増改築に関する紛争がある。

　いずれの場合においても，借地人（(ロ)の場合は，借地人となろうとする者）がその行為を適法に行うためには地主の承諾が必要であるが，法的には地主はその承諾義務を負うものではない。しかし，長期間継続することを前提とした借地関係において，これらの行為の成否について地主に生殺与奪の権利があるとするのは，社会的合理性に反する余地がある。そこで，借地法は，昭和41年の改正において，それぞれ一定の要件の下に，裁判所が地主に代わって許可を与える制度を創設し（借地8条ノ2・9条ノ2・9条ノ3），借地借家法もこれを承継した（借地借家17条〜20条）。したがって，現行法の下においては，これらの行為をするについて地主と合意が成立しないときは，借地人は裁判所に対し，これらの行為の代諾許可を求める申立てをすることができる。これらの申立て

は，比較的簡易な手続（借地非訟手続）により行われる。

(3) **借地契約上の債務不履行による契約解除等に関する紛争**

借地契約上の債務不履行が問題となるケースとしては，(イ)地代不払い，(ロ)土地賃借権の無断譲渡・転貸，(ハ)借地条件の変更，(ニ)増改築の制限，(ホ)用法違反，(ヘ)更新料の不払い，(ト)特約違反その他信頼関係の破壊等が考えられる。

ただし，借地契約のように長期間にわたって継続することが予定されている契約関係にあっては，形式的には契約に違反するなど債務不履行の事実があっても，それが些細なことであったり，一時的なものであり，また，回復可能なものである場合には，その債務不履行の事実のみをもって直ちに契約の解除を認めるのは相当でない。民法541条は，債務不履行による契約解除をするには，相当の期間を定めて催告しなければならない旨定め，また，判例法上，信頼関係を破壊するに足りない特段の事情が認められる場合には，解除の効力を認めないとしているが（最判昭41・4・21民集20巻4号720頁），これは契約関係を支配する信義則からいって当然のことであろう。民法（債権関係）改正法もこの点を明文化した（民541条ただし書）。

(a) **地代不払い**

借地契約における債務不履行による解除が問題となる典型的事例は，地代の不払いである。地代の不払いは，(i)地代をまったく支払わない場合，(ii)地代の支払はあるが，支払時期が度々遅延する場合，(iii)地代の改定について争いがあり，支払地代が適正地代に不足している場合などがある。(i)，(ii)の場合，地主は借地人に対し，催告のうえ，約定の地代の支払がなされないときは契約を解除し，建物収去土地明渡しを求めることができる。これに対し，(iii)の場合，地代増額請求に応じられない借地人は，従前の額の支払をしていれば債務不履行とはならないが（借地借家11条2項），借地人が地代減額を請求したが，相当な賃料額が定まらない間に，従前の額に充たない地代の支払をしていると，契約を解除されるおそれがあるので留意すべきである。地代減額請求の場合において，相当賃料決定までに借地人が支払うべき地代は，地主が相当と認めた額（通常は従前の地代）である（借地借家11条3項）。

(b) **土地賃借権の無断譲渡・転貸**

借地権のうち，地上権については，その譲渡，転貸について土地所有者の承

諾は不要であるが，賃借権については，あらかじめ賃貸人の承諾を得ないと賃貸人は賃貸借契約を解除することができる。土地賃借権の譲渡は，通常は賃借地上の建物の譲渡に伴うものであり，土地賃借権は建物の従たる権利として建物譲受人に移転することになる。しかし，賃貸人の承諾のない賃借権の譲渡・転貸は賃貸人に対し効力を生じないから（民612条1項），結局，土地賃貸人の承諾のない賃借地上の建物の譲渡は，賃貸人にとって賃借権の無断譲渡となり，賃貸人は土地賃貸借契約を解除することができる（民612条2項）。

もっとも，賃借地上の建物の譲渡について，第三者に賃借権を譲渡又は転貸をするについて，賃貸人に不利となるおそれがないのにかかわらず賃貸人の承諾が得られないときは，賃借人は裁判所に対し，賃貸人の承諾に代わる許可の申立てをすることができ，裁判所は相当な賃借権譲渡承諾料（名義書換料）の支払と引換えに，賃貸人の承諾に代わる許可をすることができるものとされている（借地借家19条1項）。この場合の賃借権譲渡承諾料の額は，おおむね当該借地の借地権価格の10％程度である。賃借人からこの申立てがなされた場合，賃貸人は自らその建物及び借地権を買い取る旨の申立て（優先買受申立て。介入権の行使ともいわれている）をすることができる（借地借家19条3項）。

なお，賃貸人の承諾なく賃借権を譲り受けた第三者は，賃貸人に対しては土地の無権限占有者であるから，賃貸人は賃借人との土地賃貸借契約を解除しなくても，土地所有権に基づき，賃借権を無断で譲り受けた第三者に対し，建物収去土地明渡しを求めることができる（最判昭26・5・31民集5巻6号359頁）。この場合，賃借権の無断譲受人は，土地所有者に対し，その土地上の建物を時価で買い取るべきことを請求できる（借地借家14条）。この場合の建物買取りの時価は，建物自体の価格に場所的環境を考慮した価格であるとするのが判例であり（最判昭35・12・20民集14巻14号3130頁），この場所的環境価格は借地権価格の20〜30％程度というのが裁判実務である。

(c) 借地条件の変更

借地法においては，借地上に築造する建物が堅固であるか否かは重要な借地条件であった。借地借家法は，建物の堅固，非堅固による借地権の存続期間の差異を解消したが，建物の種類，構造，規模，用途を制限する特約は有効であり，重要な借地条件となる。また，平成4年8月1日より前に設定された借地

権は，借地法上生じた効力は存続するから，既存の大多数の借地権は従来どおり，建物の堅固，非堅固の別による借地条件は，なお存続する。

これらの借地条件が定められている借地については，借地人がこれと異なる建物を築造しようとするときは，借地条件の変更について地主の承諾を要し，これに反するときは借地条件違反の債務不履行により，契約解除事由となる。これらの借地条件の変更について，地主と借地人間で協議が調わないときは，当事者（地主，借地人のいずれからでも可）は裁判所に借地条件の変更を求めることができる。裁判所は，法令による土地利用の規制の変更（用途地域の変更等），付近の土地の利用状況の変化その他の事情の変更（経済事情の変化等も含まれる）により，現在，新たに借地権を設定するとした場合には，既存の借地条件と異なる建物の所有を目的とすることが相当である場合には，借地条件（非堅固建物所有から堅固建物所有へなど）を変更することができる（借地借家17条1項）。この場合，裁判所は借地人に対し，条件変更料の支払を命じ，また，地代の変更その他相当な処分をすることができる（借地借家17条3項）。非堅固建物から堅固建物への借地条件の変更に伴う承諾料の額は，おおむね当該土地の更地価格の10～15％程度である。

(d) 増改築の制限

借地権は建物の所有を目的とするものであるから，借地人は借地条件で定められた建物であれば，自由に増改築ないし新築（再築）することができるのが原則である。しかし，借地契約において，建物の再築ないし増改築を禁止又は制限する特約がある場合に，その効力が問題となる。判例は，増改築を制限する旨の特約は借地法11条に該当せず有効としている（前掲最判昭41・4・21参照）。借地借家法もこれを有効とすることを前提とした規定を置き，増改築を制限する旨の特約がある場合において，土地の利用上相当と認められる増改築について，地主の承諾を得られないときは，借地人の申立てにより，裁判所が地主の承諾に代わる許可を与えることができるものとしている（借地借家17条2項）。この増改築には建物の再築も含まれると解されており（東京高決昭45・11・2下民集21巻11・12号1425頁，東京高決昭50・5・29判時788号52頁），裁判所は借地人に対し承諾料の支払及びその他相当な処分をすることができる（借地借家17条3項）。この場合の承諾料の額は，全面改築で更地価格の3％程度である。

(e) 用法違反

　用法違反とは，あらかじめ借地契約において定められていた土地の使用方法に反する利用がなされた場合に，契約上の債務不履行責任が発生する場合である。土地そのものの使用に関するものと，地上に築造される建物の種類，構造等の制限に関するものとに大別できよう。前者は，土地の掘削，盛土その他土地の原状を変更することを制限する特約が付されている場合及び借地人の賃借物の善良な管理者の注意義務に違反する場合がある。また，後者は土地上に築造する建物の種類，構造（多くは，堅固，非堅固の別）を制限する借地条件（建物の種類，構造を定めないときは，非堅固建物所有とみなされる。借地3条）に違反する場合である。借地人がこのような用法違反の行為を行ったときは，債務不履行として契約解除事由となる。

(f) 更新料の不払い

　借地期間が満了し，契約の更新をするに際し，借地人から地主に対し更新料が支払われることがある。更新料の性質としては，経済的にみて地代の前払いないし後払いとしての金員であるなど様々な見解があるが，合意による更新の場合は更新そのものの対価と考えてよい。すなわち，合意更新は，借地人の更新請求，期間満了後の使用継続に対する地主の異議権の放棄，法定更新後の建物の朽廃による借地権消滅請求権の放棄，存続期間が定められることによる借地人の精神的安堵など，借地人にとって法律上，また事実上の利益があり，更新料はこれらの対価としての性質を有するものである。

　更新料をめぐっては，法定更新の場合においても地主は借地人に更新料を請求できるか，また，更新料支払の合意がある場合に，借地人がその支払を怠った場合，地主は借地契約を解除できるかの問題がある。前者については，法定更新の場合，更新料を支払う旨の合意があればその合意は有効と考えてよいが，かかる合意がない場合には，当該地域において更新料支払の慣行が認められない限り，更新料の支払を請求することはできないと解すべきであろう（最判昭51・10・1判時835号63頁参照）。他方，後者については，更新料の支払債務は，借地契約上の付随的債務であり，その不履行をもって借地契約そのものを解除することができるかの問題がある。この点，判例は，付随的債務であっても，その債務が主債務の重要な要素となっているときは，契約を解除することがで

きるとしている（最判昭59・4・20民集38巻6号610頁）。

(g) **特約違反その他信頼関係の破壊等**

借地契約締結に際し，また，借地権存続中に，地主と借地人間で種々の特約が定められることがある。例えば，建物改築にあたり，存続期間を超える建物を築造しない旨の特約（最判昭33・1・23民集12巻1号72頁），存続期間満了時に借地人がその地上建物を地主に譲渡する特約（最判昭52・12・19判時877号41頁），建物に抵当権を設定しない旨の特約（最判昭44・1・31裁判集民94号143頁・金判153号9頁・判時548号67頁），無催告解除特約（最判昭50・11・6金法782号27頁ほか），借地上建物の賃貸の制限に関する特約等々である。これらの特約は，まず，借地法又は借地借家法の各法条の法意に照らし，その有効性が問題となるが，個別具体的な事案に応じて，その効力を判断することになる。

第3節　借地権消滅時に関する紛争

借地権の消滅が問題となる紛争は，前記〔2〕(3)で述べた借地契約上の債務不履行による契約解除等に関するもののほか，①建物の朽廃に関する紛争，②期間満了による更新拒絶に関する紛争に大別できる。

〔1〕　建物の朽廃に関する紛争

存続期間の定めのない既存借地権は，建物の朽廃により消滅する。朽廃の有無，程度（将来給付請求の場合）が問題となるが，大修繕や小修繕が繰り返し行われている場合には，その認定が困難である。鑑定結果に基づき，建物の腐朽損傷が経年によるものであり，建物の社会的経済的効用が失われたか否かを判断することになる。

〔2〕　期間満了による更新拒絶に関する紛争

期間満了による更新拒絶による借地権消滅に係る紛争形態としては，(イ)借地人の更新請求又は土地の使用継続に対する地主の異議に正当事由が認められる

か否か，㊀更新が認められない場合の建物買取請求権の問題に大別できる。前者は，正当事由の判断要素となる具体的事実の存否，程度，とくに立退料の額などが争点となる。後者は，建物買取請求における建物の時価（第5編第1章第7節参照），建物賃借人の権利，義務の承継等が問題となる。

第4節 借家関係

〔1〕 借家権設定時における紛争

　新規に建物を賃貸借する場合，通常は貸主及び借主間で賃貸借条件について協議をし，合意が成立しなければ賃貸借契約は成立しないし，建物の引渡しも行われないから，借家権設定時において法律上の紛争を生ずることはほとんどない。もっとも，賃貸借成立後，後日になって，賃貸借契約締結時の合意の内容，解釈について，賃貸借当事者の認識が異なり紛争となることは少なくない。賃料の改定に際し，適正賃料の決定にあたり斟酌すべき契約締結時における経緯，合意の内容が問題となる場合，あるいは，賃貸借契約締結に際し授受された敷金，保証金等一時金の性格や原状回復条項との関係，敷引特約の効力などに係る紛争がある。

　なお，建物譲渡特約付借地権の終了に際し発生する法定借家権（借地借家24条2項）の賃料及び罹災都市借地借家臨時処理法に基づく建物優先賃借権（罹災都市14条）における賃料については，当事者間で合意が成立しない場合には裁判所が定める旨の規定がある（借地借家24条2項，罹災都市15条）。

〔2〕 借家契約継続中における紛争

　借家契約の継続中における主要な紛争としては，①賃料増減請求に関する紛争，②賃借権の無断譲渡・転貸に関する紛争，③用法違反に関する紛争，④修繕義務履行等に関する紛争並びに借家契約上の債務不履行に関する紛争等が存する。

(1) 賃料増減請求に関する紛争

　賃料増減請求に関する紛争についての具体的考え方は，地代増減請求の場合

と基本的には同様である（本章第2節〔2〕(1)参照）。

なお，借家契約上の賃料増減請求において特筆すべきものとして，サブリース賃貸，オーダーメード賃貸など特殊の建物賃貸借における賃料増額特約の効力等の問題がある（最判平15・10・21民集57巻9号1213頁，最判平17・3・10判時1894号14頁・判タ1179号185頁ほか参照）。

(2) 賃借権の無断譲渡・転貸に関する紛争

賃借権の無断譲渡・転貸に関する紛争で借地の場合と異なるのは，賃借権の譲渡・転貸について賃貸人の承諾が得られない場合，借地非訟事件手続のような賃貸人の承諾に代わる許可を求める裁判手続が存しないことである。

また，借家における賃借権の無断譲渡・転貸が問題となるのは，特に営業用の借家であり，店舗の名義貸し，賃借人が法人である場合の代表者の変更による実質的な経営者の交替などが問題となる。後者については，賃借人が小規模で閉鎖的な有限会社である場合において，持分の譲渡及び役員の交替により実質的な経営者が交替しても，民法612条にいう借家権の譲渡にあたらないとする判例がある（最判平8・10・14民集50巻9号2431頁）。

(3) 用法違反に関する紛争

借家における用法違反としては，主として，建物の種類，用途及び契約で定めた目的ないし建物の用途，使用方法に反する建物使用がこれにあたる。また，賃借人は賃借建物の善管注意義務があるから（民616条・594条1項），建物を損傷したり，建物に付加，造作を加えることは，賃借人に債務不履行ないし不法行為責任が生じることになる。また，迷惑行為等防止に関する特約がある場合において，当該特約に違反した場合には，賃借人に課された付随的義務の不履行が賃貸人に対する信頼関係を破壊するとして無催告解除が許された判例（最判昭50・2・20民集29巻2号99頁）がある。

(4) 修繕義務履行等に関する紛争

賃貸人は賃貸物の使用・収益に必要な修繕義務を負うが（民606条1項），賃貸人がその修繕義務を履行しない場合及び修繕特約がある場合が問題となる。前者については，賃貸人が修繕義務を履行しない場合には，賃借人は賠償若しくは減額を受けるべき限度において賃料の支払を拒むことができる旨の判例（大判大5・5・22民録22輯1016頁），後者については，映画館用建物及びその付

属設備の賃貸借における「雨漏等の修繕は賃貸人においてこれをなすも，営業上必要なる修繕は賃借人においてこれをなすものとする」との契約条項は，単に賃貸人の修繕義務の限界を定めただけでなく，賃借人にその営業上必要な範囲の修繕の義務を負担させた趣旨と解されないことはないとした判例（最判昭29・6・25民集8巻6号1224頁）及び「入居後の大小修繕は賃借人がする」旨の特約は，単に賃貸人が民法606条1項所定の修繕義務を負わないとの趣旨にすぎず，賃借人が家屋の使用中に生ずる一切の汚損，破損箇所を自己の費用で修繕し，家屋を賃借当初と同一状態で維持すべき義務があるとの趣旨ではないと解するのが相当であるとする判例（最判昭43・1・25判時513号33頁）などが参考となる。

(5) **借家契約上の債務不履行に関する紛争**

借家契約上の債務不履行に関する紛争で最も多いのは，賃料不払による賃貸借契約の解除に基づく建物明渡等請求に係る紛争であろう。このほか，賃借権の無断譲渡・転貸，用法違反ないし善管注意義務違反等による契約解除案件が存するが，いずれも，催告の要否，解除の効力の発生の有無等が問題となる。

催告に関しては，家屋の賃貸借を解除するには，賃料不払いを理由とする場合でも，特段の事由がない限り，民法541条の催告を必要とする判例（最判昭35・6・28民集14巻8号1547頁）がある反面，賃貸借継続中当事者の一方が信頼関係を裏切り，賃貸借契約の継続を著しく困難にしたときは，民法541条の催告を要せず，将来へ向かって賃貸借を解除することができるとする判例（最判昭27・4・25民集6巻4号451頁）がある。なお，民法（債権関係）改正法は催告なしに契約を解除できる場合について，明文を設けた（民542条）。

解除の効力に関しては，賃料不払による賃貸借契約の解除につき，信義則に反し許されないとされた判例（最判昭39・7・28民集18巻6号1220頁，最判昭43・6・21裁判集民91号441頁など），賃借権の無断譲渡・転貸による賃貸借契約の解除につき，賃貸人に対する背信行為と認めるに足らない特段の事情があるときは，民法612条2項により解除することができないとされた判例（最判昭28・9・25民集7巻9号979頁ほか），また，増改築禁止特約違反による土地賃貸借契約の解除につき，賃貸借契約における信頼関係を破壊するおそれがあると認めるに足りないとして，同特約違反による解除を認めなかった判例（最判昭41・4・21民集20巻4号720頁）などが参考となる。

〔3〕 借家契約終了時における紛争

　借家契約終了時における紛争としては，前記〔2〕(5)で述べた借家契約上の債務不履行に関する紛争のほか，①更新拒絶・解約申入れによる賃貸借の終了に関する紛争，②原状回復に関する紛争，及び③敷金の返還等に関する紛争に大別できる。

(1) 更新拒絶・解約申入れによる賃貸借の終了に関する紛争

　賃貸人が期間の満了に際し更新を拒絶し（借地借家26条1項），解約の申入れ（借地借家27条）をしようとする場合には，賃貸人に正当事由が存しなければならない。正当事由の有無は，賃貸借当事者双方の建物の使用を必要とする事情のほか，建物の賃貸借に関する従前の経過，建物の利用状況，建物の現況並びに立退料の提供の申出等を考慮して決定されることになる。建物使用の必要性が主要な主張・立証事実となるが，他の事由，特に立退料の提供の有無及び立退料の額が問題となる場合が少なくない。借家の立退料の内容としては，借家権価格，移転実費，営業上の損失に対する補償，造作等の買取り及び必要費・有益費の償還等が含まれるが，立退料以外の正当事由の程度との関係で，どの程度の立退料が提供されるのが相当であるかは難しい問題である（澤野「立退料の算定基準としての借地権価格，借家権価格の評価」判タ1020号16頁参照）。

(2) 原状回復に関する紛争

　借家契約が終了したときは，賃借人は賃貸人に対し，建物を原状に復して返還する義務がある（民622条・599条1項・2項）。原状とは，賃貸借契約開始時に引渡しを受けたときの状態であるが，賃貸借は目的物の使用収益をすることを目的としているから，賃貸借の存続期間中に通常の使用方法で損耗，滅失した部分（通常損耗又は自然損耗ともいう）については，原状回復の範囲に含まれない（民621条）。

　問題は，原状回復に関する特約がなされている場合で，通常損耗についても賃借人に原状回復義務がある旨定めた特約がある場合について，賃借人が通常損耗について原状回復義務を負うためには，賃借人が補修費を負担することとなる損耗の範囲について，賃貸借契約書自体に具体的に明記されているか，賃貸

人が口頭により説明し，賃借人がその旨を明確に認識して，それを合意の内容としたものと認められるなど，その旨の特約が明確に合意されていることが必要であるとした判例（最判平17・12・16判時1921号61頁・判タ1200号127頁）が参考となる。

なお，自然損耗等について賃借人に原状回復義務を負担させる特約は，消費者契約法10条により無効とされた判例がある（大阪高判平16・12・17判時1894号19頁）。

(3) 敷金の返還等に関する紛争

敷金は，賃貸借契約上生ずる賃借人の債務の担保として，賃貸借契約の締結に際し，賃借人から賃貸人に差し入れられる金員であり，賃貸借が終了した際に，賃借人の債務を控除して，建物の引渡しと引換えにその残額が賃借人に返還されるものである。

敷金に係る紛争は，主に賃貸借契約終了時の原状回復義務との関係で問題となることが多いが，前記(2)掲記の最高裁判例はこの種の紛争の解決に大きく寄与するものと思われる。

敷金に関する他の1つの紛争は，いわゆる敷引特約（敷金の返還に際し，一定の額，割合の金額を控除して返還する旨の特約）が消費者契約法10条に該当し無効となるかである。この点，最高裁判例は，「消費者契約である居住用建物の賃貸借契約に付されたいわゆる敷引特約は，信義則に反して賃借人の利益を一方的に害するものであると直ちにいうことはできないが，賃借人が社会通念上通常の使用をした場合に生ずる損耗や経年により自然に生ずる損耗の補修費用として通常想定される額，賃料の額，礼金等他の一時金の授受の有無及びその額等に照らし，敷引金の額が高額に過ぎると評価すべきものであるときは，当該賃料が近傍同種の建物の賃料相場に比して大幅に低額であるなど特段の事情のない限り，信義則に反して消費者である賃借人の利益を一方的に害するものであって，消費者契約法10条により無効となる」としたものがある（最判平23・3・24民集65巻2号903頁。結論同旨：最判平23・7・12裁判集民237号215頁）。

なお，更新料支払特約が消費者契約法10条にいう「民法第1条第2項に規定する基本原則に反して消費者の利益を一方的に害するものに当たるか否かについて，更新料の額が賃料の額，賃貸借契約が更新される期間等に照らし高額に過ぎるなど特段の事情がない限り，これに当たらない」旨判示した最高裁判例（最判平23・7・15民集65巻5号2269頁）がある。　◆

第2編

契約の締結

第1章

借地権の設定

第1節　普通借地権

〔1〕　普通借地権とは

　普通借地権とは，借地借家法第2章に規定されている借地権で定期借地権と異なり法定更新制度の適用のあるものをいう。

　普通借地権の基礎となる権利には，地上権と賃借権とがある（借地借家2条1号）。

　そもそも立法者は，建物を所有する目的での土地の利用権としては地上権を想定していたものと考えられる。しかし，賃借権の存続期間が20年を超えられないこと（民旧604条）等の理由から，地主にとって有利な賃借権を用いて土地に利用権を設定することが多くみられ，結果，わが国における普通借地権はその大部分が賃借権を基礎とするものとなった。したがって，本稿も，賃借権を中心とした普通借地権につき，特に実務上多く生ずる問題点を中心として論ずることとする。

〔2〕　普通借地契約の目的について

(1)　**建物を所有する目的**

(a)　建物を所有する目的の下に賃借権を設定することにより，その賃借権は借地権と呼ばれることとなり，借地借家法第2章の適用を受けることになる。

　建物を所有する目的以外での土地の賃貸借の場合，例えば，駐車場，資材置場等を目的とする場合には，借地借家法の適用はなく，単なる土地賃貸借契約

が成立するにすぎない。

　したがって，借地借家法の正当事由制度，法定更新制度，及び建物買取請求権制度などの適用は免れることとなる。定期借地権が立法化される以前は，後述の一時使用貸借も含めて建物所有目的ではない賃貸借契約を行うことにより，借地借家法の適用を免れる努力が特に地主側に多くみられてきた。

　定期借地権ができたことにより，この点の議論は重要性を減ずることとなったが，現在でも以下の点に注意する必要がある。

　バッティングセンター，ゴルフ練習場，中古車販売場等々のために土地を貸す場合などは，土地を貸す主たる目的が建物所有にあるのではなく，仮に建物があってもこれは従たる目的にすぎないから借地借家法の適用はないとされることが多い（最判昭42・12・5民集21巻10号2545頁）。しかし，上記のような場合はすべて借地借家法の適用がないと軽信して，実際には土地上に一定の建物（事務所，食堂，従業員の休憩室等）が建築されることとなっているような場合には，建物所有目的での土地賃貸借として借地借家法の適用がなされる場合があり得るので注意しなければならない。土地を貸す主たる目的が建物を所有するためであるか否かは，必ずしも明確に区別することができるわけではないからである。最判昭58・9・9判時1092号59頁は，自動車教習場のケースにつき，教習コースの部分が面積として圧倒的に大きく，したがって建物の所在する部分の面積が非常に小さい場合について，借地法の適用を認めた。

　(b)　普通借地権を成立させるためには，対価としての賃料の支払が要件となる（民601条）。なお，後述のとおり，借地の場合には，賃料のことを「地代」と呼ぶことも多く行われている。

　賃料を支払わない場合は使用貸借であるから借地借家法は適用されない。

　なお，使用貸借になるか否かにつき問題となる点は，以下のとおりである。

① 　賃料（使用の対価）として固定資産税より低い金額を授受していた場合には，賃貸借ではなく使用貸借となるのではないかとの議論がなされることがある。しかし，賃貸借契約となるか否かは地主と借地人との間で，目的土地の使用の対価としていくら支払うのかについて合意がなされていればよいのであり，原則として金額にこだわるものではない。

　　したがって，固定資産税より安い金額であることだけでは，使用貸借と

なるわけではない。
② ただし、その金額自体が、例えば1円や10円などのように土地使用の対価として評価し得ない程度に著しく低い場合には使用貸借となり得る。
③ また、「賃料」ではなく「お礼」などと表現すれば賃貸借にならないなどという議論がなされることがあるが、これも誤りである。
　土地を利用する対価として一定の金銭が支払われていれば、その名目いかんにかかわらず、それは原則として賃貸借契約である。
④ これに対し、結果的に金銭が支払われてはいるが、元々は親戚・知人間の無償の土地の利用権の設定であり、従来、お歳暮・お中元等が授受されていただけだったものが、いつの頃からか商品券に代わり、現在は現金が送られているという事情が存するような場合には、賃貸借ではなく使用貸借と解される場合もある。土地利用権の設定が対価を得ることを目的としたのではないからである。ただし、現在の授受されている金銭の額が通常の賃料程度であるような場合には、契約が黙示的に更改され、賃貸借契約となったと解されることもあろう。

(2) **一時使用目的での借地権の設定**
(a) 一時使用目的で建物の所有を目的とする土地の賃貸借契約を行ったときは、借地借家法の重要な部分の適用を免れる（借地借家25条）。
　例えば、住宅展示場やサーカスの興行のために土地を借りる等々の場合である。
　これらの場合には、正当事由制度、法定更新制度、及び建物買取請求権制度などの借地借家法の主要な部分の適用がないものとなる。判例は、土地の利用目的、地上建物の種類、設備、構造、賃貸期間等、諸般の事情を考慮し、賃貸借当事者間に短期間に限り賃貸借を存続させる合意が成立したと認められる客観的合理的な理由が存する場合に限り、一時使用貸借を認める（最判昭43・3・28民集22巻3号692頁）。
(b) 一時使用目的は、それ自体が客観的なものでなければならず、将来、地主がその建物を使用したいと考えているなどの主観的な事情があるだけでは、一時使用目的には該当しないことになるので注意を要する。
(c) 一時使用目的の賃貸借といえるための期間は、ある程度短期間であるこ

とが必要であり，法文上「一時」との言葉が使用されていることからも明らかと思われる。期間を20年間と定めた契約は，一時使用目的とは認められない（最判昭45・7・21民集24巻3号1091頁）。

(d) 一時使用目的での借地権は，定期借地権とは制度の意義も要件も異なるのであるから（例えば，期間に制約はない），定期借地権が作られた以降も利用される機会は残っている。

〔3〕 普通借地契約の成立について

(1) 権利金
(a) 賃借権の設定の時点で，借地人から地主に対し権利金が授受されることがある。権利金の性格は，①地代の前払い，②場所的利益の対価，③賃借権設定の対価などである。

権利金は，敷金・保証金などの預り金と異なり，後日，地主が借地人に対して原則として返還しなくてよい金銭である。判例は，原則として権利金の返還請求を認めていない（最判昭29・3・11民集8巻3号672頁等）。したがって，地主が権利金を取得すれば不動産所得税の課税対象となる。ただし，「地代の前払い」の趣旨で授受されており，期間の満了前に賃貸借契約が終了した場合等には返還の認められる余地がある（後述本章第2節「定期借地権」〔3〕(3)参照）。

(b) 権利金は借地権の設定にあたり必ず授受されているわけではなく，授受されているケースと授受されていないケースとがある。

特に，「罹災都市借地借家臨時処理法」の適用により，従来借家であったものが戦災などを契機として借地となったようなケースにおいては，当然ながら権利金などの一時金が授受されていないことが多い。

権利金などの一時金が授受されていない場合であっても，借地権そのものの効力には変わりがないが，後日，適正地代を決定する際には，そのことが有力な資料となることになる。

(2) 使用・収益の範囲
(a) 普通借地権の使用・収益の範囲は，建物を所有する目的で賃貸借された土地（敷地）のすべてに及ぶのであるから，借地人はかかる敷地のすべてを使

用することができる。

　普通借地契約の契約書を作成する場合には，目的である土地を特定し，「後記（又は別紙）物件目録記載の土地」として表示することが通常の方法である。

　(b)　複数の土地を賃貸借の目的物とした場合において，うち一つは建物の真下の土地であるが，その余は建物の真下の土地ではない場合もあり得る（例えば，庭や駐車場として利用するケースなどである）。しかし，かかる場合であっても建物の真下の土地と一体として利用されている場合には，普通借地権の対象となる（星野・11頁）。また，この点については，区分所有法上は「規約敷地」（規約により敷地とされるものであり，建物の真下の土地である法定敷地と一体として利用されている土地のことを指す）という概念があり，借地により区分所有建物が建築されている場合には，このような規約敷地も普通借地権の目的の土地となり得るのである（駐車場ばかりでなく子供の遊技場や，場合によりテニスコート等として利用されている場合もあろう）。

　(c)　上記とは反対に，一筆の土地の一部をもって普通借地権の目的とする場合もあり得る。例えば，200坪のうちの50坪を賃貸する場合などである。

　かかる場合には，すべての土地を貸すのではないのであるから，その一部分の土地であることを明確にしなければならない。

　すなわち，契約書上その旨を明記する必要があり（例えば，契約書に図面などを添付する），さらには，後日現場において普通借地の範囲が不明確にならないように，何らかの識別ができるフェンスなどを設置しておく必要もあろう。

　もし，このような明示をする努力を怠った場合には，後日，地主は借地人から，借地権の範囲として一筆の土地のすべて（又は50坪以上）を主張される等の危険を負うことになるので注意が必要である。

〔4〕　普通借地契約の効力について

(1)　地主の土地の修繕義務（民606条1項）

　借地における地主の土地修繕義務が問題になる場面は，通常あまり考えられない。せいぜい崖崩れや土地の陥没の場合などではないかと思われる。しかし，これらの事態が発生する可能性がある場合には，契約書を作成する段階で地主

の修繕義務を明定しておいたほうがよい。

　地上権の場合と異なり，賃借権の場合は地主に修繕義務が生ずるのであるが（星野・200頁），仮に，その崖崩れなどの発生が100年に一度の大型台風の到来によるなど不可抗力といえるような場合には，地主がその責任を免れる旨の規定を設ける場合も出てくると思われる。天災などの不可抗力の場合にも賃貸人に修繕義務が生ずる（渡辺洋三＝原田純孝・新版注釈民法(15)221頁）。しかし，「借地関係では，特約その他特段の事情のない限り賃貸人の事後的な修繕義務は排除される」とする説（鈴木・下615頁以下）や，「……特段の事情のない限り自然現象としての地盤沈下につき賃貸人が修繕義務を負わない」とする判例（東京地判昭40・6・19民集16巻6号1081頁）もあることから，契約締結の段階では（特に地主側に立ち契約書を作成する場合は），本文のような免責規定も設けておくことも実際的であると思われる。

(2) **借地人の無断譲渡・転貸をしない義務**

(a) 普通借地権の場合は，契約書を交わす時点で必ずこの義務を明定し，違反した場合は，契約の解除事由とするのが通例である（民612条参照）。なお，賃借人が借地上の建物の建替えにあたり賃貸人から得た承諾とは異なる持分割合において新築建物を他の者らの共有とすることを容認して借地を無断転貸した事実，及び賃借人が借地上の建物の共有者がその持分を他の者に譲渡することを容認して借地を無断転貸した事実について，家族間の譲渡であることなどの賃貸人に対する背信行為と認めるに足りない特段の事情が認定され，解除が否定された判例がある（最判平21・11・27判時2066号45頁）。

(b) 定期借地権の場合は，譲渡・転貸を予め承諾することが多い（後述本章第2節「定期借地権」〔4〕(3)参照）。

(3) **借地人の土地の保管義務**

　借地人は目的物である土地を原状のまま維持し，賃貸借契約が終了したときには土地を原状に復して地主に返還しなければならない（民622条・599条1項）。

　したがって，借地人が地主に無断で土地に大きな穴を掘る等の行為をした場合には，借地人は当然のことながら，その穴を埋め戻し原状に回復して地主に返還しなければならない。また，地主に無断でこのようなことを行った場合は契約の解除事由となる（例えば，居宅用として土地を賃借したにもかかわらず，ガソ

リンスタンドとして使用するために地下にガソリンタンクを設けたような場合)。なお，借地人の土地保管義務に関連して，土地の賃貸人及び転貸人が転借人所有の地上建物の根抵当権者に対し，借地権の消滅を来たすおそれのある事実が生じたときは通知する旨の条項が含まれた念書を差し入れたケースにおいて，賃貸人及び転貸人が地代不払いの事実を土地の転貸借契約の解除に先立ち根抵当権者に通知する義務を負い，その不履行を理由とする根抵当権者の損害賠償請求が信義則に反するとはいえないとされた判例がある（最判平22・9・9裁判集民234号385頁)。

〔5〕 普通借地契約の終了について

(1) 債務不履行による解除事由の明定

契約書作成の段階で，借地人の債務不履行による賃貸借契約の解除事由を明定することが行われる。

解除事由としては，実務上，以下のようなものが記載される。

(2) 賃料の不払いによる解除事由

仮に，賃料が月払いである場合に，1ヵ月分の賃料を不払いにすることにより契約を解除し得る旨を定めることはどうか。

建物賃貸借における家賃の場合には，1ヵ月の家賃不払いにより契約を解除すると契約書に定めることもあり得るが，借地の場合には借地人は建物という高価な資産を持っており，賃料の1ヵ月程度の不払いにより建物を取り壊して土地を明け渡す義務を課されるのは酷であると考えられる。

したがって，通常，実務的には賃料の支払が3ヵ月以上滞った場合に解除し得る旨が定められることが多い（なお，借家の場合であっても，判例上，解除が認められるのは賃料3ヵ月以上の不払いの場合が多い。いわゆる「信頼関係破壊の法理」が適用される場面である)。なお，借地契約が賃借人の賃料不払いを理由に解除された場合に，借地上の建物賃借人が土地の賃料相当損害金の損害賠償債務を負担するかが問題となった事例について，直ちに敷地の不法占有として不法行為を構成するものとはいえないとした判例がある（最判平16・10・29金法1752号50頁)。

(3) 無断増改築禁止の特約違反による解除事由

借地法においては建物が朽廃すると借地権は消滅する旨の規定があり（借地2条1項），多くの地主は建物の朽廃を阻害するような増改築を借地人が勝手に行うことを禁じ，借地人が建物の増改築（新築を含む）を行わんとするときには地主に承諾を求め，地主が承諾をする際は一定の承諾料を要求するという構成がとられていた。現在でも，普通借地契約を行う場合には無断増改築禁止の特約を設けるのが通例である。記載の内容としては，借地人が建物の増改築を行うときは地主の書面による承諾を要する等とするものが多く，それ以上に詳細な規定（建物の構造等について）を設けることは少ない。

定期借地権の場合は，建ててよい建物の内容等について詳細な規定を設けることのほうが通例となっている（後述本章第2節「定期借地権」〔6〕(1)参照）。

(4) その他の解除事由

その他の解除事由としては，前述〔4〕(3)の保管義務違反などを規定することが多いと思われる。

なお，普通借地契約において「この契約には更新がない」旨などを契約書に記載することが見受けられるが，いうまでもなく，このような借地人に不利な特約は無効となる（借地借家9条）。

〔6〕 賃料の支払について

(1) 賃料などの名称について

賃貸借契約における目的物の使用の対価については，「賃料」や「地代」などの名称がつけられているが，専ら慣行によるのであって，名称の違いにより内容が異なることは通常考えられない（なお，民法では，地上権の場合を「地代」とし（民266条），賃借権の場合を「賃料」としているが（民601条），実務では，賃借権の場合にも「地代」と呼称することがある。後述本章第2節「定期借地権」〔5〕(1)参照）。

(2) 支払方法

賃料の支払方法については，①月払い，②半年払い，③年払い等がある。どの方式が最もよいとか，最も合理的であるとはいえない。ただ，実務的には，月払いの方式が最も多い。

(3) **賃料増減請求権について**

(a) 当初，設定した賃料が社会情勢，経済情勢の変動などにより不相当となったときには，地主又は借地人からそれぞれ増額・減額の請求が行われることになる（借地借家11条）。「事情変更の原則」を借地借家法に採り入れたものと考えられる。したがって，単なる土地の賃貸借契約（例，資材置場等）については，借地借家法11条の賃料の増減請求権の適用がない。なお，形式的には，借地法制定以前の判例法を採用したことになるが，判例法の前提となる慣習法又は事実たる慣習の実質的根拠は，事情変更の原則の基礎をなす「公平の観念」及び信義則にあった（伊東秀郎＝田山輝明・基コメ〔第2版補訂版〕旧借地法12条の解釈）。

(b) 賃料増減額請求権を排除する旨の特約をしても，その特約は必ずしも有効とはならない。「賃料を増額しない特約」などの借地人に有利な特約は有効であるが（借地借家11条1項ただし書），「必ず増額する」とか「減額しない」などの借地人に不利となる特約は無効となり得るので注意を要する。ただし，無償の地上権（設定時に対価をすべて支払ってしまい継続中は地代等の支払のないもの）の場合は，借地借家法11条の適用がないと解される余地がある（篠塚昭次・新版注釈民法(15)626頁以下）。

なお，地代等自動改定特約が存在する場合において，地代等の改定基準を定めるにあたって基礎とされていた事情が失われることにより，当該特約によって地代等の額を定めることが借地借家法11条1項の趣旨に照らして不相当なものとなった場合には，同特約の適用を争う当事者は，借地借家法11条1項に基づく地代等増減請求権を行使できるとした判例がある（最判平15・6・12民集57巻6号595頁。最判平16・6・29判時1868号52頁も参照）。

第2節　定期借地権

〔1〕　はじめに

定期借地権とは，広義では借地借家法22条から24条にかけて新設された法定更新制度の適用がなく，一定の期間の満了により土地が必ず地主に返ってく

る形の借地権のことを指す。すなわち，一般定期借地権（借地借家22条），事業用定期借地権（同23条）及び建物譲渡特約付借地権（同24条）の3種類であり，以上の新設された借地権を総称して定期借地権という。

本節では，このうち借地借家法22条の一般定期借地権について論ずる。

定期借地権という場合には，上記3種の借地権を包含した概念としてのもの（広義）と，22条の一般定期借地権を指すもの（狭義）とが存する。

〔2〕 定期借地権の存続期間について

(1) 50年以上の期間の定め

定期借地権における存続期間は，50年以上と定められなければならない（借地借家22条）。50年未満の期間を定めるものや，無期限あるいは永久と定めるものは定期借地権としては無効になるので注意しなければならない。50年以上の期間を定めない場合，賃料を支払う旨等の他の要件が定められていれば定期借地権としては無効でも普通借地権として扱われることになろう（契約の一部無効の理論）。

(2) 確定期限の定めをしなければならない

(a) 定期借地権においては，確定期限で50年以上の期間を定めなければならない。

すなわち，例えば，「始期○年○月○日から終期○年○月○日までの50年間」と期間を定めることを要するのである。

そして，始期・終期のいずれも確定していることが必要である。

ただし，始期が確定的に定まっており（例えば，2008年4月1日），その時から50年間と定めたような場合には，終期が確定的に定まることになり，この場合は確定期間で50年間定められたということになるので問題はない。

以上に対し，存続期間を単に「50年間以上」とする定めは法律関係が不安定・不明確となるので許されない（山野目章夫・コメ借地借家〔第4版〕163頁以下）。

(b) ところで，普通借地権の場合には，先行する口頭の合意により事実上の借地の利用が開始され，その後，借地契約書が作成され日付を遡らせて締結されることがある。

しかし，定期借地権においては，このようなやり方は許されないので注意をしなければならない。
　なぜならば，定期借地権においては書面による契約の作成が必要とされており，かつ50年以上の期間の定めが必要であるとされているのであるから，先に借地の利用が開始され，後になって日付を遡らせた契約書を作成して50年間を定めたような場合には，その契約書の作成日をもって定期借地契約の開始日と解されてしまい，終期が確定している結果，合計の期間が50年に満たない場合には定期借地権としては無効になってしまうからである。

〔3〕　契約成立時点での一時金の授受

(1)　**一時金の種類**
定期借地契約を締結するに際して一時金が授受されることがある。
　その場合の一時金には，①保証金，②権利金（前払地代，定期借地権設定の対価）等が含まれることになる。
(2)　**保証金について**
(a)　**定期借地権の設定にあたり授受される保証金**
　預り金であり，定期借地権の終了後，土地を明け渡した後に，通常は無利息で返還される金員のことである。実務上は，更地価格の2〜3割程度の金員が授受されるのが一般的である（山野目章夫・新講座(2)67頁）。
(b)　**保証金の性格**（平成11年3月建設省『定期借地権付き住宅の普及促進のための事業者側の課題に対する調査報告書』32頁以下）
　(イ)　保証金は，借地人の地代の支払や定期借地権終了後の借地人の建物取壊し費用を担保する性格を有する。
　(ロ)　また，保証金は無利息で地主が運用し，後日返還されることになり，金銭消費貸借の実質を有するが，その運用益（利息部分）は地代の一部を構成する（山野目・新講座(2)67頁以下。稲本洋之助編著『定期借地住宅の契約実務』61頁以下〔山野目〕）。
　(ハ)　また，定期借地権を設定する地主は，その保証金をもって宅地の造成費用を捻出することもある。実務上，宅地の造成費用の捻出のために，地主が借

地人から一定額の保証金を預かることにしたという経緯を辿ったともいえよう。

　(c) **保証金の実際の運用について**
　(イ) 平成4年に定期借地制度が施行されたが，当初は主に一戸建てによる定期借地権付き住宅が普及した。その際，前述したように，造成されていない土地を有している地主が保証金を預かることにより借地の造成費用に充てたり，あるいは当初預り金の運用益部分について課税されないのではないかという期待や，少なくとも預り金そのものについては所得税が課せられないなどのメリットがあることから，この保証金というシステムによる定期借地権が普及した。

　現在も，保証金方式による定期借地権の運用がなされているものが多く見受けられる。

　実務上，一戸建ての宅地分譲においては，数百万円単位の保証金の授受が定期借地権の設定時に行われることが多い。

　(ロ) このような高額の保証金を借地人が地主に預け入れ，50年以上の長期間の経過後，借地人は地主からこの返還を受けることになる。そこで保証金返還請求権の保全が問題となる。

　実務において，借地人は地主の土地に対し保証金返還請求権を被保全債権とする抵当権を設定することがある。

　また，このような保証金を借地人に融資する金融機関では，借地人の地主に対する抵当権付きの保証金返還請求権に質権を設定することが実務においてとられていることがある。

　(d) **保証金の問題点**
　このような保証金システムの有する問題点としては，以下のようなものが挙げられている。

　(イ) 1件の定期借地権を設定するだけであるならばともかく，10件，20件という数多くの定期借地権を設定する地主において，50年以上後になって一度にこれらの保証金を返還することは非常に困難を伴うことが予想される。

　特に，宅地造成費用などのために保証金を費消してしまっている地主においては，その後50年間にわたり地代からこれらの保証金返還金を捻出することは，かなりの努力が必要となるのである。この点，借地人側からすれば，前述のような地主の土地に抵当権を設定するなどの方法による保証金返還請求権の保全

の必要性が生じてくることとなる。

(ロ) 他方，このような抵当権を当初の借地人と地主との間に設定してしまっていた場合，50年間の長期にわたり，この関係がそのまま維持されるとは限らない。

すなわち，借地人が定期借地権付き建物を第三者に譲渡することも十分に考えられるのである。このような場合に，金銭消費貸借の実質をもつ当初の保証金返還請求権はあくまでも当初の借地人と地主との間で成立しているにすぎないので，この返還請求権の移転は必ずしも定期借地権付き建物の所有権の移転に伴うとはいえない。

その結果，保証金返還請求権は当初の借地人と地主との間にとどまり，定期借地権付き建物は次の借地人に移転してしまうという事態になることも考えられる。

このようなことは，結果的に定期借地権付き建物の流通を阻害する要因になると考える（サテライト・コンサルティング・パートナーズ編『定期借地権と定期所有権』110頁以下〔吉田修平〕）。

(e) **実務上の注意点**

定期借地権契約を行う場合に，保証金方式により行うケースもあり，宅地造成費用の捻出などのメリットも存在するのであるが，上記のような問題点もあるため，保証金方式を採用するかどうかは十分検討をした上で行わなければならない。

十分な問題意識のないまま，所得税課税のなされない預り金が一時的に入手できるという眼前の利益にだけ着目して保証金システムを採用してしまうと，後日，定期借地権付き建物の流通阻害が起きたりするので，実務上は十分な注意が必要となる。

(3) **権　利　金**

(a) **意　　義**

権利金とは，定期借地権を設定される際に授受される金銭であり，定期借地契約の終了後，原則として返還する義務が地主に生じない金員のことである。

(b) **権利金の性格**（稲本編著・前掲『定期借地住宅の契約実務』70頁以下）

権利金には次のような性格が存在する。

①定期借地権を設定する対価，又は，②地代の一部との性格がある。
②の場合には，地代の前払いということになる。
(c) **権利金の実際の運用について**
　定期借地権を設定するに際し，権利金を授受する方式によるものは全体の割合からすれば，まだ少ないものといえる。
　しかし，保証金方式による場合は前述したような問題点があることから，今後は権利金方式によることが多くなるものと予想されている（権利金方式と地上権とを組み合わせた場合を，特に「定期所有権」と呼ぶことについて，後述〔4〕(7)参照）。
　また，権利金方式による場合は，全額を支払済みとする方法（全地代一括前払方式）と，権利金とその後の地代を支払う方式とを併用させる方法（一部地代前払方式）とが存在する。
　しかし，わが国においては100年以上の地上権を設定した場合はともかく（地方税法343条1項，100年以上の地上権を設定した場合には土地の固定資産税は借地人の負担となる），それ以外の場合は地主が土地の固定資産税を負担しなければならず，一般的に50年～60年程度の定期借地権が採用されている結果，土地の固定資産税は地主が負担することになり，仮に，全地代を一括前払いしようとしても，その後発生する固定資産税の負担があるため，借地人が定期借地権設定当時に権利金を支払った後は何ら金銭的な負担をしないという形での権利金方式というものは，厳密には存在していない。
　すなわち，全地代一括前払方式とはいっても，多額の権利金を当初負担した借地人は，その後地主に発生する土地の固定資産税について負担をするという方式がとられているものと思われる。
(d) **権利金の問題点**
　権利金方式の場合には，前述したような保証金方式による場合の問題点は存在しない。
　ただし，50年以上の存続期間の利用の対価としての地代を全額前払いするという意味での権利金を支払った場合（ただし，前述(c)のように，その後も固定資産税相当分の地代は発生する），借地人の債務不履行その他の事由により定期借地権が期間満了前に終了してしまった場合，本来存在したはずの残存期間に対応

する地代相当分を返還しなければならないのではないかとの問題が生ずる。

　このような場合，債務不履行による損害賠償は別として，残存期間に対応する分の前払地代は，現にその使用がなされないのであるから，地主は借地人に返還しなければならない。例えば，50年分の前払地代として1500万円を支払っていた場合に，20年経過した時に定期借地権が終了したとすると，残存期間30年分に相当する金額（1500万円×50分の30＝900万円）を返還しなければならない。一種の不当利得である。地代と家賃とでは異なるが，終身借家権においては，前払家賃につき，このような考え方が明確にされている。

　特に，その終了が借地人の責めに帰すべき事由によらなかった場合は問題となろう。このような場合は稀にしか存在しないと思われるが，対象となっている土地が土砂崩れなどにより喪失してしまったような場合には，目的物の消滅により契約は終了してしまい，残存期間に相当する分の前払地代を地主は借地人に返還しなければならない。

(e)　**実務上の注意点**

　(イ)　権利金方式を採用する場合においては，一部地代と併用するのか否か，併用される地代はいくらなのかなどについて十分な検討と吟味を行わなければならないことはいうまでもない。

　(ロ)　次いで，期間満了より前に定期借地契約が終了した場合に，授受された権利金はどうされるのかについても明確な規定を設けることが必要となる。

　その終了の原因が借地人の債務不履行によるのか否か，不可抗力によるのか否か等々を定めた上で，その権利金を返還する義務が地主に生ずるのか否かを，きちんと特約として定めておかなくてはならない。借地人の債務不履行による場合でも，残存期間に対応する地代相当分は，不当利得として返還を要することになろう。

　(ハ)　この点について，特に返還を要しない権利金の場合には定期借地権の「設定の対価」とし，返還を要する場合には「前払地代」と表示するなどの方法が実務においてはよく見受けられる（建設省建設経済局宅地企画調査室監修『定期所有権活用マニュアル』71頁以下）。

　実務の運用上は，授受した権利金の返還義務が生ずるか否かを，名称の点においても明確にする趣旨でこのように明示しておくことが望ましい。

ただし，このような名称を付したからといって，その名称のみに基づいて返還義務の有無が左右されるものではないので注意をしなければならない。今後，借地人の債務不履行の有無，不可抗力の有無等々の各場合に応じて，また，特約の有無，その内容，合理性の程度などに従って判例が集積されると思われるが，結局のところは当事者間の公平に基づいて授受された権利金の返還の有無が決められることになろう。「前払地代」とした場合は，前述(d)のように不当利得として返還されると解して問題ないと思うが，問題は，「設定の対価」とし，かつ，「期間の満了前に終了しても返還を要しない」と特約されている場合である。当事者の意思からは返還を要しないことが明らかであるが，あまりにも当事者の公平を害するような場合は問題であろう（例えば，設定後10年以内に終了するような場合）。なお，「無償の地上権（設立時に対価のすべてを支払ってしまい，継続中は地代等の支払のない地上権）」の設定の対価については賃料増減請求権の適用がなされないとの点については，前述本章第1節「普通借地権」〔6〕(3)参照。

〔4〕 定期借地権の基礎となる権利

(1) 賃借権と地上権

(a) 定期借地権の基礎となる権利としては，賃借権と地上権とが存する。

賃借権は民法601条以下に定められている債権であり，地上権は民法265条以下に定められている物権である。

賃借権の場合には，「賃料」の支払は契約の要素となるが，地上権の場合には，「地代」の支払は地上権の要素ではなく，無償の地上権も認められている。

借地借家法においては，土地の利用の対価は「地代」又は「土地の借賃」（借地借家11条）と表現されている。

(b) 賃借権と地上権については，周知のとおり借地借家法により賃借権の物権化が行われており，特に登記などの対抗力を備えた賃借権においては地上権に近い権利を有するとされているが，2つの権利の違いについては，後述(2)(b)のとおりである。

第2節　定期借地権　〔4〕　定期借地権の基礎となる権利　91

(2)　**定期借地権を設定するにあたり賃借権と地上権のいずれを選択するか**
　(a)　上記のように，賃借権と地上権では効力その他につき違いはあるが，定期借地権を設定するにあたり，いずれの権利を基礎とするかは自由である。
　なお，現在までの定期借地権の普及の状況からすれば，実務上は未だ賃借権による定期借地権のほうがはるかに多いものと思われるが，これは理論的な選択によるのではなく，単に従来の慣行を重視したにすぎないものと思われる。
　地上権は物権であるため，より所有権に近い効力があるため，明治民法の制定後，地主から敬遠され，賃借権が選択されたという歴史が反映しているものと考えられる。
　(b)　**賃借権と地上権の異なる点について**
　両者の異なる点として次のものが挙げられよう。
　①　譲渡・転貸の自由について
　②　契約違反などが生じたときの解除又は消滅請求について
　③　利用している土地が本来の使用ができなくなった場合に，貸主に修補義務が存するか否かについて
　④　固定資産税の支払義務の有無について
などであるが，以下の(3)～(6)で解説する。
　(3)　**譲渡・転貸の自由について**
　(a)　地上権を第三者に譲渡することは基本的に自由である。
　しかし，賃借権の場合には，民法612条により賃借権を譲渡・転貸することは原則として地主の承諾を得る必要がある。なお，地上権については，地上権者が第三者にさらに地上権を設定する，いわば「転地上権」という方式は存在しない。一方，地上権者が目的土地を第三者に賃貸することは可能である。
　(b)　ところで，借地借家法上，賃借権の譲渡・転貸については地主が承諾をしなくとも裁判所によりそれに代わる許可を得ることができるため（借地借家19条1項），地上権と賃借権はその点についてはあまり変わりがないともいえる。
　しかし，現実に定期借地権を利用する人にとって，定期借地権付き建物を第三者に譲渡する際にいちいち地主の承諾を得ることは不便この上ない（特に，多数の借地人が存在する定期借地権マンションなどの場合を考えれば一目瞭然である）。

したがって，実務上は賃借権による定期借地権の場合であっても，定期借地権の設定時点で賃借権の譲渡・転貸につき予め地主が承諾することを契約書に記載することが多く行われている。

(4) 解除と消滅請求

賃借権において借地人に違約行為があったときは，地主により賃貸借契約は解除される。

これに対して，地上権においては地代の支払等を怠ったときには，地上権の消滅請求をなされることとなる（民266条1項・276条）。

賃貸借の場合には，借地人の義務を特約により付加し，これに違反したときには定期借地契約を解除するという手法をとることが多く，そのような目的のためにも賃借権を基礎にして定期借地権を設定することが多く行われている。

ところで，地上権の場合においても，借地人の行動を制約する一定の債権的合意を地主と借地人との間で行うことはできるのであり，またこのような特約に反した場合にも，地主は借地人に対して地上権を消滅させる旨の請求を行うことができる（稲本編著・前掲『定期借地住宅の契約実務』132頁以下）。

(5) 土地の修補義務について

賃借権の場合，定期借地権の目的となっている土地が陥没したり，崖崩れを起こすなどして本来の使用ができなくなった場合，賃貸人には土地を借地人に使わせる義務が存するのであるから，地主には土地の修補を行う義務が生ずる（民606条）。

これに対し，地上権の場合には，より所有権に近い権利となっており，地上権者は自ら土地の修補を行って土地を利用しなければならず，したがって，地主には土地修補義務はない。

(6) 固定資産税の支払について

賃貸借契約の場合には，土地の固定資産税はすべての場合に地主に支払義務が存するため，借地人は賃料を支払うに際して，固定資産税を含めたものを地主に支払い，地主は借地人から受け取った賃料のうちから固定資産税を納めることになる。

これに対し，地上権の場合は，原則的には賃借権の場合と同様であるが，100年を超える地上権を設定した場合には土地の固定資産税の支払義務は借地

人に存在することとなるため（地方税法343条1項），100年を超える定期借地権を地上権で設定した場合は固定資産税の支払義務は借地人に生ずることとなる。

(7) 定期所有権について

以上の地上権と賃借権の違いに鑑み，地上権による定期借地権を設定し，かつ地代の一括前払方式をとることにより，あたかも借地人が一定期間その土地を所有しているのと同様の立場になることに着目し，このような形態の定期借地権は特に「定期所有権」と呼ばれている（前掲『定期所有権活用マニュアル』71頁以下，林道三郎・前掲『定期借地権と定期所有権』129頁以下）。

100年以上の定期借地権を地上権で設定し，定期所有権方式を用いた場合などには特に違いが明らかになる。借地人は一括前払地代を支払った後は土地の固定資産税も払うことになり，逆に地主は一括前払地代を取得した後は，土地の固定資産税を負担する必要もなくなるのであり，あたかも地主が借地人に対し目的土地を売却したのと同様の事態となるからである（もっとも，一定の期間経過後にその土地は地主の下に戻ってくるのであるから，いわば借地人は時間的に制約されている所有権を取得するのである）。

〔5〕 定期借地権における賃料と地代について

(1) 賃料と地代との呼称について

民法では，地上権の場合の使用の対価を「地代」と呼び（民266条），賃借権の場合の土地の使用の対価を「賃料」と呼んでいる（民601条）。

また，借地借家法上は借地の使用の対価を「地代」又は「土地の借賃」と呼んでいる（借地借家11条）。

実務上は，このうち「賃料」や「土地の借賃」との呼び方はほとんど用いられておらず，一般的に賃借権の場合は使用の対価を「賃料」と呼び，地上権の場合には「地代」と呼んでいる。ただし，上述の呼称の区別も厳密ではなく，定期借地権の実務の現場でも「地代」と「賃料」の2つの呼称が明確な基準なく用いられているのが現状である。

(2) 支払方法

(a) 定期借地権における「賃料」又は「地代」の支払方法については，唯一

又は絶対のルールが確立されているわけではなく，専ら慣行により定期借地権の使用の対価が支払われているにすぎない。定期借地権が普及し始めた平成4年以降においては，借地人の負担はできる限り少ないほうがよいという判断からか，月払いの方式が多く用いられていたように思われる。

そして，その後，定期借地権がある程度普及し，前述した定期所有権方式などもみられるようになった平成8年頃から一括前払方式などもとられるようになってきた。

　(b)　**月払い方式について**

わが国の定期借地権においては，この方式が現在でも圧倒的に多いものと思われる。普通借地権などにおいては，賃料・地代の金額が地域によって大きく異なるのであるが，定期借地権の場合は，当初普及した場所が都心及びその周辺地域であったこともあって，賃料・地代の金額について地域における大きな差はあまりみられず，概ね月額2万円ないし3万円の負担をする旨の設定がなされており，専ら，定期借地権付き住宅の分譲のしやすさに着目したものだったように思われる。

　(c)　**年払い又は半年払いの方式について**

普通借地権の場合はともかく，定期借地権の場合においてはこのような支払方式がとられることはほとんどないと思われる。

　(d)　**一括前払いなどの方式について**

特に，定期所有権方式などにみられるように，定期借地権においては一括前払方式も多くみられるようになっている。

　(e)　**組み合わせ方式について**

一部前払賃料・地代などと毎月払いの賃料・地代などとの組み合わせの方式はよくみられるところである。この点，一部の前払地代等を「権利金」と呼ぶか，「設定の対価」と呼ぶかの問題については，前述したとおりである。

また，現行法の枠内においては，100年を超える地上権を設定しない限りにおいては，地主に土地の固定資産税の支払義務が存在するのであり，固定資産税の金額が将来どのようになるかは設定当初において想定不可能であること，並びに支払時期が長期にわたることなどから，一括前払方式をとる場合にあっても固定資産税相当額の支払義務だけは借地人に残す方式が多く見受けられる

ところである。この点，せっかく「定期所有権方式」を用いて一種の時間的に制約された所有権の売買という形をとっても，固定資産税の支払の問題から完全な全額地代の前払いをすることが難しくなっているのが現状である。したがって，地方税法343条を改正して，50年以上の地上権を利用した定期借地権の場合は，借地人に固定資産税の納付義務があるとすることが望ましい。

(3) 地代等の増減方法について

(a) **地代等の増減請求権の排除について**

借地借家法11条において，地代等の増減請求権が地主並びに借地人のいずれにも認められている。定期借地契約における特約によっては，この地代等増減請求権を完全に排除することはできない。完全な排除は定期借家権において初めて認められた。ただし，「無償の地上権」の設定の対価については増減請求権の排除もあり得る（これについては前述〔3〕(3)(e)及び本章第1節「普通借地権」〔6〕(3)参照）。

(b) **一般的な増減の記載の仕方について**

定期借地契約を設定する際は，地代等の増減については借地借家法11条の記載のとおり，「土地に対する租税その他の公課の増減により，土地の価格の上昇若しくは低下その他の経済事情の変動により，又は近傍類似の土地の地代等に比較して不相当となったとき」などの場合に地代等の増減ができる旨を記載することが一般的である。

(4) **純賃料方式**

以上に対し，定期借地権の場合には，上記のような抽象的な増減の文言を用いるものよりも，以下に述べるような純賃料方式と呼ばれる方式を記載し，これにより地主も借地人も地代等の増減がどのようになるのか一目瞭然に知ることができるようにし，それによりできる限りトラブルの発生を減少させることが試みられている（稲本編著・前掲『定期借地住宅の契約実務』46頁以下）。

すなわち，純賃料方式とは，地代のうち地主が自ら取得する部分と公租公課などの経費に充てる部分とを分け，後者の経費に充てる部分については公租公課の増減に応じ増減することとし，前者の自らの手取りの部分については消費者物価指数等に合わせて増減させるなどの方法をとるものである。

この場合の算式は次のようになる。

> 地代等
> ＝①地主の手取額×消費者物価指数等の増減割合（％）＋②公租公課などの経費部分
> （例えば，①も②も３年ごとに見直す等とする）

　これにより，地主と借地人は地代等の増減を明確に知ることができ，同時に上記のようにすることが双方の公平と考えられているのである。
　現在，定期借地権を設定する場合において，純賃料方式がとられている場合も多くなっているものと思われる。

〔６〕 定期借地権における特約

(1) **建物・外構などについての特約**
(a) **特約の内容**
　定期借地権付き住宅を分譲する場合，特に，５，６戸の街区を１つの地主が各定期借地権者に貸し出す場合や，さらに数十戸の定期借地権付き住宅が存在する一団地で分譲するような場合においては，しばしばその街区や団地内の建物並びに外構について，いかなる種類の建物を建ててよいのか，その構造や材質や色合いなどはどのようなものでなければならないのかなどについて，特に建替えをする場合を想定して，定期借地契約の中で特約を定め借地人を拘束することが多い。
　例えば，建物は木造の２階建てまでの住宅とし，アパートなどの共同住宅や店舗等は不可とするとか，色調は淡い茶色・クリーム色系とし，外構については石材によるものとし，色は建物と同系色とする等々である。
(b) **特約を付する理由**
　(イ) 通常，上記のような特約の内容は，建築協定などの住民協定で行われることが多い。
　すなわち，一団地の中に色調その他がまったく異なる建物が建ってしまったり，あるいは自宅用の建物しか建っていない中にアパートが建ってしまったり

すれば，その団地全体の価値が下がってしまうことはよく知られており，したがって，このような団地全体の価値を下げるような行為を禁止するために協定が結ばれるのであるが，かかる協定は一種の紳士協定であり，各住民を拘束する力は極めて弱い。

(ロ) そこで，定期借地権付き住宅においてはこのような協定にあたるべき部分を特約として定期借地契約の中に盛り込み，団地全体の価値，ひいては個々の定期借地権付き住宅の価値が下がらないようにすることが試みられている。

通常，所有権による分譲の場合には，そこに住む住民たちの財産権の価値が減少するわけであるから，その減少の防止行為は本来極めて重要なはずであるところ，前述のような紳士協定しか行うことができず，その望みは十分に達成されていない。

ところが，定期借地権という期間の限定された借地権しか有さない住宅において，却ってこのような目論見が成功するというのは皮肉な現象といわざるを得ない。

(ハ) このような特約に違反した借地人は，最悪の場合，定期借地契約の解除等のペナルティを負うことになるため，それが遵守される可能性は極めて高く，したがってかかる特約の存在はその団地内の借地人全体の利益となる。以上のようなメリットが借地人らに与えられると同時に，このようにして綺麗に保たれた団地が後日返ってくるというメリットを地主も享受することになるのである。

(2) **共用部分の使用についての特約**

(a) **共用部分とは**

共用部分とは，団地内において住民たちが共同して利用するスペースであり，子供の遊技場やテニスコートあるいは駐車場などである。

かかる団地内の住人が共同使用する場所について，共同利用のためのルールを決める必要がある。

(b) 例えば，区分所有建物（マンション）などにおいては，区分所有法における管理規約によりかかる共同スペースの利用のルールが定められることになるのであるが，定期借地権の分譲住宅による場合は，一団地内における共通の場所（前述のような共同スペースであるが，定期借地権の場合は，しばしば団地住人全

員の準共有部分として構成されることが多い）について，①特定の人だけが継続的に使用したり（共通の庭の部分を仕切って物置を建ててしまうなど），②他の人の迷惑になるような利用を行うケース（共同スペースで犬を飼ったり，穴を掘ったり，他の借地人に対し迷惑を掛ける行為を行うなど）がある。

(c) そこで，そのような行為を禁止することにより，その団地全体の利用が快適に行われるようにする仕組みを定期借地契約の中に盛り込むことが多く行われている。

これにより，上記(1)の建物や外構等についての特約と同様の効果（メリット）が，借地人及び地主に対してももたらされるのである。

(3) **街作りの特約について**

(a) 街作りの特約とは，大きな団地全体について計画を行い，上記(1)の建物や外構についての特約と，上記(2)の共用部分の使用についての特約とを合わせて，その団地内の建物・外構・道路・広場・テニスコート・駐車場・緑地部分等々についての一切合切の利用について，住民たち全員の共同の利益並びに将来返却される地主の利益等を十分に考慮して，住民たちで行ってよいことと行ってはならないことのルールを決め，そのことを定期借地契約の中に特約として盛り込むことを指す。「住民」とは借地人のことであるが，当然履行補助者としての同居人や訪問者等も含まれることになる。

技術的には，定期借地契約そのものに細かな規約を盛り込むのではなく，別に利用規約なるものを作り，その規約を守ることを借地人の債務として定期借地契約に規定するような形式が多くとられることになる。

(b) したがって，このような特約（利用規約）の内容は上記の建物や外構についての細かな定めと共同部分の使用についての細かな定めが入ってくることになる。

特に，大きな団地（したがって，「街」ということになる）全体のコンセプトを決め（例えば，「健康」や「環境」や「バリアフリー」等々），そのコンセプトに従った街作りをディベロッパーが積極的に行い，地主との間で共通の認識を有し，その認識を定期借地権を用いた街の住民たちに共有してもらうことを目的として作成されるのである。

(c) **特約を付する理由**

住民協定などでは，法的な拘束力が十分でないことは前述したとおりである。
　さらに，団地内（街の中）を通る道路や周辺の緑地などについても一定のコンセプトの下に拘束することができるのであり，小規模ではあるが，いわば計画的な街作りが私的な定期借地契約により可能になるのである。
　現にこのような方式をとり成功している事例がいくつか出てきており，行政の指導による都市計画その他の街作りが必ずしもスムーズに行われるとは限らないわが国の現状の下においては，このような定期借地権を用いた一種の街作りも，今後の良質な街の環境を作り維持していくために十分活用できるものと思われる。

〔7〕 契約の更新がないこと

(1) **定期借地契約は更新されない**
　定期借地権は設定契約で定めた期間の満了により終了し，更新されることはない。
　ただし，期間が終了する前に地主と借地人との合意により期間を延長することは可能である。一般定期借地権は事業用定期借地権のように最長期間の制約がないのであるから，例えば，50年間の期間の満了の直前に合意をして，20年間の延長（合計70年間）をしても何ら差し支えない。

(2) **再契約について**
　また，定期借地契約が終了した後，更新ではなく地主と借地人が再度合意をすることにより再び定期借地権を設定することも自由である。これを再契約という。
　再契約する際も，書面によるなど定期借地権の要件をすべて備えることが必要となる。再契約の合意は定期借地権の当初の期間が満了した後に行われてもかまわないが，終了前に合意がされてもかまわない。終了前に行われる場合には，当然のことながら，終了した翌日を次の定期借地権の始期とする定期借地権の契約が行われることになろう。
　なお，定期借地権を再契約する回数についても制約はない。

(3) 再契約の予約について

　一般定期借地権は50年以上という極めて長期の期間が必要とされているため，再契約を行うことを早い段階から予約をすることはあまり考えられない（合わせて100年以上の長期の契約となってしまい，建物が存続するかどうかも疑問となるからである）。

　しかし，理論上は再契約の予約を行うことも可能である（詳細は，後述本章第3節「事業用定期借地権」〔7〕(3)）。

〔8〕 建物買取請求権がないこと

(1) 建物買取請求権の不存在

　建物買取請求権は定期借地権においては存在しない（借地借家22条）。
　したがって，期間の満了により借地人は建物を取り壊し，更地にして返還するのが原則となる。すなわち，借地人はこれらの原状回復義務を有することとなる。

(2) 原状回復の範囲について

　定期借地権を設定する契約の中で，原状回復の範囲についても明確に定めておくことが実務においては通例である。
　この場合，原状回復の内容として建物を取り壊し土台を取り除くだけでなく，例えば，ビルなどの場合には，地下十数mもの地下杭が埋められていることがある。その場合に，50年以上の将来においては地下杭なども錆びてしまっており，地下十数mを掘り返して返還することは借地人に対して莫大なコストをかけることとなり，事実上不可能である。したがって，実務上は地下杭の除去等については，「地表から3mまでの地下杭を除去する。」などの表現をすることが通例である（稲本編著・前掲『定期借地住宅の契約実務』206頁以下）。

(3) 建物が存在するままで土地を返還する旨の特約について

　(a) かかる現状有姿での返還の特約はもちろん有効である。
　建物という社会的に価値のあるものを取り壊すことなく地主に返還することは社会的にみて好ましいとさえいえるのであり，このような方法を採用することは，実務上多く見られるところである。

(b) この場合，建物を借地人が地主に譲渡する構成がとられることになる。譲渡の方法としては，①無償譲渡の場合と，②有償譲渡（有償譲渡の場合には，建物の売買ということになる）の場合とがある。いずれの方式も，もちろん有効である。

(c) **有償譲渡の場合と無償譲渡の場合**

(イ) 有償譲渡の場合と無償譲渡の場合のどちらが原則であり，どちらが例外であるということはない。このように，建物をあるがままの状態で土地を返還するという方式がとられた場合の対価が，有償であるか無償であるかは様々である。

(ロ) ところで，有償譲渡の方式をとった場合，この建物を譲渡する特約は借地借家法24条にいう建物譲渡特約ではないのかという疑問が生ずる。

しかし，借地借家法24条の建物譲渡特約は同条の条件を満たした場合にのみ認められるものであり，本項で論じている原状回復の一方法として建物を存在させたまま，その建物の所有権を地主に移転させるために譲渡するという意味での建物の譲渡の特約とは別の契約であるので注意を要する。

(ハ) したがって，このような建物の譲渡の特約を借地借家法22条に付した場合は，必ずしも借地借家法24条の建物譲渡特約とはならないので，建物譲渡特約による効果である法定借家権は発生しない（稲本編著・前掲『定期借地住宅の契約実務』110頁以下）。

(d) **有償譲渡の場合の一般的なやり方について**

(イ) 有償譲渡を行う場合には，まずその金額を決めなければならない。

実務においてとられているいくつかの方式を挙げるならば，借地人が定期借地権の設定契約に際し，地主に預け入れた敷金の全額又は半額をもって建物を譲渡する方式が見られる。

(ロ) 借地人側からすれば，もはや無用となった建物の所有権を地主に引き渡すのと引換えに，預けておいた敷金の全額又は半額が返還されるとのメリットを得ることになる（敷金は，借地人の債務不履行がなければ全額返還されるのが原則であるが，取壊し義務のある建物を取り壊さずに土地を返還するため，本来であれば建物取壊し費用相当分は敷金から差し引かれなければならないところ，地主がそれを差し引かずに返還するのである）。

(ハ) また、地主の側では、無条件に建物の譲渡を受けるのではなく、定期借地契約の終了前に建物を検分し、損耗がひどくないなど通常使用し得る状態であると認められる場合に限って敷金の全額又は半額などを返還して建物の所有権を取得することとして地主の選択権を認める方式をとることにより、使用に耐えない建物を有償で取得させられることがないように防御することになる。

(e) **借家人の処遇について**

また、建物の所有権を取得する地主は、借家人や建物に抵当権などの自らの完全な所有権の行使を妨げる権利等が付いている場合には、これを除去することを借地人に求め、借地人がそれを除去することができたときに初めて建物の所有権を取得するなどの方式をとることが多い。

もし、借地人が抵当権を除去したり、借家人を退出させたりすることができない場合には、地主は建物所有権の取得をすることを拒絶し、定期借地権の終了を理由として抵当権と借家権の抹消並びに建物の取壊しを請求することになる。

筆者は、事業用定期借地権の場合に、地主は借家権の負担のない建物所有権を取得することができると考えており、この理は一般定期借地権の場合も同様である（吉田修平・前掲『定期借地権と定期所有権』106頁以下、同・新講座(2)173頁以下）。

〔9〕 書面によること

定期借地権設定契約は公正証書など書面によらなければならない（借地借家22条）。必ずしも公正証書による必要はないが、何らかの契約書面は作成しなければならない（令和3年改正により、書面に代えて電磁的記録によることも可能となった。同条2項）。

一般定期借地権の設定契約書のひな型は多く作られており、定期所有権方式のひな型も作成されているため、現在、定期借地契約の設定はかなり容易になった。なお、公正証書を作成することが多いことに鑑み、公証人役場においても定期借地権の設定契約書の原本は、実務上、半永久的に保管されることとなっている（公証人法施行規則27条3項）。

〔10〕 定借マンションについて

(1) 定借マンションとは

　定借マンションとは，敷地の利用権に定期借地権を利用したマンション（区分所有建物）のことである。

　すなわち，定期借地権付きマンションの略称として定借マンションという言葉が現在の実務では多く用いられている。

　定借マンションの場合は，一戸建てのように地主と借地人が一戸の建物につき1対1の対応関係に立つのではなく，一人の地主に対して複数の借地人が対応することから，以下に述べるような特殊な問題が生じている。

(2) 定期借地権の準共有

　(a) 定借マンションにおいては，前述のとおり，1人の地主に対し複数の借地人が存在する。この場合，複数の借地人らは一個の定期借地権（賃借権又は地上権）を準共有していることになる。

　すなわち，所有権分譲マンションが，一個の土地について複数の建物所有者がそれぞれの区分所有建物に対応する土地の共有持分を取得するように，定借マンションにおいては，借地人らは自らの区分所有建物に対応する定期借地権の準共有持分を取得することになる（稲本編著・前掲『定期借地住宅の契約実務』160頁以下）。

　(b) この結果，定借マンションにおいては，借地人らの義務が不可分的であるものと可分的であるものとが分けられることになる。

　① 借地人らの義務が不可分的であるものとしては，建物を取り壊して更地にして返還する義務（原状回復義務）などがある。
　② 可分的な義務として地代等の支払義務などがあげられている。

(3) 地代の支払義務について

　定借マンションにおける地代等の支払義務は借地人全員の不可分債務か，それとも個々の借地人に課されている分割債務か。この点については現在の大勢は分割債務説であり，実務の取扱いもほとんどが分割債務の考え方で行われている（稲本編著・前掲『定期借地住宅の契約実務』178頁以下）。

結局，ある程度の人数が存在する定期借地権マンションについては，借地人相互に何らの人的関係も存在しないところ，かかる人的関係のない人々の間に地代等の支払について連帯的な義務を負わせることは好ましくないとの理由によるものである。

　この点につき，筆者は地代等を不可分債務として捉えられる場合もあると考えている。例えば，比較的小規模の数戸ないし十戸程度の定期借地権付きマンションの場合などである。この場合，地主にしてみれば，本来は土地を貸すことにより地代等を取得すべき地位にいるところ，定借マンションが建ったことにより，家主と同様の各戸ごとの賃料徴収者となることが酷ではないかと考えていることによる。他方，大規模のマンションについては実務の取扱いのとおり分割債務と解するほうが妥当であろう。

　(4)　**定借マンションの管理の考え方について**

　(a)　定借マンションにおいては，一般の所有権分譲マンションと同様に管理の問題を生ずる。

　特に，地代等については，前述のように分割債務と解されるとしても借地人は地代等の徴収を一括して管理会社に行ってもらい，まとめて地主に支払ってもらうことが便利であり，地主の側としても地代等をまとめて一本化して支払ってもらうことが便利である。

　(b)　このようなことから，管理会社が地主・借地人の双方から依頼を受けて地代等を徴収し，一括して地主等に支払うことが望ましく，定借マンションにおいては実際にそのような手法がとられている。

　(c)　しかし，管理会社が地主と借地人という利害の対立する当事者双方の代理人として地代等の徴収を行うことは，利益相反の問題を生ずる場合がある。

　具体的には，地代等の増減の問題である。

　地主と借地人の双方から依頼を受けて地代等の徴収義務を行っていた管理会社が，地主の代理人として地代等の増額を請求したり，逆に借地人の代理人として地代等の減額を請求することは，利益相反行為（双方代理）として許されない（民108条）。

　そこで，管理会社の管理の範囲について特別な配慮が必要となる。

　すなわち，①地代等の徴収については，地主から委託を受け報酬を得ること

により地代等の徴収を行う。借地人は，その点につきサービスを受け反射的に利益を得るにすぎないので，その限りで管理会社に地代等の徴収を任せることができる。

②しかし，地代等の増減の問題が生じたときは，あくまで管理会社は地主の代理人であり，借地人らを代理する権限がない。借地人は，別途代理人を立てる必要がある。

③また，管理会社は，借地人から地代等を預かる場合は，自らの会社の運転資金などを預けておく銀行預金口座ではなく，別の口座を開くことにより自らの財産に混入することを防ぐ義務を負担する（建設省住宅局民間住宅課監修『定借マンション・ガイドブック』67頁以下，147頁以下）。

第3節　事業用定期借地権

〔1〕　はじめに

　事業用定期借地権は，改正前は10年以上20年以下という定期借地権の中でも最も短期のものであり，その意味で最も借地権設定者に有利であり，したがって多く利用されることが期待されたが，反面，濫用の防止等の観点から事業用の建物に限ることや公正証書によることなどの厳格な要件が定められている。

　ただ，期間の点においては，平成19年12月の改正（平成20年1月1日施行）により10年以上50年未満と延長された。

　以下，契約締結時の注意点等を中心に解説する（第3節の記述全般において，吉田修平・新講座(2)164頁以下参照）。

〔2〕　事業用定期借地権の対象となる建物

(1)　事業用建物

　事業用定期借地権の対象となる建物は，「専ら事業の用に供する建物（居住の用に供するものを除く。）」である。

　「事業」とは，営業よりも広く，公共的・公益的な目的をもつ活動を含む（山

野目章夫・コメ借地借家〔第4版〕177頁)。

したがって，事業の用に供する建物とは，事務所・店舗・工場・遊技場・映画館・公会堂・集会室等が典型例となる。

また，建物を所有する者が賃貸事業を行うのであっても，賃貸用マンション等は居住の用に供されるので事業用建物から除かれることになる。

逆に，「居住」とは，特定人が継続してその建物を占有使用することであるから，人の起臥寝食に供される場所であっても旅館・ホテル等は不特定人を対象とするものであり，事業用建物である（山野目・コメ借地借家〔第4版〕178頁)。

(2) **一部に居住用建物を含む場合**

事業用の建物の一部に，社員寮や社宅が付いているものは，それが量的にごく小さな割合にすぎない場合も事業用の建物とは認められない。すなわち，量ではなく質の問題として一部でも居住用部分を含むものは「専ら」事業の用に供するものではない（大澤厳ほか「〈座談会〉借地借家法及び民事調停法の一部改正法に関する実務上の諸問題」判タ785号70頁〔寺田逸郎発言〕)。

(3) **限界事例について**

(a) 宿直室・守衛室の存する建物は事業用定期借地権の対象となり得るか。

(イ)「仮眠室」については仮眠をとるだけであり，人の起臥寝食に供されるべき施設（キッチン，バス，トイレ等）が備えられていないのであるから，事業用の建物である。

(ロ) 宿直室・守衛室のように，上記居住用の施設を備えている場所に宿直員等が24時間寝泊まりする場合。

前述したように，宿直室等が量的に建物のごく一部の割合にしかすぎなくても，それだけでは全体を事業用建物とはいえない。ただ，その中味を検討すると，あくまで全体の事業を維持し管理するために，その宿直室なり管理人室に24時間体制で複数の宿直員や管理人が，勤務上しかも通常は交代で寝泊まりするのであるから，全体として事業用建物として差し支えない（前掲判タ785号70頁〔寺田逸郎発言〕，澤野順彦・基コメ〔第2版補訂版〕80頁)。

(ハ) しかし，同様に管理人室等と称しても，特定の一個人が専ら居住し，かつ，その建物の管理を行うという場合（例えば，テナントビルのオーナーが，建物のうちの一室に居住をしながらビルの管理も行うというような場合）は，居住者がた

またま管理を行っているにすぎず，上記の宿直室の場合と異なり事業用建物とはいえないと解されるので注意を要する。

ただ，このように解すると，例えば，都心に居住するオーナーが自己所有地に事業用定期借地権を設定してビルを建て，そこに居住するケースがあると思われるが，そのような場合にも事業用建物でないということになってしまうが，このように解することは少々行きすぎではないかと思う。居住者を保護するため，あまり短期のものは許されないものとされたのが事業用定期借地権であるところ，この場合に保護されるべきは居住者であるオーナー自身であり，そのオーナー自らが納得しているのであるからであるし，前述したように平成19年の改正で期間の点も延長されたからである。しかし，改正後の条文においても「専ら事業の用に供する建物（居住の用に供するものを除く）」とされている以上，上記の問題点は，最終的には立法により解決されるほかないであろう。

(b) 会員制リゾートマンションはどうか。

(イ) 前述したように，特定人が継続して起臥寝食に用いることを居住と呼ぶのであるから，不特定人を対象とするホテル・旅館等は居住用ではなく，事業用の建物である。

したがって，特定人を対象とする別荘は居住用である。リゾートマンションも一般的には，区分所有建物による別荘であるから居住用であり事業用建物ではない。

(ロ) それでは，会員制のリゾートマンション（共有持分権付きで販売され多数の会員が存するもの）はどうか。

複数の者が利用すること，及びその利用としての寝泊まりも恒常的なものではないことから，非居住用であり事業用建物であると解される（前掲判タ785号71頁〔寺田逸郎発言〕，澤野・基コメ〔第2版補訂版〕81頁）。

〔3〕 事業用建物の用法の変更

(1) 当事者間では事業用定期借地権の設定契約が作成されたが，実際に建築されたのは居住用の建物であった場合について

このような場合は，契約目的に反する建物を借地人が建築したのであるから，

地主は債務不履行を理由として契約を解除し得る。

ただ，信頼関係破壊の法理はここでも働くので，当事者間の信頼を破壊した場合でなければならない。

なお，信頼関係が破壊される場合とは，存続期間が満了した際に，土地の返還が確実になされないような場合である。具体的には，共同住宅が建築され，多数の建物賃借人の入居が予想される場合があげられる（山野目章夫『定期借地権論』76頁）。そのような場合は，土地の明渡しが事実上難しくなることが理由とされる。

(2) **居住用の建物の建築が合意されていた場合**

次に，契約書には「非居住用（事業用）の建物の建築を目的とする」と記載されていたが，実際には当事者双方とも「居住用の建物」を建築することを了解していた場合はどうか。

建物の一部に前述〔2〕の居住用部分が存する場合等に，このような事態が生じることとなる。

(a) 目的とされる建物が「専ら事業の用に供されること（非居住用）」は，事業用定期借地権を短期の定期借地権として利用できることとするための中心的要件であり，客観的に定められることを要するものとされていた（前掲判夕785号71頁〔寺田逸郎発言〕，寺田逸郎「借地借家法の改正について」民事月報47巻1号112頁）。

すなわち，建物賃借人や借地権付き建物の譲受人等の第三者が関与することを考慮すれば，客観的には居住用の建物につき地主と当初の借地人との間で事業用と定めたことだけをもって，その契約を事業用定期借地権と認めることはできない。よって，事業用定期借地契約は無効となる（吉田克己「定期借地権」ジュリ1006号59頁）。

(b) 上記の場合，事業用定期借地契約としては無効となるが，普通借地権として扱われる場合が多いことになろう（山野目・前掲『定期借地権論』76頁は，土地所有者が居住目的の利用を初めから了知し，又は後から黙認したような場合は，むしろ普通借地権として扱うべきである，とする。澤野・基コメ〔第2版補訂版〕81頁は，後に居住用等の建物に変更されたことにつき，借地権設定者が積極的に承諾を与えた場合は，契約の更改により普通借地権に変更されたとみなされることもある，とする）。

「契約の一部無効」の場合であるが、地主が非事業用（居住用）の建物を所有する目的であることを了解して賃貸している場合であれば、普通借地権の成立が認められても、その利益を害することはない。

(3) 事業用の建物が居住用に改装された場合

いったんは事業用の建物が建築されたが、後に居住用に改装されたり、居住用建物が再築されたような場合はどうか。

①地主の意思に反して行った場合には、債務不履行による解除の問題となり、②地主もそのことを最初から了解していたような場合は、事業用定期借地権としては認められないことになろう。③また、地主が、改装後や再築後にそのことを積極的に承諾したような場合は、普通借地権への変更（更改）と認められる場合も生じよう。

(4) 登記の効力

ところで、事業用定期借地権が無効と認められた場合には、なされていた登記の効力はどうなるのか。

登記に公信力がない以上、事業用定期借地権として実体上無効であれば、無から有は生じないのであるから、事業用定期借地権の登記も無効となる。

〔4〕 期間の定めに反した場合

(1) 存続期間の定め

改正前の「事業用借地権」の存続期間は10年以上20年以下とされていたが、その理由として更新のない借地権を認めるにあたり、体系的には例外として位置づけ、普通借地権との競合を避ける趣旨とし、したがって、終期は確定期限で定めなければならないとされていた（寺田・前掲「借地借家法の改正について」民事月報47巻1号109頁）。さらに、それ以外の理由として、事業用建物の中には経済的な耐用年数が10年程度のものまであること、借地権の安定性を最低限確保するには10年が必要であることがあげられていた。しかし、平成19年12月の改正により、存続期間は10年以上50年未満とされた。50年を超えるものは一般定期借地権にするとの趣旨であるが、他方、上記のような短期の借地に限定する必要はないと判断されたことによるものと評価されよう。なお、法文

の構成としては、①10年以上30年未満として設定するときは従来の「事業用借地権」と同様に「例外」として位置づけられ（借地借家法3条から8条まで、13条及び18条の規定を適用しない）、②30年以上50年未満として設定するときは普通借地権と競合するが、特約（契約の更新及び建物の築造による存続期間の延長等がない旨）の定めを有効とする形がとられている。

その趣旨から、期間の定めに反した事業用定期借地権（10年未満の期間を定めたり、50年を超える期間を定めた場合等）は無効である。

ただ、事業用定期借地権の設定は公正証書によるものとされているので、実際に期間の定めに反する場合が生ずることは、ほとんどあり得ないと思われる。

(2) **存続期間の定めに反した場合**

なお、このようにして、事業用定期借地権としては無効とされていても、現実の借地の利用が開始され継続しているような場合には、当事者間においては普通借地権が設定されたものと扱われることがある（山野目・コメ借地借家〔第4版〕184頁。無効行為の転換の一例であるとされる）。

〔5〕 事業用定期借地権の期間の延長

(1) **期間の延長の範囲**

例えば、存続期間が40年の事業用借地権において、終了前に契約を更改し、期間を5年延長することは許される。当初から期間45年の事業用定期借地権を設定する場合と何ら異ならないからである。

したがって、合計期間が長期の制限の50年を超えるような延長（上記の例でいえば10年間の延長）は許されない（寺田・前掲「借地借家法の改正について」民事月報47巻1号112～113頁。ただし、改正前の事業用借地権について）。

当事者が、事業用定期借地権の要件を逸脱することを承知で、あえて50年を超えるような延長を行ったような場合には、普通借地権として扱われることになろう（同上113頁）。

(2) **期間の延長の方法**

期間の延長などの事業用定期借地権を変更する契約は、事業用定期借地権の設定に関するものではないから、公正証書による必要はない。

(3) 建物再築の場合

事業用建物を再築した場合に，存続期間の延長ができるものとする特約等も有効であるが，延長後の合計した存続期間が事業用定期借地権の要件に合致するものでなければならない（山野目・コメ借地借家〔第4版〕183頁。ただし，借地借家法7条，8条，18条の規制を受けない）。

〔6〕 事業用定期借地契約の中途解約

(1) 中途解約条項を定める意義

存続期間中に事業用建物が火事等により滅失した場合，借地人はどのように対処したらよいのであろうか。

建物を再築することもできるが，借地借家法7条の期間延長の規定の適用はないので，存続期間の範囲内での期間延長の合意ができない限りは，当初定めた期間内しか建物を維持できないのが原則である。

もし再築をしない場合は，残存期間中，建物が存しないにもかかわらず地代を支払い続ける義務を負うこととなる。そこで，借地人としては，地主に対して合意による事業用定期借地契約の解除を申し入れることとなる。円満に合意解約がなされれば問題はないが，予め，事業用定期借地権の設定時に中途解約条項を定めておくことが考えられる（寺田・前掲「借地借家法の改正について」民事月報47巻1号95頁，112頁）。

(2) 中途解約条項の内容

借地・借家法改正要綱試案では，建物の滅失が借地人の責めに帰すべき事由によらないこと，及び残存期間が借地権の存続期間の半分に満たないことを条件として，借地人からの解約申入れを認める案が示されていたので，それを参考にして同じような要件の下に中途解約条項を定めておくのが実務的であると思われる（吉田克己・前掲「定期借地権」ジュリ1006号58頁参照）。

(3) 中途解約の特約を定める際に考慮すべき要素

中途解約の特約をする場合に考慮すべき要素には，どのようなものがあるか。以下は，あくまで私見にすぎないが，いくつか検討してみる。

(a) 「借地・借家法改正要綱試案」では，①存続期間中に建物が消滅した場

合に，建物の滅失が借地人の責めに帰すべき事由によらないこと，及び，②残存期間が借地権の存続期間の半分に満たないことを条件として，借地人が借地契約の解約申入れ等をすることを認める案を示していたが，借地借家法では，そのような規定は置かれなかった。

規定が置かれなかったのは，地主が合意解約に応じない例はほとんどないであろうと考えられたからである（寺田・前掲「借地借家法の改正について」民事月報47巻1号96頁，112頁，澤野順彦ほか「〈座談会〉実務の動向㊤」NBL557号17頁〔澤野発言〕）。

借地借家法に規定がなくとも，契約の当事者間において特約により中途解約ができる場合を定めておくことは許されるし，また実務的には後日の紛争を防ぐ意味で望ましい（吉田克己・前掲「定期借地権」ジュリ1006号58頁参照）。

特に，期間が一般定期借地権に比べて短期であり，事業用建物の利用に限定されている事業用定期借地権においては，中途解約をすることにより借地人はその後の地代支払義務を免れ，地主は次の土地利用希望者に対し借地権を設定できるようになるメリットがある。

(b) 当事者間で中途解約を特約する場合には，前述の「改正要綱試案」の①建物の滅失（ただし，借地権者の責めによらない場合）と，②存続期間の半分の経過が参考となる。

なぜならば，客観的基準として後日の紛争を防ぐものであるし，かかる場合であれば借地人からの中途解約の申入れもやむを得ないものと考えられ，その後の地代の支払を免れるべきであるし，他方，地主にとっては，その後の地代の取得ができなくなることを甘受すべき場合と考えられるからである。

(c) 他に定めておくことはあるか。

まず第1に，解約申入れ後，いつの時点で事業用定期借地権が終了するか（逆にいえば，借地人はいつまで地代等を支払わなければならないか）を定めておくべきである。

第2に，違約金等のペナルティを借地人は支払うのか否か，支払う場合はいくらなのかを定めておくべきである。

第3に，事業用定期借地権の設定にあたり権利金を授受している場合であれば，中途解約にあたり権利金を地主が返還することになるのか否かも定めてお

くべきである。権利金は借地権設定の対価であり、中途解約されても返還を要しない、とすることも十分考えられる。この場合は、この定め自体が違約金の定めの機能を果たすことになる（なお、前述本章第2節〔3〕(3)参照）。

(d) 借地人の主観的事情による中途解約は認められるか。

例えば、不況による事業縮小・経営不振等を理由とする解約の場合であるが、当事者の特約（合意）による以上、認められないとする理由はない。

この場合、建物の消滅等の要件が存しないが、建物滅失の場合に比して違約金等を重くすることにより解約を認めることになろう。

問題は、その場合に建物をどうするかであるが、汎用性のある建物であり他に利用する者が見つかりやすい場合等には、地主が建物の譲渡を受ける方法が考えられるが、特殊な建物の場合には原則どおり建物を取り壊しての返還ということになろう。建物の譲渡代金をどうするか（無償か、有償か、有償とした場合、その決め方をどうするか等）についても、予め定めておくことになろう。なお、このような場合は、違約金等はかえって少なくてもよいことになると思われる。そもそも、借地権譲渡の方法による投下資本の回収ができない場合に、借地権者が地代等の支払の負担を免れるために選択するのが中途解約だからである。

〔7〕 事業用定期借地権は更新されないこと

(1) 事業用定期借地権の再契約

事業用定期借地契約は更新されないが、当事者間で当初の契約の終了後、再度、事業用定期借地権を設定することは可能である（再契約）（澤野・基コメ〔第2版補訂版〕83頁など。なお、前述本章第2節〔7〕(2)参照）。

したがって、契約終了後、当事者の合意により再契約をすることができる旨を当初の契約で定めておいてもよい。

なお、再度、事業用定期借地権を設定するのであるから、公正証書によるなどの法律上の要件を備えなければならないし、また、新たに設定された事業用定期借地権は、従前のものとは別個の借地権であるから、登記についても新たに設定し直さなければならない（澤野・同上）。

(2) 再契約の際に支払われる金銭

再契約の際，一定の金銭の支払がなされることになるのか。

借地人と地主との力関係で支払がなされるのか否かが決せられることになろうが，普通借地権において更新が認められていることを前提として授受される「更新料」とは意味合いが異なるのであるから，支払われる場合でも再設定料等，他の名称のほうが望ましいと思われる。

(3) 再契約の予約

(a) 借地人と地主との間で，事業用定期借地権の存続期間の満了の際に新しい借地権を設定する旨の予約を行うことは許される（山野目・コメ借地借家〔第4版〕183頁。なお，前述本章第2節〔7〕(3)参照）。

前述のとおり，事業用定期借地権の再設定（再契約）は許されるのであり，したがって，そのことを当事者が予め予約という形で合意しておくことも当然許される。

問題は，いつ，どのような方式で，どのような内容の予約を行うのか，である。

(b) 時期については，最初の事業用定期借地権の存続期間の満了前であるから，最初の設定契約のときでもかまわない。

(c) 方式について公正証書による必要があるか。

契約の内容を明確にして後日の証拠とするために，事業用定期借地権においては，公正証書が必要とされている趣旨から，借地借家法23条3項を類推して公正証書によらない予約は無効と考える（山野目・前掲『定期借地権論』223頁。後日の一方の予約完結の意思表示で借地権が成立した場合に，その内容が書面により明らかになっていなければ，紛糾が生ずるおそれがある，とされる）。

(d) 内容については，前の事業用定期借地権と同じである必要はないが，存続期間などの事業用定期借地権の要件を満たすものでなければならない。

(e) 借地人が予約完結権をもつ形態の予約において，土地の所有権が第三者に譲渡された場合も，借地人は土地が譲渡される前に事業用定期借地権の設定請求権を保全する仮登記を経由していれば，当該第三者に対し予約上の権利を対抗できる（山野目・前掲『定期借地権論』224頁，233頁）。

(f) 以上によれば，当初の事業用定期借地権の設定のための公正証書の中で，

終了後の再設定の予約をしておくことが，予約を行う場合最も合理的ということになろう。

(g) なお，以上と異なり，当事者間で存続期間満了時には再度事業用定期借地権の設定契約を行うこと，違約があった場合は違約金を課すこと等を別に覚書等で定めておくことも可能である。

この場合は，改めて公正証書による事業用定期借地権の設定契約が必要となるし，上記の予約と比べて，その効力は弱いものとなる。

〔8〕 事業用定期借地権終了時の事業用建物の取得について

(1) 原　則
(a) 事業用定期借地権においては，建物買取請求権の適用が排除されているのであるから（借地借家23条1項），存続期間が満了し借地権が消滅した場合には，借地人は地主に対して事業用の建物を収去して土地を明け渡さなければならない。

特段の合意のないときは，建物を取り壊して土地を更地にして返還することとなる。

(b) 事業用定期借地権の設定契約においては，土地の返還方法につき特段の定めをしておかなかったが，終了時に当事者間で合意をして，地主が借地人の事業用建物を買い取ることにしても何ら問題はない。通常の建物の売買契約が行われることになるので売買代金等もそのときに合意されることになる。

(2) 事業用建物を買い取る旨の特約
(a) 存続期間が満了し借地権が消滅したときには，地主は借地人から建物を買い取る旨を予め定めておくことも許される（寺田・前掲「借地借家法の改正について」民事月報47巻1号93頁，112頁等。建物自体の存立等の観点からは，むしろ借地権設定者による建物の買取りがなされることが望ましい場合が少なくない，とする）。

事業用定期借地権の設定契約においても，その旨の特約は有効である。

借地借家法23条1項は同法13条の規定を排除しているが，これは普通借地権に認められる強行的制度としての建物買取請求権を事業用定期借地権では排除するものであり，当事者間の特約による建物の売買までをも排除するもので

はないからである（山野目・前掲『定期借地権論』216頁。なお，借地権設定者において建物買取請求権を留保することを認めない立場（寺田・前掲「借地借家法の改正について」民事月報47巻1号93頁）をとったとしても，かかる特約をすることは民法上の約定として可能とされている。吉田克己・前掲「定期借地権」ジュリ1006号61頁参照）。

(b) 売買代金の額については，特約を定めた時点で確定的金額としておくことが，後々の紛争を防止する意味で望ましいが，予め合意しておいた特定の不動産鑑定士の鑑定価格による等の約定によることも可能である。

地主は，建物の売買予約に基づき建物に所有権移転請求権保全の仮登記を経由しておくことにより，第三者（借地人からの建物譲受人等）に対しても建物の取得を対抗することができる（山野目・前掲『定期借地権論』218頁参照。借地権者・借地権設定者のいずれの側が予約完結権をもつ形態も許されるとした上で，借地人側が予約完結権をもつ場合に，土地所有者が交替した場合のみ特約を承継させられないとする。なお，事業用定期借地権の終了と建物賃借人との関係について，吉田修平・新講座(2)173頁以下参照）。

〔9〕 契約は公正証書によらなければならない

(1) 公正証書によらない事業用定期借地権設定契約の効力

公正証書によらない事業用定期借地権契約は無効であり，事業用定期借地権としての効力は発生しない（借地借家23条3項）。

しかし，そのような場合でも，現実に土地の利用が開始されているときは，当事者が普通借地権を設定したものと推認されることがある（吉田克己・前掲「定期借地権」ジュリ1006号56頁。後に公正証書が作成されても事業用定期借地権としての効力が生じないこともあり得る，とする。山野目・コメ借地借家〔第4版〕185頁以下は無効行為の転換の一例である，とする）。

(2) 公正証書に先立つ覚書の効力

公正証書の作成に先立って当事者間で行われる口頭又は公正証書以外の書面（「覚書」等と称されることが多い）による，これから作成される公正証書ではいかなる事業用定期借地権を設定するのかについての合意はどのような意味を有するか。

当事者間の意図としては，事業用定期借地権の予約と考えていると思われる。実務上は，「覚書」として後日公正証書に記載されるべき事業用定期借地権の内容（当事者・目的物件・借地借家法23条の借地権であること，存続期間，賃料等）を定め，さらに，「何月何日までに」とか，あるいは「本書作成後，早急に本覚書の内容に従った公正証書を作成する」と記載することが多い。

したがって，事業用定期借地権を設定する契約の予約等と解することも可能であるが（吉田克己・前掲「定期借地権」ジュリ1006号56頁，澤野・基コメ〔第2版補訂版〕82頁。後者は，予約のほかに公正証書の作成を停止条件とした事業用借地契約と考えてよいであろうとする），予約完結権の行使により本契約たる事業用定期借地契約が成立するとなると公正証書が存しないことになり，公正証書を要求している法の趣旨に反することになるので，そのような覚書等の書面は，借地権設定の準備に協力すべき当事者の義務を確認する書面であるにとどまり，借地権設定の本契約でないことはもちろん，予約でもないと解すべきである（山野目・前掲『定期借地権論』223頁。したがって，覚書等を公正証書によらないで作成しても無効ではないとする）。

第4節　建物譲渡特約付借地権

〔1〕　建物譲渡特約付借地権とは

(1)　意　　　義

建物譲渡特約付借地権とは，借地権設定後30年以上経過した日に借地上の建物を地主に相当な対価で譲渡する旨の特約を借地権に付することにより，設定から30年以上後に消滅させることが可能とされた借地権のことである（借地借家24条）。

結果，地主は借地権の負担のない土地を取り戻すことができる。

なお，特約を付される対象となる借地権には，普通借地権と定期借地権の2種類が存する（後述〔6〕参照）。

(2)　要　　　件

①　借地権を設定するに際し，その存続期間を30年以上とすること。

② 借地権の設定時に，借地権設定後30年以上経過した日に借地上の建物を地主に相当な対価で譲渡する旨の特約をなすこと。

以上の2点が必要である。

なお，建物譲渡特約付借地権の設定契約（及び特約）は書面によることは必要とされていないが，合意の細部は仮登記（後述〔3〕参照）に表示されないので，借地権の内容及び建物譲渡特約の内容について定めた契約書を取り交わしておくことが望ましい。実務では，普通借地契約の中に建物譲渡についての特約も定める方法をとっており，両者を別の契約書としては作成しない。

(3) 特約の内容

上記の特約の内容には2つのケースがある（吉田克己「定期借地権」ジュリ1006号54頁ほか）。

(a) Ⅰのケースは，存続期間を定めた上で，その満了時に建物譲渡の効力を生ずると特約する場合であり，普通借地権に特約が付されていた場合は普通借地権に更新が生じない。

(b) Ⅱのケースは，売買予約の特約をし，設定時から30年以上経過すると予約完結権を行使し得るとする場合であり，特約を付した借地権が普通借地権であれば，当初の30年の期間の満了後，その普通借地権はいったん更新される。

(c) 借地権が消滅する理由

上記Ⅰのケースの場合は，存続期間満了時には借地権者の建物がないので，特約の付された普通借地権に法定更新が生じないことによる（借地借家5条1項）。

上記Ⅱのケースの場合は，存続期間の満了時と建物譲渡の時期がずれるが，地主が建物と借地権を取得するので，民法の混同の法理により更新された普通借地権が消滅することにより，借地権が消滅する。借地借家法22条の定期借地権に同法24条の建物譲渡特約が付される場合もある（この点については，後述〔6〕参照）。

(4) 契約設定時の注意事項

(a) 上記(2)の要件を欠いた場合，借地契約のうち一部（特約部分）が無効となり，普通借地権となってしまうおそれがあるので注意を要する（契約の一部無効の理論）。

例えば，存続期間が30年未満の場合や建物を無償で譲渡するとした場合等は，

普通借地権と扱われる。

ただし，例えば，「定期借地権でなければ契約を結ばない」との意図が明確な場合等は例外的に契約の全部が無効となる場合もあり得る。この場合の「定期借地権」は広義の用法である。

(b) また，借地権設定時に建物譲渡特約がなされなかった場合は，後にその旨の特約を付しても普通借地権となってしまうおそれがあるので注意を要する（山本豊・コメ借地借家〔第4版〕189頁，吉田克己・前掲「定期借地権」ジュリ1006号54頁ほか）。

ただし，借地権設定時には，まだ建物が完成していなかった場合には，借地権設定時には建物譲渡特約の概要だけを定め，後の建物完成を待って内容を確定するのでも足りる（山本・コメ借地借家〔第4版〕188～189頁）。

〔2〕 相当の対価について

(1) 相当の対価とは

借地人は建物を「相当の対価」で地主に譲渡しなければならず，無償譲渡の特約をした場合は特約が無効となり，普通借地権として扱われることになる（吉田克己・前掲「定期借地権」ジュリ1006号54頁）。

(2) 相当の対価と借地権価格

「相当の対価」の中には借地権価格は含まれない（吉田克己・同上）。

建物譲渡の相当の対価について，借地法10条の建物買取請求権が行使された場合の建物買取りの時価についての判例は，「建物を取り壊した場合の動産としての価格ではなく，建物が現存するままの状態における価格であって敷地の借地権の価格は加算すべきでないが，この建物の存在する場所的環境は参酌して算定すべきものである」としている。

この判例の考え方と建物譲渡特約付借地権における建物譲渡の相当の対価とを同視してよいかが問題となる。

この点については，実務的には「借地権の残存期間，法定借家権が発生すること及び法定借家権の賃料（想定額）その他建物譲渡特約付借地権であることなどを考慮した相当な額」でなければならないと解されることになろう（澤野

順彦・基コメ〔第2版補訂版〕86～87頁）。

(3) 相当の対価の決め方

(a) 一定の対価を定めても，それが相当と認められない場合（例，金100円）には「無償」と解されるおそれがある（山本・コメ借地借家〔第4版〕193頁。「原則として，建物譲渡特約自体が無効となるのではなく，客観的に相当な対価で建物譲渡の効力が生ずると解すべき」とされる。しかし，実務的には，「無償」と解される余地がある以上，建物譲渡特約時に「相当な対価」を定めるためのできる限りの努力を払わなければならない）。

(b) 相当な対価の定め方としては，

① 確定額で定める
② 算出するための基準又は算式を定める
③ 単に「相当の対価」又は「時価」と定める
④ 不動産鑑定士による評価額と定める

等のいくつかの方法が考えられる（他の方法については，澤野・基コメ〔第2版補訂版〕87頁以下に詳しい）。

(c) これらの方法には，それぞれ一長一短があると思われる。

①の確定額で定めておいた場合には，その金額自体がその後の社会情勢の変動，経済状態の変動などにより，30年後における「相当の対価」とはいえなくなる可能性もある。

逆に，③の単に「相当」であるとか，「時価」と定めておけば争いは生じないものの，何も決めていることにはならず，30年後に新たな紛争に発展する可能性がある。

したがって，②の算出するための基準又は算式を定めておくか，④の不動産鑑定士の評価額と定めておくことが実務的には望ましいものと考えられる。

ただ，私見をいうならば，④の方法が最も無難であることは間違いないが，相当のコストもかかるため，②の方法によることとした上で，さらに一定の工夫をしておくことが望ましいと考えている。

例えば，建物譲渡時点におけるその建物の「固定資産評価額の○倍」にするとか，若しくは，その時点における「最終地代の○倍」とするなどの方法である。

〔3〕 建物譲渡特約付借地権の公示（登記）

(1) 地主が第三者（例えば，建物の第三取得者）に建物譲渡特約があることを対抗するためには，その建物に対し，例えば，売買予約等を原因とする自らの所有権移転請求権を保全するための仮登記をすることになる。
(2) 建物についての仮登記は，効力を生じるために必要な要件ではなく対抗要件にすぎない。
　しかし，建物譲渡特約付借地権を設定する場合には，一般的には必ず行うことになろう。
　なぜならば，譲渡特約後に建物に権利を取得した者に対抗できないことになると，結局，借地権は消滅せず普通借地権として存続することになってしまうからである。
　このように必ず仮登記は経由されるであろうことから，建物譲渡特約付借地権については，他の2つの定期借地権と異なり約定について書面の作成が要件とはされていないのである（吉田克己・前掲「定期借地権」ジュリ1006号55頁）。

〔4〕 存続期間中の建物滅失について

(1) 再築の可否
　借地権の存続期間中に建物が滅失した場合，借地人は，当然に建物を再築することができ（建物が消滅しても当然に借地契約は消滅しない），存続期間は延長される場合があり得る。
　ただし，建物につき無断増改築禁止の特約が付されていれば，再築につき地主の承諾が必要となる場合がある。
(2) 再築後の法律関係
(a) 再築された新建物には，当然には元の建物譲渡特約の効力は及ばない。ある建物についての譲渡特約なのであるから，原則としてその建物以外の建物には効力は及ばない。
　そこで，再築建物をも譲渡の対象とする旨の明示又は黙示の特約が認定され

ないと，建物譲渡による借地権消滅の効果が生じないことになり，借地権は建物譲渡特約なき普通借地権又は一般定期借地権として扱われることになる（山本・コメ借地借家〔第4版〕191頁ほか）。

したがって，借地権を設定する当初の段階で，将来再築した建物についても当初の建物譲渡特約の合意の内容が維持されることにしておく必要がある。

具体的には，当初の契約の中で，「建物が滅失した際は，地主と借地人との間で再築された建物についても当初の合意が維持される内容の新たな建物譲渡特約を締結しなければならない」旨を定めておくことになろう。

(b) したがって，地主と借地人との間で，改めて再築後の建物につき売買予約・仮登記等をする必要が生ずる。改めて売買予約や仮登記等を行わなければ借地人の債務不履行による損害賠償の問題が生ずるとしても，新建物について第三者に対抗し得る形での建物譲渡特約の効力は生じないことになるので注意を要する。

(3) **建物再築をめぐるいくつかの問題点**
(a) **再築価格につき問題が生じるおそれ**

(イ) 当初，予定していた建物価格よりはるかに高い価格の建物を建てられてしまうと，地主は相当な価格としての譲渡代金を支払えなくなるおそれが生じる。譲渡代金を確定額で定めたのではない場合に生ずる問題である。

そこで，再築価格を制限するか，又は，再築建物価格の譲渡代金の上限を設定する必要があるのではないかと考える。

(ロ) 逆に，あまりに貧弱な建物が再築された場合には，地主は元の特約の価格で買い取ることは耐えられないので，この点についても当初の契約段階で何らかの制約を付しておく必要があるのではないか。譲渡代金を確定額で定めた場合に生ずる問題である。

(b) **建物再築による期間延長の影響について**

再築により，例えば，当初の契約時点から計算して35年間に期間が延長されたとしても（借地借家7条），元の譲渡特約の効力発生時点は変わらない（例えば，期限付きの契約で当初の契約時点の30年後に譲渡の効力が生じる場合）。

その結果，30年後に建物が譲渡され，その時点で，延長された借地権は混同により消滅する。すなわち，この場合はもともとは前述〔1〕(3)のⅠのケー

スであったものが，その後，例外的にIIのケースによる終了となるのである。

〔5〕 借地上の建物賃借人（借家人）との関係

(1) **法定借家権**

例えば，2000年2月1日から建物賃借人が建物を利用していれば建物の引渡しがあるので，建物賃借人は，2031年1月31日に建物譲渡特約の実行により家主であった借地人から建物を取得して新家主となった地主に対して自己の借家権を対抗できる（借地借家31条1項）。

ところが，例えば，2000年1月31日に地主が建物譲渡特約上の地位を保全するために建物に仮登記を付していた場合には，譲渡特約の実行により，2031年2月1日に仮登記を本登記にした時点で地主の登記の取得が建物の賃借人の対抗力の取得より早くなるので，建物賃借人は地主に対抗できないことになる。

すなわち，建物を明け渡さなければならないが，それは居住の保護に欠けると考えられ，そこで建物賃借人からの請求により期間の定めのない借家契約が締結されたものとみなすこととした（「法定借家権」，借地借家24条2項）。

(2) **借地人自身が建物の利用を継続する場合**

この場合も，借地人だった者が請求をすると，地主との間で期間の定めのない賃貸借（又は，借地権残存期間があったときは，その期間とする賃貸借）がなされたものとみなすことにした（借地借家24条2項）。

(3) **定期借家権の導入**

(a) ところで，定期借家権が導入され（平成12年3月1日施行），借地借家法24条3項により建物譲渡特約付借地権上の建物の賃貸借についても定期借家契約を締結することが可能となった。

この結果，建物譲渡特約付借地権の利用は飛躍的に伸びることが期待されることになった。

(b) **借地人との関係について**

(イ) 定期借家権を用いる意味

① 30年後に効力を生ずる始期付き定期借家契約を，現在，地主と借地人

との間で締結する。

　例えば，30年後に譲渡の効力が生ずる場合，その時点から2年間の定期借家契約を，今，結んでおくのである。

　なお，定期借家契約の要件を満たしておく必要があることはいうまでもない。

②　その結果，30年後には，地主が家主となり，借地人は借家人となり，2年間の定期借家契約が発効し，合計32年で不動産は地主に返還されることになるのである。

(ロ)　この場合，家賃をどうするかが問題となるが，例えば，「最終地代の○倍」というように定めておくことが可能である。

(c)　**第三者との関係について**

(イ)　普通借家契約の発生を絶対的に排除し得るか。

　将来，借地人から建物を借りる可能性のある第三者については，上記(b)の方法をとることは不可能である。

　したがって，借地人が第三者との間で普通借家契約を締結することは排除できない。

(ロ)　ただし，地主と借地人との間の借地契約で，「建物を第三者に賃貸する場合は建物譲渡特約の効力が発生する前に期間の満了する定期借家契約によらなければならない」旨を定めておくことは可能である。

　もし，これに反して借地人が第三者に普通借家契約で建物を貸した場合は借地契約の違反となり，多くの場合は契約の解除事由となろう。

　その際，借地契約の解除が許されるか否かは，信頼関係破壊の法理の問題となり，判例の集積を待つことになろう。私見としては，信頼関係は破壊され借地契約の解除事由となると考えている。

　定期借家権が立法されたことから考えれば，建物譲渡特約付借地権の契約における当事者間において上記のような特約が存することの意味は重く，借地期間の満了により契約が終了することを双方が了解していたのであるから，借地人の債務不履行が地主の不利益を招来することは許されないし，本来，借地期間内の定期借家契約しか結べなかったはずの借地人が自らの債務不履行により普通借家契約を結んだとしても，地主以上に保護する理由にはならないからである。

また，借地上の建物を借りている借家人は，借地人（家主）の債務不履行による借地契約の解除の場合には保護されないのであるから，特段，借家人の保護に欠けることにもならないと考えるからである。

〔6〕 建物譲渡特約の付される借地権は，定期借地権か，普通借地権か

(1) いずれでもよい

定期借地権（借地借家22条，50年以上），普通借地権（30年以上）のいずれにも，「建物譲渡特約」を付けることができる（山本・コメ借地借家〔第4版〕188頁）。

(2) 普通借地権に建物譲渡特約を付した場合

これが一般的であり，立法者もそのように予想したものと思われる。

(3) 定期借地権に建物譲渡特約を付した場合

(a) 例えば，50年の定期借地権に30年後の建物譲渡特約を付した場合，30年後に地主は定期借地権付きの建物を取得し，残存期間20年の定期借地権は混同の法理により消滅することになる。

(b) 一般定期借地権（借地借家22条）にこの特約を付する場合の地主のメリットは，例えば，売買代金を用意できない等，30年後に地主が譲渡特約を行使しない場合にも，50年後には定期借地権の期間の満了により必ず土地が返ってくることである。

◆

第 2 章

借家権の設定

第 1 節　普通借家権

〔1〕　はじめに

　建物を目的とした賃貸借契約を結ぶことにより，原則として普通借家権と呼ばれる権利関係が発生し，借地借家法第3章が適用されることとなる。正当事由制度及び法定更新制度の適用のある借家権が一般的に「普通借家権」と呼ばれている。

　借地借家法の適用を受けることにより借家人は強力に保護され，住居の場合には特にその居住の安定が図られることから「居住権」という言葉が用いられることがあるが，建物を利用する目的は居住用に限られるものではなく，店舗でも倉庫でも同様に借地借家法の保護が与えられる。以下，契約締結段階において実務上多く生ずるトラブルを中心に論ずることとする。

〔2〕　敷金・保証金について

(1)　敷金・保証金の意義

(a)　敷金・保証金とは，建物の賃貸借契約を結ぶに際して，賃貸借契約に関わる借家人の債務を担保とするため，借家人から家主に差し入れられる金銭で，契約が終了した場合に，借家人の債務を控除して残りがあれば返還されるものである。

　なお，平成29年改正民法（平成29年6月2日施行）622条の2第1項により，敷金は，「いかなる名目によるかを問わず，賃料債務その他の賃貸借に基づい

て生ずる賃借人の賃貸人に対する金銭の給付を目的とする債務を担保する目的で，賃借人が賃貸人に交付する金銭をいう。」と定義された。

　実務上，敷金のことを指して「保証金」と呼ぶことも多いが，その基本的性格は以下に記述するとおりである。

　「敷金」と「保証金」の名称又は呼称については，実務上入り乱れているのが現実である。ただし，傾向として一戸建てや古い木造アパートなどの賃貸借契約においては「敷金」という名称が多く使われ，ビルや新しい賃貸マンションの賃貸借契約における預り金については「保証金」と呼ばれることが多く行われている。また，賃料の1ヵ月分から6ヵ月分ぐらいまでの預り金を行う場合には，「敷金」という名称が多く用いられ，それ以上の高額な預り金を授受する場合には，「保証金」と呼ばれることが多い傾向が見受けられる。

　しかしながら，以上はあくまで「傾向」にすぎず，そのときどきの状況に応じて，あるいは仲介業者や賃貸人らの感覚若しくは慣行により名称が付されているにすぎない。したがって契約書において，「敷金」と呼ばれたから結論がどうであり，「保証金」と呼ばれたから結論がどうであるという，明確な法律上の違いは存しないのである。

　元々「保証金」という名称は建設協力金から発生し，日本経済の復興及び高度成長によりビルを建築する側で独自に建築資金の調達ができるようになると，建設協力金を預りビルが完成した暁にはその特定部分を賃貸することを「保証」するケースが少なくなったが，「保証金」の名称はそのまま残ったようである。

　以上については，特に遠藤浩ほか監修『現代契約法大系(3)』16頁以降〔池田浩一〕に詳しい。

　本章においては，以上のように「敷金」と「保証金」とは多少歴史的な発生の経過が異なり，また用いられる建物や，その金額に多少の違いはあるものの，同様に建物賃貸借にまつわる預り金であるという点に着目し，敷金・保証金としてまとめて論ずることとする。そして，高額な預り金（「高額保証金」と呼んでもよいかもしれないが）についてだけ，特別に論ずる形式をとることとする（後述(3)）。

(b)　敷金・保証金は預り金である

敷金・保証金は預り金であり，後日，賃貸借契約が終了した後に借家人の債務を控除して残金があれば返還されるものである。この点で，「前払家賃」や「権利金」などの返還されない一時金とは区別される。
　通常，アパートであれば家賃の2，3ヵ月分，オフィスや店舗であれば家賃の6ヵ月分程度が敷金・保証金として預けられることが多い（池田・前掲『現代契約法大系(3)』27頁以下）。

　(c) **敷金・保証金は借家人の債務の担保である**
　(イ) 敷金・保証金は，借家人が賃貸借契約の中で発生させる一切の債務を担保するものであり，①賃料の不払いや，②原状回復費用などに充てられる性格を有している（最判昭48・2・2民集27巻1号80頁）。
　すなわち，「賃貸人は，賃借人が賃貸借に基づいて生じた金銭の給付を目的とする債務を履行しないときは，敷金をその債務の弁済に充てることができる。」（民622条の2第2項第1文）。
　(ロ) 他方，実務上は，契約書の中に借家人側からの賃料と敷金・保証金との相殺を禁止する条項を入れることが多い。後述(d)(イ)のとおり敷金・保証金の返還請求権については判例上，明渡時説がとられているため，借家人側の債権（家主側にとっての債務）につき，家主側に期限の利益が存するので，借家人からの一方的な意思表示による相殺は理論上もできないのであるが，注意的に契約書にこのような記載をすることが多く，実務的には借家人からかかる主張をなさしめないために，いわば借家人にその点の認識をきちんとさせておくためにも契約書にこのような記載をすることも望ましいと思われる。実際上，相殺の主張をされた家主としては，理論上相殺ができないことを借家人に納得させることはなかなか大変であり，現実に家賃を支払わせるためには，最終的に訴訟までをも負担しなければならなくなることを考えれば，予め契約書に記載をしておくことにより，借家人側の誤った行動を防止する手段ともなり得るのである。
　(ハ) 平成29年改正民法は，この点についても，借家人からの債務への充当請求権がないことを明記した（民622条の2第2項第2文）。
　なお，前述のように，アパート等では賃料2，3ヵ月分を預かり，オフィス，店舗などでは賃料6ヵ月分程度を預かるということが比較的多く行われている

が，敷金・保証金は主に借家人の賃料不払いに対応するものであるため，賃料の不払いが始まった場合に，特に少額の敷金・保証金しか預かっていないときには直ちに明渡しのための行動をとらなければ，敷金等に対応する部分の家賃の不払いだけでは済まなくなる。例えば，賃料3ヵ月分の敷金を預かっている家主が，賃料が支払われなくなってから3ヵ月後に行動を起こし，法的手続等によって，7，8ヵ月後に立退きをさせることに成功したとしても，敷金額をオーバーする部分については家主の持ち出しとなってしまう危険がある。実際上，退去する者に未払家賃をすべて支払わせることは非常に難しい。

したがって，弁護士などの不動産実務を行う者は，賃料の不払いの開始と同時に行動を起こすように家主に注意を喚起しておく必要がある。

(d) **敷金は後日返還される**

(イ) 返還の時期　　判例上，敷金・保証金の返還の時期については明渡時説がとられており（前掲最判昭48・2・2），借家人が建物の明渡しを行った後に原状回復費用等に充当し，その後，残額があれば返還をすることができるとされていた。すなわち，借家人は明け渡した後でなければ返還請求を行うことができない。明渡時説に対し，敷金返還請求権の発生を賃貸借契約終了時とするのが契約終了時説である。敷金返還債務と賃借物明渡債務とが同時履行の関係に立つかも問題になる。契約終了時説に立てば，目的物の明渡義務は敷金返還義務と同時履行の関係に立つことになろう。明渡時説においては，明渡時までの損害を担保するとともに建物明渡債務には先履行義務があるので，両債務は同時履行の関係には立たない（石外克喜・新版注釈民法(15)320頁。最判昭49・9・2民集28巻6号1153頁）。なお，明渡時説をとるか，契約終了時説をとるかにより，同時履行関係を否定するか否かが必ずしも論理的に決せられるわけではない（星野・264頁以下）。

この点については，明渡時説が実務においては定着しており，かつ家主側の権利の保護を考えたときにはかかる解釈が妥当である。実際に借家人が建物を明け渡した後，家主は建物内を点検し原状回復費用などの出費がある場合には差し引かねばならなくなるのであり，契約終了後，明渡し前に敷金を返してしまうことになれば，これらの原状回復に必要な費用を家主が確保することは非常に難しくなるというのが実務上の素直な感覚である。

そこで，平成29年改正民法622条の2第1項1号において，「一　賃貸借が終了し，かつ，賃貸物の返還を受けたとき。」に敷金を返還しなければならないとされたことにより，明渡時説をとることが明記された。

なお，後述のように，高額の保証金を預かっている場合には，借家人の保護に欠ける部分も出てくるが，これは金額が高額であるがゆえに生じてくる問題であり，明渡しの時期だけの問題ではない。

(ロ) 利　　息　敷金・保証金を返還する場合には，無利息で返還をすることが通例である。

この場合，家主側は利息の運用部分を取得することになるが，理論的には，その部分は賃料の補充と考えられる。

すなわち，高額の敷金・保証金等を預かっている家主等は，毎月現実に授受される賃料のほかに，預り金の運用利息部分も実質的には賃料として受領していることになる。現実に授受されている賃料と預り金の運用部分とを合わせた賃料を「実質賃料」と呼ぶ。

後述の賃料増減請求の判断を行うときには，当然，預り金の運用部分についても判断の対象となる。

(2) 敷金・保証金の移転

(a) 賃貸借契約の存続中に賃貸目的物の所有権が移転する場合

敷金に関する法律関係は，賃貸借契約に随伴するため，賃貸借契約の存続中に賃貸目的物の所有権が移転し，新所有者が賃貸人の地位を承継する場合には，旧家主に差し入れられていた敷金・保証金は新所有者に承継される（最判昭44・7・17民集23巻8号1610頁。石外・新版注釈民法(15)321頁以降。池田・前掲『現代契約法大系(3)』18頁以下等々）。なお，未払賃料債務があれば敷金に当然充当され，残額についてその権利義務関係が新賃貸人に承継されることになる（前掲最判昭44・7・17）。

(b) 賃貸借契約終了後に賃貸目的物の所有権が移転した場合の敷金・保証金の移転について

契約終了時説によれば，賃貸借契約の終了後，敷金関係が旧家主から新所有者に承継されるという問題は起こる余地がない（最判昭48・2・2民集27巻1号80頁。池田・前掲『現代契約法大系(3)』18頁。石外・新版注釈民法(15)302頁など）。

明渡時説では，敷金関係は目的物が返還されるまで存続するため，賃貸借契約の終了後，目的物の返還までの間に旧家主から新所有者に交代されたときには敷金関係が当然に承継されるかどうか問題になる。この点，判例は賃貸借契約終了後の敷金関係の当然承継は否定し，一方，旧家主と新所有者との間の合意及び賃借人の承諾があれば，敷金・保証金関係の承継はできるとしている。

実務上，稀に家主の承諾を得た上で賃借権を譲渡することがある。その場合も，理論上は敷金は返還時期を迎え，家主から旧借家人に返還されることになるのであるが（民622条の2第1項2号），家主が新借家人の敷金として預かり続けるのが一般的である。

その場合，旧借家人の敷金返還請求権を新借家人に債権譲渡することになるが，実務上は，家主を含めた三者の合意書・覚書などによるのが通常のやり方である。

(3) 高額な預り金の問題
(a) 高額な預り金の問題とは
(イ) 高額な預り金の発生パターンについて

(i) 特にバブル期までは，通常のテナントビルなどにおいても賃料の20ヵ月ないし30ヵ月分という高額の敷金・保証金が授受され，立地条件のよい1階店舗部分などにおいては賃料の50ヵ月ないし100ヵ月分が預り金として授受されるケースが見られた。

いわば，「建物を貸してやるかわりに大金を貸してもらう」という状態が多く見られたのである。

(ii) 建設協力金としての授受の場合　建設協力金は，いわば地主が家主となるプロセスを踏むために授受される金銭である。すなわち，借主が建物の建設費用を建設協力金として地主に預け，特に一棟貸しの場合には，しばしば地主は借主の意向に従った建物を建築し（借主側が作成した設計図に基づいて建物を建築することもある），その建物について地主を家主とし借主を借家人とする賃貸借契約を締結する。そして建設協力金の返還については，一時期据置期間を置くこともあるが，契約期間中に一定額ずつを借家人に返還することとし，具体的には賃料と相殺していくことになる（建設協力金については，池田・前掲『現代契約法大系(3)』27頁以降が詳しい。稲本洋之助「敷金・権利金・更新料・承諾料」

法時58巻5号68頁以降。月岡利男・新講座(3)24頁以降など)。

　賃料全額を相殺していくケースもなくはないが，実務上，多くの場合は賃料のうち一部を建設協力金の返還として相殺し，家主には賃料の一部が毎月手取金として残ることになる。

　そして，この場合の普通借家契約は20年程度の長期契約が締結され，かつ中途解約の禁止条項が盛り込まれることが多い（中途解約については，本章第2節〔7〕参照）。

　いわば20年間の固定した賃貸借契約を結び，借家人は固定資産をもたずに経費として処理される家賃のみを支払い，地主であった家主は当初契約期間の，例えば20年間の手取り家賃は少ないものの，建物という固定資産を借入金により所有することができることになり，建設協力金の返還後は建物が存続する限り賃料収入が保証されるというメリットを享受することになるのである。

　　(iii)　返済方法　　上記(i)のバブル期の高額な保証金等については，建物明渡し後一定期間の経過後などに一括して返還するとの契約パターンが多く見られ，上記(ii)の建設協力金方式の場合には毎年少しずつ返還していくという方式がとられることが多い。

　しかし，いずれも論理必然的な結果ということではなく，高額な建設協力金方式の場合でも一括で返すケースが皆無とはいえないであろうし，また(i)の高額の保証金についても，例えば，一定の据置期間の経過後は一部については賃料等の相殺により返還されていくケースも多く見られるところである。

　㈡　預り金の呼称の問題について

　　(i)　高額な預り金につき，特に「保証金」と呼ぶことが多い。

　すなわち，預り金のうち少額のものを「敷金」，ある程度高額なものを「保証金」と呼ぶケースが実務においてはよく見受けられるが，もとより厳格な区別がされているわけでなく，呼称にすぎず，統一的な基準等が存するわけでもない。

　すなわち，高額な預り金のことを「敷金」と呼ぶこともあれば，少額な預り金のことを「保証金」と呼ぶこともあるのであり，いずれかの名称を付けているからといって両者の性格が決定されることになるわけではない。

　なお，前述のとおり，平成29年改正民法622条の2により敷金の定義がなさ

れたので，賃貸借から生ずる金銭債務を担保する目的で授受される金銭は，法律上すべて敷金となる。

(ⅱ)　また，「保証金」と呼ばれるものには償却条項が付いていることも多く見受けられる（池田・前掲『現代契約法大系(3)』24頁以下）。

すなわち，「契約の終了時に，預り金のうち〇ヵ月分を償却する。」ことにするという，つまり家主が取得してしまうという特約条項のことである。

これはいわば「後払いの賃料」としての性格を有していることになる。もちろん，「敷金」と契約書上呼ばれているものについても，このような償却条項が付くことがある。

(b)　**高額な預り金の法的な意味**

(イ)　元本の運用部分（利息）　　高額な預り金のうち，元本の運用部分（利息）は賃料の補充としての意味を有するのは前述のとおりである。特に，高額な預り金については，この部分が非常に大きな金額を占めることになる。

(ロ)　また，元本の一部は本来の敷金としての性格を有することになる。

すなわち，前述(1)(a)で述べた借家人の債務の担保としての性格である。

(ハ)　そして，元本の残りの部分は賃貸借にまつわる貸金（金銭消費貸借）である。

例えば，敷金・保証金として20ヵ月分が預けられた場合に，そのうち6ヵ月部分は(ロ)の本来の敷金としての性格を有する部分であり，残りの14ヵ月部分が(ハ)の賃貸借にまつわり授受された金銭消費貸借部分であると解釈されるという趣旨である。高額な金銭消費貸借部分については，前述(a)(イ)(ⅱ)の「建設協力金」で述べたことが，そのままあてはまる。

(c)　**高額な預り金の承継等**

(イ)　新家主に承継されるか　　上記(b)のように高額な預り保証金には，①本来の敷金としての性格を有する部分（金銭消費寄託）と，②金銭消費貸借と考えられる部分の2つが存在する。

そして，敷金としての性格をもつ部分は賃貸借関係に随伴し，賃貸目的物の所有権が移転し，貸主の地位が移転する場合（賃貸借関係の移転）に伴い当然に移転することになるが（前述(2)(a)の賃貸借契約の存続中の移転の場合に該当する），②の高額な部分については，金銭消費貸借の実質をもつので当然に承継される

ということにはならないのである。仮に，金銭消費貸借の部分が賃貸借契約と独立した契約になっていれば，承継しないことは明らかである（池田・前掲『現代契約法大系(3)』30頁。建設協力金についての記述であるが保証金としての性格がある以上，同様のこととなる）。判例も特段の合意がない限り，当然には保証金返還債務を承継しないとしている（最判昭51・3・4民集30巻2号25頁）。

　(ロ)　建物が競売された場合の承継　　前述(b)のとおり，元本のうち(ロ)の本来の敷金としての性格を有する部分は，建物が競落された場合，賃貸借関係は新家主に移転することになるが，それに伴い敷金としての性格を有する部分も移転し，借家人は新家主に対し明渡し後に敷金の返還を求めることになるが，(ハ)の金銭消費貸借の部分については移転することはない。

　現在，東京地方裁判所においては，敷金・保証金のうち賃料の10ヵ月分については，このような敷金としての性格を有するものとして新家主に承継させるという取扱いがなされているようである。

　すなわち，競落人は競落代金のほかに賃料の10ヵ月分を，後日，現在入居中のテナントに対して支払うという負担付のものとして競売物件を競落することになるのである。

　(ハ)　賃料との相殺　　バブル期においては極めて高額の預り金が授受され，また，家主はその高額の預り金を株や不動産等に投資してしまい，それらの株や不動産がバブルの崩壊に伴い暴落をした結果，家主が経済的に破綻状態に陥り，これら高額の敷金・保証金を返還し得ない事態に陥ったことが多く見受けられた。

　そこで，借家人の中には，高額の預り金がなくなるまでの間，賃料と相殺したいと考える者がいるが，前述(1)(d)のとおり敷金返還請求権は借家人が明渡しをした後に初めて期限が到来するため，借家人の側からする一方的な意思表示による相殺は行い得ない。

　仮に，「相殺をした」と主張して賃料を支払わないでいると，賃料不払いという債務不履行を理由として賃貸借契約を解除されることになるので注意をしなければならない。

　(ニ)　家主に対する借家人の要求等　　家主に対し高額の敷金・保証金を預け入れている借家人は，契約存続中に預り金の一部の返還を求めたり，あるいは

担保の提供を求めることができるか。

　借家人の要求に対し家主が了承して敷金の一部を返還したり、担保を提供すれば何の問題もないことはいうまでもない。

　問題は家主が応じなかったときに、借家人はそのような請求を行うことができるか（すなわち、家主は要求に応じなければならないか）、である。

　　(i) 担保の提供を要求できるか　担保の提供に家主が応じる義務はないため、このような請求は無意味なものになってしまう。

　　(ii) 契約存続中の返還請求　敷金・保証金の返還請求を契約存続中に行うことができるか。

　この点については、前述(1)(a)の「敷金・保証金の意義」及び前述(3)(b)のとおり、元本の一部は本来の敷金としての性格を有していることから、賃貸借契約から生ずる一切の債務の担保である以上、借家人は契約存続中に敷金の返還を求めることはできない。

　また、残りの金銭消費貸借の部分についてであるが、金銭消費貸借契約の中に返還時期を特に定めている場合には（例えば、毎月一定額ずつ返還するなど）その定めに従うことになる。

　しかし、一般的には本来の敷金としての性格を有する部分と同様に、高額の敷金・保証金全体について借家人が明渡しをした後に初めて返還請求ができる旨の定めが契約上なされていることが通例である。このような場合には、家主側に期限の利益があり、原則としては返還請求を行っても家主側はこれに応じる必要がないということになる。この点については、賃料減額請求との関連でさらに後述する。

　　(ホ) 賃料の減額に応じた場合の敷金・保証金の返還請求の可能性　それでは、借家人が賃料の減額請求を行い、これと同時に預入敷金等の返還を求めた場合はどうか。

　この点については、場合を分けて考えなければならない。

　　(i) 保証金が賃料の○ヵ月分と定められている場合　敷金・保証金が賃料の○ヵ月分と定められている場合に（賃料が月100万円であり、敷金として賃料の30ヵ月分と定められているような場合）、借家人が賃料減額請求権を行使して賃料が100万円から70万円に減額されたとする。

①　例えば，契約書に「賃料が増額されたときは，これに応じて30ヵ月分の増額賃料を補充しなければならない」等と定められていることがある。

　このような規定がある場合には，賃料と敷金・保証金との連動関係が明らかであり，増額されたときは追加しなければならないのであるから，反対に減額されたときには返還する旨の合意もなされていると解釈することが可能であり，30万円×30ヵ月分の合計900万円の返還請求をなし得ると考えられる。

　②　仮に，上記①のケースにおいて増額された場合に追加補充する旨の規定がない場合はどうか。

　このような規定がない場合も，民法を支配する信義誠実の原則から，契約は当事者双方にとって公平に解釈されなければならない。増額されたときの追加は過去に行われていたのであるから，その旨の合意はあると考えられるが，減額されたときは返還しない旨の特別の合意がなされていると解釈される特段の事情が存在しない限り，返還請求はなし得るものと考える。

　(ii)　そうでない場合

　①　上記のような定めになっていない場合，例えば，単に「保証金として金3000万円を預ける」とだけ記載されているような場合である。

　このような場合には，専ら金銭消費貸借の部分が強調されているように思われる。

　すなわち，借家人は家主に対し3000万円（正確には，そこから本来の敷金としての性格を有する部分を差し引いた残りであるが）を建物を借りている期間貸し付けるという金銭消費貸借契約を結んだものと理解され，このような規定の場合には，借家人からの家主に対する賃料減額請求に伴う保証金の返還請求が認められる可能性は少なくなるものと考えざるを得ない。

　②　ただし，契約書には明確な記載のないものの，当初の契約賃料が100万円であり保証金が3000万円であった，そして，その後賃料が120万円に増額されたときに保証金が追加され3600万円となっていたなどの事情がある場合には，契約の内容がその後の事情により拡大されたものとして上記(i)と同様に，増額されたときは増額賃料を補充する旨も定められていると解釈されるべきであると考える。

　分析的に考察すれば，金銭消費貸借の部分と解されるとしても，借家契約と

離れて純粋に金銭消費貸借がなされた場合と異なり，敷金等の場合は，あくまで賃貸借契約に関連して授受されているのであり，賃貸借契約の当事者の公平を第一に考えて解釈されるべきであるからである。

借家人の大部分は，敷金を純然たる貸付金などとは考えておらず，あくまで借家契約に基づき家主に預けた金銭と考えているのである（家主側も同様であろう）。

そうである以上は，契約締結時のそのような当事者の意思は最大限尊重されるべきであり，契約書に記載された形式的な文言のみに最大の重点を置いて解釈されることは妥当ではないと考える。

(d) **高額な預り金の据置期間の意味**

(イ) 据置期間とは　据置期間という場合には，実務上2通りの意味で使われることがある。

(i) 1つ目は，前述した(1)(d)の返還の時期につき一定の期間を据え置き，例えば，契約締結後の5年目以降，少しずつ預り金を家主が借家人に返していくような場合である。

(ii) これに対し，本稿で論じようとしているのは，本来の預り金の返還は借家人が建物を明け渡した後になるのであるが，明渡し後，さらに一定の期間を据え置く権利を家主が留保する旨の特約を付している場合のことである。

このような据置期間が有効であるか否かについて，以下に検討する。

(ロ) 据置期間の具体例

(i) 例えば，「明渡し後，6ヵ月間据え置いた後に返還する」との特約があった場合はどうか。

この点は，この預り金が金銭消費貸借の実質をも有しているものであることを考えれば，一定の期限の利益を借家人が家主に与えたものであるから問題はない。

実務でも，このような特約がなされることは多く見られるところである。このような記載をする実益は，①家主側にとって資金繰りの期間を確保するためであり，②明渡し後，原状回復等を現実に行い，精算後の返還をするための敷金の残金の額を計算する期間を確保するためであったり，又は，③次のテナントを見つけ，新たに敷金を預かることにより，家主は自らの腹を痛めることな

く，旧借家人に対し預り金を返すことができる等々のメリットを獲得するためである。

　(ii) 以上に対し，例えば，「明渡し後，次のテナントが決まるまでの間は返還しない」等という記載についてはどうか。

　バブル期には，このような特約も多く見受けられた。

　すなわち，家主側が非常に有利であり，借家人側はいわば家主の言いなりになり，かなり苛酷な条件でもやむなく了承して賃貸借契約を締結していたことがあった。

　このようなケースについては，東京地方裁判所の裁判例があり，「テナント募集のために，通常必要とされる期間（6ないし12ヵ月後）には返却する旨の契約と解釈される」旨が判示されている（月岡・新講座(3)34頁の注(84)）。

　これは，いわば当然のことであり，特にバブル期に高額の保証金などを預かってしまった家主は借家人から「建物を退去するから，その高額の保証金を返してくれ」と言われても，すでにその保証金は株や不動産などに使ってしまっており，返すための原資がないということがあり得るのである。

　そのような場合に，この条項を楯にとって保証金を返さないという事態も生じてくる。

　特に，バブル期に高額の賃料，高額の預り金を設定していた家主は次のテナントを見つける際にも，同様の条件で募集してもとても見つかるものではないし，仮に見つかっても極めて低額な賃料及び低額な預り金しか預け入れてくれない場合には，次のテナントが見つかり現に入居したとしても旧借家人に対し保証金を返せないことになってしまうのである。

　そのときに，上記のような契約書の記載を楯にとることができれば，家主にとっては大いに助かることになるのであるが，前述したように信義誠実の原則に従い，当事者の公平という観点からかかる特約を解釈すれば，通常，次のテナントを見つけるまでの期間，前述(i)の①ないし③のメリットを家主が合理的に享受する期間だけを留保したものと解するのが当然である。

　もし，かかる特約を有効とすれば，家主は自らの気に入る条件を満たしてくれる特別なテナントを見つけるまでは，いわば半永久的に預り金を返さなくてもよいことになってしまい，このような結果が極めて不合理であることはいう

までもない。

〔3〕 賃料増減請求権について

(1) 根　　拠

　賃料増減請求権とは，建物の賃料の増額と減額についての請求権をそれぞれ家主と借家人に認めたものであるが（借地借家32条），信義誠実の原則に基づく「事情変更の原則」を借地借家法に採り入れたものである。歴史的には，借地の場合の事実たる慣習としての地代増額請求権が判例により認められており（事情変更の原則の適用例），それが大正10年の借地法・借家法の制定にあたり成文化され，借地法12条，借家法7条とされたのであるが（田山輝明「旧借家法7条」基コメ〔第2版補訂版〕319頁），結局，根本には事情変更の原則の法理が存在するといえる（田村洋三・新講座(3)81頁）。

　すなわち，建物賃貸借契約においては，契約の締結時に定めた賃料が，その後賃貸借契約が継続することにより何年もの期間が経過すると，当初定めた賃料がその後の社会情勢の変動等により妥当なものとはいい難くなることに鑑みて，その時点における最も適切な賃料に改定することを家主と借家人の双方に請求権として認めたものである。

　この請求権は形成権とされており，相手方に意思表示が到達することにより効力が生じることとされている。

　以下，賃料増額・減額請求にまつわる実務上の問題につき検討する。

(2) 増額請求について

(a) 一般的なやり方

　賃料増額請求は家主が借家人に対して行うことになるが，前述したように形成権であり，意思表示が相手方に到達した時から増額の効果が生じるものとされており（最判昭45・6・4民集24巻6号482頁），したがって実務上は配達証明付きの内容証明郵便によって行うのが一般である。後日，いつ増額の意思表示が借家人に到達したのかを証明するためのものであり，口頭で増額請求を行うことは避けるのが一般的である。

(b) 注意すべき事項について

(イ) 意思表示の方法として，増額請求の文書を手渡したり，あるいはごく稀であるが口頭で行うこともあり得ないことではない。

これは家主と借家人との間の微妙な力関係にもよることであるが，特にバブル崩壊後のデフレ経済下においては，家主にとって借家人は重要なお客様となるので，配達証明付きの内容証明郵便で増額の意思表示を行うことは角が立つと感じる家主は，証人となるべき者（従業員等）を同行するなどの方法により意思表示の到達時期を明確にした上で，内容証明郵便などの方法によらずに増額の意思表示を行うこともあるであろう。

(ロ) このような増額の意思表示を受け取った借家人が，不満があるときは旧家賃若しくは自ら妥当と思われる家賃を供託することが考えられるが，それにより賃料の不払いという事態を免れることができる（借地借家32条2項，民494条）。ただし，債務不履行を免れるためには供託の要件（弁済の提供，受領拒絶）を満たさなければならないので注意を要する。

(3) **減額請求について**

(a) **一般的なやり方**

借家人から家主に対し賃料の減額請求を行う場合も，実務上は一般的には配達証明付き内容証明郵便によることは増額請求の場合と同様である。

(b) **注意すべき事項**

(イ) 減額請求の場合にも，文書の手渡しや口頭にて行うことも多く行われる。

特に，一般的に借家人は家主に対し弱い立場（遠慮をする立場といってもよいかも知れない）にあるため，いきなり配達証明付き内容証明郵便という形をとらずに，「減額のお願い」等の文書を手渡したりすることも多いと思われる。後日の証明手段を確保するため，その際，証人等を同行させることが必要であることはいうまでもない。

(ロ) このような減額請求を家主が受け容れなかった場合に，借家人は減額要求した額の賃料を持参し（例えば，10万円の家賃のところを8万円），家主がそれを拒絶したことを理由として減額を要求した金額の賃料（8万円）を供託することが考えられるが，それによって賃料不払いの事態を免れるわけではないので注意しなければならない。

すなわち，借家人はあくまでも旧家賃（従前の家賃である10万円）を家主に対

し支払わなければならないのである（借地借家32条3項）。供託のための要件を満たさなければならないことは、前述(2)(b)(ロ)と同様である。

家主側は本来の賃料（10万円）を請求することができるのであるから、その賃料額に満たない家賃（8万円）の受領を拒絶することができることは当然である。借家人が減額を要求した金額（8万円）を供託しても賃料不払いとしての債務不履行の責任を免れるものではなく、そのような場合には賃料不払いを理由とする契約解除の可能性があるので注意を要する（条文には「相当と認める額」とあるが、減額の請求を受けた家主が相当と認める額の支払を請求することができるのであり、従前の家賃を請求されれば、借家人は、それを支払わなければならないのである）。

(4) **賃料自動改定条項の拘束力について**

賃料の自動改定条項とは、例えば、「3年ごとに賃料を5％ずつ増額する」というように、個々の意思表示がなくとも賃料が改定される旨を定めた条項である。バブル期には、このような特約が契約書の中に記載されることがよく見受けられた。

自動改定条項そのものは、合理性がある限り必ずしも無効ということにはならない。しかし、「自動的に増額される」という条項に基づき算定された賃料が不当に高額となるような場合は、裁判上は借家人に不利な特約として無効になる可能性がある（田村・新講座(3)87頁）。

なお、最判平17・3・10判時1894号14頁は、賃借人の意向に沿って賃貸人が建築した建物に係る賃貸借契約（オーダーメイド賃貸）において、賃料自動増額特約が規定されていたとしても、借地借家法32条の賃料増額請求権を排除することはできないとした。

(5) **増減請求権を排除する旨の特約について**

(a) 例えば、一定の賃料を定め増額も減額もしない旨を定めた特約の効力はどうなるのであろうか。

この点については、①増額をしないとの部分は有効である（借地借家32条1項ただし書）が、②減額をしないとの部分は借家人に不利な特約として裁判上は無効になり得るので注意を要する（借地借家法32条1項は強行法的性質を有するものと解されており、この規定に反する特約の効力は認められない（最判昭31・5・15民

集10巻5号496頁)。以上,田村・新講座(3)86頁)。

(b) したがって,仮に前述(4)のような賃料の自動改定条項があった場合であっても借家人からの減額請求は起こされ得ることになる。

また,10年間の賃貸借契約を結び,その期間の賃料の総額を定めて,10年間の分割払いとするという特約(例えば,年100万円ずつ,10回払いで1000万円とする)や,あるいは10年分の総額家賃1000万円の2割引きとして800万円を一括して前払いの方法で支払うとの特約を交わした場合等であっても,その後の経済情勢の変動等が起き借家人側から減額請求が起こされれば,このような増減請求を排除した特約のうち減額をしない部分は無効となり,借家人の請求が認められる可能性が生ずるので注意をしなければならない(これらの点については,後述本章第2節「定期借家権」〔8〕参照)。

(6) サブリース契約への適用について

いわゆるサブリース契約に借地借家法32条が適用されるかについては,判例上,肯定されている(最判平15・10・21民集57巻9号1213頁,最判平16・11・8判時1883号52頁)。

〔4〕 存続期間について

(1) はじめに

普通借家契約の存続期間については3つの場合があり得る。

すなわち,①期間の定めがある場合,②期間の定めのない場合,③不確定期限の定めのある場合,である。

わが国においては,不確定期限の定めをすることによる普通借家契約は存在しない。ただし,借地借家法39条の「取壊し予定の建物の賃貸借」については不確定期限付きの借家契約である場合も存する。また,平成13年8月施行の後述の「終身借家権」(本章第3節)により不確定期限付きの借家契約が認められることとなった。

(2) 期間の定めのある契約

(a) 期間の定めのある契約とは確定期限の定めをすることであり,例えば,「2020年4月1日から2022年3月31日までの2年間」とするような場合である。

平成29年の民法改正前は，借地借家法の適用のない賃貸借契約においては20年の期間を超えることはできなかったが，同年改正民法604条では，賃貸借の期間は，(旧法下の20年ではなく)50年以内とされた。また，借地借家法により，平成12年3月1日以降に締結される建物賃貸借契約においては，その制限は外され，例えば，50年，100年という非常に長い期間の建物賃貸借契約も可能とされている(民604条，借地借家29条2項)。

　なお，1年未満の期間を定めると，それは期間の定めのない契約とみなされる(借地借家29条1項)。

　(b)　期間の定めのある契約における「期間」とは賃貸人・賃借人の当事者双方をどのように拘束するのか。

　(イ)　この点，実務においても多くの人が誤解している点がある。

　すなわち，確定期限の定めがある場合において，その期間内は，賃貸人から契約を期間の途中で解約すること(「中途解約」という)ができないことはよく知られているところであるが，多くの人が，かかる場合もしばしば「賃借人からの中途解約は許される」と誤解をしていることである。よく，「借家人からの中途解約を禁止する特約がないから，中途解約はできる」と考えている人がいるので，注意を要する。

　しかし，当事者双方で期間を定めたということの意味は，お互いにその期間内は，家主からすれば「解約するから出て行け」とは言わないということであり，借家人からすれば「途中で解約をして出ていく」とは言わないということを約束しているのであるから，互いにその期間内は中途解約ができないのである(後述本章第2節「定期借家権」〔7〕参照)。

　借家人からの一方的意思表示による中途解約が許されるのは，それを許す旨の特約がある場合である。

　(ロ)　わが国において，上記のような借家人からの中途解約を可能とする特約が一般的に借家契約に取り込まれていたのは，高度成長期からバブル経済期に至るまでの間，土地の価格が上昇するにつれて家賃も急激な上昇カーブを描いてきたところ，地代家賃統制令並びに正当事由制度との関連から「継続賃料抑制主義(継続している賃料は新規の賃料と比べて低く抑制されるという考え方)」がとられ，結果，新規賃料のほうが継続賃料よりも常に高いという状況を生み出し

ていたので，新規の借主を多く出現させて，より高い賃料が取得できるようにするために，借家人から中途解約することを多くの家主が許容した結果，そのような契約書が一般的に作られるようになったからである。

(ハ) その後，バブルの崩壊によりデフレ経済に陥った状況の下においては，家主にとっては借家人に長く居続けてもらうことが最大の関心事となり，借家人からの安易な中途解約を望まなくなったために，契約書の中に中途解約の特約を定めないことも多くなってきている。

以上のように，期間の定めのある契約において，借家人からの中途解約は特約があって初めて可能なのであり，特約がなくても可能であると誤解をしないように注意を要する。ただし，非常に長期の契約などの場合に，「事情変更の原則」の適用により，中途解約の特約がなくても借家人からの中途解約が許される場合はあり得る（後述(d)参照）。

(c) なお，以上に対して合意解約はいつでも許される。

前述(b)の中途解約とは，当事者の一方からの一方的な意思表示により一定の猶予期間などを経た後に契約の効力が終了する場合を指しているのであるが，合意解約とは当事者双方の合意による解約であり，双方が合意さえできればいつでも行うことができる。

契約書に合意解約ができる旨の記載をしていようといまいと，当事者の合意さえできれば期間の途中での解約は可能である。「（一方的意思表示による）中途解約」と「合意による解約」との概念はきちんと区別をしておくことが必要である。

(d) **中途解約の特約がない場合について**

特に，長期契約において中途解約の特約が定められていない場合，期間の途中で借家人からの一方的意思表示により解約をすることができるだろうか。

(イ) 原則としては不可である。

その理由は，前述(b)のとおりであり，双方当事者において定められた期間内は，その契約を終了させないことを合意している以上，後になってその契約を一方的意思表示により終了させることはできないからである。

したがって，借家人が一方的に中途解約をする旨を主張したとしても，家主側としては，契約の期間内は賃料の支払を求めることができる。

(ロ) なお，この点に関し，借家人が一方的に立ち退いてしまった場合はどうか，という問題が生じてくる。

ただし，一方的に立ち退くということと，占有していた建物の占有を解いて家主に対し明渡しをすることとが必ずしも同じとは限らない。

例えば，借家人が一定の什器・備品類（動産類）を残置していったような場合には明渡しが終了したとはいえないからである。

したがって，借家人が一方的に出ていってしまったからといって，それだけを理由として中途解約されたものとしては取り扱えない。上記(イ)と同じ取扱いとなる。

(ハ) それでは，15年，20年というような極めて長い契約であり，その間の中途解約が特約で許されていない場合に，何らかの重大な事情の変更が生じた場合にも，一切中途解約は認められないのであろうか。

典型的なケースとして，例えば，高額の建設協力金を借家人が家主に預け，家主は借家人からの注文による極めて特殊な形態の建物を建築し，その借家人以外の者がその建物を使用することは考えられないというような場合に，その契約期間内は借家人に建物を利用してもらうことにより，賃料と預り建設協力金とを期間ごとに相殺していくような方式をとっているケースがある。

このような場合に，想定期間よりはるか手前の時期に借家人からの一方的意思表示により契約を終了させられてしまい，残りの建設協力金（預り金）の返還を求められることは家主としては大変な負担となってしまう。

一方，借家人としても，そのような極めて長期間を契約で拘束されたものの，その後の大きな経済情勢の変化などによりその建物から撤退をしたいと考えるようになった場合において，設定したような問題が生じるのである。

例えば，その業種自体が不振となってしまい，今後，営業を継続することが経済的にまったく見合わなくなってしまったというような場合である。

そのような状況の下においては，「事情変更の原則」（民法1条の信義誠実の原則に基づく法理）の適用により，場合により中途解約が認められるものと考える。「事情変更の原則」とは，当初契約をした時点と，契約の履行期までの間に長期間が経過することなどにより，契約の締結後，予測し得なかった事情の変更が生じたために，契約の履行期において当初の契約の内容を強制することが当

事者双方の公平を害するときは，信義誠実の原則に基づいて，その契約内容の変更を認める原則である。この原則の安易な適用を認めるときは契約の拘束力を認めることにつながるので，その適用は慎重でなければならないが，上記のケースのような場合には，その適用が認められる場合も出てくるであろう。

(3) 期間の定めのない契約について

(a) 期間の定めのない契約の発生について

期間の定めのない契約は，次のように発生する。すなわち，確定期限の定めのある契約が期間の満了を迎えたが，当事者間で契約の更新について合意することができない場合において，借家人が建物の使用を継続するなどして「法定更新」をした場合に，賃料その他の条件は前契約と同一であるが，期間だけは定めのない契約となることにより生ずる（借地借家26条1項）。また，期間の定めのある契約の場合でも，期間を1年未満とする建物賃貸借契約については期間の定めのない建物賃貸借契約とみなされるので（借地借家29条1項），この場合にも期間の定めのない契約が発生する。

(b) 期間の定めのない契約の終了方法

期間の定めのない契約については，家主から解約の申入れを行うことができるが，その解約の申入れには，6ヵ月間の期間の猶予と正当事由が必要とされている（借地借家27条・28条）。

この結果，普通借家において正当事由が認められる場合は非常に限定されるので，法定更新されて期間の定めのない契約となったとしても，家主からの解約申入れによる契約終了はなかなか認められないのが現実である。

また，期間の定めのない契約については，「期間の定めのある契約」の場合と異なり，中途解約の特約などがない場合でも借家人から解約の申入れを行うことにより賃貸借契約を終了させることができるが，この場合には3ヵ月間の猶予期間をおくことが必要となる（民617条1項2号）。

〔5〕 原状回復について

(1) 原状回復とは

(a) 原状回復とは，借家人が契約の終了に伴い目的建物を家主に返還する際

に，これに付属せしめたものを収去した上で建物を借りた時の状態（原状）に復して，返還することである。

(b) 根　　拠

賃貸借契約は消費貸借契約と異なり，特定物を目的とする契約であるため，借りたもの自体を元の状態で返す必要のあることが原状回復の根拠とされている。

なお，平成29年改正民法621条は，「賃借人は，賃借物を受け取った後にこれに生じた損傷（通常の使用及び収益によって生じた賃借物の損耗並びに賃借物の経年変化を除く。以下この条において同じ。）がある場合において，賃貸借が終了したときは，その損傷を原状に復する義務を負う。ただし，その損傷が賃借人の責めに帰することができない事由によるものであるときは，この限りでない。」との定めを置き，これにより，原状回復の「義務」があることが明記され，ただし，賃借人の責めに帰すべき事由がないときは賃借人は原状回復義務を負わないこと，及び，経年変化による通常損耗についても賃借人は原状回復義務を負わないことが明記された。

(2) 原状回復の内容

(a) 「付属せしめたものを」収去して，原状に復せしめた上で目的物を返還することを要する。

(b) 例えば，ビルの一室を賃借したテナントが室内に一定のパーテーションを設置するなどして内装を行った場合に，契約終了時には，テナント（借家人）はその内装を取り外し（収去して），原状に復する義務（借りた時の状態に戻すこと）があるとされるのである。

また，造作買取請求権の規定（借地借家33条）が任意規定とされていることから，一般的には普通借家契約の中で，特約によりテナントの内装についての原状回復義務を定めておくのが一般である。その場合の特約には，法律上の原則を確認する意味，並びに造作買取請求権を排除する意味がある。

なお，造作買取請求権の対象となるものは，付属せしめたものが建物の構成部分とはなっておらず独立の存在を保っている場合であるが，原状回復の対象となる範囲は，独立の存在を保っている場合に限らず，例えば，ゴミや汚れや凹凸その他の建物の構成部分になっている部分についての修復（元の状態に戻

す）義務も含むのである。

　(c)　ただし，自然損耗や経年劣化（使用収益の正常の過程における変化）などについてまでは原状回復の範囲に含まれないものとされており，原状回復の対象となるのは，借家人の故意・過失又は善管注意義務違反の行為により目的建物が原状（借りた時の元の状態）から変化した部分についてである。喫煙による天井・壁等の汚れについては，その程度が著しいときは自然損耗や経年劣化にはならない場合があると思われる。

　なお，建物の賃借人に対し通常損耗についての原状回復義務を負わせる場合，少なくとも，賃借人が補修費用を負担することになる通常損耗の範囲が賃貸借契約書の条項自体に具体的に明記されているか，仮に賃貸借契約書では明らかでない場合には，賃貸人が口頭により説明し賃借人がその旨を明確に認識し，それを合意の内容としたものと認められるなど，その旨の特約が明確に合意されていることが必要であるとされる（最判平17・12・16判時1921号61頁）。

　(d)　**原状回復を定める特約について**
　(イ)　契約書において原状回復義務を定める条項としては，
　①　単純に原状回復の義務がある旨を定めるもの
　②　借家人は付属せしめた物を収去しなければならない旨を定めるもの
　③　借家人が付加したものは，借家人の費用負担をもって収去する旨を定めるもの
　④　収去する工事を具体的に行う業者の指定権を家主がもっている旨を定めるもの

などが存する。
　(ロ)　また，原状回復の範囲と程度の定め方については，
　①　抽象的に，単に原状回復をすると定めるもの
　②　双方の協議により原状を確定した上で，回復すると定めるもの
　③　原状につき細かな一覧表などを設け，その一覧表を契約書に添付し，その内容について回復するとするもの
　④　その一覧表につき契約締結時に借家人の確認を取得しておき，その確認内容に従って原状回復を行うもの

等々があるが，後日の紛争を避けるためには，できるだけ詳細を定めておくほ

うが望ましい。

(3) 原状回復の具体的な作業について

(a) 原状回復をするためには,「原状」(元の状態)の確定を行わなければならず,そのためには,まず「現状」(現在の状態)の確認を行うことになる。

すなわち,現在の状態を当事者双方で確認した上で,元の状態との違いを見つけ出し,それについて回復工事を行う旨の合意をしていくことになる。

よく,『現状回復』と誤って記載している契約書を見かけるが,「現状」と「原状」とではまったく意味が異なるので,注意を要する。

(b) このようにして現状を確認した後に,原状に回復するための工事の範囲,方法等を当事者双方で合意し,さらに,これに基づいて原状回復工事費用を算定することとなる。

特に,実務においては,この工事の範囲,方法,費用について争いの生じることが多い。

(4) 原状回復の程度について

(a) 原状回復の範囲や程度につき,契約書に上記(2)のような詳細な規定がない場合には,原則としては,原状回復の程度も含めて前述(3)の当事者双方の合意によることになる。

したがって,ここできちんと合意ができれば,その後,紛争が生じることはない。

(b) それでは,そのような合意ができない場合に,家主の納得する原状回復が行われるまでは目的建物についての「明渡し」がされたとはいえないとして,家主は明渡債務の不履行を理由として遅延損害金(例えば,賃料の2ないし3倍)を請求することができるだろうか。

この点については,以下のように考えられると思う。すなわち,

① 目的建物の返還債務そのものは特定物の引渡債務となるため,目的物の明渡しという点については,現状の状態で明渡しをされることを家主は拒むことができないと思われる(奈良次郎・借家相談〔新版〕364頁以下)。

② 結局,「現在の状態」で明渡しを受けた上で,家主が契約上の原状回復義務の履行がなされていないと判断する場合には,自ら費用をかけて原状回復工事を行い,その上でその費用を借家人に請求することになろ

う（しばしば，その工事代金は保証金から充填されることになると思われる）。
　なぜならば，原状回復義務は建物の返還債務そのものではなく，その義務から派生するところの別個の義務であり，上記のようなケースにおいては，明渡義務そのものの履行は行われたものの，そこから派生した原状回復義務の不履行があったため，その損害賠償を請求するしかない場合と考えられるからである。

　(c)　**特殊目的，特殊仕様の建物における原状回復の問題について**
　(イ)　問題の生じる場面
　　(i)　家主が特殊目的の下に特殊な仕様の建物を建築し，借家人が長期契約を結ぶ場合，例えば，ホテル，デパート，劇場，ディスコ（クラブ）等々の営業を行う目的の下に，場合によっては借家人側が用意した設計図面により建物を建築する場合であり，またその建築代金も借家人が保証金等の名目で家主に預託する場合である（実務では「オーダーメイド賃貸」などと呼ばれることがある）。
　そのような場合には，家主は，借家人からの長期間の家賃の支払を受けることにより建築費を暫時償却していくこととし，建築費を完済した後に純粋な収益を得ることができるようになるのである。
　したがって，このような契約においては，原則として中途解約を禁止し，かつ長期の契約期間とするのが通常である。
　このような場合に，期間の途中で事情の変更が生じた場合に中途解約できるかは，前述〔4〕(2)の記載のとおりであるが，中途解約が認められた場合にも，さらに原状回復義務の範囲が問題となるのである。
　　(ii)　このようなケースにおいて，借家人は契約に定められた長期間の拘束を避けて一刻も早く業績のよくない事業から撤退したいと考え，また建築資金として預託していた保証金の返還を求めることになるのであるが，他方，家主にしてみれば，そのような汎用性のない建物を残されてしまっても，同じようにその建物を利用してくれる利用者が次のテナントとして見つかる保証はない。それどころか，その業態が成功しなかったために撤退をすることになっている以上，同一の業種において次のテナントが確保される可能性はほとんどないといっても過言ではないのである。
　そのような状況において，家主と借家人との両者の利害調整の問題として，

原状回復の問題が浮上してくることになるのである。

(ロ) 基本的な考え方　法律上の原状回復義務と契約上の原状回復義務についての合理的解釈の問題ということになるのであるが，特に，契約に原状回復義務の範囲と程度につき詳細な規定がない場合には，これらの問題が生じてしまう。

以上の観点からチェックをすることになるが，どちらか一方の当事者にのみすべてのリスクを負担させることは妥当ではないのであるから，結局，以下に述べるいくつかの要素を，信義誠実の原則に基づく当事者の公平という基準で総合的に判断していくしかないと思われる。

このような判断の対象となる事情としては，

(i) 契約成立時の状況　もともといずれの当事者が働きかけて契約の締結に進んだのか等々の状況である。

(ii) 契約の目的　前述の状況とも関連するが，その契約を行うことが家主にとってはいかなるメリットを生じさせ，借家人にとってはいかなるメリットを生じさせることになったのか等である。

(iii) 期間の意味　長期の契約期間となっているのか，中途解約は禁止されているのか，また，そのような期間を拘束することは，誰にとって，いかなる意味があるのか等々である。

(iv) 保証金の金額とその意味　非常に高額な建設協力金としての性格を有する保証金が預託されているのか否かなどである。

(v) 賃料の設定の仕方と改定の方法　特に，賃料と保証金の返還とを相殺により処理するケースが多く見受けられるため，両者の関連を検討することが必要になると思われる。

　また，すでに支払われた賃料の総額も，保証金との対比において重要な意味をもつことになろう。

(vi) 建物の汎用性の程度はどのくらいであるのか　すなわち，一般的なテナントを入れるために建物を改装する費用はどの程度となるか等々である。

以上の要素を総合的に判定して，原状回復義務の範囲と程度を定めることになると思われる。

(ハ) 近年，バブル経済の崩壊に伴って，このようなトラブルの生じることが非常に多くなり，また建物の建築費用に匹敵するような原状回復という問題も生じないとはいい切れないため，金額も極めて大きなものとなってしまうので，特に契約を締結する段階において，上記の契約の目的などを明確に定めた上で，中途解約の有無並びに原状回復の範囲，程度などにつき詳細な規定を置いておくことが実務的には最も望ましく，かつ，必要である。

(ニ) なお，判例上，土地の賃借人が土地を無断転貸し，転借人が同土地上に産業廃棄物を不法に投棄したという事実関係の下において，賃借人が賃貸借契約の終了に基づく原状回復義務として当該産業廃棄物を撤去すべき義務を負うとした事例がある（最判平17・3・10判時1895号60頁）。

第2節　定期借家権

〔1〕　はじめに

(1)　定期借家権の成立

わが国では，昭和16年（1941年）に借地法・借家法が改正され，正当事由制度が採用された。かかる改正は第二次世界大戦中において，昭和13年の国家総動員法を契機とする国家総動員体制の下における，地代家賃統制令の実効性を確保するために行われたものである。

すなわち，国家総動員体制の下において昭和14年に地代家賃統制令が制定された結果，それまでは契約期間が満了すれば再契約しない限り建物を立ち退くこととされていた借家制度の下において（昭和16年以前の借家制度においては，期間の定めのない場合を除けば，期間の満了により終了する借家権しかなかった），本来であれば期間満了後も再契約を行うことにより借家人からの賃料収入を確保したいと考えていた家主が，戦時下の物価等の高騰を危惧する統制経済下において地代家賃をも統制されてしまったために，最初は期間満了と同時に借家人を建物から立ち退かせ建物を売却することにより，建物価格統制令が制定された後は不当な権利金若しくは不当な高額の家賃を要求し，これに従わない借家人を建物から立ち退かせることにより，その意図を満足させることとした。そ

のようなことが横行したために，地代家賃を統制することにより戦時下の物価高騰を抑えたいとの目論見が果たされないこととなり，昭和16年に正当事由制度を借家法に加える形での改正を行った（三宅正男・新版注釈民法(15)692頁以下，阿部泰隆＝野村好弘＝福井秀夫編『定期借家権』56頁以下〔八田達夫〕，同書97頁以下〔加藤雅信〕等。なお，八田・前掲『定期借家権』59頁は，「家賃規制と解約制限は不可分一体である。正当事由による解約制限は，アメリカでもイギリスでも，戦時下の家賃統制令には，根本的要素として組み込まれていた。1939年の日本の地代家賃統制令は，家賃統制令として体をなさない欠陥法律だったといえよう。」とする）。

このような正当事由制度による強力な解約制限の導入は，結果として戦中・戦後のわが国の住宅の絶対数が足りない時代の借家人の保護という形で，国民の居住の安定のために一定の役割を果たしてきたものと評価される。

しかしながら，今日においては国民生活は格段に豊かになり，住宅事情も量的には一応充足するなどの大きな改善が見られている。これに対し，住宅の質においては，欧米先進諸国と比べて床面積が狭いこと，特にファミリー向けの良質な借家が絶対的に不足しているといわれている。

「うさぎ小屋」といわれる貧困な住宅事情は，わが国の借家制度によるところが大きいものといわざるを得ない（八田・前掲『定期借家権』56頁以下，福井・同書71頁以下等）。

なぜならば，昭和16年以前において比較的大きな住宅の供給もなされていたところ，現在においては，あまりにも借家人の保護が強すぎるために個人の家主は賃貸住宅市場から撤退してしまい，その結果，国民にとっては良質な住宅を賃貸において借りることが困難な状況となってしまったからである。

ここに，ストックとしての住宅の質の拡充を図るという目的を合わせて，定期借家権の導入が必要とされたのである（福井秀夫＝久米良昭＝阿部泰隆編『実務注釈定期借家法』（第１章）１頁以下〔島田明夫〕）。

以上の経過を辿り，平成11年の臨時国会で可決され，同12年３月１日から「良質な賃貸住宅等の供給の促進に関する特別措置法」が施行されることとなった（以下，「定期借家権法」という）。

(2) **定期借家権の概要**

以上のような経緯により制定された定期借家権の概要は，以下のとおりであ

る。
　(a)　定期借家権においては，契約自由が基本とされる。
　すなわち，契約で定めた期間の満了により，契約の更新がなく終了する定期建物賃貸借が双方当事者の合意により締結することができ，かつ，このようにして成立した定期借家権は，業務用・居住用の区別，広さ，家賃の高低，大都市か否か，存続期間等についての制約が設けられないものである。
　(b)　また，定期借家権は新たに締結される契約に限って導入されることとし，既存の契約には適用されないこととされた。
　また，既存契約については，更新後も従来どおりの普通借家契約として継続することになる。
　(c)　新規契約についても，定期借家契約だけでなく正当事由により保護される従来型の借家契約（普通借家契約）を締結することも可能である。
　(d)　定期借家契約では，存続期間等につき制約はなく，20年を超える長期契約も認められると同時に，1年未満の短期契約も認められた。
　(e)　定期借家契約を締結するにあたっては，従来型の普通借家契約と明確に区分することができるように，定期借家契約である旨の明示が必要であるとされた。
　(f)　定期借家契約については，締結するにあたり，家主は事前に「契約の更新がなく，期間の満了により賃貸借が終了する」旨を記載した書面を借家人に交付して，かつ，説明しなければならないものとされた。
　(g)　定期借家契約においては（ただし，1年以上の契約に限る），期間満了の1年から6ヵ月前までに契約の終了に関する通知を行うこととされた。
　これは，居住・営業への安定の配慮がなされたものである。
　(h)　定期借家契約においても中途解約を認めないことは原則として可能であるが，200㎡未満の居住用建物については，転勤，療養，親族の介護その他のやむを得ない事情が生じた場合には，借家人からの1ヵ月の予告期間における中途解約権が強行規定として認められた（島田・前掲『実務注釈定期借家法』（第1章）6頁以下）。

〔2〕 定期借家契約を締結する場合

(1) 書面による契約の締結

　定期借家契約は，公正証書等の書面により締結されなければならない（借地借家38条1項。前掲『実務注釈定期借家法』（第2章）36頁以下〔阿部泰隆＝上原由起夫＝久米良昭＝島田明夫＝野中章＝福井秀夫及び吉田修平〕）。

　(a)　定期借家契約を締結する際は，書面によって合意しなければならない。すなわち，定期借家契約は要式契約である。

　普通借家契約と異なり，定期借家契約を締結するのであるから，借家人に対して，より慎重にこの契約を結ばせる必要があり，そのために書面によることが必要とされたものである。

　(b)　この場合の書面は，必ずしも公正証書による必要はない。いかなる形式・体裁のものを問わず，書面によれば足りる。

　(c)　なお，定期借家契約をすでにしている借家人と家主との間において再度又は再々度契約を締結する場合等においても，書面による契約を行うことが必要なので注意を要する。

　(d)　また，令和3年の改正により，書面ではなく，契約の内容を記載した電磁的記録によって行うこともできることとされた（借地借家38条2項）。

(2) 先に合意のみをしておいて，後に書面を作成することの可否

　(a)　事実上の合意が先行し，後に契約書を作成することは，一般的に実務においてはしばしば行われていることであり，定期借家契約においても，家主又は借家人となろうとする者が対象物件について口頭で定期借家契約を締結する旨の合意を行い，その後，定期借家契約書を作成することは十分あり得ることであるし，これ自体を否定する必要はない。

　すなわち，そのような方法によることも別段許されないわけではない。

　(b)　ただし，そのような合意に基づいて，借家人となろうとしている者の目的物についての使用・収益がすでに開始してしまった後になって，その使用・収益は「定期借家権に基づくものである」として定期借家契約書を作成することは許されない。

普通借家契約の場合においては，このように使用・収益が先行し，後になって契約書をバックデートで作成することも行われるが，定期借家契約においては，使用・収益に先行して定期借家契約書という書面が必要である。さらに，書面を交付しての事前説明も必要である（借地借家38条3項。なお，電磁的情報による事前説明も可能なことについては後述〔5〕参照）。

　もし，これに反して使用・収益が先行した場合には，その使用・収益は「目的不動産を使用・収益する旨の合意」と「これに対し，賃料（対価）を支払うとの合意」に基づくものということになるので，その使用・収益は普通借家契約と評価されることになるので注意を要する。このような場合は，事前説明義務（借地借家38条3項）も果たされていないことになろう。

(3)　将来効力を生じさせる行為を現在行う場合（定期借家契約の予約）

(a)　以上との関係において，定期借家契約の「予約」はどのようにして行うのか。

　前述したとおり，定期借家契約は書面によることが必要である（要式行為）。

　建物譲渡特約付き借地権（借地借家24条）を利用するに際し，30年以上後に効力の生じる定期借家契約を現時点で締結することがあり得る。

　このように，将来効力の発生する契約であるところの予約を現時点で行うことも，定期借家契約において，もちろん可能である（前述本編第1章第4節〔5〕参照）。

(b)　しかし，その場合には，定期借家契約の要式行為性から，その予約自体も現時点において書面によって行われなければならない。

　したがって，前述(2)(a)の定期借家契約書作成前の当事者間での事実上の合意は，あくまで単なる合意にとどまり，厳密には定期借家契約そのものの予約とはいえないものと考えられる。

〔3〕　定期借家契約は期間の定めのある契約でなければならない

(1)　期間の定めがある契約であること

(a)　定期借家契約は，期間の定めがある契約でなければならない（借地借家38条1項）。

すなわち，定期借家契約においては，始期と終期及び契約期間が定まっていなければならない（始期と終期が定まっていれば，契約期間○年との記載がなくてもかまわない）。

　特に，実務において家主が借家人に店舗を賃貸する場合に，契約の始期をその店舗の「開店日から2年間とする」ような契約をしばしば見受けるが，このような契約は始期が明確となっていないため定期借家契約とは認められず，結果，普通借家契約とされてしまうおそれがあるので注意しなければならない。

　(b)　定期借家契約においては，期間の定めのない契約や不確定期限の借家契約などの契約類型は認められていない（終身借家権では不確定期限付きの借家契約が認められた。後述本編第2章第3節〔7〕参照）。

(2)　**定期借家権においては1年未満の短期契約が認められる**（前掲『実務注釈定期借家法』（第2章）37頁）

　定期借家契約においては，1年未満の契約（例えば，8ヵ月間などの短期契約）なども，その期間どおりの契約として認められる（借地借家38条1項第2文）。

　通常の普通借家契約においては，1年未満の契約は期間の定めのない契約とみなされてしまう（借地借家29条1項）。したがって，家主，借家人のいずれからも解約の申出ができ，家主からの解約申入れには正当事由が必要ということになるが，定期借家契約においては1年未満であっても期間の定めのある契約として認められるため，従来は許されなかったような短期間の契約も許されることになる。

　例えば，1週間若しくは2週間というごく短期の貸別荘契約や，1ヵ月間だけ試しに入居するという契約，あるいは2，3日間だけというごく短期のアンテナショップを出店する契約なども，すべて定期借家契約で行うことができるようになった。

(3)　**長期契約について**

　(a)　かつて，借家契約は20年を超えることができなかった（民旧604条。なお，改正により，現在は50年を超えることができないこととなった）。

　しかし，平成11年の借地借家法の改正（施行は平成12年3月1日）により，定期借家だけでなく普通借家契約においても，20年を超える長期の契約を行うことが可能となった（借地借家29条2項）（前掲『実務注釈定期借家法』（第2章）34

頁)。

　例えば，定期借家契約において30年，40年，50年などの長期契約をビルの1棟貸し契約として締結し，総額の賃料を30億円などと決め分割払いにしたり，一括前払いにしたりする契約も可能となったのである。

　特に，例えば，30年間の長期契約を結び賃料を固定化する（賃料増減請求権を排除する）などの契約類型が認められたことは，定期借家権を利用して不動産の証券化を行うためのインフラが整備されたものと評価できよう。

　(b)　ところで，このような超長期の契約が認められ賃料の一括前払いなどがなされ，さらに，ビルの1棟貸しにおいて借家権の譲渡転貸なども自由とされ，修繕その他も借家人の義務とされるなどの特約が付されたような場合には，借家人は，その30年間はあたかもビルを所有しているのと同様の立場に立つことになるのであり，このような場合には，借家権としての不動産の利用権があたかも所有権に近い外見をもつものとなるのである。

〔4〕　定期借家契約は更新がない

(1)　**更新しない契約**

　定期借家契約においては，更新をしない契約である旨を契約書に明記するのが通例である（借地借家38条1項本文参照）。

　(a)　当事者が結ぼうとしている契約が定期借家契約であることを最も端的に示すのがこの更新をしない点にある以上，更新をしないことを契約書に明記することが望ましい（前掲『実務注釈定期借家法』（第4章）89頁以下）。

　(b)　**正当事由は問題とされないことについて**

　借地借家法38条1項により，定期借家権においては借地借家法30条の規定にかかわらず契約の更新がない旨を定めることができるとされており，契約期間が満了しても更新しないのであるから，更新の拒絶という事態も起きず，その結果，「正当事由」の有無も問題とされることがない。

　(c)　**立退料について**

　(イ)　前述したように，定期借家権においては更新制度の適用がなく，したがって，正当事由制度の適用も存在しないのであるが，正当事由の1つである立

退料の提供（借地借家28条）についても，定期借家権については適用されない。

　すなわち，定期借家権においては終了にあたり家主に立退料を支払わせることはあり得ない。立退料の授受は，定期借家権においては違法な行為になると筆者は考えている。

　(ロ)　そもそも，諸外国においては営業用の建物についての営業権の保証はさておき，居住用の物件について居住しているということだけを理由として，建物を退去するにあたり借家人が家主から立退料を取得することは違法である（福井・前掲『定期借家権』89頁以下）。

　平成4年改正前の借地借家法においては「自己使用の必要性その他正当な事由」としか記載されていなかったものが，昭和16年以降の判例法により立退料が正当事由の1つとして形成されてきた。

　(ハ)　ところで，判例法によりなぜ立退料の提供が正当事由の1つとされたのかについては様々な考え方があると思われるが，建物に対し何ら資本投下をしていない借家人が建物を立ち退くにあたり一定の金銭給付を受ける根拠は本来乏しいものである。借地権については，建物という借地人の財産があること及び建物買取請求権のあることから立退料の存在は借家権と比べて首肯されやすい。

　過去の判例においては，賃料増減請求権との関連において普通借家権では継続賃料抑制主義がとられたことと相まって立退料が形成されてきたものと考えられる。

　すなわち，普通借家権に正当事由制度が追加された昭和16年においては，借家法の改正は社会立法とされ，借家人の保護のためのものとされていたのであるが，昭和14年の地代家賃統制令により家賃の統制をされてしまった家主が，脱法的な闇の家賃や闇の権利金を要求しても応じない借家人に対し，当時の借家契約は期間の満了により終了するものであったことを奇貨として，借家権を期間の満了により終了させ借家人を立ち退かせてから建物を売却するという事態が発生したことに鑑み，昭和16年に借家法を改正して正当事由制度を導入した結果，正当事由制度は家賃統制を補完するものとして捉えられた。そのため，その後，判例法の中では，同じ賃料であっても新規賃料（市場賃料といってもよい）は従来から継続して居住している借家人の賃料（継続賃料）とは異な

ものとされ，家賃統制を補完するものとしての正当事由制度の下においては継続している賃料は統制され，新規賃料に比べて低く抑えられなければならないものと考えられてきたのである。

　結果，普通借家権を有している借家人は，長期間にわたって新規賃料を支払う場合に比べ，より低い継続賃料を支払えばよいという地位を保証されたとも考えられ，新規賃料と継続賃料との差額×継続年数をもって立退料の経済的根拠と考えられてきたと解されるのではないかと考えている（福井・前掲『定期借家権』71頁以下。八田・同書58頁以下。定期借家権においては，立退料は不要となるとするものとして，宮川博史編『Q＆A定期借家権』195頁以下〔平川茂〕。なお，判例は，立退料の提供は他の事情を補充して正当事由となる補強条件とする（最判昭46・11・25民集25巻8号1343頁）。三宅正男・新版注釈民法(15)723頁は，立退料が「不明確なつかみ金の性質をもつことは否定できない。」とする）。

　定期借家権は，更新されず，かつ後述するように賃料増減請求権も特約により排除することができることとされた。このような定期借家権においては，国際的には違法とされる立退料の授受というわが国における悪しき慣行は払拭されなければならない。

　すなわち，定期借家権においては，期間の満了にあたり立退料の名目で金員が授受されることは許されない。

　したがって，定期借家権において立退料は存在せず，仮に，立退料を命ずる判決等があればそれは違法であると考える。

(2)　**再契約について**

(a)　ところで，定期借家契約は更新はしないが，「再契約」をすることは可能である。

　「再契約」とは，同一当事者間において，同一目的物に対し当初の契約期間が満了した後，再度定期借家契約を締結することである。

　定期借家契約においては再契約は何度行ってもかまわないし，何度も行うことによって，結果，その定期借家契約が極めて長期間続くことになったとしても，そのことにより普通借家契約に変化するなどのおそれは一切存在しない。

　貸主である家主は，自己の目的物を長期間にわたり利用してもらうことを希望するので，好ましい借家人については何度でも再契約を行った上，長期間に

わたり建物を利用してもらうことが望ましいとさえいえるのである。

　もとより，当初から10年，20年の長期契約を結ぶことも可能ではあるが，①中途解約を禁じられる場合もあり，その場合の長期間の拘束を嫌う借家人の希望や，②2年若しくは3年ごとに賃料を市場賃料と連動させるなどして見直しをしたいと考える家主の利益（賃料が下がる場合には，借家人にとってもメリットが存する）及び普通借家時代の慣行から，定期借家契約においても暫くの間は2年又は3年の契約が行われることが多いと予測されるが，そのような比較的短い期間の定期借家契約が，再契約という手法により繰り返し行われることが予想される。定期借家契約が十分普及してくれば，それ以外に5～10年の中期契約や10年超の長期契約も市場に多く現れてくるであろう（なお，前掲『実務注釈定期借家法』（第3章）72頁以下）。

　また，アメリカでは長期継続居住の場合でも，契約期間は1年間とすることが圧倒的に多い。1年ごとに市場賃料の動きを見極めた上で，新たな家賃で再契約をするのが一般的には最も合理的だからである（福井・前掲『定期借家権』83頁，88頁以下）。

(b) **再契約の予約について**

(ｲ) 目的及び類型　　定期借家権の普及の初期の段階においては，前述したような当事者双方の目的から，定期借家契約において当初から長期の契約は必ずしも結ばれず，2年若しくは3年という比較的短い期間の契約が多く結ばれることとなった。

　そして，このような短期の契約において，従来の借家人の意識の中では2年後，3年後には，その建物を出ていかなければならないのではないかという不安感があり，そのような不安感があるときにおいて，さらに折からの不況期と重なったこともあって，なかなか借手が現れない状況となった。このような借家人の不安を取り除くための手法の1つとして，「再契約の予約」という方式が存在する。現に，都心で実際に行われた居住用の定期借家契約の中に散見されている。

　すなわち，当初の2年，3年の契約を結ぶにあたり，当初の契約の終了後に再度2年若しくは3年の契約を結ぶ旨を，当初の段階において予約形式で契約をしておくものである。

このことにより，借家人は2年，3年ではなく，4年若しくは6年間の期間建物を借りることができるという安心感をもてるようにするという効果を狙ったものと評価することができよう。
　ただし，このような方法をとる目的は，もう1つある。それは，案に相違して好ましい行動をとらなかった借家人に対しては，当初の契約期間が終了した時点で再契約を拒絶することができるようにするということである。
　すなわち，当初から4年若しくは6年という長期の契約を結ぶのではなく，契約を2本結ぶことにし（定期借家契約とその予約契約），しかも当初の期間が満了した時点で，家主側が借家人の行動いかんにより再契約を拒むことができるようにするのである。
　㋺　再契約の予約方式の評価　　定期借家契約について予約をすることが許されることは，前述したとおりである（前述〔2〕(3)参照）。
　したがって，再契約の予約を行うことが理論的に許されないわけではない。
　しかし，再契約の予約方式の狙いの中には，「原則としては再契約をするが，例外的に何らかの事情が生じた場合などにおいては再契約を拒絶することがある」という趣旨を含むのである。
　いわば，再契約を一種の更新のように考えた場合に，更新を拒絶することのできる一種の契約上の正当事由を家主と借家人との間で新たに創設するものとも評価できるのである。
　そして，現在実務で行われている再契約予約方式においては，再契約を拒絶する例外的事情を，①明記しないものと，②ある程度，例示等を行うことにより明記しようとするものとが存在するように思われる。
　このような再契約の予約方式についての評価は分かれると思われる。
　すなわち，定期借家の初期の普及段階においては，借家人となろうとする者の不安感を払拭するために必要であると積極的に評価するものと，否とである（積極的に評価するものとして，小澤英明「不動産賃貸借法の立法論と解釈論について」日本不動産学会誌60号（2002.vol.16.No.1）65頁以下）。
　筆者は，定期借家契約制度の今後の健全な普及を考えた場合には，再契約予約方式には賛成できないと考えている。契約が自由である以上，かかる再契約の予約そのものも無効とはなり得ないであろうが，定期借家制度の健全な普及

のためには好ましくない，との趣旨である。

　なぜならば，第1に，このような再契約の予約方式は，更新をせず期間が満了した際には有無を言わせずに契約が終了するという定期借家権の本質的部分の効力を当事者間の特約であえて弱めるものだからである。

　そのようにして弱めることが，定期借家権にとって必ずしも好ましいといえないものであることはいうまでもない。

　なぜならば，当事者間においては，仮に再契約をしない例外的な場合を詳細かつ克明に明記していたとしても，そのような事情に該当しない場合で，かつ定期借家契約を終了させなければならないような事態は生じ得るのである。

　例えば，再契約されない場合の借家人側の悪しき行状等を克明に記載していたとしても，借家人側の事情とはまったく無関係な家主側の事情（例えば，アメリカ滞在中の息子夫婦が突然帰国することになり住まいが必要となった等々）により，定期借家契約を再契約できないような事態は生じ得るのである。そして，そもそもそのような事態にも対応できるものとして定期借家権が創設された以上，このような定期借家権の本質的効力を減殺する方向での特約は，一般的に好ましいものではないからである。定期借家権は，過度に保護されていた借家人と家主との対等な関係を再構築するものであったことを忘れてはならない。

　第2に，再契約の予約は，借家人に過度の，しかも不正確な期待を生じさせるものであり，好ましいとはいえない。

　例えば，前述の②の類型にあるように，仮に借家人の行ってはならない不相当な行状を克明かつ詳細に記載している場合であったとしても，そのような事項に該当しない事情が発生し，家主が借家人との再契約を好まない場合が生じ得るのは前述の第1のとおりであるが，さらに，前述の①の類型のように，そのような詳細かつ克明な事情を記載すらしていないような場合にあっては，単に抽象的に借家人に対し長期間住み続けることが可能であるとの甘い期待を抱かせしめるものであり，将来においてこのような期待が裏切られたときの借家人のショックは却って大きく，しかもそれが居住に関わるものである場合には重大な問題が生じ得るものであることはいうまでもない。長期間住み続けることを前提にして，内装，家具等を必要以上に豪華にしてしまったが，結局再契約がなされず，それらを撤去又は収去する場合等である（この点，1年間という

短期の定期借家契約が主流であるアメリカにおいて，家具付きの賃貸借が多いことが，今後の定期借家の普及についても参考となるのではないかと思われる）。

すなわち，今後，借家人も定期借家契約を結ぶにあたっては自己責任を負担するのであり，そのような原則から見ても好ましくないと考えるからである。

第3に，長期間の安定的な居住を約束したいのであるならば，当初から長期の契約を結ぶべきである。そして，その場合には短期間の契約に比べて賃料をディスカウントするなどのメリットを借家人に与えることなどにより，今後のわが国における契約のバリエーションをより豊かにしていく役割をも定期借家権が担っていると考える。このような観点からは，上記のような再契約の予約方式ではなく，長期契約プラス中途解約や転貸を自由に認める等の類型により借家人の希望に対応することのほうが，より健全な賃貸市場の成立のために望ましいと考えるからである。制度そのものの欠陥ではなく，運用に問題があった場合として，定期借地権の初期の段階における保証金制度が挙げられるが（前述本編第1章第2節〔3〕参照），それと同様の問題を定期借家権の「再契約の予約型」は孕んでいるのではないかということを筆者は危惧している。特に，弁護士の絶対数の不足等，司法権の充実が十分ではないわが国においては，制度の初期の段階では却って無用の混乱を招くおそれがあると思われる。

したがって，定期借家の再契約の予約方式はとるべきではない（なお，潮見佳男『新契約各論Ⅱ』（信山社）131頁は，「定期建物賃貸借であるとしつつ，同じ契約中で再契約の可能性を定めること（「再契約の予約」ともいわれる）は，期間満了により更新なしに賃貸借契約が成立することを本質的要素とする定期建物賃貸借の性質に反し，定期賃貸借制度を潜脱するものであって，無効である。」とする）。

〔5〕 事前説明文書による説明

(1) 事前説明文書の作成と交付

定期借家契約においては，事前説明文書が必要である（前掲『実務注釈定期借家法』（第2章）38頁以下）。

(a) 定期借家契約においては，家主が定期借家契約を締結するに際し，契約書とは別に事前に書面を交付して，これから結ぼうとしている契約は定期借家

契約である旨を説明しなければならない（借地借家38条3項）。

　もし，このような事前の書面による説明を怠った場合には，仮に形式的には定期借家契約書が作成されていたとしても，契約の更新がないこととする定めは無効とされてしまい，そこで締結された契約は普通借家契約となってしまうので注意を要する（借地借家38条5項）（前掲『実務注釈定期借家法』（第2章）39頁以下）。

　(b)　そこで，定期借家契約を締結するに際しては，家主は定期契約書と別に説明用の書面（事前説明文書という）を作成した上で借家人となろうとする者に交付し，さらに，借家人となろう者に対しこれから締結しようとしている契約は定期借家契約である旨を口頭で説明しなければならないのである。

　つまり，定期借家契約書の中に事前説明を行った旨を書いたり，あるいは重要事項説明書に定期借家契約である旨が記載されているからそれで足りるとすることは許されないのである。

　いずれの場合も，借地借家法38条5項により，定期借家契約ではなく普通借家契約とみなされてしまうことになるので注意をしなければならない。

　なぜならば，①借地借家法38条3項は契約書とは別の書面を交付して説明することを要求しているし，②重要事項説明書は賃貸借契約を仲介した業者が自らの義務と責任において説明するものにすぎないところ，借地借家法は家主による説明を要求しているからである。なお，判例上も，事前説明文書は，賃借人が，その契約に係る賃貸借は契約の更新がなく，期間の満了により終了すると認識しているか否かにかかわらず，契約書とは別個独立の書面であることを要するものとされている（最判平24・9・13裁時1563号5頁）。

　(c)　なお，令和3年の改正により，賃貸人は書面の交付に代えて賃借人の承諾を得て，書面に記載すべき事項を電磁的方法により提供することができることとされた（借地借家38条4項）。

(2) 事前説明文書による説明

　書面は，交付するだけでは足りない。

　借地借家法38条3項は，事前説明文書を作成し，家主が借家人となろうとする者に交付した上で説明をすることまでをも要求している。

　例えば，手紙などで郵送するだけでは足りず，口頭の説明も行わなければな

らないのである（なお，宅建業法上の重要事項説明とは異なり，事前説明は対面して行うことまでは要求されていないので，電話等による説明も可能である）。

これは定期借家契約が普通借家契約と異なるものであり，普通借家契約に比べ借家人の権利が弱いものであることに鑑み，十分な説明が必要とされた結果によるものであるので，このような厳重な要件が課されているのである（前掲『実務注釈定期借家法』（第2章）40頁以下）。

定期借家契約を適法に締結するための事前説明をする場合は，条項をただ読み上げるだけではなく，定期借家制度の概要を借家人が正しく理解することができる程度の説明をする必要がある。

説明書面を交付して行うべき説明は，締結される建物賃貸借契約が，一般的な建物賃貸借契約とは異なる類型の定期建物賃貸借契約であること，その特殊性は，借地借家法26条所定の法定更新の制度及び同法28条所定の更新拒絶に正当事由を求める制度が排除されることにあるといった定期建物賃貸借契約という制度の少なくとも概要の説明と，その結果，当該賃貸借契約所定の契約期間の満了によって確定的に同契約が終了することについて，相手方たる賃借人が理解してしかるべき程度の説明を行うことを要すると解される（東京地判平24・3・23判時2152号52頁）。

(3) 事前の説明を要することについて

事前説明文書の交付及び説明は，契約の締結より「事前」に行われなければならない。

(a) すなわち，事前の説明を行うことを怠っていたので，後日，慌てて事前説明文書を作り，バックデートで日付を入れるなどのことをしても，後日このことが発覚すれば，その定期借家契約は事前説明をすることなく締結されたものであることになるため，普通借家契約とみなされることになってしまうので十分に注意をしなければならない。

特に，不動産の仲介を業とするものにおいては，事前説明をする文書の作成，並びにそのことを家主から委託を受けて説明をする義務を負わされていた場合に，この説明を怠り，結果，普通借家契約となってしまった場合には，家主から損害賠償請求を受けることになろう。

(b) 事前の説明が必要であるからといって，事前説明文書の日付が契約書の

締結日付より前の日であることは必要ない。遅くとも，同日付であれば足りるのである。

なぜならば，同一の日付であったとしても，説明が契約の締結より事前に行われていれば足りるからである。しかし，一般的には事前説明文書のほうが契約書より前の日付であることが多いであろうし，そのほうが望ましいといえる。

なお，前掲『実務注釈定期借家法』（第2章）39頁は，「事前説明文書の日付は当然契約日以前となる。」とするが，それはこのような趣旨と理解されよう。

(c) 以上に述べた事前の交付並びに説明をしたことを，どのようにして証明するのか。

証明方法としては，仮に事前説明文書の日付が契約書の日付よりも前のものであった場合などには，それぞれの日付について公証役場において確定日付をとっておくことが最も確実なものになると思われる。

しかし，これらは非常にコストがかかるので，一般的には定期借家契約書についても事前説明文書についても，契約日において家主・借家人だけでなく仲介業者等の複数人が立ち会った上で，借家人自らがその日付を手書きすること等により，後日，筆跡と関係者の証言において事前に文書による説明が行われた旨を証明することが最も簡明かつ確実なものになると思われる。

普通借家契約の実務においては，しばしば契約書に作成日付を記入しない例も見受けられるが，定期借家においてはこのようなことは許されないので十分注意しなければならない。なお，賃貸人が定期建物賃貸借契約の締結に先立って事前説明文書の交付があったことにつき主張立証をしていないに等しいにもかかわらず，賃貸借契約に係る公正証書に説明書面の交付があったことを相互に確認する旨の条項があり，賃借人において上記公正証書の内容を承認していることのみから事前説明書面の交付を認定した原審の認定について，経験則又は採証法則違反により違法であるとした判例がある（最判平22・7・16判タ1333号111頁）。

(4) 事前説明を怠った場合の効力

定期借家契約を締結したとしても，事前説明がなされていなければその契約は更新がないもの，すなわち，普通借家契約とみなされてしまう（借地借家38条5項）。

この点は，法律に明記をされているところであるから十分に注意をしなければならない。

　今後，定期借家の終了に際し，事前説明の有無を巡り紛争が生じることが予想される。定期借家契約が十分に普及した暁には，借家人の側でも定期借家権に関する知識が十分に備わる状態になるものと予想されるところから，今後，事前説明についての現在のような厳重な要件は，立法により多少なりとも緩和し，余分な紛争が生じることを避けるべきである。

(5) **重要事項説明及びITとの関係**

(a) **国土交通省の通達**

　平成30年2月28日付で国土交通省から，①定期建物賃貸借に係る事前説明におけるITの活用と，②事前説明を宅地建物取引業法（以下，「宅建業法」という）35条の重要事項説明とあわせて実施することについての通達がなされた（国土動第133号，国住賃第23号。以下「本通達」という）。

(b) **事前説明と重要事項説明に関する従来の状況**

　事前説明と重要事項説明とは，説明の主体も説明の内容も異なる別の概念であるため，重要事項説明において当該契約が定期建物賃貸借である旨を伝えるのみでは事前説明義務を果たしたことにはならない。

　そのため，重要事項説明書とは別の書面として事前説明文書を作成し，重要事項説明とは別に説明することが必要とされてきた（重要事項説明しか行っていない場合には，定期建物賃貸借ではなく普通建物賃貸借になるという説明がなされてきた）。

　しかし，実務上は宅建業者が賃貸人から代理権を授与されて重要事項説明と事前説明を行う例が極めて多く，手続が重複して煩瑣であるとの意見もみられた。

　さらに，重要事項説明についてテレビ会議等のITを活用して行うことが一般化するなど，手続の迅速化・効率化が求められるようになった。

　従来から，事前説明を電話で行う運用は可能と解釈されていることから，重要事項説明をITを活用して行う場合に，重要事項説明と事前説明の重複を回避して効率的に行うことができるのか否か，また，行う場合の具体的な方法について，本通達は以下のとおり整理した。

(c) **本通達の内容**

(イ) 事前説明におけるITの活用について（本通達1）　　テレビ電話等のIT

を活用した事前説明を行う場合，次の事項をすべて満たしている場合，対面による事前説明と同様に扱うことができる。

・要件(i)　賃貸人及び賃借人が，事前説明に係る書面（以下「事前説明文書」という。）及び説明の内容について十分に理解できる程度に映像を視認でき，かつ，双方が発する音声を十分に聞き取ることができるとともに，双方向でやりとりできる環境において実施していること
・要件(ii)　事前説明文書を，賃借人にあらかじめ送付していること
・要件(iii)　賃借人が，事前説明文書を確認しながら説明を受けることができる状態にあること並びに映像及び音声の状況について，賃貸人が事前説明を開始する前に確認していること
・要件(iv)　賃貸人の代理人が事前説明を行う場合には，委任状等の代理権の授与を証する書面を提示し，賃借人が，当該書面を画面上で視認できたことを確認していること
・要件(v)　ITを活用した事前説明を開始した後，映像を視認できない又は音声を聞き取ることができない状況が生じた場合には，直ちに説明を中断し，当該状況が解消された後に説明を再開すること

　事前説明は，契約条項をただ読み上げるだけではなく，定期建物賃貸借の制度の概要を賃借人が正しく理解することができる程度の説明をする必要がある。要件(i)にいう「双方向でやりとりできる環境」とは，賃借人からの質問等を受けることができるようにするためのものである。
　もっとも，前述のとおり，事前説明自体は対面の義務がないため，テレビ電話のように映像を伴う方法でなくとも，例えば，電話により実施することが可能である。
　したがって，本通達1は，次に解説する「事前説明を重要事項説明とあわせて実施する」場合を想定したものであると思われる。
　(ロ)　事前説明を重要事項説明とあわせて実施することについて（本通達2）
　本通達において，事前説明を重要事項説明とあわせて実施し，交付する書面についても事前説明文書を重要事項説明書が兼ねることができるようにするための要件として，次の3点を重要事項説明書に記載することが挙げられている。
・要件(i)　本件賃貸借については，借地借家法第38条第1項の規定に基づ

く定期建物賃貸借であり，契約の更新がなく，期間の満了により終了すること
・要件(ii) 本重要事項説明書の交付をもって，借地借家法第38条第2項（現3項）の規定に基づく事前説明に係る書面の交付を兼ねること
・要件(iii) 賃貸人から代理権を授与された宅地建物取引士が行う重要事項説明は，借地借家法第38条第2項（現3項）の規定に基づき，賃貸人が行う事前説明を兼ねること

要件(i)は，事前説明の要件として，法律上当然に要求されるものである。

要件(ii)は，重要事項説明書が事前説明文書を兼ねることの説明を明示することを求めるものである。法律上，重要事項説明書が事前説明文書を兼ねる場合に要件が加重されているものではないことからすると，要件(ii)の趣旨は，従前の運用を認識している賃借人が「重要事項説明書の交付では事前説明文書の交付には該当しないはずであるから，この契約は定期建物賃貸借にはならない（普通建物賃貸借になる）」と誤信しないための注意喚起の意味合いが強いものと思われる。

要件(iii)は，要件(ii)と同じく，代理権を授与された宅地建物取引士であれば事前説明の主体になることができることを注意喚起する趣旨と思われる。

本通達2は，上記3要件に加え，次の2点についても言及している。ただし，これらを行うことが「望ましい」としていることから明らかなとおり，重要事項説明書が事前説明文書を兼ねるための要件とはされていない。
・要件(iv) 賃借人から，これらの説明を受けたことについて，記名押印を得ること
・要件(v) 委任状等に代理権が授与されている期間等を明記し，交付しておくこと

(d) **本通達の影響**

本通達を運用するに際しては，借地借家法（特に38条3項）の本質に即して，その意味するところを適切に把握することが必要である。

特に検討を要するのは，すでに締結されている定期建物賃貸借において，重要事項説明書が事前説明文書を兼ねるものとされていた場合である。

本通達以前に締結された契約において，本通達2の要件(ii)及び(iii)が満たされ

ている場合は稀有と思われるが，仮に要件(ⅰ)のみが満たされていた場合，当該契約は定期建物賃貸借となるかという点が問題となる。

　この点について，本通達以前は，一見否定されるかのごとく理解されていた可能性がある。事前説明と重要事項説明とはそれ自体としては別の概念であるから兼ねることはできないのではないか，と考える向きもあったためである。

　しかし，そもそも，法の解釈は法そのものによって決せられるべきものであって，法としての拘束力をもたない通達によって，法の解釈が左右されることはない。したがって，本通達の前後によって本来的な法解釈の結論が異なるという事態は生じ得ない。

　すでに述べたとおり，本通達2の要件(ⅱ)及び(ⅲ)は賃借人に対する注意喚起の趣旨と思われることや，借地借家法38条3項にはそのような規定がなされていないこと（事前説明については契約書とは別の書面を作成，交付，説明することのみが要求されており，その書面の形式や体裁等については限定がなされていないこと）からすれば，本通達2の要件(ⅱ)及び(ⅲ)は定期建物賃貸借を成立させる法的要件であるとは考えられない。

　したがって，賃貸人又はその代理人が上記の趣旨を記載した書面を交付し，かつ，対面，電話等を問わず，説明をしさえすれば，それ以外のいかなる行為や意思表示がなくとも，それをもって借地借家法38条3項に違反することとはならないものと考えられる。

　つまり，本通達2の要件(ⅰ)が満たされていれば，重要事項説明書が事前説明文書を兼ねることは可能であり，要件(ⅱ), (ⅲ)については，法理論上は要件ではないといわざるを得ない。

〔6〕 定期借家契約を終了させる旨の通知

(1) 意　義

(a)　期間が1年以上の定期借家契約を締結した場合，家主は期間満了の1年前から6ヵ月前までの間に借家人に対し，期間の満了により建物の賃貸借が終了する旨の通知をしなければならない（借地借家38条6項）。前掲『実務注釈定期借家法』(第2章) 41頁以下は，その理由につき，「家主に定期借家の終了に

についての通知を義務付けたのは，借家人に契約終了に関する注意を喚起し，再契約のための交渉や代替建物を探すために必要な期間を確保するためであるが，そのための期間としては，6ヵ月が相当であると考えられる。また，この通知を期間満了から相当早期にさせるとすると，借家人に契約終了に関する注意を喚起するという趣旨を没却することになりかねない。このような両者の要請の調和を満たすため，家主は期間満了の1年前から6ヵ月前までの間に通知をしなければならないものとされたものである。」とする。

　例えば，令和2年1月1日から令和3年12月31日までの期間，2年の定期借家契約を締結している当事者間においては，家主は借家人に対し令和3年1月1日から6月30日までの間に借家契約が終了する旨を通知しなければならない。通知は口頭で行ってもよい。同居人に通知をしても無効である（前掲『実務注釈定期借家法』（第2章）73頁）。

　(b)　**通知を怠った場合の効果**

　通知を怠った場合には，終了をもって対抗することができないとされており，家主が借家人に対し定期借家契約が終了した旨を主張することができない。

　したがって，借家人は建物から立ち退かなくてよいのである。逆に，終了の通知がなくとも，借家人のほうで契約の通知が終了したものとして定期借家関係から離脱することは自由である（前掲『実務注釈定期借家法』（第2章）42～43頁）。

　また，終了の通知を怠っても，改めてその通知をした日から6ヵ月の期間の経過により定期借家契約の終了を対抗することができるようにすることになる（借地借家38条6項ただし書）。再契約のための交渉や代替建物を探すための期間を，最低6ヵ月間確保するための規定だからである（前掲『実務注釈定期借家法』（第2章）42頁）。

　(c)　この終了の通知が必要であるのは，1年以上の契約期間をもつ定期借家権に限るのであり，1年未満の短期の定期借家契約の場合にはこのような終了の通知は必要ではない。

　極めて短期の契約である以上，終了については当然当事者間で十分に予期されていると考えられるからである（前掲『実務注釈定期借家法』（第2章）41頁）。

(2)　**再契約をする場合について**

　(a)　同じ家主と同じ借家人との間において，同じ目的物件について定期借家

契約を再度行うことは可能であるし，定期借家権においては，そのように同一当事者間で再契約が何度も行われることを当然に予想している（前述〔4〕参照）。

ところで，終了のための通知は，再契約を行おうとしている当事者間においても必要となるので注意を要する。

すなわち，再契約をするつもりで家主が終了の通知を怠っていると，仮に何らかの事情で再契約を行うことができなかった場合には，定期借家契約の期間の満了による終了を借家人に対抗することができなくなる可能性が生ずるので注意をしなければならない。

特に，終了の通知及び再契約のいずれをも失念していた家主が，定期借家契約の期間満了後も従前の家賃をそのまま受領していたような場合には，定期借家契約について黙示の更新がなされた（民619条）と考える見解も存するので，家主側では注意をしなければならない。ただし，筆者は，上記(1)(b)のように終了の通知を怠っても，改めて通知をした日から6ヵ月の期間の経過により定期借家契約の終了を対抗することができることになると考えるので，そのような立場はとらない（前掲『実務注釈定期借家法』（第2章）42頁参照。なお，藤井俊二「定期借家権の終了に伴う法律関係」日本不動産学会誌60号80頁以下参照）。

(b) これは契約の締結時の問題とは若干異なるが，再契約の締結にあたっての注意事項として付言すると，前項の終了の通知を行うに際しては，再契約を希望する家主は，借家人に対して，「再契約を行いたい」旨をも合わせて通知すべきである。

再契約の通知について，借地借家法は，上記のような通知をも合わせて行うことを要求はしていないが，借家人の立場に立ってみれば，終了の通知の際に，もし再契約を行うことが可能であるならばその旨を通知してもらったほうがよりその利益に適うからである。

また，この場合には，単に再契約をしたい旨を通知するだけでなく，できるだけ再契約の条件（賃料・期間など）についても合わせて明記しておくべきである。

なぜならば，単に再契約したい旨だけを通知され安心していた借家人が，契約期間の直前になり突然受け容れにくい条件（例えば，家賃を2倍にする等々）の問題に直面して困惑することは避けられなければならないからである。

〔7〕 法定中途解約

(1) 中途解約について

(a) 期限の定めのある契約においては，原則として中途解約をすることは許されない。

なお，この場合の中途解約とは，合意による解約のことではなく，借家人からの一方的意思表示により解約の効果を生ずる場合のことを指す。

(b) 期間の定めのある契約においては，賃貸人は借家人に対しその期間内その建物を使わせることを約しているのであり，また借家人も賃貸人に対しその期間内はその建物を使用することを約しているのであるから，原則として中途解約をすることができないのは当然である（民618条及び前述本章第1節「普通借家権」〔4〕参照）。

この点，バブルの崩壊までは，わが国においては，戦後一貫して地価が上昇し賃料もそれに応じて上昇してきたことから，さらに継続している賃料は抑制されることから，多くの家主にとっては継続して入居している借家人よりは新たに入居してくれる借家人のほうが賃料が高いので，現在の借家人が期間途中で退去することは歓迎すべきことであると考えられた。そのため，期間途中でも3ヵ月ないし6ヵ月前の予告，若しくはその期間の賃料の一括払い等のペナルティを払うこと等により当該借家契約から中途で離脱することを認める特約がほとんどすべてといっても過言ではないほどに多くの契約書に記載されていた。

その結果，借家人からの一方的意思表示による中途解約は，特約の効果ではなく，民法又は借地借家法の規定によるものだと誤解している人が多く存するので注意を要する。

(c) 以上より，中途解約については，普通借家権においても定期借家権においても同様であるが，原則として特約がない限り中途解約は許されず，特約がある場合に限り，期間の途中でも借家人からの一方的意思表示により解約をすることができるにすぎない。

(2) 定期借家権における強行規定としての中途解約

(a) 以上に対し，定期借家権においては，例外的な場合として期間の途中で

あっても200㎡未満の居住用の建物については，転勤・療養・親族の介護その他やむを得ない事情により借家人が建物を自己の生活の本拠として使用することが困難となったときは，借家人は中途解約の申入れを行うことができ，その申入れを行った日から1ヵ月を経過することによって定期借家権は終了することとされている（借地借家38条7項）。

　これは，それほど広くはない居住用の住宅において借家人が転勤・療養その他の事情の変更に遭遇したときに中途解約が認められていない長期契約であった場合に，その契約関係からの離脱を認めず期間満了までの賃料支払義務を負担させ続けることは借家人にとって苛酷となる場合があるとの判断から，そのような場合における借家人の中途解約権を強行法規として認めたものである（前掲『実務注釈定期借家法』（第2章）44頁以下）。

(b)　この中途解約の規定は強行法規として保護されているので（借地借家38条8項），この規定の適用を厳しくするような特約は認められない。

　例えば，解約申入れの日から2ヵ月，3ヵ月又は6ヵ月などの期間の経過や，違約金の支払を条件とするような特約は認められず，それは借家人に不利な特約として無効となる。

(c)　「その他のやむを得ない事情」とは，契約締結時において将来のある時期に当該事情が生じることを的確に予測して契約期間を定めることを借家人に期待することが困難又は不可能な事情であって，当該事情の発生により借家人が建物を自己の生活の本拠として使用することが困難となるようなものをいう，とされている。

　したがって，転勤・療養などの例示のほかには，例えば，業務命令として長期間の海外留学を命じられたような場合が考えられる（前掲『実務注釈定期借家法』（第2章）45頁）。

(3)　**借地借家法38条7項の適用範囲**
(a)　**店舗兼用住宅に本項の適用はあるか**

　店舗兼用住宅のように，建物の一部のみが居住の用に供される場合に，借地借家法38条7項の適用があるかについては，一部分のみが居住の用に供される場合であっても，その建物についての賃貸借は「居住の用に供する建物の賃貸借」に該当し，建物の床面積が200㎡未満であれば本項の規定が適用される

ことになる。建物の一部のみが賃貸借の対象となっているときは、その賃貸借の対象となっている部分の床面積で判断される（前掲『実務注釈定期借家法』（第2章）45頁）。

　結局、このような店舗兼用住宅でも、居住をしている住民にとって事情の変更により賃料の負担が苛酷な状態になるという状況は同様だからである。

　(b)　借家人が法人である場合に、200㎡未満の居住用の建物を契約するケース（例えば、社宅契約）に本項の適用があるか

　このような場合には本項の適用はなく、したがって、例えば、法人契約で5年契約をしていた場合に借家人である法人が期間途中で解約の申入れをしても認められないことになると考える（具体的には、中途解約を許す旨の特約がない場合と積極的に中途解約は許されない旨が明記されている場合とがあり得よう）。

　なぜならば、

　①　法人においては、転勤・療養・親族の介護など本項に明示されているような事態は生じないと考えられること、

　②　そもそも、普通借家権においても借家人からの中途解約ができるという権利が強行法的に保護されているわけではないのであるから、できる限り本項は狭く解釈されるべきであること、

　③　すなわち、定期借家において特に借家人の中途解約権を強行法規的に保護しなければならない理由は必ずしも強いものとはいえないと考えられるからである。

　筆者は、そもそもこのような強行法としての中途解約権は認める必要はないと考えている。当事者の自由な契約に任せるべきであり、それにより却って低額所得者も「中途解約をしない長期契約による賃料のディスカウント」等の恩恵に浴することができるようになるからである。

〔8〕　賃料増減請求権の排除について

(1)　賃料増減請求権排除の特約

　賃料増減請求権とは、民法を支配する信義誠実の原則から導かれるところの「事情変更の原則」を借地借家法に導入したものであって、契約を締結した時

の事情がその後変化し，契約締結時の条件を強制することが当事者にとって酷な結果となる場合に，その条件の変更を認めるものである。

(a) 借家契約においても，当初契約をした時点において当事者間で定めた賃料が，その後の社会経済情勢等の変動により，数年後にはその条件を当事者に強制することがいずれかの当事者にとって酷な結果となることはよく理解される。賃料増減請求権について，特に判例においては強行法的に保護されてきた (普通借家についての前述本章第1節〔3〕参照)。

(b) これに対し，定期借家権においては，特約により賃料増減請求権は排除することができるものとされている (借地借家38条9項)。

この趣旨は，定期借家権においては，原則として賃料増減請求権がないということではなく，定期借家権においても賃料増減請求権は原則として存在するが，定期借家契約において賃料増減請求権についての賃料増額などの賃料の改定についての特約がある場合には賃料増減請求権について借地借家法32条の適用が排除されるということである (前掲『実務注釈定期借家法』(第2章) 47頁以下)。

すなわち，具体的には，

① 賃料を毎年あるいは何年ごとに何％増額するという特約や一定期間増額しないという特約，
② 賃料を何年ごとに一定額減額するという特約や一定期間減額しないという特約，
③ 賃料の全体額を決め，一切増減しないという特約や，あるいは全体額を一括前払いしてしまう特約，

などであり，これらの特約があるときは，賃料増減請求権は排除される (前掲『実務注釈定期借家法』(第2章) 48頁。賃料を一定期間改定しない，という特約も当然有効である)。

(2) 特約の決め方について

ところで，賃料の改定に関わる特約があるとして，借地借家法32条の適用が排除される場合とはどのような場合であろうか。

それは，当事者が明確かつ客観的な意思表示として同法32条の適用を排除しているものでなければならない (前掲『実務注釈定期借家法』(第2章) 49頁)。

すなわち，上記の①ないし③のような特約であり，できれば，「借地借家法

32条の適用はない」旨が明記されているものである。

そこで、例えば、「3年ごとに5％を基準として増額する」というような記載の場合には「基準」として増額するのであり、「必ず5％増額する」ものとは認めることができず、借地借家法32条の規定の適用を排除する意思が必ずしも客観的に明確ではなく、賃料改定特約として認められないおそれがあるので注意を要する。

(3) **定期借家において考えることのできる賃料の定め方（類型）について**

(a) 定期借家においては、以上のように賃料の増減請求権を特約により排除することができるようになった。

この結果、従来の普通借家契約においてはほとんど採用されていなかった、次のような形態の賃料の定め方が今後多く見られることになると思われる。

すなわち、

① 例えば、契約期間すべての賃料合計額を決め、その金額を分割払いにする方法、

② そのようにして決めた全体額を一括前払いすることとし、かつその場合には一定額をディスカウントする方法、

③ 全体額を決めた上で一部を前払いとし、残りを分割払いとする方法。

(b) 以上、いずれの場合においても、決められた全体額については、増額も減額もしない旨の特約を付することにより増減請求権を排除することになる。

これにより、借家人は期間内に支払うべき賃料がすべて予測でき、また家主にとっても収入額が予測でき、加えて維持管理のための費用（コスト）の計算も行うことができるため、その建物からの収支が一定範囲で予測可能となるのである。

このように定期借家権を利用することにより、不動産の証券化も容易となり、今後不動産証券化ビジネスはますます活発になることが期待される。

(c) なお、借地借家法38条9項の「借賃の改定に係る特約」の認定及び解釈等については、東京地判平21・6・1（中間判決）判例集未登載及び東京地判平23・3・29判例集未登載が参考になる（両裁判例の分析については、吉田修平「定期建物賃貸借制度の課題」松尾弘＝山野目章夫編『不動産賃貸借の課題と展望』94頁以下を参照）。

〔9〕 普通借家から定期借家への切替えについて

(1) 定期借家契約と普通借家契約の併存
定期借家契約の制度が施行された後も普通借家契約は併存する。

平成12年3月1日の施行日以降，わが国においては定期借家権と普通借家権の2つの借家の類型が存在することとなった（定期借家権法附則2条）。

したがって，普通借家契約がなくなるわけではなく，新規に行う賃貸借契約の中で特別の要件を満たすものだけが定期借家契約となるのである。

(2) 普通借家契約を定期借家契約に切り替えることが可能か

(a) 普通借家契約から定期借家契約への「切替え」とは
「切替え」とは建物の賃貸借契約の当事者が，その賃貸借を合意により終了させ，引き続き新たに同一の建物を目的とする定期借家契約を締結する場合のことである（定期借家権法附則3条参照）。すなわち，「切替え」には，次の2つの合意が必要である。

① 既存の普通借家契約を解約する旨の合意
② 同一建物につき新たに定期借家契約を設定する旨の合意

さらに，②の定期借家契約については事前説明文書を交付し説明した上，公正証書等の書面により行うなどの定期借家権の要件を満たさなければならないのである。

このような合意は原則として可能である。

民法の一般原則上，既存のある契約につき合意で解約し，新たに別の契約を結ぶこと自体は何の制約も受けないからである（ただし，平成12年3月1日より前から存在した普通借家については特別の制限がある。後述(c)参照）。

(b) 「切替え」は「更改」とは異なる
合意のみによって普通借家契約を定期借家契約に更改すること（民513条以降）は許されない。

なぜならば，定期借家契約においては事前説明を行う義務もあり，また公正証書等の書面により行わなければならない義務もあるなど，一定の様式が必要とされているため，民法513条の更改の規定による当事者間の合意のみによっ

て普通借家契約を定期借家契約に変更することは許されないからである。

(c) 「切替え」についての特別の制限

前述のように、普通借家契約を定期借家契約に切り替えることは民法の一般原則上、何ら制約を受けないはずであるが、平成12年3月1日の定期借家権の施行前に締結された普通借家契約につき、居住用の建物であった場合には当分の間、本章に述べているような定期借家への「切替え」を行うことはできない（定期借家権法附則3条）。

なぜならば、定期借家契約の内容を十分に理解しないまま切替えに応じてしまった借家人が不利益を受ける危険があるためである（前掲『実務注釈定期借家法』（第2章）52頁以下）。

ただし、一定の期間が経過して定期借家の内容につき十分な理解と認識がなされるようになった後はこのような制限の必要はないため、当分の間とされたものである。当分の間とは、施行後4年を目途として定期借家制度の見直しが行われることが予定され、その際、「切替え」についても見直しが行われることが予想されていたということである（前掲『実務注釈定期借家法』（第2章）53頁）。

〔10〕 居住用建物についての定期借家制度の見直しについて

(1) 定期借家制度の見直し

定期借家制度は平成12年3月1日から施行されたが、施行後4年を目途として居住用の建物についての定期借家制度の見直しを行うものとされていた（定期借家権法附則4条）。ただ、現在はまだ見直しはなされていない。

(2) 見直しが行われるべき事項について（見直し全般につき、定期借家推進協議会「定期借家制度の見直し及び今後の普及策に関する提言について」（平成14年6月）参照）

(a) 事前説明義務について

前述したように、事前説明義務は契約書のほかに別の文書を交付し説明をしなければならず、非常に煩瑣であるとともに、このような説明を怠った場合には定期借家契約は無効とされ普通借家契約となってしまう（前述〔5〕参照。借地借家38条5項）。

そして，このような義務は同一当事者間において同一の目的物に対して再度定期借家契約をする場合においても必要とされており，これらは必ずしも必要な規制とは思われないので，見直されるべきであると考える。

(b) 法定中途解約権についても前述のとおり問題があり（前述〔7〕参照），特に一定の長期間の契約を行うことによるメリットは家主側にだけ存するのではなく（家主には長期間の安定収入というメリットが存する），その見返りとして，例えば，賃料額自体がディスカウントされる等のメリットが借家人にも生じ得るのであるから，一概に中途解約のできないことが借家人に不利とはいえない。

また，普通借家権においても，借家人の中途解約権が強行法規的に保護されているわけでもないのに，定期借家権についてだけ強行法規的に保護される理由も存しないと解されることから，このような法定中途解約権についても見直されるべきであり，少なくとも任意法規とすべきである。

すなわち，当事者間の特約により借家人の中途解約を認めても認めなくてもよいとして，現在の普通借家権と同様の規制にすべきである。

(c) 「切替え」の禁止について

「切替え」の禁止についても定期借家権についての理解と認識が十分広まってくれば，普通借家を定期借家に切り替えるメリットは家主にだけ生じるものでなく（家主にとっては半永久的に返却されないと思っていた借家権が定期借家に切り替わることにより，一定期間の将来において確実に返還されることが期待されることになるとのメリットが存することになる），借家人側にとっても，例えば，定期借家に切り替わることの反対給付として保証金の一部等が返還されたり，その後の賃料が安くなったりする等のメリットも十分に存在する可能性があるのであるから，民法の一般原則を，定期借家権であることを理由として制限する必要はないと考える。

〔11〕 定期借家権と保証金について

(1) 保証金とは

保証金とは，定期借家契約の締結に際し，借家人から家主に対し交付される預け金のことであり，すなわち敷金である。

契約終了後，借家人が建物を明け渡した後に無利息で返還されるのが原則である。そして，家賃の数ヵ月分という低額なものではなく，数十ヵ月分にわたるような高額なものが一般的に保証金と呼ばれているのである（普通借家契約についての前述本章第1節〔2〕を参照）。

このような保証金又は敷金が，定期借家契約の締結にあたって家主と借家人との間で授受されることも十分に予想される。

そして，かかる保証金が比較的低額なものにとどまる場合，すなわち本来の意味での敷金としての機能を有するもの（賃料の不払いその他の借家人の債務不履行に対する担保不足見込額として家主が預かる一定額の金員）については，あまり問題は生じない。

(2) **定期借家において高額の保証金を授受することは許されるか**

これに対し，バブル期においてよく見られたような賃料の20ないし30ヵ月分，あるいは50ヵ月，100ヵ月分というような高額な保証金を，定期借家契約において預かることが許されるであろうか。

法律上，このような保証金を授受することを禁止する旨の規定は存在しない。

しかしながら，筆者は定期借家においてはこのような高額な保証金を預かる経済合理性はなく，したがって「法律上は許されない」とまではいえないものの，定期借家契約を締結する場合には，このような高額の保証金を授受することは行わないこととし，そのような慣行が広がることは避けられねばならないものと考えている（結論同旨のものとして，宮川博史編『Q＆A定期借家権』195頁以下〔平川茂〕。制度そのものの問題ではなく，運用面での問題である）。

なぜならば，

① 前述のとおり，定期借家においては正当事由としての立退料は支払われてはならないのであり（前述〔4〕(1)(c)参照），したがって，後に高額の立退料をとられることを恐れて初期の時点で高額の保証金を預かることにより，その利息運用部分を取得する意味（経済的合理性）は家主に存しないこと，

② また，高額の保証金を授受するという慣行はわが国において特有のものと考えられ，このような慣行は建物の賃貸借以外の債権債務関係を当事者間に発生させるものであり，権利関係をより複雑にするものであることか

ら望ましくないこと（特に，バブル崩壊後，高額の保証金の返還がなされず困惑している借家人が多く存在していることはよく知られているところである）等々の理由があるからである。

第3節　終身借家権

〔1〕　終身借家制度の成立

(1) 成立に至った背景

わが国においては，高齢者のいる世帯が急速に増加しているためにストックとしての良質な住宅が不足してきており，特にバリアフリー化されている賃貸住宅は非常に少ない。

ところで，わが国は戦後50年余り，建物を取り壊しては新築建物を建てるということを繰り返してきたが（スクラップ＆ビルド），いわば一種の資源の無駄使いであり，環境対策上もそのようなことは許されなくなっている。したがって，国の住宅政策も「所有」から「利用」へ転換された。

すなわち，国民は高いコストを払って所有権に基づく住宅を購入し維持するのではなく，比較的安いコストで良質な住宅を保持するほうが望ましいと考えられるようになってきたのである。特に，高齢社会の到来を迎えるにあたっては，高齢者に建物を所有させるほどの負担をさせず，良質な賃貸住宅に居住してもらうほうがよいのである。

(2) 高齢者の居住の安定確保に関する法律

このような背景の下に，高齢者のために「終（つい）の住み家」を確保し，高齢者は良質な賃貸住宅に死ぬまで住むことができるようにするために，高齢者の居住の安定確保に関する法律（以下，単に「高齢者住まい法」という）が平成13年4月6日に公布され，同年8月5日から施行されるに至った（平成12年7月から，建設省「高齢者の生涯借家居住に関する委員会」において，高齢者の生涯借家居住についての調査が行われたため，筆者もその一員として調査・研究にたずさわった）。

高齢者住まい法1条においては，賃貸住宅の登録制度を設け，良好な居住環境を備えた高齢者向けの賃貸住宅の供給を促進するための措置を講じ，併せて

高齢者に適した良好な居住環境が確保され，高齢者が安定的に居住することができる賃貸住宅について「終身建物賃貸借制度」を設けるなどの措置を講ずることにより，高齢者の居住の安定の確保を図り，その福祉の増進に寄与するとされている。

　ここにいう終身建物賃貸借制度が，いわゆる終身借家権と称されるものであり，同法第5章52条以降にその詳細が規定されている。高齢者住まい法の終身借家制度は借地借家法の特別法として位置づけられる。

　なお，高齢者の居住の安定確保に関する法律は，当初，「高齢者居住法」と略称されていたが，その後，平成21年の改正以降「高齢者住まい法」と呼ばれることになった。

〔2〕 終身借家権の意義

(1) 終身借家権とは

　終身借家権とは，高齢者単身・夫婦世帯等が終身にわたり安心して賃貸住宅に居住できる仕組みとして，借家人が生きている限り存続し，死亡した時に終了する借家人本人一代限りの借家契約を結ぶことができる制度（終身建物賃貸借制度）である。

　すなわち，借家人が生きている限り存続し，死亡した時に終了するという意味で，不確定期限付き建物賃貸借であり，かつ，その賃借権については相続権が排除されているものである（後述〔7〕参照）。終身借家制度の誕生により，建物（住宅）の賃貸借は，①普通借家権，②定期借家権，及び③終身借家権（狭義の終身借家権と期間付死亡時終了建物賃貸借）の3種類となった。②と③については更新されない。

(2) 終身借家権の構成について

　終身借家制度の中には，狭義の終身借家権と，期間付死亡時終了建物賃貸借制度の2つの類型が規定されている（後述〔8〕参照）。

(3) 終身借家制度の特徴について

　終身借家制度には，前述のように高齢者のために良質なバリアフリー化された住宅を賃貸住宅として供給し，さらにストックとしての良質な住宅の供給を

図る等という公益目的が存在する。当初平成13年8月6日に告示された「高齢者の居住の安定の確保に関する基本的な方針」（以下，「基本方針」という。国土交通省告示第1299号）が，基本方針の三「高齢者に適した良好な居住環境を有する住宅の整備の促進に関する基本的な事項」において，国は平成27年度までにバリアフリー住宅の割合を全住宅ストックの2割とするほか，同年度までに居住者の個別の事情に応じたバリアフリーリフォームがなされた住宅ストックを新たに2割形成することを目標として第8期住宅建設5ヵ年計画の達成に努めなければならないとされている。なお，基本方針については高齢者住まい法3条を参照。

そのような公益目的から，いくつかの終身借家制度の特徴が導き出される。すなわち，

① 終身借家権制度においては，貸主は賃貸事業を行うに際しては，都道府県知事の認可を受けなければならない（認可事業）。

② また，入居者となる借家人は60歳以上の高齢者であることが要求されており（年齢制限），

③ さらに，建物については，一定の要件を満たしたバリアフリー住宅であることが要求され（建物の基準），

④ その反面バリアフリー化するために必要な費用については，国などから補助が出ることとなっている。

⑤ さらに，法律的には，前述したような不確定期限付き借家権，相続権の排除という，従来わが国には存在しなかった特徴が存するのである。

〔3〕 書面による契約であること

終身建物賃貸借契約（以下，「終身借家契約」という）を締結するためには，その契約は公正証書等の書面によって行われなければならない（高齢者住まい54条2号・57条）。

公正証書にする必要はないが，何らかの書面を作成しなければならないとの趣旨である。定期借地権（借地借家22条）及び定期借家権（借地借家38条）と同様の制約である。

この制約は，従来のわが国には存在しなかった終身借家契約を締結することにつき，十分な知識と理解を有していない借家人等が存在することを慮り，契約の締結をより慎重に行わせしめるためである。

なお，令和3年の改正により，書面の作成に代えて電磁的記録によるものでも可能となった（高齢者住まい7条1項6号イ・52条2項・54条2号）。

〔4〕 認可事業であること

(1) 都道府県知事の認可

終身借家権による賃貸事業を行おうとする者は，都道府県知事の認可を受けなければならない（高齢者住まい52条以下）。

なぜならば，終身借家契約の賃貸人となる者は，住宅をバリアフリー化するために必要な費用について国などからの補助が出るとともに（後述〔6〕参照），前払家賃を受領することもあり，なおかつ，この前払家賃については後述するように中途解約等をなされた場合には返還を要するものであるため（後述〔12〕参照），そのような公益的な事業をするのにふさわしくない者が終身借家事業に関わることを阻止するためである（認可申請の方法については，高齢者住まい53条）。

(2) 認可の基準

このような事業者の認可の基準については，高齢者住まい法54条に規定されている。認可の基準（概要）は以下のとおりである。

① 賃貸住宅が以下の基準に適合すること。
　(イ) 賃貸住宅の規模及び設備が国土交通省令で定める基準に適合すること（いわゆる「バリアフリー住宅」であること）。
　(ロ) バリアフリーの構造が国土交通省令で定める基準に適合すること。
(中略)
④ 賃貸の条件が，権利金その他の借家権の設定の対価を受領しないものであること。
⑤ 賃貸住宅の整備をして事業を行う場合にあっては，当該整備に関する工事

> の完了前に，敷金を受領せず，かつ，終身にわたって受領すべき家賃の全部又は一部を前払金として一括して受領しないものであること。
> ⑥ 前号の前払金を受領する場合にあっては，当該前払金の算定の基礎が書面で明示されるものであり，かつ，当該前払金について終身賃貸事業者が返還債務を負うこととなる場合に備えて国土交通省令で定めるところにより必要な保全措置が講じられるものであること。
> (以下，省略)

従来，基準とされていた賃貸事業者の資力，信用要件や資金計画が適切なものであることなどの要件は平成23年4月の改正により撤廃された。

〔5〕 借家人の資格

(1) 借家人となり得る者

終身借家制度を利用して借家人となろうとする者は60歳以上の高齢者でなければならず，同居する者も配偶者若しくは60歳以上の親族に限られている（高齢者住まい52条）。

これは，前述のとおり，終身借家制度が一定の公益目的の下に認められた制度であることから，借家人となる者の資格をこの制度目的に合致する者に限定する趣旨である。

したがって，単なる知人，友人が同居人となることは許されず，また，親族であっても60歳未満の子などが同居することも許されない。親子や兄弟のいずれもが60歳以上である場合は，終身借家制度を利用できる。

(2) 配偶者について

ただし，配偶者については，60歳以上の者には限らない（高齢者住まい52条）。

また，この配偶者については，必ずしも婚姻している者には限らず，内縁関係にある者も含むこととされている（高齢者住まい7条1項4号）。なお，建物賃借人が死亡した場合，相続権のない内縁の妻が引き続き賃借建物に居住できることは確定判例である（最判昭25・7・14民集4巻8号333頁。最判昭42・4・28民集21巻3号780頁〔内縁の夫のケース〕）。

〔6〕 建物の基準

(1) 賃貸住宅の基準

　建物については，バリアフリー化されていなければならず，国土交通省令で定める基準に適合するものでなければならないこととされている（高齢者住まい54条1号）。

　これは，前述したバリアフリー化された良質な賃貸住宅を社会的ストックとして普及させる趣旨に基づくものである。

(2) 国などからの補助

　また，その代わりに住宅をバリアフリー化するために必要な資金については，国及び地方公共団体から補助が出ることとされているのである。

　その内容は，まず，地方公共団体は，高齢者向けの優良な賃貸住宅の整備及び管理に努めることとされており（高齢者住まい44条），国は，地方公共団体が行う事業に要する費用の一部を補助することができるものとされている（高齢者住まい45条）。また，地方公共団体は，自ら優良な賃貸住宅の整備や管理を行うことが困難等の場合は，独立行政法人都市再生機構又は公社に対して，高齢者向けの優良な賃貸住宅の整備や管理を行うことを要請することができるものとされている（高齢者住まい46条以下）。

〔7〕 「終（つい）の住み家」であること

(1) 不確定期限付き賃貸借契約（高齢者住まい52条・54条2号）

　終身借家権は前述の目的に基づいて，死ぬまで住み続けることができる「終（つい）の住み家」でなければならない。すなわち，借家人が死ぬまでの間を契約期間とする意味において不確定期限付きの賃貸借契約が認められた。

　不確定期限とは，

① 期限であり，必ず到来するものであるが，

② その期限がいつ到来するかが不明なものである。

　終身借家権を「終（つい）の住み家」のための制度とするために，不確定期

限付き賃貸借が初めて導入されたものと評価できる。借地借家法39条の「取壊し予定の建物賃貸借」については，一定期間経過後に建物が取り壊される場合のほか，不確定期限付きの借家契約の場合も認められる（五島京子・コメ借地借家〔第4版〕334頁ほか）。したがって，厳密には，わが国で初めてとはいえないが，借地借家法39条に比べて，予定時期を示すことがまったくできない「人の死亡」を期限とするという意味では，終身借家権においてはその「不確定」の程度が著しく強いものとされているのである。

(2) **相続権の排除**（高齢者住まい52条）

借家権（建物賃借権）も財産権である以上，相続されるのが原則である（民896条）。そこで，従来の普通借家権においては，上記原則が貫かれるとともに，正当事由制度の存在により借家権は終了することなく借家人の意思により終了させる場合を除いては半永久的に存在するものとなり，その結果，個人の家主の貸し渋り等を招来し，結果的に良質な賃貸住宅の普及が疎外されてきたという歴史的な背景が存在する（前述本章第2節「定期借家権」〔1〕参照）。

(a) そこで，「高齢者のために広くバリアフリー住宅を普及させる」という公益目的を追求するために，終身借家権についての相続権を排除したのである。住宅に困窮する低額所得者のための公営住宅についても，入居者が死亡した場合には，その相続人が公営住宅を使用する権利を当然に承継すると解する余地はない，とされている（最判平2・10・18民集44巻7号1021頁）。

(b) ただし，相続権が排除されたのは，終身借家権という賃貸借契約の部分についてのみであり，賃貸借契約にまつわる他の権利義務関係については，借家人であった者の相続人に民法の原則どおり相続されるのである。

すなわち，①未払賃料債務，②原状回復義務，③敷金返還請求権等が，終身借家権の借家人であった者の相続人に民法の原則どおり相続される。借家人が前払賃料を支払っていて死亡した場合の不当利得返還請求権（後述〔12〕(2)参照）も，同様に相続人に相続される。

〔8〕 期間付死亡時終了建物賃貸借制度の新設

(1) 意義・内容

期間付死亡時終了建物賃貸借制度が新設されたが，その内容は，
① 借地借家法38条1項による契約の更新がなく，期間が定められた契約であり（したがって，その期間の満了により終了する），
② かつ，賃借人が死亡した場合には，その期間の満了前でも賃貸借契約が終了するものである。
③ したがって，期間を残して賃借人が死亡した場合も残存期間につき相続人が借家権を相続することはない（高齢者住まい57条）。

例えば，期間20年の制度を利用した場合には，20年の期間の満了により賃貸借契約は終了するし，仮に賃借人が15年目に死亡した場合には，その時点で契約は終了し相続されない。

比喩的にいうならば，期間の満了という終了原因以外に，賃借人の死亡によっても終了するというタイプの一種の定期借家権と考えれば理解がしやすいと思われる。

このような類型の契約も不確定期限付きの終身借家権のほかに必要と考えられ，立法化されたものである。借家人となる者が，特に一定の期間に限り住宅を賃借することを希望して，その旨を申し出た場合にまで，賃借人の死亡に至るまで存続する終身借家契約を強制する必要はない。

(2) 要　件

期間付死亡時終了建物賃貸借制度を利用するためには，
① バリアフリー住宅であることや公正証書などの書面（電磁的記録によるものを含む）によること等々の終身借家権の要件を満たした上で，
② 賃借人となろうとする者から，特にその旨の申出があることが必要となる。

〔9〕 中 途 解 約

(1) 家主からの解約申出制度

終身借家権においては，従来の借家制度と異なり，一定の場合には賃貸人からも中途で解約の申出を行うことができることとされた（高齢者住まい58条）。

(a) 要　　件

① 認可住宅の老朽，損傷，一部の滅失その他の事情により家賃の価額その他の事情に照らし，その建物をバリアフリー住宅の基準等に照らしてそのような適切な住宅として維持し，回復するのに過分の費用を要するに至った場合，

② 又は，賃借人がその住宅に長期間にわたって居住せず，かつ，当面居住する見込みがないことによりその建物を適正に管理することが困難となったときには，

③ 賃貸人（認可事業者）は，都道府県知事の承認を受けた上で終身借家権の解約の申入れをすることができる。

④ 解約申入れの日から6ヵ月の経過により終身借家権は終了する（借地借家27条1項）。賃貸人からの解約申入れには正当事由（借地借家28条）の存在は必要ではない（高齢者住まい58条2項）。

(b) 理　　由

このような家主側から行う解約の申出が認められたのは，前述のように終身借家制度には高齢者のために良質なバリアフリー住宅を普及させ，社会的ストックとしての良質な住宅を増加させるという公益目的があったところ，上記のような要件を満たす場合は，かかる公益目的の遂行が不可能になったからである。

(2) 借家人からの解約申入れ（高齢者住まい59条）

(a) 終身借家権においては，以下の場合には，借家人の解約申入れの日から1ヵ月の経過により終了する。

① 療養，老人ホームへの入所その他のやむを得ない事情により賃借人がその建物に居住することが困難となったとき（これは定期借家権における200㎡

未満の住宅についての法定中途解約の規定と同様の趣旨と思われる）

　② 親族と同居するため賃借人がその建物に居住する必要がなくなったとき

　③ 賃貸人が高齢者住まい法68条の規定による住宅の改善命令に違反したとき（賃貸人がバリアフリー住宅としての整備等を怠り，都道府県知事から改善の命令を受けているにもかかわらず，それに従わないときは，もはや高齢者のための快適な住まいとはいえない）

　これらの事情が生じたときには，その後借家人がその建物に住み続けなければならないとすることは借家人にとって酷な結果となるので，法定中途解約を認めたものである。

　(b) 何の理由がなくとも借家人は解約を申し入れることができ，解約申入れの日から6ヵ月後に終身借家は終了する。

　この終了事由は，前述(a)と異なり特段の理由は必要としないものとされている。

　この点は，特に高齢者の「終の住み家」との関係において，隣室あるいは同じ建物内の住民とのトラブル等が生じた場合，あるいは周辺環境の変化等から住みづらくなった場合等，一概に法律で規定することのできない事情の変化により高齢者が居住し続けることが困難と感じたときは，何らの理由もなく6ヵ月前の予告により契約関係からの離脱を認めたものである。

(3) 強行規定

　以上の賃貸人及び賃借人からの中途解約については強行規定とされており，借家人に不利なものは無効とされる（高齢者住まい60条）。

(4) 借家人に不利な特約

　前述したように，高齢者住まい法は，高齢者の「終の住み家」の確保のための法律であり，「死ぬまで」という不確定期限の契約であるため，中途解約については強行規定として保護されている。

　したがって，これに反する特約で借家人に不利なものは無効とされるため，例えば，前述(2)(a)の①，②などの事情につき契約書に記載をし中途解約が可能とする場合に，解約申入期間を2ヵ月，3ヵ月としたり，あるいは，同(b)の6ヵ月前の予告につき8ヵ月あるいは1年とするなどの借家人に不利な条件を付加するようなものはすべて無効となるので注意をしなければならない。

(5) 前払い賃料の処理

中途解約により終身借家権が終了した場合，賃料を前払いで支払っていたときには，その一部分が返還されることとなる（後述〔12〕(2)参照）。

〔10〕 高齢者が死亡した場合の同居者の居住の保護

(1) 借家人が死亡した後の同居者の一時居住について（高齢者住まい61条）

次のような場合には，高齢者と同居していた者は，借家人であった高齢者の死亡後も一時的な居住は保護される。同居していた者とは，配偶者（内縁を含む）又は60歳以上の親族である（高齢者住まい52条等）。

① 終身借家人の死亡，又は

② 期間付死亡時終了建物賃貸借において借家人の死亡があった時において，同居者がそれを知った日から1ヵ月を経過するまでの間は，同居者は引き続きその建物に居住をすることができる。

すなわち，死亡後1ヵ月間は同居者は暫定的な居住を続けることができ，その間に後述(2)のような継続居住を行うか否かの判断を行うこともできるし，また，退去し他の場所に移転するにしても移転するための期間が確保されることになるのである。

(2) 終身借家における同居配偶者らの継続居住の保護（高齢者住まい62条）

(a) 終身借家契約において借家人が死亡した場合，居住していた配偶者や同居の親族が借家人の死亡を知った日から1ヵ月以内に，家主に対し引き続き居住する旨の申出を行ったときは，家主はその配偶者らとの間で終身借家契約を締結しなければならない（高齢者住まい62条1項本文）。

なお，配偶者らは終身借家契約だけではなく，期間付死亡時終了建物賃貸借契約を選択することもできる（同条1項ただし書）。

(b) このように終身借家権においては，同居の配偶者や親族等の継続居住の保護のために新たな終身借家契約若しくは期間付死亡時建物賃貸借契約の締結義務を家主に課す構成をとることとしたのである。終身借家権においては，賃借人の死亡により借家契約は終了するので，新たな契約を結ぶことになるのである。

なお，このようにして保護される同居者とは，死亡した借家人とともに共同賃借人となっていた者ではない（共同賃借人となっていた場合については後述〔15〕(2)参照）。

(3) 期間付死亡時終了建物賃貸借の場合

期間付死亡時終了建物賃貸借契約においても同様の処理がなされる（高齢者住まい62条2項）。

すなわち，期間付死亡時建物賃貸借契約において定められた期間が満了する前に借家人の死亡があった場合において，同居配偶者らがその借家人の死亡を知った日から1ヵ月を経過するまでの間に家主に対し，引き続き居住する旨の申出を行った場合には，家主はその同居配偶者らと，その期間が満了する時まで存続する期間付死亡時建物賃貸借の契約をしなければならない。

(4) 新たに締結する契約の条件について

以上のようにして，同居配偶者らが家主との間で新たに契約を締結する場合の賃貸借の条件については，従前の賃貸借の条件と同一のもの（前払家賃の額については，その算定の基礎が従前の前払家賃と同一であるもの）とされる（高齢者住まい62条3項）。

〔11〕 賃料増減請求権について

(1) 賃料改定特約がある場合（高齢者住まい63条）

終身借家契約について賃料の改定に関わる特約がある場合には，賃料増減請求権の規定の適用は排除される。

この点は定期借家契約と同様である（前述本章第2節〔8〕参照）。

(2) 契約類型の多様化

(a) 終身借家契約については，特約により賃料増減請求権の規定の適用が排除されるために，賃料増減請求権を排除した形での賃料の設定が可能となる。

後述のように賃料の全額を一括して前払いするなどの契約類型を定めることなども可能となるのである。

また，通常の普通借家権と同様に賃料増減請求権を排除しない形での終身借家契約も当然認められる。

しかし，高齢者のための「終の住み家」を確保するという法の趣旨からするならば，賃料の総額を決めてしまい全額を一括前払いしたり，あるいは総額を決めてしまった上で毎月支払う金額を決めるなどの方式をとるほうが，高齢者をして将来の賃料の上昇等の不安から免れせしめることとなり，より法の趣旨に沿った好ましいものになると思われる。家主にとっても賃料増減の交渉や裁判の負担を免れるメリットが存する。

(b) **共益費・管理費について**

　なお，以上のように賃料増減請求権を排除し将来の増額等のおそれがなくなるのは，あくまでも賃料に限られるのであり，共益費や管理費などの実費についてはこの限りではない。

　当然，共同利用の対価の部分，あるいは管理のために必要な出費の部分について費用が増額したような場合には，終身借家契約の借家人である高齢者に対しても共益費・管理費の増額がなされることになる。

　ただし，共益費・管理費はあくまで実費なのであり，従来わが国においては，家主あるいは賃貸業者等は，管理費の名目で実質的には賃料をとっていたり，あるいは共益費・管理費の内容の明細を提出しないことも多く見受けられたが，特に高齢者のための終身借家契約においては，共益費・管理費の費用の透明性，公正さはより強く要請されるものといえる。例えば，国が独立行政法人都市再生機構に対し，補助金を出す場合には，賃貸住宅の管理方法が国土交通省で定める基準に適合しなければならないとされている（高齢者住まい49条1項5号）。

　したがって，例えば，賃貸人と親しい管理業者からの不正な見積りにより実質的には賃料に該当する部分を上乗せした高額の共益費を取得するようなことは許されない。この点につき，今後は賃貸人だけではなく，管理業者等も共益費や管理費のチェックがなされることになると考えられるので，くれぐれも注意を要するところである。

〔12〕　一時金の授受について

(1) **権利金などの設定の対価の授受の禁止**（高齢者住まい54条4号）

　終身借家契約においては，終身借家権を設定する際に権利金その他の借家権

の設定の対価を受領してはならないことが明文で規定されている。

　これは，前述した賃料の一括前払いを禁止するという趣旨ではなく，あくまでも権利金・礼金その他の名目で賃料とは別の金員を高齢者から取得することを禁ずる趣旨である。高齢者の財産目当てに高齢者を食い物にするような悪徳業者の跳梁跋扈を禁ずる趣旨であるが，不動産に必ずしも詳しいとはいえない高齢者につけ込む手段として権利金等の一時金が利用されることが多いことを慮っての規定である。

　(2) **賃料を前払いする場合について**

　(a) 終身にわたって受領すべき家賃の全部，又は一部を前払金として一括して受領する場合には，その家賃の算定の基礎が書面で明示されるものでなくてはならない（高齢者住まい54条6号）。

　これは，中途解約をした場合，あるいは平均余命をはるかに残して死亡してしまったような場合に，賃料の全額が一括前払いされたり，あるいは一部前払いされた場合に，それらの家賃を取得していた賃貸人は，その部分につき不当利得となるため取得した金額を返還しなければならないという趣旨である。

　例えば，平均余命まで15年の借家人が一括前払契約を締結するにあたり，一括前払賃料を1800万円と設定した場合において，①1年間の家賃が100万円であり平均余命までの期間が15年間であるので1500万円となり，②平均余命より長く生存した場合の，賃貸人にとっての言葉は悪いが「長生きリスク」を負担するためのものとしての金300万円の合計が1800万円となった旨を明示するとの趣旨である（国土交通省が作成した「終身建物賃貸借標準契約書」では5条においてこの300万円を「想定居住月数を超えて契約が継続する場合に備えて甲（＝賃貸人）が受領する額」としている）。

　これにより，賃貸人は，その借家人が15年ではなく18年も20年も住み続けたとしても，それ以上の賃料は取得できない反面，仮に入居して5年目に死亡してしまった場合には，平均余命を10年も残しているのであるから年100万円×10年間＝1000万円を遺族に返還するようになるが，300万円については，「長生きリスク」を負担するものであるから賃貸人が返還を要しないことになる。

　以上のような計算の根拠を明示するとの趣旨である。このような「長生きリスクの分担金（本文中の300万円）」は，あくまで賃料の一部であり，授受が禁じ

られている「権利金その他の借家権の設定の対価」(高齢者住まい54条4号)ではない。

(b) また，このような返還債務を賃貸人が負うのであるから，きちんとその返還がなされるような保全処置を講ずることも義務づけられているのである。

〔13〕 譲渡又は転貸の禁止

終身借家権の借家人はその借家権を譲渡し，又は転貸してはならないこととされている(高齢者住まい64条)。

なぜならば，

① 終身借家権の借家人としての要件を満たす者の中においても，個々の借家人により平均余命の長さや同居者の有無はそれぞれ異なるが，それらの条件の違いを無視して，ある者につき設定された終身借家権を別の者に譲渡し，又は転貸することは妥当でないからである。

② また，終身借家権は借家人となった者に「終の住み家」を確保するために制定された制度であり，したがって借家人の相続人にも終身借家権そのものは相続されず，同居配偶者等についても希望すれば新たに契約を締結することができるだけとされているのである(高齢者住まい62条)。

すなわち，終身借家権は設定した借家人にとっての固有の権利としての側面が強いのであり，そもそも普遍的な財産的価値を認めて第三者に移転等をすることが予定されているような権利ではないからである。

〔14〕 仮入居について

(1) 終身借家権に先立っての仮入居

終身借家権の借家人となろうとする者は，対象となる建物について終身借家契約の締結に先立って，定期借家契約により仮入居をすることができるとされている(高齢者住まい54条3号)。

終身借家権は，「終の住み家」であり，死ぬまでの期間を住み続けるものであるから，それに先立って試しに入居し，同じ建物内の他の借家人との関係や

周辺環境等について十分な調査を行えるように配慮したものである。

この場合，定期借家権の設定については，当然のことながら定期借家契約の要件をすべて満たした上でなければならない。

そして，定期借家契約が終了した時点で，終身借家契約を締結するか否かの判断を借家人が行い，終身借家権を締結すると判断した場合には家主との間で改めて終身借家契約の要件等を満たした上で締結することになるのである。

(2) **仮入居の期間について**

終身借家契約に先立って仮入居できる期間は1年以内に限るものとされている（高齢者住まい54条2号ただし書）。

あくまでも仮の入居であるから，あまりにも長期化することはそもそも予定されていないし，国等から補助の出ていることもあり得る建物についてあまりに長期の定期借家契約を認めることは終身借家契約の名目の下に定期借家契約による貸家営業を家主に認めることになり，妥当でないからである。例えば，5年，10年の定期借家契約が先行する場合は，試しに入居したとはいえないことが明らかであるが，高齢者住まい法は一律に1年を超えるものは許さないとの趣旨である。

〔15〕 契約の主体について

(1) **契約の主体が単数の場合**

終身借家契約においては，借家人が単数である場合を原則的な形として考えているが，これはわが国における借家契約が，通常，一家の主の単独名義で行われることが通例であることによるものである。

そして，わが国においては一家の主である者（例えば，夫）が契約の当事者（借家人）となり，妻などは同居人となるのが一般的である。

このような場合の同居者の一時居住や継続居住の保護については前述〔10〕のとおりである。

(2) **契約の主体が複数の場合について**

(a) **終身借家契約の場合**

① 終身借家契約においても要件を満たした複数の者が共同して契約を結び，

共同賃借人となることも可能である（高齢者住まい52条）（共同賃借人の有する債権（使用収益債権）や債務（賃料支出債務）は，不可分債権・債務となる。本田純一「高齢社会と終身借家制度の導入」日本不動産学会誌60号（2002.vol.16, No.1）90頁以下）。

② このように複数の者が共同賃借人となった場合には，その終身借家権はすべての賃借人が死亡した時に初めて終了することになる（同条）。

③ このように共同賃借人の形で終身借家契約が結ばれた場合には，単独の借家人との間に終身借家契約が交わされる場合と，賃料の設定その他の賃貸条件が変わってくることになると思われる。

すなわち，夫婦が揃って共同賃借人になる場合には，一括前払いで賃料等を設定する場合には，後日返還等をすることを慮り賃料の算定の基礎を明示しなければならないこととされているが（高齢者住まい54条6号），先に死亡するであろう夫の平均余命（仮に15年とする）に至るまでの期間を算定の根拠とするわけにはいかず，最後まで残存すると予想される共同賃借人である妻の平均余命（仮に23年とする）に至るまでの期間のほうを基準としなければならなくなるからである。前述〔12〕(2)の計算に従えば，まず年間家賃100万円×23年間の2300万円と長生きリスク分担金の300万円を基準として，次いで共同賃借であることを考慮して①2300万円＋αとし，②300万円＋βとすることになろう。筆者としては，αはかなり小さくてもよいが，βは300万円以内の相応の金額（例えば，150万円前後）となるのではないかと考えている。

(b) 期間付死亡時終了建物賃貸借契約の場合についても，共同賃借人方式で行うことが可能である（高齢者すまい57条）。

(c) また，仮入居する場合にも，共同賃借人の形式で行うことが可能である（高齢者住まい54条3号）。

(d) このような共同賃借人がいた場合に，その共同賃借人のうちの1人に同居者がいた場合には，その同居配偶者などの保護についても単独の借家人の同居配偶者などの保護と同様に考えることになる（高齢者住まい62条1項・2項）（ただし，「仮入居」の場合には，同居配偶者の保護はない）。

例えば，60歳以上の兄弟が共同賃借人として終身借家契約を結んでいた場合に，兄弟の一方にのみ同居している配偶者が存在したようなケースである。

その場合に兄が死亡したときは，残された兄の妻に同居者としての居住の保護が与えられることになる（前述〔10〕参照）。

〔16〕 契約類型について

特に賃料の支払方法については，
① 全額を一括して前払いする場合，
② 賃料の総額を決定した上で分割払いとする場合，
③ 一部の賃料を前払いとし，残りの賃料を分割払いとする場合

などの3つの類型が主に考えられると思われる。

そこで，国土交通省では，このような3類型に従った3通りの標準契約書を作成して終身借家権についての普及促進に努めることにしている（平成13年3月から国土交通省の終身建物賃貸借検討委員会において標準契約書の策定が検討され，筆者も委員の1人として，契約書の策定に参画した）。

上記のうち，①と③の場合に前払賃料の返還の問題が生じる（前述〔12〕(2)など）。

また，②と③の場合に，月払賃料等について賃料増減請求権の排除の有無で異なる類型が生ずることになる。

〔17〕 サービス付き高齢者向け住宅について

(1) 高齢者住まい法の改正

平成13年に，高齢者の居住の安定確保に関する法律が制定され高齢者円滑入居賃貸住宅制度（高円賃）が発足し，その後，高齢者専用賃貸住宅制度（高専賃）や高齢者向け優先賃貸住宅制度（高優賃）等の追加の改正がなされたが，平成23年4月に，サービス付き高齢者向け住宅制度が創設された。

高齢者向けの住宅制度については，少子高齢化社会の到来に対し，わが国においてはバリアフリー住宅の普及が欧米諸各国に比べて著しく劣っていること，また，従来の高齢者向け住宅制度には医療・介護事業者との連携が不足していること，行政の指導・監督が不十分であること，などの問題点があったので，

それらの点を修正するため，上記の高円賃，高専賃及び高優賃などの制度はすべて廃止し，平成23年4月の改正以降は，すべて「サービス付き高齢者向け住宅」に一本化された（詳細につき，吉田修平法律事務所編著『Q&Aサービス付き高齢者向け住宅のすべて』（金融財政事情研究会，2011年）参照）。

(2) サービス付き高齢者向け住宅制度の概要

　サービス付き高齢者向け住宅とは，主に60歳以上の高齢者のためにバリアフリーなどの一定の要件を満たした住宅につき，広く高齢者の入居を促進する仕組みであるが，単身又は夫婦のみの高齢者世帯が増加したことに鑑み，単なる賃貸借契約を締結するだけではなく，さらに，安否確認及び生活相談サービスというサービス提供契約をも締結することを要件とし，登録をすることにより，予算面，税制面及び融資面において国などからの支援を受けられるという制度である。

　これにより，高齢者向け住宅のさらなる普及・促進が期待されるところであるが，この賃貸借契約は，普通借家契約，定期借家契約及び終身借家契約のいずれにより行うことでもかまわないものとされている（平成23年4月の改正のポイントなどにつき，吉田事務所編著・前掲114頁以下．また，支援措置については同137頁以下．また，入居契約のポイントについては同152頁以下参照）。

　しかし，高齢者に対し，「サービス付き高齢者向け住宅」として「終（つい）の住み家」を提供するためには，平成13年の高齢者住まい法の制定に伴い創設された終身借家権が最もふさわしいものである（なお，国土交通省より「サービス付き高齢者向け住宅の参考とすべき入居契約」が示されているが，筆者もその作成に参画した）。

◆

■第3編

契約中の紛争処理

第1章

借地に関する紛争とその処理

第1節 総　説

〔1〕 借地契約中の紛争類型

　借地契約中に生じる借地権設定者と借地権者間の主要な紛争には，地代等の増減をめぐる紛争，借地上建物の（いわゆる建替えを含む）増改築の可否をめぐる紛争，借地契約上の地位（借地権設定者たる地位若しくは借地権者たる地位）の相続若しくは譲渡又は土地の転貸の可否やその効果をめぐる紛争，地代等の不払いや土地の用法違反等による借地権者の債務不履行の有無やその効果をめぐる紛争，借地契約終了（借地権の消滅）の有無をめぐる紛争など，さまざまなものがある。

　本章では，これらの紛争をいくつかの類型に分け，それぞれの一般的な処理（解決）方法について解説する。なお，借地契約中における無断増改築，無断賃借権譲渡，地代等不払い等を理由として借地契約が解除された場合には，さらに建物収去土地明渡請求，その実現のための訴訟，そして強制執行と続くことになるが，本章では（解除の可否等は論ずるものの）解除後の処理については言及しない。また，借地権設定者と借地権者間の，いわゆる等価交換，借地上建物及び借地権の借地権設定者への売買，借地契約の合意解除等，合意による借地関係の解消に関する問題も（紛争というよりは，交渉ごとの問題であるから）本章では扱わない。

〔2〕　紛争処理の態様

　民事紛争の処理（解決）方法としての（広い意味での）裁判手続には，訴訟，調停，民事保全，民事執行等の諸手続があるが，借地紛争の処理として最も特徴的なものは，いわゆる借地非訟事件手続である。すなわち，借地条件の変更，増改築許可，土地賃借権の譲渡又は土地の転貸についての許可等に関しては借地非訟事件手続によることとされている。本章では，借地条件変更の裁判に関する説明（第3節）において借地非訟事件手続全般についてその概要を説明し，他の借地非訟事件については同手続全般に共通する説明は省くこととする。
　このほか，借地紛争処理に独特のものとしては，地代等増減請求事件について，いわゆる調停前置主義がとられていることである（これに関しては，次節で説明する）。

第2節　地代等の増減請求

〔1〕　はじめに

　地上権に基づく土地使用の対価としての地代（民266条1項。なお，地上権は地代の授受を要件としない）又は土地賃貸借に基づく土地使用の対価としての賃料（民601条・614条等。借地借家法11条は，平成16年改正前の民法609条ないし611条，613条，614条にならって「借賃」とよんでいる。以下，地代又は土地の賃料を，借地借家法11条1項にならい，「地代等」という）の増額又は減額をめぐる紛争は，借地関係において最も頻繁に生じる紛争である。裁判外で協議が調うことが最も望ましいが，調停ないし訴訟で解決を図る場合には，双方に深刻な感情的対立が生じ，調停や訴訟上の和解が容易に成立せず，解決までの手続が長期化する傾向がみられる。
　また，調停や訴訟による解決には（解決によって得られる経済的利益との比較において），弁護士費用や鑑定費用等を含めて相当の費用を要し，また，解決まで相当の期間を要することもあってか，地代等の増額又は減額の請求をした当

事者が裁判手続をとらないために，何年もの間，いわば宙ぶらりのまま放置されていることも珍しくない。借地非訟事件手続類似の，簡易迅速な解決手続の創設が強く望まれるところである。

なお，かつては，借地権設定者による地代等の増額請求がもっぱらであったが，いわゆるバブル経済崩壊後は，大幅な地価の下落に伴い，借地権者による地代等の減額請求も多くみられるようになってきていた。近年は，（特に首都圏では）地価の上昇に伴い，また，増額請求が多くなっている。

〔2〕 地代等増減請求権

(1) 地代等増減に関する特約の効力
(a) 増額しない特約
　一定の期間，地代等の増額をしない旨の特約があるときはその定めに従うものとされている（借地借家11条1項ただし書）。

　借地借家法は，借地利用の安定を図るという借地法の思想を受け継ぎ，全般的に，借地権者（ないし転借地権者）に不利な特約はこれを排除することとしているが（片面的強行規定——借地借家9条・16条・21条参照），一定期間，地代等を増額しない特約は借地権者に不利でないことは明らかであるので，これを許すことにしたものである。

　地代等の増額をしないことを約した期間中に，土地にかかる租税その他の公課の増加，土地の価格の上昇その他経済事情の変動により，又は近傍類似の土地の地代等に比較して地代等が不相当となったとき（借地借家11条1項本文参照）であっても，借地権設定者は地代等の増額を請求することができないし，たとえ増額請求をしたとしても法的効力を生じない。もっとも，借地権者が任意に増額請求に応じることは問題ない。

(b) 減額しない特約
　一定期間，地代等の減額をしない特約は無効である（借地借家法11条1項ただし書の反対解釈として明白である。前述した，借地権者に不利な特約を排除する借地借家法の思想の現れとみることができよう）。したがって，仮に減額しない特約がなされていたとしても，借地権者は地代等の減額を請求することができる。

(c) **自動改定特約**

　地代等を自動的に増額又は減額する特約（地代等自動改定特約）は、「その地代等改定基準が借地借家法11条1項の規定する経済事情の変動等を示す指標に基づく相当なものである場合」には、その効力が認められる（最判平15・6・12民集57巻6号595頁。なお、いずれも借地法12条に関する大阪地判昭62・4・16判時1286号119頁、東京地判平元・8・29判時1348号96頁、神戸地判平元・12・26判時1358号125頁、東京地判平6・11・28判時1544号73頁、建物の賃料に関する東京高判平9・6・5判タ940号280頁参照）。

　しかし、当初は効力が認められるべきであった地代等自動改定特約であっても、「その地代等改定基準を定めるに当たって基礎となっていた事情が失われることにより、同特約によって地代等の額を定めることが借地借家法11条1項の規定の趣旨に照らして不相当なものとなった場合」には、同特約の適用を争う当事者はもはや同特約に拘束されず、これを適用して地代等改定の効果が生ずるとすることはできず、このような事情の下においては、当事者は、後述する地代等増減請求権の行使を同特約によって妨げられない（前掲最判平15・6・12。ちなみに、同最判前に出た、具体的事例に則して自動改定特約の効力を否定した裁判例として、借地法12条に関する東京地判平3・3・29判時1391号152頁、建物の賃料に関する東京地判平9・1・31判タ952号220頁、東京地判平10・2・26判時1653号124頁などがある）。

　なお、例えば、2年ごとに従前の地代等の2％を増額又は減額するというような約定は、（このような約定を「地代等自動改定特約」と呼ぶかどうかはともかく、何らかの基準に従って地代等を自動的に改定するものではなく）単に将来の一定期間の地代等を定めたものにすぎないというべきであるから、借地借家法11条1項本文所定の事情により（その約定によって増額又は減額された）地代等が不相当となったときは、当事者は、やはり地代等の増額又は減額を請求できるというべきである。

(2) **地代等の増減請求をすることができる場合**

(a) **地代等増減請求権**

　一般の契約においては、当事者間でいったん定めた対価その他の契約条件を一方の意思で変更することは許されない。しかし、借地契約は（一時使用目的

の場合を別にすれば）相当長期間継続することが予定されており（借地借家3条・4条），その間に経済情勢の変動等により現行の地代等が不相当なものとなる事態が生じ得るが，契約締結時においてそのような将来の事態を確実に，かつ，具体的な金額として予測し，これを契約条件に組み込んだ内容の契約として締結することは困難である。そこで，当事者の公平を図るため，借地借家法は，地代等が，①土地に対する租税その他の公課の増減により不相当となったとき，②土地の価格の上昇若しくは低下その他の経済事情の変動により不相当となったとき，又は③近傍類似の土地の地代等に比較して不相当となったときは，契約の条件にかかわらず，当事者は，将来に向かって地代等の増減を請求することができるものとしている（借地借家11条1項本文。なお，地代等増減請求権に関するこの規定は，借地借家法22条ないし24条の定期借地権等にも，同法25条の一時使用目的の借地権にも適用される）。もっとも，このような事態となった場合にも，一定の期間地代等を増額しない特約があるときは増額請求をすることができないことは，前述のとおりである。

(b) **地代等増減請求権の根拠となる事情**

地代等の増減請求をすることができる場合として借地借家法11条1項本文が掲げる諸事情は，増減請求権行使の要件である。

まず，「土地に対する租税その他の公課の増減」とは，目的土地に対して課せられる固定資産税，都市計画税，地価税（租税特別措置法71条により平成10年以後，課税が停止されている）等の租税や，国や地方公共団体が課す分担金ないし負担金（市町村による下水道事業受益者負担金などがこれにあたる）や手数料等の負担をさす。

「土地の価格の上昇若しくは低下その他の経済事情の変動」のうち，「その他経済事情の変動」とは，土地以外の物価の上昇や低下，国民所得水準の上昇や低下，その他いわゆるインフレやデフレの進行状況など広範囲にわたる経済事情の変動をさす（なお，この部分は，借地借家法11条1項の前身ともいうべき借地法12条1項に明記されていなかった部分である）。

「近傍類似の土地の地代等との比較」は，目的土地の近隣における，土地の広さや形（地形），いわゆる道路づけ，駅からの遠近，繁華な場所か否か，建築規制の有無などの，地代等決定の要因となり得る諸条件が目的土地と似かよ

っている土地の地代等と目的土地の地代等の比較を意味する。

(c) **使用収益開始前の地代等増減請求**

地代等増減請求をすることができる前述の事情がある場合であっても，契約に基づく使用収益の開始前に地代等の増減請求をすることはできないとするのが判例である（建物賃貸借に関する最判平15・10・21判時1844号50頁）。

〔3〕 地代等増減請求の効果

(1) **請求の不遡及性**

地代等の増減請求は「将来に向かって」（借地借家11条1項本文）のみ効力を生じるものであって，たとえ過去に授受した地代等が不相当なものであったとしても，過去に遡って増額又は減額を請求することは許されない。

もっとも，当事者間の合意によって，過去の一定時期からの地代等を一定額，増額又は減額することとしてその清算をすることは，さしつかえない（ただし，そのような処理は，当事者間の一種の和解であって，同項本文による地代等増減請求の法的効果とみることはできない）。

地代等増減請求の効果は，その請求をした時（増減請求の意思表示が相手方に到達した日。民97条1項）から生じるが（借家法7条に関する最判昭45・6・4民集24巻6号482頁），請求の時点よりも先の一定の時期からの増減を請求すること（例えば，令和2年6月18日到達の書面をもって同年7月1日以降の地代等の増額を請求すること）も当然に許される（計算上の簡便性から，実際上も，そのような増減請求をする場合のほうが，むしろ多い）。

(2) **形成的効力**

地代等が不相当となったときは，地代等増減請求によって当然に地代等の増減が生じる。すなわち，地代等増減請求権は形成権である（地代等増減請求権の実務的な価値は，まさにこの点にあるといえる）。

もっとも，このことは，一方が請求した増額又は減額にかかる具体的な金額がそのまま確定することを意味するものではない。例えば，借地権設定者が従前の賃料月額5万円を月額10万円に増額する旨の請求をした場合に，当然に月額賃料が10万円に改定されるわけではない。あくまで，前述の諸事情によ

り「不相当となった」という要件を充たす限りにおいて，すなわち，相当とする額（適正額）の限度で増額請求の効果を生ずるにすぎない。例えば，前記の例で，月額10万円に増額請求をした時点における相当の賃料額が月額8万円であれば，増額請求時（又は，増額請求にかかる将来の一定時期）から月額8万円に改定されるだけである。

しかしながら，相当額がいくらであるのかは，当事者双方にとって容易に判断できることではないので，増減請求を受けた相手方はその法的効果を争うことができ，最終的には裁判の確定によって決まることとなる。

地代等の増額又は減額を正当とする裁判が確定した場合（判決が確定した場合に限らず，確定判決と同様の効力が生ずることとなる，調停や裁判上の和解が成立し，調書に記載された場合などを含む）には，その効果は増減請求時に遡る。すなわち，増減請求をした時点から裁判で確定した金額の地代等であったこととなる（もっとも，調停や和解において，増減請求時よりも後の一時時期から増額又は減額の効果を生じさせる合意をすることも珍しくない）。

(3) **裁判確定までの支払額**
(a) **増額請求がされた場合**

地代等の増額について当事者間に協議が調わないときは，その請求を受けた者は，増額を正当とする裁判が確定するまでは，「相当と認める額」の地代等を支払うことをもって足りる（借地借家11条2項本文）。

ここにいう「相当と認める額」は，客観的に適正な額ではなく，借地権者が主観的に相当と認める額である（目的土地にかかる公租公課を下回る金額は，客観的には適正額とはいえないが，借地権者がそのことを知らない場合には「相当と認める額」となり得る。最判平5・2・18判時1456号96頁）。したがって，借地権者が相当地代等として支払った地代等が後日裁判で確定した額よりも低額であったとしても，その支払は「本旨弁済」（民493条本文）であり，借地権者が債務不履行責任を負うことはない。なお，借地権者が増額請求にかかる金額に満たない地代等を提供した場合に，借地権設定者がこれを地代等の「内金」ないし「一部」として受領しようとする例が多く見られるが，借地権設定者の受領拒絶（民413条・494条1項1号）にあたるというべきである（東京高判昭61・1・29判時1183号88頁，東京地判平5・4・20判時1483号59頁ほか）。したがって，その場合に

は，借地権者は，「相当と認める額」の地代等を供託することができる（民494条1項1号）。

そして，一般には，借地権者が従前の地代等の金額を支払っている場合には相当の地代等を支払っているものと解することができるが，借地権者が，増額請求された額に満たない額を地代等として支払う場合において，従前の地代等の額を主観的に相当と認めていないときは，従前の地代等の額と同額を支払っても，同項本文にいう「相当と認める額」を支払ったことにはならない（債務不履行となる）。のみならず，借地権者が自らの支払額が目的土地にかかる公租公課の額を下回ることを知っていたときには，たとえ借地権者が上記支払額を主観的に相当と認めていたとしても，特段の事情のない限り，債務の本旨に従った履行をしたとはいえず，やはり債務不履行となる（最判平8・7・12民集50巻7号1876頁）。

(b) **減額請求がされた場合**

地代等の減額について当事者間に協議が調わないときは，その請求を受けた者は，減額を正当とする裁判が確定するまでは，相当と認める額の地代等の支払を請求することができる（借地借家11条3項本文）。

ここにいう「相当と認める額」は，借地権設定者が主観的に相当と認める額であるが，それが社会通念上著しく合理性を欠く場合には「相当と認める額」とはいえない（いずれも建物の賃料に関する東京地判平6・10・20判時1559号61頁，東京地判平10・5・28判時1663号112頁参照）。一般的には，従前の地代等の額は「相当と認める額」ということができるし，借地権設定者が格別の意思表示をしない限り，黙示的に従前額を請求しているものと解することができよう（したがって，借地権者は，借地権設定者の別段の意思表示がない限り，従前額を支払うべき義務がある）。

(4) **裁判確定後の地代等清算**

(a) **増額請求がされた場合**

地代等の増額請求がされた場合，前述のとおりその効果は請求時に生じることとなるので，増額を正当とする裁判が確定した場合において，増額請求時以降に支払った額が正当とされた額に不足するときは，その不足分は本来は債務者である借地権者の債務不履行といえなくもない。しかし，増額を正当とする

裁判が確定して初めて「不足額」が判明するのであるから，それまでの不足額を債務不履行と評価するのは不都合である。そこで借地借家法は，前述のとおり，「相当と認める額」の地代等を支払っておけば足りる，すなわち債務不履行とはならないこととする一方，当事者の利害を調整し，公平を図るために，この不足額に年１割の割合による支払期後の利息を付してこれを支払わなければならないこととした（借地借家11条２項ただし書。「年１割」という利率は借地法12条２項但書を踏襲したものであるが，"低金利時代"の今日，民法404条の改正により法定利率が「年５分」から「年３％」に引き下げられたことをも考えあわせると，立法論として適切かどうかは疑問なしとしない）。

確定判決と同一の効力を有することとなる調停や裁判上の和解が成立した場合も，別段の定めがない場合には上記のとおり不足額に年１割の利息を付して支払わなければならないが，このような利息を授受しない内容の調停ないし裁判上の和解がなされることも少なくない。

(b) **減額請求がされた場合**

地代等の減額請求がされた場合において，減額を正当とする裁判が確定した場合，すでに支払を受けた額が正当とされた地代等の額を超えるときは，その超過額に年１割の割合による受領の時からの利息を付してこれを返還しなければならない（借地借家11条３項ただし書）。その趣旨は，増額請求の場合について前述したことと同じである（なお，減額請求をした借地権者の支払った額が，裁判で正当とする額に不足する場合については，建物の賃料に関する東京高判平10・１・20判タ989号114頁，本編第２章第２節〔４〕参照）。

〔４〕 地代等増減請求についての裁判手続

(1) **調停前置主義の採用**

(a) 地代等増減請求事件は，継続的，長期的な借地関係の中で問題となるものであるから，なるべく円満なかたちで解決することが望ましいこと，問題となっている金額が比較的少額であるのに相当の時間と費用を要する訴訟によって解決するのは不経済であること，などの理由から，借地借家法制定の際，民事調停法の一部改正により，いわゆる調停前置主義が採用され，借地借家法施

行（平成4年8月1日）と同時に改正法が施行された（もっとも，民事調停法改正前から東京地裁などでは，原則的に，地代等増減請求訴訟を職権で調停に付する取扱いをしていたようである）。

　しかし，多くの場合，裁判外における当事者間の協議が調わなかったからこそ，やむなく裁判手続を選択しているものであり，また，長い交渉過程で当事者双方が感情的になっていることも多く，せっかくの（不動産鑑定士などの）専門家調停委員の助言，説得にもかかわらず，調停が成立せず，訴訟に移行する場合も少なくない（そうなると，結果的には，調停手続に費やした時間と労力が無駄に終わったこととなる）。また，調停で解決した場合のほうが判決で解決した場合よりも当事者の円満な関係を続けることができるともいい難い。立法論としては，調停を申し立てるか，いきなり訴訟を提起するかは当事者の選択に任せるべきである。

　(b)　地代等増減請求事件について訴えを提起しようとする者は，まず調停の申立てをしなければならない（民調24条の2第1項）。

　地代等増減請求事件について，調停の申立てをすることなく訴えを提起した場合には，受訴裁判所は，その事件を調停に付さなければならない（同条2項本文）。ただし，受訴裁判所が事件を調停に付することを適当でないと認めるとき（例えば，目的たる土地の範囲について大きな争いがある場合や，原告の減額請求訴訟において被告から地代等不払いによる借地契約解除を理由とする土地明渡請求の反訴が提起される見込みがある場合などがこれにあたるだろう）は，事件を調停に付す必要はない（同項ただし書）。

(2)　調停手続の概要

　調停手続についての一般的な解説は本稿の目的とするところではないので，地代等増減調停事件に特有の実務的な取扱いについてだけ述べることとする。

　地代等増減に関する調停事件は，「宅地又は建物の貸借その他の利用関係の紛争に関する調停事件」（宅地建物調停事件）として，「紛争の目的である宅地若しくは建物の所在地を管轄する簡易裁判所又は当事者が合意で定めるその所在地を管轄する地方裁判所」で行われる（民調24条）。

　通常，調停事件は，調停主任1人（裁判官又は，弁護士から任命される民事調停官。民調7条1項・23条の2）と調停委員2人以上で構成する調停委員会（民調5

条1項本文・6条）によって行われるが，地代等増減調停事件における民事調停委員には，弁護士1人と不動産鑑定士1人が指定される場合が多い。

調停委員会は，職権で，事実の調査をし，必要であると認める証拠調べをすることができるが（民調12条の7第1項），厳格な意味での職権調査や証拠調べをすることはあまりなく，当事者の提出した資料（土地にかかる固定資産税額及び都市計画税を示す納税通知書，路線価図，近隣の地代等を示す借地契約書など）に基づいて，当事者に助言をしたり，当事者を説得したりすることが多い（調停委員会が，それなりの根拠を示して，双方に具体的な金額を提示した場合には，その金額で合意に至ることが多いように思われるが，単に双方に「歩み寄り」を促すだけの場合には，容易には合意に至らないことが多い）。調停委員会は目的土地を直接，検分すること（いわゆる現地調停）もできるが，実際にはあまり行われてはいない。

また，当事者の申立てにより，（裁判所の指定する）不動産鑑定士に地代等の適正額について鑑定を嘱託することもある（もっとも，双方が，鑑定の結果に従う旨の，事実上の「合意」をした場合のほかは，ほとんど行われていないようである）。

調停において当事者間に合意が成立したときは，その内容が調書に記載されるが，これによって調停が成立したものとされ，その記載が裁判上の和解と同一の効力を有することとなる（民調16条）。そのことは，他の一般の民事調停の場合と変わらない。

(3) **調停に代わる決定**

地代等増減調停事件に限らず，裁判所は，調停委員会の調停が成立する見込みがない場合において相当であると認めるときは，当該調停委員会を組織する民事調停委員の意見を聴き，当事者双方のために衡平に考慮し，一切の事情を見て，職権で，当事者双方の申立ての趣旨に反しない限度で，事件の解決のために必要な決定（いわゆる17条決定）をすることができる（民調17条）。

地代等について鑑定がなされたような場合には上記17条決定がなされることが少なくない。

17条決定に対して，当事者又は利害関係人が，その決定の告知を受けた日から2週間以内に異議の申立てをしたときは，同決定はその効力を失う（民調18条1項・4項）。同期間内に異議の申立てがないときは，同決定は裁判上の和解と同一の効力を有する（同条5項）。これらの点も，他の一般の民事調停事件

と変わらない。

　(4) **調停条項裁定**
　地代等増減調停事件に特有の制度として，前記調停前置主義（民調24条の2）採用時に創設された，調停条項裁定制度がある。
　すなわち，地代等増減調停事件において，当事者間に合意が成立する見込みがない場合又は成立した合意が相当でないと認める場合において，当事者間に，当該調停申立て後にされた「調停委員会の定める調停条項に服する旨の書面による合意」があるときは，調停委員会は，申立てにより，事件の解決のために適当な調停条項を定めることができる（民調24条の3第1項）。この規定に基づき調停委員会が適当な調停条項を定めたときは，これが調書に記載されるが，これによって調停が成立したものとみなされ，その記載は裁判上の和解と同一の効力を有するものとなる（同条2項）。
　しかし，実際上，当事者間に前記書面合意がなされることは少なく，この制度はあまり活用されてはいないようである。
　(5) **訴　　訟**
　(a) 地代等増減請求事件について調停申立てをすることなく訴えを提起した場合に受訴裁判所がその事件を調停に付さなかったとき（民調24条の2第2項ただし書）は，そのまま訴訟手続が進められる。地代等増減請求事件について調停申立てをした場合に，調停が成立せず，17条決定も調停条項裁定（民調24条の3）もされずに終了したとき又は17条決定に対して異議申立てがされたときは，あくまで地代等の増額又は減額を裁判上確定させたいと望む当事者は訴えを提起するほかない。
　(b) 訴訟の形式としては，増額にかかる地代等の支払を請求する旨の給付訴訟である場合もあるが，近時は，請求の趣旨を「令和○年○月○日以降の賃料が月額○万円であることを確認する。」というような内容とする確認訴訟が多い。
　(c) 地代等の増額又は減額を求める当事者は，従前の地代等が「土地に対する租税その他の公課の増減により，土地の価格の上昇若しくは低下その他の経済事情の変動により，又は近傍類似の土地の地代等に比較して不相当となった」（借地借家11条1項本文）ことを主張・立証しなければならない。

地代等増額請求事件においては，原則として，直近合意賃料が合意された時（直近合意時）から地代等増減請求時までの経済事情の変動等を考慮してその当否が判断されることになる（最判平20・2・29判時2003号51頁参照）。なお，被告は「一定の期間地代等を増額しない旨の特約」（同項ただし書）の存在を抗弁とすることができる。

地代等増減請求事件においては，（多くの場合，当事者の一方又は双方の申出による）不動産鑑定士による鑑定が大きな役割を果たすことが多い（調停段階で鑑定がなされている場合には，その意見書が書証として提出され，新たな鑑定がされないこともある）。

最終的には，裁判所が証拠に基づいて判決を言い渡すことになるが，他の一般民事事件と同様，判決に至る前に裁判上の和解が成立することも多い（和解が成立したときは調書に記載されるが，その記載に確定判決と同一の効力がある（民訴267条）ことは他の訴訟事件の場合と同様である。なお，当事者の，和解条項に服する旨の書面による共同の申立て（民訴265条2項）があるときは，裁判所は適当な和解条項を定めることができ（同条1項），その定めが当事者双方に告知されたときは当事者間に和解が調ったものとみなされるが（同条5項），この制度は，現在のところ，あまり活用されてはいない）。

(d) 地代等増減確認訴訟の確定判決の既判力は，原告が特定の期間の賃料額について確認を求めていると認められる特段の事情のない限り，前提である地代等請求の効果が生じた時点の地代等額にかかる判断について生ずる（建物の賃料に関する最判平26・9・25民集68巻7号661頁参照）。

第3節　借地条件の変更

〔1〕　土地の利用と借地条件

(1) 借地条件の意義

「借地条件」は，広い意味では，借地権の存続期間，借地上建物の種類・構造・規模・用途，借地上建物の増改築の可否，地代等（地代又は賃料）の額・支払方法，借地権譲渡の可否，土地転貸の可否等々を含む，借地契約（建物所

有を目的とする，地上権設定契約又は土地賃貸借契約）の一切の条件（内容）をいう。

　これらの条件の多くは，借地契約締結の際又は借地契約存続中に，当事者間の合意によって定められるものであるが，借地権の存続期間（借地借家3条・4条）等，当事者間の有効な合意がないために法令又は裁判所によって定められるものもある（ちなみに民法388条若しくは民事執行法81条による法定地上権又は仮登記担保契約に関する法律10条による法定借地権（賃借権）では，当事者の契約締結行為がないので，借地権発生後に当事者間で格別の合意をしない限り，借地条件は法令又は裁判所によって定められることとなる）。

(2) **借地条件の有効性とその限界**

(a) いわゆる「契約自由の原則」（民521条）は借地契約にも適用されるが，建物所有のために土地の安定した利用を図るという社会的目的を有する借地借家法（旧借地法も同じ）では，その規定に反する特約で借地権者又は転借地権者に不利なものが無効とされる，片面的強行規定が多く設けられている（借地借家9条・16条・21条，借地11条）。

(b) 土地の利用に関しては，借地上建物の種類等や増改築を制限する借地条件の有効性が問題となる。借地契約が建物の所有を目的としているものである以上，（建築基準法等の公法上の制約の下で）借地権者（又は転借地権者。以下，特に断らない限り，転借地権者についても同じ）がどのような建物を築造しようと，それをどのように変更しようと，本来は自由である。しかし，これらは土地の利用方法に大いに影響のあることであるから，当事者間の特約によりこれらを制限することも，一般には，許される。

　特に，借地法下では，堅固な建物の所有を目的とする借地権（以下「堅固建物借地権」という）とその他の建物（非堅固建物。普通建物）の所有を目的とする借地権（以下「非堅固建物借地権」という）は存続期間を異にしていたので（借地2条1項本文・2項・5条1項・7条本文），借地権がどちらの建物の所有を目的とするものであるかは重要な意味があった（当事者間で建物の種類及び構造を定めなかったときは，非堅固建物借地権とみなされた。借地3条）。借地借家法は，堅固建物借地権であるか非堅固建物借地権であるかでその存続期間を区別していないが（借地借家3条本文・4条本文・7条1項本文参照），建物の構造等を制限することが許されなくなったわけでない。そのことは，同法17条1項が「建物の

種類，構造，規模又は用途を制限する旨の借地条件がある場合」を前提としていることからも明らかである。

また，借地上建物を非堅固建物に限定している場合その他建物の種類，構造若しくは規模を制限する借地条件がある場合においても，その範囲内で借地権者が建物の増改築をすることは，本来，自由である。しかし，これも，土地の利用方法に影響のあることであり，当事者間でこれを制限する特約をすることも許される（これについては，借地法下でかつて議論があったが，借地法の一部改正により「増改築ヲ制限スル旨ノ借地条件」を前提とする同法8条ノ2第2項が定められたことにより，そのような特約の有効性が立法的に確認されたといえる。借地借家法17条2項もこれを踏襲している）。

もっとも，建物の維持，保全のためにする建物の通常の修繕（実際上，「増改築」との区別が困難な場合も少なくない）を禁止する特約や，借地権設定者の承諾がなければ，釘1本打ってはならない，瓦1枚取り替えてはならないというような，著しく借地権者の権利を制限するような特約は，借地借家法の立法趣旨に鑑み，それ自体無効というべきである（東京地判昭47・5・31判時681号55頁参照）。

(3) 「建物の種類，構造，規模又は用途を制限する旨の借地条件」と「増改築を制限する旨の借地条件」の関係

借地借家法17条は，「建物の種類，構造，規模又は用途を制限する旨の借地条件」を変更する裁判（同条1項）と「増改築を制限する旨の借地条件」がある場合における増改築許可の裁判（同条2項）とを区別して規定している。前者の借地条件は，どのような建物を建てることができるか，又はその建物をどのように利用できるかという，いわば大枠を定めた，やや抽象的な条件であるのに対し，後者の借地条件は，そのような大枠の中で築造された建物の物理的な変更に関する，より具体的な条件である（齋藤大巳「借地条件変更の要件と付随処分」塩崎勤＝澤野順彦編『裁判実務大系(23)借地借家法』223頁（225頁））。

増改築については，次節で詳述する。

〔2〕 借地条件の違反

(1) 条件違反の有無
 (a) 有効な借地条件がある場合において，借地権者がそれに違反した場合には，それが債務不履行にあたることはもちろんである。しかし，それを理由とする解除が許されるかどうかは，別問題である（これについては後述する）。
 (b) 非堅固建物借地権である場合において，無断で堅固建物を築造することは（特に，条件変更の裁判に関する借地法8条ノ2第1項が施行された昭和41年7月1日以降は）重大な債務不履行となる場合が多いと思われる。
 逆に，堅固建物借地権である場合において，非堅固建物を築造することは（堅固建物を必要とするような特段の事情のある場合を別として）条件違反（債務不履行）にはあたらない。堅固建物所有の許容は，非堅固建物所有に限る旨の制限を除去したものであり，また，堅固建物借地権である場合に非堅固建物を築造することは（その逆の場合と異なり），建物解体の容易性などから，一般に借地権設定者に不利益となるものではないからである。

(2) 条件違反を理由とする解除の可否
 条件違反が債務不履行となることは前述のとおりであるが，借地権者に条件違反（債務不履行）があったとしても，それが借地権設定者との信頼関係を破壊するおそれがないとき，又は信頼関係を破壊したと認めるに足りない特段の事情のあるときは，借地権設定者による解除は許されない（無断増改築に関する最判昭41・4・21民集20巻4号720頁参照）。
 前述のとおり，非堅固建物借地権である場合に無断で堅固建物を築造することは，一般には，重大な債務不履行にあたり，解除が許される場合が多いと思われるが，常に解除が許されるというわけではない（借地法8条ノ2第1項施行前における——旧防火地域内借地権処理法の下で——無断堅固建物築造の事案について解除を認めなかった東京高判昭39・7・13下民集15巻7号1747頁，高松高判昭47・10・31下民集23巻9〜12号586頁がある）。建物の種類や規模を制限する旨の条件の違反についても，同様に解することができよう。
 これらに対して，建物の用途を制限する旨の条件（例えば，居住用に限るとし

たり，自己使用に限り第三者に建物を使用させないとするような条件）については，その違反による背信性が低いとして解除が許されない場合も少なくないだろう。

〔3〕 条件変更の合意

　当事者間の合意により従前の借地条件を変更することは，（変更後の借地条件が借地借家法の立法趣旨に反し，借地権者の土地利用を不当に制限するものとして，無効とされる場合を別にすれば）何ら問題はない（借地権者の要望に基づく条件変更の場合には，借地権者から借地権設定者に対し，「承諾料」等の名目で，相応の金員が支払われることが多い）。

　条件変更の合意に至らないとき（協議が調わないとき）であっても，「建物の種類，構造，規模又は用途を制限する旨の借地条件」に関しては，裁判所に，借地条件の変更を求めることができる。

〔4〕 借地条件変更の裁判

(1) 借地非訟事件手続の概要

　（いちいち引用しないが，本章の借地非訟事件手続に関する以下の記述は，市川太志「借地非訟事件の処理について」判タ967号（平10）4頁及び植垣勝裕編『借地非訟の実務』（平27）に負うところが大きい）

(a) **制度趣旨と対象事件**

　借地関係に特有の裁判手続として，借地非訟事件手続がある。借地紛争の防止，当事者の利害調整及び土地の合理的利用の促進を図るため，昭和41年，借地法の一部改正（同年7月1日施行）により創設され（借地8条ノ2・9条ノ3・9条ノ4・14条ノ2～14条ノ15），借地借家法に踏襲された制度である（借地借家17条ないし20条・41条ないし61条）。

　その対象となる事件は，①借地条件変更申立事件（借地借家17条1項・5項），②増改築許可申立事件（同条2項・5項），③更新後の再築許可申立事件（借地借家18条1項），④土地賃借権譲渡・転貸許可申立事件（借地借家19条1項・7項），

⑤競売又は公売に伴う土地賃借権譲受許可申立事件（借地借家20条1項・5項），及び⑥借地権設定者の建物及び土地賃借権譲受（若しくは転借）申立事件（借地借家19条3項・5項・7項・20条2項・5項）である。

これらの裁判手続には，借地借家法に特則があるものを除き，非訟事件手続法が適用される（借地借家42条1項参照。なお，新たな非訟事件手続法及び「非訟事件手続法及び家事事件手続法の施行に伴う関係法律の整備等に関する法律」が，平成23年5月25日に公布され，いずれも平成25年1月1日に施行された。これにより，借地借家法における借地非訟事件に関する規定が一部改正されたが，実際上の取扱いは，従前とほとんど変わらない）。したがって，職権調査主義（非訟49条。裁判所は職権で事実の調査をし，かつ，申立てにより又は職権で必要と認める証拠調べをしなければならず，当事者はこれに協力しなければならない）が採用されており，また，その審理は非公開で行われるが，裁判所は相当と認める者の傍聴を許すことができる（非訟30条）。

なお，非訟事件手続法及びその特則としての借地借家法41条以下に定めるもののほか，借地非訟事件に必要な事項が，最高裁判所規則としての借地非訟事件手続規則で定められている。

(b) 管　　轄

借地非訟事件は，借地権の目的たる土地の所在地を管轄する地方裁判所が管轄する（借地借家41条本文）。ただし，当事者の合意に基づき，その所在地を管轄する簡易裁判所が管轄することもできる（同条ただし書）。

(c) 手続代理人

借地非訟事件においては，法令により裁判上の行為をすることができる代理人のほか，弁護士でなければ手続代理人となることができない（借地借家44条1項本文）。ただし，簡易裁判所においては，許可を得て，弁護士でない者を手続代理人とすることができる（同条ただし書）。

(d) 申　立　て

借地非訟事件の申立ては，申立書を裁判所に提出してしなければならない（非訟43条1項，借地非訟規10条）。

一般には，裁判所が示す書式に従った申立書によっている。

なお，令和4年に成立した「民事訴訟等の一部を改正する法律」及び令和5

年に成立した「民事関係手続等における情報通信技術の活用等の推進を図るための関係法律の整備に関する法律」は，主として，いわゆる「デジタル化」に関するものであるが，当事者に対する住所，氏名等の全部又は一部を秘匿することが可能となった（借地借家61条。実際には，秘匿の必要性がある場合は少ないと思われる）。

　また，上記各法により「電子情報処理組織による申立て等」（改正後の借地借家51条。いわゆる，インターネットによる申立て等）が可能となったが，現時点では未施行であるので，これ以上触れないこととする。

(e) 審　理

　裁判所は，審問期日を開き，当事者の陳述を聴かなければならず（借地借家51条1項），当事者は他の当事者の審問に立ち会うことができる（同条2項）。実際には，同一の審問期日において当事者双方の立会いで手続が進められることが多い。

　事実の調査及び証拠調べ（非訟49条）については前述したとおりである。

　裁判所は，審理を終結するときは，審問期日においてその旨を宣言しなければならない（借地借家54条）。

(f) 鑑定委員会

　裁判所は，借地非訟事件の裁判をする前に，特に必要がないと認める場合を除き，鑑定委員会の意見を聴かなければならない（借地借家17条6項・18条3項・19条6項・20条2項）。実際には，多くの場合，鑑定委員会の意見に依拠した裁判（決定）がされているといっても過言ではない。

　鑑定委員会は，原則として，地方裁判所が特別の知識経験を有する者その他適当な者の中から毎年あらかじめ選任した者又は当事者が合意によって選定した者（実際は，ほとんどが前者）の中から裁判所が指定した（借地借家47条2項）3人以上の鑑定委員によって組織される（同条1項）。東京地裁（民事第22部）では，弁護士，不動産鑑定士各1名と，一級建築士の資格を有する者を含む一般有識者の1名，合計3名で構成されるのが通例である。

　なお，裁判所は，鑑定委員会に意見を求める前に，付随的裁判に関する当事者の陳述を聴かなければならないとされている（借地非訟規17条2項）。

(g) 和解及び調停

裁判所は，どの段階においても和解を試み（非訟65条1項，民訴89条），また事件を調停に付することができる（民調20条4項・1項）。和解又は調停における合意が成立したときは，それぞれ調書に記載されるが，和解調書の記載は確定した終局決定と同一の効力を有し（非訟65条2項），調停調書の記載は裁判上の和解と同一の効力を有する（したがってまた，確定判決と同一の効力を有するといえる。民調16条）。

鑑定委員会の意見が出された後，その資料（意見書）を参考として和解交渉がされ，裁判（決定）に至る前に和解成立に至ることも少なくない。実際上，借地非訟事件を調停に付する例は少ない。

(h) **裁判とその効力**

借地非訟事件の裁判は，決定をもってされる（非訟54条）。

裁判所は，借地条件変更等の申立てを認容する裁判において，一定の給付を命じることができるが（借地借家17条3項・18条1項後段・19条1項後段・20条1項後段），給付を命じる裁判は，確定すれば効力を生じ（借地借家55条2項），強制執行に関しては，裁判上の和解と同一の効力を有する（借地借家58条）。もっとも，借地条件変更申立て，増改築許可申立て等の事件では，「申立人が，この裁判確定の日から3ヵ月以内に，相手方に対して金〇〇万円を支払うことを条件として，申立人と相手方との間の別紙物件目録記載の土地についての賃貸借契約を，堅固な建物の所有を目的とするものに変更する。」というような主文例に見られるとおり，財産上の給付を，認容の効力発生の条件とすることが多く，この場合には，その給付がなされない限り，認容された条件変更等の効力が生じないこととなる（したがって，その場合の財産給付は債務名義とはならない）。

なお，借地権者の申立てによる土地賃借権の譲渡又は土地転貸許可の裁判は，その効力を生じた後，（原則として）6ヵ月以内に借地権者が建物の譲渡をしないときは，その効力を失う（借地借家59条本文）。ただし，この期間は，その裁判において伸長し，又は短縮することができる（同条ただし書）。

(i) **即時抗告**

借地非訟事件の裁判（決定）は，確定しなければその効力を生じないが（借地借家55条2項），この裁判（いわゆる付随的裁判を含むことはもちろんである）に対しては，その告知を受けた日から2週間（不変期間）以内に，即時抗告をする

ことができる（非訟66条・67条）。

(2) 借地条件変更の裁判制度の沿革と意義

借地法は，借地権の存続期間に関して堅固建物借地権と非堅固建物借地権を区別していたが（借地2条・5条・7条），後者を原則的なものとしていた（借地3条参照）。そして，同法制定時は，条件変更に関する格別の規定が置かれていなかったために，非堅固建物借地権である場合には，あくまで当事者間の（堅固建物借地権に変更する旨の）協議が調わない限り（換言すれば，借地権設定者の同意ないし承諾を得られない限り），堅固建物の築造は許されなかった。ところが，目的土地を含む一帯が防火地域に指定されたような場合には（後述するとおり，堅固建物の築造しか許されないというわけではないものの），堅固建物を築造するのが適切な場合が生じる。そこで，昭和2年に防火地域内借地権処理法が制定，施行（同年6月1日）され，政令で定められた同法施行地域内では，防火地域内で建築基準法で定められた建物以外の建物の所有を目的とする借地権である場合には，当事者の申立てにより裁判所が条件変更の裁判ができるものとされた。その後，周辺建物の高層化など，防火地域指定の場合に限らず，堅固建物の築造を合理的とする事情が生じてきたこともあって，同法の趣旨を拡張するかたちで，昭和41年に借地法の一部改正をして，広く，かつ，一般的に「防火地域ノ指定，附近ノ土地ノ利用状況ノ変化其ノ他ノ事情ノ変更ニ因リ現ニ借地権ヲ設定スルニ於テハ堅固ノ建物ノ所有ヲ目的トスルコトヲ相当トスルニ至リタル場合」には（堅固建物借地権への）条件変更の裁判ができるものとされた（借地8条ノ2第1項。昭和41年7月1日施行。これに伴い，防火地域内借地権処理法は廃止された）。

借地借家法17条1項は，借地法8条ノ2第1項を，さらに拡張したものである。すなわち，後者（借地法）では，非堅固建物借地権を堅固建物借地権に条件変更する場合だけが条件変更の裁判の対象とされていたので，例えば建物の用途制限をした借地条件があるような場合において，その変更を相当とするときには，適切な対応ができないきらいがあった。そこで，借地借家法17条1項は，広く，「建物の種類，構造，規模又は用途を制限する旨の借地条件」がある場合に，その条件を変更する場合を条件変更の裁判の対象とすることとしたものである。

これによって，建物の構造に限らず，現状に適合する借地条件への変更が可能となった。

(3) **借地条件変更申立事件の当事者**
(a) 借地条件変更の裁判は「当事者の申立てにより」（借地借家17条1項）なされる。したがって，（転借地権が設定されている場合を別にすれば）その申立人となるのは借地権者又は借地権設定者であり，その相手方となるのは，当該借地契約の相手方である借地権設定者（借地権者が申立人となる場合）又は借地権者（借地権設定者が申立人となる場合）である。実際には，借地権者が借地権設定者を相手方として申し立てる場合がほとんどである。

借地権者が複数いる場合（すなわち，複数の者によって借地権が準共有されている場合）又は借地権設定者が複数いる場合には，それぞれ，借地権者又は借地権設定者の全員から借地権設定者又は借地権者の全員を相手方として申し立てなければならない。

(b) 転借地権が設定されている場合にも，基本的には，転借地権者又は借地権者（転借地権設定者）から，当該転借地契約の相手方である借地権者（転借地権者が申立人となる場合）又は転借地権者（借地権者が申立人となる場合）を相手方として申し立てることになるが，転借地権者と借地権者間で条件変更をしてもそれが原借地契約における借地条件で許容されないものであればほとんど意味をなさなくなるおそれがある。そこで，転借地権者が転借地権の条件変更を申し立てる場合には，必要があるときは，（原）借地権についても条件変更を申し立てることができる（借地借家17条5項。例えば，原借地契約は堅固建物借地権を設定したものであり，転借地契約は非堅固建物借地権を設定したものである場合において転借地権者が堅固建物を築造したいときは，転借地権者は転借地権についてのみ，堅固建物への条件変更を求めれば足りる。しかし，原借地契約も転借地契約も非堅固建物を設定したものである場合において，転借地権者が堅固建物を築造したいときは，借地権者（転借地権設定者）とともに，借地権設定者も相手方とする必要がある）。

(4) **申立ての趣旨**
申立てにおいて，どのような条件をどのような条件に変更することを求めるのかを明示すべきは当然である。

非堅固建物借地権から堅固建物借地権への条件変更申立ての場合に，予定し

ている堅固建物の内容を特定することは要件ではないが，実務上は，ある程度具体的な予定建物を主張し，条件変更相当性の判断に供している。

(5) **借地条件の存在（形式的要件）**

(a) 借地条件変更申立てが認容されるための，形式的要件は，まず，「建物の種類，構造，規模又は用途を制限する旨の借地条件」があることである（形式的要件としては，他に，当事者からの申立てがあること，借地権が存在すること等があるが，紙面の制約上，本稿では言及しない。なお，「当事者間に協議が調わないとき」が，いわゆる消極的要件であることについては植垣編・前掲書194頁，同頁引用の東京地決平9・8・11等参照）。「建物の種類，構造，規模又は用途」は，建物に関して何らかの制限がある場合の例示であって，これらの中のいずれを制限する条件であるかを明確に区別することが困難である場合も少なくないと思われるし，それを区別する実益もない（なお，建物に関しない借地条件は，本項による借地条件変更の裁判の対象とはならない）。あえて区別すれば，「建物の種類」は，居宅，店舗，倉庫など，建物の主たる用途からみた建物の種別である（不登44条1項3号，不登規113条1項参照）。「建物の構造」は，建物の主たる部分の構成材料，屋根の種類及び階数による種別であるが（不登44条1項3号，不登規114条），これについてはさらに後述する。「建物の規模」は，建物の高さ，階数，床面積等，建物の大きさによる種別である（この種別は，建物の構造による種別と重なる部分が多いと思われる）。

以上は，建物自体の種別であるが，「建物の用途」は，建物の用法に関するものであり，（例えば，建物の種類及び用途を「倉庫」とする場合のように）前記「建物の種類」と重なる場合もあるだろうが，重ならない場合もある（例えば，建物の種類を「居宅」として，第三者への賃貸を許さず，自家用としてのみ使用すべきこととしたり，建物の種類を「店舗」として，菓子店としてのみ使用すべきこととするような場合など）。

(b) **建物の構造**

借地法下で条件変更の裁判の対象とされた，非堅固建物借地権から堅固建物借地権への条件変更の裁判は，借地借家法施行後は同法17条1項の対象として処理されることになる。そして，現に存在する借地権の大部分がいわゆる旧借地権（借地借家法が施行された平成4年8月1日よりも前に設定された借地権）であ

り，借地借家法施行後も（借地権の存続期間には影響しないものの）建物の構造について制限することが許されることに鑑みると，今後とも，条件変更の裁判の主要なものは，非堅固建物借地権から堅固建物借地権への変更の裁判であろうと思われる（実際にも，これまでのところ，条件変更の裁判のほとんどは堅固建物借地権への変更の裁判のようである）。

「石造，土造，煉瓦造又ハ之ニ類スル堅固ノ建物」を堅固建物として例示し，それ以外の建物（非堅固建物）と区別していた借地法2条1項は，今後とも堅固建物か非堅固建物かを区別する基準となるが，「最近の建築技術や建築材料の進歩に伴い，新たな建築構造が普及したため借地法の例示では堅固建物と非堅固建物との区別を明確に示すことが困難となっている」（市川・前掲19頁）ので，結局は，「建物の物理的外力（地震，風雪，積載重量，自重等が建物を物理的に侵害する力）及び化学的外力（空気中の酸やガス，雨水，土中の酸類等が建物を化学的に侵害する力）に対する抵抗力の面からみた建物の耐久性を中心に，堅牢性，耐久性及び建物の解体除去の難易性等を加味して判定するのが相当」（植垣編・前掲書173頁）とされている。

今日，堅固建物の典型例は鉄骨鉄筋コンクリート造りの，中高層ビルないしマンションであろう。非堅固建物の典型例は木造建物である。軽量鉄骨造り（いわゆるプレハブ建築やヘーベル建築はこれにあたるだろう）は，多くの裁判例で非堅固建物と判断されている（東京高判昭59・12・27判時1158号203頁，その他，市川・前掲書20頁以下引用の裁判例参照）。重量鉄骨造りは堅固建物に該当する場合が多いと思われるが，ボルト締めの組立式で，解体が容易なもの（工場や倉庫などに多い）は非堅固建物にあたる（最判昭48・10・5民集27巻9号1081頁，東京高判昭51・3・15判時824号72頁参照）。

近年，比較的薄い鋼板を（切断面が）L字型，コの字型又は方形に折り曲げて柱や梁として組み立てて躯体とする「スチールハウス」などと呼ばれる建物が出現しているが，堅牢性，耐久性等は軽量鉄骨造りとあまり変わらないと思われるので，非堅固建物にあたると解すべきであろう（今のところ，これに関する裁判例は公刊誌上では見当たらない）。

(6) 事情変更による借地条件変更の相当性（実質的要件）

(a) 裁判所が（当事者の申立てにより）借地条件を変更することができるのは，

「法令による土地利用の規制の変更，付近の土地の利用状況の変化その他の事情の変更により現に借地権を設定するにおいてはその借地条件（建物の種類，構造，規模又は用途を制限する旨の借地条件）と異なる建物の所有を目的とすることが相当である」（借地借家17条1項）場合である。これを，条件申立ての実質的要件とみることができる。

(b) 「法令による土地利用の規制の変更」は，都市計画法8条1項5号による防火地域又は準防火地域の指定とこれによる建築規制（建基61条ないし67条の2）や，それらの変更等が典型的なものであるが，都市計画法による用途地域（都計8条1項1号），景観地区（同項6号），風致地区（同項7号）等の指定ないしその変更もそれにあたる（もっとも，それらが当然に借地条件を変更することを相当とする事情に該当するものでないことはもちろんである）。

(c) 「付近の土地の利用状況の変化」とは，（建物の構造，規模に関しては）目的土地の付近では高層ビルが立ち並ぶ状態になってきたような事情の変化や，（建物の用途に関しては）目的土地の付近が商店街になったというような事情の変化をさす。

(d) ここにいう「事情」については，客観的事情に限られるとする多数説（太田豊「借地借家法の判定と借地非訟（下）」判時1472号（平5）3頁（6頁），齋藤・前掲230頁）と，主観的事情をも含めてよいと解する余地があるとする説（飯塚孝「借地条件変更の裁判」ジュリ1006号（平4）85頁（87頁））の対立がある（なお，「客観的事情」と「主観的事情」の区別は必ずしも明確ではなく，論者によってその捉え方が異なっているようである）。借地借家法17条1項が主観的事情を一切排斥する趣旨であるとは解されない（植垣編・前掲書205頁参照）。例えば，建物の規模に関して「床面積100平方メートル以内の建物に限る」という借地条件がある場合に，家族が増えたという事情で床面積100平方メートルを超える建物を認める旨の条件変更を求めたり，建物の用途に関して「自家用に限る」という借地条件がある場合に，老齢の借地権者が息子の家に身を寄せるに際して，建物の賃貸をすることができる旨の条件変更を求めることは，土地の合理的利用を図るという同条の制度趣旨に適うものといえよう。

(7) **裁判所が考慮すべき事情**

(a) 借地条件変更申立事件についての裁判（借地借家法17条3項に基づく付随的

裁判を含む）をするには，裁判所は，「借地権の残存期間，土地の状況，借地に関する従前の経過その他一切の事情」を考慮しなければならない（借地借家17条4項）。

　例えば，防火地域の指定や付近の建物の高層化など，非堅固建物借地権から堅固建物借地権への条件変更を相当とする事情変更が認められる場合であっても，借地権の残存期間が短い場合（特に，借地借家法22条による一般定期借地権である場合や同法23条による事業用定期借地権等である場合）には，条件変更の裁判をすることが適切でない場合が多いだろう。そこで，（前記形式的要件があることは当然として）実質的要件としての諸事情の変更が認められる場合にも，裁判所が「一切の事情」を考慮して，申立てを棄却できることとし，また，申立てを認容する場合にも，付随的裁判において（例えば，財産給付の金額などについて）「一切の事情」を考慮すべきものとした。

　これに関しては，実質的要件としての事情変更が認められない場合にも，裁判所は「一切の事情」を考慮して申立てを認容することができるとする説（星野・181頁，鈴木禄弥＝生熊長幸・新版注釈民法(15)479頁）も見られるが，事情変更が実質的要件であるとすれば，これを欠く場合に申立てを認容することはできないというべきである（香川保一「借地法等の一部を改正する法律逐条解説(1)」曹時18巻10号（昭41）1492頁（1525頁））。

　(b)　「借地権の残存期間」が短いことが，一般には，条件変更を認めない方向に働く要因となることは前述のとおりである（もっとも，建物の用途の変更については，借地権の残存期間が短いことは，あまり重要なことではないだろう）。一般定期借地権や事業用定期借地権等については，その判断はさして困難ではないだろうが，旧借地権（借地借家法施行前に設定された借地権）ないし普通借地権（借地借家法施行後に設定された借地権で，同法22条ないし24条による定期借地権等にも，同法25条にいう一時使用目的の借地権にもあたらないもの）である場合には問題がある。

　まず，旧借地権では，借地権の存続期間が当事者間の有効な合意がないために法定の期間とされた場合においてその期間に建物が朽廃すると借地権が消滅する（借地2条1項但書・5条1項後段。借地借家法は，この制度を採用しなかったが，旧借地権については上記の取扱いが今後も存続する。借地借家附則5条）。そこで，（旧

借地権については）「建物が朽廃に達していなくとも，朽廃に近い状態にあり，かつ，法定期間内に朽廃に達することが予測される場合には，建物の朽廃による借地権の消滅という借地権設定者の正当な期待を奪うことは相当でないから申立ては棄却されるべきである」とする見解がある。しかし，そもそも，建物の朽廃という一事によって借地権を消滅させる制度自体が十分な合理性を有するものとはいえないし，建物が朽廃する前に借地権者が（何らかの条件変更のうえで）改築等により建物の存続（そして借地権の存続）を図ることをあながち不当とみることもできない。また，建物の用途に関する条件の変更は，朽廃による借地権の消滅の問題とはほとんど無関係である。したがって，「朽廃に近い状態にある」ことのみを理由に申立てを棄却することは許されないというべきである。なお，普通借地権に関しては，「朽廃に近い状態にある」ことを，「借地権の残存期間」の考慮要因とすべきではない。

　借地権の存続期間の満了が近い場合については（旧借地権である場合も普通借地権である場合も）「特段の事情が認められない限り，証拠等の資料によって契約が更新される見込みが極めて高いことが認められ，かつ，訴訟による判断を待つことができないほどの緊急性の存在，すなわち，借地権者の側に現時点で借地非訟の申立てを認容しなければならないほど差し迫った事情が存することを要する」とする見解（東京高決平元・11・10判タ752号231頁，東京高決平5・5・14判時1520号94頁参照）がある。しかし，旧借地権及び普通借地権では借地契約が更新することを原則とし（借地4条1項本文，借地借家5条1項本文），借地権設定者が正当事由をもって遅滞なく異議を述べたときに，例外的に契約が終了する（借地4条1項但書，借地借家5条1項ただし書・6条）にすぎず，これに関する多数の裁判例も容易に正当事由を認めない傾向にあるという実情からすれば，一般には，更新する蓋然性が高いのであるから，相手方である借地権設定者が正当事由を主張することによって借地契約が終了する蓋然性が高いことを主張立証したときに限り，そのことが建物の構造等に関する条件変更申立てを棄却する要因となると解すべきである（前述したとおり，用途に関する条件変更については，借地権の残存期間が短いことはあまり重要ではないだろう。また，借地権設定者からの条件変更の場合にも，一般には，借地権の残存期間が短いことは問題とならないだろう）。

(c)　「土地の状況」は，土地の広さや形状，地盤の強度，隣地との位置関係など，目的土地に関する個別的な事情をさす。

(d)　「借地に関する従前の経過」は，借地権設定の経緯，経過した契約期間，更新料授受の有無，地代等授受の状況（地代等不払いの有無等），目的土地の利用状況とその推移等，借地に関する従前の事実関係をいう。

(e)　「その他一切の事情」としては，条件変更の必要性の有無，程度，条件変更をした場合（あるいはしない場合）の双方の利益，不利益，財産給付を命じられることとなる当事者の資力等，前記(b)ないし(d)以外の一切の事情をさす。

(8)　**付随的裁判**

(a)　裁判所が条件変更申立てを認容する場合において，当事者間の利益の衡平を図るため必要があるときは，申立てにかかる条件変更の裁判（決定）に付随して，裁判所は「他の借地条件を変更し，財産上の給付を命じ，その他相当の処分をすることができる。」（借地借家17条3項）。借地法8条ノ2第3項を踏襲したものであり，他の借地非訟事件手続に関しても同趣旨の規定を置いている（借地借家18条1項後段・19条1項後段・20条1項後段）。この処分を，一般に付随的裁判又は付随処分と呼んでいる。

付随的裁判も借地非訟事件手続における裁判の内容であるから，その裁判をするについては，原則として，鑑定委員会の意見を聴かなければならないし（借地借家17条6項），特に，付随的裁判に関しては，鑑定委員会に意見を求める前に当事者の陳述を聴かなければならないが（借地非訟規17条2項），裁判所は当事者の意見に拘束されることなく，職権で，付随的裁判をするか否か，するとすればどのような内容とするかを決めることができる（例えば，申立人が相手方に財産給付として100万円を支払う用意がある旨を表明していた場合にも，裁判所は申立人に対し，120万円の財産給付を命ずることもできるし，80万円の財産給付を命ずることもできる）。

(b)　これまでのところ条件変更の裁判のほとんどを占める，非堅固建物借地権から堅固建物借地権への条件変更の申立てを認める場合には，更地価格の10％相当額を財産給付（申立人である借地権者から相手方である借地権設定者への支払）としているのが，東京地裁借地非訟部（民事第22部）の原則的な取扱いとなっている（植垣編・前掲書224頁。全国的にもさして変わらないと思われる）。ただし，建物の増改築許可の裁判が併合される場合の取扱いについては，後述するとお

りである。

　他の借地条件の変更の場合には（その内容によりけりではあるが），一般には，上記の基準よりも低い財産給付が命じられることになると思われる（例えば，用途の変更は，通常，借地権設定者に大きな不利益をもたらすものではないので，財産給付が命じられるとしても，「更地価格の10％」よりもはるかに低い金額となるだろう）。

　なお，財産給付の裁判は，申立て認容の主文から独立した主文としてなすことも可能であるが，条件変更申立事件においては，後述するとおり，財産給付を認容の効力発生の条件とする方法をとるのが，実務上の一般的な取扱いとなっている。したがって，条件変更を命じた裁判が確定した後，その裁判で定められた期限（通常，裁判確定から3ヵ月以内）に，定められた財産給付（通常は一定額の金員支払）をしないときは条件変更の効力が生じないことになる。

　(c)　旧借地権である非堅固建物借地権を堅固建物借地権に条件変更する場合には，（旧借地権については，堅固建物借地権と非堅固建物借地権との存続期間の差異が借地借家法施行後も維持される関係で）存続期間を条件変更の効力が生じた日から30年とするのが一般的な実務の取扱いとなっていたが，東京地裁借地非訟部（民事第22部）は，近年，見解を改め，旧借地権についても（借地借家法施行後に設定された）普通借地権についても，（当事者双方が希望する場合を別にして）期間延長をしないこととした（植垣編・前掲書232頁）。堅固建物所有目的への条件変更以外の借地条件変更の場合にも期間延長はされない。なお，裁判所の付随的裁判によって延長された期間であっても，延長されないままの本来の期間が満了した場合には，原則として更新する。

　(d)　非堅固建物借地権から堅固建物借地権への条件変更の場合には，土地の利用効率が増大することを根拠として，条件変更の効力が生じた時からの地代等の増額を命ずるのが，裁判実務上の一般的な取扱いとなっている。

　(9)　裁　　判（決定主文）

　(a)　裁判所は，申立てが不適法な場合（申立ての形式的要件を欠く場合）には，申立てを却下する。申立てが適法であっても，申立ての実質的要件を欠く場合，又は諸事情を考慮しても条件変更をすることが相当でない場合には，申立てを棄却する。

　(b)　申立てを認容する場合には，通常は，

> 1 申立人が，この裁判確定の日から3ヵ月以内に，相手方に対して〇〇万円を支払うことを条件として，申立人と相手方との間の別紙物件目録記載の土地についての賃貸借契約を，堅固な建物の所有を目的とするものに変更する。
> 2 前項の賃貸借契約の賃料を上記目的変更の効力が生じた日の属する月の翌月1日以降，1ヵ月〇〇〇〇円に改定する。
> （堅固建物借地権への条件変更申立事件の場合）

という内容の主文となる。

(10) 定期借地権等

(a) 定期借地権等（借地借家22条～24条）も，条件変更の裁判の対象となる。ただし，一般定期借地権（借地借家22条）及び事業用定期借地権等（借地借家23条）では，付随的裁判において期間延長をする余地はないし，建物譲渡特約付借地権の基本たる借地権が普通借地権である場合には，理論上は期間延長も可能であるが，普通借地権について前述したとおり，適切ではない。

(b) 一時使用目的の借地権は，条件変更の裁判の対象とはならない（借地借家25条）。

第4節　借地上建物の増改築

〔1〕　増改築の可否

(1) 増改築の意義

(a) 借地関係において借地上建物の増改築が問題となるのは，借地契約上，増改築を制限ないし禁止する特約（以下「増改築禁止特約」という）がある場合において，その特約違反の有無が問題となる場合，借地借家法17条2項による増改築許可申立ての要件の有無が問題となる場合及び借地借家法施行後に設定された借地権について更新後の再築の可否が問題となる場合である（更新後の再築の問題については後述し（〔3〕参照），さしあたり，増改築禁止特約に関する問題について述べることとする）。

増改築禁止特約の内容は，特約として表示された合意内容の解釈によることとなるが，結局は，増改築許可申立ての要件の有無の前提となるものであるから，どのような場合が借地借家法17条2項にいう増改築にあたるのかを述べておきたい。
　建築基準法2条13号は，同法における「建築」の意義を，「建築物を新築し，増築し，改築し，又は移転することをいう。」としている。そして，「新築とは，建築物の存しない土地の部分（更地）に建築物を造ることなど増築，改築及び移転のいずれにも該当しないものをいう。」，「増築とは，1の敷地内にある既存の建築物の延べ面積を増加させることをいう。」，「改築とは，建築物の全部又は一部を除却し，又はこれらの部分が災害等によって滅失した後，引き続いて，これと用途，規模及び構造の著しく異ならないものを造ることをいい，増築，大規模の修繕等に該当しないものをいう。」，「移転とは，同一敷地内の移転をいう。」と一般に説明されている（逐条解説建築基準法編集委員会編著『逐条解説建築基準法』（ぎょうせい，平成24年）8頁）。
　借地借家法17条2項（借地法8条ノ2第2項も同じ）にいう「増改築」は，上記すべての場合を含むものと解してさしつかえない。「増築」，「改築」その他を区別することが実際上困難な場合が少なくないし，またこれを区別する実益もない。例えば，建物滅失後，相当年月経た後に建物を築造する場合，従前建物と同じ敷地（借地）内に別棟の建物を築造する場合，又は従前の建物と用途，構造又は規模が著しく異なる建物を築造する場合などは，建築基準法上は「新築」に該当するとしても，借地借家法17条2項の増改築にあたると解してよい。
　なお，従前の材料を使用して建築することを特に「再築」と呼ぶことがあるが，借地借家法上は，同法7条，18条の見出しに見られるとおり，従前の材料の使用の有無を問わず，建物滅失後に同一の借地上に新たに建物を築造することを，広く「再築」と呼んでいる（もちろん，これも前記「増改築」にあたる）。
　(b)　「修繕」は，増改築とは別の概念として区別する必要があるが，実際上，その区別は必ずしも明確ではない。
　修繕は，目的物の完全な使用収益を妨げる障碍を除去し，完全な使用収益ができるように従前の状態とほぼ同じ状態に修復することである。例えば，屋根瓦が破損し雨漏りが生じている場合に，その破損した瓦を破損していない瓦に

取り替える行為などがこれにあたる。このような，借地上建物の維持，保存を図る通常の修繕を禁止することは，特約をもってしても許されない（大判昭13・6・21民集17巻14号1263頁，前掲東京地判昭47・5・31）。

(c) 通常の修繕を超える「大修繕」はどうか。

建築基準法2条5号は，「主要構造部」を「壁，柱，床，はり，屋根又は階段」（ただし，建築物の構造上重要でない間仕切壁，間柱，局部的な小階段等は除く）と定義し，同条14号は，「大規模の修繕」を「建築物の主要構造部の1種以上について行う過半の修繕をいう」と定義する。しかし，そのような「大規模な修繕」は，そのほとんどが前述した借地借家法17条2項にいう増改築（一部改築）に該当するといえる。また，「建物の耐用年数に大きく影響を及ぼすような工事」（市川・前掲42頁。なお，同書に例示されている「大修繕」はいずれも一部改築とみてよい）も通常は改築にあたると考えられるし，建物の耐用年数に大きく影響を及ぼすことのない修繕であれば，前述の「通常の修繕」と解してよい。したがって，借地関係において，ことさら「大修繕」の概念を持ち出す必要はない（したがって，大修繕を禁止する旨の特約は，一般には，増改築禁止特約と解してさしつかえない）。なお，借地法下において，大修繕がなかったなら朽廃すべかりし時期に借地権が終了したとする判例（最判昭42・9・21民集21巻7号1852頁）があるが，建物の存在する限り借地権を存続させようとする借地法（借地借家法も同じ）の趣旨に反するものであって（我妻榮『債権各論中巻一』（民法講義V₂）(昭41) 487頁），到底賛成することができない（増改築許可の裁判の制度が創設された後は，同判決は，もはや，判例としての先例的価値を喪失したというべきである）。

(2) **増改築の自由**

本来，借地権者がその所有にかかる借地上建物を（建物の種類，構造又は規模を制限する旨の借地条件があるときは，その借地条件の範囲内で）増改築するのは，本来自由である。しかし，増改築禁止特約が一般には有効であることは前述のとおりであるから，同特約があるときは，借地権者は借地権設定者の承諾を得るか（その場合，借地権者が借地権設定者に対し相応の承諾料を支払う場合が多い），後述する，承諾に代わる裁判所の許可（代諾許可）（後述〔2〕参照）を得なければ，増改築をすることができない。逆に，増改築禁止特約がなければ，（借地条件の範囲内で）増改築をするのは自由である（建築基準法等による公的規制に服す

べきはもちろんである。なお，更新後の再築については後述する）。

　ちなみに，法律についての誤解からか，増改築禁止特約が存しない場合にも，実際上，借地権者が借地権設定者に相当の金員（承諾料）を支払って増改築についての承諾を得ている例や，借地権者の「無断増改築」に対して借地権設定者が異議を述べたり，借地契約の解除を主張する例も珍しくない。

(3) 増改築禁止特約とその違反の効果

　(a)　近年の借地契約書（実際上，ほとんど「土地賃貸借契約書」である）では，「増改築を禁止する」，「賃貸人の承諾を得ないで増改築をしてはならない」などとして，明確なかたちで増改築を禁止ないし制限する条項を置いているのが一般であるが，古くは，そのような明確な規定を置いていない借地契約書のほうが多かったようである。やや問題となるのは，（古い借地契約書によくみられるものであるが）直接，建物に言及することなく，「土地の原状を変更してはならない」とか「賃貸人の承諾なくして賃借物の用法又は原状を変じないこと」などとする特約がある場合に，その趣旨をどう解するかである。借地非訟実務では，一般に，これらもまた，増改築禁止特約であるとして処理しているようである。しかし，これらの規定は，文字どおり目的土地そのものの変更（例えば，大量に土砂を搬出して地下室やプールを築造するような場合）を禁止ないし制限しているものにすぎず，ただちに増改築禁止特約であると解することはできない。

　(b)　有効な増改築禁止特約がある場合において，借地権者がこれに違反して，借地権設定者の承諾も裁判所の代諾許可も得ないで増改築をした場合には，債務不履行（契約違反）を理由に，借地権設定者は借地契約を解除することができる。もっとも，そのような無断増改築がなされた場合であっても，その増改築が借地権者の土地の通常の利用上相当であり，借地権設定者に著しい影響を及ぼさないため，借地権設定者に対する信頼関係を破壊するおそれがあると認めるに足りない特段の事情があるときは，解除権行使は許されない（最判昭41・4・21民集20巻4号720頁は，増改築許可の裁判制度が創設される前の事案に関して解除権行使を否定したものである）。

　なお，地震による倒壊，火災による焼毀・焼失等，人為的でない建物の全部又は一部の滅失とその修復（全部滅失の場合は再築）は，そもそも増改築禁止特約にいう増改築にあたるかどうか大いに疑問であるが，借地非訟実務では，こ

のような場合も増改築許可申立事件の対象となるとしている（仮に，上記のような場合における修復ないし再築が増改築禁止特約にいう増改築にあたるとしても，修復ないし再築すべきさし迫った事情があるような場合には，無断増改築には背信性がなく，これを理由とする解除は許されないというべきである）（名古屋高判昭54・6・27判時943号68頁参照）。

〔2〕 増改築許可の裁判

(1) 増改築許可の裁判制度の沿革と意義

前述のとおり増改築特約が有効であるとすると，増改築をすることが土地の通常の利用上相当であるにもかかわらず借地権設定者が承諾しないと借地権者は増改築をすることができず，土地の利用が妨げられることになる。そこで昭和41年，借地法の一部改正により，増改築が相当である場合には裁判所が承諾に代わる許可（代諾許可）を与え，両者の利害を調整することができるものとした（借地8条ノ2第2項）。そして，この制度は，そのまま，借地借家法17条2項に踏襲された。なお，旧借地権（借地借家法施行前に設定された借地権）についても（同法施行前から係属していた借地非訟事件を除き）同項により処理される。

(2) 条件変更の裁判と増改築許可の裁判との関係

借地借家法17条1項に規定する借地条件が，どのような建物を建て，どのように利用できるかという，いわば大枠を定めた，やや抽象的な条件であるのに対し，同条2項に規定する条件は，その大枠の中で建物をどのように変更できるかという具体的な条件である。

借地法下で，増改築禁止特約がある非堅固建物借地権の場合に，増改築後は堅固建物となる建物を建築（一般には，新築）しようとする場合に，（借地権設定者の承諾が得られないときは）借地法8条ノ2第1項による申立てをすべきは当然であるが，それのみで足りるのか，それとも別に同法8条ノ2第2項による申立てをしなければならないのかについては争いがあったが，堅固建物への条件変更は当然に増改築を予定していることを理由に（いわば，「大は小を兼ねる」との考え方から）裁判例（東京高決昭53・7・4判時898号50頁，東京地決昭56・3・20判タ444号159頁。なお，東京地決平5・1・25判時1456号108頁参照）は前者の見解

をとり，借地非訟実務も同様であった。

　借地借家法施行後も，建物の構造又は規模に関する借地条件の変更は当然に増改築を予定しているといえるとして，借地非訟実務も，長年，条件変更の裁判のみで足りるとしていた。しかし，東京地裁（本庁）借地非訟部（民事第22部）は，平成27年4月1日から取扱いを変更し，別途，増改築許可申立てが必要であるとした（植垣編・前掲書199頁。なお，これら両者の申立てがされた場合の財産給付については後述する）。

　なお，条件変更の裁判により，建物の用途を変更する場合には，当然に増改築を予定するものではないから，増改築をする場合には，やはり，別途増改築許可申立てを要するというべきである。

(3)　**増改築許可申立事件の当事者**

(a)　増改築許可の裁判は「借地権者の申立てにより」なされる（借地借家17条2項。この点は，借地権者，借地権設定者のいずれからでも申し立てることができる条件変更の裁判と異なるところである）。

　相手方となるのは借地権設定者である。

　借地権者又は借地権設定者が複数いる場合には，その全員から，又はその全員に対して申立てをすべきことは条件変更の裁判と同様である。

(b)　転借地権が設定されている場合には，転借地権者から借地権者（転借地権設定者）を相手方として増改築許可申立てができるが，必要があるときは，原借地権についても，増改築許可申立てをすることができる（借地借家17条5項）。例えば，原借地権契約にも転借地契約にも増改築禁止特約があり，借地権者（転借地権設定者）も借地権設定者も増改築を承諾してくれない場合には，借地権者と借地権設定者の双方が相手方となる。

(4)　**申立ての趣旨**

　申立ての趣旨において，種類，構造，床面積の表示，図面（現存建物と予定建物の位置関係を示す建物配置図，各階の間取り図等），仕様書等をもって，許可を求める増改築の内容を特定しなければならない（この点は条件変更の裁判と異なる）。

(5)　**増改築禁止特約の存在**（形式的要件）

(a)　増改築禁止特約がない場合には，借地権者が増改築をするのは自由であるから，同特約がある場合にしか代諾許可を求めることができないのは当然で

ある。

　したがって，同特約の不存在について争いがない場合又は(あまり考えられないことであるが)借地権設定者が同特約の不存在を主張しているときは，形式的要件を欠くものとして，増改築許可申立ては却下される(東京高決昭52・2・25判タ354号274頁，東京地決昭53・12・27判タ378号114頁ほか)。

　(b)　増改築禁止特約の存否が不明な場合又は相手方である借地権設定者が同特約の存在を主張しているときは，申立ての利益が認められるとする裁判例は少なくないし(東京地決昭43・2・13判タ216号257頁，東京地決昭43・3・21判タ219号185頁ほか)，借地非訟実務もそのような見解をとっている。

　しかし，審理の結果，同特約の存在が認められないときは，増改築許可申立てを却下すべきである(そう解しても，申立人である借地権者には何ら不利益はない)。

(6)　**増改築の相当性**(実質的要件)

　裁判所が増改築許可申立てを認容するには，申立てにかかる増改築が「土地の通常の利用上相当」であることが必要である(借地借家17条2項)。

　どのような場合が「相当」といえるかは具体的事案によりけりであるが，建物が老朽化している場合には，おおむね認容しているのが実情である。

　なお，建築基準法その他公的規制に反することとなる増改築が許可されないことは当然である(もっとも，建築確認の取得は，申立ての要件ではない)。

(7)　**裁判所が考慮すべき事情**

　裁判所は，増改築許可の裁判(申立てを認容する場合における付随的裁判についても同じ)をするには，条件変更の場合と同様，「借地権の残存期間，土地の状況，借地に関する従前の経過その他一切の事情」を考慮しなければならない(借地借家17条4項)。その内容については，借地条件変更の裁判について述べたとおりである。

(8)　**付随的裁判**

　(a)　裁判所が増改築許可申立てを認容する場合において，当事者間の利益の衡平を図るため必要があるときは，条件変更の裁判と同様，許可の裁判(決定)に付随して，裁判所は，「他の借地条件を変更し，財産上の給付を命じ，その他相当の処分をすることができる。」(借地借家17条3項)。

　付随的裁判をするには，原則として鑑定委員会の意見を聴かなければならな

いこと（借地借家17条6項），鑑定委員会に意見を求める前に当事者の陳述を聴かなければならないこと（借地非訟規17条2項），裁判所が当事者の意見に拘束されないことなども条件変更の裁判と同じである。

(b) 東京地裁借地非訟部（民事第22部）では，全面改築（建替え）の場合には，財産給付（申立人である借地権者から相手方である借地権設定者への支払）について，更地価格の3％相当額を基準とし，土地の利用効率が増大するときは5％程度まで上げることもあり，また，全面改築に至らない増改築の場合にはその程度に応じて，更地価格の3％より低い額としている。

もっとも，前述したとおり，同部では，平成27年4月1日から従来の取扱いを変更し，非堅固建物借地権から堅固建物借地権への条件変更の裁判を申し立てる場合にも，（増改築禁止特約が存するときは）別途増改築許可の申立てが必要であるとし，両者を認容するときは，概ね，条件変更につき更地価格の5％，増改築につき更地価格の5％（両者を合わせて更地価格の10％）の財産給付を命じることとしている（植垣編・前掲書227頁）。

そして，やはり借地条件変更の裁判と同様，財産給付を許可の主文から独立して命じるのではなく，財産給付を条件として認容（許可）の効力を発生させる方法をとるのが，実務上の一般的な取扱いとなっている。したがって，増改築許可決定が確定した後，その裁判で定められた期間（通常，裁判確定から3ヵ月以内）に，定められた財産給付をしないと増改築許可の効力が生じないこととなる。

(c) 条件変更の裁判の場合と異なり，増改築許可の裁判自体においては，借地権の存続期間の延長はしないのが実務の通例となっている（なお，増改築許可申立てを認容する裁判があったとしても，借地法7条ないし借地借家法7条による期間延長があるわけではないことにつき，東京高決昭50・5・29判時788号52頁参照）。地代等の額の変更を命ずることもあるが，実際上はさほど多くはないように思われる。

(9) 裁　　判（決定主文）

(a) 申立てが不適法な場合（申立ての形式的要件を欠く場合）には申立てを却下し，申立てが適法であっても申立ての実質的要件を欠く場合，又は諸事情を考慮して増改築を許可することが相当でない場合には，申立てを棄却する。

(b) 申立てを認容する場合には，通常，

> 申立人が，この裁判確定の日から3ヵ月以内に，相手方に対して〇〇万円を支払うことを条件として，申立人が，別紙物件目録1記載の土地上に存する同目録2記載の建物を取り壊して，同目録3記載の建物を築造することを許可する。
> （全面改築の場合。これに，地代等の改定に関する主文が付加されることもある。）

という内容の主文となる。

(10) 定期借地権等

(a) 定期借地権等である場合（借地借家22条〜24条）も増改築許可申立てをすることができる。ただし，建物譲渡特約付借地権（借地借家24条）である場合において建物の全面改築（建替え）がなされた場合には，譲渡特約が改築後の建物に及んでいるかどうかが問題となる（荒木新五「定期借地権の譲渡と消滅・終了」新講座(2)121頁（141頁）参照）。

(b) 一時使用目的の借地権である場合には増改築許可申立てはできない（借地借家25条）。

〔3〕 更新後の再築許可の裁判

(1) 旧借地権についての再築の可否

(a) 借地法下では，借地権が消滅する前に建物が滅失した場合において，借地権者が残存期間を超えて存続すべき建物（以下「残存期間超過建物」という）を築造しようとする場合には，借地権設定者はそれに異議を述べることができるとされ，また，借地権設定者がそれに遅滞なく異議を述べないときは，借地権が，建物滅失日から起算して，堅固建物借地権については30年，非堅固建物借地権については20年延長される（ただし，残存期間がこれより長いときは延長しない）こととされていた（借地7条）。そして，更新後についても同じであった（借地8条）。

建物滅失の原因が自然的であると人為的（借地権者の任意の取壊しなど）であ

るとを問わない（最判昭38・5・21民集17巻4号545頁）。建物の取壊しと並行してこれとは別個の建物の新築工事を進め，新築建物完成時には旧建物が全部取り壊されたような場合も含まれる（最判昭50・9・11民集29巻8号1273頁）。

（借地法に増改築許可の裁判が創設される前の事案に関して）「借地上の建物の滅失の場合，残存期間超過建物を建築しない」旨の特約は借地法11条により無効であると判示した判例があるが（最判昭33・1・23民集12巻1号72頁），そのような特約も増改築を禁止する限度で有効であると解してさしつかえない（すなわち，増改築禁止特約があるものとして，借地権者は増改築許可申立てをすることができると解すべきである）。

なお，借地法下において，当事者間で，借地権について有効な存続期間を定めなかったために法定の存続期間とされた場合に，その期間中に建物が朽廃したときは，借地権そのものが消滅するので（借地2条1項但書・5条1項但書），もはや建物の再築が許されないことはもちろんである。

(b) 残存期間超過建物の築造につき借地権設定者が遅滞なく異議を述べた場合には，前述した期間の延長の効果は生じない。

しかし，借地権設定者が遅滞なく異議を述べた場合にも，借地人が残存期間超過建物を築造することが許されなくなるわけではない（もっとも増改築禁止特約がある場合には再築につき借地権設定者の承諾又は裁判所の代諾許可を得る必要がある）。そして，借地権設定者が異議を述べたことは，借地権の本来の残存期間の満了時において，借地権設定者の更新拒絶（ないしは期間満了後の借地権者の土地継続使用に対する遅滞なき異議）の要件としての正当事由の一要素として考慮されるにすぎない（もっとも，残存期間超過建物の再築に異議を述べたことの一事をもって正当事由を認めた裁判例は公刊誌上見当たらない）。

(c) 旧借地権（借地借家法施行前に設定された借地権）については，借地借家法施行後も，上記の取扱いが維持される（借地借家附則7条）。

(2) **普通借地権についての再築の可否**

(a) 借地借家法は，建物滅失と残存期間超過建物の再築につき，借地権の当初の存続期間中と借地契約更新後とで，大きく取扱いを異にしている。

まず，借地権の当初の存続期間中に建物が滅失し，借地権者が残存期間超過建物を再築する場合の取扱いは，基本的には，借地法における前述の取扱いと

大差ないといえる。

　すなわち，借地権の当初の存続期間が満了する前に建物の滅失があった場合において，借地権者が残存期間超過建物を築造したときは，その建物を築造するにつき借地権設定者の承諾がある場合に限り，借地権は，承諾があった日又は建物が築造された日のいずれか早い日から20年間存続する。ただし，残存期間がこれより長いとき，又は当事者がこれより長い期間を定めたときはその期間となる（借地借家7条1項）。

　旧借地法との違いは，①建物の朽廃による借地権の消滅がないので，借地権の存続期間につき当事者に有効な定めがないために法定期間とされる場合において，その期間中に建物が朽廃したときも，上記の「建物滅失」に含まれること，②期間延長の要件が，（「借地権設定者が遅滞なく異議を述べなかったこと」ではなく）「借地権設定者が承諾したこと」であること（なお，借地借家7条2項本文により，承諾があったとものとみなされる場合がある），③延長される存続期間の起算点が（「建物滅失日」ではなく）「承諾日又は建物築造日のいずれか早い日」であること，④延長される期間が（堅固建物借地権か非堅固建物借地権かを問わず，一律に）20年であること――の4点である。

　(b)　したがって，普通借地権（借地借家法施行後に設定された借地権で，同法22条ないし24条に規定する広義の定期借地権にも同法25条に規定する一時使用目的の借地権にも該当しないもの）である場合は，その当初の存続期間中に建物が滅失（建物の朽廃を含む）した後，借地権設定者が残存期間超過建物の築造を承諾しない場合（又はみなし承諾がない場合）には，存続期間の延長はないものの，借地権者による同建物の築造（再築）が許されないわけではなく，借地権設定者の承諾（又はみなし承諾）がないことが，本来の期間満了時に，更新拒絶（ないしは期間満了後の借地権者の土地継続使用に対する遅滞なき異議）の要件としての正当事由の一要素（借地借家法6条の「借地に関する従前の経過」にあたる）として判断されるにすぎない（もっとも，増改築禁止特約がある場合には，再築につき，借地権設定者の承諾又は裁判所の代諾許可が必要であることは，旧借地権である場合と同じである）。

　(c)　以上に対し，普通借地権についての借地契約更新後に建物が滅失した場合は，借地権者の残存期間超過建物の築造は著しく制限されている。

すなわち，借地契約更新後に建物の滅失があった場合において，借地権者が借地権設定者の承諾（なお，みなし承諾の規定の適用はない。借地借家7条2項ただし書）を得たときは，当初の存続期間中の滅失，再築と同様，期間の延長があるが，借地権者が借地権設定者の承諾を得ないで残存期間超過建物を築造したとき（転借地権が設定されている場合には，転借地権者のする建物の築造も借地権者の築造と同視される。借地借家8条5項）は，借地権設定者は，地上権の消滅請求又は土地賃貸借の解約申入れをすることができ（借地借家8条2項），この場合には，地上権消滅請求日又は土地賃貸借解約申入日から3ヵ月を経過した時に借地権が消滅する（同条3項）。

ただし，例外として，後述する，借地権設定者の承諾に代わる裁判所の許可（代諾許可）を得た場合には，残存期間超過建物を築造することができることとされている（借地借家18条）。

(3) **更新後の再築許可の裁判**
(a) **再築許可の裁判の意義**

前述のとおり，借地借家法は借地契約更新後の建物滅失後の再築を著しく制限したが，いかなる場合にも借地権設定者の承諾がないと再築できないとなると借地権者に酷な場合があるところから，再築すべきやむを得ない事情があるときは，裁判所が再築について代諾許可を与え，併せて利害調整を図ることができるようにした（借地借家18条）。

(b) **再築許可の裁判と借地条件変更の裁判又は増改築許可の裁判との関係**

再築許可の裁判（借地借家18条）と，借地条件変更の裁判（借地借家17条1項）又は増改築許可の裁判（同条2項）との関係は，十分には論じられていない問題である。

再築許可の裁判が「やむを得ない事情」がある場合にのみなされる例外的な制度であること，その裁判では当然に，予定されている再築建物の内容（種類，構造，規模，具体的な間取り等）やその用途等が審理されること，そして，裁判所は許可申立ての認容にあたって期間を定め，他の諸条件の変更もできるとされている（借地借家18条1項後段）こと等を考慮すると，一般には，再築許可の裁判には実質的に条件変更の裁判も増改築許可の裁判も包摂されているといえよう。したがって，再築許可申立てをする場合には，特段の事情のない限り，

別に条件変更申立てや増改築許可申立てをすることを要しないと解する（ただし，東京地裁借地非訟部（民事第22部）は，後者は不必要であるが，前者については，別途，申立てが必要と解している。植垣編・前掲書301頁）。

(c) 再築許可申立事件の当事者

再築許可の裁判の申立人となるのは借地権者である（借地借家18条1項前段）。転借地権が設定されている場合は，転借地権者も申立人となることができる（借地借家18条3項・17条5項）。

相手方となるのは借地権設定者である。

転借地権者が申立人となる場合には，借地権者（転借地権設定者）が相手方となるが，必要があるときは，借地権設定者をも相手方として（転借地権とともに，原借地権についても）再築許可を申し立てることができる（借地借家18条3項・17条5項）。

(d) 申立ての趣旨

増改築許可申立ての場合と同様，申立ての趣旨において，再築許可を求める予定建物の内容（種類，構造，規模，間取り等）を図面等で特定すべきである。

(e) **借地契約の更新後であること**（形式的要件）

再築許可申立てが契約更新後に限り許されることはもちろんである（借地借家18条1項前段）。

再築工事に着手した後であっても，築造（建物の完成）に至るまでは（借地権設定者は，いまだ借地借家法8条2項による地上権消滅請求又は土地賃貸借解約申入れはできないのであるから），なお申立ての利益があるが，築造後は（借地権設定者が地上権消滅請求又は土地賃貸借解約申入れをするにせよ，しないにせよ）もはや申立てをすることはできない（生熊長幸・新版注釈民法(15)894頁）。

なお，従前の建物がすでに滅失していることは要件とされていないので（増改築許可申立てと同様に），これから許可を得て建て替えようとする場合でもかまわない（借地借家法18条2項はすでに滅失している場合と滅失していない場合の両方があることを前提としている）。

(f) **「借地権設定者が地上権消滅請求又は土地賃貸借の解約申入れをすることができない」旨を定めた場合でないこと**（形式的要件）

借地契約の更新後に建物が滅失し，借地権者が借地権設定者の承諾を得ない

で残存期間超過建物を築造しても，約定により借地権設定者が地上権消滅請求又は土地賃貸借解約申入れができない場合には，当初の存続期間中の滅失，再築の場合と同様に，借地権者は借地権設定者の承諾を得ないで再築することができる（ただし，借地権設定者の承諾がない場合には，借地借家法7条による期間の延長はない）のであるから，再築許可申立てを認める必要はない（生熊・前掲896頁は，「実際には，かかる定めがない方が借地権者にとって有利となる（建物再築許可の裁判を申し立てることにより，将来の見通しをもって建物を再築できる）ことが多そうであり」とするが，再築許可の実質的要件が厳しく，容易には許可が得られないことが予想されること，あえて地上権消滅請求等ができないとする趣旨は実質的に再築を許容ないし予測しているとみてよく，再築後は（更新後の）存続期間満了時に更新が認められる可能性が高いこと等に鑑みると，やはり，「地上権消滅請求等ができない」旨の約定があったほうが，一般には，借地権者に有利であるといえる。なお，生熊・前掲895頁は，上記約定がないことを実質的要件に掲げているが，増改築禁止特約が増改築許可申立ての形式的要件であると同様に，「借地権設定者が地上権消滅請求等ができない」旨の約定がないことは形式的要件である）。

したがって，再築許可申立てをすることができるのは，「借地権設定者が（その承諾を得ない借地権者の再築について）地上権消滅請求又は土地賃貸借解約申入れをすることができない」旨の約定がない場合に限られる（借地借家18条1項前段）。

(g) **残存期間超過建物を築造することにやむを得ない事情があること**（実質的要件）

「やむを得ない事情」は，条件変更申立て認容の要件である「条件変更が相当である」ことや，増改築許可申立ての認容の要件である「増改築を相当とする」ことよりも，狭く厳しい要件である。

現時点ではいまだ公刊誌上，十分な裁判例の集積がないが，火災（借地権者自身の出火による場合を除く），地震等による滅失の場合は「やむを得ない事情」があると解される場合が多いと思われる（借地借家法制研究会編『（改訂版）一問一答　新しい借地借家法』69頁，生熊・前掲895頁）。

しかし，単に建物が老朽化したという場合やすでに建物が朽廃したという場合には，「やむを得ない事情」があるとは解されない可能性が高い。

(h) 裁判所が考慮すべき事情

　裁判所は，再築許可の裁判（申立てを認容する場合における付随的裁判についても同じ）をするには，「建物の状況，建物の滅失があった場合には滅失に至った事情，借地に関する従前の経過，借地権設定者及び借地権者（転借地権者を含む）が土地の使用を必要とする事情その他一切の事情」を考慮しなければならない（借地借家18条2項）。

　条件変更の裁判及び増改築許可の裁判における裁判所の事情考慮（借地借家17条4項）と同趣旨の規定であるが，当然，考慮すべき事情は多少異なっている。

　「建物の状況」は，現存建物の老朽化の程度などをさす。

　「滅失に至った事情」は，滅失の原因が，建物の朽廃か，人為的な取壊しか，だれの出火による焼失か，地震その他の自然災害による倒壊か，というような事情をさす。

　「借地に関する従前の経過」及び「借地権設定者及び借地権者（転借地権者を含む）が土地の使用を必要とする事情」は，更新拒絶等の要件としての正当事由の有無を判断する場合の判断要素と同一であるが，当然，再築の相当性，必要性の観点から考慮されることになる。

(i) 付随的裁判

　裁判所が再築許可申立てを認容する場合において，当事者間の利益の衡平を図るため必要があるときは，他の借地非訟事件と同様，許可の裁判（決定）に付随して，裁判所は，「延長すべき借地権の期間として第7条第1項の規定による期間と異なる期間を定め，他の借地条件を変更し，財産上の給付を命じ，その他相当の処分をすることができる。」（借地借家18条1項後段）。

　まず，再築許可は借地権設定者の再築承諾があったと同じ効力を生ずるものであるから，借地借家法7条1項本文により，借地権の存続期間は（裁判確定から）20年延長することになるのが原則であるが，裁判所は付随的裁判として，これと異なる期間を定めることができる（東京地裁借地非訟部は，10年以上，30年未満の期間を想定している。植垣編・前掲書308頁）。

　「他の借地条件」は，存続期間以外の条件をさすが，地代等の改定や，堅固建物借地権を非堅固建物借地権に条件変更することなどが考えられる。

　財産給付については，条件変更の裁判や増改築の裁判との均衡をも考慮する

と，更地価格の３％程度（増改築許可の場合の基準）を超え，更地価格の10％程度（非堅固建物借地権から堅固建物借地権への条件変更の場合の基準）までの範囲で定められるものと予想される（東京地裁借地非訟部も未だ方針を示していないようである。植垣編・前掲書309頁参照）。

そして，この場合も，一般には，財産給付と条件として再築許可の効力を発生させる方法をとることになると思われる。

(j) 裁　　判（決定主文）

申立ての形式的要件を欠く場合には申立てを却下し，申立ての実質的要件を欠く場合又は諸事情を考慮して再築を許可することが相当でない場合には申立てを棄却する。

申立てを認容する場合には，

> 申立人が，この裁判確定の日から３ヵ月以内に，相手方に対して〇〇万円を支払うことを条件として，申立人が，別紙物件目録１記載の土地上に（存する同目録２記載の建物を取り壊して）同目録３記載の建物を築造することを許可する。
>
> （建物がすでに滅失している場合はカッコ内は不要）

という主文となるだろう（他の条件を変更する場合はそれも主文に加えられることはもちろんである）。

(k) 定期借地権等

一般定期借地権（借地借家22条）及び事業用定期借地権等（借地借家23条）については，（更新することがないので）更新後の再築を論ずる余地はない。建物譲渡特約（借地借家24条）が普通借地権について付されている場合には，再築許可申立てが可能であるが，再築建物に譲渡特約が及ぶかどうかは別問題である。

一時使用目的の借地権である場合は，（合意更新することが可能であるとしても）更新後の再築許可申立てをすることはできない（借地借家25条）。

第5節　借地権譲渡・土地転貸

〔1〕　借地権譲渡・土地転貸の可否

(1)　借地権が地上権である場合

(a)　借地権には，建物所有を目的とする地上権と建物所有を目的とする土地賃借権がある（借地借家2条1号）。

地上権には，賃借権のような譲渡・転貸制限（民612条1項）がなく，（それらを制限する旨の特約がないかぎり）物権の効力として当然に，自由に譲渡し，また，土地を転貸（賃借権又は使用借権の設定）することができる（なお，「転貸」の語は，一般に賃借人が目的物を第三者に有償又は無償で使用収益させる場合をさすが，本稿では，地上権者が土地を第三者に有償又は無償で使用収益させる場合も「転貸」と呼ぶこととする。有償で使用収益させる場合，すなわち，地上権者である借地権者が第三者に対して賃借権を設定した場合には，その賃借権は転借地権となり，その賃借権者は転借地権者となる。借地借家2条4号・5号）。

土地の貸主としては，そのように強い権利を他人に与える（設定する）ことを好まないためか，実際上，契約によって借地権を発生させる場合の借地権のほとんどは土地賃借権である（ちなみに，契約によらず，法律の規定によって借地権が発生する場合には，民法388条，民事執行法81条，国税徴収法127条等による法定地上権，仮登記担保契約に関する法律10条による法定借地権（賃借権）がある）。

また，建物所有を目的として，第三者に土地を無償で使用収益させる場合には，地上権（借地権）である場合と土地使用借権である場合があるが，土地を無償で貸すのは，通常は，借主が貸主の近親者であったり密接な関係にある会社であったりするためであって，その権利が自由に譲渡され，いわば赤の他人であるその譲受人に対しても無償で貸す意思を有しているわけではないのであるから，契約書等から地上権であることが明白である場合を別にすれば，地上権ではなく土地使用借権であると推定するのが適切である（裁判実務も，一般には，そのような考え方に立っている）。

(b)　地上権についても，土地所有者と地上権者との間で，地上権の譲渡又は

土地転貸を禁止する（あるいは，土地所有者の承諾に係らしめる）旨の特約をすることは許される。しかし，そのような特約には債権的効力しかないので，例えば地上権者がその特約に反して地上権を第三者に譲渡したときは，（地上権者は債務不履行責任を負うが）譲受人はその地上権取得を土地所有者に対抗することができる（ただし，譲受人がいわゆる背信的悪意者にあたる場合は，地上権取得を土地所有者に対抗することができないと解する）。

(2) 借地権が土地賃借権である場合

(a) 借地権が土地賃借権である場合には，民法上，一般の賃借権と同様に，賃借人（借地権者）は，賃貸人（借地権設定者）の承諾がなければ，それを譲渡し又は土地を転貸することができず（民612条1項），賃借人が賃貸人の承諾を得ないで土地賃借権（借地権）を譲渡し又は土地を転貸したときは，賃貸人は土地賃貸借契約を解除することができる（同条2項）（その立法趣旨ないし意義については，広中俊雄・新版注釈民法(15)269頁以下参照）。この点が，地上権である借地権と土地賃借権である借地権との，実際上最も大きな差異といえる。

(b) もっとも，土地賃借権である借地権については，後述するとおり（〔4〕参照），借地借家法により賃貸人の承諾に代わる裁判所の許可（代諾許可）を得てその譲渡又は土地転貸をすることができる制度が設けられている（とはいえ，後述するとおり，通常は，賃借人が賃貸人に一定の金員を支払うべき旨の財産給付が定められるので，やはり一般には，地上権のほうが土地賃借権よりも強い権利であるといえる）。

〔2〕 借地権の譲渡又は土地転貸と，借地権設定者との関係

(1) 借地権と借地上建物の関係

(a) 建物とその敷地である他人の土地に対する敷地利用権（一般には，借地権又は土地使用借権）は，主物と従物（従たる権利）の関係ないしはそれに類する関係とみることができ，建物が譲渡されたときは，特段の事情のない限り，その敷地利用権をも譲渡されたものとみることができる（最判昭47・3・9民集26巻2号213頁）。競売又は公売により建物所有権が移転した場合も同様である（大判昭2・4・25民集6巻4号182頁）。

(b) もっとも，建物の譲渡にもかかわらず，建物の譲渡人が敷地利用関係から離脱することなく，敷地利用についての契約上の地位にとどまる場合は（敷地利用権の譲渡ではなく），土地の転貸（敷地利用権の重複的な設定）となる（例えば，土地賃借人がその所有する借地上建物を第三者に譲渡した後も，従前どおり賃貸人に対し賃料を支払っているときは土地の転貸がなされたものとみることができるだろう。しかし，譲渡か転貸かが判然としない場合も実際上は珍しくない）。

(2) 借地権譲渡又は土地転貸と借地権設定者に対する対抗関係
(a) 当事者間における譲渡等の有効性

建物の所有者がその建物を自由に第三者に譲渡することができることは問題ない。

敷地利用権の譲渡又は土地の転貸も，その譲渡又は転貸の当事者間では有効になし得る（前掲大判昭2・4・25，前掲最判昭47・3・9は，いずれも，当事者では有効に賃借権が譲渡されたことを前提としている）。しかし，敷地利用権の譲受人又は土地転借人が自己の敷地利用権取得を（原）敷地利用権設定者に対抗することができるかどうかは別問題である。

(b) 地　上　権

敷地利用権が地上権（借地権）である場合には，前述のとおり，地上権者（借地権者）による地上権（借地権）譲渡又は土地転貸は自由であるから，地上権譲受人である新地上権者は（自己への地上権移転の付記登記又は建物の所有権移転登記を経由することにより）自己の地上権を土地所有者（借地権設定者）に対抗することができるし，地上権者から土地賃借権（転借地権）の設定を受けた者（転借地権者）は（土地の賃借権設定登記又は建物の所有権移転登記を経由することにより）自己の転借地権を土地所有者に対抗することができる。

地上権者から土地使用借権の設定を受けた者も，地上権者の地上権を援用することにより，自己の使用借権を土地所有者に対抗することができると解する。

(c) 土地賃借権

敷地利用権が土地賃借権（借地権）である場合には，前述のとおり，賃借人（借地権者）が賃借権を譲渡し又は土地転貸をするには，賃貸人（借地権設定者）の承諾又は裁判所の代諾許可（両者を併せて，以下「承諾等」という）を得ることが必要であるから，承諾等があったときは土地賃借権（借地権）譲受人又は転

借人（転借地権者）は自己の賃借権又は転借権（転借地権）を賃貸人に対抗することができるが，承諾等がないときは賃貸人に対抗することができない。

(d) 土地使用借権

敷地利用権が土地使用借権である場合も，借主は貸主の承諾がなければ，使用借権の譲渡又は（有償又は無償の）転貸をすることができない（ただし，借主と使用借権譲受人等との間では，譲渡等は有効と解してよい。なお，民法594条2項は，直接には転貸のみを制限する規定であるが，使用借権の譲渡性を否定したものとは解されない）。貸主の承諾があれば，使用借権譲受人たる借主又は転借人（借主からの賃借人又は使用借主）は，自己の使用借権又は転借権（借主に対する賃借権又は使用借権）を貸主に対抗することできるが，貸主の承諾がないときは対抗することができない。

(3) 借地権譲渡があったとき

(a) 地上権である借地権が譲渡されたときは，譲渡人である旧地上権者は土地所有者（借地権設定者）との地上権設定契約（借地契約）から離脱し，譲受人である新地上権者（借地権者）が同契約上の地上権者たる地位を承継する。この場合，地上権設定登記における地代の登記（不登78条2号）がなくとも，土地所有者は地代請求権を新地上権者に対抗することができると解する。なお，新地上権者は，債務引受け等をしなければ，前地上権者の未払地代債務を承継するものではない（最判平3・10・1判時1404号79頁）。

(b) 土地賃借権である借地権の譲渡につき承諾等があったときは，譲渡人である旧賃借人は賃貸人（借地権設定者）との間の土地賃貸借契約（借地契約）から離脱し，譲受人である新賃借人（借地権者）が同契約上の地位を承継する。

(c) 借地契約上の借地権者の債務を担保するため，借地権の譲渡人である旧借地権者が借地権設定者に対して敷金（民622条の2第1項。敷金の性質を有する保証金も同じ）を差し入れていた場合，別途敷金返還請求権の譲渡がなされるなど，特段の事情のない限り，譲受人である新借地権者は，借地権設定者に対する敷金返還請求権を承継しない（最判昭53・12・22民集32巻9号1768頁。なお，最決平13・11・21民集55巻6号1014頁参照）。したがって，借地権譲渡がなされた場合，借地権設定者は，譲渡人である旧借地権者に対し，約定に従って敷金を返還する義務を負う（民622条の2第1項2号。実際上，借地契約に関して敷金が授受

されることは多くはない)。

(4) 土地転貸があったとき

(a) 地上権者である借地権者が土地を賃貸したとき,すなわち転借地権を設定した場合には,土地所有者(借地権設定者)と地上権者(借地権者)との地上権設定契約(借地契約)は存続したまま,地上権者(借地権者・賃貸人)と賃借人(転借地権者)間の土地賃貸借契約(借地契約。借地権設定者である土地所有者との関係では転借地契約)が始まり,賃借人は転借地権(借地借家2条4号)を取得する。

この場合に,(賃貸借における)転貸に関する規定である民法613条が準用ないし類推適用されるか否かについては,疑問がないでもないが,肯定すべきであろう。

その他の関係は,後述する,土地賃借人による土地転貸の場合と変わらない。

(b) 土地賃借人である借地権者が承諾等を得て第三者に土地を賃貸(転貸)したとき,すなわち転借地権を設定したときは,原賃貸人(借地権設定者)と原賃借人(借地権者)間の土地賃貸借契約(原賃貸借契約,原借地契約)が存続したまま,原賃借人と転借人(転借地権者)間の土地賃貸借(原賃貸人との関係では転貸借,転借地契約)が始まり,転借人は転借地権取得を原賃貸人に対抗することができる。

この場合,民法613条1項前段により,「転借人は,賃貸人と賃借人との間の賃貸借に基づく賃借人の債務の範囲を限度として,賃貸人に対して転貸借に基づく債務を直接履行する義務を負う」とされている。すなわち,転借人は原賃貸人に対する関係でも,定められた用法に従って土地の使用収益をする義務(民616条・594条1項)があり,原賃貸人の請求があるときは(原賃借人=転貸人の賃料支払義務の範囲で)直接自己が負担する賃料(転貸料)を原賃貸人に支払う義務がある(実際には,原賃貸人が転借人に直接賃料支払を請求することはほとんどない)。

原賃貸人と原賃借人(転貸人)は,特段の事情がある場合を除き,原賃貸借契約の合意解除をもって転借人に対抗することができない(大判昭9・3・7民集13巻4号278頁。すでに原賃借人に賃料不払い等の債務不履行がある場合や原賃借人と転借人が親族関係その他密接な関係があるような場合には,合意解除の効果を転借人に対抗することができる場合があるとする最判昭38・4・12民集17巻3号460頁参照。なお,

最判平6・7・18判時1540号38頁は、原賃貸人は原賃借人の賃料不払いを理由として解除をする場合に転借人に賃料代払いの機会を与える義務はないとする）。ちなみに、後述するとおり、借地上建物の賃貸は土地の転貸にあたらないが、土地賃貸借の合意解除をもって建物賃借人に対抗することはできない（最判昭38・2・21民集17巻1号219頁）。ただし、賃料不払い等の債務不履行がある場合（最判昭41・5・19民集20巻5号989頁）その他特段の事情がある場合（最判昭31・2・10民集10巻2号48頁）には建物賃借人に土地賃貸借契約の解除を対抗することができる。この場合、（三者間の関係がそのまま維持されるとする見解もあり得るが）原賃借人（転貸人）が、原賃貸人及び転借人との各賃貸借契約から離脱し、原賃貸人と転借人との間で直接の賃貸借契約が始まると解する（東京高判昭58・1・31判時1071号65頁参照。さらに、この場合の両者間の関係は、従前の転貸人と転借人間の契約内容が維持され、転借人は何ら影響を受けないと解する）。

　原賃貸借契約が原賃借人の債務不履行を理由とする解除によって終了した場合において、原賃貸人が転借人に対して土地の返還を請求したときは、転借人は原賃貸人に対し、土地の返還義務を負い、原則として、この時点で転貸借も履行不能により終了する（建物賃貸借に関する最判平9・2・25民集51巻2号398頁参照）。

　(c)　転借地権を借地権設定者に対抗することができる場合には、転借地権者は借地権者に対して更新請求をすることができるし（借地借家5条1項）、借地権の存続期間満了後も転借地権者が土地の使用を継続するときは借地権設定者に対する関係で借地権者の土地継続使用と同視される（同条3項）。更新拒絶の要件としての正当事由の有無の判断においては転借地権者が土地の使用を必要とする事情等、転借人に関する諸事情も考慮される（借地借家6条）。

　転借地権者の建物が滅失し、転借地権者が残存期間超過建物を再築するときは、借地権者との関係で期間が延長することがあるが（借地借家7条1項・2項）、借地権設定者と借地権者の間では、借地権者の再築と同視して処理される（同条3項）。借地契約更新後における転借地権者による再築の場合も同様である（借地借家8条5項）。

　転借地権者は、条件変更申立て、増改築許可申立て（借地借家17条5項）、再築許可申立て（借地借家18条3項・17条5項）及び、賃借権（転借地権）譲渡・土

地転貸（原賃貸人との関係では再転貸）許可申立て（借地借家19条7項）をすることができる。

(5) **土地賃借人による承諾等の取得**

(a) **承　　諾**

土地賃借人（借地権者）による賃借権（借地権）譲渡又は土地転貸についての賃貸人（借地権設定者）の承諾は，賃借権譲渡又は転貸を承認する旨の観念の通知であるが，ほとんどの場合，意思表示と同様に扱ってさしつかえない。

承諾は黙示的なものであってもかまわない（例えば，賃貸人が賃借権譲渡があったことを前提として，新賃借人から賃料を受領しているような場合には，黙示の承諾があったとみてさしつかえないだろう）。承諾は書面によらなければならない旨の特約も有効である（最判昭44・2・13民集23巻2号316頁。もっとも，書面によらない賃貸人の明示又は黙示の承諾が認められるときは，無断譲渡，無断転貸を理由とする解除は許されない）。

特定の土地賃借権の譲受人又は転借人について賃借権譲渡又は土地転貸を承諾するのが通常であるが，あらかじめ，これらの者を特定しないで包括的に承諾することもできる。後者の場合，賃借権設定登記においてその旨を登記することができる（不登81条3号）。

承諾は，通常は，（多くの場合，一定額の「承諾料」の支払と引換えに）賃借人に対してなされるが，賃借権譲受人又は転借人に対してなされてもよい（最判昭31・10・5民集10巻10号1239頁）。

賃貸人（借地権設定者）が土地賃借権の譲渡又は土地転貸をいったん承諾したときは，もはや撤回することは許されない（最判昭30・5・13民集9巻6号698頁）。

土地賃借権の譲渡又は土地転貸について賃貸人の承諾があったことは，土地賃借権譲渡人若しくは譲受人，又は土地賃借人若しくは土地転借人が主張・立証すべきである（大判昭10・10・12大審院全集2輯1197頁）。

承諾は，賃借権譲渡又は土地転貸の前になされないと（借地上建物の競売又は公売の場合を別として）土地賃貸借契約（借地契約）の解除権を発生させるが（民612条2項），事後的に承諾がなされた場合にも，賃借権譲受人又は転借人は自己の賃借権（借地権）又は転借権（転借地権）を賃貸人（借地権設定者）に対抗す

ることができることとなり，賃貸人の解除権は消滅する。
　(b) **賃借人の承諾取得義務**
　前述のとおり，賃借地上建物を譲渡したときは，特段の事情のない限り，その敷地についての土地賃借権をも譲渡したこととなるが，この場合，特段の事情のない限り，賃借権譲渡人（旧賃借人）は，譲受人に対する関係で，承諾等を取得する義務がある（民560条。同条施行前の最判昭47・3・9民集26巻2号213頁参照。なお，賃借権付き地上建物の売買契約は，承諾等の取得を停止条件としてなされることが多い）。
　土地転貸についても同様に解すべきである。

〔3〕 土地賃借権の無断譲渡又は無断土地転貸

(1) **承諾等の要否**（譲渡・転貸該当性）
　(a) **賃借地上建物の譲渡**（所有権移転）
　賃借地上建物の譲渡がなされたときは，特段の事情のない限り，賃借権譲渡（又は土地転貸）がなされたものと解されることは前述のとおりであるが，建物について所有権移転登記がなされていても，いまだ民法612条1項にいう土地賃借権譲渡又は土地転貸がなされたとはいえない場合がある（なお，相続による借地上建物の所有権及び土地賃借権の移転は「譲渡」自体にあたらないので，賃貸人の承諾の要否を論じる余地はない）。そのような場合をも含めて，議論のあるところを以下に述べる。
　(b) **賃借地上建物の賃貸等**
　土地賃借人（借地権者）がその所有にかかる賃借地上建物を第三者に，有償又は無償で使用収益させても，土地を転貸したとはいえない（大判昭8・12・11裁判例7巻民277頁，東京地判昭34・9・10判時208号53頁）。
　(c) **賃借人たる会社の経営者交替等**
　土地賃借人が法人である場合には，株式ないし持分の移転等による構成員の変動や，取締役等機関の変動が生じても，法人格の同一性が失われるものではないから，賃借権の譲渡があったとはいえない。そのことは，特定の個人が経営の実権を握り，社員や役員がその個人及びその家族，知人等によって占めら

れているような小規模で閉鎖的な有限会社である場合についても変わらない（最判平8・10・14民集50巻9号2431頁。もっとも，賃借人に会社としての活動の実体がなく，その法人格がまったく形骸化しているような場合――いわゆる「法人格否認の法理」が適用される場合――には別異に解される余地がある）。

(d) **土地賃借権の準共有持分の譲渡**

土地賃借人（借地権者）が複数いる場合，すなわち土地賃借権（借地権）が準共有されている場合において，土地賃借人の一部が自己の準共有持分を準共有者ではない第三者に譲渡するときは，民法612条1項による譲渡があったものといえる（賃借人の一部が建物の共有持分とともに賃借権の準共有持分を譲渡しようとする場合には，譲渡許可申立てをすることができる）。単独の土地賃借人（借地権者）が賃借権の一部（準共有持分）を第三者に譲渡し，譲渡人と譲受人が賃借権の準共有者となる場合も同じである。

しかし，土地賃借権の準共有者が自己の準共有持分を他の準共有者に譲渡する場合は，民法612条1項にいう譲渡にはあたらない（最判昭29・10・7民集8巻10号1816頁。なお，共同相続人間の農地の持分譲渡には農地法3条所定の許可を要しないとする最判平13・7・10民集55巻5号955頁参照）。準共有持分の放棄（民255条・264条）がなされた場合も同じである。

(e) **賃借地上建物の担保目的による買戻特約付売買**

土地賃借人（借地権者）が，その所有する賃借地上建物を，自己又は他人の債務を担保する目的で，債権者に対し，買戻特約付きで売り渡した場合には，土地賃借人（建物の売主）が引き続き建物を使用している限り民法612条1項にいう土地賃借権譲渡（又は土地転貸）があったとはいえない（最判昭40・12・17民集19巻9号2159頁。ちなみに，最判平18・2・7民集60巻2号480頁は，「買戻特約付売買契約の形式が採られていても，目的不動産の占有の移転を伴わない契約は，特段の事情のない限り，債権担保の目的で締結されたものと推認され，その性質は譲渡担保契約と解するのが相当である。」と判示する）。ただし，買主たる債権者が建物の使用収益を始めたときは賃借権譲渡又は土地転貸があったとみることができる（後掲最判平9・7・17参照）。

(f) **賃借地上建物の譲渡担保**

土地賃借人（借地権者）がその所有にかかる賃借地上建物を，自己又は他人

の債務を担保するため，債権者に対し譲渡担保権を設定した場合にも，賃借人（譲渡担保権設定者）が引き続き建物を使用している限り，民法612条1項にいう土地賃借権の譲渡又は土地転貸がなされたとはいえない。しかし，譲渡担保権者が建物の引渡しを受けてこれを使用収益するときは，たとえ譲渡担保権実行による同建物の終局的確定的な所有権移転の前であっても，同条にいう土地賃借権譲渡又は土地転貸があったといえる（最判平9・7・17民集51巻6号2882頁）。

(g) **離婚に伴う財産分与**

土地賃借人（借地権者）が，その配偶者に対する財産分与（民768条・771条）として賃借地上建物とともに土地賃借権（借地権）を譲渡した場合に，これを背信性のない賃借権譲渡（したがって，民法612条2項による解除は許されない）とする見解もあるが（大阪地判昭41・12・20判時485号56頁），離婚に伴う財産分与は，潜在的共有財産の清算と見るべきものであるから，前述の，賃借権の準共有持分の他の準共有者に対する譲渡の場合と同様，民法612条1項にいう賃借権譲渡にあたらないと解すべきである（福岡地小倉支判昭36・7・13下民集12巻7号1678頁。なお，東京地判昭46・5・24判時643号58頁参照）。

(h) **遺贈・死因贈与**

死因贈与はもちろん，遺贈も（相続と異なり）贈与と同視すべき譲渡であるから，土地賃借権（借地権）の死因贈与又は遺贈は，相続人以外の第三者を受贈者又は受遺者とする場合は，民法612条1項にいう賃借権譲渡にあたるというべきである（東京高決昭55・2・13判時962号71頁は，遺贈が民法612条1項にいう譲渡にあたることを前提としている）。

しかし，相続人に対する土地賃借権の死因贈与又は遺贈は，賃貸人（借地権設定者）に対する関係では相続と同視することができるので，同項にいう賃借権譲渡にあたらないと解する（仮に譲渡にあたるとしても，背信性がないので，同条2項による解除は許されないというべきである）。

(i) **特別縁故者に対する財産分与・国庫帰属**

土地賃借人（借地権者）が死亡し，その相続人がいないために，賃借人の特別縁故者が（通常は，賃借地上建物とともに）土地賃借権（借地権）の分与（民958条の2）を受けた場合，その分与は実質的には相続と同視すべきものであるから，民法612条1項にいう賃借権譲渡にはあたらないと解する（仮に譲渡にあた

るとしても，裁判によるものであり背信性がないので解除は許されない）。

　土地賃借権の国庫帰属（民959条）の場合も同じに解することができる（東京地判昭47・8・23判時691号50頁）。

　(j)　**会社の合併**

　会社の合併（会748条以下）は，契約（合併契約）によって生じるものであるから，一般の譲渡と変わるところはないとして，民法612条1項にいう賃借権譲渡にあたるとする見解が有力である（借地非訟実務はそのような見解をとっているようである）。しかし，解散会社の全財産が存続会社ないし新設会社に包括承継される点で相続に類似するし，賃貸人に格別不利益ともいえないので，特段の事情の認められない限り，同項にいう賃借権譲渡にはあたらないと解すべきである（賃借権譲渡にあたるとしても，背信性が認められない場合が少なくないと思われる）。

　(2)　**土地賃借権譲渡又は土地転貸につき承諾等がない場合**

　(a)　土地賃借権（借地権）の譲渡又は土地転貸（民法612条1項にいう譲渡又は転貸にあたる場合）につき，承諾等がない場合（以下，これを「無断譲渡」，「無断転貸」という）には，賃借権譲受人又は転借人は，自己の賃借権ないし転借権を，賃貸人に対抗することができないことは前述のとおりである。

　(b)　この場合，土地転借人は（一応は，借地借家法2条5号にいう転借地権者といえるものの），借地借家法上，転借地権者としての，借地非訟事件の申立て等の権利行使はできない（借地契約更新の有無に関する正当事由の有無の判断においても，転借地権者が土地の使用を必要とする事情として考慮すべきではない）。

　(c)　無断譲渡又は無断転貸があったときは，賃貸人（借地権設定者）は，後述するとおり，土地賃貸借契約（借地契約）を解除することができるが，同契約を解除することなく，土地賃借権譲受人又は土地転借人に対して，土地の明渡しを請求することもできる（最判昭26・4・27民集5巻5号325頁，最判昭26・5・31民集5巻6号359頁，最判昭41・10・21民集20巻8号1640頁）。解除権が時効消滅した場合も同じである（最判昭55・12・11判時990号188頁）。

　(3)　**無断譲渡・無断転貸による解除**

　(a)　無断譲渡又は無断転貸があったときは，土地賃貸人（借地権設定者）は，土地賃借人（借地権者）との間の土地賃貸借契約（借地契約）を解除することが

できる（民612条2項）。そして，建物所有者である従前の土地賃借人又は土地賃借権譲受人若しくは土地転借人に対して建物収去土地明渡しを請求することができる。建物に賃借人や（使用貸借による）使用借主などの独立の占有者がいる場合には，（それらの者も土地を占有しているといえるので）それらの者に対しては，建物からの退去による土地の明渡しを請求することができる。

　この解除権は形成権であるが，債権に準ずるものとして10年の消滅時効にかかる（最判昭56・6・16民集35巻4号763頁）。無断転貸の場合，その起算点は，転貸借契約に基づき転借人が使用収益を開始した時であるとするのが判例である（最判昭62・10・8民集41巻7号1445頁。無断譲渡の場合にも，譲受人が使用収益を開始した時と解する趣旨であろう）。

　(b)　無断譲渡又は無断転貸があった場合でも，土地賃借人（借地権者）の当該行為が賃貸人（借地権設定者）に対する背信的行為と認めるに足りない特段の事情（例えば，配偶者や子などの推定相続人に対して賃借地上建物を生前贈与した場合など）のあるときは，民法612条2項による賃貸人の解除は許されない（最判昭28・9・25民集7巻9号979頁，最判昭38・11・28民集17巻11号1446頁ほか）。

　背信行為と認めるに足りない特段の事情の存在は，解除の効力を争う者が主張・立証すべきである（最判昭41・1・27民集20巻1号136頁，最判昭43・3・29判時517号49頁）。

　(c)　無断譲渡又は無断転貸であった場合において，背信行為と認めるに足りない特段の事情があるために民法612条2項に基づく解除権が発生しないときは，あたかも承諾等を得た場合と同様，賃貸人（借地権設定者）に対抗することができる土地賃借権譲渡又は土地転貸となる（最判昭39・6・30民集18巻5号991頁，最判昭42・1・17民集21巻1号1頁，最判昭45・12・11民集24巻13号2015頁）。

〔4〕　土地賃借権譲渡・土地転貸許可の裁判

(1)　譲渡・転貸許可の裁判制度の沿革と意義

　借地権者は，借地上に建物を所有する目的で借地権設定者の土地につき地上権又は土地賃借権の設定を受けているものであるが，借地権が土地賃借権である場合（実際上，借地権のほとんどは土地賃借権である）には，民法612条1項によ

り賃借権の譲渡・土地転貸が制限されているため，あくまで賃貸人の承諾が必要であるとすると，賃借人は，賃借地上建物をその敷地の賃借権とともに売却等処分して，いわば投下資本を回収することが困難となり，結局は，借地の目的が十分に達せられないこととなる。そのことは，賃借人が借地上建物を担保提供して融資を得ようとしたり，賃借人の債権者が同建物を担保として信用を供与（融資）しようとする場合も同様であって，競売等で土地賃借権が買受人に移転しても，その取得を賃貸人に対抗することができないのであれば買い受けるのは無意味であるし，そうなると結局，担保価値はないに等しいことになる（すなわち，賃借人は，賃借地上建物の交換価値を十分には利用することができないことになる）。また，土地賃借権譲渡又は土地転貸が賃貸人にとって不利になるわけでもないのに賃貸人が承諾を拒んで賃借人の建物処分を拒んだり過大な承諾料を要求するのは正当とはいえない。そこで，昭和41年の借地法の一部改正により，裁判所が賃貸人の承諾に代わる許可を与え，これによって土地賃借権の譲渡又は土地転貸を可能にするとともに，財産給付等の付随的裁判により賃貸人，賃借人双方の利害の調整を図ることとなった（借地9条ノ2・9条ノ3・9条ノ4）。同時に，賃借人又は（競売等における）買受人としては相当の対価が得られれば，一般的にはだれに建物及土地賃借権を譲渡しても，あるいはだれに土地を転貸しても同じであるといえるので，賃貸人が賃貸借関係の解消等を望む場合には，その代価を支払わせることにより，賃貸人が優先的に建物及び土地賃借権を譲り受ける（又は転貸を受ける）ことができるものとした（借地9条ノ2第3項・9条ノ3第2項。いわゆる賃貸人の介入権。なお，建物の競売等の場合における買受人の賃借権譲受申立ての裁判は〔5〕で，賃貸人の建物・賃借権譲受申立ての裁判は〔6〕で，それぞれ後述する）。

この制度は，ほとんどそのまま，借地借家法に踏襲された（借地借家19条・20条）。

(2) **土地賃借権譲渡・土地転貸許可申立事件の当事者**

(a) 土地賃借権譲渡又は土地転貸許可申立て（以下「譲渡等許可申立て」という）をすることができるのは土地賃借人である借地権者である（借地借家19条1項前段）。転借地権者もその転借地上の建物を第三者に譲渡しようとする場合には譲渡等許可申立てをすることができる（同条7項本文）。

建物の譲受人は譲渡等許可申立てをすることができない。

しかし，債務者所有の賃借地上建物につき譲渡担保権の設定を受けた債権者（譲渡担保権者）は，同建物の引渡しを受けてその使用又は収益をする前であれば（実質的には，いまだ「譲渡」があったとはいえないのであるから），譲渡担保権を実行するために，債務者である賃借人に代位（民423条）して，譲渡等許可申立てをすることができると解すべきである（そう解さないと，賃借地上建物についての譲渡担保権設定は，実際上，ほとんど意味をもたなくなる。荒木新五「判批」判タ649号（昭62）51頁）。しかし，裁判例（東京高決昭42・9・11判時492号59頁，東京地決昭43・9・2判タ227号208頁，大阪高決昭61・3・17判タ637号138頁）はこれを否定する（借地非訟実務も否定的である。植垣編・前掲書318頁）。

借地権が地上権である場合は，その譲渡・転貸（地上権者による土地賃借権設定）は本来自由であるから譲渡等許可申立てを認める必要はない。では，地上権である場合にその譲渡・転貸を禁止する（又は承諾に係らしめる）特約がある場合はどうか。このような特約は有効であるが債権的効力しかないので，これに違反して土地所有者の承諾を得ないで譲渡・転貸した場合にも，地上権譲受人又は土地転借人（転借地権者）は地上権取得又は転借地権を土地所有者に対抗することができることは，前述したとおりである。しかし，地上権者は契約違反（債務不履行）の責めを免れない。前述した借地借家法19条の趣旨に鑑み，このような特約があって，土地所有者が譲渡・転貸を承諾しない場合には同条を類推適用して，地上権者（借地権者）にも譲渡等許可申立てを認めるべきである（鈴木＝生熊・新版注釈民法(15)530頁。なお，近時の東京地裁借地非訟部は肯定的見解をとるもののようであるが，公刊誌上これに関する裁判例は見当たらない。植垣編・前掲書319頁参照）。

(b) 相手方となるのは土地賃貸人たる借地権設定者である。地上権について譲渡・転貸禁止特約があるときも借地借家法19条を類推適用することができると解した場合には，土地所有者たる借地権設定者も相手方となる。

転借地権者が申立人となる場合において，(原)借地権が地上権である場合には，転借地権者は，転借地権の譲渡又は土地転貸（再転貸）について，借地権者である地上権者だけを相手方とすればよいが，地上権について譲渡・転貸禁止特約があって土地所有者（借地権設定者）が承諾しないときは土地所有者

をも相手方とする必要がある。地上権について譲渡・転貸禁止特約がある場合，地上権者は転借地権譲渡又は再転貸を承諾しているが土地所有者が承諾しないときは土地所有者だけを相手方とすれば足りる。

　転借地権者が申立人となる場合において，（原）借地権が土地賃借権である場合には，転借地権譲渡又は再転貸をするには，転貸人（土地賃借人）である借地権者と（原）賃貸人である借地権設定者の双方の承諾又は代諾許可を得る必要があるので，その一方が承諾しないときはその一方を相手方とし，その双方が承諾しないときはその双方を相手方とする必要がある（以下，地上権については特に触れないが，本節においては，譲渡・転貸禁止特約がある場合には土地賃借権である場合と同じである）。

　(c)　いずれの場合にも，当事者が複数である場合（借地権設定者，借地権者又は転借地権者が複数いる場合）には，錯綜した権利関係を生じさせないために，それぞれの全員（建物の所有者ないし共有者でない者をも含む）から又は全員（付随的裁判の関係で，承諾をしている借地権者をも含む）に対して申立てをすべきである。

　(3)　申立ての時期

　(a)　譲渡等許可申立ては建物及び土地賃借権の譲渡又は土地転貸前にしなければならない（東京地決昭43・3・4判タ218号217頁，東京高決昭45・9・17判タ257号235頁）。

　建物につき，売買，贈与等の譲渡を原因とする所有権移転登記が経由されたときは，後述するような特段の事情のない限り建物の譲渡があり，したがってまた土地賃借権の譲渡又は土地転貸がなされたものと解してよい。

　(b)　建物につき，債権担保の目的で買戻特約付売買がなされたり，譲渡担保権が設定され，債権者への所有権移転登記が経由された場合には，建物が債権者に引き渡されて債権者が同建物の使用又は収益を始める前は，いまだ実質的な建物の譲渡も民法612条1項にいう土地賃借権の譲渡又は土地転貸には至っていないものとして，賃借人たる借地権者（買戻特約付売買の売主又は譲渡担保権設定者）は譲渡等許可申立てをすることができるというべきである（東京地決昭44・2・19下民集20巻1＝2号56頁。なお，この場合に賃借人の債権者も賃借人に代位して申立てをすることができると解すべきことは前述のとおりである）。

　(c)　やや特殊な場合であるが，借地上建物が相続人以外の第三者に遺贈され

た場合（相続人に遺贈された場合は，その法形式はともかく，実質的には相続と同視すべきであるから民法612条1項にいう譲渡にあたらないと解すべきであることは前述したとおりである）は，遺贈の効力が生じた後，相続人又は遺言執行者による建物の引渡し及び所有権移転登記が経由される前に譲渡等許可申立てをすれば足りると解すべきである（前掲東京高決昭55・2・13は「建物の引渡し又は所有権移転登記に先立って」（承諾又は）許可を求めれば足りるとする。その趣旨はやや不明だが引渡し又は所有権移転登記のいずれかを了した後はもはや申立てはできないとする趣旨と解される。しかし，筆者は，本文で述べるとおり，引渡し又は所有権移転登記のいずれか一方がなされたにとどまるときは，なお申立てをすることが許されると解する）。

(d) 借地権者と借地上建物の所有者が異なり，後者が転借地権者でない場合に，これらの者が共同でした借地法9条ノ2の賃借権譲渡許可申立てを適法と判示した裁判例（大阪高決平2・3・23判時1356号93頁）があるが，やや疑問である（一般的には，借地上建物の所有者は，賃借譲受人ないし転借地権者と認めるべき場合が多いと思われる）。

(4) 申立ての趣旨

(a) 譲渡等許可申立ては，土地賃借権譲渡又は土地転貸の相手方となる賃借権譲受人予定者又は転借人（転借地権者）予定者を特定してなされなければならない。賃借権譲受人又は転借人がだれかという点も賃貸人（借地権設定者）に不利となるおそれがないかどうかの判断要素となるからである。

譲渡等の相手方は個人でも法人でもかまわないし，単独でも複数とする（すなわち複数の者に借地権又は転借地権を準共有させる）ことも問題ない。譲渡等の相手方の予定者を主位的にＡ，予備的にＢとするような譲渡等許可申立ても，Ａ及びＢのいずれかを選択的に譲渡等の相手方とするような申立ても許されると解する。

(b) 借地権の目的たる土地を特定して申し立てるべきはもちろんであるが，土地の一部についてのみ譲渡等許可申立てができるか否かについては議論がある（賃貸人の承諾があるときはそのような譲渡等ができることはもちろんである）。土地の広さや形状にもよるが，そのような土地賃借権譲渡又は土地転貸が賃貸人に不利となることも少なくないと思われる。いずれにせよ，前述のとおり，賃貸人の承諾を得て賃借権譲渡等をすることは可能であり，賃貸人の多少の不利

益は財産給付等で調整できるのであるから，申立てが不適法であるとまではいえないと解する（東京地決昭46・7・15判時648号86頁は不適法としているが，その理由を賃貸人に不利としているものであって，むしろ，（申立てを適法とした上で）棄却すべき事案であったと思われる。東京地決昭45・9・11下民集21巻9＝10号1293頁は借地の残存部の利用価値が著しく減殺されることを理由に，申立てを（適法とした上で）棄却し，東京地決昭46・6・16判タ267号352頁は，借地を2分割して2名の者へ賃借権を分割譲渡する旨の許可申立てを認容している）。

(c) 譲渡等許可申立てにおいて，土地賃借権の譲渡の許可を求めるものか，土地転貸の許可を求めるものかを明示すべきは当然である。ちなみに，実際上の譲渡等許可申立てのほとんどは（転貸許可申立てではなく）賃借権譲渡許可の申立てである。

(5) 「賃借地上建物を第三者に譲渡しようとする場合」であること（形式的要件）

(a) 借地権者（以下，本節においては，転借地権者である場合も同じ）は，一般には，借地上に建物を築造すべき義務はないが，借地上に建物が存在しない場合には「賃借権の目的である土地の上の建物を第三者に譲渡しようとする場合」（借地借家19条1項前段）にあたらないので（後述する大規模災害の場合を別として）譲渡等許可申立ては許されない。なお，転借地権が設定されている場合において，借地権者（転借地権設定者）が借地権設定者の承諾を受けて土地賃借権のみを第三者に譲渡することは理論上可能であるが，建物を所有していない借地権者は譲渡等許可申立てをすることができない。

(b) 大規模な災害の被災地における借地借家に関する特別措置法（以下「大規模災害特別措置法」という）に基づき政令で特定大規模災害として指定された地区において，当該災害によって建物が滅失した場合は，（建物が存在しないにもかかわらず）上記政令施行日から起算して1年以内に，借地権者は，裁判所に，借地借家法19条による賃借権譲渡又は土地転貸の許可を求めることができる（大規模災害5条）。

(c) 借地権者が建物を譲渡するにはその処分権限（一般には所有権）を有しなければならないことはもちろんである（なお，破産者である借地権者の破産管財人等も譲渡等許可申立てができることはもちろんであるが，借地非訟事件に特有のことで

はないので，これ以上触れない）。しかし，土地賃借権（借地権）を準共有する者の一部が賃借地上建物を所有する場合にも（前述のとおり賃借人全員により）譲渡等許可申立てをすることができる。

　(d)　実際上はほとんど考えられないことであるが，建物が存するのにその譲渡を伴わない譲渡等（すなわち，賃借権だけの譲渡又は賃借土地だけの転貸）許可申立ては許されない。

　(6)　**第三者が賃借権を取得し，又は転借しても借地権設定者に不利となるおそれがないこと**（実質的要件）

　(a)　借地の本来的な利用は，建物を所有することであるから，土地の利用方法に関する限り，建物所有者である賃借人（借地権者）がだれであるかによって賃貸人（借地権設定者）が特に不利になるという事態はあまり考えられない。

　しかし，建物譲受予定者が暴力団員であるというような場合，あるいは暴力団に事実上支配されている，いわゆる企業舎弟やフロント企業であるというような場合などの反社会的側面を有する場合には，その規範意識ないし遵法精神の欠如から，建物の無断増改築をしたり，条件違反の建物を築造するなども予想されるので，賃貸人に不利といえる。

　(b)　借地の利用に関しては，前述した，借地の一部譲渡ないし分割譲渡の適否が重要である。そもそも，賃借人の数が増えることは，（借地権の共同相続の場合はやむを得ないものの）賃貸人にとって従来より事務量が増え，わずらわしくなる点で，一般に不利といえる。また，土地の分割方法によっては，残存地の価値が下がる場合（例えば，借地の道路に面する部分と，道路に面しない奥地とに分割して，前者だけを賃借権譲渡の対象とするような場合）には，明らかに賃貸人に不利といえる。もっとも，「不利」の程度が低い場合には，財産給付や賃料増額等による利害調整が可能であるし，借地の一部の転貸許可申立ての場合には，転貸予定の土地が借地のどの部分であれ，一般には，賃貸人に不利となることはほとんどないと思われる。

　(c)　直接には借地の利用というよりはむしろ借地上建物の利用に関することであるが，建物譲受予定者が（建物の用途が制限されていない場合において）建物を売春宿などのいかがわしい目的で利用することが予想される場合や，正業ではあっても土地賃貸人と競業関係になるような場合には，やはり賃貸人に不利

といえる。

　(d)　建物譲受予定者の資力も，賃貸人にとって不利かどうかの判断要素となる。すなわち，土地賃借人となる者の資力が不十分であるため，将来の賃料不払いが懸念される場合には，（賃貸人としては土地賃貸借の解除等で，一応対策を講じることができるとはいえ）やはり賃貸人に不利となるおそれがあるといえる（ただし，転貸許可申立ての場合には，転借予定者の資力はあまり問題とはならないだろう）。

(7)　裁判所が考慮すべき事情
　(a)　裁判所が譲渡・転貸許可の裁判をするには，「賃借権の残存期間，借地に関する従前の経過，賃借権の譲渡又は転貸を必要とする事情その他一切の事情」を考慮しなければならない（借地借家19条2項）。

　(b)　「賃借権の残存期間」及び「借地に関する従前の経過」は，借地条件変更の裁判に関して述べたところと同じである。ただ，残存期間が短いことは，条件変更の裁判や増改築許可の裁判の場合に比べると，（更新の可能性の程度にかかわらず）賃貸人にはほとんど影響のないことであって，さして重要な考慮事情であるとは思われない（市川・前掲59頁は，賃借権の残存期間が短い場合につき，「借地権者がその借地を自己使用する必要性がある場合と異なり，第三者に譲渡して借地から離れようという場合であることを考えると，借地条件変更や増改築許可の申立てよりも，借地権者に厳格に考え得る余地もないではない。」と説くが，借地権者が借地関係から離脱すること自体が賃貸人（借地権設定者）にただちに不利になるとはいえないし，残存期間が短く，更新の可能性が低いことは，賃借権譲受人ないし転借人にとって不利な事情ではあっても，賃貸人にはほとんど影響のない事情というべきであろう）。

　(c)　考慮の中心となるのは，「譲渡又は転貸を必要とする事情」であろう。困窮のため建物を売却する必要があるとか，老齢のため息子の介護を受ける対価ないし謝礼の意味で建物を息子に贈与したい，などの事情が考えられる。単に，「買替え」により他の物件を購入して引越しを予定しているというような，強い必要性がないような場合にも，ことさら譲渡を不相当とする事情と考える必要はなく，賃貸人（借地権設定者）に特に不利となるおそれがないのであれば，広くかつ積極的に譲渡等許可申立てを認容すべきである。

(8)　付随的裁判
　(a)　裁判所が譲渡等許可申立てを認容する場合において，当事者間の利益の

衡平を図るため必要があるときは、「賃借権の譲渡若しくは転貸を条件とする借地条件の変更を命じ、又はその許可を財産上の給付に係らしめることができる。」(借地借家19条1項後段)。

原則的に鑑定委員会の意見を聴くべきこと(同条6項)、鑑定委員会に意見を求める前に当事者の陳述を聴かなければならないこと(借地非訟規17条2項)などは借地条件変更の裁判と同じである。

(b) **借地条件変更**

賃料の改定については、当事者がすでに賃料の増額又は減額の請求をしている場合や、明示的に増額又は減額を希望している場合には、譲渡等を条件として賃料額の改定がなされることがある。

借地権の存続期間の延長はなされないのが通例である(ちなみに、賃貸人の承諾により賃借権譲渡がなされる場合には、賃貸人と新賃借人が新たに土地賃貸借契約書を取り交わすなどして、新たに借地権を設定する場合と同様の存続期間を定める場合が少なくないが、もちろん、それが必要というわけではない)。

賃借地上建物の競売による土地賃借権譲受申立事件(借地借家20条)について、裁判所が付随的裁判として、申立人(賃借権譲受人)に敷金を差し入れるべき旨を命じることができる旨を判示した判例(借地借家法20条1項後段に関する最決平13・11・21民集55巻6号1014頁。同判決は、土地賃借権の移転が敷金関係の権利義務の承継を伴わないとする最判昭53・12・22民集32巻9号1768頁を前提としている)がある。その趣旨は、借地借家法19条による賃借権譲渡許可申立事件についてもあてはまるものであるから、賃借権譲受人に敷金の権利関係を承継させるべきことを条件とすることが可能かつ適切な場合もあろう(賃借権譲受人は譲渡等許可申立事件の当事者ではないので、譲受人に直接、敷金交付を命じることはできないが、譲受人からの敷金交付がなされることを譲渡許可の効力発生要件とすることは可能であろう。なお、借地契約では、敷金ないし保証金差入れの実例は少ない)。

(c) **財産給付**

条件変更の裁判でも増改築許可の裁判でも、実務上は、独立的に財産給付を命じるのではなく、財産給付を条件に条件変更又は増改築許可の効力を発生させる方法をとるのが通常であることは前述したとおりであるが、借地借家法19条1項後段はそのことを明定している。

東京地裁借地非訟部（民事第22部）では，借地権価格の10％相当額を財産給付（申立人である賃借人から相手方である賃貸人への支払）の基準としているが（植垣編・前掲書353頁），譲受予定者が賃借人の配偶者や子などの推定相続人である場合には──賃借人が死亡すれば当然に（「承諾料」等を支払う必要もなく）賃借権を取得できる関係にあるという事情を勘案して──これより相当低い額（借地権価格の3％前後が多いようである）を財産給付の額としている（植垣編・前掲書354頁参照）。

(9) 裁　　判（決定主文）

(a) 申立てが不適法な場合（申立ての形式的要件を欠く場合）には申立てを却下すべきであること，申立てが適法であっても申立ての実質的要件を欠く場合又は上記事情を考慮して譲渡等許可をすることが相当でない場合には申立てを棄却すべきであることは，他の借地非訟事件と同じである。

(b) 裁判所が申立てを認容する場合には，通常は，

> 申立人が，本裁判確定の日から3ヵ月以内に，相手方に対し○○万円を支払うことを条件として，別紙物件目録1記載の土地についての賃借権を，東京都○○区○○1丁目○番○号　甲野太郎に譲渡することを許可する。

という主文が掲げられる。賃料改定をする場合は，それも主文に加えられることはもちろんである。

(10) 定期借地権等

(a) 定期借地権等（借地借家22条ないし24条）も譲渡が可能であり，借地権が土地賃借権である場合（譲渡禁止特約のある地上権である場合も同じであると解する）には譲渡等許可申立てをすることができる。ただし，建物譲渡特約付借地権（借地借家24条）である場合には，やや複雑な問題が生ずる（荒木・前掲新講座(2)129頁参照）。

(b) 一時使用目的の借地権も譲渡が可能であり（借地借家法25条は同法19条，20条の適用を排除していない），借地権が土地賃借権である場合（地上権については前述のとおり）には，譲渡等許可申立てをすることができる。

(11) **他の借地非訟事件との関係**

　申立人たる土地賃借人は，譲渡等許可申立てと併合して条件変更又は増改築許可申立てをすることができる（賃借権譲受予定者は譲渡等許可申立事件の当事者ではないので，譲渡許可を条件として条件変更等の申立てをすることはできない。なお，賃借人が条件変更等の裁判を受けたときは，その効果は，許可にかかる賃借権譲受人に承継される）。

〔5〕 競売等に伴う土地賃借権譲受許可の裁判

(1) **競売等に伴う土地賃借権譲受許可の裁判制度の沿革と意義**

　(a)　賃借地上建物の競売又は公売（以下，両者をまとめて「競売等」という）に伴う土地賃借権譲受許可の裁判（以下，「買受人譲受許可の裁判」ないし「買受人譲受許可申立事件」という）の沿革及び意義は，譲渡等許可申立事件について述べたところと同じである。

　(b)　買受人譲受許可申立事件では，競売等により建物及び土地賃借権（賃借地上建物に設定した抵当権がその敷地の賃借権に及ぶことについては，最判昭40・5・4民集19巻4号811頁）が買受人に移転する時期（民執79条，188条により代金納付時）よりも前に（従前の）賃借人から借地借家法19条による譲渡等許可申立てをすることが手続上困難であるため，申立てが事後的にならざるを得ない点が特徴的なところである（なお，賃借地上建物の競売等による土地賃借権の譲渡は，公権力によるものであって，一般に背信性は認められない。したがって，民法612条2項による賃貸人の解除は許されない。東京高判昭54・12・11下民集30巻9～12号680頁参照）。

　(c)　また，賃借地上建物が競売等により譲渡される場合には，これに伴い土地賃借権は買受人に移転するものであるし，従前の土地賃借人（建物の前所有者）の賃借権を存続させる必要もないのであるから，転借許可申立ては認められていない。

(2) **買受人譲受許可申立事件の当事者**

　(a)　買受人譲受許可申立てをすることができるのは，賃借権又は転借地権の目的たる土地の上の建物を競売等により取得した買受人である（実際は，民事執行法に基づく競売による場合が多い）。

なお，先に，借地権が地上権である場合においてその譲渡又は土地転貸を禁止する特約があるときは，借地借家法19条を類推適用して地上権者も譲渡等許可申立てをすることができると解すべきことを述べたが，同特約がある場合にも買受人は地上権取得を土地所有者たる借地権設定者に対抗することができるのであるから，地上権について同法20条を類推適用する必要はない。

(b) 相手方となるのは土地賃貸人たる借地権設定者である。

転借地権の譲受けについて許可申立てをする場合において，(原)借地権が地上権である場合には，(原)借地権者だけを相手方とすれば足りるし，(原)借地権が土地賃借権である場合には，賃借権ないし転借権譲渡を承諾しない一方又は双方を相手方とする必要がある。

(c) 同じ地位に複数の者がいる場合については，譲渡等許可申立事件について述べたところと同じである。

(3) **申立ての時期**

(a) 買受人譲受許可申立ては，買受人が建物の代金を支払った後2ヵ月以内にしなければならない（借地借家20条3項。例えば，令和2年6月20日に代金納付をしたとすれば，同年8月20日までに申立てをしなければならない）。

(b) 上記期間内に賃貸人の承諾を求める旨の民事調停を申し立てた場合において，調停不成立（民調14条）又は調停に代わる決定（民調17条）が異議申立てによって効力を失った場合（民調18条4項）には，調停申立人がその旨の通知を受けた日から2週間以内に買受人譲受許可申立てをしたときは，調停申立時に買受人譲受許可申立てをしたものとみなされる（借地借家20条4項，民調19条）。

買受人が上記期間内に買受人譲受許可申立て（申立てをしたものとみなされる場合を含む）をしなかったときは，結局，買受人は，土地賃借権取得を賃貸人（借地権設定者）に対抗することができないこととなり，賃貸人は買受人に対し，建物収去土地明渡請求をすることができる（東京高判平17・4・27判タ1210号173頁）。もっとも，その場合，買受人は借地借家法14条により借地権設定者に対し地上建物等の時価による買取りを請求することができると解する。

(c) なお，買受人の代金納付よりも前に，土地賃貸借契約が賃借人の賃料不払い等を理由に解除されている場合がある。この場合には，譲り受けるべき土地貸借権が存在しないのであるから申立てをすることはできない（買受人は，

売主に対する担保責任を追及することができる場合がある。最判平8・1・26民集50巻1号155頁参照)。

(4) 申立ての趣旨

単に，目的たる土地を特定して，その賃借権（ないし転借権）の譲受けにつき許可を求める旨を記載すれば足りる。

(5) 「賃借地上建物を競売又は公売により取得した場合」であること（形式的要件）

(a) 「競売」は民事執行法による強制競売（民執45条以下），担保不動産競売（民執180条以下）及びいわゆる形式的競売（民執195条）をさす。「公売」は，国税徴収法に基づく滞納処分による差押財産の公売（国徴94条以下）等をさす。

(b) 仮登記担保権の実行又は譲渡担保権実行による賃借地上建物の（終局的，確定的な）所有権移転の場合には，借地借家法20条の類推適用はできない（仮登記担保権の実行につき東京高決昭56・8・26判時1016号70頁，譲渡担保権実行につき前掲大阪高決昭61・3・17参照）。

(6) 買受人が土地賃借権を取得しても賃貸人に不利となるおそれがないこと（実質的要件）

これについては，譲渡等許可申立事件について述べたところと同じである。

(7) 裁判所が考慮すべき事情（実質的要件）

買受人譲受許可申立事件についても，裁判所は譲渡等許可申立事件と同じ事情を考慮すべきこととされている（借地借家20条2項・19条2項）。

(8) 付随的裁判

裁判所は買受人譲受許可申立てを認容する場合において，当事者間の利益の衡平を図るため必要があるときは，「借地条件を変更し，又は財産上の給付」を命ずることができる（借地借家20条1項後段）。

(a) 財産上の給付については，譲渡等許可申立事件の場合と異なり，「その許可を財産上の給付に係らしめることができる」（借地借家19条1項後段）旨が明定されてはいない。実務上も，譲受許可と独立的に申立人（買受人）に財産給付を命じている。その基準が，借地権価格の10％とされていることは，譲渡等許可申立事件の場合と同じである（なお，買受人が負担すべき財産給付は，競売手続における賃借地上建物の評価の際に考慮される）。

(b) 裁判所は，借地借家法20条1項後段の付随的裁判の一つとして，相当な額の敷金を差し入れるべき旨を定め，申立人である買受人に対してその交付を命ずることができる（前掲最決平13・11・21）。

(c) そのほかは，基本的には，譲渡等許可申立事件の場合と変わらない。

(9) 裁　　判（決定主文）

(a) 申立てが却下又は棄却される場合については，譲渡等許可申立事件について述べたところと変わらない。

なお，申立期間を徒過したり，申立てを棄却された場合には，買受人は，借地借家法14条に基づき，賃貸人（借地権設定者）に対し建物等の時価による買取りを請求できると解する（賃借権である借地権自体が買取請求の対象とならないことはもちろんである）。

(b) 申立てを認容する場合は，通常は，

> 1　申立人が，別紙物件目録記載の土地についての賃借権を譲り受けることを許可する。
> 2　申立人は，相手方に対し，○○万円を支払え。

との主文が掲げられる。

賃料改定がなされるときは，それも主文に掲げられることはもちろんである。

敷金交付については，次のような主文例が（非公式に）示されている（前掲最決平13・11・21登載の判時1768号86頁（ほか）の冒頭コメント）。

> (1) 本件賃貸借契約から生ずる債務を担保するため，申立人は相手方に対して，敷金として○○円を差し入れるべきものとする。
> (2) 申立人は，相手方に対し，敷金として○○円を交付せよ。

(10) 定期借地権等

定期借地権等（借地借家22条ないし24条）である場合も，一時使用目的の借地権（借地借家25条）である場合も買受人譲受申立てができることは，譲渡等許可申立事件と同様である。

第5節　借地権譲渡・土地転貸　〔6〕借地権設定者の建物及び土地賃借権譲受等の裁判　275

(11)　他の借地非訟事件との関係

(a)　賃借地上建物の買受人が買受人譲受許可申立てと併合して，同許可を条件とする第三者への譲渡等許可申立てをすることは可能である。

(b)　同様に，買受人譲受許可申立てと併合して，同許可を条件とする条件変更又は増改築許可申立てをすることも可能であると解する。

〔6〕　借地権設定者の建物及び土地賃借権譲受等の裁判

(1)　借地権設定者の建物・賃借権譲受等の裁判制度の沿革と意義

(a)　譲渡等許可申立事件又は買受人譲受許可申立事件における賃貸人（借地権設定者）による賃借地上建物及び土地賃借権譲受け（又は土地転借）の裁判（以下「設定者譲受等の裁判」ないし「設定者譲受等申立事件」という）制度の沿革と意義は，譲渡等許可申立事件に関して述べたとおりである（この制度による賃貸人の権能を，実務上，「介入権」と呼ぶことが多い）。

(b)　この裁判は，賃貸人が希望するのであれば，賃貸人自らが土地賃借権譲渡等の相手方となることとしても，賃借人（ないし買受人）の投下資本回収という譲渡等の経済的目的は達せられるのであるから，賃貸人の優先的な建物等の買受けを認めることとしたものであるが，賃借人が近親者への建物譲渡を予定している場合など，賃借人の主目的が投下資本の回収ではない場合には，賃貸人の優先権は機能しなくなることがある。

(c)　また，この裁判は，あくまで譲渡等許可申立事件又は買受人譲受許可申立事件を前提としているものであるから，これらの申立てが取り下げられ，又は却下された場合には，設定者譲受等申立ても，その効力を失う（借地借家19条4項・20条2項）。

(2)　設定者譲受等申立事件の当事者等

(a)　設定者譲受等申立てをすることができるのは，譲渡等許可申立事件又は買受人譲受許可申立事件の相手方となっている賃貸人（借地権設定者）である（借地借家19条3項）。

転借地権が設定されている場合において，借地権者（転借地権設定者）と借地権設定者がともに譲渡等許可申立事件又は買受人譲受許可申立事件の相手方と

なっている場合は，そのいずれもが設定者譲受申立てをすることができるが，借地権設定者は借地権者の承諾を得なければ申立てをすることができない（借地借家19条7項ただし書・20条5項ただし書）。借地権者が自らは設定者譲受等許可申立てをしないにもかかわらず，借地権設定者の同申立てを承諾しない場合には，借地権設定者は借地権者の承諾なしに同申立てをすることができるとする見解（鈴木＝生熊・新版注釈民法(15)568頁）も有力であるが，そのような申立てが認容された場合には錯綜した権利関係が生じるので，やはり借地権者の承諾なしには同申立てはできないと解すべきである。逆に，借地権者が自ら同申立てをしていながら借地権設定者の同申立てを承諾する（あるいは，承諾をした後に同申立てをする）という事態も考えられる。その場合，裁判所は，理論上はいずれか一方の申立てを認容することができるが，借地権設定者の申立てについて借地権者の承諾を要件とした趣旨に鑑み，基本的には，借地権者の同申立てを優先的に扱うべきであろう。

　転借地権が設定されている場合において，借地権設定者のみが譲渡等許可申立事件又は買受人譲受許可申立事件の相手方となっている場合には，設定者譲受等許可申立てができるのは借地権設定者のみであるが，その場合にも同申立てをするには借地権者の承諾を要する。

　(b)　設定者譲受等申立事件の相手方となるのは，譲渡等許可申立事件又は買受人譲受許可申立事件の申立人である。

　なお，譲渡等許可申立事件に関して，複数の土地賃借人（借地権者）の一部のみが建物を所有する場合は，建物を所有していない者をも含めて賃借人の全員が申立人となる必要があると述べたが，設定者譲受等申立事件においても（建物のみならず，土地賃借権をも譲受けの対象となるので），やはり，賃借人全員を相手方とする必要があると解する。

　(c)　賃借土地と他の土地にまたがって建築されている建物を第三者に譲渡するために賃借人が借地借家法19条1項に基づく代諾許可申立てをした場合又はそのような建物を競売等で買い受けた第三者が同法20条1項に基づく代諾許可申立てをした場合，設定者譲受申立てをすることはできないとするのが判例である（借地借家法19条に関する最判平19・12・4判時1996号32頁（②事件），同法20条に関する最判平19・12・4民集61巻9号3245頁）。申立てにかかる賃借土地では

ない土地上の建物部分やその敷地利用権を譲渡する権限が裁判所に付与されていないことを理由とする。

(d) 設定者譲受等申立事件は，当然のことながら，譲渡等許可申立事件又は買受人譲受許可申立事件と併合して審理されることとなる（両事件の関係は，本訴と反訴の関係に類似する）ので，実務上は，設定者譲受等申立事件の当事者についても（先行する譲渡等許可申立事件等の呼称のまま）申立人（借地権設定者・賃貸人）を「相手方」，相手方（借地権者・賃借人）を「申立人」と呼ぶのが通常である（したがって，以下も，そのとおり呼ぶこととする）。

(3) **申立ての時期**

(a) 設定者譲受等申立ては，「裁判所が定める期間内」にしなければならない（借地借家19条3項前段・20条2項）。この期間を定める決定は相手方（賃貸人）に送達し又は口頭による告知をしなければならないが（借地非訟規12条2項），その期間の末日は，相手方が告知を受けた日から少なくとも14日以後としなければならない（同条3項）。

実務上は，譲渡等許可申立て又は買受人譲受許可申立ての適法性が認められると判断した段階で，裁判所が，審問期日において，鑑定委員会に意見を求める旨宣言するのと同時に，相手方に建物等譲受けの意思がある場合には一定期日（東京地裁借地非訟部では告知日から3週間程度としている例が多い）までに設定者譲受等申立てをするよう告知している（植垣編・前掲369頁）。

(b) 譲渡等許可申立事件又は買受人譲受許可申立てが取り下げられたとき又は同申立てが却下された後は，もはや設定者譲受等申立てをすることができない。なお，申立人は，設定者譲受等申立事件の裁判があるまでは自由に譲渡等許可申立て又は買受人譲受許可申立てを取り下げて設定者譲受等申立ての効力を失わせることができるが，設定者譲受等申立事件の裁判があった後は，相手方である賃貸人との合意がなければ，譲渡等許可申立て又は買受人譲受許可申立てを取り下げることができない（借地借家19条5項・20条2項）。

(4) **申立ての趣旨**

譲渡等許可申立事件又は買受人譲受許可申立事件について，同事件の建物を譲り受け，かつ，土地賃借権を自ら譲り受ける（又は転借する）ことを申し立てる（ただし，買受人譲受許可申立事件の場合には，相手方たる賃貸人は，自らが建物

及び土地賃借権を譲り受ける旨の申立てができるだけであって，土地の転借を受ける旨の申立てはできない）。

(5) **適法な，譲渡等許可申立て又は買受人譲受許可申立てがあること**（形式的要件）

これについては，すでに述べたとおりである。

(6) **裁判所の裁量**

(a) 設定者譲受等申立てがあった場合には，裁判所はそれを優先的に考慮すべきであることは前述のとおりであるが，常にそれを認容しなければならないわけではないことは，借地借家法19条3項（同法20条2項で準用）前段で「命ずることができる。」とされていることからも明らかである。

(b) 具体的には，土地賃借権の譲受け又は転借予定者が申立人である土地賃借人の近親者であって，投下資本回収が建物譲渡の主目的でないような場合には，設定者譲受等申立てを認容すべきでない場合が多いと思われる（前掲東京高決昭55・2・13）。このような場合には，申立てを棄却することとなる。

(7) **相当の対価又は転貸条件と義務の同時履行**

(a) 裁判所は，設定者譲受等許可申立てを認容する場合には「相当の対価及び転貸の条件を定めて」相手方（賃貸人）への譲渡又は転貸を命ずることができる（借地借家19条3項前段・20条2項。「転貸条件」が，転貸許可申立てに対する相手方の転借申立ての場合にしか問題とならないことはもちろんである）。

建物及び土地賃借権を相手方（賃貸人）に譲渡すべき旨を命ずる場合の「相当の対価」は，借地権価格と建物価格の合計額から土地賃借人（借地権者）が借地権を第三者に譲渡する際に賃貸人（借地権設定者）に支払うべき承諾料相当額——借地権価格の10％相当額が基準となる——を控除した額とするのが一般である（なお，建物が賃貸されており，賃借人がその賃借権を建物譲受人である借地権設定者に対抗することができる場合には，借地権設定者が賃貸人たる地位を承継することになる。賃借人が敷金を差し入れている場合には，上記算定額から借家権価格や賃貸人が承継して負担することとなる敷金返還債務額を差し引くものとされている）。

(b) 裁判所が，設定者譲受等許可申立て（賃借権譲受申立ての場合）を認容する場合には，申立人と相手方の義務を同時履行の関係におくため，通常，申立人の建物所有権移転登記手続（所有権行使を阻害する抵当権等が設定されているとき

は，その抹消登記手続等も命じられる。植垣編・前掲377頁）及び建物引渡し（明渡し）と相手方の代金支払を，引換給付としてこれを命じている。

(8) **裁判（決定主文）とその効果**
(a) 相手方の設定者譲受等申立てが，裁判所の定めた期間を徒過してなされた場合，その他不適法な場合には却下されるし，裁判所の裁量により，同申立てを認めることが相当ではないと判断するときは，申立てを棄却する。
(b) 申立てを認容するときは，通常，

> 1 申立人から相手方に対し，別紙物件目録1記載の土地についての賃借権及び同目録2記載の建物を代金〇〇万円で譲渡することを命ずる。
> 2 申立人は，相手方から前項の代金の支払を受けるのと引換えに，前項の建物について，所有権の負担となる一切の登記の抹消登記手続をしたうえで，相手方に対し，所有権移転登記手続をし，かつ同建物を引き渡せ。
> 3 相手方は，申立人に対し，申立人から前項の所有権移転登記手続及び建物引渡しを受けるのと引き換えに，第1項の代金〇〇万円を支払え。

とする主文を掲げる（別の主文例について市川・前掲67頁参照）。
(c) 設定者譲受許可申立てを認容するときは，譲渡等許可申立て又は買受人譲受許可申立ては当然に失効するので（東京高決昭55・5・16判時968号65頁），これについては主文に掲げられることはない。

(9) **定期借地権等**
定期借地権等（借地借家22条ないし24条）である場合も，一時使用目的の借地権（借地借家25条）である場合も，譲渡等許可申立て又は買受人譲受許可申立てができることは前述のとおりである。したがってまた，これらの場合にも，設定者譲受等許可申立てをすることができる。

第6節　土地の譲渡

〔1〕　総　　説

(1)　土地譲渡の可否

(a)　借地権設定者である土地所有者が借地権の目的たる土地（以下，本節では単に「土地」というときは，「借地権の目的たる土地」をさす。借地権との関係で，「底地（権）」と呼ばれることもある）を第三者に譲渡することは，法令又は契約で制限されているような場合（法令による土地譲渡の制限の例としては，国土利用計画法14条1項による規制がある。ちなみに，土地が農地である場合には，農地法3条等による権利移転の制限があるが，現況が宅地である場合には同条は適用されない。約定による土地譲渡制限の例としては，金融機関を抵当権者とする抵当権者設定契約において，通常，抵当不動産の譲渡には抵当権者の承諾を要するものとしている場合をあげることができるが，このような約定の有効性には疑問がないでもないし，有効であるとしても債権的効力が認められるだけであるから，その約定の効力を所有権移転登記を経由した譲受人には対抗することができない）を別にして，自由である。

(b)　土地が強制競売（民執45条以下），担保不動産競売（民執180条以下），若しくは形式的競売（民執195条），又は滞納処分等における公売における売却により買受人に譲渡された場合も，任意に土地が譲渡された場合と同じ問題が生じる（以下，特に断らない限り，「譲渡」は競売等による場合を含み，「土地譲受人」は競売等による土地買受人を含むものとする）。

(2)　土地譲渡に関する問題点

(a)　土地が譲渡された場合には，まず借地権者（ないし転借地権者）が自己の借地権（ないし転借地権）を土地譲受人に対抗することができるかが重要な問題となる。

これに関連して，借地権（ないし転借地権）を土地譲受人に対抗することができない場合に生ずる権利関係ないし紛争処理の問題がある。

(b)　土地の譲渡に伴い，借地権設定者たる地位を承継するかどうか，その場合に，借地権設定者たる地位の承継を借地権者（ないし転借地権者）に当然に対

抗することができるのかどうか，また，土地譲受人がどのような権利義務を承継するのかも検討する必要がある。

〔2〕 借地権の対抗力

(1) 借地権の対抗力の意義

(a) 借地権者がその借地契約（地上権設定契約・土地賃貸借契約）の相手方である借地権設定者及びその相続人等の包括承継人に対して自己の借地権を主張し得ることは当然であるが，土地の譲受人等第三者に対しても自己の借地権を主張し認めさせることができるかどうかは別問題である。第三者に対して自己の借地権を主張し認めさせることができる権能を，「借地権の対抗力」という。借地権が対抗力を有するには一定の要件（対抗要件）を具備する必要がある。

具体的には，借地権の設定を受け，その対抗要件を具備した場合には，その後に土地が売買されたり，土地に抵当権が設定されたりした場合にも，借地権者は，土地の買主や（抵当権実行としての競売による）買受人等に対し，自己の借地権を主張し認めさせて，買主や買受人等の土地明渡請求を拒むことができる。

(b) 借地権を対抗することができるかどうかは，借地権の対抗要件の具備と土地に関する他の物権変動についての対抗要件具備との先後関係で決まる。すなわち，借地権の対抗要件具備が所有権移転登記や抵当権設定登記等より先であれば，土地譲受人や土地買受人に自己の借地権を対抗することができるが，逆の場合には，借地権を対抗することができない（これについての例外として，民法旧395条によるいわゆる短期賃借権保護の制度があったが，平成15年民法改正で，この制度は廃止された。これについては後述する（(7)(b)））。

(2) 地上権設定登記・土地賃借権設定登記による対抗

(a) 借地権の対抗要件として民法が予定しているのは，（借地権が地上権である場合の）地上権設定登記（民177条，不登3条2号・78条）及び（借地権が土地賃借権である場合の）土地賃借権設定登記（民605条，不登3条8号・81条）である。

(b) これらの登記は，権利設定の登記であるから，登記権利者である借地権者と登記義務者である借地権設定者との共同申請によるのが原則である（不登

60条)。

　借地権が地上権である場合には，地上権者は，物権の取得者として，土地所有者に対して地上権設定登記手続を請求することができる（土地所有者が任意に応じない場合には，登記手続をすべき旨の確定判決を得て，単独で登記を申請することができる。不登63条1項）。

　しかし，借地権が土地賃借権である場合（実際上，借地権のほとんどが土地賃借権であることは繰り返し述べたとおりである）には，特約がない限り，賃借人には賃貸人に対し賃借権設定登記手続を請求する権利がなく，賃貸人としてもこれに応ずる利点はほとんどないので，実際上も（債権担保の目的でなされる場合を別にすれば）賃借権設定登記がなされることは稀である。

(3) 建物の登記による対抗

(a) 沿革と意義

　前述のとおり，実際上借地権のほとんどを占める土地賃借権では賃借権設定登記がなされることがほとんどなく，借地権を土地譲受人に対抗する手段がなかったため，借地権を覆滅させる目的で土地を売買するようなことがしばしば行われていた（このような売買は，「地震売買」と呼ばれていた）。そこで，借地権者を保護して借地の安定した利用を図るため，明治42年に建物保護ニ関スル法律（建物保護法）が制定，施行され，借地権者が借地上に登記した建物を有するときは（これによって，土地について取引をしようとする者は，その土地に借地権の負担があることを推知できるので）借地権を第三者に対抗することができることとされた（同法1条）。そして，この制度は，借地借家法10条1項にそのまま踏襲された（なお，建物保護法は借地借家法施行時に廃止されたが，建物保護法によって得られた借地権の対抗力は妨げられない。借地借家附則2条・4条）。

　実際上，借地権の対抗力は，ほとんど建物の登記によるものである。

　なお，建物の表示登記及び保存登記は，借地権者である建物所有者が単独で申請することができるし，所有権移転登記はその譲渡人及び譲受人の共同申請によってできるので，いずれも借地権設定者の協力，関与を要しない。

(b) 建物登記の意義

　「登記されている建物を所有する」（借地借家10条1項）とは，借地権者がその建物の所有権を有することを示す登記，すなわち所有権保存登記又は所有権移

転登記の経由された建物を所有していることを意味する。

しかし，建物の表示登記のみが存し，保存登記が経由されていない場合にも，その表示登記に借地権者を所有者とする記載がある場合（不登27条3号）には，（やはり，これによって土地の取引をしようとする者は借地権の存在を推知できるので）借地権の対抗力を有するとするのが判例（最判昭50・2・13民集29巻2号83頁）である（今日，異論は見当たらない）。

(c) **所在，構造，床面積等の不一致**

建物の表示登記における建物の所在，地番が，実際にそれが存する土地の所在，地番と正確には一致しない（いわば，ずれている）ことは珍しくないが，建物の他の記載と相まって，更正登記が許される程度の軽微な差異にすぎず，その建物の同一性を認識し得る場合には，借地権はその建物登記によって対抗力を有する（最大判昭40・3・17民集19巻2号453頁）。

やはり建物の表示登記における建物の種類，構造，床面積の記載が，（登記時の過誤によって，又は登記後の増改築や自然現象による一部倒壊等によって）実際のそれと異なっている場合は少なくないが，この場合も，建物の同一性を認め得る限り，借地権の対抗力を有する（最判昭39・10・13民集18巻8号1559頁）。

(d) **所有名義の相違**

借地権者が，その所有する建物を，税金対策や相続対策として，妻や子など近親者の所有名義としている例は巷間よく見られるところであるが，判例は，このような他人名義の建物をもってしては借地権を対抗することができない旨を繰り返し判示している（最大判昭41・4・27民集20巻4号870頁（長男名義），最判昭47・6・22民集26巻5号1051頁（妻名義），最判昭47・7・13判時682号23頁（同），最判昭58・4・14判時1077号62頁（養母名義））。これに反対する見解も有力であるが，安易に近親者名義の建物登記（それは，実体を反映していない無効な登記であるといえる）による対抗力を認めると，「他人」との区別が判然としないため土地取引の安全を害することとなるし，近親者への無断の土地賃借権譲渡・土地転貸（これらについても賃貸人の承諾又は裁判所の代諾許可が必要であることは前述したとおりである）を許す結果となりかねない。判例に賛成する。

もっとも，借地上建物とともに借地権を相続したものの，建物の相続登記が未了であるというような場合には，被相続人名義の有効な建物登記により対抗

力が維持されているといえる（大判昭15・7・11新聞4604号9頁。前掲最判昭50・2・13参照）。建物とともに適法に借地権譲渡がなされたものの，建物の所有権移転登記が未了である場合もこれと同視してさしつかえない。

やや問題であるのは，建物の譲渡担保権設定による所有権移転登記が経由された場合である。この場合も，実体上無効な登記がなされているわけではないので，譲渡担保権設定者である借地権者は，譲渡担保権者への所有権移転登記を援用して自己が実質的に保有する借地権を第三者に対抗することができると解すべきである（東京地判昭57・3・12判タ475号118頁。ただし，最判昭52・9・27金判537号41頁はこれを否定する）。

(e) **対抗力の及ぶ範囲**

建物登記による対抗力が及ぶ土地範囲は，原則として，その敷地の表示として記載されている土地（更正登記の許される範囲においては敷地の適法な表示がされているものとして扱うべきことは前述のとおり）に限られる（最判昭44・12・23民集23巻12号2577頁。なお，最判平9・7・1民集51巻6号2251頁参照）。

もっとも，建物登記によりすでに対抗力が及んでいる1筆の土地を借地権設定者（土地所有者）が分筆し，建物の存していない（分筆後の）土地を第三者に譲渡したような場合には，借地権者はその譲渡にかかる土地についても借地権を対抗することができる（最判昭30・9・23民集9巻10号1350頁）。

(4) **建物が滅失した場合における掲示による対抗等**

(a) **沿革と意義**

前述のとおり，建物登記によって借地権を対抗することができるものの，建物が滅失した場合には（たとえ滅失登記により登記簿が閉鎖されることなく，建物登記がそのまま残っていたとしても，その登記は実体を反映しない無効なものであるから）建物登記により借地権を対抗することができなくなる。そこで，借地借家法は，新たな対抗要件として，「（登記された）建物の滅失があっても，借地権者が，その建物を特定するために必要な事項，その滅失があった日及び建物を新たに築造する旨を土地の上の見やすい場所に掲示するとき」は，なお，借地権の対抗力が維持されるものとした（借地借家10条2項本文）。

この規定は，旧借地権（借地借家法施行前に設定された借地権）に基づく借地上の建物が借地借家法施行後に滅失した場合にも適用される（借地借家法附則8条

の反対解釈）。

(b) **建物の滅失**

掲示による借地権の対抗力が維持されるには，もともと建物登記により借地権の対抗力を有していたことが必要である（換言すれば，表示登記もない建物が滅失した場合には，掲示による借地権の対抗力は認められない。なお，地上権設定登記又は土地賃借権設定登記が経由されているときは，それによって，建物滅失後の借地権の対抗力が維持されているので，建物登記もそれに代わる掲示も必要ないことはもちろんである）。

「滅失」は，自然災害によるものも，人為的なもの（取壊し）も含む。朽廃による場合も含まれるが，旧借地権の存続期間について当事者間の有効な定めがないために法定期間とされた場合において，その期間中に建物が朽廃したときは借地権が消滅するので（借地2条1項但書・5条1項，借地借家附則5条），もはや借地権の対抗力を論じる余地はない。

(c) **掲示の方法**

掲示すべき内容は，①滅失した建物を特定するために必要な事項（建物の表示登記に記載された所在，家屋番号，種類，構造，床面積を記載すれば足りるが，実際のそれと異なるときは，それも併記したほうが適切であろう），②建物の滅失日，③建物を新たに築造する旨（築造予定の建物の内容を詳細に記載する必要はない）である（借地借家10条2項本文）。いずれかを欠いた場合や一部不正確な記載があった場合も，滅失建物を特定することができ，再築予定であることを読みとることができる場合には対抗力を認めてさしつかえない。

掲示は，「土地の上の見やすい場所」にしなければならない。

(d) **掲示の効果**

上記の掲示をしているときは，建物の滅失日から2年間だけ対抗力が維持される（借地借家10条2項ただし書。その2年間に建物を築造し，かつ，建物登記を経由したときは，そのまま対抗力が存続する）。

建物の滅失後，上記の掲示をする前に土地が第三者に譲渡されたような場合や，いったん掲示をしても，それが撤去等で掲示されていない状態になったときは，もはや借地権を対抗することはできない（東京地判平12・4・14金判1107号51頁）。

(e) なお，大規模災害特別措置法4条は，同法が適用される地域においては，建物滅失後も特定大規模災害としての政令施行時から6ヵ月を経過する日までは借地権の対抗力を失わないものとし，借地権者が借地借家法10条2項に規定する，再築する旨の掲示をしたときは，同政令施行日から3年を経過するまでは借地権の対抗力が維持されることとしている（大規模災害4条）。

(5) 転借地権が設定されている場合

(a) 転借地権の対抗力

適法に設定された転借地権（借地借家2条4号）についても，借地権について前述した対抗要件を具備しているときは，転借地権者（同条5号）が第三者に転借地権を対抗することができることは問題ない。

建物が（原）借地権者の所有名義のままである場合，その他，（原）借地権については対抗要件を具備しているものの転借地権については対抗要件を具備していない場合にも，転借地権者は（原）借地権者の借地権を援用して自己の転借地権を第三者に対抗することができる（最判昭39・11・20民集18巻9号1914頁）。

(b) （原）借地権の対抗力

（原）借地権の対抗要件が具備されているときは，（原）借地権者が自己の（原）借地権を第三者に対抗することができることは問題がないし，適法な転借地権についてその対抗要件が具備されている場合（例えば，転借地権者がその所有名義の建物を所有している場合）も，（原）借地権の対抗力が維持されていると解してさしつかえない。

(6) 定期借地権等の対抗力

(a) 借地権の対抗力について前述したことは，借地権が定期借地権等（借地借家22条・23条・24条）である場合又は一時使用目的の借地権（借地借家25条）である場合も変わるところはない。

ただ，一般定期借地権（借地借家22条）である場合又は存続期間を30年以上50年未満とする事業用借地権で更新をしないこととする特約がある場合（借地借家23条1項による事業用定期借地権）には，借地借家法22条前段又は同法23条1項による特約を借地権設定登記（地上権設定登記又は土地賃借権設定登記）に記載することとされている（不登78条3号・81条8号）。同様に，存続期間を10年以上30年未満とする事業用借地権（借地借家23条2項）である場合には，事業用建

物所有目的であることを借地権設定登記に記載することとされている（不登78条4号・81条7号）。そこで，まず，これらの定期借地権が譲渡された場合に借地権設定者が借地権譲渡人に定期借地権であることを対抗することができるかが問題となる。これらの定期借地権である場合も，建物登記によって借地権を第三者に対抗することができるし，借地権設定者が協力しなければ借地借家法22条又は同法23条1項による特約の記載や事業用建物所有目的である旨の記載を伴う借地権設定登記手続もできないことからすると，借地権設定者は，借地権設定登記がなされていない場合も，また借地権設定登記がなされているものの上記特約登記又は事業用建物所有目的である旨の記載がない場合にも，借地権譲受人に対してこれらの定期借地権であることを対抗することができるものと解する（荒木・前掲新講座(2)127頁，136頁）。

(b) 一般定期借地権又は事業用定期借地権等が設定された土地が譲渡された場合も，同様に，借地権設定登記及び借地借家法22条，同法23条1項による特約の記載又は事業用建物所有目的である旨の記載がなくとも，土地譲受人は，借地権がこれらの定期借地権であることを借地権者に対抗することができると解する（荒木・前掲新講座(2)128頁，136頁）。

(7) **抵当権実行としての担保不動産競売による土地譲渡の場合**
(a) **借地権と抵当権の対抗関係**

借地権について対抗要件を具備した後に，土地について抵当権が設定された場合には，借地権者は，その抵当権実行としての不動産競売において土地を買い受けた者（買受人）に借地権を対抗することができることは前述のとおりである。

この場合，対抗問題が生じるのは，抵当権設定登記時であって，その時点ですでに借地権の対抗要件が具備されている場合には，その後に建物が滅失したり，従前建物について滅失登記がされていたとしても，借地権者は借地権を買受人に対抗することができる（東京高判平12・5・11金判1098号27頁。なお，東京高決平13・2・8金判1120号30頁参照）。

(b) **短期賃借権の保護**

抵当権設定登記後に借地権が設定された場合はもとより，抵当権設定登記前に借地権が設定されたものの同登記前に借地権の対抗要件を具備していなかっ

たときは，借地権を抵当権者に（したがってまた，競売による買受人にも）対抗することができない。

　しかし，かつては，本来抵当権者に後れる借地権である場合も，一定の要件を満たす場合には，短期賃借権として保護され，抵当権者（ないし買受人）にその期間だけは借地権を対抗することができるとする制度（民旧395条本文による短期賃借権保護制度）が設けられていた。この制度は，平成15年民法改正によって廃止されたが，経過措置により，同改正法施行時（平成16年4月1日）に存する短期賃貸借については，なお従前の例による（担保物権及び民事執行制度の改善のための民法等の一部を改正する法律附則5条）とされていた。すでに，同改正法施行時から16年余が経過し，上記経過措置が適用される事態は考え難いので，これに関する説明は割愛する。

　(c)　**賃借権優先同意による対抗**

　短期賃借権保護制度の廃止と同時に，賃借権優先同意に関する制度（民387条）が創設された。登記をすることのできる不動産賃貸借全般を対象とするものであるが，実際に問題となるのは主として建物賃貸借に関する場合と思われるので，次章第5節〔4〕で述べる。

　(8)　**借地権を土地譲受人に対抗することができない場合**

　(a)　借地権者が借地権を土地譲受人に対抗することができない場合には，土地譲受人は借地権者（土地譲受人に対する関係では借地権者であるとはいえないが，便宜上，以下も「借地権者」という）に対し建物収去土地明渡しを請求することができるのが原則である。

　(b)　土地譲受人が借地権が存することを認識し，借地権の負担があることを前提としてその土地を時価よりも著しく低廉な価格で（つまりは，いわゆる底地権価格で）買い受けていながら，たまたま借地権が対抗力を有しないことを奇貨として，借地権者に対し建物収去土地明渡しを請求するような場合には，その請求が権利の濫用にあたるものとして許されない場合がある（借地権が対抗力を有しない場合に，土地譲受人の借地権者に対する建物収去土地明渡請求を権利の濫用にあたるとして認めなかった判例として，最判昭38・5・24民集17巻5号639頁，最判昭43・9・3民集22巻9号1817頁，最判昭44・11・21判時583号56頁，前掲最判平9・7・1など）。

もっとも，借地権が対抗力を有していないことを知りながら土地の譲渡を受けた場合には，建物収去土地明渡請求が常に権利濫用とされるわけではない。特に土地を競売によって買い受ける場合には，物件明細書において，建物所有者である土地占有者が占有権原（借地権）を買受人に対抗することができない旨が記載されるので，買受人の借地権者に対する建物収去土地明渡請求が権利濫用として排斥される事態はほとんど考えられない（この場合，競売土地は借地権の負担のないものとして評価される）。

(c) 借地権者に対する建物収去土地明渡請求が権利の濫用として許されない場合の法律関係

　土地譲受人に借地権を対抗できないにもかかわらず，土地譲受人の借地権者に対する建物収去土地明渡請求が権利の濫用にあたるとして許されない場合にも，当然に，借地権者の占有が土地譲受人に対する関係で適法となるわけではない（すなわち，土地譲受人に対する関係で借地権の対抗力を有するわけではない）。したがって，土地譲受人は，借地権者の土地占有を，不法占有として，借地権者に対し不法行為に基づく損害賠償を請求することができる（最判昭43・9・3判時536号48頁）。借地権者の土地についての使用収益を不当利得であるとして，借地権者に対しその返還請求をすることも可能である。

〔3〕 土地譲渡に伴う借地権設定者たる地位の承継

(1) 借地権設定者たる地位承継の有無

　(a) 借地権が地上権である場合において，借地権者がその借地権を土地譲受人に対抗することができる場合には，土地譲受人は，当然に，借地権設定者（地上権設定者）たる地位を承継する。借地権者がその借地権を土地譲受人に対抗することができない場合には，土地譲受人は借地権設定者たる地位を承継する必要はないが，承継することも問題ない。

　(b) 借地権が土地賃借権である場合には，（土地賃貸人たる地位は常に土地所有権と不離一体のものというわけではないのであるから）土地譲渡に伴って当然に借地権設定者たる地位をも譲渡されるものではないが，当事者（土地譲渡人・土地譲受人）の一般的な意思解釈としては，（借地権者がその借地権を土地譲受人に対抗す

ることができる場合には）賃貸借の目的たる土地の譲渡に伴って土地賃貸人（借地権設定者）たる地位も譲渡したものと解することができる（荒木新五「判批」判タ765号（平3）71頁）。

　もっとも，判例は，目的物件（土地又は建物）の所有者である賃貸人が目的物件を譲渡したときは，特段の事情のない限り賃貸人の地位も移転すると解し（（建物賃貸借に関する）最判昭39・8・28民集18巻7号1354頁ほか。民法605条の2第1項で明文化された），単に当事者間で賃貸人たる地位を旧所有者（目的物件の譲渡人）に留保する旨を合意しただけでは，上記「特段の事情」がある場合にはあたらないとしていた（平成29年改正民法605条の2施行前，（建物賃貸借に関する）最判平11・3・25判時1674号61頁）。

　(c)　不動産の譲渡人及び譲受人が，賃貸人たる地位を譲渡人に留保する旨及びその不動産を譲渡人に賃貸する旨の合意をしたときは，賃貸人たる地位は譲受人に移転しない（民605条の2第2項前段）。この場合において譲渡人と譲受人又はその承継人との間の賃貸借が終了したときは，譲渡人に留保されていた賃貸人たる地位は，譲受人又はその承継人に移転する（同項後段）。

(2)　**借地権者の承諾の要否**

　(a)　借地権が地上権である場合には，前述のとおり，（借地権を土地譲受人に対抗することができる場合には）土地の譲渡に伴って当然に地上権設定者（借地権設定者）たる地位を承継することになるので，これについて地上権者（借地権者）の承諾の要否，有無を論じる余地はない。

　(b)　借地権が土地賃借権である場合には，前述したとおり，その目的たる土地の譲渡が当然に賃貸人（借地権設定者）たる地位の譲渡を伴うものではないが，賃貸人（借地権設定者）の中心的な債務である，賃借人に土地の使用収益をさせる債務は，それをだれが負担するかによって影響を受けるものではないので，（双務契約上の地位の移転は債務の移転を伴うものであるから，一般には相手方の承諾を要するが）賃貸物件の譲渡とともに賃貸人たる地位を譲渡する場合には，賃借人（借地権者）の承諾を要しない（最判昭46・4・23民集25巻3号388頁）。このことは，平成29年改正民法（令和2年4月1日施行）により明文化された（民605条の2第1項。なお，前述のとおり，不動産の譲渡人と譲受人との間の合意により賃貸人の地位を譲渡人に留保することも可能である。同条2項）。

(3) 借地権設定者たる地位承継の対抗

　借地権設定者たる地位の承継を借地権者に対抗するには，土地について所有権移転登記を具備する必要があるとするのが判例である（最判昭49・3・19民集28巻2号325頁。なお，最判昭33・9・18民集12巻13号2040頁は，賃貸建物の譲渡に伴う賃貸人の地位承継を賃借人に対抗するのに，賃借人への通知を要しないとする）。このことも平成29年改正民法により明文化された（民605条の2第3項）。

(4) 借地権設定者たる地位承継の効果

(a) 敷金返還債務

　敷金に関する法律関係は，借地契約（地上権設定契約・土地賃貸借契約）とは一応別個のものであるが，その返還債務は借地権設定者の地位と密接な関係にあるものだから，借地権設定者の地位の承継があったときは，その敷金債務（借地権者の旧借地権設定者に対する未払賃料等の債務があるときはそれを控除する）は新借地権設定者である土地譲受人に承継される（（建物賃貸借における敷金に関する）最判昭44・7・17民集23巻8号1610頁）。このことも，平成29年改正民法で明文化された（民605条の2第4項）。

(b) そ の 他

　借地契約に含まれる権利義務ないし諸条件（例えば，賃料についての取立債務の約定）も，特段の事情のない限り，借地権設定者の地位の譲渡に伴って新借地権設定者に承継される（最判昭39・6・26民集18巻5号968頁）。

　なお，建物譲渡特約付借地権（借地借家24条）の目的土地が譲渡された場合，別段の合意がない限り同特約上の地位も譲渡されたものと解してよい（荒木・前掲新講座(2)130頁以下参照）。

第7節　借地権又は土地の相続

〔1〕　借地権の相続

(1) 借地上建物と借地権の相続性

　借地上建物と同様，借地権も不動産に関する権利として相続財産となることは異論がない。すなわち，被相続人がその相続開始時に有していた借地上建物

も借地権（ないし借地権設定者との間の借地契約上の借地権者たる地位）はこれと一体と考えてさしつかえない。その相続開始時に当然に相続人に，包括承継される（相続人が相続放棄をした場合には，初めから相続人とならなかったものとみなされる。民939条）。転借地権者について相続開始があった場合も同じである（なお，適法な転借地権が設定され，土地上に転借地権者所有の建物があるにすぎないときは，借地権者の相続人は，借地権と，これと一体化した借地権者たる地位及び転借地権設定者たる地位を承継する）。

相続によるこれらの権利承継については，（借地権が地上権であるか土地賃借権であるかを問わず）対抗問題を論じる余地はない。

(2) 共同相続の場合

(a) 遺言による指定又は遺産分割による借地権等の帰属

借地権者の相続人が複数存する場合（すなわち，共同相続となる場合）において，借地権者の遺言により，建物とその敷地の借地権を相続すべき者が指定されている場合（その遺言は，遺産分割方法を定めた遺言と解される。最判平3・4・19民集45巻4号477頁参照）には，借地権者が死亡した時（遺言の効力発生時。民985条1項）に，その指定された者が当然にそれらの権利を相続する。

遺産分割により，建物と借地権の相続人が定められた場合も同様に，相続開始時に遡って，その相続人とされた者がそれらの権利を相続することとなる（民909条本文）。

遺言又は遺産分割において，建物の相続人を定めるのみで，その敷地の借地権の相続人を定めていなかった場合には，特段の事情のない限り，建物の相続人が（建物の従たる権利として）借地権をも相続する（その関係は建物の譲渡の場合と同様である）。遺言又は遺産分割により，借地権を複数の者に相続させ，建物をその中の一部の者に相続させる（例えば，AとBに借地権を相続させ，建物はAのみに相続させる場合）ことは問題ないが，借地権を相続しない者に建物を相続させる場合（例えば，Aに建物を，Bに借地権をそれぞれ相続させる場合や，AとBに建物を相続させ，Aのみに借地権を相続させる場合）には，借地権を有しない建物所有者（ないし共有者）を生じさせ，借地権者も建物登記によって借地権を対抗することができないという不都合を生じる。

借地権者に地代等支払義務があるときは，借地権の相続人が，相続開始時か

らの地代等支払債務を負担することになるのは当然である（なお，相続開始時までの未払地代等債務は，相続人間でその負担者や負担割合を定めたとしても，債権者である借地権設定者に対抗することができない）。

敷金返還請求権は借地権と一体として処分しなければならないものではないが，遺言又は遺産分割において借地権の相続人を定めたときは，特段の事情のない限り，借地権の相続人に敷金返還請求権をも承継させる趣旨と解してよいだろう（ただし，借地人でない者に敷金返還請求権だけを相続させることはさしつかえないだろう）。

(b) **地代等支払債務**

借地権者に地代等支払義務がある場合（借地権が地代支払約定のある地上権である場合又は土地賃貸借である場合）には，借地権を共同相続した者（遺産分割前である場合，及び，遺産分割により複数の相続人が相続することとされた場合）は，地上権設定者に対して相続後の地代等支払債務を負うが，その関係は不可分債務（民430条）である（大判大11・11・24民集1巻670頁。なお，相続によらない共同借地権者である場合も同じである。ただし，東京地判平7・6・7判時1560号102頁は，地上権付区分所有建物についての区分所有者は自己の有する地上権の持分割合に対応する地代を支払えば足りるとする）。すなわち，借地権設定者は，借地権者の1人に対して，又は全員に対し，同時又は順次に，全額の地代等を請求することができる。

(c) **敷金返還請求権**

敷金返還請求権を共同相続した場合に，これを分割債権とみるか不可分債権とみるかは問題がある。すでに土地の明渡しを了し，敷金返還請求権の期限が到来した（あるいは，発生した）後に相続が生じた場合には，これを分割債権と解してよいが，相続時には借地契約が存続し，又は土地明渡しを了していなかったという場合には，土地明渡義務の不可分性，共同借地権者の敷金返還債務の不可分性等との均衡から敷金返還請求権の準共有者間においても，これを不可分債権とみるのが適切である。

〔2〕 土地の相続

(1) 借地権設定者たる地位の承継

借地権の目的たる土地の相続があったときは，それに伴って借地権設定者たる地位も当然に承継される。

(2) 共同相続の場合

(a) 遺言等

遺言により，又は遺産分割により土地の相続人を定めたときは，その相続人が相続開始時から借地権設定者だったこととなる。

(b) 地代等請求権

土地を共同相続した共同相続人は，共同の借地権設定者として借地権者に対して地代等請求権を有するが，「遺産分割までの地代等請求権は各共同相続人がその相続分に応じて分割単独債権として確定的に取得する」というのが判例である（最判平17・9・8民集59巻7号1931頁）。もっとも，借地権者が他の相続人の存在を過失なく知らず，相続人の一部に地代等を支払った場合は，少なくとも受領権者としての外観を有する者に対する弁済（民478条）として当該弁済は有効視されることになるだろう。

(c) 敷金返還債務

共同の借地権設定者の借地権者に対する敷金返還債務は，土地明渡請求権と密接な関係があり，また借地権者と借地権設定者の利益の均衡上も，これを不可分債務とみるべきである（建物賃貸借に関する大阪高判昭54・9・28判時954号40頁。ただし，前掲最判平17・9・8からは，これも可分債務と解される余地がある）。

第8節 土地の用法違反・地代等の不払い

〔1〕 土地の用法

(1) 土地賃借権である場合

借地権が土地賃借権である場合，借地権者（土地賃借人）は，土地を「契約

又はその目的物の性質によって定まった用法」に従ってこれを使用収益しなければならない（民616条・594条1項）。借地契約では，建物所有を目的として土地を賃借しているのだから，（建物の種類，構造等が定められているときは，それらを含めて）建物の所有が，契約で定められた用法であるといえる。

(2) **地上権である場合**

借地権が地上権である場合も，地上権設定契約（借地契約）で定められた目的の範囲内でしか使用収益することはできないことは当然であり，この場合の目的は，もちろん建物の所有である。

なお，地上権については，「土地に対して，回復することのできない損害を生ずべき変更を加えることができない」とする，永小作権に関する民法271条が準用されると解されているほか，用法に関する格別の規定は存しないが，借地権である地上権の場合には，借地権である土地賃借権との均衡から，民法616条，594条1項が準用（ないし類推適用）されると解すべきである。

〔2〕 用 法 違 反

(1) **総　説**

借地権については，前述のとおり，土地の利用目的が，建物の所有という，いわば静的なものであるため，建物の構造等についての条件違反，又は（増改築禁止特約がある場合における）無断増改築の場合（これらについては，本章第3節，第4節で述べたので，本節では再述しない）を別にすれば，用法違反が問題となることは，比較的少ない。

借地権者の用法違反が問題となった裁判例の多くが，駐車場設置ないしその利用に関するものである。

(2) **建物を築造しないこと**

借地権は建物所有を目的とする権利ではあるが，借地権者に建物築造の義務を負わせるものではない。また，借地権者が建物を築造しないことで借地権設定者が不利益を受けることも，一般には考えられない。したがって，特段の事情があって，借地権者に特に建物を築造すべき義務を負わせているような場合を別にすれば，借地権者が建物を築造しないことが土地の用法違反にあたると

はいえない（東京地判昭50・6・30判タ327号233頁は，借地上に建物を築造すべき特約があったのに借地権者がそれをしなかったという事案であるが，裁判所が用法違反による解除を認めたのは，コンクリート敷設をしてボーリング場の来客用駐車場を築造したことによるものである）。

(3) 駐車場としての利用

(a) 借地権者が，建物に付属する設備として，土地の一部を借地権者自身（家族等のいわゆる占有補助者を含むことはもちろんである）の用に供する駐車場として利用することは，（あたかも，土地の一部を庭として利用している場合と同様に）一般には，何ら問題とはならない（建物としての車庫を築造する場合には，条件違反や無断増改築の問題が起こり得る）。

(b) 駐車場を第三者に使用させる場合であっても，例えば建物が飲食店等であることが当初から予定され，その来客に駐車させるような場合も，一般には，用法違反とまではいえないだろう。

(c) 土地に建物を建てることなく，あるいは，土地の相当割合を，有料貸駐車場として利用する場合は，土地の転貸にあたるかどうか，そして，用法違反にあたるかどうかが問題となる。土地の全部をアスファルト敷に舗装して（月ぎめの）有料駐車場としたことが土地の転貸及び用法違反にあたるとしながら，信頼関係破壊に至っていないとして解除を認めなかった裁判例（東京高判平2・4・26判時1351号59頁）と，土地のごく一部を駐車場として賃貸（1年間，更新可能）したにすぎないのに，無断転貸を理由とする解除を認めた裁判例（東京地判平5・3・29判タ871号252頁。結論の妥当性には疑問がある）がある。一方，土地の3分の1程度をコンクリート舗装して貸駐車場とした場合について，転貸にも用法違反にもあたらないとした裁判例（東京地判昭50・7・28判時807号61頁）がある（転貸の成否に関しては，そのほか，建物類似の駐車施設を設けてこれを賃貸した場合につき，転貸にあたらないとした東京地判昭56・6・17判時1027号88頁がある）。

そのほか，用法違反を認めなかった裁判例（東京地判昭48・3・20判時724号50頁），用法違反を認めながらも信頼関係の破壊がないことを理由に解除を認めなかった裁判例（東京地判平4・7・16判時1459号133頁），用法違反を理由とする解除を認めた裁判例（東京高判昭48・10・30判時728号52頁，東京地判昭50・3・31判時795号58頁）がある。

(4) 建物の種類，越境等

　共同住宅建築の意図を秘して工場建物所有のためと称して農地を賃借した者（借地権者）が，借地権設定者を欺いて共同住宅建築のための農地転用届を提出したという，やや特殊な事案について用法違反による解除を認めた裁判例（名古屋地判昭58・4・22判時1085号107頁）がある。

　借地権者が隣接する借地権設定者所有地に越境建築した場合に，用法違反による解除を認めた裁判例がある（最判昭38・11・14民集17巻11号1346頁，大阪高判昭42・4・24判時495号57頁）。

(5) 土地の掘り下げ等

　無断で土地の原状を大きく変更することは，用法違反にあたるといえる。

　非堅固建物所有目的の借地契約において，借地権者が建物新築の際，地下駐車場を建築するために，土地のほぼ全域にわたって深さ2メートル余まで掘り下げて土を搬出した場合について，用法違反を理由とする解除を認めた裁判例（東京地判平6・1・25判時1517号78頁）がある。

〔3〕 用法違反の効果

　借地権者の用法違反がある場合には，借地権設定者は，借地権者の債務不履行を理由として，借地契約を解除することができる。

　もっとも，用法違反があった場合であっても，信頼関係を破壊するに至っていないと認められる特段の事情がある場合には，解除が許されないことは，借地条件違反や無断増改築に関して述べたとおりである（土地の約半分をトラック置場として無免許で自動車運送業を営んでいた場合に，解除を認めなかった原判決を是認した最判昭47・11・16民集26巻9号1603頁参照）。

〔4〕 地代等不払い

(1) 借地権が地上権である場合

　借地権が地代の約定のある地上権である場合には，地代の不払いが借地権設定者に対する債務不履行となることはもちろんである。

ただし，地代の不払いによる解除の可否については問題がある。地代に関する民法266条1項が準用する同法276条が「永小作人が引き続き2年以上小作料の支払を怠ったときは，土地の所有者は，永小作権の消滅を請求することができる」と規定しているからである。借地権である地上権についても民法266条1項の適用（すなわち同法276条の準用）を前提とする判例が散見されるが（最判昭56・3・20民集35巻2号219頁，前掲最判平3・10・1，東京地判平8・6・21判タ938号132頁参照），民法274条及び275条が「収益に関するものであるから，主として竹木の植栽を目的とする地上権についてだけ準用される」（川島武宜編『注釈民法(7)』（昭43）422頁〔鈴木禄弥〕）ことと同様に，同法276条も収益が得られないために小作料を支払えない場合を想定したものであって，借地権である場合には適用されないというべきである。借地権の場合には，地代の支払期間が，（民法266条2項による）民法614条本文の準用により，（借地権である土地賃借権の場合と同様）原則として毎月末とされていること，同法611条1項の準用により目的物（土地）の一部滅失の場合に地代の減額請求ができること，借地借家法11条による地代の増減請求ができることなどに鑑みても，借地権の場合を竹木の植栽等を目的とする地上権と同列に扱うことは不適切であって，法の予定しないところといえる。

さらに，もし，民法276条が借地権にも適用されるとすれば，借地権が土地賃借権である場合には，一般に，（特段の事情もなく）1年分程度の賃料不払いの場合には解除（解約告知）を認めているのが裁判実務と思われること等と均衡を逸することとなる。

いずれにしても，（借地権が土地賃借権である場合において賃料不払いがあったときと同様に）地代の不払いによっても信頼関係の破壊が認められない特段の事情があるときは，解除は許されない。

(2) 借地権が土地賃借権である場合

借地権が土地賃借権である場合にも，賃料不払いは当然に債務不履行となる。

しかし，賃料不払いがあっても，信頼関係の破壊が認められない特段の事情があるときは，解除は許されない（建物賃貸借に関する最判昭39・7・28民集18巻6号1220頁，最判昭44・11・21判時581号35頁，借地に関する最判昭43・6・21判時529号46頁ほか）。

月払い賃料が1年分程度遅滞した場合には，（他に特段の事情がなければ）信頼関係が破壊されたものとして解除権行使を認めるのが一般的な裁判実務ではないかと思われる（ちなみに，建物賃貸借の場合には，2ヵ月ないし3ヵ月分以上の賃料遅滞による（原則として，催告をしたうえでの）解除権行使を認めるのが一般的な裁判実務である）。

◆

第2章

借家に関する紛争とその処理

第1節　総　　説

〔1〕　建物賃貸借契約中の紛争類型

　建物賃貸借契約（借家契約）中に生じる紛争の類型は，借地契約中における紛争類型（本編第1章第1節〔1〕参照）と重なる部分が多い。すなわち，建物賃貸借に関しても，賃料（借賃，家賃）の増額又は減額に関する紛争，建物賃借権（借家権）の譲渡又は建物（借家）の転貸に関する紛争，建物の譲渡に関する紛争，建物賃借権又は建物の相続（ないし承継）に関する紛争，建物の用法に関する紛争等があるが，これらは，使用収益の目的が土地か建物かという違いはあるものの，おおむね，借地について述べたところと変わらない（もっとも，建物賃貸借においては，借地上建物の増改築に関する紛争や，借地上建物の構造等についての借地条件変更に関する紛争が生じないことは，その性質上当然である）。

　しかし，建物賃貸借に関するこれらの紛争をさらに具体的に考察すると，（理論的には借地に関しても生じ得る紛争ではあっても）建物賃貸借に特有の（あるいは特徴的な）紛争を見ることができる。例えば，建物抵当権者の賃料に対する物上代位権行使をめぐる紛争，いわゆるサブリースの場合における賃料の増減に関する紛争，賃借人の第三者に対する経営委任（経営委託）等による賃借権譲渡ないし建物転貸の成否をめぐる紛争，競売手続による建物買受人に対する賃借人の賃借権による対抗の可否をめぐる紛争，賃貸人の地位を承継した建物譲受人による敷金（ないし保証金）返還債務承継の有無とその範囲をめぐる紛争，建物賃貸借終了時におけるいわゆる原状回復義務の範囲と敷金返還義務の範囲，相続によらない建物賃借権の承継をめぐる紛争等がそれである。

本章では，紙面の制約上，借地紛争と重なる部分については，借地紛争について述べたところに譲り，主として建物賃貸借に特有の紛争類型について述べることとする。

また，建物抵当権者の賃料に対する物上代位権行使をめぐる紛争，競売手続による建物買受人に対する賃借権による対抗の可否をめぐる紛争など，むしろ抵当権の効力に関して論じられるべき問題については簡潔に触れるにとどめたい。

〔2〕 紛争処理の態様

建物賃貸借に関する紛争処理の態様も，借地に関する紛争処理の態様（本編第1章第1節〔2〕参照）と重なる部分が多い（例えば，賃料増減に関する調停前置主義など）。

ただ，建物賃貸借に関しては，借地非訟事件手続と同種の制度が設けられていないことが，借地紛争処理の場合と大きく異なるところである（借地契約に比べると，一般にはその期間が相当短い建物賃貸借では，土地利用ほど強く建物利用を保護する必要はないとの判断から立法政策上，借地非訟事件手続類似の制度が採用されなかったものであろう）。その結果，賃借権譲渡・建物転貸や，建物のいわゆる模様替えや使用目的の変更等に関して，賃貸借の解除の可否をめぐる深刻な紛争が生じることも少なくない。建物賃貸借に関しても，借地非訟手事件続類似の（しかし，より簡潔な）紛争処理制度の創設が検討されるべきであろう。

また，建物賃貸借に関しては，例えば賃料債権に対する物上代位権行使としての差押えの可否やその効力，賃借人に対する引渡命令の可否等，民事執行手続の中で，あるいは民事執行手続との関連において処理される場合も少なくない。

第2節　賃料の増減請求

〔1〕　はじめに

　建物賃貸借（特に断らないかぎり，本章では，以下「賃貸借」は建物賃貸借をさし，「賃貸人」，「賃借人」は建物賃貸借における賃貸人，賃借人をさすものとする）における賃料（借賃，家賃。借地借家法は「借賃」と表記するが，本章では「賃料」と表記する）の増額又は減額請求をめぐる問題状況は（後述するサブリースの場合を別にすれば）借地における地代等増減請求の場合とほとんど同じであり，これに関する裁判手続についても，地代等に関するそれとほとんど変わるところはない。

　かつては，賃料の増額請求に関する紛争がもっぱらであったが，いわゆるバブル経済崩壊後は減額請求に関する紛争も多くなっていた。しかし，近年は，また増額請求が多くなっている（このあたりの事情は，地代等増減請求の場合と同様である）。

〔2〕　賃料増減請求権

(1)　賃料増減に関する特約の効力
(a)　一時使用目的の建物賃貸借
　一時使用目的の建物賃貸借（以下「一時借家」という）には借地借家法の第3章（借家）が適用されないので（借地借家40条），賃料増減に関する特約の効力如何はすべて民法によって判断されることになるし，後述するような，当事者による賃料増減に関する請求権も認められない（ちなみに，一時使用目的の借地権には，地代等増減請求権が認められている。地代等に関する本編第1章第2節〔2〕(2)(a)参照）。したがって，賃料額に関する約定，賃料を増額若しくは減額する約定又は増額若しくは減額しない約定，いわゆる自動改定特約等は，それが公序良俗違反（民90条）にあたるような場合を別にすれば，すべて有効である（もっとも，一時借家では，単に賃料額が定められるだけで，その増減に関する特約等がなされることは実際上ほとんどない）。

(b) 定期建物賃貸借

定期建物賃貸借（借地借家38条1項。以下「定期借家」という）において賃料の改定に関する特約があるときは，当事者の賃料増減請求権に関する借地借家法32条の適用がない（借地借家38条9項）。

賃料の改定に関する特約としては，賃貸借期間中は賃料額を変更しない（事情の如何を問わず，増額も減額もしない）旨を定める旨の特約，同期間中は増額はしない（減額請求はできる）旨の特約，同期間中は減額しない（増額請求はできる）旨の特約，一定の基準（例えば，建物にかかる固定資産税及び都市計画税の総額）に従って自動的に賃料を増額又は減額する旨の特約などが考えられる。賃貸借期間をいくつかの期間に区切って，それぞれの期間の賃料額を定めているにすぎない約定（例えば，2年ごとに2万円増額する旨の約定や2年ごとに従前の額の2％増額する旨の約定など）は，単に賃貸借期間中の賃料額を定めているものであって，「賃料自動改定特約」といえるかどうか疑問ではあるが，このような特約も，借地借家法38条9項にいう「賃料の改定に係る特約」に含まれる（したがって，その場合には同法32条の適用がない）。

(c) 増額しない特約

一定期間賃料を増額しない旨の特約がある場合にはその定めに従う（借地借家32条1項ただし書）。一時借家又は定期借家において賃料を増額しない旨の特約がある場合も，結果的には，同様にその定めに従うこととなる。

(d) 減額しない特約

一時借家にも定期借家にもあたらない建物賃貸借（以下「普通借家」という）の場合には，一定期間賃料を減額しない特約は無効である（借地借家32条1項ただし書の反対解釈）。

(e) 自動改定特約

賃料を自動的に増額又は減額する特約（賃料自動改定特約）は，その改定基準が借地借家法32条1項の規定する経済事情の変動等を示す指標に基づく相当なものである場合には，その効力が認められる。

しかし，普通借家において，当初は効力が認められるべきであった賃料自動改定特約であっても，その賃料改定基準を定めるにあたって基礎となっていた事情が失われることにより，同特約によって賃料の額を定めることが同項の規

定の趣旨に照らして不相当なものとなった場合には，同特約の適用を争う当事者はもはや同特約に拘束されず，これを適用して賃料改定の効果が生ずるとすることはできず，このような事情の下においては，当事者は，後述する賃料増減請求権の行使を同特約によって妨げられない（借地に関する最判平15・6・12民集57巻6号595頁。地代等に関する本編第1章第2節〔2〕(1)(c)参照）。

(2) 賃料の増減請求をすることができる場合

(a) 賃料増減請求権

普通借家の場合（定期借家において賃料改定特約がない場合も同じ）は，一定期間増額しない旨の特約がある場合を別にすれば，当事者は後述する一定の事情（要件）があるときは，いつでも，相手方に対して，賃料の増額又は減額を請求することができる（借地借家32条1項本文）。借地契約における地代等増減請求権に関する借地借家法11条1項本文と趣旨を同じくするものである（本編第1章第2節〔2〕(2)(a)参照）。

(b) 賃料増減請求権の根拠となる事情

当事者が賃料の増額又は減額を請求することができるのは，「土地若しくは建物に対する租税その他の負担の増減により，土地若しくは建物の価格の上昇若しくは低下その他の経済事情の変動により，又は近傍同種の建物の借賃に比較して不相当となったとき」である（借地借家32条1項本文）。この規定は借地契約における地代等増減請求権に関する借地借家法11条1項本文とほぼ体裁を同じくするが，具体的内容（増減請求の要件となる事情）を異にすることはもちろんである（なお，借地借家法32条1項本文は，借家法7条1項本文をほとんどそのまま踏襲したものであるが，形式的には，前者には，後者になかった「その他の経済事情の変動」が加えられている）。

まず，①「土地若しくは建物に対する租税その他の負担の増減」とは，土地（賃貸借の目的である建物の敷地）及び建物（借家）にかかる固定資産税，都市計画税その他の公租公課の増減のほか，建物が借地上に存する場合の地代等の増減や建物の使用に伴う電気料金，水道料金，ガス料金等のいわゆる公共料金等の増減をいう（もっとも，賃借人が直接このような公共料金を負担しているときは，その増減は賃料増減請求の根拠とならない場合が多いだろう）。地代等の増減請求の場合には土地にかかる租税等の増減が根拠となっているのに対し，建物賃貸借の

場合には，建物にかかる租税等の増減だけではなく，その敷地にかかる租税等の増減も根拠となることに留意する必要がある。

②「土地若しくは建物の価格の上昇若しくは低下その他の経済事情の変動」とは，土地（敷地）又は建物の時価の変動のほか，物価の変動，国民所得水準の変動等，種々の経済事情の変動をいう。

③「近傍同種の建物の借賃との比較」とは，賃貸借の目的である建物の付近にある，目的建物と種類，構造，規模，用途等が類似する建物の賃料と比較して，どの程度高いか低いかという事情をいう。一棟の建物の一部の賃貸借である場合（オフィスビルやアパートなどの場合）には，同一建物内の，階数，南側か北側かといった位置関係，間取り等の類似する他の部分の賃料との比較もこれにあたる。

〔3〕 賃料増減請求の効果

(1) 請求の不遡及性

賃料増減請求が将来に向かってのみ効力を生じることは地代等増減請求と同じである（本編第1章第2節〔3〕(1)参照）。

(2) 形成的効力

賃料増減請求が形成的効力を有することも地代等増減請求と同じである（本編第1章第2節〔3〕(2)参照）。

(3) 裁判確定までの支払額

賃料増減請求がなされた場合に，これを承服しない当事者（増減請求の相手方）が，請求にかかる増額又は減額を正当とする裁判が確定するまでに支払い，又は請求する賃料額についても，地代等増減請求がなされた場合と同じである（本編第1章第2節〔3〕(3)参照）。

すなわち，賃料増減請求がなされた場合において当事者間に増額に関する協議が調わないときは，賃借人は，増額を正当とする裁判が確定するまでは，自分が相当と認める額の賃料を支払うことをもって足りる（借地借家32条2項本文）。また，賃料減額請求がなされた場合において当事者間に減額に関する協議が調わないときは，賃貸人は，減額を正当とする裁判が確定するまでは，自分が相

当と認める額の賃料を請求することができる（同条3項本文）。

(4) 裁判確定後の賃料の清算

賃料の増額又は減額請求に関する裁判が確定した場合の賃料の清算方法も地代等増減請求の場合と変わらない（本編第1章第2節〔3〕(4)参照）。

すなわち，賃料増額請求がされた場合において，増額を正当とする裁判が確定した場合には，すでに支払った額に不足があるときは，賃借人は，その不足額に年1割の割合による支払期後の利息を付してこれを賃貸人に支払わなければならない（借地借家法32条2項ただし書）。また，賃料減額請求がされた場合において，減額を正当とする裁判が確定した場合には，すでに支払を受けた額が正当とされた賃料額を超えるときは，賃貸人は，その超過額に年1割の割合による受領時からの利息を付してこれを賃借人に返還しなければならない（同条3項ただし書）。

〔4〕 賃料増減請求についての裁判手続

賃料増減請求についての裁判手続は，調停事件の管轄が，建物の所在地を管轄する簡易裁判所又は当事者が合意で定めるその所在地を管轄する地方裁判所である（民調24条）ことのほか，地代等増減請求事件について述べたところと同じである（本編第1章第2節〔4〕参照）。

なお，賃借人から減額請求がなされ，賃貸人が相当と認める額の請求をしたにもかかわらず賃借人からその支払がなされず，賃貸人が賃借人から支払を受けた額が裁判で正当とされた額に不足する場合，賃貸人は借地借家法32条3項に規定する年1割の利息を請求することができないとする裁判例がある（東京高判平10・1・20判タ989号114頁。法定利率による遅延損害金のみを認めた）。また，賃料増額請求の一部を正当とする判決確定までに同判決により正当とされた額を超えて支払われていた賃料の過払分についての賃貸人の返還義務については借地借家法32条2項，3項の類推適用はないとする裁判例（東京高判平24・11・28判時2174号45頁。荒木新五・判評656号15頁参照）がある。

〔5〕 サブリースの場合における賃料増減請求

(1) いわゆるサブリースに関する問題状況

　バブル経済崩壊後の平成10年ころから，建物賃貸借における賃料増減請求に関して最も深刻な問題として論議されていたのは，いわゆるサブリースの関係における，原賃借人（転貸人）の原賃貸人に対する賃料減額請求の可否（借地借家法32条適用の有無）に関する問題であった。その典型事案は次のようなものである。

　いわゆるバブル経済のさなか，土地を所有する個人ないし個人的色彩の濃い小企業であるAに対し，大手ディベロッパー（土地の開発業者。大手不動産業者や大手建設業者等を含む）であるBが勧めて，中高層のオフィスビルないし賃貸マンションを建築させるということが多く見られた。その際，Bは，建築された建物を一括してAから賃借してこれを転借人C（一般に多数であるが，ここでは集合的な当事者として示す）に転貸すること，BのAに支払う賃料によりAが銀行からの借入金（建築資金）を返済できることなどを骨子とする資金計画をAに提示し，Aはこれに基づいて銀行から建築資金の融資を受ける。これにより，BがAとの原賃貸借契約によりAに支払う賃料を上回る賃料（転貸料）をCから得られれば何ら問題は生じないが，バブル経済崩壊後，賃料相場が下落し，Cから当初の計画どおりの（Aに支払う賃料を上回る）転貸料を得られない（あるいは，当初の計画どおりの転貸料では転貸が困難）という現象が生じてきた。そこで，BはAに対して賃料減額請求をするのだが，それが認められることになると，BがAに当初提示した計画が頓挫し，Aは銀行に対する借入金返済が困難となり経済的破綻に追い込まれてしまうことになる。

　これがこの問題の典型事案であるが，この場合におけるAB間の契約に賃料増減請求権に関する規定である借地借家法32条が適用されるか否かが中心的な争いであった（AB間の契約は，賃貸借ではなく，一種の共同事業契約であるから同条の適用はないとする見解も有力であった。なお，「サブリース」は，本来は，Aとの関係におけるBC間の転貸借契約をさすが，一般に「サブリースに関する問題」として扱われるものは，もっぱら，AB間の契約関係に関する問題であった）。

(2) サブリースと賃料増減請求権

前述のような問題状況の中で，最高裁は，「不動産賃貸業等を営む甲が，乙が建築した建物で転貸事業を行うため，乙との間であらかじめ賃料額，その改定等についての協議を調え，その結果に基づき，乙からその建物を一括して賃料自動増額特約等の約定の下に賃借することを内容とする契約（いわゆるサブリース契約）についても，借地借家法32条1項の規定が適用される。」とし，このような契約締結後，甲が同項に基づいて賃料減額の請求をした場合において，「その請求の当否及び相当賃料額を判断するに当たっては，当事者が賃料額決定の要素とした事情その他諸般の事情を総合的に考慮すべきであり，同契約において賃料額が決定されるに至った経緯や賃料自動増額特約等が付されるに至った事情，とりわけ約定賃料額と当時の近傍同種の建物の賃料相場との関係，甲の転貸事業における収支予測にかかわる事情，乙の敷金及び融資を受けた建築資金の返済の予定にかかわる事情等をも考慮すべきである。」旨を判示した（最判平15・10・21民集57巻9号1213頁。最判平15・10・23判時1844号54頁，最判平16・11・8判時1883号52頁も同旨を述べる）。

第3節　賃料債権の譲渡と差押え・担保不動産収益執行

〔1〕　はじめに

かつては実際上稀にしか見られなかったものであるが，昭和60年前後から，抵当権者による抵当不動産の賃料債権に対する物上代位権行使がしばしば見られるようになった。そして，後述するとおり，平成元年，最高裁がこれを是認し，バブル経済崩壊により抵当不動産の価格が下落し，抵当不動産の競売によるよりもむしろ賃料債権の差押えによるほうが債権回収の実をあげやすくなるという経済情勢の変動とも相まって，抵当権者である金融機関の申立てによるものを中心として，賃料債権に対する物上代位権行使としての差押事件が急激に増大した（忠鉢孝史「東京地裁執行部における抵当権の物上代位をめぐる諸問題」銀法567号（平11）12頁参照。ただし，近時は減少しているようである）。

これに伴い，賃料債権に対する物上代位権行使をめぐるさまざまな法律問題

が発生し，論議が沸騰し，（特に平成10年ころから）重要な判例が相次いで現れた。

本稿は，抵当権の効力を論じることを目的とするものではないので，建物賃貸借に影響を及ぼす問題に限り，判例理論を簡潔に紹介するにとどめる（なお，理論的には，借地契約における地代等についても同種の問題が生じ得るが，判例に現れた事案のほとんどは建物賃貸借に関するものであるので，本章でのみ，これをとり上げることとする）。

〔2〕 賃料債権の譲渡又は差押えの可否

(1) 賃料債権譲渡の可否
(a) 経過期間の賃料債権
すでに経過した賃貸借期間の賃料債権（一般には，すでに遅滞となっている未払賃料債権）を譲渡することができることは問題がない。

(b) 未経過期間の賃料債権
未経過の賃貸借期間に対応する賃料債権の性質をどう解するかはやや問題である。建物賃貸借のほとんどは「毎月○日限り翌月分の賃料を支払う」旨の，いわゆる前払約定がなされているといっても過言ではないが，その場合，「毎月○日」になると翌月分の（既発生の）賃料債権の期限が到来するのであって，「翌月分の賃料」を未発生の「将来債権」と解することはできない。筆者は未経過期間の賃料は，「将来債権」ではなく，期限未到来の現在債権（既発生債権）であると解するが，これを将来債権と解する見解も少なくないようである。

期限未到来の債権と解した場合には，その譲渡は何ら問題ないし，将来債権と解した場合も，将来の期間の長短に関係なく譲渡は可能であり（最判平11・1・29民集53巻1号151頁。なお，最判昭53・12・15判時916号25頁参照），譲渡後であれば発生前に対抗要件を具備することで第三者に対抗することができる（最判平13・11・22民集55巻6号1056頁。なお，最判平13・11・27民集55巻6号1090頁参照。ちなみに，前掲最判昭53・12・15，前掲最判平11・1・29も明言しないもののこれを当然の前提としている）。

(2) 一般債権者による賃料債権差押え
(a) 差押えの可否

すでに経過した賃貸借期間の賃料債権の差押えは何ら問題がない。

　未経過の賃貸借期間に対応する賃料債権は，これを期限未到来の債権と解するにせよ，将来債権と解するにせよ，民事執行法151条にいう「継続的給付に係る債権」に該当することについては異論がなく，期間の長短を問わず差押えが可能である（ちなみに，最決平17・12・6民集59巻10号2629頁は，診療報酬債権は「継続的給付に係る債権」にあたると判示した。将来債権のうち，売買等の反覆する取引から生じる債権については，発令時から6ヵ月先までに発生するものについて差押えを認めるのが執行実務の取扱いとなっている（東京地方裁判所民事執行センター実務研究会編著『民事執行の実務（債権執行編）(上)〔第2版〕』124頁）。しかし，賃料債権に対する差押えについてはそのような限定的取扱いはしていない）。

　(b)　**差押え後に建物が譲渡された場合**
　賃料債権に対する差押えがあった後に当該賃貸建物が譲渡されたときは，特段の事情のない限り，賃貸人の地位が建物譲受人に承継されるが（本編第1章第6節〔3〕参照），この場合には建物譲受人はその建物の賃料債権の取得を差押債権者に対抗することができない（最判平10・3・24民集52巻2号399頁）。もっとも，賃貸建物の競売による所有権移転の場合には，買受人はその後の賃料債権を取得できるものと解する。

　(c)　**差押え後に賃貸借が終了した場合**
　賃料債権の差押えがあった後，賃貸人が賃借人に目的建物を譲渡したことにより賃貸借が終了した以上，特段の事情がない限り，差押債権者は，第三債務者である賃借人から，譲渡後に支払期の到来する賃料債権を取り立てることができない（最判平24・9・4判時2171号42頁）。

　(3)　**抵当権者による賃料債権に対する物上代位権行使としての差押えの可否**
　　(a)　**物上代位権行使の可否**
　抵当権者が抵当不動産について生じる賃料債権に対して，抵当権に基づく物上代位権の行使（民304条1項本文・372条）としてこれを差し押さえることができるか否かをめぐっては古くから争いがあり，判例の変遷があったが，平成元年，最高裁はこれを肯定した（最判平元・10・27民集43巻9号1070頁）。

　物上代位権を行使するには，抵当不動産の賃借人が賃貸人に賃料を支払う前

にこれを差し押さえる必要があるが（民372条・304条1項ただし書。なお，賃料債権の譲渡，転付命令との関係については後述する），抵当不動産に対する競売申立てないし競売開始決定の前後を問わないし，競売による弁済受領が容易か困難かといった事情とは無関係に物上代位権を行使することができる。

(b) **物上代位の対象となる賃料等**

未経過の賃貸借期間に対応する賃料債権に対して物上代位権を行使することができることについては（賃料債権に対する抵当権者の物上代位権行使を肯定する見解の中では）異論がない。

賃借権者がその賃借権を抵当権者に対抗することができるかどうかも関係がない（抵当権設定登記前に賃借権の対抗要件を具備した賃借権について生じる賃料債権に対しても物上代位権を行使できるし，賃料債権に対して物上代位権を行使したからといって，抵当権者に対抗することができない賃借権が対抗することができる賃借権に変わるわけでもない）。

抵当不動産の転貸料債権に対しても物上代位権を行使することができるか否かについては下級審裁判例が分かれていたが，最高裁は，「民法372条によって抵当権に準用される同法304条1項に規定する『債務者』には，原則として，抵当不動産の賃借人（転貸人）は含まれない」と判示してこれを否定した（最判平12・4・14民集54巻4号1552頁）。

賃料とは別に授受される（抵当建物の維持，管理等の費用にあてるための）共益費や管理費は，抵当建物の価値代替物ではなく役務の対価であると認められるので，物上代位権行使の対象とはならない（共益費に対する物上代位権行使を否定した東京高決平5・12・27金法1379号34頁参照）。

〔3〕 賃料に対する抵当権者の物上代位権行使と他の権利者との関係

(1) **賃料債権の譲渡と物上代位権行使**

賃料債権の譲渡につき第三者対抗要件を具備したときは，当該賃料債権は譲受人に帰属するので，もはや当該賃料債権に対して（一般債権者による差押えはもとより）抵当権に基づく物上代位権行使としての差押えも許されないという

べきである（大連判大12・4・7民集2巻5号209頁，大決昭5・9・23民集9巻11号918頁。なお，賃料債権の譲渡が詐害行為取消権や否認権の対象として取り消され，又は否認されることがあるのは別問題である）。しかし，最高裁は，平成10年，「民法304条1項にいう『払渡又ハ引渡』には債権譲渡は含まれない」として，（債権譲渡前に抵当設定登記が経由されているときは）物上代位権行使による差押えが許される旨を判示した（最判平10・1・30民集52巻1号1頁。いわゆる登記基準説）。

(2) 賃料債権に対する一般債権者の差押えと抵当権者による物上代位権行使としての差押えの競合

(a) 一般債権者の差押え後の物上代位権行使

賃料債権に対して一般債権者が差押え又は仮差押えの執行をしたにすぎないときは，抵当権者が当該賃料債権に対して物上代位権行使としての差押えをすることは妨げられない（動産売買先取特権の物上代位権行使に関する最判昭60・7・19民集39巻5号1326頁参照）。

もっとも，物上代位権行使としての差押えが効力を生ずるためには，その差押命令が，先行する一般債権者による債権差押えについての配当要求の終期までに第三債務者である賃借人に送達される必要がある（動産売買先取特権の物上代位権行使に関する最判平5・3・30民集47巻4号3300頁参照）。

(b) 一般債権者の差押えと物上代位権との優劣

同一の賃料債権に対する一般債権者の差押えと抵当権者の物上代位権行使としての差押えが競合した場合には，両者の優劣は，一般債権者の申立てによる差押命令の第三債務者（賃借人）への送達と物上代位権の基礎となる抵当権についての登記（抵当権設定登記）との先後によって決せられるとするのが判例である（最判平10・3・26民集52巻2号483頁）。

(c) 配当要求による物上代位権行使の可否

賃料債権に対して他の一般債権者の差押え又は他の抵当権者の（物上代位権行使としての）差押えがあった場合，抵当権者は物上代位権行使として当該差押事件に配当要求することによって優先弁済を受けることはできない（民法372条において準用する同法304条1項ただし書の「差押え」に配当要求は含まれない）とするのが判例である（最判平13・10・25民集55巻6号975頁。事案は抵当権者の物上代位権行使としての賃料債権差押えに関して他の同順位抵当権者が配当要求をしたというも

のである)。判例が配当要求を一般に差押えと同列に扱っていること(配当要求について,差押えに準ずるものとしての時効中断効を認めた最判平11・4・27民集53巻4号840頁参照)や,抵当権に基づく物上代位権行使と他の権利者の権利との優劣の基準を抵当権設定登記時としていること(前掲最判平10・1・30,前掲最判平10・3・26参照)との整合性には疑問がある。

　(d)　**転付命令の可否**

　すでに経過した期間の賃料(未払賃料)債権についての転付命令は,問題がない(忠鉢・前掲16頁)。

　未経過期間の賃料債権については,未だ券面額を有していないとして,転付命令の対象とならないとするのが一般的な執行実務である(東京地裁債権執行等手続研究会編『債権執行の諸問題』169頁〔秋山壽延〕。同書は「未発生の債権」であることを前提としているが,期限未到来の債権と解した場合には別異に解することができよう)。

　転付命令にかかる金銭債権(被転付債権)が抵当権の物上代位の目的となり得る場合においても,転付命令が第三債務者に送達される時までに抵当権者が被転付債権の差押えをしなかったときは,転付命令の効力を妨げることはできず,差押命令及び転付命令が確定したときには,転付命令が第三債務者に送達された時に被転付債権は差押債権者の債権及び執行費用の弁済に充当されたものとみなされ,抵当権者が被転付債権について抵当権の効力を主張することはできないとするのが判例である(最判平14・3・12民集56巻3号555頁)。

　(3)　**複数の抵当権者がいる場合**

　賃料債権に対して物上代位権を行使し得る抵当権者が複数いる場合におけるそれらの者の間の優劣関係については,①差押えの有無を問わず,抵当権の順位によるとする説,②抵当権の順位を問わず,差押えの順序によるとする説,③物上代位権行使としての差押えをした者のなかで抵当権の順位によるとする説等があるが,③説が有力であり,執行実務の一般的な取扱いであると思われる(前掲『債権執行の諸問題』387頁〔村上正敏〕)。

　(4)　**物上代位権行使としての差押えと第三債務者の反対債権による相殺**

　賃料債権に対する抵当権者による物上代位権行使としての差押えがなされた場合に,第三債務者である賃借人が,債務者である賃貸人に対して有する保証

金返還請求権その他の反対債権を自働債権とする（差押えにかかる賃料債権との）相殺をもって差押債権者である抵当権者に対抗できるか否かをめぐっては争いがあった。

　筆者は，賃借人の反対債権が差押えの効力発生（差押命令の賃借人への送達。民執145条4項）よりも後に取得したものでない限り（民511条参照），その反対債権による相殺をもって（物上代位権行使による）差押債権者に対抗することができると解する。しかし，判例は（いわゆる登記基準説の立場から），「抵当権者が物上代位権を行使して賃料債権の差押えをした後は，抵当不動産の賃借人は，抵当権設定登記の後に賃貸人に対して取得した債権を自働債権とする賃料債権との相殺をもって，抵当権者に対抗することはできない」とする（最判平13・3・13民集55巻2号363頁。これについての荒木新五「判批」判タ1068号（平13）86頁参照。なお，最大判昭45・6・24民集24巻6号587頁参照）。

　もっとも，最高裁は，その後，敷金が授受された賃貸借契約にかかる賃料債権につき抵当権者が物上代位権を行使してこれを差し押さえた場合において，当該賃貸借契約が終了し，目的物が明け渡されたときは，賃料債権は，敷金の充当によりその限度で当然に消滅する旨を判示している（最判平14・3・28民集56巻3号689頁）。前記平成13年判例が実質上，敷金の性質を有する保証金であったと解される事案に関するものであったことに鑑みると，相殺をもって対抗することができないとする前記平成13年判例との整合性には疑問がある（なお，筆者は，敷金は，担保目的でする消費寄託契約に基づく，賃貸借契約終了後，原則として明渡完了時に弁済期が到来する不確定期限付債権であると解する。荒木新五「賃貸借における敷金」野村豊弘先生還暦記念論文集『二一世紀判例契約法の最前線』（平18）151頁（173頁））。

〔4〕　担保不動産収益執行

　抵当権に基づく賃料債権差押えを受けた場合，当該不動産の所有者である賃貸人が当該不動産の管理を事実上放棄してしまうおそれがあり，その場合，当該不動産（特に建物）が荒廃し，かえって，その担保価値を減じてしまうことになりかねない。

そこで，平成15年民事執行法の一部改正により，不動産についての担保権実行の方法として，競売（担保不動産競売）のほか，強制管理（民執93条以下）と同様に，担保不動産を管理人に管理させてその収益から弁済を受けることができることとなる，担保不動産収益執行（民執180条2号）の制度が創設された（なお，これによって，担保権の物上代位権行使としての，賃料等の差押えが許されなくなったわけではない）。

第4節　建物賃借権譲渡・建物転貸

〔1〕　建物賃借権譲渡・建物転貸の可否

(1)　賃貸人の承諾の必要性

建物賃借人が，その賃借権（借家権）を他へ譲渡し，又は建物を他へ転貸するには，賃貸人の承諾が必要である（民612条1項）。

もっとも，賃借権譲渡も建物転貸もその当事者間では有効であり，ただ，これを賃貸人に対抗することができない（すなわち，譲受人は自分が賃借人であることを賃貸人に対抗することができないし，転借人は自分が転借人であることを原賃貸人に対抗することができない）と解する（本編第1章第5節〔2〕参照）。

(2)　借地の場合との相違

賃借権譲渡又は転貸について賃貸人の承諾を要することは借地権である土地賃借権の場合も建物賃借権の場合も同じであるが，前者には賃貸人の承諾に代わる裁判所の許可（代諾許可）の制度（本編第1章第5節〔4〕参照）が設けられているのに，後者にはそのような制度が設けられていない点が両者の大きく異なるところである。その点，無断賃借権譲渡又は無断転貸による賃貸借の解除（民612条2項）に関する，いわゆる信頼関係破壊の理論（背信性の理論）は，建物賃貸借の場合のほうがより重要であるともいえる（ちなみに，実際上の紛争は，借地権である土地賃借権の場合においては，土地転貸に関する紛争よりも土地賃借権譲渡に関する紛争のほうが多いが，建物賃借権の場合においては，建物賃借権譲渡に関する紛争より建物転貸に関する紛争のほうが多い）。

なお，建物賃貸借に特有の制度である，同居者の建物賃借権承継については，

賃借権相続のところ（本章第6節〔2〕参照）で，併せて述べることとする。

〔2〕 建物賃借権譲渡・建物転貸につき賃貸人の承諾がある場合の法律関係

(1) 建物賃借権譲渡につき賃貸人の承諾がある場合

建物賃借権譲渡につき賃貸人の承諾がある場合における賃貸人，旧賃借人及び新賃借人間の法律関係は借地権である土地賃借権の譲渡について述べたところと変わらない（本編第1章第5節〔2〕(2)参照）。

主要な問題点について若干再述すると，賃借権譲渡によって従前の賃借人（旧賃借人）は賃貸借契約から離脱し，賃貸人と賃借権譲受人（新賃借人）との間の賃貸借契約として継続することになる。もっとも，債務引受け等によらなければ，新賃借人は旧賃借人の未払賃料債務を承継しないし（法定地上権の地代に関する最判平3・10・1判時1404号79頁参照），旧賃借人から新賃借人への債権譲渡がされたというような特段の事情のない限り敷金返還請求権を承継することはない（借地に関する最判昭53・12・22民集32巻9号1768頁参照）。したがって，賃貸人は，別段の合意がないかぎり，その譲渡時に敷金を旧賃借人に返還しなければならない（民622条の2第1項2号）。

(2) 建物転貸につき賃貸人の承諾がある場合

建物転貸につき賃貸人の承諾がある場合における原賃貸人，原賃借人（転貸人），転借人の三者間の法律関係についても，借地権である土地賃借権の場合における転貸について述べたところと変わらない（本編第1章第5節〔2〕(4)参照）。

主要な問題点について若干再述すると，まず，転借人は原賃貸人に対して，賃借人の債務の範囲を限度として，直接に賃料支払義務や目的物返還義務を負う（民613条1項）。もっとも，実際には，転借人が原賃借人（転貸人）に賃料（転貸料）を支払い，原賃借人が原賃貸人に賃料を支払うという場合が通常であって，特別の事情がない限り，原賃貸人が転借人に直接賃料の支払を請求することはない。

原賃貸人と原賃借人（転貸人）間で原賃貸借契約を合意解除しても，これを

転借人に対抗することはできない（大判昭9・3・7民集13巻4号278頁）。この場合の上記三者間の法律関係をどう考えるかは問題である。（三者間の関係がそのまま維持されるとの見解もあり得るが）原賃借人（転貸人）が契約関係から離脱し，原賃貸人と転借人間の直接の賃貸借関係となり，その場合の両者間の契約内容は，従前の転貸人と転借人間の契約内容がそのまま維持され，転借人は何ら前記合意解除の影響を受けないと解する。

原賃借人（転貸人）の賃料不払いがあるときは，原賃貸人は（原賃借人に履行を催告したうえで）原賃貸借契約を解除することができるが，この場合，転借人に通知，催告などをする必要はない（借地に関する最判平6・7・18判時1540号38頁参照）。

また，原賃貸借契約が原賃借人（転貸人）の債務不履行を理由とする解除により終了した場合には，原則として，原賃貸人が転借人に対して目的物の返還を請求した時に，原賃借人（転貸人）の転借人に対する履行不能により転貸借が終了するというのが判例である（最判平9・2・25民集51巻2号398頁）。

〔3〕 建物賃借権の無断譲渡又は無断建物転貸

(1) 承諾の要否（譲渡・転貸該当性）
(a) 賃借人たる会社の経営者交替等

賃借人が会社その他の法人である場合において，その法人の構成員や機関に変動が生じても，法人格の同一性が失われるものではないから，賃借権の譲渡にはあたらない。小規模で閉鎖的な会社において，株式ないし持分の譲渡及び役員交替により実質的な経営者が交代した場合もその理は変わらない（借地に関する最判平8・10・14民集50巻9号2431頁）。

(b) 経営委任等

賃借人が「経営委任」，「経営委託」，「業務委託」などにより，賃借建物における業務の運営を第三者に任せる場合は珍しくない（特に，バー，スナック等の飲食店に多い）。これをめぐる裁判例も多数見られる。

実際には転貸であるのに，無断転貸を理由とする解除を免れるために，表向き「経営委任」などと称している場合が少なくない。そして「経営委任」等の

実態があるからといって，それが転貸にあたらないとはいえない。要するに，当該建物における業務の実質的な主体が，賃借人ではない独立の占有者と認められる場合には転貸にあたるというべきである（転貸にあたるとしたものに，東京地判昭47・6・30判時684号69頁，東京高判昭51・7・28判時834号64頁，大阪高判平5・4・21判時1471号93頁，東京地判平7・8・28判時1566号67頁など，転貸にあたらないとしたものに，神戸地判平4・6・19判時1451号141頁などがある。なお，転貸を否定した東京地判昭48・2・26判時714号201頁，転貸を肯定した東京地判平4・2・24判時1451号136頁参照）。賃借人が賃借建物で飲食店等を経営し，その店舗の運営等を「店長」等に任せていたとしても，その「店長」は賃借人の履行補助者であって，独立の占有者とはいえず，もちろん，転貸借にもあたらない（店舗の経営が賃借人の計算でされている限り，転貸借とは認められない。もっとも，賃借人に定額の建物使用の対価が支払われている場合は，転貸借と認められる場合が多いだろう）。

なお，共同経営契約に基づいて賃借建物を共同経営者に使用させた場合に転貸にあたるとした判例がある（最判昭28・11・20民集7巻11号1211頁，最判昭29・10・26民集8巻10号1972頁）。

(c) **間貸し**（間借り）

建物の一部である特定の部屋を賃貸する場合は「間貸し」（「間借り」）と呼ばれるが，賃借建物の一部についての「転貸」であることは否定できない（最判昭26・10・19民集5巻11号619頁，最判昭28・1・30民集7巻1号116頁，最判昭28・5・8判タ31号61頁）。もっとも，転貸が賃借建物のごく一部にすぎない場合には，背信性が認められない場合もあるだろう。

(d) **出店契約**（コーナー貸し，ケース貸し）**等**

デパートやスーパーなどが建物の一部を特定の販売業者に使用させて，その業者の名前で物品を一般顧客に販売させ，売上高に応じた一定金員をその販売業者に支払わせるという形態が多く見られ，「出店契約」，「コーナー貸し」，「ケース貸し」などと呼ばれている。その実態や法律関係は一様ではないが，実質的には賃貸借にあたる場合，あるいは，賃貸借の規定を類推適用すべき無名契約である場合が多いと思われる。したがってまた，建物が賃借されたものであるときは，その建物の一部をこのような方法で使用させることは転貸にあたる場合が多いだろう。しかし，第三者の使用部分が建物のごく一部であり，

また，その使用期間が長期的なものでない場合には，背信性が認められない場合も少なくないと思われる（デパートの「ケース貸し」について，賃貸借であることを否定した最判昭30・2・18判時48号18頁参照）。

(e) **貸机**（レンタル・オフィス）・**トランクルーム等**

独立の事務所ないし店舗を必要としない個人又は個人的色彩の濃い小規模の会社等に対して，ビルの一室を小さく区分けしてそれぞれに机を置き，これを使用させてその対価を得るという業種がある。「貸机」とか「レンタル・オフィス」などと呼ばれるものがそれである。建物の賃借人による「貸机」を転貸にあたるとした裁判例があるが（東京地判昭49・8・8下民集25巻5～8号697頁），（その実態によって多少異なるであろうが）「貸机」の借主に建物の一部についての独立の占有があるといえるかどうかやや疑問がある。「転貸」にあたるとしても，その建物においてそのような「貸机」業を営むことを賃貸人が承知している場合には，「転貸」についてあらかじめ包括的な承諾があったものとみてさしつかえないだろう。

トランクルームを貸すという業種についても同様のことがいえる。ある建物の中に設置された多数のトランクルームの中の（特定の）1つを借りて，それを専用使用しているとしても，建物の一部について独立の占有があるといえるかどうか疑問があるし，そのような業を営むことを建物の賃貸人が承知している場合には（仮に転貸にあたるとしても）あらかじめ承諾があったものとみてさしつかえないだろう。

(f) **留守番としての居住**

旅行等の間，数日ないし数週間，「留守番」の者を賃借建物に居住させる場合，その「留守番」は賃借人の履行補助者（占有補助者，利用補助者）とみるべきであって，独立の占有が認められないので，転貸にあたるとはいえない。しかし，その「留守番」が数年にわたるような場合や，「留守番」の者が賃借人に賃料（名目の如何を問わず，自らの使用収益の対価と認められるもの）を支払っていたり，賃貸人に対する賃料支払が自らの出捐によっているというような場合には，独立の占有があるといえるので，「転貸」にあたるというべきである（「留守番」としての居住の場合につき，これを転貸にあたるものとしたものに大阪地判昭27・5・30下民集3巻5号753頁，東京地判昭36・7・13判タ124号45頁，転貸にあた

らないとしたものに東京地判昭31・10・30下民集7巻10号3056頁がある）。

(g) **使用貸借**

賃借人が賃借建物の全部又は一部を第三者に無償で使用させる場合，すなわち賃借人と第三者との関係が使用貸借である場合も「転貸」にあたる（無償の使用者が賃借人の家族や従業員のような履行補助者である場合には，独立の占有者ではないので，「転貸」にあたらないことはもちろんである）。

(h) **そ の 他**

上述したほか，離婚に伴う財産分与，会社の合併等に関しては，借地について述べたことと変わらない（本編第1章第5節〔3〕(1)参照）。

(2) **建物賃借権譲渡又は建物転貸につき賃貸人の承諾がない場合**

建物賃借権譲渡又は建物転貸について賃貸人の承諾がない場合には，譲受人又は転借人は自己の賃借権ないし転借権を賃貸人に対抗することができないことは前述のとおりである。

この場合，賃貸人は賃貸借を解除することなく譲受人又は転借人に対して建物の明渡しを請求することができる（最判昭26・5・31民集5巻6号359頁）。

(3) **無断賃借権譲渡・無断転貸による解除**

賃貸人の承諾を得ないで賃借人が賃借権を譲渡し，又は建物を転貸したときは，賃貸人は賃貸借契約を解除することができる（民612条2項）。

もっとも，信頼関係を破壊したと認めるに足りない特段の事情があるとき（背信行為と認められないとき）は，解除は許されない（最判昭28・9・25民集7巻9号979頁，最判昭31・5・8民集10巻5号475頁ほか）。特段の事情の存在は，解除の効果を争う賃借人が主張・立証すべきである（借地に関する最判昭41・1・27民集20巻1号136頁）。

無断賃借権譲渡，無断転貸につき，背信行為といえない特段の事情があるために解除が許されない場合は，承諾があった場合と同じく，賃貸人に賃借権譲渡，建物転貸を対抗することができるものとなる（最判昭36・4・28民集15巻4号1211頁，最判昭44・11・13判時579号57頁）。

これらは，借地について述べたところと同じである（本編第1章第5節〔3〕(3)参照）。

第5節　建物の譲渡・敷地借地権の消滅

〔1〕　総　　説

(1)　建物譲渡に関する問題点

建物の賃貸人がその所有する当該建物を他へ譲渡することができること，建物に抵当権を設定すること，建物に抵当権を設定した後，これを賃貸することも（抵当権者との特約で制限されることがあるものの）一般には自由であること，建物が第三者に譲渡（競売ないし公売による場合を含む）された場合には，譲受人に対する賃借権の対抗の可否，譲受人による賃貸人たる地位承継の有無等が問題となることは，借地権の目的たる土地の譲渡について述べたところと同じであるので（本編第1章第6節），本節では簡潔に触れるにとどめる。

(2)　敷地借地権の消滅等

借地上建物の賃借人と（当該建物の敷地についての）借地権設定者は，本来的な対抗関係に立つものではないが，借地権が消滅したような場合には，対抗問題類似の問題が生ずる。そこで，これについても本節において論じることとする。

〔2〕　建物譲渡と建物賃借権の対抗力

(1)　賃借権設定登記による対抗

建物賃借権も土地賃借権（借地権にあたらない場合をも含む）と同様，賃借権設定登記（不登81条）を具備することによって，建物の譲受人その他の第三者に対抗することができる（民605条）。

しかし，賃借権設定登記は賃貸人と賃借人の共同申請によってなされる登記であり，特約がない限り賃貸人はその登記申請に協力すべき義務はないので，担保目的でなされる場合を別にすれば，実際上，建物賃借権につき賃借権設定登記がされることは稀である。

(2) 建物の引渡しによる対抗

借家法は，建物賃借人による建物利用の安定を図るため，前記賃借権設定登記がなくとも，建物の引渡しがあれば，これをもって第三者（物権取得者）に対抗することができるものとし（借家1条1項），借地借家法31条1項もこれをそのまま踏襲した。

ここにいう「引渡し」は，建物の占有を賃借人に移転することであるが，現実の引渡し（民182条1項）に限らず，いわゆる簡易の引渡し（同条2項。建物を占有中の使用借主に対して当該建物を賃貸するような場合に生ずる），占有改定（民183条。建物の売主が売買後，買主から当該建物を賃借して占有を継続するような場合に生ずる），又は指図による占有移転（民184条。賃貸人が自分が設立し主宰する不動産管理会社を介在させて賃借人とし，従前の賃借人を同会社からの転借人とするような場合に生ずる）をもって足りる。

一般には，建物賃貸借契約締結の際，賃貸人が賃借人に当該建物の入口の鍵を交付することによって建物の引渡しを了していることが多い。

賃貸人は賃借人に建物の使用収益をさせる義務があり，建物の使用収益をさせるためにはこれを引き渡す必要があることはもちろんであるから，（担保目的である場合など特殊な場合を別にすれば）引渡しがなされていない建物賃貸借はほとんどないといえる。換言すれば，建物引渡しによる建物賃借権の対抗力を認める制度は，実際上きわめて重要かつ有益な機能を営んでいるといえる。

(3) 対抗問題

(a) 一般的な建物譲渡の場合

対抗関係に立つ者の間での権利の優劣が，原則として，対抗要件具備の先後によって決せられることは，借地権の対抗の場合と同じである（本編第1章第6節〔2〕(1)参照）。

すなわち，建物の賃借人が，建物について賃借権設定登記を経由し，又は建物の引渡しを受けた後に，建物の売買，贈与等によって建物の所有権移転があった場合，賃借人は自己の賃借権をもって建物譲受人に対抗することができる（換言すれば，建物譲受人は賃借人に対して建物の明渡しを請求することができない）。

(b) 競売等による建物の所有権移転

建物賃借権についての対抗要件（賃借権設定登記又は引渡し）を具備した後に

当該建物に抵当権その他の担保権が設定され，又は一般債権者による強制執行としての差押え若しくは課税庁の滞納処分による差押えがなされた場合において，競売ないし公売により建物の所有権が移転した場合にも，賃借人は自己の賃借権を所有権取得者（買受人）に対抗することができる（最判昭28・3・17民集7巻3号248頁）。このような賃借権は，抵当権設定登記後又は差押え後に更新したときも，更新をもって買受人らに賃借権を対抗することができる。

建物賃借権の対抗要件具備が抵当権設定登記に後れる場合（これには，賃貸借自体は抵当権設定登記前になされたものの，同登記後に賃借権の対抗要件が具備された場合が含まれる）には，賃借権を抵当権者ないし競売における買受人に対抗することができない（例外的に短期賃借権保護制度の廃止に伴う経過措置により，又は，賃借権優先同意の制度による対抗が可能であることは後述するとおりである（〔4〕参照））。

(4) **賃借権を建物譲受人に対抗することができない場合**

建物賃借権を建物譲受人に対抗することができない場合には，譲受人は賃借人に対し，建物の明渡しを請求することができる（ただし，後述するとおり（〔5〕参照），競売による建物所有権移転の場合については，引渡猶予の制度が設けられている）。

建物の賃貸借契約が成立した後，賃借権を妨害する意図で，賃借人への建物引渡しの前に建物を買い受けて所有権移転登記を経由したというような場合には，建物譲受人の賃借人に対する建物明渡請求が権利の濫用にあたるとして許されないことがあるだろうが，通常の建物賃貸借ではすでに建物が賃借人に引き渡されて，賃借人がそれを使用している場合が多いので，権利の濫用にあたるとして建物譲受人の賃借人に対する建物明渡請求が排斥される事態は稀であろう。

〔3〕 短期賃借権保護制度とその廃止

(1) **短期賃借権保護制度の趣旨**

抵当権設定登記後に対抗要件を具備した賃借権は，本来，抵当権に劣後するものとして，抵当権実行による競売における買受人に対抗することができないものであるが，法は，抵当権者の把握する価値権と所有者（抵当権設定者）に留保された利用権の調和を図るため，短期間の賃借権に限り，これを抵当権者

(ないし買受人)に対抗することができるものとしていた(民旧395条本文)。建物については，3年以内の期間を定めた賃貸借がこれにあたる(民602条3号)。

(2) **短期賃借権保護制度の廃止**

しかしながら，不動産競売において，短期賃貸借を「隠れ蓑」にして執行妨害を図るというケースが多く見られるようになったこともあって，平成10年ころから，その廃止ないし制限を目指す立法案が論議されていた(法制審議会担保・執行法制部会平14・3・19決定「担保・執行法制の見直しに関する要綱中間試案」(NBL734号68頁ほか)参照。なお，短期賃借権保護制度の弊害を強調する論者の中には，「短期賃貸借のほとんどは執行妨害的なものである」と述べるものが見られたが，——執行妨害の手段として短期賃借権制度を悪用する例が少なくないとはいえ——テナントビル，賃貸マンション，アパート等の収益物件における賃貸借は，そのほとんどが，抵当権設定登記後になされた，正常な，すなわち，執行妨害を意図しない短期賃貸借であるから，「短期賃貸借のほとんどは執行妨害的なもの」とする見解は正しくない)。そして，平成15年，「担保物権及び民事執行制度の改善のための民法等の一部を改正する法律」(平成16年4月1日施行)により，この制度は廃止された。同法附則5条に基づく経過措置により，同法施行時に存する短期賃貸借については従前のとおりの取扱いを受けることとされたが，現在では建物の短期賃借権による対抗が問題となることはほとんど考えられないので，説明を省くこととする。

〔4〕 **賃借権優先同意とその登記による対抗**

(1) **賃借権優先同意制度の創設とその意義**

前述のとおり，平成15年の「担保物権及び民事執行制度の改善のための民法等の一部を改正する法律」(平成16年4月1日施行)により，賃借権と抵当権の各対抗要件具備の先後によって優劣を決する一般原則に対する例外となる短期賃借権保護制度(民旧395条)は廃止されたが，新たな例外となる賃借権優先同意の制度が創設された。

この制度は，抵当権設定登記後に対抗要件を具備した賃借権を一律に抵当権者(そして，抵当権実行としての担保不動産競売による買受人)に対抗することができないこととすると，抵当権設定登記後の賃借人募集が困難となり，かえって

抵当不動産の価値を減少させてしまうという事態が生じることが予想されるために，抵当権者が賃借人に対する自己の優先権を放棄することによって，そのような事態を回避することができるようにしたものである（もっとも，実際には，あまり利用されてはいないようである）。

(2) **賃借権優先が生じる場合**

抵当権設定登記後の賃借権について優先権（抵当権者に対する賃借権の対抗力）が生じるためには，まず，①「登記された賃借権」でなければならない（借地権は建物登記又は登記された建物が滅失した場合における再築予定の掲示によっても，また，建物賃借権は建物の引渡しによっても対抗力を有するが，賃借権優先同意については，後述するとおり，その登記をする必要があり，その前提として，賃借権設定登記を備える必要がある）。次に，②賃借権設定登記より前に抵当権設定登記を経由した抵当権者全員の同意が必要である。さらに，③その同意について登記を備える必要がある（この登記は抵当権者と賃借人との共同申請による）（以上につき，民387条）。

上記要件が具備されている場合には，賃貸借目的物の競売がされたときも，賃借人は，買受人に対し，自己の賃借権を対抗することができる。

〔5〕 引渡猶予制度

(1) **引渡猶予制度の創設と意義**

前述した短期賃借権保護制度が廃止されたのと同時に，建物賃借権を抵当権者に対抗することができない場合であっても，一定の要件のもとに，抵当建物競売による買受人にただちに建物の引渡し（明渡し）をしなくてもよいとする建物引渡（明渡）猶予制度が創設された。

この制度は，正当な建物賃借人が目的建物が競売されることによって突然，明渡しを余儀なくされてしまうという不利益を避けるために設けられたものである。

(2) **建物引渡猶予が認められる場合**

建物引渡猶予が認められるのは，まず，①建物賃借人である場合である（土地賃借人については，このような引渡猶予は認められていない）。そして，②建物賃借権を抵当権者に対抗することができない場合である（経過措置によって短期賃

借権の保護を受ける場合や前述の賃借権優先同意登記がされている場合は，賃借権を抵当権者に対抗することができるので，引渡猶予制度の対象とならない）。そして，③建物賃借人が「競売手続開始前から建物の使用又は収益をする者」又は「強制管理又は担保不動産収益執行の管理人が競売手続後にした賃貸借により使用又は収益をする者」である場合でなければならない。さらに，競売時（正確には，買受人の代金納付時）に，現に当該建物の使用又は収益をする者でなければならない（以上につき，民395条1項）。

　上記要件を充たす者は，買受人の買受け時（代金納付時）から6ヵ月を経過するまでは，その建物を買受人に引き渡すことを要しない（民395条1項。具体的には，代金納付日が令和2年6月10日であるとすれば，建物賃借人であった者は同年12月10日まで当該建物の使用収益を継続することができる）。

　この引渡猶予期間における，従前の建物賃借人と買受人間の関係は，賃貸借ではないし，買受人が賃貸人たる地位を承継するわけでもない（賃借権は，買受人の代金納付時に消滅したと解される。この引渡猶予期間には，借地借家法は適用されない。なお，買受人が敷金債務を承継しないことはもちろんである）。したがって賃料債権は発生しないものの，建物買受け後には，建物使用についての対価が発生する（不当利得返還請求権に類似するが，法律上の原因に基づく占有であるから，不当利得が発生するわけではない）。そして，買受人が，建物引渡猶予を受けた建物使用者（従前の賃借人）に対し相当の期間を定めて上記対価の1ヵ月分以上の支払の催告をしたのに，建物使用者がこれを履行しない場合には，引渡猶予を受けることができなくなる（同条2項）。その場合には，建物使用者は，ただちに当該建物を買受人に引き渡さなければならないことは当然である。

　なお，引渡猶予期間が満了したとき又は買受人が催告した対価を建物使用者が支払わなかったことにより引渡猶予が失効したときは，買受人は，代金納付から9ヵ月を経過するまでは，引渡命令の申立てをすることができる（民執83条1項・2項。この期間を徒過したときは引渡命令を申し立てることができないが，その場合であっても，買受人は，建物使用者に対して建物明渡しを求める訴訟を提起し，これを認容する確定判決を得て，強制執行により明渡しを実現することができる）。

〔6〕 建物譲渡に伴う賃貸人たる地位の承継

(1) 賃貸人たる地位の承継

　賃貸人がその所有する賃貸建物を譲渡した場合（競売等による建物の所有権移転を含む）において，譲受人が賃借権の対抗を受けるときは，原則として譲受人が賃貸人たる地位を承継すること，その場合における譲受人と賃借人との間の権利義務等は借地に関して述べたところと変わらない（民605条の2。本編第1章第6節〔3〕参照）。

(2) 敷金返還債務の承継

　(a) 賃貸人の地位を承継した建物譲受人が賃借人に対する敷金返還債務を承継することも，借地について述べたとおりである（民605条の2第4項）。

　ただ，敷金（ないし敷金の性格を有する保証金等。以下，同じ）は，借地契約の場合よりも建物賃貸借の場合のほうがより一般的である。

　(b) 建物が競売された場合において，賃貸人の地位を承継した買受人の承継する敷金返還債務の範囲についてはやや問題がある。執行裁判所が，適正敷金額として，月額賃料の6ヵ月程度を買受人が負担すべきものとした評価人の評価に従った売却基準価額の決定をすることが多いからである。もとより，そのことによって買受人が承継すべき敷金債務が（例えば，月額賃料の6ヵ月分のみに）法的に確定するわけではないが，敷金が過大である場合には，その一部が返還債務として承継されない可能性がある（東京地判昭57・7・19判時1066号77頁参照。賃料55ヵ月分の敷金全額の返還を命じたものとして，大阪地判平17・10・20金判1234号34頁参照。なお，破産手続に関するものとして名古屋地判昭40・4・27判時419号45頁，東京地判平5・10・18判タ865号265頁参照）。

　(c) 賃借人が適法に（すなわち，賃貸人の承諾を得て）賃借権を譲渡したときは，賃貸人は敷金（賃貸借に基づいて発生した賃借人の賃貸人に対する金銭債務を控除した残額）を賃借人に返還しなければならない（民622条の2第1項2号。賃貸人と賃借人との間で別段の合意をすることも問題ない。賃貸人が賃借権譲受人から新たに敷金の交付を受けることを条件に賃借権譲渡を承諾することもあるだろう）。

〔7〕 敷地借地権の消滅

(1) 借地契約の合意解除と建物賃借権

(a) 借地権が土地賃借権である場合にも，借地上建物の賃貸は土地の転貸にあたらないことは借地に関してすでに述べたとおりであるが（本編第1章第5節〔3〕(1)(b)），この場合，原則として，借地権設定者と借地権者間の合意解除をもって，借地上建物の賃借人に対抗することはできない（最判昭38・2・21民集17巻1号219頁。ちなみに，借地権者である土地賃借人が借地権設定者（土地賃貸人）の承諾を得ないで建物とその敷地の賃借権を第三者に譲渡した場合において，借地権設定者と従前の賃借人である譲渡人との間で土地賃貸借契約を合意解除してもその効果を建物等の譲受人に対抗することができず，譲受人の土地賃貸人に対する借地法10条による建物買取請求権はこれによって消滅しないとする最判昭48・9・7民集27巻8号907頁参照）。もっとも，借地権者に地代等の不払い，その他の債務不履行があって，本来，法定解除権の行使ができる場合に訴訟上の和解等により合意解除したというような場合（最判昭41・5・19民集20巻5号989頁，最判昭47・3・7判時666号48頁），建物賃借人が借地権者が設立した会社の代表者となっているというような，借地権設定者に対する関係では借地権者と建物賃借人を実質的に同一視できるような関係にある場合（最判昭49・4・26民集28巻3号527頁）など，特段の事情の認められるときは，借地契約の合意解除をもって建物賃借人に対抗することができる。

なお，借地権者がその所有する賃貸建物を借地権設定者に譲渡することによって借地関係を解消することは——その法形式を借地契約の合意解除とするかどうかはともかく——建物賃借人に影響を及ぼすものではないから，少なくとも建物賃借人に対する関係では有効になし得る（特段の事情のない限り建物譲受人である借地権設定者が建物賃貸人たる地位を承継する）。

(b) 借地権設定者と借地権者間の借地契約の合意解除を建物賃借人に対抗することができない場合における，これら三者の法律関係をどう考えるかは難しい問題である。合意解除により，借地上建物が借地権者から借地権設定者に譲渡された場合には，借地権者が借地権設定者及び建物賃借人との契約関係から

離脱し，借地権設定者と建物賃借人間の直接の建物賃貸借として存続すると解するが，建物が譲渡されない場合には，建物賃借人との関係では借地権者（建物賃貸人）と建物賃借人間の建物賃貸借が存続し，借地権設定者に対する関係では借地権者の土地明渡義務の不履行状態となると解する。

(2) **借地権設定者の建物等譲受許可の裁判と建物賃借権**

借地権設定者（土地賃貸人）の借地借家法19条3項（同法20条2項による準用の場合を含む）による，いわゆる介入権行使により，借地権設定者の建物及び敷地賃借権譲受許可の裁判がなされると，これによって建物等が借地権設定者に譲渡される（本編第1章第5節〔6〕参照）。この場合には，原則として土地賃借権は混同（民520条本文）により消滅するが，通常の売買等による建物譲渡の場合と同様に，建物賃借権の対抗要件が具備されている限り，借地権設定者は建物賃貸借契約における（従前借地権者が有していた）建物賃貸人たる地位を承継する（民605条の2第1項）。

(3) **借地権者又は第三者による建物買取請求権と建物賃借権**

(a) **建物買取請求権が行使される場合**

借地権の存続期間が満了した場合において借地契約の更新がないときは，（期間満了により借地権は消滅するが）借地権者は借地権設定者に対して建物等の買取りを請求することができる（借地借家13条）。第三者が借地権である土地賃借権上の建物等を取得した場合において借地権設定者が賃借権譲渡又は転貸を承諾しない場合（賃借地上建物の公売又は競売による買受人が借地借家法20条による賃借権譲受許可を得られなかった場合もこれにあたる）も同様，第三者は借地権設定者に対して建物等の買取りを請求することができる。

上記建物買取請求権の行使により，賃貸建物の所有権が借地権設定者に移転した場合には，通常の売買等による建物譲渡の場合と同様に，建物賃借権の対抗要件が具備されている限り，借地権設定者は建物賃貸人たる地位を承継する（民605条の2第1項）。

(b) **建物賃借人による建物買取請求権の代位行使の可否**

建物賃借人が，その賃借権を保全するために民法423条により建物賃貸人（借地権者）に代位して，借地権設定者に対して建物買取請求権を行使することは許されないとするのが判例である（いずれも借地法10条に関する最判昭38・4・23

民集17巻3号536頁，最判昭55・10・28判時986号36頁）。建物買取請求権の行使によって得られるものは借地権者の代金債権であって，建物賃借権を保全するものとはいえないことを理由とする。

　しかし，借地契約の合意解除ないし借地権者の借地権放棄の効力を建物賃借人に対抗することができないことと同様に，建物賃借人に建物の使用収益をさせるべき義務を負っている建物賃貸人たる借地権者が建物買取請求権を行使することによって建物賃借権を保全することができるのに，これをあえて行使することなく，建物の収去をすることとし，あえて建物賃借人に退去を余儀なくさせるのは，信義則に反し，許されないというべきである。そして，借地権者は建物買取請求権の行使によって，単に建物等の代金債権を取得するだけではなく，建物の取壊義務を免れるという利益を得るのであり，建物賃借権の保全はその利益を前提としているといえる。建物賃借人は借地権者の建物買取請求権を代位行使することができると解すべきである。

(4)　**借地権の存続期間満了による消滅と借地上建物の賃借人保護**

　前述したとおり，借地権の存続期間の満了により借地権者が建物買取請求権を行使した場合には，建物賃貸人たる地位が借地権設定者に承継されるので，建物賃借人には影響がないが，借地権者が建物買取請求権を行使しない場合（建物賃借人による建物買取請求権の代位行使の可否については前述のとおり）又は借地権者が建物買取請求権を有しない場合（一般定期借地権又は事業用定期借地権等である場合。実際にはあまり考えられないが，理論上は一時使用目的の借地権の場合もあり得る）には，期間満了により借地権が消滅し，建物賃借人は借地権設定者に対して建物から退去して土地を明け渡すべき義務を負うことになる。

　このような場合につき，借地借家法は，建物賃借人を保護する特別の規定を設けた。

　すなわち，借地権の存続期間の満了によって建物賃借人が土地を明け渡すべきときは，建物賃借人が借地権の存続期間が満了することをその1年前までに知らなかった場合に限り，建物賃借人は裁判所に請求して，建物賃借人が借地権の存続期間の満了を知った日から1年を超えない範囲内において，土地の明渡しについて相当の期限の許与を受けることができる（借地借家35条1項）。この場合，裁判所が許与した期限が到来するまで（借地権者であった建物賃貸人と

の間での）建物賃貸借が存続することになる（同条2項）。借地権者が借地権設定者に対する関係で土地明渡義務の債務不履行責任を問われたり，借地権者が建物賃借人から債務不履行責任を問われることは別問題である。

(5) **建物譲渡特約付借地権における建物譲渡特約の履行による借地権消滅と建物賃借権**

(a) **建物賃借権を借地権設定者に対抗することができる場合**

建物譲渡特約付借地権（借地借家24条）について，同特約により，借地権を消滅させるため，建物が借地権設定者に譲渡された場合において，建物賃借人が，建物賃借権を建物譲受人である借地権設定者に対抗することができる場合（借地権設定者が将来の建物所有権を確保するための仮登記がされておらず，建物賃借権につき登記され又は建物の引渡しがされた後に建物が譲渡された場合）には，通常の売買等による建物の譲渡の場合と同様に，借地権設定者が建物賃貸人の地位を承継するので，借地権設定者（建物譲受人）と建物賃借人との間で従前の建物賃貸借が存続することになる。

(b) **建物賃借権を借地権設定者に対抗することができない場合**

建物賃借権についてその対抗要件（賃借権設定登記又は建物の引渡し）を具備する前に，将来の建物譲渡による所有権取得を確保するための仮登記が経由されていたような場合には，建物賃借人は，本来は，その賃借権を建物譲受人である借地権設定者に対抗することができない。借地借家法は，このような場合にも，建物賃借人を保護するため，借地権消滅後に建物の使用を継続している建物賃借人が借地権設定者に請求したときは，この両者間で，期間の定めのない建物賃貸借契約が成立したものとみなすこととした（借地借家24条2項前段）。この場合，賃料額は，当事者間で合意できないときは，裁判所に請求して定めてもらうことができる（同項後段）。

なお，前記建物譲渡特約がある場合において，借地権設定者と建物賃借人となる者との間で定期建物賃貸借契約（借地借家38条1項）をすることができ，その場合にはその定めに従う（借地借家24条3項）。

第6節　建物賃借権の相続・承継又は建物の相続

〔1〕　建物賃借権の相続

　建物賃借権が相続の対象となることは借地権と同様であり，建物賃借権を共同相続した場合における法律関係は借地権の相続について述べたところと変わらない（本編第1章第7節〔1〕参照）。

　ただ，建物賃借権は，建物とその敷地の借地権ほどには，その財産性が強く意識されていないために，遺言で建物賃借権を相続する者を指定することは少ないし，遺産分割協議において明示的にその取得者を定めることは少ないようである（期間の定めがある場合には，建物賃借権相続後，更新の際に，建物賃借権を相続した者を賃借人とする新たな賃貸借契約書を取り交わすことによって，賃借権の相続人を明確にするということが，実際上多く行われている）。

　なお，平成30年民法の一部改正により，配偶者居住権の制度（民1028条〜1041条）が創設され（令和2年4月1日施行），配偶者居住権について，使用貸借及び賃貸借の規定が準用されることがあるが（民1036条），建物賃貸借特有の問題ではないので，本節では言及しない。

〔2〕　居住用建物賃借権の承継

(1)　居住者による建物賃借権承継の制度

(a)　沿革と制度趣旨

　建物を居住用として賃借している者（賃借人）の家族は，建物賃借人の履行補助者（利用補助者，占有補助者）として建物を利用しているものであるが，そのような利益は，賃借人が死亡した後も保護すべき社会的要請があるといえる。建物賃借人の家族が賃借権の相続人となる場合は，さしたる問題は生じない。しかし，内縁配偶者や事実上の養子など，建物賃借人と同居し，社会的には建物賃借人の「家族」と認められるものの，相続人とならない者は賃借権を相続することができない。となると，相続人ではない，これらの同居の「家族」は，

建物賃借人の死亡により，建物賃貸人に対抗することのできる占有権原を失い，賃貸人の建物明渡請求に応じなければならなくなってしまう。

このような居住者を保護するため種々の学説が唱えられたが，最高裁は，建物賃借人と同居していた建物賃借人の内縁配偶者や事実上の養子は，建物賃借人の相続人の有する賃借権を援用して建物賃貸人に対抗することができるとする判例理論を確立して，一定限度でこれらの者を保護するに至った（事実上の養子に関する最判昭37・12・25民集16巻12号2455頁，内縁の妻に関する最判昭42・2・21民集21巻1号155頁，内縁の夫に関する最判昭42・4・28民集21巻3号780頁参照）。

これらの学説，判例の流れの中で昭和41年，居住用建物賃借人の相続人がいない場合における，これら内縁配偶者等による建物賃借権承継の制度（借家7条ノ2）が創設された（同年施行）。

そして，この制度は，借地借家法にそのまま踏襲された（借地借家36条）。

(b) 居住用建物賃借権承継制度の問題点

借家法7条ノ2，借地借家法36条は，いずれも，建物賃借人に相続人がいない場合の規定であって，相続人がいる場合にはその相続人が建物賃借権を相続することを当然の前提としている。居住用建物賃借権を相続の対象としない（相続財産としない）という立法的解決も考え得るところであるが，そのような「特別扱い」がさらに相続人との間で複雑な法律関係，解決困難な問題を惹起することも予想されるところから，「相続」との衝突を避ける，いわば無難な解決を図ったものと評することができる。

しかし，建物賃借人に相続人がいる場合において（前述のとおり，内縁配偶者等は，賃貸人に対する関係では相続人の賃借権を援用して対抗することができるとしても），その相続人が内縁配偶者等に対して建物明渡しを請求したり，相続人が賃貸人との間で建物賃貸借を合意解除したり，あるいは，賃料を支払わないことで賃貸人の賃貸借解除を惹起させたりする場合には，（事情によっては，権利濫用の法理や信義則を理由に，相続人や賃貸人の明渡請求を排斥することは可能であるとしても）内縁配偶者等の居住継続は困難となる。これらの事情を踏まえて，さらなる立法措置が期待されるところである。

(2) 建物賃借権承継の要件

(a) 居住用建物の賃貸借であること

借地借家法36条による建物賃借権承継の制度は居住者を保護する目的で規定されたものであるから，居住用以外の目的でなされた建物賃貸借には適用がない。居住用の建物とは賃貸借の目的が居住用であることを意味するのであって，建物の登記上の種類が「居宅」であるか否かは関係がない。

居住のみに使用されている場合に限らず，居住のほか，小規模な事業のための店舗や事務所としても併せ使用されている場合が含まれると解すべきである。

(b) **建物賃借人が相続人なく死亡したこと**

死亡した建物賃借人に相続人がいる場合には内縁配偶者等の承継が生じないことは前述のとおりである。

(c) **事実上の親族的関係にあった者であること**

建物賃借権を承継することができるのは，建物賃借人の死亡時において「婚姻又は縁組の届出をしていないが，建物の賃借人と事実上夫婦又は養親子と同様の関係にあった」同居者である（「事実上夫婦」には，いわゆる同性婚の場合を含むと解する）。それ以外の者は，賃借権を承継することはできない。

(d) **同居していたこと**

建物賃借人の死亡時，建物賃借人と賃借建物に同居していた者でなければ賃借権を承継することができない。同居とは生活の本拠を共にすることであって，療養等のために一時的に一方がその建物を離れていたような場合であってもかまわない。

(e) **同居者の，賃借権を承継しない旨の意思表示がないこと**

同居者が借地借家法36条1項本文の規定により建物賃借権を承継できる場合であっても，その同居者が，建物賃借人が相続人なしに死亡したことを知った後1ヵ月以内に建物賃貸人に対して，賃借権を承継しない旨の意思表示をしたときは，賃借権を承継しない（同項ただし書）。単に同居者を保護するための制度であって，その意思に反してまで賃借権を承継させる必要がないからである。消極的要件であるから，同居者が前記期間内に，賃貸人に対し格別の意思表示をしないときは同居者が賃借権を承継することとなる。

(3) **同居者の建物賃借権承継の効果**

前記要件を充たす場合には，同居者が建物賃借人たる地位（賃借人としての権利義務）を承継する（借地借家36条1項本文）。

その効果は，相続とほとんど変わるところがない。すなわち，単に，将来に向かっての建物の使用収益権，賃料支払債務等が当該同居者に帰属するだけではなく，死亡した建物賃借人がかつて有していた敷金返還請求権や未払賃料債務等も当該同居者に帰属することとなる（同条2項）。また，この場合には，（「譲渡」にあたらず，また，法の規定によるものであるから）賃借権の無断譲渡を理由とする賃貸人の解除権（民612条2項）も発生しない。

〔3〕 建物の相続

建物の所有者たる建物賃貸人が死亡し，その相続人が建物を相続したときは，相続人は建物賃貸人たる地位を承継する。これに関する法律関係は，借地権設定者の死亡により土地が相続される場合について述べたところと同じである（本編第1章第7節〔2〕参照。なお，死亡した建物賃貸人が建物の所有者でない場合には，賃借人に対する関係では賃貸人たる地位のみを承継することになるのはもちろんである。建物賃貸人ではない建物所有者が死亡して建物の相続があった場合には，建物賃借人には，直接には影響がない）。

第7節　建物の修繕・用法違反・賃料不払い

〔1〕 建物の修繕

(1) **賃貸人の修繕義務とその免除**
(a) **賃貸人の修繕義務**
賃貸人は賃借人に対して賃貸物の使用収益をさせる義務を負っている（民601条）のであるから，その賃貸物が毀損する等して使用収益に支障が生じた場合には，これを修復してその支障を取り除く義務があるといえる。民法は明文をもって，「賃貸人は，賃貸物の使用及び収益に必要な修繕をする義務を負う」ことを規定した（民606条1項）。

このことは，借地関係でも建物賃貸借でも同じであるが，実際上は建物賃貸借について問題となることが多いので，本節で述べることとする。

(b) **賃貸人の修繕義務の発生要件**

　賃貸人の修繕義務は，賃貸物（建物）の使用収益に必要な場合，すなわち，建物の瑕疵によって，賃貸借契約によって定められた使用収益ができなくなった場合に生ずる（賃貸人の過失の有無を問わない）。建物の瑕疵は賃貸借成立時にすでに存していたものでもかまわない（東京高判昭56・2・12判時1003号98頁。ただし，結論として修繕義務を否定）。

　建物に何らかの瑕疵があっても，通常の使用収益に支障のない軽微な瑕疵については賃貸人の修繕義務は生じない。

　また，建物に瑕疵があっても，修繕が可能な場合にのみ賃貸人の修繕義務が生ずる。物理的，技術的には修繕が可能であっても，賃料額等に比して不相当に高額な費用を要する場合など，社会的経済的に著しく困難な場合には，やはり修繕義務は生じない（東京地判昭35・1・30判時215号30頁，東京地判昭39・11・17判時403号39頁は，いずれも，賃貸人の解約申入れに正当事由があるとする）。

　なお，瑕疵が賃借人の責めに帰すべき事由によってその修繕が必要となったときは，賃貸人はその修繕義務を負わない（民606条1項ただし書）。この場合，賃借人の債務不履行（建物の用法違反）を理由とする，賃貸人の賃貸借契約解除権や賃借人に対する損害賠償請求権が生じることもあるだろう。

(c) **特約による修繕義務免除**

　民法606条は任意規定であるので，当事者は特約をもってこれを排除することができる。

　建物賃貸借においては，修繕は賃借人の負担においてする旨，又は「小修繕」は賃借人の負担においてする旨が賃貸借契約書の中で特約されていることが多い。このような特約は，一般には，賃貸人の修繕義務を（全部又は一部）免除するものであって，それ以上に，賃借人に修繕義務を負わせたものではない（最判昭43・1・25判時513号33頁。なお，最判昭29・6・25民集8巻6号1224頁参照）。

(d)　賃貸借の目的建物の全部が滅失その他の事由により使用及び収益をすることができなくなった場合には，賃貸借はこれによって終了するので（民616条の2），もはや修繕義務を問題とする余地はない（滅失等の原因によっては，当事者の一方から他方に対する損害賠償請求権が発生することになるだろう）。

(2) **賃貸人の修繕義務不履行**
(a) **賃貸人の債務不履行**
　賃貸人が修繕義務があるのにこれを履行しないときは，賃貸人の債務不履行にあたるものとして，賃借人は賃貸人に対して，履行の強制（代替執行が可能である）をしたり，損害賠償を求め，さらに賃貸借を解除することができるが，いずれも，賃借人にとって，一般にはあまり実益はないだろう。

(b) **賃借人による修繕と必要費償還請求**
　賃貸人に修繕義務があるのに賃貸人がその義務を履行しないときは，賃借人は自ら修繕をすることができる。その費用は本来，賃貸人が負担すべき必要費であるから，賃借人は賃貸人に対しただちにその償還を請求することができる（民608条1項）。賃貸人が償還に応じないときは，自己の必要費償還請求権を自働債権，賃貸人の自分に対する賃料債権を受働債権として相殺をすることができる。なお，店舗（カラオケ店）の賃貸借において賃貸人が修繕義務を履行しなかったために賃借人が営業できなかったという事案について，「遅くとも，本件本訴が提起された時点においては，X（賃借人）がカラオケ店の営業を別の場所で再開する等の損害を回避又は減少させる措置を何ら執ることなく，本件店舗部分における営業利益相当の損害が発生するにまかせて，その損害のすべてについての賠償をYら（賃貸人）に請求することは，条理上認められないというべきであり，民法416条1項にいう通常生ずべき損害の解釈上，本件において，Xが上記措置を執ることができたと解される時期以降における上記営業利益相当の損害のすべてについてその賠償をYらに請求することはできない」とした最判平21・1・19民集63巻1号97頁がある。

(c) **賃料支払義務との関係**
　賃貸人が建物の修繕をしないために使用収益が不能又は著しく困難となった場合には，賃借人は以後の賃料支払義務を免れる（大阪高判平9・12・4判タ992号129頁）。
　もっとも，使用収益に著しい支障を生じていない場合には，賃借人は，賃貸人の修繕義務不履行を理由として賃料全部の支払を拒むことはできない（最判昭38・11・28民集17巻11号1477頁）。

〔2〕 建物の用法違反

(1) 建物の用法

建物賃借人は，建物を「契約又はその目的物の性質によって定まった用法」に従って建物を使用収益しなければならない（民616条・594条1項）。

そのことは，理論上は借地の場合と変わらないが，借地の場合は，端的にいえば土地上に建物を所有することだけであるのに対し，建物の場合には，その使用方法がより具体的であり，千差万別であるといっても過言ではない。

したがってまた，建物賃貸借に関しては，後述するとおり，用法違反をめぐって紛争が生じることも多い。

(2) 建物の用法違反

(a) 総　説

建物賃借人の用法違反が問題となる事案は，おおよそ，建物ないしその敷地の原状に何らかの物理的改変を行った場合（建物を増改築した場合など）と，建物の内外での賃借人の行為が不適切な場合（暴力団事務所として使用した場合など）に大別できる。さらにそれらの中の態様もさまざまである。ここでは，裁判例に現れた主要な事例を態様別に紹介することとする。

(b) 建物の増改築・改装

建物賃借人が自分の所有に属していない建物について無断で増改築等をすることができないのは当然である（ただし，修繕については前述のとおり）。「改装」ないし「模様替え」は，建物の軽微な改築にあたると考えられるもの（例えば，床のカーペットや壁紙の貼替え等）と，まったく改築にはあたらないもの（造作の取替えや備品の配置替え等）があるが，その区別は微妙である（いずれも契約書上，禁止されていることが多い）。

裁判例には，建物賃借人の無断増改築を理由とする賃貸借の解除を認めたものが多いが（東京地判昭37・4・6判時296号13頁，大阪地判昭38・10・10判時384号39頁，東京地判昭39・7・30判時393号38頁，東京地判昭43・7・6判時537号56頁，最判昭44・6・17判時563号51頁，東京地判昭46・5・25判時635号117頁，東京高判昭49・10・30判時767号35頁，名古屋地判昭60・12・20判時1185号134頁（屋根上に鳩舎を設置

して約100羽の鳩を飼育），東京地判平10・11・25判時1685号58頁。なお，最判昭29・12・21民集8巻12号2199頁参照），用法違反にあたらないとしたもの（前橋地高崎支判昭45・5・31判時643号81頁，大阪地判昭55・2・14判タ416号168頁（くみ取り式の便所を水洗便所に改造）），用法違反ではあっても信頼関係が破壊されていないとして解除を認めなかったもの（最判昭36・7・21民集15巻7号1939頁，大阪地判昭41・11・17判タ202号187頁，大阪高判昭51・11・9判時843号59頁，東京地判平6・12・16判時1554号69頁）がある。

　増改築とまではいかないと思われる「改装」についても，解除を認めたもの（東京地判昭60・1・30判時1169号63頁（麻雀屋をゲームセンターに変更），東京地判昭63・12・5判時1322号115頁（事務室をテレホンクラブに改装），東京地判平元・1・27判タ709号211頁（ファッション関係店舗をアイスクリーム販売店に変更），東京地判平3・7・9判時1412号118頁（マリンスポーツ店を女性に接客させて酒食を提供するクラブに変更。ただし，使用目的を偽って賃借した事案））と，解除を認めなかったもの（東京地判平3・12・19判時1434号87頁（活版印刷工場から写真印刷のための製版作業所に変更），東京地判平5・9・27判時1494号119頁（信頼関係破壊がないとする））がある。

(c) 敷地の無断利用

　建物賃借人は，別途敷地を賃借していない場合であっても，建物の使用収益に通常必要な合理的範囲でその敷地の使用収益をすることができ，（敷地につき借地権が設定されている場合には）これを借地権設定者にも対抗することができる（最判昭29・12・23民集8巻12号2245頁，前掲最判昭38・2・21）。例えば，一般的な戸建ての建物を賃借している場合において，庭に花壇を設けたり，賃借人自身のためのカーポートを設けるような場合がこれにあたる。

　しかし，敷地内に新たに建物その他の構築物を築造したり（前述の「増築」もこれにあたるが，ここでは，既存建物から独立した建物を新たに築造する場合を想定する），その敷地利用が建物の使用収益とは独立したものと認められるような場合には，建物賃借人に許される合理的範囲を超えるものとして，用法違反にあたるといえる。裁判例には，敷地利用が許される範囲を超えているとして，用法違反による解除を認めたもの（東京地判昭28・1・24下民集4巻1号80頁（建物新築），東京地判昭32・8・2判時130号19頁（同，ただし，建物賃借人の保管義務違反とする），東京高判昭34・9・30判タ97号54頁（道路に面する部分の板塀を除去して飲食

店向きの屋台を設置して営業），最判昭38・9・27民集17巻8号1069頁（建物新築），東京地判平3・2・25判時1403号39頁（駐車場用地を商品置場として使用するなどして美観を害し近隣に迷惑を及ぼす））と，その範囲内にあるとしたもの（東京地判昭61・6・26判時1228号94頁（ビル1階店舗の賃借人が同ビル前面空地に花壇，タバコ自動販売機を設置し，また，商品を置いたワゴンを出して使用））がある。

(d) **出　火　等**

建物賃借人の過失により建物を焼毀したときは，それが賃借人の債務不履行にあたることはもちろんである（この場合には，「失火ノ責任ニ関スル法律」は適用がない。最判昭30・3・25民集9巻3号385頁）。これを「用法違反」の問題として捉えることが適切かどうかはともかく（一般には，保管義務違反ないし善管注意義務違反の問題として論じられることが多い），裁判例には，解除を認めたもの（最判昭47・2・18民集26巻1号63頁，東京地判昭60・12・10判時1219号86頁，東京地判平6・10・28判時1542号88頁）と，信頼関係破壊がないことを理由に解除を認めなかったもの（大阪地判平8・1・29判時1582号108頁）がある。

(e) **賃借部分以外の建物部分の占有使用**

建物賃借人は，その賃借部分の使用収益に通常必要な合理的範囲で（前述した敷地利用の場合と同様に）賃借部分以外の建物部分を使用することができる。例えば，オフィスビル（テナントビル）やアパート（ないし賃貸マンション）の一室を賃借している場合には，廊下や玄関ロビーの使用等は当然に許される。しかし，特段の事情のない限り，そのような共用部分を独占的排他的に使用することは許されないし，他の部屋を勝手に使用することが許されないことは当然である。賃借部分を超える建物部分の無断使用等を理由とする解除を認めた裁判例がある（最判昭40・8・2民集19巻6号1368頁，東京地判平6・10・14判時1542号84頁）。

(f) **使用目的の変更**

居住用として賃借した建物を事業用として使用したり，喫茶店として賃借した建物をバーとして使用したりすることは用法違反にあたることが多い（業種を変更する場合には，改築ないし改装を伴う場合が少なくないと思われる。そのような場合については，前述したとおりである）。しかし，建物の使用態様がほとんど変わらず，周辺にも格別の影響を与えない場合（例えば，賃借した居宅で，税理士業

を営む場合など）は，用法違反にあたらない場合が多いし，仮に用法違反にあたるとしても，信頼関係を破壊していないとして解除が許されない場合が少なくないだろう。

　これに関する裁判例は多く，賃貸人の解除を認めたもの（名古屋地判昭59・9・26判タ540号234頁（居宅で金融業を営む），東京高判昭61・2・28判タ609号64頁（不動産業を貸机業に変更。なお，「貸机」を転貸にあたるとした前掲東京地判昭49・8・8参照），東京地判平3・7・31判時1416号94頁（料亭であるのに客に風呂を使わせ宿泊させる））と，認めなかったもの（東京地判昭35・11・26判時248号29頁（居宅として賃借した建物の一部を駄菓子等販売の店舗として使用），東京高判昭41・6・17判タ196号159頁（飲食店として賃借した建物部分を倉庫として使用），東京高判昭50・7・24判タ333号195頁（居宅として賃借した建物で学習塾を開設））がある。

　(g)　**暴力団事務所としての使用**

　正業を営む事務所等として賃借した建物を暴力団事務所（組事務所）として使用することは重大な用法違反となる（建物を他の違法活動又は反社会的活動の拠点として使用する場合も同じである）。賃貸人の解除が認められるのは当然である（東京高判昭60・3・28判タ571号73頁，東京地判平7・10・11判タ915号158頁）。

　居宅の賃借人がたまたま暴力団員であったものの，その居宅では平穏に暮らしており何ら近隣に迷惑をかけているわけではない，というような場合には，当然に用法違反にあたるとはいえない。

　なお，当初から暴力団事務所として使用することを目的として賃貸借契約がなされた場合，又は，暴力団事務所としての使用を賃貸人が許容している場合には，賃貸人に対する関係では用法違反にあたらないものの，公序良俗に反するものとして契約自体が無効であると解すべきである。

　(h)　**ペット飼育**

　賃借建物の用法に関して近年最も議論があるのは，建物内での犬，猫などのペットの飼育である（分譲マンションにおいても同様の問題がある）。戸建ての建物全体を賃借している場合において，敷地内の屋外で犬や猫を飼うことはあまり問題とはならないが，共同住宅（アパートや賃貸マンション）でそれらを飼う場合には，通常は屋内で飼うことになるだろうから，それによって建物内の汚損の程度が高まる可能性もあるし，同一建物内の他の賃借人との間でトラブルが

生じることも珍しくない。そのようなことから，賃貸借契約上，ペット飼育を禁止している場合が少なくないが，一般にはそのような特約は有効といえる。したがって，そのような特約がある場合にペットを飼育することは，一般には用法違反となるが，建物を汚損するものでなく近隣に影響を与えるものでない場合（例えば，金魚や熱帯魚の飼育など）には，信頼関係を破壊することにはならないことが多いだろう。裁判例には，ペット飼育を理由に解除を認めたもの（東京地判昭58・1・28判時1080号78頁（特約に違反して猫を飼育），東京地判昭59・10・4判時1153号176頁（契約目的である住居としては使用せず，特約に反し，犬，猫の飼育場所として使用），東京地判昭62・3・2判時1262号117頁（特約はないものの，2階建居宅で合計10匹の猫を飼育），東京地判平7・7・12判時1577号97頁（特約に反し，共同住宅の一室で犬を飼育)。なお，アパートの2階の一室の賃借人がノラ猫に餌を与え続けたために同アパートに数匹の猫が居つくようになったとして，猫飼育禁止特約違反による解除を認めた新宿簡判昭61・10・7判時1221号118頁がある）と，認めなかったもの（東京北簡判昭62・9・22判タ669号170頁（特約に反し座敷犬2匹を飼育しているが信頼関係破壊に至っていない））がある。

　なお，特約の有無を問わず，危険な動物や多くの人が恐怖を抱くような動物（毒ヘビ，毒グモなど）や一般人が嫌悪する動物（ヘビ，スカンクなど）を飼育することは，特段の事情のない限り，用法違反となる。

(i)　**近隣迷惑行為**

　特約がなくとも，近隣に迷惑をかける行為が許されないことは当然であり，用法違反を理由とする解除が認められる（東京北簡判昭43・8・26判時538号72頁（アパートでの徹夜マージャン），東京地判昭51・5・27判時844号48頁（アパートでの，他の居住者に対する通行妨害や種々のいやがらせ），東京地判昭54・10・3判時962号89頁（アパートでの泥酔，放火，暴言等），東京高判昭61・10・28判時1219号67頁（アパートでの他の居住者の通行妨害，ゴミの投げ捨て，暴言など），東京地判平10・5・12判時1664号75頁（隣室者に音がうるさいなどと執拗に抗議を重ね，隣室との間の壁をたたくなど，共同生活の秩序を乱す），東京地判平10・6・26判タ1010号272頁（共同住宅の居室内に著しく多量のゴミを放置))。もっとも，それが軽微なものである場合には解除は許されない（借地に関して，特約条項に反して近隣妨害事業をしたことを理由とする借地契約解除を権利濫用とした東京地判昭32・7・17判時123号14頁，（やや特殊

な事案であるが）店舗賃借人が第三者をしてノーパン喫茶を営業させた場合に無催告解除を認めなかった東京地判昭59・1・30判時1129号78頁参照）。

(j) **建物の不使用**（不在，不開業等）

賃借人は賃借物の使用収益をする権利を有するが，特段の事情のない限り，積極的に使用収益すべき義務があるわけではない。したがって，一般には，建物の不使用（不在，不開業等）が賃借人の債務不履行（用法違反）となるわけではない。しかし，長く不在のまま放置したり，賃貸人の営業活動に悪影響を与えるような場合には用法違反等として，解除が認められることもある（東京地判平6・3・16判時1515号95頁（1ヵ月以上の無断不在の場合には解除できる旨の特約のある，木造2階建共同住宅の賃借人が度々，1ヵ月以上の無断不在をした））。

(k) **その他**

上記に掲げたほかにも，用法違反が問題となった裁判例が種々あるが，詳述を避ける（大阪地判昭39・12・16判時413号73頁（他人を同居させない義務違反など——解除是認），最判昭50・2・20民集29巻2号99頁（ショッピングセンター内店舗の賃借人が，粗暴な言動をするなど同センターの秩序を乱した——解除是認），東京地判昭55・5・29判時983号92頁（麻雀クラブとしての営業時間制限特約に違反——解除を認めず），東京地判昭63・2・25判時1290号85頁（賃借人の従業員が労働争議を行った——解除を認めず），東京地判平4・8・27判タ823号205頁（中華料理店が油脂を飛散させて建物を汚すなど——解除を是認），名古屋高判平9・6・25判時1625号48頁（ショッピングセンター内のテナントが，同センターのリニューアル，レイアウト変更を拒絶——解除を是認））。

(3) **用法違反の効果**

賃借人に用法違反がある場合には，賃貸人は賃貸借契約を解除することができること（著しい背信行為があるときは催告しないで解除することができること），ただし，信頼関係を破壊するに至っていないと認められる特段の事情のあるときは解除が許されないことは，上記各裁判例の示すとおりである。

〔3〕 賃料不払い

(1) **債務不履行による解除**

建物賃借人の賃料不払いが賃借人の債務不履行となること，したがって賃貸人は，賃借人の賃料不払いを理由として賃貸借契約を解除することができること，ただし，賃料不払いによっても信頼関係が破壊されていないと認められる特段の事情がある場合は解除権行使が許されないこと等は借地について述べたところと同じである（本編第1章第8節〔4〕参照）。

なお，建物賃貸借では，月払い賃料の2ヵ月ないし3ヵ月分程度の賃料不払いがある場合には，信頼関係の破壊を認めて，（催告をした上での）解除権行使を是認するのが，一般的な裁判実務となっている。

(2) **建物賃借人のための保証人の責任**

(a) 期間の定めのある建物賃貸借における賃借人のための保証人は，反対の趣旨を窺わせるような特段の事情のない限り，保証人が更新（合意更新か法定更新かを問わない）後の賃貸借から生ずる賃借人の債務についても保証の責めを負う趣旨で合意されたものと解するのが相当であり，保証人は，賃貸人による保証債務の履行請求が信義則に反する場合を除き，更新後の賃貸借から生ずる賃借人の債務についても保証の責めを免れないとするのが判例である（最判平9・11・13判時1633号81頁）。

(b) もっとも，保証は書面又は電磁的記録によってしなければ効力を生じないし（民446条），賃借人の賃料債務等，賃貸人に対する債務の保証は一種の根保証（一定の範囲に属する不特定の債務を主たる債務とする保証契約。民465条の2第1項）といえるので，保証人が法人でない場合（個人根保証契約）には，「主たる債務の元本，主たる債務に関する利息，違約金，損害賠償その他その債務に従たる全てのもの及びその保証債務について約定された違約金又は損害賠償の額」について，その全部を限定する責任額，すなわち極度額（民465条の2第1項）を，書面等で（民465条の2第3項）定めなければ，その保証は効力を生じない（民465条の2第2項）。

◆

第4編

契約終了時の紛争処理

第1章

普通借地権

第1節　契約の更新

〔1〕概　　要

　借地契約を締結する場合には，通常，存続期間が定められ，それが満了すれば，借地権は消滅することになるはずである。しかし，土地は利用されてはじめて価値を有する，したがって「所有から利用へ」という思想からすれば，現在の土地利用の継続（借地権の存続）を保障すべきことになる。

　民法は「賃貸借の期間が満了した後賃借人が賃借物の使用又は収益を継続する場合において，賃貸人がこれを知りながら異議を述べないときは，従前の賃貸借と同一の条件で更に賃貸借をしたものと推定する。」(民619条1項前段）と規定して，更新の制度を設けている。ところが，この規定では，賃貸人が異議を述べた場合，更新は生ぜず，しかも異議を述べるについては何らの事由も必要としていないのである。「同一の条件で更に賃貸借をしたものと推定する」とされ，当事者の効果意思が推定されているにすぎないから，当事者にさらに賃貸借をする意思がなかったことが立証されると，さらに賃貸借がなされたことにはならない。結局，この規定は，賃借権の存続を保障する制度としては大きな意味をもたなかった。

　そこで，大正10年の借地法では，借地権について長期の存続期間を確保する（借地2条・5条参照）とともに，借地権者による更新請求権行使による更新の制度（借地4条1項）と，借地権者の使用継続による更新の制度（法定更新，借地6条）が制定された。

　借地法6条の借地の使用継続による更新の制度では，「更ニ借地権ヲ設定シ

タルモノト看做ス」と定めて，民法619条とは異なり反証を挙げて更新を阻止することができないとされたが，しかし，借地権設定者が「遅滞ナク異議ヲ述ヘ」たときは更新が生じないことになっていた。借地法4条による更新請求による更新の場合も，借地権設定者は特別な事由がなくても更新請求を拒絶することができた。したがって，更新を保障する制度としては不十分であり，更新を保障して借地権の存続が保護されるのは，昭和16年の借地法改正を待たなければならなかった。

借地法は昭和16年に改正され，質的な変化をとげたとされる（鈴木・上413頁）。すなわち，大正10年法では，借地権設定者は借地権者の更新請求に対してそれを拒絶するにしても，借地権者の使用継続に対して異議を述べるだけで，更新を阻止することができたが，昭和16年の改正によって，借地権設定者の更新拒絶ないし使用継続に対する異議には「正当ノ事由」が備わっていなければならないとされることになったからである。

平成3年制定の借地借家法でも，更新請求による借地関係の更新の制度と法定更新の制度は維持され，一括して借地借家法5条に規定されることになった。更新請求の制度については廃止論がないではなかったが，実際には更新請求をされる場合が多く，この制度を廃止するには国民的な感情として抵抗感があった（星野・62頁）。

〔2〕 更新の要件

(1) 更新請求による更新の要件

借地権の存続期間が満了する場合に，借地権者が借地権設定者に対して更新を請求したときは，建物がある場合に限り，契約が更新されたものとみなされる（借地借家5条1項本文）。ただし，借地権設定者が，正当事由の備わった異議を遅滞なく述べた場合には，更新されない（借地借家5条1項ただし書・6条）。

(a) 更新請求権の行使

更新請求による更新が生じるためには，借地権者が更新請求権を行使しなければならない。更新請求がなされた場合には，借地権設定者が正当事由の備わった異議を述べない限り，原則として借地契約は更新されるから，更新請求権

の性質は形成権であると解されている。

(b) **更新請求権の成立要件**

更新請求権の成立要件は，(イ)借地関係が存在していたこと，(ロ)借地関係が存続期間満了で終了したこと，及び(ハ)借地上に建物が存在することである。

(イ) 借地関係が存在していたこと　借地関係が，当事者間に存在していなければ，そもそも更新の問題は生じない。

例えば，A（借地権設定者）から土地を賃借しているB（借地権者）が，この土地賃借権をAに無断でCに譲渡した場合には，背信行為と認めるに足りない特段の事情がない限り（最判昭28・9・25民集7巻9号979頁），CはAに対して賃借権を譲り受けたことを対抗できない。すなわち，Cは，Aに対して借地関係が存在することを主張できないから，AはCの借地権を否認することができ，Aが否認したときは，Cは更新請求権も取得しないことになる。

これに対し，背信行為と認めるに足りない特段の事情がある場合は，賃借権の譲渡に賃貸人Aが承諾していなくても，賃借権の譲受人Cは，賃借権の譲受をAに対抗でき，AとCとの間で賃貸借関係は存続することになる。したがって，Cは，更新請求をすることができることになる。

特段の事情がある場合とは，賃借人の名義が変更されても，実際の利用状況が同一である場合（例えば，僧侶が個人で土地を賃借していたが，同土地上に宗教法人たる寺院が設立されたので，借地権を宗教法人に移転したが，土地の利用状態に変更がなかった場合（最判昭38・10・15民集17巻9号1202頁））や賃借人と賃借権の譲受人の間に特殊な人間関係がある場合（例えば，夫が土地を賃借して，妻がその借地上に建物を建てて，夫婦が同居していたが，離婚に伴い借地権を妻に譲渡した場合（最判昭44・4・24民集23巻4号855頁））等である。

(ロ) 借地関係が存続期間満了で終了したこと　借地法では「借地権消滅ノ場合ニ於テ」（借地4条1項本文）と規定され，その消滅原因が限定されていなかった。そこで，存続期間満了による終了以外の場合，例えば借地権者の債務不履行によって借地契約が解除されて借地権が消滅した場合も，更新請求権が認められるかが問題となった。判例は，「土地ノ賃借人カ債務ノ不履行ニ因リ賃貸借ヲ解除セラレ其ノ賃借権消滅シタル場合ハ借地法第4条第1項ニ『借地権消滅ノ場合』トアル中ニ包含セラレサルモノト解スルヲ穏当トス蓋右条項ニ

所謂『借地権消滅ノ場合』ニ於テ建物アルトキハ従前ノ借地権者ハ契約ノ更新ヲ請求スルコトヲ得ヘク従前ノ貸主カ之ヲ欲セサルトキハ時価ヲ以テ建物其ノ他借地権者カ権原ニ因リテ土地ニ附属セシメタル物ヲ買取ルヘキコトヲ請求シ得ルコト同条ノ規定ニ照シテ明瞭ナルモ借地人カ債務ノ不履行ニ因リテ契約ヲ解除セラレタルニ拘ラス直ニ其ノ契約ノ更新ヲ請求スルコトカ如何ニ信義ノ原則ニ反シ穏当ヲ缺クヤ言フヲ俟タサル所ナルノミナラス若斯ル解除ノ結果借地権消滅シタル場合ニモ亦右条項ノ適用アルモノトセハ貸地人カ該地上ノ前示物件ヲ時価ヲ以テ買取ルヘキ資力ナキカ又ハ之ヲ欲セサルトキハ借地人カ如何ニ債務ノ不履行ヲ為スモ貸地人ハ契約ヲ解除スルコトヲ得サルト事実上同一ノ結果トナリ法律ノ精神ニ反スルコト洵ニ明瞭ナリ故ニ借地権者カ債務ノ不履行ニ因リ契約ヲ解除セラレ借地権消滅シタル場合ハ借地法第4条ノ適用ナキモノト解セサルヘカラス」（大判大15・10・12民集5巻11号726頁）として更新請求権の成立を否定しており，学説も同様に解していた（我妻榮『債権各論中巻一』489頁，星野・73頁，鈴木禄弥＝生熊長幸・新版注釈民法⒂397頁等）。

借地借家法5条1項本文では，「借地権の存続期間が満了する場合において」と規定され，更新請求権の発生は存続期間満了の場合に限定することが明確にされた（藤井俊二・コメ借地借家〔第4版〕25頁）。

(ハ) 借地上に建物が存在すること　　更新請求をするには，存続期間満了時に借地上に建物が存在していなければならない。建物は必ずしも借地権者の所有であることを要せず，借地権者の借地権を基礎として借地権設定者に対する関係で適法に土地を占有・使用する者（例えば，借地の転貸について借地権設定者の承諾を得ている転借地権者）の所有する建物でもよい（鈴木＝生熊・新版注釈民法⒂399頁，藤井・コメ借地借家〔第4版〕27頁）。

建物が存在しない場合には，絶対的に更新請求をすることができないであろうか。最高裁は，理由のいかんを問わず借地上に建物がなければ，更新請求をすることができないと判示していた（最判昭38・5・21民集17巻4号545頁）。この判決は，建物が罹災滅失した後に，借地権設定者が貸地上に建物を建てて貸地を明け渡さず，借地権者が明渡訴訟を提起し，勝訴判決を受けたときには，存続期間がすでに満了していたという事案に対するものであった。

しかし，この結論は，健全な法感情に反するとして批判された（星野・74頁，

鈴木・上420頁等)。このような批判に応えて，その後判例は，借地権設定者の妨害行為によって建物滅失後，借地権者が建物を再築することができなかった場合について，「上告人（借地権設定者）が地上の建物の不存在を理由として被上告人（借地権者）に借地法4条1項に基づく借地権の更新を請求する権利がないと主張して争うことは，信義則上許されないものと解する」として，更新請求を認めている（最判昭52・3・15判時852号60頁)。

(c) **更新請求権の行使の時期**

更新請求をすべき時期については，法文上何らの定めもないが，存続期間満了の時期に接着した前後の時期になされるべきである。なぜならば，更新請求が早すぎると借地権設定者としてはそれに対する諾否を決しかねるであろうし，遅すぎる場合には，借地借家法5条2項による法定更新の問題に移行するからである（鈴木＝生熊・新版注釈民法(15)400頁，藤井・コメ借地借家〔第4版〕26頁)。

(d) **更新請求の意思表示**

更新請求の意思表示は，通常，借地権設定者からの存続期間の満了を理由とする明渡請求を借地権者が拒絶するという形で行われる。すなわち，明渡拒絶の意思表示の中に更新請求の意思表示が含まれていると認められるから，あらためて更新請求の意思表示をする必要はない（星野・75頁，鈴木＝生熊・新版注釈民法(15)401頁)。存続期間満了による借地権消滅を理由とする土地明渡訴訟で，明渡請求認容判決が確定した場合には，借地権者は，もはや更新請求をすることができなくなる。すなわち，借地権者が明渡請求について争ったこと自体が更新請求をしたと認められるからであり，敗訴した場合には，更新請求が奏功しなかったことになるからである（鈴木・上422頁)。

(e) **更新請求権排除特約**

従来は，更新請求権を排除する特約は，借地権者に不利な特約であるから，借地法11条（現行，借地借家法9条）に反して効力を生じないという考え方が確立していた（大判大14・7・1新聞2424号6頁，広瀬武文『コンメンタール篇借地借家法』135頁，薄根正男『借地借家』356頁)。

戦後も，最高裁は，当初において漁網干し場として賃借した土地上に建物を建築するために建物所有目的の土地賃貸借契約に目的を変更した際にした「今般当社に於て家屋建築致度就ては右賃借期限満了の節は右建物直に解除の上土

地明渡し可申候」という特約は，借地法11条に反して無効であるとしていた（最判昭28・12・24民集7巻13号1633頁）。すなわち，借地契約における借地条件が借地権者に不利な特約であるか否かの判断は，当該特約が借地法の規定に反しているか否かのみで判断されるべきだと考えていたのであった。他の事情と相関的に判断すると，限界が不明確になり，借地権者に不利な特約が有効視され，借地借家法の規定を片面的強行規定とした趣旨が没却されるおそれがあるからである（森泉章・新版注釈民法(15)614頁）。

　しかし，その後，最高裁は，賃貸借契約書には，賃貸借期間満了のときは賃借人が改築した家屋は賃貸人に無償にて引き渡す旨の記載があった場合について，「本件賃貸借契約には20年の期間満了と同時に建物の所有権が賃貸人に移転する，という趣旨の特約を含むと解し得ること前記のとおりである。そうだとすれば同判決が『合意に因る賃貸借の更新が行われなかった以上（原審判決は，かかる更新契約の成立を確認するに足るべき証拠はない，と判示している），右の特約に因って賃貸借期間の満了と同時に本件建物の所有権は賃貸人に移転したのであるから，これに因って建物所有を目的とする従前のY〔賃借人〕の賃借権はその目的を喪失し，当然消滅するの外なきものである，従ってその後にYの主張するが如き法定更新を生ずる余地はないというべきである。』と判示しているのは正当である。もっともこのように法定更新を排除して最初に定めた期間の満了と同時に借地権有の建物を賃貸人に贈与する特約は，建物の所有を目的とする通常の土地賃貸借においては，借地権者に不利な契約条件を定めたものとして無効な場合もあろうが，第一審判決の認定するところによれば，Yは，契約の始めにおいて賃貸人所有の建物を取壊すという通例では困難と思われる条件を特に承諾してもらった代りに20年の期間満了と同時に贈与することを約したと認められるこのような場合には必ずしも借地権者に不利益な条件を定めたものとは認められない」として，更新請求権排除特約を有効としている（最判昭31・6・19民集10巻6号665頁）。

　本件では，最高裁は，特約の内容だけで借地法11条に違反するかを判断せず，他の事情も総合判断して有効無効を判断していることが注目される。

　さらに，「原審の適法に確定した事実関係のもとにおいては，本件土地賃借人であるYが，その地上に所有する本件居宅及び本件店舗を，約定の賃借期間

満了時にＸらに対し贈与する旨の特約は，それ自体として賃借人であるＹに不利なものであり，かつ，その不利益を補償するに足りる特段の事情のあることがＸらによって主張立証されたものといえないから，借地法11条に該当し，これを無効とすべきである旨の原審の判断は，正当として是認することができないものではなく，その過程に所論の違法はない。」（最判昭52・12・19判時877号41頁）として，期間満了時に借地権設定者に建物を贈与する旨の特約は，無効だとするが，しかし借地権者の「不利益を補償するに足りる特段の事情」がある場合には，無効とならない場合もあるとして，総合判断説に立つことを明らかにした（もっとも，本判決でも吉田判事の補足意見は，「借地契約におけるある契約条件が借地法11条にいう借地権者に不利な場合にあたるかどうかは，その契約条件自体についてこれを判断すべきものであり，借地契約におけるその他の事情をも総合的に判断して借地権者に不利かどうかを決めるべきではないと解するのが相当である。」として総合判断説を批判する）。この判例の態度に賛成する学説も有力である（星野・215頁）。

(f) **借地権設定者による異議のないこと**

　借地権者が更新請求をすると一応更新されるが，更新請求に対して借地権設定者が遅滞なく正当事由のある異議を述べたときは，更新は，生じなかったことになる。「正当事由」の問題は，後に述べる法定更新の正当事由とも共通する問題であるから，一括して本章第2節において説明をする。

　更新拒絶の意思表示である「異議」は，正確な形で表示する必要はなく，存続期間満了後は更新する意思がないことが明らかになればよい。実際には，借地権設定者が土地明渡請求をし，借地権者がこれを拒否する場合が多い。この場合には，土地明渡請求に更新拒絶の意思が表示されているとみることができる（鈴木＝生熊・新版注釈民法(15)404頁，藤井・コメ借地借家〔第4版〕29頁）。

　異議は，更新請求のあった後遅滞なくされなければならない。遅滞があった場合には，更新請求によって一応生じていた借地契約更新の効果が確定する。したがって，以後，借地権設定者は，更新拒絶をすることができなくなる。

　遅滞の有無は，具体的判断によるほかないが，借地権設定者が更新請求を受け取ったときは直ちに更新の諾否を考慮し始めるべきであり，その考慮に必要な期間を超えて更新請求に異議を述べた場合には，遅滞になると解すべきであ

る。したがって，借地権設定が遠い過去のことで，借地権設定者が期間満了を知ってから異議を述べる法定更新（借地借家5条2項）の場合に比してより短期でなければならない（星野・75頁，鈴木＝生熊・新版注釈民法(15)405頁，藤井・コメ借地借家〔第4版〕29頁）。

また，更新請求のあった後に，借地権設定者が何の留保もなく地代・賃料を受領する場合には，更新請求に対して異議がないものと解される（鈴木＝生熊・新版注釈民法(15)405頁，藤井・コメ借地借家〔第4版〕29頁）。

(2) 法定更新

(a) はじめに

借地権の存続期間が満了した後，建物が借地上に存在し，借地権者が土地の使用を継続し，借地権設定者がこれに対して正当事由の備わった異議を遅滞なく述べない場合には，借地契約は更新されたことになる（借地借家5条2項）。

借地権者の土地使用の継続という事実から，法の規定によって更新という効果が生じるから，通常「法定更新」と呼ばれる。

旧借地法においては，建物の朽廃による借地権消滅の規定（借地2条1項）があったために，「借地権消滅後」と規定して（借地6条1項），存続期間の満了の場合のみでなく，建物朽廃による借地権の消滅の場合にも法定更新の可能性を残しておく必要性があった。したがって，建物の存在を法定更新の要件とはしていなかったのである。しかし，借地借家法制定によって建物朽廃による借地権消滅の制度が廃止されたので，法定更新をもっぱら存続期間の満了の場合に限定したのである。

(b) 法定更新の要件

法定更新の要件は，(イ)借地関係が存在していたこと，(ロ)借地関係が存続期間満了で終了したこと，(ハ)借地上に建物が存在すること，(ニ)借地権者が土地の使用を継続すること，及び(ホ)借地権設定者が異議を述べなかったことである。

(イ) 借地関係が存在していたこと　これについては，「更新請求による更新の要件」を説明した箇所（前記(1)(b)(イ)）においてすでに述べているので，再説しない。

(ロ) 借地関係が存続期間満了で終了したこと　上でも述べたように，借地借家法制定によって，建物の朽廃による借地権消滅の制度が廃止されたので，

法定更新を存続期間満了の場合に限定することになった。

　しかし，平成4年8月1日の借地借家法施行日前に設定された借地権については，借地法が適用されたと同様の取扱いをするために，建物が朽廃することによって借地権が消滅した場合には，法定更新に関する規定が適用されることになる（借地借家附則5条・6条）。また，借地法6条が「借地権ノ消滅後」と規定して，消滅原因を限定していないために，合意解除をした場合や借地権者の債務不履行によって契約が解除された場合にも，法定更新の規定が適用されるかが問題となる。

　多くの学説は，借地関係の存続の維持という観点から，借地権者が土地の使用を継続し，借地権設定者がこれを放置しているという事実に更新という法定の効果を与えているのだから，合意解除や法定解除権の行使があっても法定更新の規定を適用しても不当とはいえないとされる。すなわち，借地権設定者の立場からしても，別段不利になるわけではなく，建物が存在しない場合には異議を述べれば，更新は生ぜず，また，建物があっても，異議を述べれば，合意解除や法定解除によって借地権が消滅したという事情自体が，通常，正当事由を形成し，更新はされないことになるからである。むしろ，合意解除や法定解除によって借地権が消滅した場合に，法定更新がないとすると，借地権者が長期にわたって使用継続をし，借地権設定者がそれを放置していたときでも，借地権者の土地使用は適法なものにならず，その結果の不当性は明らかであるとされた（鈴木＝生熊・新版注釈民法(15)439頁）。

　しかし，借地権者の債務不履行によって契約を解除した場合について，最高裁は，「みずからの債務を履行しない不誠実な賃借人を保護するためのものではなく，したがって賃借人の債務不履行による土地賃貸借契約解除の場合には適用がない」として，法定更新制度の適用を否定している（最判昭49・7・12民集28巻5号700頁）。この判例に賛成する学説も有力であり（我妻・前掲『債権各論中巻一』92頁），また解除の意思表示をしながら，その後これを放置している場合には，借地権設定者は解除を撤回したものと構成する有力説もある（星野・86頁）。

　借地借家法においては，同法5条2項において法定更新は存続期間満了の場合に限定されたが，合意解除や法定解除によって借地権が消滅し，その後借地

権設定者がこれを放置し，借地権者が土地使用を長期にわたり継続している場合には，借地法の場合と同様に法定更新を問題にする余地はあると考える（藤井・コメ借地借家〔第4版〕29頁では，法定更新を存続期間満了の場合に限定していたが，改説する）。

(ハ) 借地上に建物が存在すること　建物は，存続期間満了時に存在していなければならない。借地借家法5条2項で法定更新についても，建物の存在を要件としたのは，同条1項の更新請求による更新の場合と均衡を図ったものであり，借地権の存続保障が建物一般の存立と密接に結びついていることを反映したものである。もっとも，建物不存在の理由が，借地権設定者の建築妨害等借地権設定者の責めに帰すべき事情による場合には，借地権設定者が，借地権者に借地権の更新を請求する権利はないとして争うことは，信義則上許されないものと解される（最判昭52・3・15判時852号60頁）。

もっとも，借地契約の更新制度は，建物の保護ではなく，借地権の存続の保護であることに鑑みれば，立法論としては「建物の存在」を更新請求や法定更新の要件とすることは疑わしいことになる。

(ニ) 借地権者が土地の使用を継続すること　法定更新が生じるためには，借地権者が存続期間満了後も土地の使用を継続することが必要である。法定更新は，借地権の消滅にかかわらず借地権者が土地の使用を継続している事実のうちに借地権者のために借地権の存続を認めようとする制度であるから，土地使用の継続は，法定更新成立のための本質的要件である。

借地権者自身が使用継続している場合には，借地借家法5条2項が適用され，借地権者と借地権設定者との間で法定更新の効果が生じる。

借地権者が土地を転貸していた場合，すなわち転借地権が設定されていた場合（借地借家2条4号参照）に，転借地権者が土地使用を継続している場合はどうなるであろうか。

借地借家法5条3項は，転借地権者がする土地の使用の継続を借地権者がする土地の使用の継続とみなして，借地権者と借地権設定者との間で法定更新が生じるとしている。

例えば，AがBに土地を建物所有目的で賃貸し，Bがこの土地をCに転貸した場合に，Bの借地権の存続期間が満了した後も，Cが土地の使用を継続して

いる場合には，A・B間の借地契約は法定更新されることになるのである。

　Cの転借地権はAに対抗することができるものでなければならない。すなわち，転借地をするにあたってAの承諾を得ている必要があり，Aが承諾をしない場合には，裁判所にAの承諾に代わる許可の裁判を申し立てて許可を得ている場合，又はAに対する信頼関係を破壊していないとみられる場合は，Cの転借地権をAに対抗することができる。

　土地を現実に使用していなければならないかという問題については，下級審判決には「控訴人は更に戦災当時の混乱の際も，現実に，土地の使用を継続しなくても，積極的に借地権の抛棄がなければ，賃借権の黙示の更新ありとみるべきだと主張するけれども，右借地法第6条の明文に照らし，この見解を採用することはできない。」(東京高判昭24・12・26高民集2巻3号444頁) として現実に使用がされていなければ，法定更新は生じないとしている。この判決の結論は，一般論としては首肯できるとされる (星野・87頁，鈴木＝生熊・新版注釈民法(15)440頁)。しかし，具体的には，空襲による罹災直後であったという特殊な事情があり，一般論としては首肯する学説も具体的事案に対する結論としては疑問であるとされている。

　㈭　借地権設定者が異議を述べなかったこと　　存続期間満了後，借地権者が土地の使用を継続していることに対して借地権設定者が異議を遅滞なく述べなければ，法定更新が生じる。

　異議を述べることができるのは，土地所有者に限定されず，土地所有者ではないが借地権設定者である者も異議を述べることができる。したがって，AからBが建物所有目的で土地を賃借し，この土地をBがCに転貸した場合に，B・C間の転借地契約の更新を拒絶するためには，土地所有者ではないが転借地権設定者であるBが，Cに異議を述べることになる。異議の相手方は，借地契約の相手方である。例えば，AがBとの借地契約の更新を拒絶する場合には，BがCに転貸しているときでも，Aは，Bとの借地契約の更新を拒絶するのであるから，CではなくBに対して異議を述べるべきである。しかし，Bが遠隔地にあって，AがBに異議を述べるのが困難であるときは，BはCに異議の受領権限を与えたものと解し，AがCに対して異議を述べることができる (藤井・コメ借地借家〔第4版〕32頁)。

異議は，存続期間満了によって借地権が消滅しているにもかかわらず，借地権者が土地の使用を継続することによって土地使用を適法化することに対する反対の意思表示である。その表示方法には制限がなく，存続期間満了後に借地権者に対して明渡請求をする場合や，賃貸借期間の終了を理由に賃料の受領を拒絶した場合（東京控判昭7・3・19新聞3339号10頁）にも異議の意思を表示したものと認められる。しかし，単に地代の受領を拒絶する場合（東京控判昭5・10・11新聞3194号14頁），存続期間満了前に期間が満了したら明け渡すように申し出ていただけでは，異議を述べたことにはならない（通説）。また，「賃貸人が土地賃貸借期間の満了の日の計算を誤り，すでに期間満了日が到来したと考えて土地の使用継続に対し異議を述べ，賃貸借終了に基づく該土地の明渡請求訴訟を提起したが，訴訟における審理の結果賃貸人の主張する時期より後に期間が満了することが判明し，しかも賃貸人が右訴訟を継続維持している間に右期間が満了するに至つた場合には，右期間満了後の土地の使用継続についても異議が黙示的に述べられているものと」解されている（最判昭53・3・13民集35巻2号145頁）。

　存続期間満了後も借地権者が土地の使用を継続し，借地権設定者が一旦はそれを許容したときは，それによって更新の効果は確定し，以後，借地権設定者は異議を述べても，更新の効果を覆すことはできない。例えば，借地権設定者が，存続期間満了後も満了したことを知りながら賃料を受領し続けていた場合には，その後に異議を述べても異議の効力は生じない（京都地判昭25・3・25下民集1巻3号407頁）。

　異議は，「遅滞なく」述べられなければならない。存続期間満了後も借地権者が土地の使用を継続していることに対して，借地権設定者が異議を述べずに期間がある程度経過すると，更新の効果は確定することになる。その後に，借地権設定者が異議を述べても，異議の効力は発生しない。

　存続期間満了後，どのくらいの時期に異議を述べれば遅滞ないものといえるかは，具体的事案ごとに判断するほかはない。最初の借地権設定者が死亡して，相続がされた場合などでは，借地権設定者の側で存続期間の満了に気が付かず，借地権者が継続使用をしている場合に，後において気が付いて異議を述べたときは，遅滞なく異議を述べたことになるであろうか。この問題について，大正

第1節　契約の更新　〔2〕　更新の要件　359

10年の借地法に関する衆議院委員会における審議において，政府委員は「此遅滞ナク異議ヲ述ベザリシト云フ意味ハ，民法ノ619条ノ，知リテ異議ヲ述ベザリシト云フコトト其趣旨ハ全ク同ジデ……知ラズシテ異議ヲ言ハザルハ，『遅滞』ナルモノノ中ニ当ラヌト云フノガ起案者ノ考デアリマス」（渡辺洋三『土地・建物の法律制度(上)』276～277頁）と述べている。

　最高裁（最判昭39・10・16民集18巻8号1705頁）は，「借地法6条の適用により，建物所有を目的とする土地の賃貸借の期間満了後賃借人が土地の使用を継続する場合において，土地所有者が遅滞なく異議を述べないことにより前契約と同一の条件でさらに借地権を設定したものとみなされるためには，民法619条の場合と異り，土地所有者が賃貸借の期間満了を知りながらあえて異議を述べず，それによって賃貸人の賃貸借契約継続の意思が推認できるような場合に限らない」としつつ，「しかしながら，賃貸借契約の締結が遠い過去に属し，賃貸人賃借人の双方共にとつて契約締結の時期があいまいになり，賃貸人に対し期間満了の際直ちにそのことを知つて異議を述べることが容易に期待できず，賃借人もまたその時期にはこれを予期していないような特段の事情がある場合においては，賃貸人が漸く期間満了の時期が到来したと推測して直ちに述べた異議が，訴訟における審理の結果判明した契約成立の時期から起算すると，賃貸借の期間満了後若干の日時を経過した後に述べられたことになるとしても，この異議をもつて借地法6条にいう遅滞なく述べられた異議に当ると解すべき余地がある」として，賃貸借契約締結から40年以上が経過し，契約書面もなく，当初の契約当事者も死亡して始期が明らかではなく，賃貸借期間満了時に借地権設定者が直ちに異議を述べることが期待できず，また借地権者もこれを予期していないような場合には，存続期間満了から約1年半経過後に述べられた異議は遅滞がないものとしている。この判決について，借地権設定者が存続期間の満了を知らずにいたような状態であるならば，借地権を更新・存続させてもよいという批判もある（鈴木＝生熊・新版注釈民法(15)442頁）。

　借地権設定者が期間満了の期日を誤解して，更新拒絶の「意思表示は，期間満了の日から実に約7年6箇月を経た後になされたものであるから，これをもつて使用継続に対して『遅滞なく』述べた異議に当たると解するとすれば，当事者の信頼関係を基礎とする継続的な契約である賃貸借契約の存続期間の実に

3分の1以上を経過しているのに，一挙にこれを覆す結果となることもあるのである。したがつて，……〔更新拒絶の〕意思表示を……使用継続に対して『遅滞なく』述べた異議に当たると解することはできないといわなければならない」とする判決もある（東京高判昭59・12・24判タ552号174頁）。

また，「異議は期間満了後約4箇月を経つてから述べられたものであるけれども借地権設定者において賃貸借期間が満了したのを知らず，かつ右認定の事情からしてこれを知らなかつたことに過失があつたものとは云えず，むしろ借地権者において賃貸借期間を知りながら教えなかつたことは信義則にも反しこれがためにX〔筆者注：借地権設定者〕は早期に異議を述べる機会を失ったものとさえいうべく，またXは賃貸借期間が満了していることを知ってからは10日間位で右異議を述べたものであることを合せ考えると本件異議は遅滞なく述べられたものと解するのが相当である。」とする判決もある（東京地判昭38・8・20下民集14巻8号1574頁）。

さらに，借地権設定者が存続期間満了の約2年前に2回，約1ヵ月前に1回借地権者に対し借地契約を更新しない旨の通告をなした場合には，「土地賃貸借の期間満了後の継続使用について異議を述べたのは，右期間満了後10か月近くを経過した後ということになるが，前認定のとおり原告が右期間満了に先き立ちYに対し数次に亘って右契約を更新しないで本件土地を明渡すべきことを求めていた事情を勘案すると，借地権設定者は本件訴状送達により借地権者に対し同人の本件土地使用について期間満了後の遅滞なき異議を述べたものというべきである。」としている（東京地判昭47・7・13判時688号73頁）。

また，賃料を受け取っていたが，年頭に賃料を1年分一括払いすることが例となっており，借地権設定者が同年中に賃貸借の期間が満了することを認識していなかったと認められる場合には，期間満了後2ヵ月経過してからの異議は遅滞ないものとされる（東京地判平7・2・24判タ902号101頁）。

存続期間満了前に異議を述べた場合は，どうであろうか。約4年3ヵ月後に存続期間が満了する借地契約について，借地権設定者は更新拒絶の意思表示に正当事由がある旨の主張をして，期間満了日が経過したときに，借地権者に建物収去土地明渡しを請求するという事案について，東京地裁は，「本件訴えが，将来の給付の訴えとして適法であるというためには，少なくとも，Xらの主張

する本件更新拒絶についての正当事由の基礎をなす事実関係が，本件賃貸借契約の期間満了日である平成15年5月18日の時点まで継続して存在することが必要であるものというべきである。仮にXらの主張する本件更新拒絶についての正当事由の基礎をなす事実関係……が現時点において存在するとしても，右の事実関係が，本件口頭弁論の終結日である平成11年3月1日から約4年3箇月も将来の本件賃貸借契約の期間満了日である同15年5月18日の時点まで継続して存在することは，これを認めるに足りる証拠がない。……そうすると，XらのYに対する本件訴えは，その余の点について判断するまでもなく，将来の給付を求めるために必要な要件（訴えの利益）を具備しない不適法な訴えというべきである。」と判示している（東京地判平11・3・31判タ1027号281頁）。すなわち，異議を述べるのが早すぎるときも，「遅滞なく異議」を述べたことには，ならないのである。

「借地上に建物がないときは借地権消滅後貸地人が異議を述べさえすれば，ただそれだけで（正当事由の具備を要せず）法定更新の効果は阻止される」（東京地判昭41・11・30下民集17巻11＝12号1181頁）が，建物が存在する場合には，借地権設定者が正当事由の備わった異議を述べなければ，法定更新が成立する。

〔3〕 更新の効果

従前の契約，すなわち存続期間満了前の借地契約と同一の条件で更新したものとみなされる（借地借家5条1項本文）。ただし，存続期間だけは，最初の更新のときは20年，その後の更新から10年とされる。もっとも当事者は，これより長い期間を定めることができる（借地借家4条）。

存続期間以外は，従前の契約と同一条件で更新されるから，従前の契約に付されていた賃料等の増減額に関する特約や弁済方法に関する特約は，更新後の借地契約にも引き継がれる。敷金・保証金のような借地権者が自ら提供した担保は，別段の合意がなくても更新後の借地権に引き継がれる。更新後の借地権には，当初の借地権の敷金・保証金の効力が及ばないとすれば，借地権者は更新後に敷金や保証金の返還を請求することができることになるが，このような結果は当事者の意識にも反し，妥当ではなく，他方，敷金・保証金が引き継が

れることは，借地権者に不利になるわけでもない（鈴木・上518頁，藤井・コメ借地借家〔第4版〕20～21頁）。

〔4〕 合 意 更 新

(1) はじめに

　借地契約が当事者の合意で契約を更新することができる。借地期間の満了に際して，紛争を回避して円満に更新することは好ましいことであるとされていた（鈴木・上510頁）。しかし，合意更新の場合には，多くの場合更新料を支払われていたために，1980年代後半の地価の異常な高騰とそれに続くバブル経済の崩壊後，更新料の支払が困難になって，次第に前記〔2〕(2)で述べた法定更新による場合が多くなっているといわれる（澤野順彦「借地契約の更新と更新料」新講座(1)236頁）。

(2) 更新の合意と効果

　更新の合意は，存続期間満了時になされるべきであるが，実際にはそのようなことは無理であるから，その前後になされればよいことになる。この場合には，借地借家法4条が適用され，存続期間は最初の更新であれば20年，2回目以降の更新であれば10年，又はこれらの期間より長期の期間が合意されたときは，その期間によることとなる。これに対して，期間が満了し，それによって借地権が消滅してからある程度以上の期間が経過してから，当事者間で借地権を存続せしめることについての合意が成立した場合は，借地権再設定の合意であって，更新の合意ではないと解される（鈴木・上510頁）。したがって，この場合には借地借家法3条が適用されて，期間は30年，又はそれ以上でなければならないことになる。

　それでは，期間満了の1年前に期間を3年延長して，4年後に借地関係を終了させるという合意は有効であろうか。更新の合意だとすると，期間について借地借家法4条が適用されることになる。

　しかし，明渡しの猶予期間の合意だと認められる場合，すなわち当事者が真にそのような意思を有し，脱法行為とみるべき事情がない場合や，また期間の延長と認められる場合はこのような合意も有効と解される（鈴木・上514頁以下，

522頁参照)。この場合は，借地権設定者が好意でする場合と期間満了時には正当事由は具備しそうにないが，期間満了から3年後には具備する見込みがあるという場合も有効だとされる。

　借地権者はすでに土地を利用しており，契約締結時のように弱い立場にないことと，正当事由の具備は確実でもなく，期間満了を超えて数年間円満に借地の使用を継続することができるのは，借地権者にとって有利なことだとされる。

　期間の延長と認められる場合には，借地借家法4条の適用はないことになるが，延長期間の満了時に更新の問題が発生することになり，この時に借地権設定者が正当事由を具備した異議を述べなければ，借地契約は更新されることになる。

(3) **更新の合意か否かの判断**

　期間が満了する際に，借地権が存続する旨の合意がされた場合には，それが更新の合意か否かは，問題である。

　存続期間の満了の時に借地上に建物が存在する場合には，更新の合意がなされたものとみてよい（星野・63頁，鈴木・上515頁）。

　これに対して，建物が滅失して，存在しない場合には，借地権を再設定したものと解すべきだとされる（星野・64頁，鈴木・上515頁）。

　借地借家法が，更新後の存続期間を短くしているのは，建物の耐用年数が経過していることから，長期に借地権を保護する必要はないと考えられるからである。

(4) **更　新　料**

(a) **更新料と事実たる慣習**

　上述したように合意更新の場合には，借地権者が更新料を支払う場合が多い。それでは，借地権設定契約において更新料を支払う旨の特約がない場合にも，借地権設定者には更新料支払請求権がある旨の事実たる慣習があり，当事者がそれによる意思があるときは，その慣習に従って更新料の支払を請求することができることになる（民92条）であろうか。慣習を認める有力説もあったが（星野・83頁)，最高裁（最判昭51・10・1判時835号63頁）は，「宅地賃貸借契約における賃貸期間の満了にあたり，賃貸人の請求があれば当然に賃貸人に対する賃借人の更新料支払義務が生ずる旨の商慣習ないし事実たる慣習が存在するものと

は認めるに足りない」として，更新料支払に関する事実たる慣習の存在を否定した。

(b) **更新料支払の合意**

更新料支払の合意は，有効であろうか。借地契約は存続期間満了時法定更新又は更新請求によって強行法規的に無償でそのまま更新されるのが原則であり，更新料支払の合意は無効であると解されるはずである（篠塚昭次『不動産法の常識（下巻）』81～82頁（もっとも，この説も，正当事由を借地権設定者側が具備した場合には，更新料支払の合意をした合意更新を認める）。同旨，山田卓生『借家相談〔増補版〕』399頁)。しかし，多くの学説は法定更新制度に触れず，賃料の補充又は合意更新の対価として認める見解（星野・66頁)，また合意更新の付款として認める見解（鈴木・上523頁)，さらには賃料の補充のほかに異議権放棄の対価として認める見解（広中俊雄『不動産賃貸借法の研究』193頁）などがある。更新料慣行に合理性を認めて更新料支払合意の効力を認める見解もある（澤野順彦『論点借地借家法』270頁)。

下級審の判決にも更新料支払合意を無効とするものがある（判例については，石外克喜『権利金・更新料の判例総合解説』113頁以下が詳細である)。例えば，東京地裁昭和46年1月25日判決（判時633号81頁）は，「合意は畢竟借地法4条又は6条による更新請求ないし法定更新の規定を潜脱し，いわば，更新の効力の発生を借地人からする100万円の支払の有無にかからせる趣旨のものと解すべきであって，無効というほかない。

すなわち，借地法4条又は6条によると，借地上に建物を所有する借地権者が『借地権消滅ノ場合ニ於テ契約ノ更新ヲ請求シタルトキ』あるいは『借地権ノ消滅後土地ノ使用ヲ継続スル場合ニ於テ』いずれも正当の事由ある土地所有者が遅滞なく異議を述べない限り『前契約ト同一ノ条件ヲ以テ更ニ借地権ヲ設定シタルモノト看做』されることになっており，建物を所有する借地人の借地使用継続が十分保障されているのである。もっとも同法5条においては当事者の合意によって契約の更新される場合のあることを規定しており，この場合は多く，賃料の補充としてのないしは紛争を避止して円満に借地使用を継続し得る利益の対価としての意味をもつ更新料名義の金員の授受が約されるのであるが，かかる更新の合意も法定更新を終局的に排除するものではなく，借地人の

更新料支払義務の不履行によって更新の合意が解除されることがあっても土地所有者に正当事由のない限り法定更新によって借地使用は継続され得るのである。しかるに本件合意の内容は従前の借地契約を一旦解約するのであるから，継続料の支払がない以上，もはや借地使用を継続し得ないとするもので，借地人にとって極めて不利益なものである。もとより事情によっては，当事者がその自由な意思でかかる合意をすることもあり得よう（例えば和解）が，かかる合意をなすにつき客観的，合理的な事情のみるべきものがない本件の場合には（XとAとの間の前記紛争の存在も借地契約の解約を含む本件合意がなされたことを首肯させるものではない），合意成立の過程において借地人の側に無知その他通常人の対等の契約関係とは異なる劣位の事情の存在を推測させるのであって，このような事情の下で成立した本件合意は前記更新の各規定を潜脱するものとして借地人のためにこれを否定するのが借地法の趣旨に則る所以である。」と判示している。しかし，この判決も上記判決に続けて括弧書で「（もっとも，本件合意のうちここでその効力を否定すべきは前記更新に関する諸規定に反する部分，即ち，継続料支払がない限り，契約更新をしない趣旨の部分であって，前記の如き意味をもつ継続料の支払を約した部分の効力については別個の考察を要する）」とする。

　これに対して，最高裁昭和59年4月20日判決（民集38巻6号610頁）は，借地権者の賃貸借契約違反行為（無断増築・無断転貸）を不問に付すために解決金を含めた更新料100万円を支払う旨の調停が成立した事案について，「土地の賃貸借契約の存続期間の満了にあたり賃借人が賃貸人に対し更新料を支払う例が少なくないが，その更新料がいかなる性格のものであるか及びその不払が当該賃貸借契約の解除原因となりうるかどうかは，単にその更新料の支払がなくても法定更新がされたかどうかという事情のみならず，当該賃貸借成立後の当事者双方の事情，当該更新料の支払の合意が成立するに至つた経緯その他諸般の事情を総合考量したうえ，具体的事実関係に即して判断されるべきものと解するのが相当であるところ，原審の確定した前記事実関係によれば，本件更新料の支払は，賃料の支払と同様，更新後の本件賃貸借契約の重要な要素として組み込まれ，その賃貸借契約の当事者の信頼関係を維持する基盤をなしているものというべきであるから，その不払は，右基盤を失わせる著しい背信行為として本件賃貸借契約それ自体の解除原因となりうるものと解するのが相当であ

る」として，有効性が認められる場合もあることを示している。ただし，ここでの更新料は「将来の賃料たる性質」，異議権放棄の対価及び「紛争予防目的での解決金」の性質を含むものであって，いわゆる更新料とは一部性質を異にしていること，さらに調停という裁判所が関与して更新料支払の約定がなされていることも留意すべきであろう。

(c) **法定更新と更新料**

　法定更新がなされる場合にも，更新料支払の合意があれば借地権設定者側は更新料支払を請求することができるであろうか。前掲最高裁昭和59年4月20日判決は，「更新料の支払がなくても法定更新がされたかどうかという事情のみならず，当該賃貸借成立後の当事者双方の事情，当該更新料の支払の合意が成立するに至つた経緯その他諸般の事情を総合考量したうえ」で決すべしとするが，下級審の判決には，「これは，将来賃貸借契約の存続期間満了に当事者双方の合意で契約を更新することができ，その場合には賃借人は一定額の更新料の支払を要することとしているにとどまり，法定更新の可能性が否定されるものでないことはもとよりであり，法定更新のときの更新料を定めたものでないことは文理上明らかである。ことに本件においては，更新料に関する特約は，存続期間満了までまだ17年も残していて将来の土地の需給に関する予測もたてがたい時期になされているのであり，しかもそこで約定された更新料の額は，土地の売買価格の一割という今日の世間相場からみれば異例に高額なものである(《証拠略》による)ことにかんがみると，賃借人が存続期間満了時に約定更新料の支払による円満な合意更新の途を捨てて，賃貸借の継続についての多少の危険は覚悟の上で，何らの金銭的負担なくして更新の効果を享受することのできる法定更新の途を選ぶことは妨げられるべきではないのであり，本件における更新料支払に関する特約は，他に特段の事情のない限り，法定更新の場合には適用されないものと解するのが相当である。」（東京地判昭59・6・7判時1133号94頁）とするものがある。

　ただし，法定更新には賃貸借契約における更新料支払特約に基づく更新料支払請求権が成立しないとしても「本件賃貸借契約が更新されている以上」すでに支払った更新料「の返還を請求することは，信義則上許されないものと解するのが相当である。」とされる（東京高判平11・6・28金判1077号46頁）。借家につ

いては，法定更新の場合にも更新料支払を請求できるとする判決も多いが，借地については少ない。もっとも，借家の場合には更新料支払請求権が成立しないとする判決も多い（詳細は，石外・前掲『権利金・更新料の判例総合解説』144頁以下参照）。

(d) **更新料不払いと契約解除**

更新料支払特約に反して，借地権者が更新料を支払わなかった場合に，借地権設定者は借地契約を解除できるであろうか。前掲最高裁昭和59年4月20日判決は，「更新料の支払は，賃料の支払と同様，更新後の本件賃貸借契約の重要な要素として組み込まれ，その賃貸借契約の当事者の信頼関係を維持する基盤をなしている」場合には「その不払は，右基盤を失わせる著しい背信行為として本件賃貸借契約それ自体の解除原因となりうるものと解するのが相当である」として，信頼関係を破壊する場合に契約解除を認めるとするのである。

この判決に対しては，更新料支払義務は特約上の付随的義務であり，特約上の付随的義務違反も信頼関係を破壊する程度の義務違反であれば賃貸借の解除原因となるとする判例批評（広中・前掲『不動産賃貸借法の研究』194頁）もあるが，他方，信頼関係破壊の法理は元来解除権を制限する法理であったはずであり，本判決が信頼関係破壊から直ちに解除事由と構成したのは問題であるとの批判がある（内田勝一「判批」判タ536号145頁）。この判例からすると，信頼関係を破壊しない場合には，更新料不払いがあっても，契約は解除できないことになる。すなわち，契約解除の要件として借地権設定者が更新料の支払を催告しても履行がないこと（民541条）に加えてさらに信頼関係破壊という要件を加重しているのである。

なお，下級審判決においては，「本件におけるいわゆる更新料はたかだか被控訴人Xにおいて土地賃貸借契約の期間満了時に有する異議権の行使を放棄する対価に過ぎないというべきで，この支払の遅滞により本件更新料の支払契約を解除して異議権を行使することができると解する余地はあつても，本件更新料の不払がそれにもかかわらず法定更新された賃貸借契約の債務不履行に当るものと解することはできない。したがつて，控訴人Yの賃料のみの弁済の提供が本件賃貸借契約において賃借人の債務の履行遅滞となり，債務不履行になるということはできない」として債務不履行自体を否定するものもある（東京高

判昭45・12・18判時616号72頁)。

〔5〕 建物買取請求権

(1) はじめに

　借地権の存続期間が満了した場合において，契約の更新がないときは，借地権者は，借地権設定者に対して建物を時価で買い取るべきことを請求することができる（借地借家13条1項）。

　借地権者は，借地権の存続期間中に建物を建築などして自己の資本を土地に投下して土地を利用する。しかし，土地と建物を別個独立の不動産とするわが国の不動産法制からすると，借地権者は，特約がない限り，借地関係の終了時にはなお利用可能な残存価値を有する建物を取り壊して，土地を明け渡さざるを得ない。

　民法608条2項は，賃借物に賃借人が資本を投下した場合について，その回収手段として費用償還請求権を認めているが，これは賃借人が費用を投下した物が賃借物件に付合することを前提としている。

　これに対して，建物は土地に付合しないから，費用償還請求の対象とはならない。そこで，借地借家法は，借地権者に建物買取請求権を付与して，投下資本の回収を保障するとともに，利用可能な建物の取壊しを回避して国民経済上の損失も防ごうとしているのである。

(2) 建物買取請求権の性質

　建物買取請求権は形成権であって，借地権者がこれを行使すると，借地権設定者との間に建物の売買契約が成立したのと同様の法律関係が生じる。買取価格は建物の「時価」であるが，この詳細については，第5編第1章第7節を参照せよ。

(3) 建物買取請求権の成立

　建物買取請求権が成立するのは，主として，借地権者が更新請求をしたが（借地借家5条1項），借地権設定者が正当事由を具備した更新拒絶をした（借地借家6条）場合であるが，しかし更新請求をしないで直ちに買取請求をすることもできる（鈴木＝生熊・新版注釈民法(15)423頁）。もっとも，借地権設定者は更新

を認める意思を表示して買取りを免れることができると解されている（山本豊・コメ借地借家〔第4版〕104頁）。また，借地権者が存続期間満了後も土地の使用を継続しているが，これに対して借地権設定者が遅滞なく正当事由の備わった異議を述べた場合にも，買取請求権は発生する（山本・コメ借地借家〔第4版〕104頁）。

　借地権者の債務不履行で借地契約が期間満了時前に解除された場合にも，建物買取請求権が成立するであろうか。

　肯定説（後藤清『借地法〔増補版〕』254頁，山本・コメ借地借家〔第4版〕103頁は，借地権者の債務不履行による解除の場合には，借地借家法13条1項を類推して，買取請求権を認めるべき，とされる）もあるが，さらに，これを修正して買取請求権を認めつつ，買取価格を期間満了時に建物が有するであろう価格とし，代金の弁済期も期間満了時まで猶予するとする説もある（星野・211頁）。

　これに対して，判例は，「借地法4条2項の規定は誠実な借地人保護の規定であるから，借地人の債務不履行による土地賃貸借契約解除の場合には借地人は同条項による買取請求権を有しないものと解すべきである。」として（最判昭35・2・9民集14巻1号108頁），建物買取請求権を認めない。学説もこれに賛成するものが有力である（我妻・前掲債権各論中巻一490頁，鈴木・上499頁）。もっとも，鈴木説は，信頼関係破壊の法理によって借地権設定者の解除権が大幅に制限され，解除が認められるのは借地権者の不信義の度合いがかなり酷い場合のみであることを前提に判例に賛成する。

　合意解約によって借地契約が終了する場合でも，建物買取請求権は認められるであろうか。判例は，借地権者は地上建物の運命も顧慮して合意で解約していると考えられるから，特に建物買取りに関する合意が存在しない限り，買取請求権の放棄・建物収去が前提とされていると解している（最判昭29・6・11判タ41号31頁）。これに対して学説は，契約を途中で終了させる不利を忍ぶ場合に，買取請求権まで放棄していると解するのは困難であり，むしろ合意解約の場合には，原則として建物買取請求権は成立すると解し，買取請求権放棄の特約があると認められる特段の事情がある場合にのみ，買取請求ができないと解すべきだとする。期間満了の場合と合意解約の場合を区別する合理的理由がないからである（星野・209頁，鈴木・上497頁，山本・コメ借地借家〔第4版〕105頁は，借

地借家法13条1項を類推して買取請求権を認める）。

(4) 建物買取請求権の行使者

　建物買取請求をすることができる者は，地上建物の所有者である。それでは，存続期間の満了によって借地権が消滅した後に建物が譲渡された場合に，建物譲受人は建物買取請求をすることができるであろうか。判例は，これを否定する（大判昭16・6・20民集20巻15号937頁）。しかし，借地権者は借地権消滅の時に買取請求権を取得しているのであり，地上建物の譲渡とともに建物買取請求権も譲受人に移転すると解して，譲受人も買取請求をすることができると解すべきである（星野・213頁，鈴木＝生熊・新版注釈民法(15)429頁）。このように解しても，借地権設定者に不利になることはないし，買取請求権は一身専属権ではないからである。

　建物が共有で，借地権も準共有されている場合，共有者全員で買取請求権を共同して行使をすることは問題ない。しかし，共有者が各自自己の持分の買取請求をすることはできない。できるとすれば，建物が借地権の消滅の結果，借地権を有さない者と借地権設定者との共有という奇妙な結果が生じるからである（鈴木＝生熊・新版注釈民法(15)429頁）。

　土地と建物が別個独立の不動産とするわが国独特の法律制度から，買取請求権を行使しなければ建物の収去を余儀なくされるという状態を前提とすると，買取請求は建物の処分ではなく管理行為の一種と解して，持分の過半数を有する共有者が建物全体の買取りを請求することができると解すべきである（星野・213頁，鈴木＝生熊・新版注釈民法(15)429頁）。このように解さないと共有者の一人が反対しただけで建物の収去をしなければならなくなるからである。

　借地権者の債権者は，債務者たる借地権者が無資力の場合には，自己の債権を保全するために買取請求権を代位行使できる（民423条1項）。

　借地権者が借地上の建物を賃貸している場合において，借地権は期間満了で消滅したが，借地権者が建物買取請求をせず，そのために建物が取り壊されるおそれが生じたときに，借家人は借家権を保全するために建物買取請求を代位行使できるであろうか。判例は，借地権譲渡の事例であるが，被保全債権は建物賃借権であるのに対して，代位行使される債権は金銭債権たる代金債権であり，金銭債権を代位行使しても賃借権は保全されないとして，借家人による建

物買取請求権の代位行使を否定している（最判昭38・4・23民集17巻3号536頁）。これに対して，学説からの批判は強い。すなわち，借家人を建物から追い出すために借地権設定者と借地権者が共謀して地代不払いをして借地権を消滅させ，買取請求権を行使しないことにより建物が取り壊され，借家人は建物から退去せざるを得ない状況を作り出すおそれが指摘される。これは，土地と建物を独立別個の不動産と構成するわが国法制の矛盾が露呈する場面である。

土地と建物が一体の不動産である法制をとるドイツの地上権法によれば，地上権が消滅すると建物は土地に付合し（ドイツ地上権法12条3項），建物賃貸人たる地位は自動的に地上権設定者に移転する（ドイツ民法566条）。わが国の不動産法制の矛盾を補正するために借家人による代位行使を認めるべきと解される（民423条の7の類推，鈴木＝生熊・新版注釈民法(15)582頁，星野・361頁は建物譲渡前の借家人について，代位権を認める。水本浩『債権総論』80頁）。

(5) **建物買取請求権行使の相手方**

建物買取請求の相手方は，存続期間満了時の借地権設定者である。存続期間満了後に，借地権設定者が土地を第三者に譲渡した場合には，その譲受人が土地所有権取得の対抗要件を具備した以上は，買取請求の相手方は譲受人であると解されている（鈴木＝生熊・新版注釈民法(15)430頁，山本・コメ借地借家〔第4版〕106頁）。

平成29年（2017年）の民法改正によって賃貸土地の譲受人は所有権の移転登記をしなければ，賃貸人たる地位を借地権者に対抗することができないと規定された（民605条の2第3項）。しかし，譲受人が移転登記をしていなくても，借地権者が譲受人に賃貸人たる地位が移転したことを承認したときは，譲受人に対して買取請求をすることができると解すべきであろう。

借地が転貸されている場合は，どうであろうか。例えば，A所有の土地をBが賃借したが，さらにこれをCが転借した場合，すなわち転借地権が設定された場合である。借地借家法13条1項によると買取請求の相手方は「借地権設定者」と規定されており，借地権設定者には転借地権設定者も含まれる（借地借家2条4号）から，転借地権の存続期間が満了したときは，CはBに対して買取りを請求することができることになる。

さらに，CはAに対して直接買取請求をすることもできる（借地借家13条3項）。

この場合について借地法では明文の規定がなかったが，CからAに対する直接の買取請求を認めるのが通説であったから，そのことを借地借家法でも明文化したのである。

(6) 建物買取請求権行使の時期

借地権設定者から建物収去土地明渡しの訴えを提起された場合に，借地権者はどの時期までに買取請求権を行使しなければならないであろうか。すなわち，この訴訟中に重大な過失によって建物買取請求権の主張が時機に後れた場合には，裁判所は民事訴訟法157条1項によって却下すべきかという問題である。

最高裁は，借地法10条（借地借家14条）に関連する判決においてであるが，第2審において初めて買取請求をした場合について，「第2審において始めてなした買取請求権行使に関する主張が，故意又は重大なる過失により時機に後れてなされた防禦方法でないと断定することはできない。」としながら，却下する必要はないと判断している（最判昭30・4・5民集9巻4号439頁）。

それでは，建物収去土地明渡判決の確定後でも，買取請求をすることができるであろうか。これも借地法10条（借地借家14条）に関連する判決であるが，最高裁は，「建物の収去及び敷地の明渡を請求する訴訟の事実審口頭弁論終結時までに，借地法10条の建物買取請求権があることを知りながらその行使をしなかつたとしても，右事実は実体法上建物買取請求権の消滅事由にあたるものではなく，したがって，建物譲受人はその後においても建物買取請求権を行使して地主に対し建物の代金を請求することができるものと解するのが相当である。」として，建物収去土地明渡判決確定後でも，建物買取請求権の行使ができるとしている（最判昭52・6・20金法846号34頁）。

さてそれでは，建物収去土地明渡判決確定後でも建物買取請求権が消滅しないとすれば，その後に買取請求権を行使して，これを請求異議事由（民執35条2項）として主張して強制執行の不許を求めることができるであろうか。

判例は，「(1)建物買取請求権は，前訴確定判決によって確定された賃貸人の建物収去土地明渡請求権の発生原因に内在する瑕疵に基づく権利とは異なり，これとは別個の制度目的及び原因に基づいて発生する権利であって，賃借人がこれを行使することにより建物の所有権が法律上当然に賃貸人に移転し，その結果として賃借人の建物収去義務が消滅するに至るのである。(2)したがって，

賃借人が前訴の事実審口頭弁論終結時までに建物買取請求権を行使しなかったとしても，実体法上，その事実は同権利の消滅事由に当たるものではなく，訴訟法上も，前訴確定判決の既判力によって同権利の主張が遮断されることはないと解すべきものである。(3)そうすると，賃借人が前訴の事実審口頭弁論終結時以後に建物買取請求権を行使したときは，それによって前訴確定判決により確定された賃借人の建物収去義務が消滅し，前訴確定判決はその限度で執行力を失うから，建物買取請求権行使の効果は，民事執行法35条2項所定の口頭弁論の終結後に生じた異議の事由に該当するものというべきであるからである。」として判決確定後でも，強制執行の不許を求めることができるとする（最判平7・12・15民集49巻10号3051頁）。もっとも，建物収去土地明渡請求認容判決確定後に建物買取請求権が行使されたときでも，事案の特別事情によっては，権利濫用であるとして買取請求が否定される場合もある（東京地判平13・11・26判タ1123号165頁）。

(7) 建物買取請求権の行使の効果

(a) 建物所有権の移転

建物買取請求権が行使されると，これは形成権の行使であって，借地権設定者の承諾がなくても，借地権者と借地権設定者の間に建物に関する時価による売買契約が締結されたのと同様の効果が生じる。したがって，請求者は相手方に対して代金請求権を取得し，相手方は建物の引渡し及び移転登記請求権を取得することになる。

買取請求権が行使されると，「これと同時に目的家屋の所有権は，法律上当然に土地賃貸人に移転するものと解すべきである」（最判昭30・4・5民集9巻4号439頁，最判昭42・9・14民集21巻7頁1791頁）。

(b) 建物の引渡し

借地契約が終了したときは，借地権設定者は本来借地権者に対して建物収去，土地明渡しを請求することができるが，買取請求権が行使されると，借地権設定者に建物所有権が移転し，建物収去は意味をもたないので，建物引渡し・土地明渡しを請求することができるだけである（最判昭33・6・6民集12巻6号1384頁）。

借地権者は借地権設定者に建物を引き渡すべき義務を負うが，建物を賃貸し

ていて建物に賃借人が居住している場合には，「買取後の所有者たる上告人に対し現実の引渡をなし得ない場合においては，指図による占有移転を求める趣旨と解するのが相当である。」とされる（最判昭36・2・28民集15巻2号324頁）。買取請求権が行使されて建物所有権が借地権設定者に移転したときは，借家人の借家権に対抗要件（賃借権の登記（民605条）又は建物の引渡し（借地借家31条））が備わっていれば，建物賃貸人たる地位も借地権設定者に移転するから（民605条の2第1項），建物賃貸借関係は借地権設定者と借家人間において存続することとなり，借地権設定者は借家人に建物退去・明渡請求をすることはできない（最判昭43・10・29判時541号37頁）。

(c) **同時履行の抗弁権**

建物買取請求権が行使されると，建物の売買契約が成立したのと類似の法律状態が生じるのであるから，買取請求権を行使した借地権者は，同時履行の抗弁権（民533条）を行使して「買取代金の支払あるまで右建物の引渡を拒むことができる」が，借地契約は終了しているから「建物の占有によりその敷地をも占有するかぎり，敷地占有に基く不当利得として敷地の賃料相当額を返還すべき義務ある」とされる（最判昭35・9・20民集14巻11号2227頁，最判昭42・9・14民集21巻7号1791頁）。また，借地権者は，建物の代金債権を被担保債権として留置権を主張して建物の引渡しを拒むこともできる（大判昭18・2・18民集22巻91頁）。

建物が賃貸されている場合には，同時履行の抗弁権を行使して建物が借地権設定者にまだ引き渡されていないときは，建物の法定果実たる家賃は，買取請求をした者が取得することができる（民575条1項）。これに対して，買取請求を受けた借地権設定者は，建物の引渡しを受けるまでの期間について代金の遅延利息を支払う必要がない（大連判大13・9・24民集3巻440頁）。

ただし，建物が借地権の存続期間が満了する前に借地権設定者の承諾を得ないで残存期間を超えて存続すべき建物を築造したときは，借地権の存続期間の延長はないが（借地借家7条1項本文），また借地権設定者の請求があるときは，裁判所は代金の全部又は一部の支払について相当の期限を許与することができる（借地借家13条2項）。相当の期限が許与された場合には，借地権者は同時履行の抗弁権を行使することができなくなる。

第2節 正当事由

〔1〕 概　　要

　平成4年8月1日より借地借家法（平成3年10月4日法律第90号）が施行されているが，「この法律の施行前に設定された借地権に係る契約の更新に関しては，なお従前の例による」（借地借家附則6条）とされており，したがって平成4年8月1日前に締結された借地契約の更新に際しての正当事由の存否の判断についても借地法（大正10年4月8日法律第49号）4条及び6条が適用されたのと同様の取扱いをすることになる。つまり，借地法がなお効力を有するような扱いをするわけであり，正当事由存否の判断は，現在も借地法に関する判例の趣旨に従ってなされるべきことになる。

〔2〕 正当事由の判断基準

　借地借家法6条が正当事由判断に際して考慮されるべき事由としているものは，①当事者双方が土地の使用を必要とする事情のほか，②借地に関する従前の経過，及び，③土地の利用状況，並びに，④借地権設定者が提供する立退料を掲げている。
　これらの事由は，借地法の適用において判例が認めた事由の代表的なものを列挙したものである（本田純一「借地契約の更新拒絶における正当事由」新講座(1)195頁）。したがって，借地借家法における正当事由の判断基準と借地法のそれは大きな違いがないから，以下では借地借家法6条に列挙された基準に従って記述することにする。

(1)　**当事者双方の土地の使用の必要性**

　借地法4条1項但書では，借地権者が契約の更新を請求した場合に，「土地所有者カ自ラ土地ヲ使用スルコトヲ必要トスル場合其ノ他正当ノ事由アル場合ニ於テ」遅滞なく異議を述べると更新を拒絶できると規定し，また借地法6条2項もこれを準用して正当事由の備わった異議を述べると法定更新を拒絶でき

ると規定していた。

　ここでいう「正当ノ事由」とは，何か。法文では土地所有者の土地自己使用の必要のみが掲げられており，借地権者の事情は何ら規定されていなかった。昭和16年の貴族院委員会における政府委員の説明によると，土地所有者の土地に対する自己使用の必要性のみならず，家族又は親族による使用の必要性も正当事由に含まれると説明されていて，借地権者の事情を考慮するとはされていなかった（渡辺洋三『土地・建物の法律制度(中)』478頁以下）。

　しかし，判例は，「借地法の右規定は，借地権消滅に際し，土地所有者がその所有権の本来の権能を回復することにつき有する利益と，借地権者が一度獲得した土地使用の権能をさらに保持することにつき有する利益の調節を図ることを内容とするものであり，右利益調節の基準を土地所有者が更新を拒絶するにつき正当の事由があるかどうかに置いているものと解される。そもそも，右借地法4条の現行規定は，昭和16年法律第55号による改正に係るものであり，右改正前の規定によれば，借地権消滅の場合において，借地権者は契約の更新を請求することはできるが，この請求に応ずるかどうかは土地所有者の自由であり，ただ，更新が拒絶された場合においては，借地権者は土地所有者に対し建物の買取請求をすることを得るに過ぎなかつたのであるが，右改正後の規定によれば，前示のごとく，土地所有者が更新を拒絶するには，実体的には正当の事由あることを要し，手続的には遅滞なく異議を述べることを要するものとされるに至つたのであつて，右法律改正の目的が，宅地不足の甚だしい当時の実情にかんがみ，借地権者の利益を保護するに在つたことは，多言を要しないところである。

　以上をもってみれば，土地所有者が更新を拒絶するために必要とされる正当の事由ないしその事由の正当性を判断するには，単に土地所有者側の事情ばかりでなく，借地権者側の事情をも参酌することを要し，例えば，土地所有者が自ら土地を使用することを必要とする場合においても，土地の使用を継続することにつき借地権者側がもつ必要性をも参酌した上，土地所有者の更新拒絶の主張の正当性を判定しなければならないものと解するのを相当とする。」（最大判昭37・6・6民集16巻7号1265頁）として，借地権設定者の利益と借地権者の利益を比較衡量して正当事由の有無を判断すべきであるという原則を確立した。

借地借家法6条は，この原則を明文化して，「借地権設定者及び借地権者（転借地権者を含む。以下この条において同じ。）が土地の使用を必要とする事情」を考慮して正当事由の存否の判断をすると規定したのである。そして，借地借家法6条が，「土地の使用を必要とする事情のほか」と定めるのは，土地使用を必要とする事情が正当事由の主要な判断要素であって，その他の事由は正当事由を補完する事由にすぎないことを明らかにしているのである（本田純一・コメ借地借家〔第4版〕39頁，内田勝一・新版注釈民法(15)835頁）。したがって，立退料のみを提供することによって正当事由が具備されることはないのである（借家について判例は，「金員の提供は，それのみで正当事由の根拠となるものではなく，他の諸般の事情と綜合考慮され，相互に補充しあつて正当事由の判断の基礎となるものである」と明言する（最判昭46・11・25民集25巻8号1343頁））。すなわち，立退料は正当事由を補完する事由であるとする判例法理が，借地借家法において確認されたことになる。

(a) 正当事由が認められた事例

借地権設定者が土地の使用を必要とする場合といっても，まさに自分の居住のためにその土地上に建物を建てる必要がある場合，あるいは他の家族のために土地の使用を必要とする場合，さらにはその土地を営業をするため必要とする，又は再開発などして高層ビルを建てて収益を得たいというように極めて多様である。

(イ) **借地権設定者自ら居住の必要性がある場合**　借地権設定者自身が居住する必要があり，借地権者よりもその必要性が高いとして正当事由を認められた例としては，次のようなものがある。

① 借地権設定者側は，長男の結婚，次女の帰国が予定されて，長男が結婚した後は本件土地の明渡しを受けて，同所に居宅を建築して居住することを計画しているのに対し，借地権者側は借地上建物を他人に賃貸し，他にも土地・建物を所有している等の事情の下では，借地権者の土地使用継続に対する借地権設定者の異議については正当事由が存在するとされた（東京高判昭56・1・29判時994号48頁，澤野順彦『借地借家の正当事由と立退料』27頁以下参照）。

② 借地権設定者は高齢であり，かつ経済状態からいって本件土地を利用することが唯一の生活安定の方途であると認められるのに引き換え，借地権者は

借地権取得のいきさつからして必ずしも本件土地の必要性が高かったとはいえず，現在も同様と考えられ，また将来の必要性についても，必ずしも本件土地に執着しなければならないほど切迫した事情を見出すことはできないとして「更新拒絶の意思表示には正当の事由があるものと認めるのが相当である」とする（東京地判昭59・7・10判時1159号130頁）。

③　借地権者は借地上の家屋を生活の本拠として使用し現実に居住したものとは認められず，しかも借地権者が借地上の住居のほか約40坪の土地（更地）を所有しているのに対し，借地権設定者は本件土地を使用して病院兼居宅又は日照のみを目的とする住居を建築することが健康で文化的な生活を享受するための居住環境を維持保全するために是非とも必要であるという事情を認定して，借地権設定者の異議に正当の事由があるとした（東京高判昭59・11・8判タ552号178頁）。

これらの判決では，借地権設定者の土地の使用の必要性が高く，立退料の提供がなくても，正当事由が認められている。

㈷　借地上の建物の不使用の場合　　この場合において借地権設定者に正当事由が認められる例として，次のようなものがある。借地権設定者側には，独立して家庭をもつべき長男の居宅を建築するために本件土地を使用する必要がある。これに対し借地権者は，本件建物を事務所にして，営業活動をしていたが，倒産して以来，本件建物を使用すべき営業活動の実体を喪失したため，これを放置し現在に至るまでその状態が継続し，今後も同様であると推認され，本件土地上に存する本件建物を所有ないし使用する必要性を失っているから，本件土地そのものを使用する必要性もなくなっているとして，借地権設定者の必要性がそれほど高くない場合であるが，正当事由を認めている（東京地判昭63・5・31判時1303号93頁）。

借地権者が借地上の建物を他に賃貸して40年以上が経過した場合には，借地権者が投下資本を回収するのに十分な期間が経過しているから土地使用の必要性は高くなく，更新によって借地権を20年間も保護する必要はないとされる（東京地判平27・1・27LEX/DB25524427）。借地権者が他所に居住していて，借地を他に転貸している場合も正当事由は認められる（東京地判平28・2・25LEX/DB25533795）。

(ハ) 借地権設定者の必要度と借地権者の必要度が同程度の場合　当事者双方の土地使用の必要度が同程度である場合には，他の付随的事由が考慮されることになるが，特に近時は立退料の提供によって正当事由を補完させる例が多い。下級審判決に現れた多くの事案では，借地権設定者の側で土地の高度利用を図って，高層建物の建築などを計画している場合が多い。

① 借地権者が焼鳥屋兼住居として使用する建物を借地上に所有しているが，借地権設定者は自己と妻の居宅と子の会計事務所用の建物（3階建て以上の堅固建物）の建築を計画して，借地権者の使用継続に異議を述べた事案について，借地権設定者「自身の住居移転等がそれ程緊急の必要性があるものとは認められない」が，他方，借地権者の「焼鳥屋営業が，本件賃貸借の期間満了直前になされたことからすると，右期間満了時においては，本件土地上における営業継続の必要性はそれ程高いものではなく，他の場所に移転して営業した場合にも，移転による顧客の喪失等の営業自体に受ける打撃は余りなかつたものと考えること等に照らすと，本件では，借地権喪失を或程度補塡するための相当の立退料提供が原告〔借地権設定者〕からなされれば，使用継続に対する異議の正当事由を備えるに至るものといえる。」として，立退料として借地権価格の6割（1700万円）を提供することによって，正当事由が補完されるとした（東京地判昭59・12・21判タ553号185頁）。

本件では，居住目的で借地がなされている場合であり，自己使用の必要性としては，借地権設定者自身の必要性だけではなく，その子ら家族の必要性も考慮されている。

② 借地権設定者は，自己の使用している土地と隣接地である本件貸地とを一体化してビルを建築したいという計画があるとして更新を拒絶したが，他方，大衆酒場を経営する借地権者も借地上の建物を取り壊してビルを建築したいという意向を有しており，当事者双方の土地の使用を必要とする事情には「径庭はない」とされ，1億8000万円の立退料を提供することによって正当事由を補完するとされた（東京地判昭62・3・23判時1260号24頁）。

この事案では，事業目的で借地契約が締結されていた。借地権者が建物の建替え計画（特に，低層建物を中高層のビルに建て替える計画）を有している場合等，借地権者が建物をそのままのものとして使用する意思を有していない場合には，

借地権者に不利な事情として考慮される（本田・コメ借地借家〔第4版〕37頁）。

③　借地関係が50年間継続し，地上建物も築後45年が経過しており，借地権設定者は，居宅を建築するために土地の使用を必要とするが，借地権者は借地上の建物を事務所として使用している。当事者双方に「土地を使用する必要性が認められる。しかし，いずれかが他方より明らかに大きいとまでいうことはできない。」として，立退料1000万円を提供することによって正当事由が補完されるとした（東京高判平11・12・2判タ1035号250頁）。本判決は，立退料の算定において築後45年を経過した建物の建築資金回収や50年を経過した借地権の借地権価格を考慮しなかったところに特色がある。

(二)　土地の高度利用が必要である場合

①　借地権設定者は新聞店を営業しているが，その従業員のための店舗・従業員宿舎兼居宅として10階建てのビルを建築する計画を立て，そのためには貸地を必要とするとして更新拒絶をした。借地権者は印刷業を営んでおり，現に営業している地域との結びつきが重要であったが，裁判所は，借地権設定者の「更新拒絶の意思表示に正当事由があるとは認めがたい。」が，しかし，借地権者の「営む印刷業が現に営業している地域との結びつきが重要であるとしても，必ずしも本件借地上でなければならないまでの理由はなく，その近隣の地区内であれば，営業は成り立ち得るであろう」。そうすると，借地権設定者が「借地の代替物件を取得するための資金に充てるため，明渡料として相当な金額〔6450万円〕を提供するならば，正当事由を具備する」とした（東京地判平7・2・24判タ902号101頁，塩谷國昭「判批」判タ1020号53頁）。

②　借地権設定者は貸地を含む自己所有地9000㎡に高層ビルを建築することを計画し，借地権者らと立退交渉を始めたが，本件の借地権者のみが交渉に応じなかったので，設計変更をして，本件貸地部分を除いた部分についてビル建築を開始した。その後，期間が満了したので異議を述べて土地の明渡しを求めた。借地権者は他にも居宅を有し，借地上の建物と他の建物に適宜居住している。判決は，借地権設定者の自己使用の必要性が高いと認めたが，土地使用の必要性は「経済的な利益の追求にあるから」，立退料〔6500万円〕が支払われることによって正当事由が具備されるとした（東京地判平10・5・21判タ1020号212頁）。

また，借地権者が借地上の建物に現に居住しており，土地の使用の必要性が高いと認められる場合でも，借地権設定者が大型スーパーの建設計画を有しているときは，経済的利益の獲得だけを目的としているから土地の使用の必要性は高くないとしながらも，立退料の提供によって正当事由が充足されるとする判決もある（東京地判平25・3・14判時2204号47頁）。この判決は，金銭換算が困難である居住の利益を立退料という金銭の給付によって奪うことができるとする判決であって，筆者としては，疑問を呈せざるを得ない。

　㈭　借地権者の移転先がある場合又は提供された場合

　①　土地が再開発計画が要請される新宿副都心地区にあり，借地権設定者らは貸地を再開発に提供するための自己使用の必要があり，他方，借地権者は代替物件を所有しており，しかも調停中に借地権者から代替物件や立退料の提案があったことから「絶対に立退ができない状態とも窺えない」として，立退料10億3800万円の支払によって正当事由が補完されるとした（東京地判平6・8・25判時1539号93頁，奈良輝久「判批」判タ1020号47頁）。

　②　借地権設定者は貸地の返還を受けて共同賃貸住宅を建てたいという意向をもって，更新を拒絶した。他方，借地権者は借地上に居住しているわけではなく，他所に居住し，借地上の建物は賃貸していた。裁判所は，借地権設定者の土地使用の必要性も乏しいが，借地権者の必要性も少なく，「住居用の建物所有のための賃貸借としては，一応その目的を達したというべきである」として，3000万円の立退料の提供によって正当事由が補完されるとしている（東京地判平7・9・26判タ914号177頁）。

　これらの判決では，借地権者が他所に代替物件を所有していたり，代替物件の提供を提案した場合には，正当事由を認めるのに有利な要素となっている（本田・コメ借地借家〔第4版〕38頁）。

　(b)　**正当事由が認められなかった事例**

　「利益比較の原則」からすれば，借地権者が生活・事業の本拠として土地の使用の継続を必要としているのに対して，土地の使用が借地権設定者の生計の維持のために必要ではない場合には，正当事由は認められない（本田・コメ借地借家〔第4版〕38頁）。

　㈤　借地権設定者が土地の高度利用を理由にする場合

①　菓子製造・販売を業とする会社社長である借地権設定者は貸地を含む900㎡の土地上に社員寮を建築したいとして，更新拒絶をしてきた。これに対し，借地権者は先代以来長期にわたって借地上の建物に居住し，明け渡したときには，移転先のあてはなく居住を継続する必要性が高いと認められ，借地権設定者には「駅前の一等地である本件土地とその周辺土地を一括して効率的に利用することが経済人である控訴人〔借地権設定者〕ないし控訴人が代表者をしている会社にとってより利益であり，望ましいということにつきる」のであって「強い自己使用の必要性を認め難いことなど」の事情が存するから，立退料をもって正当事由を補完できないとする（東京地判昭53・12・8 判時919号66頁，山崎敏彦「判批」内田勝一＝山崎敏彦編『借地・借家の裁判例〔第3版〕』29頁）。

　②　借地権設定者は，更地の状態で所有する隣接地と貸地を一体化してビルを建築する意図をもって，更新を拒絶した。しかし，借地権設定者の「家族の生活が困窮状態にはないこと」，また「経済的資本的利用の目的で本件土地の明渡しを求めている」のに対して，借地権者は「他に居住すべき家屋を所有しておらず，しかも齢80歳に達せんとする高齢者で，子供たちの援助によって生活を維持している状態にある」こと等を総合判断すると，1500万円の立退料を提供されても，正当事由は充足されないとしている（東京地判昭61・12・26判時1252号73頁）。

　③　借地権設定者はリゾートマンションの開発等の事業を営む会社であるが，本件土地上に本社ビルを建築する意向をもっており，土地使用の必要性があるとして，更新を拒絶してきた。他方，借地権者は「40年余りにわたって本件土地を居住及び営業の場所として使用し，前示の営業収入を得て，それにより自己及び家族の生計を維持し，今後も同様に営業を続ける意思を持っているものであり，既に高齢であることを考えると，都内荒川区に自己所有の土地を有するとはいえ，同地が控訴人〔借地権者〕の営業の立地として本件土地に比べるべくもないことは明らかであり，他に現在程度の収入を確保することのできる場所を得ることは困難であるから，控訴人の本件土地を使用する必要性は切実なものがあると認められる。」。そうすると，借地権者の「本件土地の使用の必要性は極めて強いものがあり」，他方，借地権設定者の「使用の必要性はそれ程強いとは言い難い」から，4億5000万円という高額の立退料が申し出ら

れていても，正当事由を補完されるものではないと判示する（東京高判平4・6・24判タ807号239頁）。

④　借地権設定者は，土地上に，最先端の技術を導入した賃貸用オフィスを中心とするインテリジェントビルを容積率いっぱいに建築することを計画して，更新拒絶をし，正当事由を補完するために50億円の立退料を提供すると主張した。裁判所は，借地権設定者は「土地に収益性の高い建物を建築して高額の収入を得たいということに尽きる」のであり，映画館を経営する借地権者は「社会的に有意義な活動を営むことによって利益を得るのであり，そして，事業は，多様な物的人的関係が統合した有機的な存在として活動しており，多数の従業員に雇用の機会を与えているばかりでなく……多種多様の知的蓄積をも含んだ文化的意義及び社会的意義も有するのである。……事業継続を望み，継続に現実的裏付がある限り，賃借人に使用の必要性があり，賃貸人側が単に経済益により多額の収益を上げたいというだけでは，賃貸人の更新拒絶につき正当事由はないといわざるを得ないし，賃貸人において，多額の，場合によっては借地権価格以上の立退料の提供があったとしても，正当事由が存在することにはならない。」とした（大阪地判平5・9・13判時1505号116頁，西口元「判批」判タ1020号56頁）。

①，②及び③判決において居住用の借地がされ，④判決は事業用の借地である。④判決の借地権設定者は「欧米諸国では居住用賃貸借と業務用賃貸借が峻別され，後者については更新拒絶の自由の原則を適用するのが一般である」と述べているが，これはドイツにおける借家の原則であり（藤井俊二『現代借家法制の新たな展開』155頁以下参照），欧米諸国一般の原則ではなく，また借地についてはドイツでは地上権のみが設定できるのであって，欧米諸国とわが国とでは借地法制度が根本的に異なることも注意しなければならない（稲本洋之助ほか編『借地・借家制度の比較研究』及び稲本洋之助『借地制度の再検討』参照）。

もっとも，居住用の借地の場合に保護されるべき居住の利益はいわば生活利益であり，言い換えるとそこに住み続けることができる利益であり，事業用の借地の場合には経済的利益であって，立退料によって正当事由が補完されやすいともいえそうである。したがって，前掲東京地判平7・2・24のように，「営む印刷業が現に営業している地域との結びつきが重要であるとしても，必

ずしも本件借地上でなければならないまでの理由はなく，その近隣の地区内であれば，営業は成り立ち得るであろう」。したがって，「本件借地の代替物件を取得するための資金に充てるため，明渡料として相当な金額を提供するならば，正当事由を具備するに至ると解するのが相当である」という考慮がなされることになる。

　(ロ)　借地権設定者側の土地使用の必要性に具体性が欠ける場合　　借地権設定者は小児麻痺の後遺症で身体障害者である次女のため，本件土地の返還を受け，ここに次女夫婦の住居を建設する必要があるとして，更新を拒絶したが，借地権設定者の必要性は，結局，将来次女夫婦に利用させたいということに尽き，次女夫婦には具体的な新築の計画及び資金の手当てがなされているわけではない。これに対し，借地権者の側に賃料不払い等借地権設定者との信頼関係を破壊するような事実もなく，平穏に継続されてきたのであり，建物の建築時又は賃貸借契約の更新時には，当時の物価水準に照らしてもかなりの額の権利金ないし承諾料が支払われてきたのであり，借地権者及びその家族が現に本件建物を必要とする程度も大きなものがある。このような，当事者の必要性を対比するならば，借地権設定者側の必要性が借地権者側のそれに優越しているとはいまだ認められないから，立退料300万円の申出を考慮しても正当事由は具備されないと判示している（東京地判昭63・5・30判時1300号73頁）。そのほかに，借地権設定者は土地の高度利用の必要性があるというが，その具体性に欠けるために正当事由が否認されたものとして，東京地判平24・8・1 LEX/DB 25496020，東京地判平24・11・8 LEX/DB25497856，東京地判平25・1・25 LEX/DB25510446がある。

　(ハ)　バブル経済期における土地転がしによって貸地の所有権を取得した場合　　貸地は，都心の高度商業地域にあり，消費者金融業大手である借地権設定者がこの貸地の所有権を取得して，貸地と隣接地を一体利用して有効利用を図るとして，更新を拒絶した。本件土地は，「バブル経済による地価高騰の影響に煽られ，次々と所有者が変更したことが認められ，いわゆる土地転がしの対象となっていたものと推認され」，借地権設定者は，「本件土地所有者に対する融資者，担保権者として関与を開始し，ついには平成5年12月に自身が本件土地を買受けたもの」であり，借地権設定者は結局，「自己が取得した商品

あるいは貸金の回収のために取得した不動産をより高く売ろうとして被告〔借地権者〕に対し立退を迫っているというに過ぎ」なく，この点も，借地権設定者の「自己使用の必要性」を弱める要素といわなければならないとされた。

　他方，借地権者は，本件土地上の木造平屋建物に居住や営業をしているわけではなく，これを第三者に賃貸し，もっぱらその賃料を取得しているものである。したがって，土地使用の必要性は高くはないが，建物賃借人らとの共同の発展を目指しつつ，老朽化した建物を近隣の状況に合わせて建て替えることの必要性は理解し，自力で再開発することを計画したが，バブル経済崩壊のため融資を受けることができなくなったために，借地権設定者との共同開発を望んだが，借地権設定者は頑なに拒否したこと，また，借地権設定者は借地権者に対しいくつかの代替地を探して呈示したが，いずれも納得を得るには遠いものであったと認め，借地権者に本件土地を使用する必要性があるとした。そして，3億円の立退料を提供しても，本件土地に代わるような土地（所有権あるいは賃借権）を見つけることは非常に困難であることが認められることも併せ考えると，本件においては，立退料により正当事由を補完することはできないとした（東京地判平8・7・29判タ941号203頁，太田晃詳「判批」判タ1020号66頁）。

　㊁　借地権者が土地の有効利用計画を立てている場合　　借地権設定者は，東京銀座に貸地を所有し，これを借地権者に賃貸した。借地権者はこの土地上に2階建ての居宅と木造の共同住宅を所有し，1階部分で営業を営み共同住宅を賃貸している。賃料の増額請求をしばしば受けた借地権者は，高層ビルへの改築計画を立て，借地条件変更の申立てを東京地裁にしている。これに対して，借地権設定者は，この土地は場所的に有効利用するのが望ましいとして，現在の建物は老朽化していること，借地権者が他所に建物を所有しているから，正当事由があり，更新を拒絶すると主張した。裁判所は，借地権設定者の貸地の利用計画は正当事由判断において借地権設定者に有利な状況として重視するのは適当ではないとし，他方，借地権者は極めて長期間〔江戸時代から賃借している〕賃借しており，現在も本件土地使用による収益を基本として生計をたてている。そして，借地権者は代替場所を有しているとはいえないから，本件土地を引き続き使用する必要がある。また，借地権者は高層ビルを建てて土地を有効利用する計画を立て，「その実現が可能であることが斟酌されるべき事案で

ある。そうすると，被告〔借地権者〕が本件土地を明け渡すことになると極めて大きな不利益を被ることになるといわざるを得ないから，正当事由の存否の判断においては，このことは重視されるべき事項である」。さらに，借地権者「が本件土地を有効利用する意思と能力を有する以上，これを阻止しようとする借地権設定者側の意向には，これを上回るだけの正当性を認め難いということが主な判断要素である。」として30億円の立退料では十分ではないとした上で，「借地権者が建物の建替え計画（特に，低層建物を中高層のビルに建て替える計画）を有している場合等，借地権者が建物をそのままのものとして使用する意思を有していない場合には，借地権者に不利な事情として考慮される」と述べたが，本件では，借地権者の有効利用計画が有利な事情として扱われている（東京地判平2・4・25判時1367号62頁，西口元「判批」判タ1020号50頁）。なぜならば，本件では，借地権者の計画実現を借地権設定者が妨害している事情もあったからである。

(2) 従前の経過

借地に関する従前の経過としては，権利金の授受の有無等の契約締結に際しての事情，さらには契約期間中に不信行為があったか，更新料や承諾料の支払があったかという契約存続中の事情が考慮される。

(a) 権利金，更新料，承諾料の授受の有無

契約締結時に権利金の支払がなかったことを正当事由ありとする付随的判断要素として考慮する（東京地判昭63・5・31判時1303号93頁）。他方，借地権者が更新料や建物増改築時に承諾料を支払っている場合には，正当事由なしとする付随的判断事情として考慮される（東京地判昭63・5・30判時1300号73頁）。

(b) 借地権者が利用してきた期間

借地権者が長期間土地の使用を継続している場合には，正当事由判断において正当事由が具備されるとする判断に傾く付随的要素になり得る（本田・コメ借地借家〔第4版〕40頁，西口元「借地借家の正当事由」判タ1020号12頁）。例えば，使用期間が50年以上経過している場合に，「本件建物の敷地としての現状を更に長期間（特段の事情のないかぎり，次の更新時期である昭和81年1月まで）維持させることは，原告〔借地権設定者〕にとつてやや酷に失するきらいがある」とする判決（東京地判昭62・3・23判時1260号24頁）や「賃貸借の存続期間は，本件

異議申出のとき既に60年近くになっていたことが明らかであり……賃貸借の目的は達成されたというべきであるから，一応正当事由を具備したと認められる」とする判決（横浜地判昭63・4・21判時1293号148頁），及び「本件土地の賃貸借期間は，平成9年10月時点で50年に及び，本件建物も右時点では建築後45年に達する建物であった。そうすると，本件建物に投下された建築資金の回収はすでに終了しているものと認められる」とする判決（東京高判平11・12・2判タ1035号250頁）がある。また，「借地契約の通算借地期間は70年間の長期に及んでおり，被告Y2（借地権者）が本件建物に投下した建築費用を十分賄うに足りる建物利用期間も経過したと評価することが可能である。これらの事情は，本件の正当事由を強める事情（借地に関する従前の経過及び土地の利用状況）として斟酌するのが相当である。」として，土地の自己必要の程度を比較すると借地権者の必要性のほうが重いが，借地権設定者が「相当額の立退料を……支払うことを条件に，正当事由の補完が認められると考えるのが相当である。」とする判決がある（東京地判令2・9・8 WLJPCA09088010）。

　他方では，江戸時代から借地関係が継続していることが正当事由なしの方向で働く付随的判断要素とされる場合もある（東京地判平2・4・25判時1367号62頁）。また，借地期間が長期にわたっていることが，正当事由肯定の要素になるとは必ずしもいえず，借地権者が数十年にわたり借地上の建物に住居してきたこと，転居による心身への悪影響も考慮して正当事由を否定する判決（東京地判平26・11・28LEX/DB25522958），さらに，借地権者が60年以上借地上建物を生活の本拠としてきたことから土地使用の必要性が高いとする判決もある（東京地判平29・10・18LEX/DB25539667）。

(c) **借地権設定の事情**

　借地契約そのものが，終戦直後の焦土と化し混乱した状況下で，土地を不法占拠し建物を建てた者が，事後に賃借を申し入れてきたので，借地権設定者もやむを得ず事後承認する形で，バラック作りの木造建物の所有を目的として暫定期間10年と定めて賃貸したというものである場合には，土地使用の必要性を斟酌するだけではなく，「契約締結の経緯，あるいは如何なる建物の所有を目的としたかも重視されて然るべき」であって，「土地の価格に匹敵するが如く高額の権利金等の支払が行なわれる借地権とは，更新の際の正当事由も自ら

別異に解釈されるべきは当然である」として，本件では，契約締結の経緯が正当事由具備に傾く付随的判断要素とされた（東京地判昭56・4・28判時1015号90頁）。

どのような建物の所有を目的として借地契約を締結したかも斟酌される事情であり，中古住宅を代物弁済によって取得した者が借地をしたときは，長期の契約を予定したとは認められず，45年経過した場合には，契約の目的が達成されているから，正当事由ありとされている（大阪高判昭52・9・16判時879号85頁）。

親族間での土地の賃貸借であるという事情は，正当事由の要素としては，さしたる比重をもつものではない，とされている（東京高判昭56・4・28判タ449号90頁）。

(d) **賃料額及び賃料の支払状況**

借地権設定者は，当初から将来土地を明け渡してもらうことを考え，土地の賃貸借による経済的利益をまったく考えておらず，賃貸借期間中の大きな社会的，経済的変動にもかかわらず賃料増額の請求をまったくせずにいた場合には，低額な賃料が正当事由を具備する方向での付随的判断要素となるとする判決がある（東京地判昭55・4・22判時969号83頁）。これに対して，賃料が長期にわたり低額に据え置かれていたとしても，それは「賃料増額請求による手当てが可能であったものであって，これらの事情のみから上記『正当な理由』が基礎付けられるものではないことは明らかである。」とする判決もある（東京地判令元・12・12WLJPCA12128015）。

また，「賃借人の側に賃料不払い等賃貸人との信頼関係を破壊するような事実もなく，平穏に継続されてきた」事情は，「正当事由があることを肯定するには足りない。」と判断する要素となる（東京地判昭63・5・30判時1300号73頁）。賃料不払いであったこともなく，更新料も支払ってきた場合には，正当事由があるとはいえない付随的事情になる（東京地判平26・11・28LEX/DB25522958）。

(3) **土地の利用状況**

正当事由制度は，借地権者の土地利用の利益を保護するためのものであるから，借地権者が土地上にどのような建物を建て，その土地をどのように利用しているかが判断要素となる。土地の利用状況の判断要素としては，①借地上の建物の存否，②借地上の建物の種類・用途（居住用建物か，事業用建物か。借地借

家法では，居住用借地と事業用借地を区別せずに一律に規律しているが，その差異は個別事例において具体的な判断の中で現れることになる），③建物の構造・規模（建物が低層か，高層か，堅固建物か，非堅固建物か等），④建物の老朽化の程度，⑤建築法規に違反していないか，⑥借地権者の建物の利用状況（建物を賃貸に供しているか等）が挙げられる（本田・コメ借地借家〔第4版〕40頁以下）。

①の建物が存在しないことが，借地権設定者の妨害行為による場合には，正当事由の具備がされないことになる（東京地判平13・5・30判タ1101号170頁）。④の建物の老朽化は，正当事由判断の付随的要素の一つではあるが（前掲横浜地判昭63・4・21，前掲東京高判平11・12・2），「建物が老朽化していること自体は，正当事由の存否の判断を左右するような重要性をもつものということはできない。」とされる（東京地判平2・4・25判時1367号62頁）。

(4) 土地の存する地域の状況

都市計画上の用途地域の変更や商業地域化，住宅地域化，周辺建物の高層化等の「土地の存する地域の状況」というファクターは，平成3年制定の借地借家法において正当事由の判断要素に組み入れることが見送られたものである。このような経緯を考慮すると，これらの事情を正当事由の判断要素とすることは避けなければならない（本田・コメ借地借家〔第4版〕42頁）。しかし，「土地の利用状況」と「地域の状況」を明確に区別するのは困難であり，土地の有効利用や再開発が「土地の利用状況」として考慮されるかもしれないという指摘があった（寺田逸郎「借地・借家法の改正について」民事月報47巻1号59号，本田・コメ借地借家〔第4版〕43頁。例えば，東京地判平6・8・25判時1539号93頁は，地域の状況や再開発の必要性を考慮に入れて判断している）。

(5) 借地上の建物の賃借人の事情

借地上の建物が他人に賃貸されている場合における正当事由の判断に際しては，建物賃借人の事情も考慮して判断すべきかという問題について，判例は「借地人側の事情として借地上にある建物賃借人の事情をも斟酌することの許されることがあるのは，借地契約が当初から建物賃借人の存在を容認したものであるとか又は実質上建物賃借人を借地人と同一視することができるなどの特段の事情の存する場合であり，そのような事情の存しない場合には，借地人側の事情として建物賃借人の事情を斟酌することは許されないものと解する」と

している（最判昭58・1・20民集37巻1号1頁）。

　すなわち，原則として，借地契約の更新拒絶若しくは異議における正当事由有無の判断においては契約当事者である借地権者自身の事情が考慮されるべきであって，契約当事者ではない借地上の建物の賃借人の事情は正当事由判断に反映されるべきではないというのである。もっとも，平成3年制定の借地借家法によって，契約当事者ではない転借地権者の事情は考慮されることとなった（借地借家6条）。借地借家法の趣旨からすれば，現に土地を利用している者の保護を図るべきであろう。同法制定によって，法自身が契約当事者以外の者の土地利用も更新の際に考慮に入れると変化してきているのであるから，現に土地使用を継続している借地上の建物の賃借人の事情も考慮に入れてよいであろうと考える。

　判例によれば，「借地契約が当初から建物賃借人の存在を容認したものである」場合，例えば借地契約がアパートや貸店舗の建築を目的とする場合や，「実質上建物賃借人を借地人と同一視することができるなどの特段の事情の存する場合」，例えば借地権者が建物を自己の経営する会社に賃貸している場合には，建物賃借人の事情も考慮することができることになる。

(6) 立退料その他の財産上の給付の申出

　従来，判例は，借地権設定者から立退料の提供の申出があった場合にこれも参酌してその存否を判断すべきものとしてきた。すなわち，「移転料を支払うという補強条件を加えることにより」（最判昭38・3・1民集17巻2号290頁），あるいは「金員の提供は，それのみで正当事由の根拠となるものではなく，他の諸般の事情と綜合考慮され，相互に補完し合って正当事由の判断の基礎となるものであ」り（最判昭46・6・25判時645号75頁），「正当事由の有無は，賃貸借契約の各当事者の自己使用の必要性のほか……賃貸人の立退料支払意思の有無・その額等の諸事情を考慮し，賃貸人に賃貸借関係の存続を要求することが酷な結果となるかどうかをも斟酌して，判断すべきである。」とされる（最判昭48・10・30民集27巻9号1289頁）。

　また，財産上の給付とは，立退料の提供に限定されるわけではなく，代替家屋を借地権者に提供する場合も含まれる（最判昭32・3・28民集11巻3号551頁）。

　立退料の提供はいつまでになされるべきであろうか。かつて，下級審では次

のように見解が分かれていた。
　① 借地法4条，6条に定める異議申出時期を狭く解して，その時点において立退料提供の申出をしなければならず，その後にされた立退料の提供は考慮することができないとして，異議を述べた時から1年6ヵ月後の立退料提供の申出は考慮されないとした（東京地判昭42・7・13判時497号55頁）。
　② 「形式的にいえば，正当事由は異議時に存在するべきであるから，立退料の提供も右時点においてなされるべきであり，それ以後の時点でなされた立退料の提供をもって右時点における提供とみることはできない。次に，実質的に考えてみても，立退料の金額の算定の中心的要素は借地権価格であるが，その基準となる土地の価格は，当時，時の経過によって相当程度上昇することが経験則上容易にうかがわれるところ，異議を述べてから，相当期間経過後に立退料が提供された場合に，立退料の算定要素の土地価格の基準時を異議時とすると，一方において，賃借人としては，異議時に立退料が提供されていれば可能であった他の土地への移転が，立退料提供時では，その間の土地価格の上昇のため，異議時と同一の条件では困難になることが十分に推認し得るところであり，他方において，賃貸人としては，異議時における低額の土地価格を基準とする金額によって，提供時における高額の土地を入手できることになるわけであり，このような形で賃借人に不利益が生じる反面，賃貸人に利益が生じることは，公平でないというべきである。したがって，異議時以後〔期間満了時から1年10ヵ月経過後〕になされた立退料の提供をもって，異議時になされた提供と同様の効果を生ずるものとすることはできない。」とした（東京高判平元・10・30判タ752号179頁）。
　③ 「XがYに対して金4億円の提供を申し立てたのは本件契約期間満了からほぼ13年経過した時点であるが，Xが，右期間満了に先立つ昭和51年3月23日，Yに対し，本件契約の更新拒絶をなして以後現在に至るまで，本件土地の明渡しを求めていることは，本件記録上明らかであり，これに加えて立ち退き料の提供を原告が申し立てることも予想できないものではなく，ほぼ13年経過した時点での金員の提供といえども本訴訟の経過に照らし，遅滞なくされたものと認められるからこれを正当事由の判断に斟酌することに妨げはないものと解するのが相当である」として，立退料の提供があることが予見できる

場合には，期間満了から13年経過後の立退料の提供も斟酌できるともしていた（東京地判平元・12・27判時1353号87頁）。

④「金員給付等のいわゆる正当事由の補強条件は，前記例示の如き客観的な事実の変遷とも若干性質を異にするものがあり，要するにそれらの補強条件は，明渡を余儀なくされる従前の賃借人の不利益を緩和し若しくは補償するものであつて，同賃借人がその不利益を現実に蒙るのは，実際に明渡すべき時になつてからなのであるから，そのことだけから言えば，右補強条件の申出は，明渡前である限り遅すぎるということはないと言えようが，しかしその申出も，借地法4条1項，6条1項の趣旨に準じて『遅滞なく』申し出られる必要があると解すべきである。けだし，遅すぎる補強条件の申出は，法的安定性を害するおそれがあるからである。すなわち，例えば更新拒絶について正当事由のないことが確実視され，賃借人において契約は更新されたものと考えて，更新を前提とした新たな生活や経済活動を営むに至つたような場合に，その後になつてからいわゆる補強条件の申出を許し，それによって正当事由が具備されるに至つたとするが如きことは，法的安定性を著しく害することになるからである。したがつて，補強条件申出の要件としての『遅滞なく』とは，単に歳月の日数によつて算えられるべきでなく，右に述べたような法的安定性が客観的に要請される如き事態に立ち至るまでの間と解するのが相当である」として期間満了時から4年10ヵ月経過後の提供を認めていた（東京高判昭51・2・26判時815号55頁）。

このような状況の中で，最高裁は，「土地所有者が借地法6条2項所定の異議を述べた場合これに同法4条1項にいう正当の事由が有るか否かは，右異議が遅滞なく述べられたことは当然の前提として，その異議が申し出られた時を基準として判断すべきであるが，右正当の事由を補完する立退料等金員の提供ないしその増額の申出は，土地所有者が意図的にその申出の時期を遅らせるなど信義に反するような事情がない限り，事実審の口頭弁論終結時までにされたものについては，原則としてこれを考慮することができるものと解するのが相当である。」として（最判平6・10・25民集48巻7号1303頁），事実審の口頭弁論終結時までに立退料提供ないしその増額の申出をすべきだという原則を示した。

このような判断をした理由は，「右金員の提供等の申出は，異議申出時にお

いて他に正当の事由の内容を構成する事実が存在することを前提に，土地の明渡しに伴う当事者双方の利害を調整し，右事由を補完するものとして考慮されるのであって，その申出がどの時点でされたかによって，右の点の判断が大きく左右されることはなく，土地の明渡しに当たり一定の金員が現実に支払われることによって，双方の利害が調整されることに意味があるからである。このように解しないと，実務上の観点からも，種々の不合理が生ずる。すなわち，金員の提供等の申出により正当の事由が補完されるかどうか，その金額としてどの程度の額が相当であるかは，訴訟における審理を通じて客観的に明らかになるのが通常であり，当事者としても異議申出時においてこれを的確に判断するのは困難であることが少なくない。また，金員の提供の申出をするまでもなく正当事由が具備されているものと考えている土地所有者に対し，異議申出時までに一定の金員の提供等の申出を要求するのは，難きを強いることになるだけでなく，異議の申出より遅れてされた金員の提供等の申出を考慮しないこととすれば，借地契約の更新が容認される結果，土地所有者は，なお補完を要するとはいえ，他に正当の事由の内容を構成する事実がありながら，更新時から少なくとも20年間土地の明渡しを得られないこととなる。」からである，とされた。

〔3〕 正当事由の有無判断の基準時

　正当事由の有無の判断の基準時について，最高裁は，「土地所有者が遅滞なく異議を述べるべきであった時期を基準とすべきであり，更新拒絶の正当事由判断の基準時期後に生じた事実は，これを右正当事由として斟酌することを得ないもの」としたり（最判昭39・1・30裁判集民71号557頁），また正当事由の有無の判断基準時を借地期間満了の時とし，その時より後の事情を判断基準時の事実関係を認定するための資料として斟酌しているのは正当であるとしていた（最判昭49・9・20裁判集民112号583頁）。
　すなわち，少なくとも借地権設定者が更新拒絶ないし異議を述べるべき時期を基準時とするとしていたのである。これに対して，借地権設定者が裁判外で更新拒絶ないし異議を述べても，結局は，土地明渡訴訟等で確定されるべきも

のといえるから，正当事由有無の判断の基準時を土地明渡訴訟の事実審の最終口頭弁論時まで繰り下げるべきだとする有力な批判があった（鈴木＝生熊・新版注釈民法(15)416頁）。

しかし，最高裁は，平成6年に再度，「土地所有者が借地法6条2項所定の異議を述べた場合これに同法4条1項にいう正当の事由が有るか否かは，右異議が遅滞なく述べられたことは当然の前提として，その異議が申し出られた時を基準として判断すべきである」（前掲最判平6・10・25）として，最高裁の立場を再確認したのである。

立退料については，立退料の実体法上の意味は立退料の提供そのものではなく，他に正当事由を基礎づける事実が存在することを前提に，金員が現実に支払われることによって，借地権者の損害の填補と，当事者の利害調整という機能にあるから，口頭弁論終結時までに申し出られればよいとされる（西謙二・最判解説民事篇平成6年度521頁）。

第3節　借地権者の建物収去義務及び原状回復義務

借地権が地上権である場合には，地上権が消滅したときは，地上権者は土地を原状に復して土地の工作物（建物等）を収去することができる，と民法は定め，原状回復権と建物収去権のみが定められている（民269条1項本文）が，この場合には，地上権者は土地上に建物を存置する権限を失っているから，収去すべき義務も負うことになる。そして，当然，土地を原状に復さなければならない。土地に地盛りをしたような場合，盛った土は土地に付合するから，有益費償還の問題も生じる。

借地が賃貸借である場合には，賃貸借が終了したときに，賃借人（借地権者）は，建物を収去する義務（民622条・599条1項本文）と土地を原状に復して返還する義務を負っている（民621条）。

建物収去義務及び原状回復の詳細については，後述本編第2章第1節〔2〕において詳述する。

第 2 章

定期借地権等

　定期借地権には，広義の定期借地権と狭義の定期借地権がある。元来，定期借地権とは，存続期間の満了によって契約が更新されない借地権を指していた。すなわち，借地借家法22条，23条及び24条に定められている借地権が広義の「定期借地権」であり，借地借家法22条に定められている借地権が狭義の「定期借地権」である。平成19年の借地借家法改正によって，借地借家法には，①狭義の「定期借地権」(借地借家22条)，②「事業用定期借地権等」(借地借家23条)，及び，③「建物譲渡特約付借地権」(借地借家24条)という3種の定期借地権が定められている。以下では，広義の定期借地権の終了に関わる問題について説明する。

第1節　狭義の定期借地権の終了

〔1〕概　　要

　狭義の定期借地権は，存続期間を50年以上として借地権を設定し，契約の更新(借地借家5条・6条)や建物築造による期間の延長(借地借家7条)がなく，並びに期間満了による借地権消滅の場合の建物買取請求権(借地借家13条)を行使しない旨の特約をすることができる借地権である(借地借家22条)。

　定期借地権の終了において問題となるのは，まず，土地と建物を別個独立の不動産とするわが国独特の法制度から生ずる問題であるが，建物の収去が問題となる。また，定期借地権設定に際して，多くの場合，多額の一時金が定期借地権設定者に交付されているが，定期借地権終了時におけるその処理も問題となる。

〔2〕 定期借地権の終了

(1) 借地上の建物の処理

　定期借地権が終了したときは，借地権者は土地を原状に復して返還する義務を負う（地上権の場合は明確ではないが民269条，賃借権の場合は民601条及び621条本文）。平成29年（2017年）の民法改正前の民法旧598条（民旧616条がこの規定を賃貸借に準用していた）は，借地権者には収去権と原状回復をすることができる旨を定めているが，原状回復義務が借地権者にあることを明確には規定していなかった。このことは地上権の規定である民法269条1項も同様である。

　そこで，判例は「契約ニ定メタル期間ノ満限ニ因リテ終了シタル本件ノ賃貸借ニ付キ上告人ニ賃借地返還ノ義務アリテ此義務ハ土地ノ引渡ノ外ニ尚土地ニ附属セシメタル工作物ヲ取払イ土地ヲ契約当時ノ原状ニ復スルノ義務ヲ包含シ其工作物カ法律ノ規定又ハ当事者ノ契約ニ因リ賃貸人又ハ地主ノ所有ニ帰スル場合ノ外ハ上告人ニ於テ之カ履行ヲ為スノ責ニ任スヘキヤ明カナリ而シテ賃借人カ賃借物ニ附属セシメタル物ハ賃貸借ノ終了ト共ニ地主又ハ賃貸人ノ所有ニ帰セスシテ賃借人ニ於テ其権利ヲ保有シ之ヲ収去シ得ルコトハ所論ノ如クナルヲ以テ上告人ハ其附属物ヲ賃借地ニ定着セシメタル儘土地ヲ被上告人ニ引渡スノ義務ナキト同時ニ其附属物ヲ土地ニ定着セシメテ之ヲ所有スルコトヲ得ヘキ何等ノ権利ヲ有セサルヲ以テ賃貸人タル被上告人ニ対シテ之ヲ収去スルノ義務ヲ負担スルモノトス」（大判明44・3・3民録17輯79頁）として，民法旧598条は「原状回復義務」も包含する趣旨であると解されたのであった（学説も原状回復・収去義務を認めていた：我妻榮『債権各論中巻一』466頁，来栖三郎『契約法』369頁，広中俊雄『債権各論講義〔第6版〕』159頁，石外克喜・新版注釈民法(15)302頁等）。地上権に関する民法269条についても同様に解されている（鈴木禄弥・新版注釈民法(7)888頁，松尾・新版注釈民法(5)739頁）。

　しかも，原状回復義務は，定期借地権設定契約書においても明示的に定められている場合が多い（稲本洋之助編『定期借地住宅の契約実務』109頁参照）。

　そこで，平成29年（2017年）の民法改正によって，賃貸借については，契約の終了によって賃借物を返還することを約する旨が明文化され（民601条），さ

第1節　狭義の定期借地権の終了　〔2〕　定期借地権の終了　397

らに賃貸借終了時に賃借人に原状回復義務があることが明文化された（民621条本文）。

　さて，この原状回復の範囲が大きな問題である。民法の規定からすると，借地権者は借地に付合しない付属物を収去すべき義務を負うとともに，収去することができる権利を有している（民269条，民622条が準用する民599条2項）。

　まず，付合しない典型的な物は，建物である。欧米諸国の法律制度では，ローマ法の原則「地上物は土地に属す（superficies solo cedit）」が適用されて建物は土地に付合する。例えば，ドイツ民法では，建物は土地の同体的構成部分（wesentlicher Bestandteil）であると定められている（ドイツ民法94条）。したがって，欧米諸国では，借地権が消滅すると，建物は当然に土地に付合して土地所有者に帰属することになるから，建物の収去問題は生じない。

　これに対して，わが国の民法では建物は土地に付合せず，独立の不動産とされている（民370条）から，建物が収去されなければならないことになる。

　建物を収去するとして，木造建物や木造モルタル塗りの建物，あるいは軽量鉄骨造の建物は収去するのはそれほど困難ではないであろう。しかし問題となるのは，マンションのような鉄筋コンクリート造の大規模集合住宅の場合である。

　一つは，物理的な問題である。特に，マンションの基礎杭を地下何メートルまで除去すべきかという問題は，その除去の実際上の困難さから大きな問題となるであろう。建物の一部であるから，全部除去すべきだという主張を認めると極めて借地権者に酷な結果が発生するであろう。定期借地権設定契約書において地下何メートルまで除去すべきかを具体的に確認しておく必要がある。そのほか，地下室の処理も問題となるであろうが，これも建物の一部であり本来除去すべきであろうが，これも実際上は極めて困難な問題であるから，埋め戻すというようなことをあらかじめ設定契約で定めておくべきであろう。

(2)　**有益費償還請求**

　定期借地権設定契約後に，宅地として造成するために借地に地盛をしたような場合は，土地に付合するのであるから，原状回復の問題ではなく，原則として有益費償還請求の問題となる（民608条2項。地上権についても類推される）。ただし，地盛が借地の保存上必要であった場合，例えば，近隣の土地の地盛によ

って借地が窪地となり，雨水が敷地内に停滞するようになったために地盛をした費用は，必要費（民608条1項）である（大判昭12・11・16民集16巻22号1615頁）。したがって，地盛をした場合の土を除去する必要はなく，むしろ借地権者は，地盛に要した費用又は借地関係の終了時における増価額のいずれかを借地権設定者の選択に従って請求することができることになる。その他に石垣の築造・下水及び道路開設等の費用も有益費とされている（東京控判大7・3・16新聞1395号24頁）。

借地権者が費用償還請求権を放棄して，原状回復をするという特約は効力を有するであろうか。従来，更新について保障のある借地権については，学説は，建物買取請求権によって借地権者の投下資本の回収を強行的に保障していること（借地借家13条参照）との均衡から，原状回復・費用償還請求権排除特約は，地代額その他諸事情を斟酌して合理性の認められる範囲で効力を有すると解されていた（鈴木・下619頁，渡辺洋三＝原田純孝・新版注釈民法(15)249頁）。これに対して，定期借地権の規定では，建物買取請求権排除特約をすることもできるから（借地借家22条），この解釈論をそのまま維持するのは難しいであろう。

判例は，民法608条は任意規定であって，有益費償還請求権をあらかじめ放棄する特約は借家法6条により無効と解することはできないとしている（最判昭49・3・14裁判集民111号303頁）。借家法では，造作買取請求権に関する規定（借家5条）は強行規定であったが，借地借家法はこれを任意規定としているから（借地借家37条），この判決を変更する余地はないことになる。また，下級審判決では，借地権者が丘陵地を宅地に造成した場合について，原状回復義務を借地権者が負担する旨の特約は有益費償還請求権放棄特約と推認して，有益費償還請求を認めていない（福岡地小倉支判昭47・3・2判タ277号229頁）。

それでは，原状回復義務のみが約定されている場合はどうか。判例は，このような特約は費用償還請求権を排除する趣旨を含むが，地盛等の改良行為が賃貸人の承諾の下に行われ，原状に復することがほとんど不能である場合のように特別な事情があるときは，原状回復特約を無効としている（大判昭10・4・1裁判例9巻民86頁）。

借地権者は，費用償還請求権に基づいて借地の留置権を取得する（民295条1項本文）から，費用の償還を受けるまでは，借地を留置することができる。た

だし，有益費の償還については，借地権設定者の請求によって裁判所が費用償還について期限を許与したときは（民608条2項ただし書），「弁済期にないとき」（民295条1項ただし書）に該当し，留置権は成立しない。留置権を行使することができる借地権者は，借地権設定者からの明渡請求を拒むことができ，また借地関係終了後に土地所有権が第三者に譲渡されている場合にも，その第三者からの明渡請求も拒否することができる（大判昭14・4・28民集18巻7号484頁）。ただし，借地権者は留置権を行使して借地を占有している間は賃料相当額を不当利得したことになるので，これを借地権設定者に返還しなければならない（大判昭13・12・17新聞4377号14頁，大判昭17・10・27新聞4821号9頁）。

(3) 建物買取請求権

借地借家法22条は，「第13条の規定による買取りの請求をしないこととする旨を定めることができる。」と規定する。したがって，建物買取請求権を排除する特約を付すか否かは当事者の意思に委ねられ，建物買取請求権を排除しない，すなわち，建物買取請求権排除特約のない定期借地権も設定できると解される（山野目章夫・コメ借地借家〔第4版〕170頁，藤井俊二『借地権・借家権の存続保護』55頁以下）。

更新及び期間延長がないとする特約がなければ，定期借地権は普通借地権と異なるところはなくなってしまう，すなわち，これらの特約は定期で終了するという定期借地権の本質に関わるものであるから，必ずしなければならないが，建物買取請求権排除特約は定期借地権にとって必須の要素ではない。むしろ，200年住宅が議論される現在では，定期借地権の終了後も建物の存続を図るべきであり，そのためには建物買取請求権排除特約のない定期借地権を認めるべきである。

借地制度は，土地所有者に代わって借地権者が土地に資本を投下し，利用する制度であるから，借地権者の投下資本の回収を保障することは望ましいことであり，その方途として建物買取請求権制度があるのである。また，「建物と土地とは別個の不動産とするというわが国の土地制度の最大の過誤」（清水誠「わが国における登記制度の歩み」同『不動産登記制度の歴史と展望』125頁）を回避するためにも，建物買取請求権制度は重要である。

また，建物買取請求権排除特約を欠く定期借地権である旨の特約全体が無効であると解すると，その契約は期間50年以上の普通借地権設定契約となると

いう極端な結果をもたらす（吉田克己「定期借地権」ジュリ1006号53頁）。

　さらに，実務では，定期借地権終了時に建物を無償で借地権設定者に譲渡する特約をすることもある。建物を借地権設定者に無償譲渡した後，借地権者は借家人として同建物に居住するとする特約も考えられる（稲本洋之助編『定期借地住宅の契約実務』107頁，110頁）。この特約がない場合にも，借地借家法24条2項を類推して，借地権者は以後，建物賃借人として建物に居住し続けることができると解する（藤井俊二・基コメ〔第2版補訂版〕77頁）。

　有償での譲渡は，借地借家法24条の建物譲渡特約付借地権になってしまうから，ここでは建物を借地権設定者に無償で譲渡する場合を想定することになる。

(4) 借地上の建物の賃借人

　定期借地関係が終了し，借地権者が建物を収去して土地を明け渡す際に，借地上の建物に賃借人が居住している場合には，この賃借人に建物の明渡しをしてもらわなければならない。しかし，建物賃借人は賃借している建物が借地上にあり，借地関係の終了により建物を明け渡さなければならなくなることを知る由もないであろう。したがって，突然に明渡しを請求された建物賃借人を保護する必要が出てくる。借地借家法は，建物賃借人が借地権の存続期間が満了することをその1年前までに知らなかった場合に限り，建物賃借人の請求により，裁判所は建物賃借人が借地権の存続期間の満了を知った日から1年を超えない範囲で土地明渡しについて相当な明渡猶予期間を許与することができると定めている（借地借家35条）。

　この規定では，「借地権の存続期間満了」が要件となっているから債務不履行解除，賃借権の無断譲渡・転貸による解除（民612条2項），借地借家法8条2項による解約申入れによって借地権が消滅する場合には，適用されない。したがって，債務不履行によって借地権設定契約が解除された場合には，建物賃借人に土地明渡猶予期間を許与することは認められないことになる。

　土地明渡しにつき期限が許与されるには，建物賃借人が借地権の消滅することをその存続期間満了の1年前までに知らなかった場合に限られるが，知らなかったこと，すなわち善意であることについて無過失であることは要しない。

　また，善意の挙証責任は建物賃借人にあるが，居住目的の賃借人の場合には，

善意を事実上推定すべきであり、賃借人が満了を知った時期が認定できないときは、賃借人が期限許与を裁判所に請求した時の直前に知ったと推認すべきである（上原由起夫＝宮﨑淳・コメ借地借家〔第4版〕297頁）。借地権の存続期間が登記されている場合でも、建物賃借人に登記の照覧を期待できず、また期待すべきでもない。

明渡猶予期間が許与された場合に、建物賃貸借は猶予期限が到来するまで終了しないが、借地関係はどうなるかは問題である。建物賃借人はその地位を猶予期限まで維持するとした場合に、建物賃貸人の地位は借地権者に留まっていると解することになる。借地権設定者に建物所有権が移転しないのに、建物賃貸人の地位を引き受けさせるのは無理である。借地権設定者が建物賃貸人の地位を引き受けるとすると、家賃の徴収、建物の修繕、期限到来時の土地・建物の受渡し等を借地権設定者が行うべきこととなり、借地権設定者にとって予想外の不利益が生じるからである（原田純孝・新版注釈民法(15)〔増補版〕969頁）。

それでは、借地権は存続しているのであろうか。学説は、①借地権自体は消滅しているが、借地借家法35条適用の効果として、借地権者は、明渡猶予期限到来まで建物収去・土地明渡義務の履行を猶予されると解する見解（原田・新版注釈民法(15)〔増補版〕969頁）と、②明渡猶予期限まで借地権は存続するとする見解（山野目章夫「定期借地権」法時64巻6号31頁、上原＝宮﨑・コメ借地借家〔第4版〕299頁）とに分かれる。

②説は、借地権者が土地について必要費を支出した場合に、①説のように無権限で占有していると解すると、「直ちに」（民608条1項）必要費の償還を請求することができず、留置権の主張もできない（民295条2項の類推）こととなり、借地権者は敷地の維持・管理に投げやりとなって、ひいては建物賃借人の保護も動揺することになるであろうと実際的なことを理由とする。②説が妥当である。

(5) 存続期間満了後における土地使用の継続

定期借地権の存続期間満了後も、借地権者が土地の使用を継続している場合は、借地権設定者がそれを知りながら異議を述べず、地代を受領し続けている場合には、民法619条1項によってさらに賃貸借をしたものと推定される。定期借地権には、この推定は働かないのではないかという議論もなされるであろ

うが，借地借家法22条が「第9条……の規定にかかわらず」というのは同法5条2項，3項の適用を排除するのであって，民法619条1項まで排除していないと解される（山野目・コメ借地借家〔第4版〕166頁，吉田・前掲ジュリ61頁，藤井・基コメ〔第2版補訂版〕77頁）。また，民法619条1項は，「従前の賃貸借と同一の条件で」と定めているが，これは定期借地権であるという推定までするものではない。すなわち，定期借地権の設定のためには，借地借家法22条に定める要件を満たす必要があること，また民法619条1項の効果は期間の定めのない賃貸借としてさらに賃貸借がなされると規定されているからである。また，民法619条1項によって「再賃貸借」がなされ，従来の賃貸借とは別個の契約であると解すべきである（末弘厳太郎『債権各論』645頁，藤井俊二・コメ借地借家〔第4版〕314頁）から，期間満了後は，新たに期間の定めのない普通借地権が成立したと推定される。その結果，借地借家法3条によってその存続期間は30年になり，正当事由制度の適用があることとなる。

第2節　事業用定期借地権等の終了

〔1〕　概　　　要

　平成19年（2007年）までは，店舗・事務所・工場等の専ら事業の用に供する建物の所有を目的とし，かつ，存続期間を10年以上20年以下とする借地権を「事業用借地権」として，正当事由による更新制度（借地借家5条・6条），建物再築による存続期間の延長の制度（借地借家7条）及び借地借家法13条による建物買取請求権の制度を適用しないと定めていた（借地借家旧24条）。しかし，この規定は，平成19年に改正され，新たに借地借家法23条に，「事業用定期借地権等」の制度（借地借家23条）が制定され，平成20年1月1日より施行されている。

　新規定では，事業用定期借地権等を存続期間を30年以上50年未満とする事業用定期借地権と10年以上30年未満とする事業用借地権の2つの類型に分けている。ただし，いずれの類型の事業用定期借地権等も公正証書で設定契約をしなければならない（借地借家23条3項）。

〔2〕 存続期間30年以上50年未満の事業用定期借地権

　存続期間30年以上50年未満の事業用定期借地権は，契約の更新及び建物の築造による存続期間の延長がなく，並びに借地借家法13条による建物買取請求権を排除する旨の特約ができると定められている（借地借家23条1項）。

　借地借家法23条1項の事業用定期借地権について，改正前の事業用借地権に関する規定よりも伸長したのは，近時，民間企業が土地の保有・取得を回避して，事業用借地権を活用して土地を保有・取得せずに業務施設を確保し，借地上には大規模商業施設，物流施設，工場等を鉄筋コンクリート造等の堅固建物で建設するようになり，これに伴って，事業用借地権の存続期間の伸長に対する要請が強くなったので，この要請に応えて，平成19年に「事業用借地権」に関する規定を改正して，新たに「事業用定期借地権等」を設け，これを借地借家法23条に規定し，従来23条に規定されていた「建物譲渡特約付借地権」を24条に移した。

　借地借家法23条1項の事業用定期借地権の規定は，ほぼ22条の規定と同じである。したがって，終了時の問題については本章第1節で述べたことがあてはまることになる。特に，建物買取請求権については，10年以上30年未満の事業用借地権では，規定上当然に借地借家法13条が適用されず，建物買取請求権は発生しないのであるが，期間30年以上50年未満の事業用定期借地権は，当事者間で特約をすることによって建物買取請求権が排除されるという規定の構造になっているから，借地借家法23条2項と対比すると，建物買取請求権排除特約がない事業用定期借地権も許容されることになると解すべきである（山野目・コメ借地借家〔第4版〕180頁）。

　なお，借地契約終了後，借地上の建物を借地権設定者に無償で譲渡する旨の特約は有効である。

〔3〕 存続期間10年以上30年未満の事業用借地権

　10年以上30年未満の事業用借地権は，従来の借地借家法24条の規定をその

まま引き継いでいるから，特約がなくても，法律の規定によって契約の更新（借地借家5条）・延長（借地借家7条）がなく，かつ建物買取請求権（借地借家13条）は排除されることになる。したがって，借地権者は期間が満了すると直ちに建物を収去しなければならない。ただし，特約がなければ，借地権者は必要費及び有益費の償還を請求することができる（民608条）（本章第1節〔2〕(2)の解説を参照）。また，借地上の建物が賃貸されていた場合には，建物賃借人のために明渡猶予期限の制度（借地借家35条）が適用される（本章第1節〔2〕(4)の解説を参照）。

なお，借地契約終了後，借地上の建物を借地権設定者に無償で譲渡する旨の特約は有効である。

第3節　建物譲渡特約付借地権の終了

〔1〕 概　　要

この借地権は，平成19年（2007年）までは借地借家法23条に規定されていたが，平成20年1月1日より借地借家法24条に規定されることになった。規定の置かれる場所は移ったが，その内容には変化がない。すなわち，存続期間30年以上の借地権を設定した場合に，その設定後30年以上を経過した日に借地権の設定されている土地上の建物を借地権設定者に相当の対価で譲渡する旨を定めることができる（借地借家24条1項）。この借地権は，普通借地権・定期借地権・事業用定期借地権のいずれによっても，存続期間が30年以上の借地権であればよい。借地権の存続期間と建物譲渡をする日とが一致している必要はない。例えば，存続期間を50年とする借地権を設定した場合でも，30年を経過した後は建物を譲渡することによって借地権を消滅させることができる。建物を譲渡して借地権を消滅させる旨の特約は，借地権設定契約と同時にしなければならない。ただし，建物譲渡特約付借地権の設定方式は，他の定期借地権と異なり，特別の方式を要求されていない。もっとも，定期借地権によるときは，定期である旨の特約は書面でしなければならず，事業用定期借地権の場合は公正証書で契約をしなければならない。

〔2〕 建物譲渡特約

　建物譲渡は，借地権設定後30年以上が経過してから発生するものであるから，一般的には，期限付売買，売買の予約，期限付交換又は交換の予約が考えられる。

　期限付売買は，30年以上が経過した後の一定の日（例えば，借地期間の満了する日）に売買の効力が発生するとするものである。したがって，期限が到来すると，借地権者は建物所有権移転登記及び引渡債務を負担し，借地権設定者は代金支払債務を負担する。借地権者及び借地権設定者は，建物所有権移転登記と代金支払の同時履行を主張することができる（大判大7・8・14民録24輯1650頁）。

　売買の予約をしている場合には，30年以上経過した後，予約完結権を有する者から売買予約完結の意思表示がなされたときに，売買の効力が発生する。予約完結権を有するのは誰かは，特約によって定まるが，建物譲渡特約付借地権の場合には，予約完結によって借地権が消滅するのであるから，特約がない場合には，予約完結権は借地権設定者に帰属しているとみるべきであろう（澤野順彦・基コメ〔第2版補訂版〕86頁）。

　予約完結権が行使されないまま，借地権の存続期間が満了した場合に，当該借地権が普通借地権であれば，借地借家法4条以下の契約更新に関する規定が適用される。ただし，契約更新後も建物譲渡特約の効力は及ぶと解されるから，特約に基づいて売買予約が完結されれば，建物譲渡の効力が生じ，その時点で借地権は消滅する。

　建物の譲渡すべき時期が到来したが，建物が存在しなかった場合には，建物を譲渡することができない。それでは，借地権は消滅しないのであろうか。借地権の存続期間満了時と建物譲渡期限が一致しているときは，普通借地権が設定されている場合でも，更新がされないから（借地借家5条），借地権は消滅することになる。これに対して，借地権の存続期間が建物譲渡期限よりも長期に設定されている場合（例えば，借地権の存続期間を50年と定めたが，建物譲渡予約完結権は30年経過後に行使できると特約していた場合において，31年目に予約完結の意思表示をしたときには，建物が滅失して存在しなかった場合等）は，問題である。

①借地権消滅説は，建物の滅失につき借地権者に帰責事由がある場合には，債務不履行の問題であり（民415条），借地権者に帰責事由がないときは，危険負担の問題となるが（民旧535条），建物譲渡特約自体は影響を受けず，譲渡がなされるべき時に借地権は消滅すると解する（澤野・基コメ〔第2版補訂版〕88頁）。

これに対して，②借地権存続説は，建物が存在しないため建物所有権を借地権設定者に移転させることができず，借地権は消滅しないとする。借地権を消滅させるために建物を譲渡するという建物譲渡特約付借地権の法的構成，及び長期の存続期間を設定したこと（上記の例で，50年と存続期間を設定したことは無視できない）から，やむを得ない結論だとする（山本豊・コメ借地借家〔第4版〕192頁）。

交換は，例えば，面積の広い土地を借地し，そこに数棟の建物を建て，30年経過後にその借地上の建物の一部を借地権設定者に譲渡して借地権を消滅させ，他の借地部分の所有権を借地権者が取得する対価として建物を譲渡するという場合に利用されるであろう。先に述べたように，期限付交換と交換の予約が考えられるが，有償契約であるので予約については売買の規定が準用される（民559条）。

〔3〕 法定借家権

借地権が消滅すると，借地権者は建物を借地上に所有する権限を失い，建物を収去して土地を明け渡さなければならなくなるから，建物賃借人がいる場合に建物賃貸借は履行不能によって消滅することになる。しかし，建物賃貸借がなされた時よりも建物譲渡の時が遅い場合には，建物賃借権は引渡しをもって対抗要件としているから（借地借家31条），建物の譲受人に建物賃借権を対抗できるはずである。ところが，建物譲渡特約付借地権の設定に際して建物賃貸借前に仮登記をして所有権移転請求権を保全している（不登105条2号）ときは，建物賃借人は建物所有権の譲受人である借地権設定者には対抗できないことになる。そこで，借地借家法は，建物の使用を継続している建物賃借人が請求をしたときは，その時から建物賃借人と借地権設定者の間で期間の定めのない建物賃貸借がされたものとみなすとした（借地借家24条2項前段）。この場合には，

借地権設定者は従前の建物賃貸借関係を承継するのではなく，新たに建物賃借人との間で賃貸借関係を形成するのであるから，前建物賃貸借について借地権者に差し入れられていた敷金は建物譲渡の時点でいったん清算されるべきである（澤野順彦『借地借家法Q＆A』155頁，山本・コメ借地借家〔第4版〕195頁）。

法定借家権設定請求権は形成権であるから，これが行使されると，借地権設定者との間に借家関係が発生する（山本・コメ借地借家〔第4版〕196頁）。仮登記よりも建物賃借人への建物の引渡しが先であった場合には，建物賃借権を建物の譲受人である借地権設定者に対抗できるから，この場合には，従前の建物賃貸借関係を借地権設定者は承継することになる。

借地上の建物について定期建物賃貸借がなされていた場合に，その後，建物譲渡によって借地権が消滅し，建物賃借人が法定借家権設定の請求をしたときでも，法定借家権は期間の定めのない借家権になるのではなく，従前の定期建物賃貸借期間の満了によって終了することとなる（借地借家24条3項，山本・コメ借地借家〔第4版〕198頁）。

法定借家権設定請求権が発生した後の法定借家権について定期建物賃貸借をすることができる旨を定めたものだとする見解もある（澤野・基コメ〔第2版補訂版〕89頁）。

法定借家権の成立後，当事者間の合意で定期建物賃貸借をすることができるのは，当事者の意思を尊重すべき以上当然であるが，法定借家権設定請求権の行使によって新たに成立した建物賃貸借に従前の賃貸借の性質が引き継がれることを定めたのが，借地借家法24条3項とみるべきであろう。

借地権者が自ら建物に居住しており，そのまま居住を継続したい場合にも，借地権設定者に請求することによって借地権者と借地権設定者の間に期間の定めのない賃貸借関係が成立したものとみなされる（借地借家24条2項前段）。もっとも，借地権の残存期間がある場合に（例えば，存続期間50年の借地権を設定して，30年目に建物が譲渡された場合には，残存期間が20年ある），残存期間を建物賃貸借の存続期間とする（借地借家24条2項前段括弧書）。

法定借家権の賃料は，当事者の請求によって，裁判所が定める（借地借家24条2項後段）。

建物譲渡特約付借地権の制度は，借地権の消滅によって建物を収去せざるを

えない，すなわち土地と建物を分離してしまうわが国の不動産制度の根本的欠陥を是正して，土地建物の一体化を不十分ながら実現する制度であり，平成3年制定の借地借家法において「最大のヒット商品」（水本浩『定期借地権活用の手引き』92頁）と評されるものである。

◆

第 3 章

普通借家

　普通借家とは，借地借家法38条及び39条に定める定期建物賃貸借及び取壊し予定の建物賃貸借以外のものであって，借地借家法26条～28条，30条の適用を受けて，契約の更新が保障されているものをいう。借家の原則的形態である。

第1節　借家契約の終了と更新

〔1〕　存続期間の定めがある借家契約の終了と法定更新

(1)　存続期間の満了と更新

　存続期間を定めて建物賃貸借をした場合には，当事者が借家関係を更新させずに終了させるためには，期間満了の1年前から6ヵ月前までの間に相手方，すなわち賃貸人若しくは借家人に対して更新しない旨の通知又は契約条件を変更しなければ更新しない旨の通知をしなければならない（借地借家26条1項本文）。しかし，これらの通知をしただけでは必ずしも借家権は消滅しない。賃貸人からの通知に正当事由が具備されていなければならないからである（借地借家28条）。
　これらの通知をした場合でも，存続期間満了後も借家人がなお建物の使用を継続する場合には，建物賃貸人はさらに遅滞なく異議を述べなければならない（借地借家26条2項）。
　「遅滞なく」の基準を一般的に決めることはできず，個別具体的な事例ごとに判断するほかはない。例えば，「家屋を継続して使用せしめる意思がなく屢々明渡しを求めていた」という事情が認められる場合には，期間満了後66

日を経てから明渡訴訟を提起した場合でも,「遅滞なく」異議を述べたことになるとされる（最判昭25・5・2民集4巻5号161頁）。この異議には, 正当事由は必要とされない。すでに更新拒絶又は条件変更の通知に正当事由が具備されるべきことを要求しているから, さらに異議にまで正当事由を要求する必要はないのである。正当事由については, 後に詳述する。

更新拒絶又は条件変更の通知に正当事由が具備されていない場合には, 借家契約は, 存続期間の定めがないものとして（借地借家26条1項ただし書）, その他の点は従前の契約と同一条件（借地借家26条1項本文）で更新される。

これらの規定に反する特約で, 建物賃借人に不利なものは, 無効とされるから（借地借家30条）, 期間満了によって建物賃貸借契約は賃貸人に正当事由が備わっていないときでも, 終了するという特約は無効となる。

(2) 更 新 料

更新料は, 以前から, 長期の契約である借地において問題となっていたことはすでに本編第1章第1節〔4〕(4)において述べたところである。ところが, 近時, 借家において更新料が大きな問題となっている。

借家の更新料に関する下級審判決が現れるのは, 昭和50年頃からである。下級審判決では, 合意更新においては更新料支払の合意を有効としていたが, 法定更新の場合には, 更新料支払義務を認める判決と否定する判決に分かれていた（詳細は, 藤井俊二「借家契約における更新料支払特約の効力」マンション学42号260頁参照）。その後, 消費者契約法の制定に伴って, 更新料支払特約は消費者契約法10条によって無効とされるべき特約ではないか, という問題が提起された。平成21年に大阪高等裁判所は2つの相対立する判決を出した（大阪高判平21・8・27判時2062号40頁は更新料支払特約を無効とし, 大阪高判平21・10・29判時2064号65頁は有効とした）。

最高裁判所は, 平成23年7月15日判決（民集65巻5号2269頁）において, まず「更新料は, 一般に, 賃料の補充ないし前払, 賃貸借契約を継続するための対価等の趣旨を含む複合的な性質を有する」ものとしたうえで,「更新料の支払にはおよそ経済的合理性がないなどということはできない。また, 一定の地域において, 期間満了の際, 賃借人が賃貸人に対し更新料の支払をする例が少なからず存することは公知であることや, 従前, 裁判上の和解手続等においても,

更新料条項は公序良俗に反するなどとして，これを当然に無効とする取扱いがされてこなかったことは裁判所に顕著であることからすると，更新料条項が賃貸借契約書に一義的かつ具体的に記載され，賃借人と賃貸人との間に更新料の支払に関する明確な合意が成立している場合に，賃借人と賃貸人との間に，更新料条項に関する情報の質及び量並びに交渉力について，看過し得ないほどの格差が存するとみることもできない。そうすると，賃貸借契約書に一義的かつ具体的に記載された更新料条項は，更新料の額が賃料の額，賃貸借契約が更新される期間等に照らし高額に過ぎるなどの特段の事情がない限り，消費者契約法10条にいう『民法第1条第2項に規定する基本原則に反して消費者の利益を一方的に害するもの』には当たらないと解するのが相当である。」とした。

　しかし，本来，建物賃貸借が更新されるか否かは，賃貸人に正当事由があるか否かによって決せられるべきであって，賃貸人に正当事由がないときは，上に述べたように，当然に賃貸借は更新されるのである。すなわち，正当事由が具備されなければ，金銭の授受がなくても当然に更新されなければならないのである。また，賃貸人に正当事由のない場合における合意更新は，法定更新の確認にすぎないから，更新料の支払は必要ではない（星野・495頁は，借家契約は短期であるから更新料に合理性がなく，合意による更新においても家主に更新料請求権がない，とされる）。

　最高裁は，更新料は賃料の前払いというが，それでは，建物賃貸借契約が中途で解約されたときは，更新料も清算して賃借人に返還されるのであろうか。そのような例は，聞いたことがない。また，賃貸借の継続のための対価だというが，言い換えると，これは賃貸人の更新拒絶権放棄の対価ということになろう。しかし，賃貸人の更新拒絶権は正当事由が備わらなければ，発生しないはずである。アパート経営者等賃貸を業とする者に正当事由が具備されることは考えられないことであり，更新拒絶権放棄の対価という説明も成り立たないのである。近時のこのように説明不能な，しかし，賃貸借の実務における金銭授受を合理化しようとする風潮は，借地借家法制と相容れないものと考える。更新料支払特約は，消費者契約法10条の適用をまつまでもなく，借地借家法30条（片面的強行規定）違反であって無効と解すべきである（詳細は，藤井・前掲論文262頁以下参照）。

〔2〕 存続期間の定めのない借家契約の終了

　存続期間の定めのない建物賃貸借には，契約当初から存続期間の定めがなされていなかった場合のみではなく，期間の定めのあった借家契約が法定更新された場合の更新後の借家契約（借地借家26条1項ただし書）及び期間を1年未満とする建物賃貸借も期間の定めがないものとみなされる（借地借家29条1項）から，これに該当する。

　存続期間の定めのない建物賃貸借の場合には，当事者は，いつでも解約の申入れをすることができるが（民617条1項），賃貸人が解約申入れをした場合には，解約申入れの日，すなわち解約申入れの意思表示が借家人に到達した日から6ヵ月が経過することによって建物賃貸借は終了する（借地借家27条1項）。賃貸人が行う解約申入れについては，その効力が生じる時を3ヵ月（民617条1項2号）から6ヵ月に伸長している。借地借家法27条1項は，民法617条1項2号の特別規定だから，特別規定が優先的に適用されるのが原則である。

　賃貸人がする解約申入れには，正当事由が具備されていなければならない（借地借家28条）。正当事由については本章第2節において詳述する。

　また，解約申入れをした日から6ヵ月を経過しても，借家人が建物の使用を継続する場合には，賃貸人はさらに遅滞なく異議を述べなければ，借家契約は終了しない（借地借家法27条2項によって準用される同法26条2項）。

　さらに，例えば，賃貸人がする解約申入れに正当事由が具備されていなくても，借家契約が終了するとする特約や，賃貸人からの解約申入れがあった日から3ヵ月経過すると借家契約が終了する旨の特約は，借家人に不利な特約であって無効である（借地借家30条）。

　借家人側から解約申入れをするときは，民法の一般原則が適用され，解約申入れの日から3ヵ月が経過することによって建物賃貸借は終了する（民617条1項2号）。借家人側から解約申入れをする場合には，例えば，解約申入れの日から1ヵ月経過後に借家契約が終了する旨の特約も，有効である。すなわち，民法617条は任意規定であり，借地借家法30条は賃貸人が借家人に不利な特約を押しつけることから借家人を保護する趣旨の規定であって，借家人の側から

解約申入れをする場合について，借家人自ら不利な特約をしているからである。

第2節　正当事由

〔1〕　概　　要

　存続期間が満了する1年前から6ヵ月前における賃貸人からの更新拒絶の通知又は解約の申入れは，正当事由が具備されていなければ，賃貸人はすることができない(借地借家28条)。

　正当事由の判断基準として，借地借家法28条は，「賃貸人及び賃借人が建物の使用を必要とする事情」のほか，「建物の賃貸借に関する従前の経過」，「建物の利用状況及び建物の現況」並びに賃貸人が申し出た建物の明渡しの条件として又は建物の明渡しと引換えにする建物賃借人に対する財産上の給付である。

　借地借家法28条が，「建物の賃貸人及び賃借人（転借人を含む。）が建物の使用を必要とする事情のほか，」と規定しているように，正当事由判断においては当事者双方の建物の使用を必要とする事情が基本的判断要素であり，他の事情は付随的な判断要素である。すなわち，賃貸人に建物の自己必要の可能性が極めて低いにもかかわらず，高額の立退料を提供することによって正当事由が具備されるということはないのであり，「建物の賃貸借に関する従前の経過」や「建物の利用状況及び建物の現況」のみを理由として正当事由が判断され得るわけでもない。

〔2〕　建物の使用を必要とする事情

　先に述べたように，賃貸人と賃借人の「建物の使用を必要とする事情」を比較衡量して，正当事由の有無を判断するのが基本である。この判断基準については，借家法1条ノ2では，賃貸人は「自ラ使用スルコトヲ必要トスル場合其ノ他正当ノ事由アル場合」と定められており，賃貸人に建物使用の必要性があれば，正当事由が備わるとする趣旨であった。しかし，最高裁は，賃貸人の事情だけではなく，「借家人の事情をも考慮し双者必要の程度を比較考慮して決

しなければいけない」（最判昭25・2・14民集4巻2号29頁）と判示し，その後，同旨の判決が多数現れ（最判昭25・6・16民集4巻6号227頁，最判昭26・9・14民集5巻10号565頁，最判昭27・12・25民集6巻12号1263頁等），「利益比較の原則」が判例法理として確立し，学説もこれを支持した（篠塚昭次「賃貸人の自己使用と明渡請求」契約法大系Ⅲ206頁，我妻榮『債権各論中巻一』514頁，星野・511頁，本田純一「借家法と正当事由」叢書民法総合判例研究2頁等）。この利益比較の原則の判例法理を，借地借家法28条は，法文上明確にしたのである。したがって，この判断基準は，借家法1条ノ2の「自ラ使用スルコトヲ必要トスル場合」と異ならないことになる。

(1) 居住の必要性

賃貸人が，貸家に居住する必要性があることは，建物の明渡しを求める場合における，最も有利なファクターである。しかし，住宅事情が緩和した昭和40年代以降は，賃貸人の居住の必要性が借家人の居住の必要性をかなり上回っている場合を除いて，このファクターのみでは正当事由が認められる場合は少なくなっているといわれる（本田・前掲，本田純一・コメ借地借家〔第4版〕227頁，以下の記述は，本田純一教授の著作によるところが大きい）。

(a) **賃貸人の居住の必要性がかなり上回っている場合**

賃貸人の居住の必要性が借家人の必要性に比較してかなり高い場合には，他のファクターを考慮せずに正当事由が認められる。例えば，老齢で1人暮らしの賃貸人が，長男の家族と同居するために当該貸家の返還を必要としており，借家人は他にも住居を有し，借家を失っても生活に困ることがない場合は，双方の居住等の必要性のみを比較して正当事由を判断している（東京地判昭56・10・7判時1035号89頁）。

(b) **当事者双方の必要性に差がない場合**

賃貸人と借家人の双方の使用の必要性に差がない場合には，契約締結時の事情や立退料の提供等の事情が考慮される。例えば，賃貸人自身が病身で，また現に居住している家屋が家族6人が住むには手狭であるが，他方，借家人は苦しい生活状況にあり，当該借家で営業を継続する必要性がある場合について，正当事由の補強条件として120万円の立退料を提供すべきだとされている（福岡地判昭47・4・21判時680号66頁）。契約締結の事情を考慮した判決としては，

契約締結時にも，更新時にも一時使用の建物賃貸借契約公正証書が作成されていたという事情を補強事由として正当事由を認めたものがある（東京高判昭51・3・13判タ339号269頁）。

(c) 借家人の建物使用の必要性が賃貸人の必要性よりもかなり高い場合

借家人の必要性のほうがかなり高い場合には，立退料の提供を賃貸人が申し出ても正当事由は認められない。例えば，賃貸人は「本件建物に入居できなくとも，自己のその時々の生活の維持継続に支障困難を来たすわけではなく，また将来の生活設計ができないというが如き事情も何らない」のに対し，借家人は本件建物を明け渡すと「長年にわたる家業を廃して収入の道を全く断たれる結果となり，従来維持して来た自立の生活を営み得なくなることは極めて明瞭である」場合には，借家人の被る不利益は金銭によって補償され得ないとして正当事由を認めていない（東京高判昭50・8・5判タ333号197頁）。

(2) 営業の必要性

わが国では，欧米諸国と異なり，借家法制上，居住用の借家と事業用の借家の区別をしていない。例えば，ドイツの借家法制では，居住用の借家については借家権の保護，例えば更新の保障や賃料の規制等がされているが，事業用は契約自由に委ねられている（藤井俊二『現代借家法制の新たな展開』155頁以下参照）。

これに対して，わが国では，営業上の必要性も「建物使用を必要とする事情」として考慮されることになる。例えば，賃貸人は6畳一間に家族と居住し，しかも自らは左目を失明して一人前の働きができず，長男が牛乳店を開業するために本件建物を必要とするが，借家人は本件建物を倉庫にしか使用していなかった場合には，借家人「の使用の必要は，賃貸人に比し緊切性を欠くものと認めなければならない。」として，立退料等による正当事由の補完を必要とせずに，当事者双方の必要性の比較のみで正当事由を認めている（東京高判昭41・6・17判タ196号159頁）。

近時は，営業上の必要性については，当該貸家を建て替えて土地の有効利用を図りたいという事由が増えている。特に，昭和60年代以降のバブル経済時期には，このような紛争が多かった。しかし，高層建物に建て替えるということだけで正当事由が認められることはほとんどなく，かなり高額の立退料の提供があって認められている。

例えば，JR大阪駅付近にある建物の高層化に伴って必要となる駐車場（9階建て）建設を企図して，賃貸人が建物明渡しを請求し，借家人は本件建物で薬局を営んでいるが，「一時的な営業中断のための補償，新規に店舗を賃借するための保証金等立退きのための諸費用を填補するに足りる相当額の立退料の提供により」正当事由は補完され，具備されるとして，立退料9000万円の提供を命じている（大阪地判昭63・10・31判時1308号134頁）。

また，借家人は長年にわたり借家で営業（酒類販売業）を継続し，その居住の必要性は低いものとはいえないが，地区計画によって高度利用地区の指定を受ける可能性があり，建物はすでに老朽化しており，遅くとも今後数年のうちに法律上朽廃と目すべき状態にあり，賃貸人はここに市街地再開発の一環として高層ビルを建てる計画を有している等の事情の下では賃貸人からの1億6000万円の立退料を提供することによって建物明渡しの正当事由が具備されるとしたものもある（東京高判平元・3・30判時1306号38頁）。

居住の必要性と営業の必要性が衝突する場合には，居住の必要性のほうが重く評価される。例えば，賃貸人は転職に伴って本件建物を居住のために必要とするのに対し，借家人は本件建物を営業用に必要とする場合について，700万円の立退料の提供を補完事由として正当事由を認めている（東京地判平3・9・6判タ785号177頁）。

また，賃貸人が貸家を居住用から事業用に転換して，高利益を挙げるために，借家人に明渡しを求めた場合に，借家人は本件建物を生活の本拠とする可能性が高いときは立退料の提供を考慮しても正当事由は具備されないとする（東京地判平3・2・28判タ765号209頁）。

(3) **第三者が使用を必要とする場合**

借家法1条ノ2（借地借家28条）の「正当事由がある場合とは，必ずしも賃貸人において賃貸建物を自ら使用することを必要とする場合に限らない」とされ（最判昭27・10・7民集6巻9号772頁），賃貸人の親族，従業員等，賃貸人と何らかの関係のある第三者の使用の必要性も正当事由判断のファクターとなるが，これらのファクターは，それ自体が正当事由認定のファクターになるわけではなく，賃貸人側の居住・営業の必要性として考慮されるにすぎないものである（本田・コメ借地借家〔第4版〕229頁）。

(4) 建物売却の必要性

賃貸人が貸家の売却を企図した場合に、「有利に換価するには空家とする必要があるという事実だけでは、賃貸借解約の正当の事由と認められないことは多く言うをまたない」（東京高判昭26・1・29高民集4巻3号39頁）が、家屋賃貸人において借財返済のため賃貸家屋を高価に売却する必要がある場合に、40万円の立退料の提供を補強条件として正当事由を認めている（最判昭38・3・1民集17巻2号290頁）。

近時の判決でも、建物賃貸人が借入金の返済のために建物とその敷地の借地権を売却する必要があり、借家人は建物に居住し、清涼飲料水等の販売店を営んでいるとしても、立退料600万円の提供によって正当事由が具備されているとしている（東京高判平12・12・14判タ1084号309頁）。

(5) 借地の明渡しの必要性

建物賃貸人が借地上に建物を所有し、その建物を賃貸している場合に、借地の存続期間の満了等によって借地権者である建物賃貸人が建物を収去して、土地を明け渡す義務を負った場合に、建物賃貸人が借地権設定者に対し「本件建物を収去する義務を履行するために本件建物を占有する必要というものは、当然には借家法の定める建物賃貸人の自己使用の必要性を充足するものとはいえないから、右の収去義務の履行の必要のみをその理由とする本件解約申入れは、結局のところ、借家法の定める正当事由を具備するものとは認められない。」とされる（東京地判平8・1・23判タ922号224頁）。しかし、このように解すると、建物賃貸人＝借地権者は、借地上の建物を収去する義務を履行することができなくなる。上記事案の場合、建物賃貸人＝借地権者は、2億900万円余の立退料を得ているのであるから、これを借家人にも配分するか否かで正当事由の存否が変わるであろう（本田・コメ借地借家〔第4版〕229頁）。

(6) その他付随的ファクター

その他の付随的ファクターとしては、賃貸人の社屋を建設する必要性は、具体的建設計画も認められない場合には、賃貸人の自己使用の必要性のファクターとは認められず、4500万円の立退料支払の申出によっても正当事由を補完することはできない（東京高判平5・12・27金法1397号44頁）。賃借人が他にも不動産を所有していること、賃借人が居住している母親所有のビルが近隣にある

ことなどは，正当事由を肯定するファクターとなる（東京地判平3・11・26判時1443号128頁）。

〔3〕 賃貸借に関する従前の経過

　ここで考慮されるべきファクターは，以下のようなものである（本田・コメ借地借家〔第4版〕230頁）。
- (i) 借家関係の設定の事情や基礎（好意賃貸借，雇用関係・親族関係・友人関係・取引関係等）
- (ii) 借家関係設定の基礎となった事情の変更
- (iii) 賃料の増減額の相当性
- (iv) 当事者間の信頼関係の破壊の有無
- (v) 契約締結に際して権利金の授受があったか，また更新に際して更新料の支払があったか
- (vi) 借家関係設定後の期間の長短

(1) 借家関係設定当初の事情

　借家契約が当初は一時使用のために締結され，その後通常の賃貸借契約に変更されたが，この変更は明示的に意思表示によるのではなく，賃貸人が借家人の使用継続をあえて争わなかったからそのように認容されるのであって，必ずしも長期間賃貸する意思を有したわけではないという事情は，正当事由を認めるのに有利な事情とされる（東京高判昭60・10・24判タ590号59頁）。このように借家契約締結の当初の事情は大きな意味をもっているといえる。

　建替えが計画されている老朽建物を承知して賃借した場合も，正当事由肯定のファクターとなる（東京地判昭61・2・28判時1215号69頁）。

　賃貸人に建物使用の必要性が存在するとしても，借家人が長期間住み続けることを前提に賃貸し，生活の本居として居住してきたものであり，賃貸人が向こう4，5年は借家人が使用を継続することを承諾したという経緯があり，賃貸人に立退料支払の意思がないときは，正当事由は具備されないとする判決もある（仙台高判平19・3・30LEX/DB28132159）。

(2) 契約締結時に存していた事情の変更

地方勤務の賃貸人が退職して戻ってきたときは明け渡すという約定で賃貸した場合に，契約更新が数回繰り返されたときは，期間満了後２年間明渡しを猶予し，その間の賃料を免除する等の正当事由の補強事由がなければ，正当事由は認められない（東京高判昭51・3・13判タ339号269頁）。

(3) 賃料額

賃貸人が渡米している間のみ賃貸し，帰国したときは明け渡すことを条件に，賃料を低額にしたという契約締結時の事情は，正当事由判断において賃貸人に有利な事由となる（東京地判昭60・2・8判時1186号81頁）。

(4) 当事者間の信頼関係の破壊の有無

(a) 賃借建物の劣悪な保存

借家人による賃借建物の「保安管理が劣悪で原告との間の信頼関係を害し，それがため」賃貸人が賃借人「以外の者に賃貸したいと考えるのも無理からぬものがあると客観的に認められるような場合には，借家法１条ノ２の正当事由が肯定されることもあろう。」とされる（東京地判平４・９・14判時1474号101頁，ただし，本件では「本件の更新拒絶に正当事由があると認めるべき事情は見当たらない。」とされた）。

もっとも，賃借人の保存行為が劣悪で信頼関係を破壊するものである場合には，用法違反・善管注意義務違反による解除の問題として処理されることが多いであろう（民616条・594条１項・400条，最判昭27・4・25民集６巻４号451頁）。

(b) 賃借建物の無断改築

借家人が無断で賃借建物を改築した場合も賃貸人に対する「信頼を裏切るものであったこと等をも考えると，原告の更新拒絶は正当事由のあるものということができる。」とされる（東京地判平元・8・28判タ726号178頁）。

(c) 近隣妨害行為

古紙回収業者である借家人が「騒音等が通常の予想を全く超える程大きく，あるいは，その後通常予想し得ない程度の騒音等を発するに至り，賃貸人自身又は近隣住民に耐え難い迷惑を及ぼすに至った場合には，営業に対して承諾を与えていたとしても，なお信頼関係に影響を与える不信行為として，正当事由の一要素となり得るものと解するのが相当である。」（東京地判平５・1・22判時

1473号77頁，ただし，本件では正当事由は認められていない)。

　(d)　**賃貸人の不信行為**

　誠実な借家人に対し，建物の建替えを企図する賃貸人が「悪質な営業妨害行為を繰り返して事実上の営業廃止に追い込んだことや」借家人「が事実上の営業廃止により物心両面に蒙つた甚大な損害にもかかわらず本件建物での営業再開を強く希望していることなどの事情を勘案すると」，「更新拒絶や解約申入に正当事由ありとはなし難い。」とする（東京地判昭52・9・27判タ365号287頁）。

〔4〕　建物の利用状況

　建物の利用状況とは，借家人が契約目的に従って賃借建物を適法かつ有効に使用収益しているかどうか，借家人が他に建物を所有ないし賃借していて当該建物を使用していないかどうかをいう。しかし，このような事情は，「建物の使用を必要とする事情」の判断の中で考慮されるべき事情である（前記〔2〕の解説参照）。

　「建物の利用状況」を単独の判断基準とした意味はどこにあるのであろうか。法務省の担当官の解説によると借地借家法6条の「『土地の利用状況』に対応する要素である」（寺田逸郎「借地・借家法の改正について」民事月報47巻1号123頁）という以上の説明はなされていない。

　この事由は，かなりあいまいな性格を有するものであるが，①建築基準法等の規制に適合しているか，②建物としての効用が維持されているかどうかが，この場合のファクターとなるが，これだけでは「建物の利用状況」を正当事由の一つの判断基準とした意味はないと解されている（本田・コメ借地借家〔第4版〕231頁以下）。

〔5〕　建物の現況

　「建物の現況」とは，現在の建物自体の物理的状況をいう。すなわち，建物の建替えが必要となっているかどうかをいう。建物が老朽化している場合のみならず，建物が社会的・経済的効用を失っている場合を含む概念である。また，

建物が土地の利用関係から存立を続けられなくなるという事情もこれに含まれる（寺田・前掲民事月報47巻1号123頁）。

(1) **建物の朽廃が切迫している**

建物が「一応建物としての耐用年数に達しており，腐朽，破損甚だしく，早晩朽廃を免れない状態にあることが明らかである」ときは，借家人は「早晩朽廃を免れない建物の賃借人として，本来その朽廃とともに賃借権を喪失する運命をになっているものであるから」，正当事由は認められるとされる（東京地判昭36・7・8判タ124号45頁，同旨，東京地判平3・11・26判時1443号128頁）。ただし，賃貸借の解約によって借家人が生活上・営業上深刻な打撃を受ける場合には，立退料を支払わなければならない（東京高判平3・7・16判タ776号272頁）。

賃貸人が「管理〔修繕等〕を行わないことにより，建築後20数年で建物を老朽化に至らせ，その結果，建て替えを理由に賃借人に契約の更新を拒絶することは本末転倒として許されるべきことではない。」とされ，正当事由は否定される（東京地判平4・9・25判タ825号258頁）。

(2) **朽廃にやや遠い場合**

当事者間で，建物取壊し後，新築された建物について再利用契約がなされている場合には，正当事由が認められる（本田・前掲「借家法と正当事由」92頁以下，本田・コメ借地借家〔第4版〕234頁）。再利用契約のない場合には，賃貸人は，取壊し・新築の必要性のほか自己使用の必要性を主張・立証しなければならない。賃貸人の使用の必要性が優越する場合は，正当事由は当然認められるが，使用の必要性のみでは借家人の使用の必要性を上回ることがないときは，正当事由を補完する立退料の提供が考慮されることになる。

建物が経年劣化しており，耐震及び防火上，危険な建物で，数年後には朽廃に至ると認められるときは，立退料の提供によって正当事由が具備される（東京地判平20・2・27判タ1284号229頁）。

また，築後40年を経過して老朽化し，経済的効用がすでに果たされていると認められる建物について，賃料の据え置きと立退料の提供によって正当事由が認められている（東京高判平12・3・23判タ1037号226頁）。

(3) **建物の高度利用**

バブル経済期に頻発した紛争であるが，建物の高度利用を目的として建物の

建替えや取壊し・新築をするために，更新を拒絶したり，解約申入れをする場合がある。多くの場合，高額の立退料の提供を補完事由として正当事由を認める方向にある。

例えば，賃貸人が木造2階建ての家屋を地上9階建ての駐車場ビルに建て替えることを目的に建物賃貸借の解約を申し入れた場合に，立退料9000万円の提供によって正当事由は補完されるとする（大阪地判昭63・10・31判時1308号134頁）。

五軒長屋式賃貸建物を取り壊して，地上12階地下1階の鉄骨鉄筋コンクリート製の店舗・事務所用ビルに建て替える計画をした賃貸人には，1億6000万円の立退料の支払を命じる判決が下されている（東京高判平元・3・30判時1306号38頁。その他，東京地判平2・9・10判時1387号91頁〔1億5000万円〕，東京地判平3・7・25判時1416号98頁〔1億円〕）。

もっとも，建物高度利用の必要性は，「自己使用の必要性」の一つのファクターとして考慮されるべきものであって，建物高度利用の必要性が正当事由に関する独立の判断基準とすべきではない，と解する。

老朽化した平屋の倉庫を近代的な建物に建て替える目的で賃貸人が解約を申し入れた場合に，建物賃借人が失う経済的利益との比較を行って，立退料の提供がなくても正当事由を認めた判決もある（東京地判平2・3・8判時1372号110頁）。正当事由判断において，裁判所は，居住用の借家と事業用の借家を区別しているとみるべきであろう。すなわち，前者は居住という生活利益が問題となり，単純に賃貸人の経済的な利益と比較することはできない。借家人の居住の必要性という生活利益のほうが優先するから，高額の立退料提供が必要とされるのである。これに対して，本件のような倉庫の賃貸借では，当事者双方ともに経済的利益の獲得を目指しているのであり，経済的利益の比較によって正当事由判断を行ってもよいから，立退料不要とされる場合も生じるのである。

「建物の現況」には，近隣の土地の利用状況（例えば，近隣の土地には中高層の建物が建てられているのに，当該借家は木造2階建ての建物でしかないという事情）を含めるべきではない（前掲東京高判平12・3・23は，地域の状況を考慮に入れているが妥当ではない）。なぜなら，平成3年の借地借家法制定の過程で「地域の状況」を考慮するという条項は，判断基準から抜け落ちたからである。

第3節　契約解除・合意解約・約定解除

〔1〕契約解除

　借家関係の終了原因の一つに契約解除がある。契約解除原因には，賃料不払いによる履行遅滞，用法違反並びに建物保存義務違反等の債務不履行による場合と，建物賃借権の無断譲渡や賃借建物の無断転貸の場合が想定される。賃貸借における解除は，「将来に向かってのみその効力を生ずる」（民620条前段）いわゆる告知（Kündigung）である。賃貸借のような継続的契約関係では遡及効のある解除を認めると，すでに経過した期間についても原状回復の義務が生じることとなり，法律関係がいたずらに複雑になるから，将来に向かってのみ契約関係を終了させることにしたのである。

　例えば，借家人が賃料不払いによる債務不履行に陥ったことを理由に，賃貸人が解除をした場合には，民法541条の適用があるのであろうか。判例は，民法541条の適用を肯定し（最判昭27・4・25民集6巻4号451頁，最判昭35・6・28民集14巻8号1547頁等），通説もこれを支持する（我妻栄『債権各論中巻一』451頁，末川博『契約法（上巻）』138頁）。

　これに対して，民法541条は売買等の交換型契約ないし一時的契約の解除に適するものであって，賃貸借のような継続的契約関係には適用されないとする見解も有力である。すなわち，適用否定説は賃貸人と賃借人との間の信頼関係が破壊されたと認められる場合に，賃貸借関係の解除を認めるべきであって，継続的契約関係には1回の給付で終了する一時的契約関係とは別の法原理が働くとされるのである（広中俊雄『債権各論講義〔第6版〕』173頁以下，詳細は，広中俊雄『不動産賃貸借の研究』4頁以下，同旨，鈴木禄弥『居住権論〔新版〕』93頁，水本浩『契約法』118頁）。

　民法541条を賃貸借関係に直截的に適用すると，例えば，借家人が一度でも賃料の支払を滞れば，賃貸人は賃料の支払を催告して借家契約を解除できることになる。しかし，借家法は正当事由制度を設けて借家権の存続を図っているのであり，容易に解除を認めるべきではないであろう。これを，継続的契約の

「継続性の原理」と説明する有力な学説もある（内田貴『契約の時代』243頁，湯川益英「不動産賃借権の存続保障と自由意思」藤井俊二先生古稀祝賀論文集『土地住宅の法理論と展開』60頁）。この説によれば，賃貸借の解除告知が許されるのは賃貸借関係の存続を当事者に強いることが不当とみられるような事由，すなわち賃貸借契約の基礎たる信頼関係の破壊があった場合に限られると説明される。

　したがって，賃料延滞の場合も，そのまま推移するならば賃貸借の継続を当事者に期待することができないような場合であって，かつ賃貸人が相当の期間を定めて賃料の支払を催告したにもかかわらず，借家人がこれに従わなかった場合を原則とする。契約の継続を当事者に期待することが客観的に不可能である場合には，信頼関係は破壊されていると認められるから，この場合の告知は即時の契約関係の終了を生じさせるとされる（広中・前掲『債権各論講義』175頁以下）。

　判例も民法541条を直截的に適用するわけではなく，賃料の不払事件について原審判決は，「被上告人にはいまだ本件賃貸借の基調である相互の信頼関係を破壊するに至る程度の不誠意があると断定することはできないとして，上告人の本件解除権の行使を信義則に反し許されないと判断しているのであって，右判断は正当として是認するに足りる。」と判示し（最判昭39・7・28民集18巻6号1220頁），民法541条による解除権の行使を信義則によって制限した。

　さらに，「賃料不払の一事をもってはまだ賃貸借の基礎たる相互の信頼関係を破壊するものとはいい難く，これを理由に賃貸借契約を解除することは許されないとした原審の判断は，正当ということができる。」（最判昭43・6・21判時529号46頁）として，信義則を適用せず，信頼関係の破壊の存否によって解除を認めるか否かを決する判決も現れた。

　判例は，民法541条の適用を否定しているわけではないと理解されるが，民法541条による解除を信義則ないし信頼関係の破壊を基準として，一度だけの賃料不払いで解除はできないように解除権の行使を制限していると評価できる。

　どの程度の不払いがあれば，解除を認めるかについて判例の一般論からは明らかとはならないが（星野・121頁），次に述べるドイツ民法と民法276条との対照から2期分の賃料を継続して延滞した場合に，解除を認めるのが妥当な線であろうとする有力な見解もある（広中・前掲『不動産賃貸借の研究』62頁，星野・

121頁）。

　ドイツ民法でも「重大な理由がある場合には，継続的債務関係を，各当事者は，告知期間を遵守することなく告知することができる。」（ドイツ民法314条1項1段）と定めて，一時的契約と継続的契約の解除について区別をしている。なお，重大な理由とは，信頼の基礎に対する重大な妨害，すなわち契約において特約されている義務の違反，すべての事情を考慮し，両当事者の利益を衡量しても債権者に期間満了まで債務関係を継続することが期待できないような事情であると説明される（Jauernig/Stadler, BGB Kommentar, 2009. S. 413.）。賃料の不払いについては，さらに具体的に，「連続して2期分の賃料の支払が遅滞した場合」に（ドイツ民法543条2項3号），賃貸借関係を即時告知することのできる重大な理由があると定める（ドイツ民法543条1項）。

　信頼関係破壊の法理による契約解除は判例法理によると，次のようになる。
　① 借地権者・借家人の債務不履行（賃料の不払い，用法違反等）を理由とする契約解除は，相当の期間を定めた催告による解除（民541条）が原則である（最判昭27・4・25民集6巻4号451頁，最判昭35・6・28民集14巻8号1547頁，最判昭38・11・14民集17巻11号1346頁）。
　② 借地契約・借家契約は，当事者相互の信頼関係を基礎とする継続的契約関係であるから，契約継続中に借地権者・借家人が，その信頼関係を破壊し，借地・借家関係の継続を著しく困難にするような不信行為があったときは，借地権設定者・建物賃貸人は，催告をすることなく契約を解除することができる（前掲最判昭27・4・25，最判昭31・6・28民集10巻6号730頁，最判昭38・9・27民集17巻8号1069頁）。
　③ 借地契約・借家契約上の義務違反があった場合でも，契約の基礎をなす信頼関係の破壊があるとはいえない特段の事情があるときは，催告をして相当の期間が経過した後に契約を解除することは，信義則に反して許されない（最判昭39・7・28民集18巻6号1220頁〔賃料を4ヵ月分延滞していたが，台風による借家の破損の修繕を借家人が行ったが，修繕費を賃貸人に請求していなかった〕）。
　平成29年の債権法改正による債務不履行による契約解除の規律は，(i)催告解除を原則とする（民541条本文）が，(ii)一定の場合に無催告解除を認め（民542条），また，(iii)催告期間が経過した時における債務不履行が軽微であるときは

解除を認めない（民541条ただし書）という構成をとっている。

　この構成は，土地・建物の賃貸借契約における債務不履行を理由とする解除について，判例が，採用していたものと同じものである。したがって，土地・建物の賃貸借契約の債務不履行を理由とする解除は，民法541条と542条の枠組みの中で処理されるべきであると解される（潮見佳男『新契約各論Ⅰ』422頁，中田裕康『契約法〔新版〕』427頁）。

　すなわち，借地契約・借家契約における借地権者・借家人の債務不履行による解除は催告解除が原則である（民541条本文）。

　しかし，借地契約・借家契約の継続を困難とさせるような著しい信頼関係の破壊がある場合には，催告をすることなく解除することができる。この場合の根拠条文は，民法542条1項5号である。例えば，長期間にわたり賃料を支払わなかった（最判昭49・4・26民集28巻3号467頁では9年10ヵ月）ような事実（信頼関係破壊の評価根拠事実）は，借地権設定者・建物賃貸人側で主張・立証すべきである（潮見・前掲『新契約各論Ⅰ』424頁，山野目章夫『民法概論4』199頁）。

　これに対して，借地契約・借家契約上の義務違反があった場合でも，契約の基礎をなす信頼関係の破壊があるとはいえない特段の事情があるか否かは，民法541条ただし書における「債務の不履行がその契約及び取引上の社会通念に照らして軽微である」ことの判断の中で評価されるべきことになり，信頼関係不破壊の評価根拠事実として，借地権者・借家人の側で主張・立証すべきこととなる。ここで，債務不履行があってもそれが借地契約・借家契約の基礎となる信頼関係を破壊していないと判断されれば，契約解除をすることができないことになる。

〔2〕 合意解約

　存続中の借家関係を解約する合意（合意解約）若しくは明渡猶予期限を付けた解約の合意（期限付合意解約）は，借地借家法30条に反する借家人に「不利なもの」に該当して無効ではないかという疑問が生じる。

　一般的には，借家関係を合意で解約するのは，契約自由の原則から認められると解される。

しかし，期限付合意解約は，一定期間（明渡猶予期間）の満了によって借家関係を正当事由がなくても終了させる合意であるから，法定更新制度（借地借家26条・28条）を脱法する合意であって無効だということになりそうでもある（借地借家30条）。

最高裁は，原審が「従来存続している家屋賃貸借について一定の期限を設定し，その到来により賃貸借契約を解約するという期限附合意解約をすることは，他にこれを不当とする事情の認められない限り許されないものでなく，従つて右期限を設定したからといつて直ちに借家法にいう借家人に不利益な条件を設定したものということはできない」と判示したことは相当であるとしている（最判昭31・10・9民集10巻10号1252頁）。この判決によれば，期限付合意解約は一般的に有効であるわけではなく，「不当とする事情」があれば，無効となる場合があるということになる。

下級審の判決では，「賃貸借契約と同時に（或は僅少の時日の後に）期限附合意解除をなした場合はこれによって借家法第1条ノ2，第2条の規定が潜脱されることが明かであるから，たとえ賃借人が期限に明渡すことに同意していたとしてもなお同法第6条により期限附合意解除の効力を否定すべきことに照らし明かであろう。もっとも継続中の賃貸借につき（多くは明渡義務の存否につき当事者間に紛争を生じた後に）期限附合意解除がなされた場合は原則としてその効力を認めるべきであるが，その根拠は賃借人が期限に明渡すことに同意していることではなく，合意成立後の賃貸借が借家法第8条の一時使用のための賃貸借であることに求めるべきである。」とするものもある（長野地判昭38・5・8判時340号43頁）。同様に，期限付合意解約が一時使用の建物賃貸借と認められるときは有効とする判決がある（東京高判昭40・7・8下民集16巻7号1193頁）。これらの判決は，期限付合意解約を「不当とする事情」について一時使用の建物賃貸借というより具体的判断基準を提供しようとしたと評価されるが（石黒清子「判批」判タ913号80頁），しかし期限付合意解約成立後の賃貸借を一時使用の賃貸借とみるべきではないであろう（篠塚昭次「判批」判評62号32頁）。

判決の中には，調停において期限付合意解約をすることは有効であって，借家法（現，借地借家法）に反するものではないとする判決もあるが（東京高判昭42・9・29東高民時報18巻9号142頁），「借家法は，建物の賃借人を保護するため

に賃貸人の賃貸借の更新拒絶権及び解約申入権を制限し（同法第1条ノ2，第2条，第3条参照），右に反する特約で賃借人に不利なるものはこれをなさざるものとみなしている（同法第6条）。従って一定の期間後に賃貸借を消滅させて家屋の明渡を約するいわゆる期限付合意解約も，右賃貸借が一時使用のためになされたものと認められないかぎり，同法第6条の規定の適用を受けるものといわなければならない。この理は，右合意解約が裁判所における調停で締結された場合においても同様である。けだし，裁判所における調停だからといって，法律がなんら特別の規定を設けていない以上，当事者はもちろん，調停委員会でも借家法のような強行法規に違反する処分行為を有効になしうるわけがないからである。」とするものもある（前掲東京高判昭40・7・8。裁判上の和解について，同旨，東京高判昭49・6・27判時753号21頁）。

　後者の判決の結論が妥当であろうが，すべてを無効とするわけではなく，最高裁の判決がいうように「不当とする事情」がある場合に無効とされるのであり，すなわち，「原・被告双方の事情を比較考量すれば，本件期限付合意解約成立の時点において原告に本件店舗の賃貸借契約を解除し又はその更新を拒絶し得る自己使用の必要その他正当の事由が存在したとまでいうことはできないにしても，近い将来それが存在することになる確実な見込みがあったことから，当時原告に正当事由に準ずる事情があったものということができ，本件期限付合意解約が賃借人である被告会社の無知又は窮状に乗じてなされた等の事情もない本件においては，右合意をするにつき相当の事由があるものということができる。よって，本件期限付合意解約は有効である。」とされる（東京地判昭55・8・28判時992号87頁）。

　また，賃貸人が自己使用の必要性から借家契約の更新を拒絶したが，借家人の家族に身体障害者がいること等の事情を考慮して賃料を従前のまま据え置いたまま一定期間賃貸借を継続することを約し，借家人も期限が到来したら明け渡すことを約したが，賃貸借の合意解約に至るまでの10年という期間があったにもかかわらず，借家人において明渡しを前提とした配慮等をした事情が窺えないという事実を認定して，期限付合意解約を「不当とする事情」がないと認めた判決がある（東京地判平5・7・28判タ861号258頁）。

〔3〕 約定解除

　例えば，建物の賃借人が賃料の支払を1回又は数回怠ったときは，賃貸人は催告をすることなく建物賃貸借契約を解除することができると建物賃貸借契約において特約したような場合，すなわち解除事由が賃貸借契約において特約されている場合を約定解除という。この約定解除の特約（無催告解除特約）は「賃借人の賃料支払義務違反を理由とする場合の特約であるから，借家法6条にいわゆる『前7条ノ規定ニ反スル特約』に当らない。」として有効な特約とされる（最判昭37・4・5民集16巻4号579頁）。

　また，賃借人に賃料の不払いがあった場合には，賃貸人は催告を要せず賃貸借契約を解除できる旨の特約（失権約款）も有効である（最判昭40・7・2民集19巻5号1153頁）。

　もっとも，先に述べた「信頼関係破壊の法理」が，約定解除についても妥当するのであり，「賃借人が賃料を1箇月分でも滞納したときは催告を要せず契約を解除することができる旨を定めた特約条項は，賃貸借契約が当事者間の信頼関係を基礎とする継続的債権関係であることにかんがみれば，賃料が約定の期日に支払われず，これがため契約を解除するに当たり催告をしなくてもあながち不合理とは認められないような事情が存する場合には，無催告で解除権を行使することが許される旨を定めた約定であると解するのが相当である。」と解すべきである（最判昭43・11・21民集22巻12号2741頁）。

　ショッピングセンターの建物の一区画の賃貸借について，｢(1)粗暴な言動を用い，又は濫りに他人と抗争したとき。(2)策略を用い，又は他人を煽動して，本ショッピングセンターの秩序を紊し，あるいは運営を阻害しようとする等不穏の言動をしたと認められたとき。(3)多数共謀して賃貸人に対して強談威迫をしたとき。」は無催告で解除できる旨の特約をした場合において，賃借人が「ショッピングセンター内で，他の賃借人に迷惑をかける商売方法をとつて他の賃借人と争い，」賃貸人が注意しても，賃借人はかえって賃貸人に対して，暴言を吐き，あるいは他の者とともに暴行を加える有様であった場合には，賃借人の行為は単に「前記特約に違反するのみではなく，そのため本件賃貸借契

約についての被上告人〔賃貸人〕と上告人〔賃借人〕との間の信頼関係は破壊されるにいたったといわなければならない。」として，賃貸人による無催告解除を有効と認めている（最判昭50・2・20民集29巻2号99頁）。

　これに対して，「家屋の賃借人が賃料の支払を1か月分でも怠ったときは，賃貸借契約は当然解除となり，賃借人は賃貸人に対し直ちに右家屋を明け渡す旨を定めた訴訟上の和解条項は，和解成立に至るまでの経緯を考慮にいれても，いまだ右信頼関係が賃借人の賃料の支払遅滞を理由に解除の意思表示を要することなく契約が当然に解除されたものとみなすのを相当とする程度にまで破壊されたとはいえず，したがって，契約の当然解除の効力を認めることが合理的とはいえないような特別の事情がある場合についてまで，右賃料の支払遅滞による契約の当然解除の効力を認めた趣旨の合意ではないと解するのが相当である。」として，1ヵ月分の賃料支払を1回怠ったことを理由とする家屋賃貸借の解除を，「当事者間の信頼関係が，解除の意思表示を要せず賃貸借契約が当然に解除されたものとみなすのを相当とする程度にまで破壊されたとはいえず，したがって本件和解条項に基づく契約の当然解除の効力を認めることが合理的とはいえない特別の事情のある場合にあたると解するのが相当である。それゆえ，本件和解条項に基づく支払遅滞によって本件建物部分賃貸借契約が当然に解除されたものとは認めら」れないとしている（最判昭51・12・17民集30巻11号1036頁）。

第4節　原状回復

〔1〕　借家人の原状回復義務

　民法の賃貸借に関する改正前の規定では，建物賃貸借が終了したときに，借家人は原状に復して，建物に付属させた物の収去権を認める旨を定めているのみで（民旧616条によって準用される民旧598条），原状回復義務を明示的には定めていなかった。

　しかし，判例・通説は，賃借人が賃貸借終了時に，原状回復義務と収去義務があることを認めていた（借地についてであるが大判明44・3・3民録17輯79頁。我

妻・前掲『債権各論中巻一』466頁，来栖三郎『契約法』369頁，広中・前掲『債権各論講義』159頁，石外克喜・新版注釈民法(15)302頁等）。

　判例は，建物賃貸借において借家人が備え付けた場合について，「家屋ノ賃貸借終了シタルトキハ賃借人ニ於テ其ノ据付ケタル機械類ヲ撤去シ原状ニ復シテ家屋ノ返還ヲ為ス義務アルヘキコト論ナシ」としていた（大判昭5・10・31民集9巻1号1009頁）。

　平成29年（2017年）の民法改正によって，「賃借人は，賃借物を受け取った後にこれに生じた損傷（通常の使用及び収益によって生じた賃借物の消耗並びに賃借物の経年変化を除く。以下この条において同じ。）がある場合において，賃貸借が終了したときは，その損傷を原状に復する義務を負う。」と定められ（民621条本文），賃貸借について原状回復義務が明文化された。

〔2〕 通常損耗分の修補

　建物を借家人が契約に定められた用法に従って使用し，かつ，社会通念上通常の使用方法により使用していたならばそうなったであろう状態，つまり通常損耗分については，誰がその修補義務を負担すべきか，言い換えると，通常損耗分まで借家人に原状回復義務があるであろうか。

　住宅宅地審議会は，その答申において数度にわたり建物賃貸借関係の契約内容のあいまいさを指摘し，賃貸住宅標準契約書作成・普及を図るべき必要性がある旨を言及していた。

　このような答申を受けて，平成5年に旧建設省（現・国土交通省）は，「賃貸住宅標準契約書」を作成し，住宅取引に係る諸団体にその存在を周知徹底し，活用を図るように通達を発している（建設省経動発24号，建設省住民発16号平成5年3月9日）。

　この標準契約書によると，「乙〔賃借人〕は，本契約が終了する日までに……，本物件を明け渡さなければならない。」（同14条1項），「乙は，通常の使用に伴い生じた本物件の損耗及び本物件の経年変化を除き，本物件を原状回復しなければならない。」（同15条1項）と定め，建物の通常損耗分を除く損耗について原状回復義務を負うと定めるべきだとしている。

建物を借家人が契約に定められた用法に従って使用し，かつ，社会通念上通常の使用方法により使用していたならばそうなったであろう状態，つまり通常損耗分については原状回復をせずに，賃貸人に返還すればよいとしたのである。すなわち，通常損耗の状態で建物を返還した場合でも，借家人は，原状回復義務違反による損害賠償をする必要はないのである。通常損耗分の原状回復費用は，減価償却費として一般的に賃料に含まれていると考えられるからであり，借家人が原状回復義務を負うのは新たに物件を付加した設備がある場合と通常の使用以外の使用により損耗した部分の修繕に限られると考えるのが適当であるからである（民間賃貸住宅契約研究会編『賃貸住宅標準契約書の解説』150頁。同旨，星野・201頁，石外・新版注釈民法(15)302頁）。

平成29年の民法改正によって，「通常の使用及び収益によって生じた賃借物の損耗並びに賃借物の経年変化」は，賃借物の損傷の原状回復義務の範囲から除かれると明記されて（民621条本文括弧書），上記の議論が法文に反映されたのである。

法文上，通常損耗並びに経年劣化による損傷は原状回復義務の範囲に含まれないと規定されても，実際上具体的にどの損耗が通常損耗であり，どれが通常損耗以外の損耗かを確定するのは困難な問題である。そこで，旧建設省と財団法人不動産適正取引推進機構は賃貸住宅の「原状回復にかかるガイドライン」を作成し，通常損耗とそれ以外の損耗を区別する以下のような基準を設けた。

「① 建物・設備等の自然的な劣化・損耗等（経年変化）
② 賃借人の通常の使用により生ずる損耗等（通常損耗）
③ 賃借人の故意・過失，善管注意義務違反，その他通常の使用を超えるような使用による損耗等」

原状回復とは「賃借人の居住，使用により発生した建物価値の減少のうち，賃借人の故意・過失，善管注意義務違反，その他通常の使用を超えるような使用による損耗等を復旧すること」と定義している。

したがって，損耗を補修・修繕する費用は，③について借家人が負担すべきであり，他方，次の入居者を確保するために行う設備の交換や化粧直し等のリフォームは①・②の損耗の修繕であり，賃貸人が負担すべきものとされる。

さらに，震災等の不可抗力による損耗，上階の居住者等の当該借家人とは無

関係な第三者がもたらした損耗の修繕も賃貸人が負担すべきだとされる（(財)不動産適正取引推進機構編著『賃貸住宅の原状回復をめぐるトラブル事例とガイドライン～敷金返還と原状回復義務～』59頁）。

以下，「原状回復にかかるガイドライン　別表１」に掲げられている例を若干見てみよう（詳細については，前掲『賃貸住宅の原状回復をめぐるトラブル事例とガイドライン』〔追補〕17頁以下）。

① 畳の裏返しや表替え，フローリングワックスがけは，次の入居者を確保するための化粧直し，グレードアップの要素があるので賃貸人の負担とするのが妥当とされる。

② 家具の設置による床，カーペットのへこみ，設置跡あるいは畳の変色，フローリングの色落ち（日照，建物構造の欠陥による雨漏りなどによって発生したもの），タバコのヤニ（ただし，通常のクリーニングでは除去できない程度であれば，通常損耗とはいえない）又はテレビ，冷蔵庫等の後部壁面の黒ずみ（いわゆる電気ヤケ），賃貸人所有のエアコンからの水漏れを放置したために生じた壁の腐食は，通常損耗であり，賃貸人がその修補の費用を負担すべきだとされる。

③ カーペットに飲み物等をこぼしたことによるシミ，冷蔵庫下のサビ跡，台所の油汚れ，結露を放置したことにより拡大したカビ，シミ等は通常損耗であるが，借家人の管理が悪く，発生又は拡大したものは，借家人に修補・修繕費用を負担させるのが妥当とされる。

④ 引っ越し作業で生じたひっかき傷，借家人の不注意で生じたフローリングの色落ち，キャスター付椅子によるフローリングの傷・へこみ，壁の釘穴・ねじ穴，借家人所有のエアコンからの水漏れを放置したために生じた壁の腐食等は，借家人の善管注意義務違反であり，借家人に原状回復費用を負担させるべきものとされる。

東京都は，「東京における住宅の賃貸借に係る紛争の防止に関する条例」（平成16年10月１日施行）を制定して，宅地建物取引業者は住宅の賃貸借契約の代理又は媒介をする場合には，住宅を賃借しようとする者に対して次の事項を書面を交付して説明しなければならないとする（同条例２条）。すなわち「退去時における住宅の損耗等の復旧については，当事者間に特約がある場合又は賃借人の責めに帰すべき事由により復旧の必要が生じた場合を除き，賃貸人が行うと

されていること。」(東京における住宅賃貸借に係る紛争の防止に関する条例施行規則2条1号)及び「住宅の使用及び収益に必要な修繕については，当事者間の特約がある場合又は賃借人の責めに帰すべき事由により修繕の必要が生じた場合を除き，賃貸人が行うとされていること。」(同施行規則2条2号)を説明しなければならないのである(同条例の詳細な解説は，東京都編『賃貸住宅トラブル防止ガイドライン』(住宅新報社)参照)。

〔3〕 通常損耗について原状回復義務(通常損耗補修特約)を借家人に負わせる特約

(1) 通常損耗補修特約の成否

近時の借家契約では，「賃借人は建物明渡時に建物を契約締結時の原状に回復しなければならない」，あるいは「賃借人は賃借建物を明け渡すときは，畳の表替え，襖の張り替え，クロスの張り替え，クリーニング費用等を負担する」等の特約がなされることが多い。これは，一般的な生活水準の向上，清潔志向の高まりを背景に，新しい入居者を確保するために建物を修補し，きれいな状態で賃貸しようとする傾向が広まり，その費用を前借家人にも負担させようとするものであり，近時多くの紛争が生じている(詳細については，島田佳子「建物賃貸借契約終了時における賃借人の原状回復義務」民事実務研究Ⅱ(判例タイムズ社)68頁以下が詳細である。本項の記載は，島田論文によるところが大きい)。

このような特約は，効力を有するであろうか。民法における621条は任意規定であるから，契約自由の原則に従って特約を有効とする考え方もできよう。しかし，通常損耗分の修繕費は，減価償却費として一般的に賃料に含まれているのであり，借家関係の終了時にはすでに支払済みだとすれば，このような特約に合理性はないことになる。

前掲ガイドラインでは，このような特約は，借家人に法律上，社会通念上の義務とは別個の新たな義務を課すことになるから，次の要件を満たしていなければ効力を生じないとする。

すなわち，①特約の必要があり，かつ，暴利的でないなどの客観的，合理的理由が存在すること，②借家人が特約によって通常の原状回復義務を超えた修

繕等の義務を負うことについて認識していること，③借家人が特約による義務負担の意思表示をしていることである。

　この要件を満たすためには，通常損耗分の原状回復義務を借家人が負う旨を明確に契約書面に定めたうえで，借家人の十分な認識と了解をもって契約することが必要である。また，客観性と必要性は，家賃を周辺相場と比較して明らかに安価に設定し，その代わりに通常損耗分の原状回復義務を借家人に負担させる場合に認められそうであるが，これも限定的に解すべきであるとされる（前掲ガイドライン66～67頁）。

　最高裁判所は，原審が賃借人が賃貸借契約終了により負担する賃借物件の原状回復義務には，特約のない限り，通常損耗に係るものは含まれず，その補修費用は，賃貸人が負担すべきであるが，これと異なる特約を設けることは，契約自由の原則から認められ，本件では通常損耗の補修費を借家人が負担する旨の約定が成立していると判示したのに対し，「(1)賃借人は，賃貸借契約が終了した場合には，賃借物件を原状に回復して賃貸人に返還する義務があるところ，賃貸借契約は，賃借人による賃借物件の使用とその対価としての賃料の支払を内容とするものであり，賃借物件の損耗の発生は，賃貸借という契約の本質上当然に予定されているものである。それゆえ，建物の賃貸借においては，賃借人が社会通念上通常の使用をした場合に生ずる賃借物件の劣化又は価値の減少を意味する通常損耗に係る投下資本の減価の回収は，通常，減価償却費や修繕費等の必要経費分を賃料の中に含ませてその支払を受けることにより行われている。そうすると，建物の賃借人にその賃貸借において生ずる通常損耗についての原状回復義務を負わせるのは，賃借人に予期しない特別の負担を課すことになるから，賃借人に同義務が認められるためには，少なくとも，賃借人が補修費用を負担することになる通常損耗の範囲が賃貸借契約書の条項自体に具体的に明記されているか，仮に賃貸借契約書では明らかでない場合には，賃貸人が口頭により説明し，賃借人がその旨を明確に認識し，それを合意の内容としたものと認められるなど，その旨の特約（以下「通常損耗補修特約」という。）が明確に合意されていることが必要であると解するのが相当である。」として，本件契約では「通常損耗補修特約の成立が認められるために必要なその内容を具体的に明記した条項はな」く，また，本件共同住宅の入居説明会においても，

通常損耗補修特約の内容を明らかにする説明はなかったといわざるを得ないから，借家人は，「本件契約を締結するに当たり，通常損耗補修特約を認識し，これを合意の内容としたものということはできないから，本件契約において通常損耗補修特約の合意が成立しているということはできないというべきである。」として通常損耗の補修費を借家人に課す特約の成立を否定している（最判平17・12・16判時1921号61頁）。

つまり，借家人に通常損耗について原状回復義務を負わせる特約は，「通常損耗の範囲が賃貸借契約書の条項自体に具体的に明記されているか」又は契約書からは明らかにならない場合には，賃貸人が口頭で説明して賃借人に特約を認識させ，通常損耗補修特約が明確に合意されていることが必要だということになる。

(2) 通常損耗補修特約の効力

さらに，借家契約において通常損耗補修特約が成立したとして，その特約が効力を有するのかが問題となる。

(a) 公序良俗違反とされる場合

賃貸人が大阪府住宅供給公社であり，特定優良賃貸住宅が賃貸されていた場合について，大阪高等裁判所は，「特優賃貸規則13条は，賃貸人は，毎月その月分の家賃を受領すること及び家賃の3月分を超えない額の敷金を受領することを除くほか，賃借人から権利金，謝金等の金品を受領し，その他賃借人の不当な負担となることを賃貸の条件としてはならない旨定めているが，賃貸借契約終了による原状回復義務の範囲に関する民法の解釈を前提に，特優賃貸法の枠組み，特優賃貸法制定前後の国会審議の状況，住宅金融公庫法における規制内容及びその解釈の実情等を総合考慮すると，通常損耗分の原状回復義務を賃借人に負わせることは，同条の禁止する『不当な負担』に当たると解するのが相当である。そして，通常損耗分の原状回復義務を賃借人が負わないとの解釈は，立法・行政の分野でも是とされているものであり，現に平成14年6月には前示のとおり大阪府建築都市部住宅まちづくり政策課長からの具体的な通知もされているところであるから，公法人であり，住宅の賃貸に関する業務を行うに当たり，住宅を必要とする勤労者の適正な利用が確保され，かつ，賃貸料が適正なものとなるように努めなければならない被控訴人としては，これに沿

うように努めることが当然要求されているというべきである。さらに，公営住宅として多くの特優賃貸住宅を供給している被控訴人が，住宅を必要とする勤労者との関係では優越的な地位にあることも明らかである。このような立場にある被控訴人が，賃借人との間で，通常損耗分を含めた原状回復義務を賃借人に負担させることを内容とする契約書を一方的に定め，これにより一律に契約を締結して，賃借人に対して不当な負担をさせることは，上記立法・行政における動向などをも考慮すると，本件賃貸借契約締結時はともかくとして，遅くとも数次の契約期間の更新を経た平成14年6月ころには，特優賃貸法の規制を著しく逸脱し，社会通念上も容認し難い状態になっていたと認めるのが相当であるから，その限度で本件負担特約は公序良俗に違反し無効になるというべきである。」と判示している（大阪高判平16・7・30判時1877号81頁）。

前掲最判平17・12・16が特約の成立を厳格に解し，また次に述べるように消費者契約法10条の適用によって特約の効力を否定する場合もあり得るとする判例が現れていることから，今後は，公序良俗違反が問題となる事案は少なくなると予想されている（島田・前掲論文95頁）。

(b) **消費者契約法10条**

消費者契約法10条は，「消費者の不作為をもって当該消費者が新たな消費者契約の申込み又はその承諾の意思表示をしたものとみなす条項その他の法令中の公の秩序に関しない規定の適用による場合に比して消費者の権利を制限し又は消費者の義務を加重する消費者契約の条項であって，民法第1条第2項に規定する基本原則に反して消費者の利益を一方的に害するものは，無効とする。」と規定する。

この規定は，消費者契約法8条ないし9条に定める不当条項以外の不当条項に対処するために定められたものである。その趣旨は，公の秩序に関しない規定（任意規定）が適用された場合より消費者の法的地位を不利にする条項は，消費者の利益を一方的に害すると評価されるときは，無効とするというものであり，当事者間に構造的に交渉力の格差のある消費者契約では，任意規定上認められた権利・義務の分配を参考にして適正な契約条項を確保すべきだということである（河上正二『民法総則講義』408～409頁）。

任意規定には，法律上の規定のみではなく，確立した任意規定的判例を含め

た不文の任意法規範も含むと解されている。

　任意規定と異なる約定をすることに，正当な理由がなく，それが当事者間の衡平を損なうものであり，任意規定との乖離が信義則上許容される限度を超えていると認められる場合には，当該契約条項を無効とするのである（河上・前掲書409頁）。

　通常損耗の補修義務を賃借人に課し，借家関係終了時にその補修費を敷金から差し引く旨の特約について最高裁は，次のように判示する。すなわち，「賃借物件の損耗の発生は，賃貸借という契約の本質上当然に予想されているものであるから，賃借人は，特約のない限り，通常損耗等についての原状回復義務を負わず，その補修費用を負担する義務も負わない。そうすると，賃借人に通常損耗等の補修費用を負担させる趣旨を含む本件特約は，任意規定の適用による場合に比し，消費者である賃借人の義務を加重するものというべきである。」として，消費者契約法10条前段の適用要件を満たすことを認めたうえで，「次に，消費者契約法10条は，消費者契約の条項が民法1条2項に規定する基本原則，すなわち信義則に反して消費者の利益を一方的に害するものであることを要件としている。

　賃貸借契約に敷引特約が付され，賃貸人が取得することになる金員（いわゆる敷引金）の額について契約書に明示されている場合には，賃借人は，賃料の額に加え，敷引金の額についても明確に認識した上で契約を締結するのであって，賃借人の負担については明確に合意されている。そして，通常損耗等の補修費用は，賃料にこれを含ませてその回収が図られているのが通常だとしても，これに充てるべき金員を敷引金として授受する旨の合意が成立している場合には，その反面において，上記補修費用が含まれないものとして賃料の額が合意されているとみるのが相当であって，敷引特約によって賃借人が上記補修費用を二重に負担するということはできない。また，上記補修費用に充てるために賃貸人が取得する金員を具体的な一定の額とすることは，通常損耗等の補修の要否やその費用の額をめぐる紛争を防止するといった観点から，あながち不合理なものとはいえず，敷引特約が信義則に反して賃借人の利益を一方的に害するものであると直ちにいうことはできない。

　もっとも，消費者契約である賃貸借契約においては，賃借人は，通常，自ら

が賃借する物件に生ずる通常損耗等の補修費用の額については十分な情報を有していない上，賃貸人との交渉によって敷引特約を排除することも困難であることからすると，敷引金の額が敷引特約の趣旨からみて高額に過ぎる場合には，賃貸人と賃借人との間に存する情報の質及び量並びに交渉力の格差を背景に，賃借人が一方的に不利益な負担を余儀なくされたものとみるべき場合が多いといえる。

　そうすると，消費者契約である居住用建物の賃貸借契約に付された敷引特約は，当該建物に生ずる通常損耗等の補修費用として通常想定される額，賃料の額，礼金等他の一時金の授受の有無及びその額等に照らし，敷引金の額が高額に過ぎると評価すべきものである場合には，当該賃料が近傍同種の建物の賃料相場に比して大幅に低額であるなど特段の事情のない限り，信義則に反して消費者である賃借人の利益を一方的に害するものであって，消費者契約法10条により無効となると解するのが相当である。」とする（最判平23・3・24民集65巻2号903頁）。もっとも，本判決では，「本件敷引金の額が高額に過ぎると評価することはできず，本件特約が消費者契約法10条により無効であるということはできない。」とし，有効とされている（結論同旨：最判平23・7・12裁判集民237号215頁）。

　しかし，「近傍同種の建物の賃料相場に比して大幅に低額である」とする事情はどのようにして判定できるであろうか，疑問である。例えば，近隣の賃貸住宅のすべてが，敷金から通常損耗の補修費用を差し引くと特約していると，特約のない賃料相場というものを確認することはできないはずである。

　また，「賃借人は，賃貸借契約締結時に建物退去後の賃貸借開始時の新装状態への回復費用の一部負担金として，定額補修分担金（25万円）を賃貸人に支払う。」とする定額補修金分担条項は，消費者契約法10条により無効とされる（大阪高判平22・3・11LEX/DB25470735）。

第5節　造作買取請求権

〔1〕概　要

　建物賃貸借が期間の満了又は解約の申入れによって終了するときに，賃貸人の同意を得て建物に付加した畳，建具その他の造作がある場合には，建物賃借人は，賃貸人に対してその造作を時価で買い取るべきことを請求することができる（借地借家33条1項前段）。賃借人が建物使用のために自己の費用を投下して建物に造作を付加した場合，その造作が賃貸借の終了時になお残存価値を有していても，民法の用意する有益費償還請求の制度では，投下した費用の回収が困難である。なぜならば，造作が建物に付合しなければ，有益費償還請求はできないからである。建物に付合していない独立した物である造作は，民法の規定の下では，賃貸借の終了時に，賃借人が収去しなければならなかった。そこで，借家法は賃借人が投下した費用の回収を保障するために造作買取請求権の制度を設けた（借家5条）。この制度は，借地借家法に承継された（借地借家33条）。

〔2〕造作とは

　造作とは，「建物に附加せられた物件で，賃借人の所有に属し，かつ建物の使用に客観的便益を与えるものを云い，賃借人がその建物を特殊の目的に使用するため，特に附加した設備の如きを含まない」（最判昭29・3・11民集8巻3号672頁）。実例としては，廊下のドアの仕切り，台所や応接室等のガス設備，配電設備，水洗便所，シャワー設備（東京高判昭31・3・23下民集7巻3号721頁），レストラン用店舗の調理台，レンジ，食器棚，空調・ボイラー・ダクト等の設備一式（新潟地判昭62・5・26判タ667号151頁）などがある。
　家具や什器のように独立性が高く，容易に収去でき，収去しても価値の減じないものは造作ではない。エアコンも毀損せずに容易に取り外せることができる状態で設置しているときは，造作ではない（東京簡判平22・1・25LEX／

DB25442288)。

　また，付加した造作が建物の構成部分となった場合には，その造作は建物に付合して賃貸人の所有物となって，「賃借人の所有に属」する物ではなくなるから（民242条本文），買取請求の目的とはならない。この場合には，賃借人は，賃貸借の終了時に賃貸人に対して有益費償還を請求することができる（民608条2項本文）。これに対して，有益費償還請求では賃借人の受け取る費用が低額であり，不公平であるとして造作買取りを認める見解もある（篠塚昭次『不動産法の常識（下巻）』313頁）。

　また，「賃借人がその建物を特殊の目的に使用するため，特に附加した設備」は，「建物の使用に客観的便益を与えるもの」ではないから買取請求の目的となる造作ではない（最判昭33・10・14民集12巻14号3078頁）。

　場所的利益，のれん，得意先等のいわゆる無形造作は，判例によると，造作買取りの目的とはならないとされる（前掲最判昭29・3・11，福岡高判昭33・7・5下民集9巻7号1238頁が，明確である）。学説は判例に批判的である。すなわち，無形造作が有形造作に化体していると社会的に認められる場合には，造作の算定にあたって考慮すべきだとされる（星野・631頁，同旨：渡辺洋三＝原田純孝・新版注釈民法(15)735頁，篠塚・前掲書314頁，水本浩『転換期の借地・借家法』153頁，澤野・基礎298頁，詳細については，藤井俊二「造作買取の価格」塩崎勤＝澤野順彦編『新・裁判実務大系(15)不動産鑑定訴訟法Ⅱ』186頁以下参照）。

〔3〕 造作買取りの当事者

　造作買取請求権を有するのは，賃貸借終了時の賃借人である。建物賃借権が適法に譲渡された場合には，賃借権の譲受人が賃貸借終了時の賃借人になるから，この譲受人が買取請求権をもつことになる。買取請求の相手方は賃貸借終了時の賃貸人である。

　例えば，AがBに建物を賃貸して，その後，賃借人BがCに建物を転貸した場合に，A・B間の賃貸借が終了し，B・C間の転貸借も終了したときは，CはAに対して造作の買取請求をすることができる（借地借家33条2項）。AがBに同意を与えて付加した造作について，CがAに買取請求をすることがで

きる。BがCに造作の付加の同意をしていた場合の造作の買取りをAに請求することはできないと解される（山本豊・コメ借地借家〔第4版〕286頁）。

〔4〕 造作買取請求権の成立時期

　造作買取請求権は，建物賃貸借が期間満了又は解約申入れによって終了するときに成立すると定められている（借地借家33条1項本文）。すなわち，賃貸人が更新の拒絶（借地借家26条1項）又は解約の申入れ（借地借家27条1項）をして，これに正当事由（借地借家28条）があると認められる場合，又は賃借期間満了後も賃借人が建物の使用を継続しているときに賃貸人が正当事由の備わった異議を述べて，その結果賃貸借契約の更新がされなかった場合（借地借家26条2項・28条）において成立する。

　賃貸借が合意によって解約された場合に，造作買取請求権が認められるかについて，借家法5条の解釈としては，争いなく造作買取請求権を認めていた（我妻・前掲『債権各論中巻一』521頁，星野・627頁，渡辺＝原田・新版注釈民法(15)763頁）。借家法5条では，「賃貸借終了ノ場合ニ於テ」と定めて賃貸借の終了の原因について制限を設けていなかったが，借地借家法33条では，「賃貸借が期間の満了又は解約の申入れによって終了するとき」と定めて終了原因を限定する規定になっている。このため，合意解約による賃貸借の終了も借家法についてと同様の解釈をしてもよいかが，問題となる。これについては，合意解約による賃貸借が終了する場合と更新拒絶，解約申入れ，異議を述べたことによって更新が否定されて賃貸借が終了する場合とを区別する合理的理由がないので，合意解約の場合にも借地借家法33条を類推して造作買取請求権を認め，ただし合意解約と同時に造作買取請求権放棄の特約がされたという特段の事情があるときは，造作買取請求権は認められないと解すべきである（山本・コメ借地借家〔第4版〕284頁）。

　賃貸借が賃借人の債務不履行によって賃貸人から解除された場合には，借家法5条の適用について，判例は，「賃借人の債務不履行乃至その背信行為のため賃貸借が解除されたごとき場合には」，造作買取請求権は認められないとしていた（最判昭31・4・6民集10巻4号356頁，最判昭33・3・13民集12巻3号524頁等）。

これに対して，学説は，造作買取請求権を認めるべきだとしていた（我妻・前掲『債権各論中巻一』521頁，広瀬武文『コンメンタール篇借地借家法』242頁，星野・627頁，渡辺＝原田・新版注釈民法(15)764頁等）。借地借家法33条の制定に際しては，終了原因を限定することについてさしたる議論がされていないので，借家法5条に関する学説が存立の余地を消失したとはいうことができない（山本・コメ借地借家〔第4版〕284頁）。

〔5〕 造作買取請求権の行使

　造作買取請求権は，形成権である。したがって，賃貸借終了時における賃借人が賃貸人に対して買取請求の意思表示がされたときは，造作の売買契約が成立したのと同様の法律状態が発生する。この意思表示によって造作の所有権は賃貸人に移転するが（民176条），賃借人には造作の引渡義務が生じ，賃貸人は代金支払義務を負うことになる。代金額は，「時価」と規定されているが，時価とは造作を建物に付加したままの状態において造作自体が本来有する価格であって，造作を建物から収去した状態における価格ではない（大判大15・1・29民集5巻1号38頁）。時価の算定時期は，買取請求をした時である（星野・635頁，渡辺＝原田・新版注釈民法(15)775頁）。

　賃借人の造作引渡義務と賃貸人の代金支払債務は同時履行の関係に立つことは問題がない。ところで，賃貸人が代金の支払をしない場合に，賃借人は同時履行の抗弁権を理由に建物の明渡しまで拒絶することができるであろうか。判例は，「造作買取代金債権は，造作に関して生じた債権で，建物に関して生じた債権でない」から，同時履行の抗弁権を行使して代金の支払を受けるまで建物の明渡しを拒絶することはできないとする（最判昭29・7・22民集8巻7号1425頁）。また，造作代金の支払を受けるまで留置権を行使して建物を留置できないとする（最判昭29・1・14民集8巻1号16頁）。しかし，判例のいう理論は形式的すぎて妥当ではない。賃借人の建物明渡義務も賃貸人の造作代金支払義務も，ともに建物賃貸借関係から生じるものであって，両者には同時履行の関係があるといい得る。造作を付加したまま買取請求を認めるのが造作買取請求権の趣旨であり，造作を収去した場合にしか，同時履行の抗弁権を認めないというの

は造作買取請求権を認めた借地借家法の趣旨に反するから，建物明渡しと造作買取代金の支払の間には同時履行の関係があると解すべきである（星野・634頁，渡辺＝原田・新版注釈民法(15)776頁以下）。

〔6〕 造作買取請求権排除特約

借家法下では造作買取請求権に関する規定は，強行規定であったが，借地借家法では任意規定とされた（借地借家37条）。したがって，当事者間の特約で，造作買取請求権を排除する特約をすることができる。

◆

第 4 章

定期借家（定期建物賃貸借）

第1節　定期借家の終了

〔1〕　概　　要

　定期借家は，正確には「定期建物賃貸借」(借地借家38条)というが，以下では「定期借家」と記述する。借地借家法38条は，定期借家の終了については，期間が1年以上の場合と1年未満の場合で区別して規定している。

　すなわち，1年以上の期間を定めた定期借家契約の場合には，建物賃貸人は，期間満了の1年前から6ヵ月前までの間(以下，「通知期間」という)に建物賃借人に対し期間満了により建物賃貸借が終了する旨の通知をしなければ，その終了を建物賃借人に対抗することができないと，定められている(借地借家38条6項本文)。借家の期間が長期である場合に，借家人は期間の満了を失念し，突然賃貸人から明渡しを請求されたときに，代替の家屋を見つけ出すのが困難であり，借家人にとって酷な事態が生じ得るから，終了に関する通知義務を賃貸人に課して，通知を怠った場合には，終了を借家人に対抗できないとして，借家人に対する不意打ち的明渡請求を防止し，借家人の保護を図ったのである。

　したがって，期間が1年未満の定期借家契約の場合には，建物賃貸借が終了する旨の通知がなくても，建物賃貸人は定期借家関係の終了を借家人に対抗することができることになる。つまり，期間が短いために，借家人が期間満了を失念するおそれが小さく，通知義務の必要性が乏しいと考えられたからである(福井秀夫＝久米良昭＝阿部泰隆『実務注釈定期借家法』41頁，藤井俊二・コメ借地借家〔第4版〕320頁)。

〔2〕 終了する旨の通知

(1) 通知期間を設けた趣旨

　通知期間は，期間満了の1年前から6ヵ月前であるが，この期間は，借家人に期間満了によって借家関係が終了することに対する注意を喚起し，再契約のための交渉や代替家屋を探すために必要な期間として6ヵ月が相当とされた。普通借家において，期間の定めのない場合には，解約申入後6ヵ月が経過した時に終了する規定に適合させたものである。また，早すぎる通知は，期間満了について借家人の注意を喚起するという趣旨を没却するおそれがあるので，期間満了の1年前から通知をすることができることにしたのである。

(2) 通知の相手方

　終了の通知の相手方は，定期借家契約終了時の借家人でなければならない。すなわち，通知は，借家人に代替家屋を探したり，再契約の交渉をする機会を与えるためのものであるからである。したがって，例えば，期間満了の10ヵ月前に通知したが，その後に8ヵ月前に借家権が譲渡されて借家人が交替したような場合には，借家権の譲受人（新借家人）に改めて通知をしなければならない。

　建物が転貸されている場合には，借家人に終了する旨の通知をしただけでは，転借人に対して定期借家関係の終了を対抗することができない。賃貸人は，借家人に対する通知とは別に，転借人に対して定期借家関係が終了する旨の通知をしなければ，定期借家関係の終了を転借人に対抗することができない（借地借家34条1項）。転借人に対する通知がなされたときは，転貸借関係は，その通知がなされた日から6ヵ月が経過した時に終了することになる（借地借家34条2項）。

　例えば，AがBに建物を定期借家で賃貸し，BがCにこの建物を転貸していた場合には，Aが定期借家の期間満了6ヵ月前にBに終了の通知をしていても，Cに対しては期間満了の3ヵ月前に通知したような場合には，A・B間の定期借家関係はその期間の満了によって終了しているが，Cに対する転貸借関係はCに対する通知がCに到達した後6ヵ月間は存続することになると解される。

ただし、この場合に、Cは誰に賃料を支払えばよいか、あるいはCは誰に修繕を請求することができるか等が問題となる。A・B間では定期賃貸借は期間満了によって消滅しているから、Bは転貸借関係における転貸人の地位をもはや有していないから、Bの転貸人としての地位が借地借家法34条2項によって法定的にAに移転すると解する説がある（広瀬武文『コンメンタール篇借地借家法』234頁、上原由起夫＝宮﨑淳・コメ借地借家〔第4版〕292頁）。

これに対して、Cが支払うべき賃料の額は、A・B間の賃貸借における賃料の額か、B・C間の転貸借における賃料の額かが問題となり、またCへの敷金返還債務をAが承継するかも問題であることが指摘されている（澤野和博・新基コメ〔第2版〕224頁）。借地借家法34条1項はA・B間の賃貸借の終了をCに対抗できないと定めているから、CからするとA・B間の賃貸借は終了していないとみてもよいわけである。したがって、Cに対する関係ではA・B間の賃貸借も存続しているものとして扱い、B・C間の転貸借も終了の通知到達から6ヵ月間は存続するものと扱うことになろうか（新田敏・基コメ〔第2版補訂版〕305頁）。

(3) **通知の方式**

終了する旨の通知の方式については、特に規定がされていない。したがって、書面によらずに、口頭によっても通知することができることになるが、終了の通知をしたことは賃貸人が主張・立証すべきことであるから、書面、特に内容証明郵便によるのが望ましい（木村保男＝田山輝明・基コメ〔第2版補訂版〕117頁、藤井・コメ借地借家〔第4版〕321頁）。この通知には、賃貸借期間の終期が明記されているべきである。

(4) **「対抗することができない」とは**

「対抗することができない。」とは、実体法上の効力は生じているが、当該権利を主張する手続的要件に欠ける状態をいう。期間満了によって賃貸借が終了する旨の通知をしなければ、その終了を借家人に対抗することができないとは（借地借家38条6項本文）、実体法上は期間の満了によって定期借家関係は終了しているが、賃貸人が終了の通知をしなかったときは、期間満了によって定期借家関係が終了したことを借家人に対して主張することができず、結局、借家人に対して賃貸建物の明渡しを請求することができなくなることを意味する。つ

まり，終了する旨の通知は，賃貸人が借家人に対して契約の終了を理由とする建物明渡請求等の権利行使をするための要件（権利行使要件）である。

期間満了によって定期借家関係が終了するという効果は，借家契約自体から生じるのであるから，この通知は意思表示ではなく，観念の通知である。また，借家人は，賃貸人からの通知がなくても，期間満了によって定期借家関係が終了したことを主張することができ，定期借家関係から離脱することができる。

(5) **通知が遅れた場合**

賃貸人が期間満了の日を失念していて，期間満了の6ヵ月前より後に通知がされた場合について，借地借家法38条6項ただし書は，賃貸人が「通知期間の経過後建物の賃借人に対しその旨の通知をした場合においては，その通知の日から6月を経過した後は，この限りでない。」と定める。この通知は，通知期間経過後はいつまでもすることができるのであろうか。

法文上は，制限が設けられていない。したがって，定期借家の期間が満了後も，この通知をすれば，通知の日から6ヵ月が経過すると借家契約の終了を賃借人に対抗することができると解する説もある（民間賃貸住宅契約研究会『Q＆Aわかりやすい定期賃貸住宅標準契約書』49頁，東京地判平21・3・19判時2054号98頁）。

しかし，期間満了後も終了の通知をすることができると解することはできない。まず，定期借家は一定の期間満了によって終了するものであって，賃貸人のために借家関係の終了時の予測可能性を確保し，また借家人にも一定期間賃借権の存続を確保させようとするものである。つまり，当事者にとって借家関係の終了時について予測可能性を確保しようとするものである。ところが，終了する旨の通知を期間満了後のいつまでもすることができるとすると，期間満了後は，賃貸人はいつでも任意に借家関係を終了させることができる結果を招来することになり，借家関係の終了時期について予測可能性を確保しようとする定期借家の趣旨に悖る結果が生じる。

また，借地借家法38条6項本文において，「建物の賃貸借が終了する旨の通知」と定めているのは，将来に期間満了によって賃貸借が終了することを通知するというのであって，期間満了によってすでに終了していることを通知する趣旨ではない。借地借家法38条6項ただし書にいう「その旨の通知」も同じ趣旨であると解すべきである。したがって，通知は期間満了までにしなければ

ならないと解すべきである（澤野順彦『定期借家の理論と実務』78頁，171頁，藤井・コメ借地借家〔第4版〕323頁以下）。

賃貸人が期間満了までに「期間満了によって建物賃貸借関係が終了する旨の通知」をした場合には，その通知から6ヵ月を経過した時から賃貸人は借家人に対して賃貸借関係の終了を対抗することができることになる。

(6) **期間満了後も借家人が賃借建物の使用を継続している場合**

賃貸人が期間満了までに「期間満了によって建物賃貸借関係が終了する旨の通知」をせず，借家人が期間満了後も継続して賃借建物の使用を継続している場合の利用関係を法的にどのように説明すべきであろうか。2つの説がある。

①説は，「従前の賃貸借関係が継続している状態」とする説である（山口英幸「改正借地借家法の概要」ジュリ1178号10頁）。

②説は，期間満了後は，普通借家の関係になるとする説である（澤野・前掲『理論と実務』171頁，藤井・コメ借地借家〔第4版〕322頁以下）。

②説が妥当である。なぜならば，定期借家は期間満了によって確定的に終了する賃貸借関係であって，従前の賃貸借が継続することはないからである。

もし，従前の賃貸借（定期借家）が継続するとすれば，期間の定まった定期借家でなければならないはずである。しかし，それは更新を認めない定期借家の趣旨に反することになる。定期借家関係の設定は，借地借家法38条1項～4項の要件を満たしていなければならないはずであり，その要件を満たさずに継続することはあり得ないからである。

期間満了後も借家人が賃借建物の使用を継続する場合には，民法619条1項によって期間の定めなく「更に賃貸借をしたものと推定」される。すなわち，借地借家法38条1項前段は「第30条の規定にかかわらず，契約の更新がないこととする旨を定めることができる」としているのであり，この規定は借地借家法26条による更新を排除する特約が有効であることを定めているのであって，民法619条の適用まで排除するものではない（澤野・前掲『理論と実務』79頁，藤井・コメ借地借家〔第4版〕322頁。反対，福井＝久米＝阿部・前掲37頁，借地借家法研究会『一問一答 新しい借地借家法〔新訂版〕』193頁）。民法619条の趣旨を梅謙次郎は「黙示ノ再賃貸借」を規定したものであるとしており（梅謙次郎『民法要義巻之三』674頁），借家法制定前の借家権について存続保護の規定がなかった時

代の民法の解釈では，民法619条によって「成立セル再度ノ賃貸借ト従来ノ賃貸借トハ全然別個ノ契約タルニ過ギザル」と解されていた（末弘厳太郎『債権各論』645頁）のである。更新とは継続的契約関係が期間満了後も終了しないで継続すると説明できるのは（我妻榮『債権各論中巻一』439頁），借家法によって借家権の存続が保護されるようになってからであると理解すべきである（藤井・コメ借地借家〔第4版〕322頁以下）。したがって，存続の保護されない定期借家については，存続保護のなかった時代の解釈に戻るべきであり，期間満了後は期間の定めのない建物賃貸借が成立したと推定され，建物の賃貸借であるから，借地借家法の適用があることとなる（借地借家1条）。借地借家法27条，28条の適用もあることになるから，賃貸人はいつでも解約申入れをすることができるが，申入れをするについては，賃貸人に正当事由があることを必要とすることになる。

第2節　定期借家の中途解約及び解除

〔1〕　中途解約

(1)　床面積200㎡未満の居住用建物

　期間の定めのある賃貸借は，当事者の合意で中途解約権を留保しない限り，期間満了前に一方的に解約することができない（民618条）。しかし，契約締結後，事情が変更して借家人が居住し続けることができない事情が生じたときでも，建物を使用していないのに借家人に期間満了まで賃料の支払を続けさせるのは酷である。そこで，借地借家法は，床面積200㎡未満の居住用建物に限り，転勤，療養，親族の介護その他やむを得ない事情により，借家人が建物を自己の生活の本拠として使用することが困難となった場合に限り，借家人に契約の中途で解約する権利を認めた（借地借家38条7項）。居住用建物とは，専ら事業の用に供する建物以外の建物をいうから，住居と店舗の併用住宅はここでいう居住用建物に含まれることになる。

　借地借家法38条7項に例示されている以外に「やむを得ない事情」としては，勤務先の倒産，解雇等によって賃料の支払が困難となった場合，リストラ等に

伴う転職によってやむを得ず転居せざるを得ない場合等の客観的事情のほかに，賃借建物の他の部屋で自殺があったとか，暴力団が入室していて安心して居住できないという主観的事情も挙げられている（澤野・前掲『理論と実務』172頁）。

借家人がこの中途解約権を行使して，解約を申し入れたときは，解約申入れの日から1ヵ月が経過した時に定期借家関係は終了する（借地借家38条7項後段）。民法617条1項2号が適用される解約申入れの場合よりも早い時期に賃貸借が終了することに注意すべきである。

(2) **居住用以外の建物及び床面積200㎡を超える居住用建物**

居住の用に供されない建物の賃貸借及び200㎡を超える居住用建物の賃貸借については，原則に戻って，あらかじめ，当事者間の合意で期間内に解約する権利を留保したときにのみ，当事者は中途で解約することができることになる。

なお，200㎡未満の居住用建物の賃貸借においても，賃貸人は，借家人との合意で中途解約権を留保していない限り，賃貸借期間の中途で解約することはできないことはいうまでもない。したがって，原則として，賃貸人は借家の期間満了まで解約の申入れをすることができないのである。

〔2〕 解　　除

期間の中途であっても，賃料の滞納等の借家人による債務不履行があった場合には，賃貸人は，契約解除をすることができることになるが，定期借家も，更新の保障がないだけで，継続的契約関係であり，継続的契約関係における一般条項としての「信頼関係破壊の法理」が適用される。すなわち，「賃貸借の基調である相互の信頼関係を破壊するに至る程度の不誠意があると断定することはできないとして，上告人の本件解除権の行使を信義則に反し許されないと判断しているのであつて，右判断は正当として是認するに足りる。」とする判例法理が適用されることになる（前掲最判昭39・7・28，同旨，前掲最判昭43・6・21）。賃借建物の用法違反による解除や定期借家権の無断譲渡，賃借建物の無断転貸についても同様に解すべきことになる。

第3節　再契約

　定期借家関係が期間の満了によって終了した場合に，再度，同一建物について同一当事者間で定期借家関係を設定しようとする場合においても，借地借家法38条1項，2項，3項，4項及び5項の適用があるから，書面で契約をし（借地借家38条1項），期間満了によって賃貸借が終了する旨を記載した書面を借家人に交付して説明をしなければならない（借地借家38条3項）。説明の書面は，賃貸借契約書と別個独立の書面でなければならない（最判平24・9・13民集66巻9号3263頁）。ただし，契約書面の作成又は定期借家である旨の説明をしなかった場合には，定期建物賃貸借が成立しないのであって，建物賃貸借契約全体が無効となるわけではない。すなわち，普通借家関係は有効に成立するが，期間満了時には，賃貸人に正当事由が備わらない限り，借家関係は更新されることになるのである。

第5編

借地借家に伴う経済的問題

第1章 借　地

第1節　借地に伴う経済的問題

〔1〕　借地権設定時の経済的問題

　借地に伴う経済的問題は頗る多く，内容的には借地に関する法律問題を凌駕するものといえる。まず，借地権の設定に際しては，借地権の種類（普通借地権，定期借地権等，事業用定期借地権等及び建物譲渡特約付借地権）及びその契約内容に応じて，借地権の設定権利金あるいは保証金，敷金並びに新規地代をいくらとすべきかが問題となる。借地権の設定段階においては，権利金や地代の額を拘束する規定は現行法上存しないから，まったく契約自由の原則の下にある。とはいえ，借地契約の成立をみたが権利金，地代の額が定まっていない場合に，裁判手続の中で決定する必要がある場合もある。典型的な場合としては，法定地上権が発生した場合（民388条，民執81条）があるが，法定地上権の地代については当事者間で協議が成立しないときは当事者の請求により裁判所が定めるものとされている（民388条）。

　これに対し，土地を賃貸する旨の合意は成立しているが賃料額の合意が成立していない場合に，賃料額の確定を求める訴えを提起できるかについては問題がないわけではない。判例には，民法388条後段を類推適用して賃料額を確定した事例も存するが（最判昭36・9・29民集15巻8号2228頁〔賃貸建物の一部譲渡に伴う事例〕。東京地判昭60・4・25判時1178号95頁〔従来の木造建物所有を目的とする旧賃借権をその同一性を維持したまま再築したビルの区分所有を目的とする新賃借権の地代確定の事例〕），法律上の争訟にあたらないとして訴えを却下した事例もある（東京高判平13・10・29東高民時報52巻1～12号18頁・判時1765号49頁）。

しかし，契約実務上は，新規契約にあたり，権利金や敷金，地代の額を適正な額に定めることは契約成立のための必要要件であり，いかにしてこれらの適正額を定めるかが問題となる。なお，適正な敷金の額の算定の必要性は，賃借権譲渡の付随的裁判においても問題となる（最決平13・11・21民集55巻6号1014頁参照）。

〔2〕 借地権存続中の経済的問題

借地権存続中における最も重要な経済的問題は，地代の改定であろう。地代の増減請求権については借地借家法11条1項に規定されているから，同条同項の趣旨に沿って適正額を算定すればよいのであるが，当事者間に協議が成立しなければ裁判所が決定することになる。しかし，裁判所としても適正地代額を決定するには鑑定評価に依拠せざるを得ないところ，鑑定評価が常に適正に行われているわけでもないことから，裁判所や訴訟当事者は，鑑定結果について正しく理解する認識をもつ必要がある。

このほか，借地権存続中における経済的問題としては，賃借権の譲渡・転貸が行われる場合の譲渡・転貸の対価及びその承諾料，賃借地上の建物が競売・公売に付された場合における賃借権譲渡承諾料，建物の再築・増改築・借地条件の変更に伴う承諾料及び地代の改定などがある。

〔3〕 借地権消滅時の経済的問題

借地権消滅時の経済的問題としては，まず，期間の満了に伴う契約更新の際の更新料がある。更新料支払の慣行は認められないとするのが判例（最判昭51・10・1裁判集民119号9頁・判時835号63頁・金判516号42頁）であるが，都心部においては，合意更新にあたってはほとんどの場合，更新料が授受されているものと考えられる。次に，期間満了時に地主が更新を拒絶し借地人に対し建物収去土地明渡しを請求する場合，地主は正当事由を主張・立証しなければならないが，この正当事由の一要素（補強事由）として，立退料の提供を申し出ることがある（借地借家6条）。この場合，立退料の内容及び他の正当事由との関係

でどの程度の立退料の提供を必要とするかが問題となる。

さらに，期間の満了により契約が更新されることなく賃貸借が終了したときは，借地人は地主に対し，土地上の建物及び借地人が附属させた物を時価で買い取るべきことを請求できるが（借地借家13条），この場合の建物の時価には，建物自体の価額のほか，場所的環境（いわゆる場所的利益）を参酌すべきとするのが判例（最判昭35・12・20民集14巻14号3130頁）であり，この建物の時価の算定が必要となる。賃借権の無断譲渡がなされた場合の，建物譲受人の地主に対する建物買取請求の場合も同様である。

第2節　借地権価格

〔1〕　借地権価格の意義

借地権とは，借地借家法又は借地法の適用のある建物の所有を目的とする地上権及び土地の賃貸借をいう。ひと口に借地権といっても，既存借地権，借地借家法上の普通借地権のほか，定期借地権，建物譲渡特約付借地権，事業用定期借地権等がある。借地権価格とは，これらの内容の異なった借地権の経済的価値をいうが，この価値が何を意味しているかは議論の分かれるところである。

「不動産鑑定評価基準」（平成14年7月3日国土交通事務次官通知。最新改正：平成26年5月1日。以下「基準」という）は，借地権価格とは，「借地借家法（廃止前の借地法を含む。）に基づき土地を使用収益することにより借地権者に帰属する経済的利益（一時金の授受に基づくものを含む。）を貨幣額で表示したもの」であり，借地権者に帰属する経済的利益とは，「土地を使用収益することによる広範な諸利益を基礎と」し，「ア　土地を長期間占有し，独占的に使用収益し得る借地権者の安定的利益」と「イ　借地権の付着している宅地の経済価値に即応した適正な賃料と実際支払賃料との乖離（以下「賃料差額」という。）及びその乖離の持続する期間を基礎にして成り立つ経済的利益の現在価値のうち，慣行的に取引の対象となっている部分」が中心となるとしている（「基準」各論第1章第1節のⅠ3(1)①）。

この点，「旧々不動産鑑定評価基準」（昭和44年9月27日住宅宅地審議会答申。以

下「旧々基準」という）は，借地権価格とは，「借地人に帰属する経済的利益（一時金の授受に基づくものを含む。）が発生している場合において，慣行的に取引の対象となっている当該経済的利益の全部又は一部」をいい，借地人に帰属する経済的利益とは，「当該宅地の経済価値に即応した適正な賃料と各支払時期に実際に支払われる賃料（実際支払賃料という。）との乖離及びその乖離の持続する期間を基礎にして成り立つ経済的利益の現在価値をいう。」としていた。

　両基準の間には，借地権価格の意義とその内容に根本的な差異がある。すなわち，「旧々基準」では，まず借地権価格の意義について，ⓐ借地権が存在しても，必ずしも借地人に帰属する経済的利益が借地人に発生しているとは限らないこと，ⓑ借地人に帰属する経済的利益が発生していても，それが慣行的に取引の対象となっていなければ借地権価格とは認められないこと，ⓒ仮に借地人に帰属する経済的利益が存在して，それが慣行的に取引の対象となっていても必ずしもその全部が借地権価格となるものではないとしていた。また，借地権価格の内容である「借地人に帰属する経済的利益」は，賃料差額が存在する場合にのみ認められるものとしていた。

　この「旧々基準」の考え方については，経済的側面から借地権価格をみた場合，一面の合理性は認められるものの，借地権価格の果たす社会的，法的機能（立退料等の基礎など）を十分に説明することはできず，また，賃料差額の理を極端に進めると，比隣賃料に比較し，実際支払賃料が低ければ低いほど（借地人が相当な賃料の改定に応じない場合など）借地権価格は高くなり，健全な法感情にそぐわないのではないかとの批判が少なくなかった。

　また，理論的にいっても賃料差額が発生していなくても借地権の権利としての価値は当然認められるし，それが経済的に評価できる場合もあること，また，当事者間において借地関係を清算する場合には，借地人に帰属する経済的利益が慣行的に取引の対象となっていなければならない必然性はないことが，次第に認識されるようになった。

　このようなことから，「基準」は，借地権価格について，「土地を使用収益することにより借地権者に帰属する経済的利益（一時金の授受に基づくものを含む。）を貨幣額で表示したもの」と定義し，借地人に帰属する経済的利益が慣行的に取引の対象となっていることの要件を除外した。また，借地権価格の内容につ

いても，借地人に帰属する経済的利益とは，土地を使用収益することによる広範な諸利益を含むとし，単に賃料差額によるものに限らず，「土地を長期間占有し，独占的に使用収益し得る借地権者の安定的利益」（以下「安定的利益」という）も含むとした。しかし，他方において，借地権の存在は，必ずしも借地権価格の存在を意味するものではないとしており（「基準」各論第1章第1節I 3 ②参照），理論的には一貫しない。およそ借地権である限り，この安定的利益は須く存在するのであり，安定的利益も借地権価格の一要素であるとすれば，借地権が存するところに借地権価格も存在する（程度の差はあるとしても）とするのが道理であるように思われる。

借地権価格についての基準の考え方は以上のとおりであるが，筆者は以前から次のように提言している（澤野・基礎381頁以下）。すなわち，借地権価格とは，借地権という権利の経済価値そのものをいい，具体的には借地人が土地を使用収益し，又は借地権を保有することにより享受し得る借地人の諸利益を経済的に評価したものである。そして，借地権価格の実質的内容は，ⓐ借地借家法（又は借地法）により保護（最短存続期間の保護，正当事由及び法定更新制度，相当賃料の保障など）されていることによる借地人の利益（以下「法的保護利益」という），ⓑ土地の維持管理その他土地価格の増加に対する借地人の寄与貢献若しくは権利金等一時金の支払による当該借地権の買取りに対応するもので，借地契約の清算にあたって借地人に配分されるべき利益（以下「寄与配分利益」という。実質的には，借地人の地主に対する不当利得返還請求にあたる），並びにⓒ宅地又は借地権の需給関係により，借地権の取引において，本来の借地権価格以上の価格で取引されることがあり，この利得部分（以下「付加価値利益」という）からなり，借地権価格はこれらの利益の複合的価値をいうものと解することができる。

基準の考え方をこれにあてはめれば，「土地を使用収益することによる広範な諸利益」は上記の3つの利益を指し，「安定的利益」は法的保護利益のほか付加価値利益も含まれるといえる。また，賃料差額を基礎にして成り立つ利得部分及び一時金の授受に基づくものは，寄与配分利益の一部をなすものといえる（澤野・訴訟鑑定362頁（澤野「新不動産鑑定評価基準とその実務上の課題」NBL467号22頁・468号43頁））。

したがって，いずれの見解によっても実質的差異はないように思われるが，

借地権価格が紛争の解決に必要若しくは有用の場合を説明するには，借地権価格の内容を法的保護利益，寄与配分利益及び付加価値利益に分けるのが便利である。

〔2〕 具体的事件と借地権価格

(1) 借地当事者間の売買

借地権価格の概念が最も基本的に必要とされるのは，借地関係の終了に関する場合である。合意で借地権が消滅する場合，例えば，借地人が底地を買い取り，又は地主が借地権を買い取る場合には，第三者間において成立するであろう借地権の客観的価値（その意味では，法的保護利益，寄与配分利益及び付加価値利益が基準となる）を基礎として，従来の借地契約の経緯等が考慮されて具体的な底地又は借地権の買取価格が決定される。いわば主観的借地権価格といわれるものである。

(2) 建物買取請求

これに対し，正当事由に基づく更新拒絶による借地関係の解消に際しては，借地権の消滅を認めるべき正当事由が存在する場合であっても，借地人は建物買取請求権を有し，地主に対し，建物を時価で買い取るべきことを請求することができる（借地借家13条）。この場合の「建物の時価」については，建物自体の価格のほかに借地権価格を含めるべきでないが，場所的環境は考慮すべきであるとするのが判例・通説（前掲最判昭35・12・20。鈴木禄弥＝生熊長幸・新版注釈民法(15)595頁）である。この場所的環境（又は場所的利益）が何を意味するかについては更新拒絶の申入れに正当事由が充足していれば借地権は消滅しているから，借地権の存在を前提とする借地権価格も存在しないというのは，理論的には正しいかのようであるが，この見解は借地権価格の実質を看過しているように思われる。借地権価格の実質的内容である諸利益のうち法的保護利益及び付加価値利益については，借地権の存在が前提となるから判例の見解は妥当するが，寄与配分利益については，費用償還請求若しくは不当利得返還請求としての実質を有しており，借地権の消滅によっても消滅しない借地人に帰属する利益と考えるべきであろう。いわゆる場所的利益とは，寄与配分利益の全部又は

一部と考えることができる。

(3) 立退料

他方，正当事由が不足する場合に，これを補強するものとしての立退料の算定にあたっても，この考え方は有用である。すなわち，立退料の内容については，近年次第に整理され，借地については，借地権価格，建物価格，営業補償，移転実費，生活上の利益，精神的損失，開発利益等がその内容となることが理解されるようになった（澤野・基礎251頁，澤野「正当事由と立退料との関係」同・法律実務235頁）。このうち，最も金額的に高くなる借地権価格については，正当事由の内容と充足度により，法的保護利益，寄与配分利益，付加価値利益のうちどの利益についてどの程度の利益ないし損失が立退料に算入されるべきかの議論もなされている（前掲「正当事由と立退料との関係」247頁）。

(4) 債務不履行解除

借地契約が借地人の債務不履行により解除された場合及び土地賃借権の無断譲渡がなされた場合の清算については，前者の場合，判例は建物買取請求権を認めず，借地権価格についても何ら清算する必要はないとしており，また，後者については建物買取請求権が行使された場合に場所的利益が考慮されるにすぎなかった。しかし，寄与配分利益は実質的には費用償還若しくは不当利得の実質を有するものであり，借地人の債務不履行ゆえに当該利益を無視することは公平ではない。借地権価格，少なくとも寄与配分利益の存在を認めたうえで，債務不履行により被る地主の損害を考慮すれば足りるものと思われる。

この理論を推し進めると定期借地権及び事業用定期借地権等が消滅した場合にも何らかの借地権価格の清算が必要であり，また，建物譲渡特約付借地権における建物譲渡の相当な対価を決定する場合にも借地権価格は考慮されるべきということになる（澤野『定期借地権』191頁，澤野・展開247頁，澤野「借地・借家関係終了時の利害調整の実務」同・法律実務332頁，澤野「定期借地権等消滅時の利害調整」塩崎勤＝澤野順彦編『裁判実務大系(23)借地借家訴訟法』356頁）。

〔3〕 借地権価格の実質的内容

このように，借地権価格の実質的内容を法的保護利益，寄与配分利益及び付

加価値利益に分けて考えてみることも，借地権にからむ紛争の解決にとっては極めて有用なことである。この見解について，今後検討されるべき課題は，各利益の内容を一段と明確化すること及び各利益の具体的測定方法である。

　法的保護利益は，それぞれの時点における借地借家法の法的位置づけ，判例の趨勢，社会状況等により流動するが，今日の段階では，おおむね土地価格の30％程度と考えてよいであろう。

　寄与配分利益については，借地権設定当時に授受された権利金のほか，更新料，増改築承諾料等の一時金の授受の有無及びその程度のほか，土地の価値の維持増進に寄与した分が考慮されることになる。もっとも，前者の一時金については，理論的及び実際上も賃料との関係が問題となるし，一時金の支払後長期間を経過した場合にそれをどのように考えるかなど難しい問題もある（澤野・基礎400頁）。また，後者の土地の価値の維持増進に対する寄与については，実際に費用等の支出があれば費用償還請求若しくは不当利得の問題とも考えられるが，その具体的な算定は困難である。この寄与配分利益に関し，最も基本的な問題は，土地価格の上昇分をどのような理屈でどのように配分するかである。借地関係を長期的にみた場合，その清算にあたって，一般の物価水準を上回る土地価格の増加分について，借地人に何ら還元しないというのも不合理である。借地人は賃料を支払い借地を維持してきたともいえるし，また，借地を使用収益することにより地域の発展，土地価格の増加に寄与してきたともいえる。したがって，借地関係の清算にあたっては，少なくともこの一般物価水準を上回る土地価格の増加の一部について借地人に還元するのが公平であろう。一般的にいえば，この寄与配分利益は，土地価格の20～30％程度と考えることができる。

　したがって，前二者の法的保護利益及び寄与配分利益を加えたものの土地価格に対する割合は，50～60％程度となるが，実際にはこれよりもかなり高率で借地権が取引され，また評価（市街地再開発事業等において）されることがある（東京銀座では99％，新宿では95％といわれたこともある）。この市場における取引割合と前二者の利益の割合の差は，それぞれの地域における宅地の需給関係や借地権に対する考え方で異なるが，借地権（本来の価値）に付加価値が発生したともいえる。これが借地権価格の実質的内容の一つである付加価値利益で

ある。

〔4〕 借地権価格の評価方法

　借地権価格の評価方法として、「基準」は、借地権の取引慣行の有無及び成熟の程度により、次のように手法を異にしている（「基準」各論第1章第1節のⅠ3(1)②)。

　まず、借地権の取引慣行の成熟の程度の高い地域においては、比準価格及び土地残余法による収益価格を関連づけて得た価格を標準とし、賃料差額の還元価格及び借地権割合により求めた価格を比較考量して決定するものとしている。次に、借地権の取引慣行の成熟の程度が低い地域においては、収益価格、取引の対象となっている賃料差額の還元価格及び更地（又は建付地）価格から底地価格を控除して求めた価格（以下「底地控除法」という）を比較考量して求めるとされている。

　しかし、すでに述べたように、借地権価格の実質的内容のうち、法的保護利益及び寄与配分利益は、借地権の取引慣行の有無にかかわらず普遍的に認められるものであり（もっとも、借地権の取引慣行の有無による程度の差はあるが）、付加価値利益のみが借地権の取引慣行の有無と直接の関係を有するにすぎない。基準は、借地権の取引慣行の成熟の程度が低い場合について、割合法の適用を認めないもののようであるが妥当ではない。今日においては、全国的にみても、一般に借地権割合が認識できるものと思われるから、借地権の取引慣行の成熟の程度にかかわらず、まず当該地域の標準的な借地権割合を見出し、この割合について当該賃貸借の事情等を考慮し、法的保護利益、寄与配分利益及び付加価値利益を適正に判定して得た額を標準とし、かつ、他の適切な手法による価格を関連づけて具体的借地権価格を決定すべきものと思われる（澤野・基礎404頁）。

第3節 地　　代

〔1〕 新規地代と継続地代

　土地の賃貸借（地上権の設定も含む）の対価として，毎期（年又は月）に支払われる地代は，新規地代と継続地代に区別することができる。新規地代は，新規に土地を賃貸借する場合に契約自由の原則の下に定められる地代をいい，現行法上は，新規地代の額を規制する法令は存しない（かつては，地代家賃統制令が存したが，昭和61年（1986年）12月31日廃止された）。これに対し，継続地代とは，継続中の土地の賃貸借における地代をいい，その増減請求及び増減額の決定にあたっては，借地借家法11条の規定が適用される。したがって，地代が適正であるか否かが問題となるのは，原則として，継続地代の場合に限られ，新規地代は，当事者が合意した額が（たとえ，経済的に合理性を欠いていても）適正な額である。

〔2〕 新 規 地 代

　適正な新規地代の額は，上記のとおり当事者が合意した額であるが，一般的には，土地の新規賃貸借における経済的に適正な地代は，おおむね次のように算定される。前述したように，借地権を設定した場合には，一般的に借地権価格が発生するから，借地権の設定にあたっては，地主は当該借地権価格相当額を権利金として借地人から回収するのが地主の合理的な経済行動といえる。権利金の授受がある場合の経済的に合理的な地代は，土地価格から権利金相当額を控除した底地価格相当額に市中金利相当の期待利回りを乗じて算定された純地代額に，必要諸経費等として土地の公租公課を加算して求めることができる。しかし，この経済的に合理的な地代とは，当該土地の価格に見合った額を示しているものであるから，例えば，借地当事者（特に借地人）が，営業上その土地を是非とも必要とする場合には，その2倍，3倍の地代を支払っても，その者にとっては営業全体としては経済合理性を有するものであるから（そうでな

ければ，借地契約そのものが成立していない），法的な価値判断としては適正な地代と判断すべきものであろう。

〔3〕 継続地代

(1) 継続地代の性質

継続地代も，当事者が協議して自由に定めることができるから，基本的には当事者の合意が成立した額が適正な額である。しかし，当事者間に協議が成立しない場合には，現行の地代に不服である当事者は，一定の期間，地代不増額特約がある場合を除いて，借地借家法11条に基づき地代増減請求権を行使して，裁判所に適正な地代額を決定してもらうことができる。この場合，裁判所は，借地借家法11条1項の趣旨に則り，現行地代が決定した時点以降の経済変動等を考慮して適正地代を定めることになる。なお，この現行地代が決定した時点については，賃料自動改定特約のある建物賃貸借について，基準となる賃料は自動改定特約により改定された賃料ではなく，その改定前に現実に合意された直近の賃料を基準とすべきであるとする判例（最判平20・2・29裁判集民227号383頁）がある。

(2) 継続地代の算定方法

継続地代（継続家賃も同様）の算定方法としては，「基準」において，差額配分法，利回り法，スライド法，賃貸事例比較法が定められ，判例上も不動産の鑑定評価に依拠している関係から，おおむねこの4手法を採用している（「基準」総論第7章第2節のⅢ）。

(a) 差額配分法

差額配分法は，現行賃料と正常賃料（新規賃料）との差額について，現行賃料に借地人及び地主に帰属又は負担させる分を増減して試算賃料を求める手法であるが，正常賃料は当該賃貸借に係るものであって，一般市場を前提としたものでないことに留意すべきである（一般市場を前提とすると，当該賃貸借契約の締結の経緯，事情が反映されないこととなり妥当でない。借地借家法11条1項の適正な地代は，当該賃貸借における適正な地代を求めるものである）。

正常地代は，賃貸借の目的である土地の基礎価格（底地価格又は更地価格）に

期待利回りを乗じて求めた純地代に必要諸経費等として土地の租税公課を加算して求めるのが一般である。

　差額の配分は，現行地代決定時以降の経過期間，経済変動要因等を考慮して定められるが，鑑定（評価）の段階においては参酌すべき事情等について確定しているわけではないので，差額の2分の1又は3分の1を地主に帰属（負担）させるとする例も少なくない。裁判所の裁量判断に委ねられるべき部分であろう。

　(b) **利回り法**

　利回り法は，賃貸借の目的である土地の基礎価格に継続地代利回りを乗じて求めた純地代に必要諸経費等を加算して求める手法である。継続地代利回りは，現行地代が決定した時点における土地の基礎価格に対する純地代利回り及び同種土地の他の継続地代利回りを比較勘案して求める。しかし，地価が短期間に異常に高騰又は下落した場合には，通常の地価変動率を超える部分は適正に補正する必要がある。

　(c) **スライド法**

　スライド法は，現行地代決定から改定時までの間における地代の変動率ないし地代の変動に影響を及ぼすと思われる経済指数を発見し，これを現行地代に乗じて試算地代を求める手法である。地代の変動を直接示す指数は存在しないから，複数の地代に影響を及ぼす経済指数を勘案して，適切な変動率を求めることになる。これらの経済指数としては，消費者物価指数，企業物価指数，国内総生産（GDP），国内総支出（GDE），地価変動率等が存するが，いずれの変動率についても，地代の変動との因果関係を認める論拠に乏しい。土地収用法（土地収用法第88条の2の細目等を定める政令16条）あるいは国土利用計画法（国土利用計画法施行令10条）で採用されている変動率（消費者物価指数・全国総合に0.8，企業物価指数・投資財に0.2）を乗じて加重平均した指数と地価変動率との相加平均値なども，地代変動の参考指数として利用できる。もっとも，地代に占める公租公課の割合は比較的大きいウエイトを占めるから，上記変動率は，現行地代から公租公課を控除した純地代部分の変動率とし，これにより求められた改定時の純地代に公租公課を加算して求めるのが適切である。

　(d) **賃貸事例比較法**

賃貸事例比較法は，同種の土地の賃貸借における継続地代と比準することにより試算地代を求める手法である。近隣地域及びその周辺地域において，借地条件等について比較可能な同種の土地の賃貸事例が複数存在する場合には，継続地代水準を確認できるという観点からは有用であるが，借地契約の内容，経緯等を適正に比較することは極めて困難であり，継続地代の評価手法としての存在意義はほとんどないといってよい。

(3) 継続地代の決定

以上の各手法を適用して求められた各試算地代を比較考慮して鑑定評価としての適正額が決定されるが，この場合には，単純に相加平均額を採用することなく，各手法の問題点並びに各手法適用の過程及び算出された試算地代等を十分に検証して行うものとされている。

なお，ここで決定された鑑定評価額は，それが適正に求められている場合には，客観的な経済的に適正な地代といえるが，借地借家法11条の相当な地代は，この経済的に適正な地代を基準として，当該賃貸借契約締結の経緯，契約内容その他の事情を考慮して決定されることになる。

第4節　借地の立退料

〔1〕　正当事由の補強条件としての立退料

借地契約の当事者が任意で借地契約を解消して，地主が土地の返還を受ける場合に，地主から借地人に支払われる立退料は，当事者が自由に定めることができる。この場合の立退料は，一般的には，都市部においては借地権価格が一応の基準となるが，地方においては無償返還の例も少なくないようである。

問題は，借地期間の満了に伴い，地主が更新を拒絶した場合の正当事由を補強するための財産上の給付に関する場合である（借地借家6条）。この財産上の給付とは，一般的にはいわゆる立退料を意味しているが（このほか，財産上の給付の例としては，代替地等の提供も考えられる），その内容及び他の正当事由との関係でどの程度の額の立退料を提供すればよいかが問題となる。

〔2〕 借地の立退料の内容

　借地の立退料の内容としては，借地人の不随意の土地の明渡しにより通常被る損害（損失）相当額がこれにあたるといえる。借地人は，土地の明渡しにより，借地権及び建物を失い，また他に移転することにより通常必要とされる移転実費相当額の損失を被り，さらに，当該借地上の建物で営業している場合には，他に移転することに伴う営業上の損失も受けることになる。したがって，借地における立退料は，まず，以上の内容の借地人の損害（損失）額を求めることになる。

〔3〕 正当事由との関係

　以上で求められた借地人の損害（損失）額は，正当事由がまったく存しない場合の額である。他方，借地借家法は，正当事由が認められる場合には，立退料の提供がなくても，借地契約が終了することを認めていることから，個別の正当事由に基づく建物収去土地明渡請求においては，正当事由の充足の程度との関係で，立退料の内容及びその額を適正に定めることが必要となる。この場合，考慮しなければならないことは，借地借家法13条の建物買取請求権における建物の買取りの時価との関係である。同条は借地権の存続期間が満了した場合において，契約の更新がないときは，借地人は地主に対し，借地上の建物等を時価で買い取るべきことを請求することができるとされ，建物等の時価には，いわゆる場所的利益（実務上は，借地権価格の20～30％程度）を含むと解されていることから（最判昭35・12・20民集14巻14号3130頁），立退料の最低額は，建物自体の価格にいわゆる場所的利益相当額を加算した額となる。結局，前記〔2〕で算定された明渡しにより被る借地人の損害（損失）相当額と建物等買取りの時価との範囲で，正当事由の充足の程度を勘案して，具体的立退料を決定することになる（前掲・澤野「立退料の算定基準としての借地権価格，借地権価格の評価」参照）。

第5節　更　新　料

〔1〕　更新料の意義

　かつては，期間満了時の契約更新の際に支払われる一時金のほかに，増改築や名義書換えの際の承諾料や債務不履行による契約解除を免れるための和解金など，従来の契約関係と異なる新たな契約関係に入る場合に支払われるその他の一時金も，更新料と呼ばれていたことがある。しかし，1966年（昭和41年）の借地非訟事件手続の新設に伴い，賃借権譲渡承諾料，借地条件変更承諾料，増改築承諾料の概念が明確となったことにより，更新料はこれらの承諾料を除き，狭義では借地期間の満了時の契約更新に際し借地人から地主に支払われる一時金を指すが，広義では，このほかに，建物の再築の承諾に際して支払われる一時金及び期間中途で契約が更新される場合に支払われる一時金も含まれる。後二者は，実質的には期間延長の承諾料としての性格を有する。

〔2〕　更新料の性格

　更新料の実質的根拠ないしその法的性質については，①賃料の前払い又は後払いとする説，②権利金の目減りを補充するとする説，③異議権放棄の対価とする説，④明渡請求の回避等の安心料とする説，⑤単なる慣行による贈与であるとする説等が存するが，実際に授受される場合の更新料はケース・バイ・ケースで種々の意味が込められており，ひと言でいえば，借地関係の継続に対する調整金といえる。したがって，更新料の性格を抽象的に意義づけることにそれほどの意味はなく，問題となる事項ごとに，個別のケースにおいてどのような調整金を支払うことが当事者間に衡平であるかを検討すれば足りる。

〔3〕　更新料支払の慣行の有無

　更新料は，現実には大都市の地価が高く，宅地の供給が不足している一部の

地域においてのみ支払われているのであって，全国的にみれば，限られた地域における問題である。しかも，一般的に，借地契約の更新に際し更新料が問題となることが客観的に認識し得る地域においても，地主側はかなり積極的に問題意識（更新料をとる方向で）を持っているのに対し，借地人側は極めて消極的に対応しているのが実情である。すなわち，地主側としては，更新料の支払はかなり慣行化しているとの認識を持っているが，借地人側からすればそのような認識はないことになる。仮に，更新料が実際に支払われたケースにおいても，借地人が更新料支払の慣行を容認して任意に支払っているものは少なく，建物朽廃による借地権消滅，正当事由に基づく明渡請求，債務不履行を口実とした明渡請求，大幅な地代の値上げ等の地主からの明示の，若しくは無言の圧力に抗しきれず，やむなく安心料として支払う例が多い。このような更新料支払の実態を捨象して，更新料支払のケースが少なからず見受けられるとしても，このことのみをもって借地契約存続のための合理的な調整金の支払慣行が存在するということはできない。裁判上，その支払を強制し得る慣行といい得るには，更新料の支払について，社会的・経済的にも合理性を有し，かつ，当事者の自由な意思により支払がなされ，それが相当程度に国民の同意が得られることが必要であろう。そのような意味において，更新料については，その授受に関しても，未だ慣行が成立しているということはできないというべきであろう。

　宅地の賃貸借契約の法定更新に際し，賃借人が賃貸人に対し更新料を支払う旨の商習慣又は事実たる慣習は存在しないとした判例がある（最判昭51・10・1裁判集民119号9頁・判時835号63頁・金判516号42頁）。

〔4〕　更新料の額

　更新料は慣習法若しくは事実たる慣習として裁判上請求できるわけではないから，仮に更新料が支払われる場合にあっても，その額は当該借地契約の経緯，内容及び契約更新の条件その他の諸事情により異なる。もっとも，従来は土地価格又は借地権価格に一定の割合を乗じて求めるいわゆる一般的な更新料割合なる概念が存在したが，地価の異常な高騰，これに続くバブル経済の崩壊と地価の急落，経済不況，並びに法定更新の増加は，かかる概念の存在の場を失わ

せた。1990年代後半における更新料の額の算定は，土地価格との関連性は薄れ，坪当たりいくらという，いわゆる更新手数料的な考え方によることが多いように思われる。しかし，翻って更新料の合理的な算定方法を考えるとすれば，更新時の事情により，おおむね次のように考えることができる。

① 地主に正当事由なく，法定更新しても更新後の法定存続期間中に建物が朽廃するおそれがない場合

この場合の借地条件の変更を伴わない更新料は，単に更新契約手数料程度でよいことになる。更新契約書作成費用プラスアルファ（地主に対する謝意等）となろう。

② 法定更新すると更新後の法定存続期間中に建物が朽廃するおそれがある場合

この場合の更新料は，建物が朽廃する前に建物の増改築，再築する場合に地主に支払われるべき承諾料の現価額が基準となる。

③ 地主にある程度更新拒絶の正当事由が存する場合

この場合の契約更新は，実質的には地主が異議権を放棄することになるから，その更新料は異議権放棄の対価相当額となる。具体的には，正当事由の程度に応じ，契約更新により完全に復帰する借地人の借地権価格と，立退料を提供することにより借地権を消滅させることができる可能性とその場合の立退料の額を考慮して求めることになる。借地人のいわゆる居坐り料の性格を有する一時金といえる。

④ 賃料その他の借地条件の変更を伴う場合

賃料が近隣の相場より安いが，これを値上げせずに将来予想される差額の全部又は一部の現価額を更新料として授受する場合，堅固建物への建替え，再築，増改築，名義書換えの承諾料を含めて更新料として授受する場合が考えられ，その額は，借地条件等の変更内容に即した金員となる。

⑤ 債務不履行による解除を修復するものとして更新される場合

この場合の更新料は，債務不履行の内容，解除権の行使による明渡しの可能性の程度，債務不履行に対する地主への謝罪金等を考慮して求めることになる。

〔5〕 更新料支払契約の有効性とその性格

　地主から更新料の支払を請求された場合にあっても，借地人は自分に落度がなく，また，建物の朽廃や正当事由による借地権消滅の危険性がない場合（前記〔4〕①の場合）には，借地人は更新料の支払を拒み，法定更新を選択することができる。このような場合の更新料支払の合意は，更新料についてこれを支払うべき合理的理由は存しないか（地主との関係を円滑にしておきたいというような主観的事情はこの際考慮しない），更新料の支払契約は借地契約の更新を条件とした一種の贈与契約と解すべきであろう。これに対し，前記〔4〕②から⑤までの場合には，更新料の内容にある程度法的にも経済的にも合理性が認められるから，支払額を定めた更新料支払の合意は，一種の和解契約と考えてよい。そして，いずれの場合においても，借地人の窮迫，錯誤に基づくものではない限り，その有効性を認めて差し支えない。したがって，更新料支払の合意がなされたのにその支払を怠ると，当該契約の債務不履行となることは当然である。

〔6〕 合意更新料の不払いの効果

　合意された更新料が支払われなかった場合の更新契約及び借地契約はどうなるであろうか。まず，更新料の支払が更新契約の効力発生の停止条件とされている場合には，更新料の支払がなければ更新契約は効力が発生せず無効となる。また，更新料の支払が更新契約の効力発生の条件とされていない場合であっても，更新料の不払いは更新契約の債務不履行であり，催告のうえ解除することができることについては異論がなかろう。
　問題の1は，更新契約が無効又は解除された場合に，借地契約は法定更新されたことになるか，である。契約更新の合意は，借地条件の変更と更新料を介在として借地人の法定更新の権利を放棄したものであるから，更新契約が無効又は解除されても法定更新権は回復されないと解する余地がないわけではない。しかし，借地法上は借地人の法定更新権放棄の合意は，借地人に不利な特約として無効と解すべきであるから，法定更新の要件が具備していれば，法定更新

は成立するものと解してよい。これに対し，期間満了時に建物が存しない場合において更新契約がなされたが，その後当該契約が無効又は解除された場合は，法定更新は成立しないと解すべきことになる。

　問題の2は，合意更新料の不払いを理由として，借地契約自体を解除することができるか，である。更新料の支払の合意が，借地契約の重要な要素に組み込まれていると考えられる場合において，かつ，当該借地契約の経緯，更新料支払の合意がなされた事情，その他諸般の事情を総合的に考慮し，更新料の不払いが当該借地契約の信頼関係を破壊する重大な背信行為にあたる場合には，借地契約そのものを解除することができると解するのが相当であろう（最判昭59・4・20民集38巻6号610頁）。ただし，「更新料は……，どのような趣旨で支払われようと，当事者は更新後の賃貸借契約を円滑に継続することを前提としてそれ相応の更新料の支払を約束したものであるから，更新料の支払約束は更新後の賃貸借契約そのものの内容とまでは言えないとしても賃貸借の重要な要素の一つに組み込まれたものとみるべき」であるとの考え方には賛同し得ない。現実に支払われる更新料には種々の性質のものがあり，少なくとも前記〔4〕①の場合の贈与としての性格を有する更新料については，借地契約との牽連性は極めて薄いものであり，その不払いを主要な理由とする借地契約の解除は認められるべきではない。

〔7〕　借地非訟事件と更新料

　借地非訟事件のうち，更新料が問題となるのは，従来は借地条件の変更の場合であった。すなわち，借地法上の借地条件の変更の主たるものは，非堅固建物から堅固建物への建替えの場合であり，この場合には期間が30年に延長されるのが例であった。そこで，条件変更承諾料の算定にあたっては，借地権の効用増（端的にいえば借地権価格の増価）のほかに，本来の期間満了時に収受することができたであろう更新料相当額を考慮することができるか，が問題とされた。しかし，更新料支払の合意がなされない限り，借地人に更新料支払義務は存しないのであるから，これを加算することはできないと解すべきである。ただし，借地条件の変更がそう遠くない時期において，更新料が支払われてい

た事実は，借地契約の従前の経過等一切の事情として，承諾料の算定にあたり考慮することに問題はない。

〔8〕 更新料の経済的問題

法律問題と密接な関連を有するが，更新料の経済的問題について簡単にふれる。

(1) 権利金との関係

権利金は，新たに借地権を設定する際に，借地権設定の対価若しくは借地権又は借地権価格の買取りの対価として借地人から地主に支払われる一時金である。権利金と借地権価格は，経済理論的には密接な関連を有するが，現実に支払われる権利金と借地権価格との間には相関関係は認められない。更新料は，借地権価格に対する権利金の目減り分を充当するものとする考え方もあるが，借地権価格に見合った権利金が支払われているケースのほうが稀であるし，借地権価格（割合）が契約当初より高くなった場合に，借地人がその差額を当然に補充しなければならない理由はないから，この考え方はとり得ない。権利金と更新料との間には，何ら経済合理性のある関係はないというべきである。

(2) 借地権価格との関係

借地権価格とは，当該借地について借地人に帰属する経済的利益を貨幣額で表したもの，換言すれば借地権の市場価値，収益価値をいう。借地権は，期間の満了に近づくと一般的にその価格が低下する傾向が見受けられるが，これは正当事由に基づく更新拒絶等による借地権消滅の危険性を反映したものといえる。更新料は，借地権の残存期間が十分あり，消滅の危険性がない場合における客観的な借地権価格と，期間満了時の借地権消滅の危険性のある具体的借地権価格との差額を充填するとも考えられる。この考え方によると，更新料は，客観的借地権価格に，借地権消滅の危険性その他従前の契約の経緯等諸事情を考慮して定めた一定の割合（具体的更新料割合）を乗じて求めることになる。実際の更新料の支払は，この考え方により説明できる場合が少なくないように思われる。

(3) 賃料との関係

　更新契約の交渉過程において，更新料を支払うので賃料の値上げはしないとか，更新料を支払う代わりに，その分，賃料を値下げするということが行われている。また，更新料の性格について，更新前の賃料が安かったから，その分を補塡するものである，あるいは，更新後の適正賃料と実際に支払われるであろう賃料との差額を，あらかじめ一時金として支払うものとする考え方もある。このような観点からすると，賃料と更新料との間に何らかの関係があるように思われるかも知れない。しかし，それは２つの点で妥当でない。

　まず，第１にこれらの考え方の前提には，更新時における賃料改定は，従前の契約関係の清算と更新後の借地条件（適正賃料）の設定が含まれるべきことが当然のこととされているかのようである。しかし，合意更新によらず法定更新によった場合，借地条件は従前の契約と同一の条件で更新されたものとみなされるわけであり，賃料についても同様である。賃料の改定は借地借家法11条１項の要件が充足したときに行うことができるのであって，契約更新時に必ず改定請求ができるわけではない。また，更新後の相当賃料額の決定にあたって，更新前の賃料が安かったことを当然に考慮すべき必然性はない。

　第２に，土地の賃料について，いくらが適正であるかの理論はまったく不毛といってよい。近隣の賃料と比較することはできるが，その近隣の地代が適正である保障はどこにもない。土地の賃料は，法学的にみれば土地使用の対価ということになろうが，現実の賃料が，土地の利用価値・収益性を反映して定められることは，ほとんど期待できない。また，土地を金銭資本と同様に考え，土地価格に一定の利率（金利相当）を乗じて賃料とする考え方もあるが，基本的に誤っているというほかない。土地の価格は収益性を反映して，すなわち，土地を使用することにより生ずる収益を資本還元して（具体的には，収益を還元利回りで除して）求めるものであり，先に土地価格が存するわけではないからである。賃料はこの収益の一部の配分であるが，仮にこの収益に対する賃料の適正な配分割合を定めることができ，かつ，その適正割合により算出された賃料と実際に支払われている賃料との間に差額が発生しているとすれば，その差額について，契約更新の際に清算することは経済的に合理性が認められるが，これを法的に強制すべき根拠はない。何よりも，収益に対する賃料の適正配分

率を発見することができない以上，更新料が賃料の一部を補填するとの考え方をとることはできない。

〔9〕 更新料の今後

　更新料は，地価が間断なく値上がりしていた時代において，地価の高騰に賃料の値上げが追いつけず，また借地権価格（割合）の上昇，並びに期間の満了によっても借地権を消滅させることのできない地主の不満，あせりといったものが反映して生まれた社会的現象といえる。しかし，1990年代後半の地価の大幅な下落傾向の継続と，不動産収益の悪化は，更新料の支払についても顕著な変化が見受けられるようになった。すでに，バブル経済の絶頂期において支払が不可能となった借地人らは更新料を支払わないですむ法定更新の途を進んで選択するようになっていたが，バブル経済崩壊後は，地価（すなわち借地権価格）の下落，経済不況の相乗効果により，この傾向はさらに強くなっているように思える。本来，支払う必要のない更新料を支払い，また支払うことができたのは，常に右肩上がりの経済と地価（借地権価格）の上昇の現実と将来の期待があったからであろう。今日，更新料を支払うべき理由は一般的には存しない。ただ，前記〔4〕②〜⑤の場合のように，一種の和解金の性格を有すると考えられる場合には，その問題部分の補強として一時金を支払うことは合理性が認められる。しかし，そのような事情を捨象して実際に支払われた和解金を一般化して更新料としての性格づけをすべき今日的意義はもはや存しないというべきである。

第6節　借地非訟事件に係る承諾料

〔1〕 賃借権譲渡承諾料

　借地上の建物を第三者に譲渡すると土地の賃借権についても譲渡若しくは転貸の効果が生ずることから，借地人は建物を第三者に譲渡しようとするときは，賃借権の譲渡・転貸についてあらかじめ地主の承諾を得るか，裁判所の代諾許

可（借地借家19条）を受ける必要がある（民612条）。この地主の承諾又は代諾許可にあたって，借地人から地主に支払われるのが賃借権譲渡・転貸承諾料であって，借地非訟手続における同承諾料の額は，一般の慣行を反映して，借地権価格の10％前後とされているようである。

〔2〕 借地条件の変更及び増改築承諾料

　木造建物所有目的の借地契約において，借地人が鉄筋コンクリート造の建物を建築しようとするときは，借地条件の変更について地主の承諾又は裁判所の代諾許可（借地借家17条1項）を得なければならない。地主に無断で契約内容と異なる建物を建築すると用法違反として契約解除事由となる。他方，増改築を制限する特約がある場合も地主の承諾を得ないで建物の増改築をすると契約解除事由となるから，借地人はあらかじめ増改築について地主の承諾又は裁判所の代諾許可（借地借家17条2項）を得る必要がある。これらの承諾又は代諾許可の際に，借地人から地主に支払われるのが条件変更承諾料，増改築承諾料である。

　非堅固建物から堅固建物への条件変更の場合の承諾料は，非堅固建物所有の場合の借地権価格と堅固建物所有の場合の借地権価格の差額が一つの基準となり，おおむね更地価格の10％程度と考えてよい。また，増改築承諾料は，増改築の規模，程度，借地契約の残存期間等により異なるが，全面改築の場合で更地価格の3％程度というのが一つの目安となろう。

第7節　建物買取請求権

〔1〕 建物買取請求権の種類，根拠

　借地権が消滅した場合に借地上の建物をどのように処理するかは，土地と建物の法律制度，借地人保護の必要性，建物の保護に対する国家社会的要請などにより異なる。借地法4条2項，借地借家法13条は更新がない場合について，また，借地法10条，借地借家法14条は土地賃借権の譲渡・転貸について地主

の承諾が得られない場合，建物所有者である借地人又は無断譲受（転借）人は地主に対し，建物その他借地人が権原により附属させた物（以下「建物等」という）の買取請求権を有することを規定している。

〔2〕 建物買取請求権の存在理由

　更新がない場合の建物買取請求権は，契約の更新なく借地権が消滅した場合，本来であるなら借地人は建物を収去して土地を原状に復して返還しなければならないが，地主としては，最低でも20年間借地上に建物を建築することを認めたわけであるから，契約が更新されない場合に借地人に直ちに建物を取り壊して土地を明け渡さなければならないということは，借地人の負担はもとより，国家社会的な損失も少なくない。他方，地主は正当事由の存在が認められるとしても，ともかく借地権が消滅して土地が戻ってくるわけであるから，その経済的利益は大きい。この借地人と賃貸人の利害の衡平を図り，かつ国家社会の経済的損失を少しでも少なくしようとするのが借地法4条2項（借地借家13条）の趣旨であろう。

　これに対し，賃借権の譲渡・転貸について賃貸人の承諾が得られない場合の建物買取請求権は，賃貸人の承諾を得ずに賃借権の譲渡・転貸がなされた場合，賃貸人は契約を解除し，土地の返還を受けることができるが，賃貸人は，借地人の偶然の行為により思わぬ利得を受けることとなる。特に借地期間が相当残っている場合，また建物の価値が高い場合などは，直ちに建物収去土地明渡しを求めることができるとすると，第三取得者の受ける損失は，賃貸人の受ける利益に比べあまりにも大きいといわねばならない。土地賃借権が現在のように社会的にも経済的にも機能してくると，その権利の譲渡・転貸に際し，たまたま承諾を得ないという一事をもって借地権をすべて消滅させてしまうのは，賃借権の物権化傾向を志向する時代にそぐわないものであり，かかる場合に建物取得者の権利を少しでも擁護し，また，地主が借地継続に翻意することを期待して借地法10条（借地借家14条）は規定されたものと考えられる。

　このように，借地法4条2項（借地借家13条）と同法10条（借地借家14条）の立法趣旨は異なり，またその要件も異なるが，建物買取請求権を行使すること

によって擁護される利益，ないしは保護される法益（借地権存続に対する期待，若しくは借地人の投下資本の回収）は同様であり，この請求権行使の方法や効果も同様と解してよい。建物の時価について論ずる場合も，両条による差異を認める必要は基本的には存しないものと考えられる。

ただし，正当事由に基づく更新拒絶による明渡しの場合に，移転料が支払われることがあり，この移転料と建物買取価格との間に密接な関連を有することがある。

〔3〕 建物買取請求権行使の要件

建物買取請求権を行使することができるのは，借地法4条2項（借地借家13条）にあっては，借地権は消滅したが更新のないこと，借地法10条（借地借家14条）にあっては，賃借権の譲渡・転貸につき賃貸人の承諾がないこと，並びにいずれの場合もその土地上に建物等が存在することが必要である。

かつては，借地法4条2項の建物買取請求権に関し，借地人の賃料不払いあるいは用法違反等の債務不履行により契約が解除され，借地権が消滅した場合にも認められるか争いがあったが，判例は，「借地法4条2項の規定は誠実な借地人保護の規定であるから，借地人の債務不履行による土地賃貸借契約解除の場合には借地人は同条項による買取請求権を有しないものと解すべきである」（最判昭35・2・9民集14巻1号108頁）としていた。

なお，賃借人が破産した場合，賃貸人は賃貸借の解約を申し入れることができる旨の民法旧621条の規定は廃止されているが，旧621条の解約が認められる場合にあっても，この解約の申入れには正当事由を必要とするのが判例であり（最判昭48・10・30民集27巻9号1289頁），この場合には，正当事由に基づく更新拒絶の場合に準じて買取請求権を認めるべきであろう。破産は債務不履行にあたらないとの理由で，買取請求権を認めるのが判例である（東京高判昭47・3・30東高民時報23巻3号40頁・判時666号52頁・判タ278号306頁・金判399号9頁）。

〔4〕 建物の時価

(1) 時価算定の基準時

建物買取請求権は，一種の形成権であり，その行使により借地人又は第三取得者と賃貸人との間に，その土地上の建物を買い取るという売買契約類似の効果が生ずるものと解されている。したがって，時価算定の基準時は，買取請求権を行使した時であり，期間満了，更新拒絶の時ではなく，また第三者の建物取得，賃貸人の不承諾の時でもない（大判昭11・5・26民集15巻12号998頁）。

(2) 「建物の時価」の意味

問題は，建物買取請求権行使により土地所有者が支払うべき「建物の時価」とは何かである。時価は客観的に定まり，当事者の主張する金額には拘束されない。時価を低く示していてもその価格で売買が成立するわけではなく，また示された時価が高すぎても買取請求権の効力には何ら影響はない。買取請求が訴訟上行使された場合（買取代金請求の場合と，抗弁として代金と引換えに建物引渡し等に応ずるとする場合があるが，いずれの場合にも）は，裁判所は請求者又は抗弁者の主張した金額以上の判決はできないが，これは訴訟法上の問題であり，建物の時価が客観的に定まることとは問題が別である。

結局，裁判所は，買取代金請求を認容する場合も，また，買取代金と建物明渡し等との引換給付判決をなす場合も，買取代金を確定した上これらの判決をなすべきであって，第三取得者が買取請求を主張し，代金の支払があるまで建物の引渡しを拒む抗弁を提出した事案について，代金額を確定しないで単に相当代金の提供と引換えに明渡しを命ずる判決は違法である（大判昭9・6・15民集13巻13号1000頁）。いずれにしても，建物の時価，すなわち買取代金額の決定は裁判所が容易になすところではないので，多くは鑑定を経て決定されることになる。

(3) 建物の時価の内容

建物の時価とは，文言的には，建物それ自体の価格と解するのが素直であろう。しかし，建物の時価とは，建物が建っている状態，すなわち建物としての機能を有している状態における価格であり，建物を取り壊した場合の動産，す

なわち単なる廃材としての価格でないことも当然である（最判昭35・12・20民集14巻14号3130頁参照）。

建物自体の価格について、判例は、建物の新築と同時に買取請求のなされた場合にはその建築費相当額、その後になされた場合には、大体においてその建物と同等の資材をもって買取請求当時にその建物と同様の建物を新築する価格から、その建物が使用に耐えない状態に至る総耐用年数に対し相対的に考えられる実際の経過年数に応じた減損価格を控除した純建物価格によることが最も妥当であるとしている（札幌高函館支判昭34・4・7高民集12巻3号66頁・判タ91号60頁）。妥当な考え方といえよう。

(4) **建物の時価と借地権価格**

問題は「建物の時価」の中に借地権価格ないしは場所的利益が含まれるかである。借地権価格については、借地法4条2項（借地借家13条）は借地権が消滅した場合、同法10条（借地借家14条）は建物取得者が借地権を取得できない場合に買取請求権が発生するものとしているから、建物の時価の中に、借地権価格そのものが含まれるということはできないであろう。かつては借地法10条の建物の時価に関し、「本件建物の時価は、買取請求当時建物について当該借地権がなお存続するものとしてこれを標準とした額」とする判例も存したが（東京控判昭13・8・25評論27巻諸法816頁）、今日においては借地権価格そのものが含まれないことに判例はほぼ一致しており（借地法10条に関し大判昭7・6・2民集11巻13号1309頁、同法4条2項に関し大判昭17・5・12民集21巻10号533頁ほか）、学説の多くはこれに同調する。これに対し、借地権価格を含めようとするもの、また、買取価格に借地権価格を含めないのは問題であるとし、事実上は建物の時価の中に借地権価格が含まれているとする説も有力である。

(5) **場所的利益**

建物の時価に借地権価格を含めるべきでないと解する場合、建物の場所的環境を考慮することができるかが問題となる。

「買取請求ありたる場合の建物の時価は、いわゆる新築価格や取り毀し価格ではなく、また借地権価格を伴う建物の交換価格でもなく、建物そのものの利用価格であって、建物の利用のためには必然その敷地の利用をみるものであるから、敷地の利用を考慮に入れていない建物の利用価格を算出する如きは不能

のことに属する」として，敷地の利用価格を認めた判例（東京控判昭11・6・15新聞4024号16頁）も存したが，多くの判例は否定的であった。

　前掲大判昭17・5・12は，借地の場所的経済価値等を加算すべきではないという点について，家屋の場所的価値と称するものは，その実土地の権利の価値にほかならないとし，また上告人の土地の場所的価値を加算しない限り家屋の価格は材料の価格にすぎないとの主張に対し，その場合も材料に労力，特別技能等を加えて完全なる家となしたるものの，全体としての価値を抽象して考えられるはずであるとし，さらに老舗価値とか，土地の場所的価格が昂騰したのは借地人の努力によるものだから考慮すべきだとする主張をいずれも排斥している。

　また，前掲札幌高函館支判昭34・4・7も，建物の時価とは建物が現存するままにおける価格であるが，敷地の借地権価格は包含せず，換言すれば建物の存在する環境によって異なる場所的価値はこれを含まず，したがって，建物が辺鄙な所にあると，また，繁華な所にあるとを問わず，その所在場所の如何によって価格を異にしないものと解するのが相当であるとした。

　これに対し，前掲最判昭35・12・20は，「建物の時価とは建物が現存するままの状態における価格であり，それは該建物の敷地の借地権そのものの価格は加算すべきないが，該建物の存在する場所的環境については参酌すべきである。なぜなら，特定の建物が，特定の場所に存在するということは，建物の存在自体から該建物の所有者が享受する事実上の利益であり，また建物の存在する場所的環境を考慮に入れて該建物の取引を行うことは一般取引における通念である」と判示した。その後，場所的環境を考慮した多くの下級審判例が出て，現在では学説，判例とも建物の時価には建物の場所的利益を含めることに固まっているといってよい。

　今日においては，借地借家法13条及び14条の建物買取請求における建物の時価とは，建物自体の価額に場所的利益を加算したものということになる。

〔5〕　場所的利益についての判例の動向

　場所的利益とは，経済的には建物の価格の問題ではなく，土地価格の問題で

第7節　建物買取請求権　〔5〕　場所的利益についての判例の動向　483

あるから，これを考慮することは，すでに借地権の価格を若干加味していることになる。といっても，借地権価格そのものは否定されているから，借地権価格でもなく，また建物自体の価格でもない，建物に根拠づけられる場所的利益とは何かが問題となる。この問題を解明する前に，建物の時価に関する主要な判例をみることにする。

①　前掲最判昭35・12・20は，場所的環境について参酌すべきとしながら，原判決において判定した本件建物の時価は，建物が現存する状態における建物自体の価格を算定しており，本件建物の存在する場所的環境がおのずから考慮されているとみられるとして，結論的には原判決を支持している。

しかし，その控訴審判決（前掲札幌高函館支判昭34・4・7）をみると，書証として提出された鑑定書について，敷地の借地権の価格を包含するものとして，また控訴審鑑定人の鑑定結果が場所的環境を若干考慮に入れたものであることが認められるとして，いずれも排斥しており，結局，一審鑑定人が鑑定した借地権の価格を包含しない，現存するままの状態における建物自体の価格をもって当該建物の時価としている。

そして，同判決によれば建物自体の価格とは，建物の新築価格から，当該建物の耐用年数に対する当時までの経過年数に応じた減損価格を控除した，純建物価格によるというのであるから，最高裁判決が，「原判決を熟読玩味すれば同建物価格には本件建物の存在する場所的環境が自ずから考慮に入れられていることを看取するに難くない」といえるかは極めて疑問である。

②　東京地判昭36・5・12（判タ122号62頁・判時263号14頁）は，適正な買取価格とはいわゆる場所的利益を考慮して算定すべきものであり，かかる価格を示現するものは，当該建物の借地権付売買価格から借地権の価格を控除した額にほかならないとする。

しかし，借地権付建物の売買価格から借地権価格を控除したものは建物自体の価格であって，判旨のいう場所的利益が含まれているとは考えられないから，これをもって建物の時価とすることは疑問である。

この判決において鑑定人は，借地権のない建物の売買については建物の場所的経済価値として借地権価格の15％に相当する金額が，建物の固有価格に加算されて実際の売買代金が定められるのが一般の慣例であるとし，本件建物の

買取価格は建物の固有価格と，建物の場所的経済価値の合算額とするのが相当であると鑑定したのに対し，判決は右鑑定における「建物の場所的経済価値」とは，ここでいう場所的環境ないしは場所的利益とは別個のものであり，その実質は建物を収去して土地を明け渡すために要する訴訟費用，弁護士報酬，交通費，食事費，日当相当額等によりなることは鑑定書の記載自体から明らかであるから，一般取引の場合は格別，訴訟が提起され，借地権がないことが確定されている場合の買取価格には適用されるべきではないとして排斥している。

しかしながら，鑑定人の示した「建物買取価格＝建物の固有価格＋建物の場所的経済価値」の公式はまさに当を得ており，ただ建物の場所的経済価値の把握が適切でなかったものと解せられる。

③　この点，東京地判昭37・9・21（判タ169号192頁）は，場所的利益価値の算出方法として鑑定人が行った借地権の価格に準拠する方法を首肯し得るものとして採用し，本件家屋の固有価格と，その敷地について更地価格から建付減価相当額を控除し，これに借地権割合を乗じた場所的利用価値を合計したものをもって当該建物買取価格とした。

④　大阪高判昭40・2・4（判時405号27頁）も，買取請求は敷地利用権のない建物を対象とするものであるが，その建物を現在地に存置したまま賃貸人に引き渡すことを内容とするものであり，賃貸人が先に賃借人の権限を認めてその敷地上に建物の所有を認めた以上，買取請求に際し賃借人の過去の権原に原因する敷地価格の取得のうち，事実状態から生ずるものだけをそのまま賃借人の利益として承認したわけであるから，その中に一種の土地利用価値を含むことは当然承認されるべきだとし，本件建物の買取価格は，建物自体の価格と場所的利益を合算した金額である旨判示した。

⑤　東京高判昭43・1・20（東高民時報19巻1号3頁・判タ221号180頁）は，建物の時価とは，建物が現存する状態でその所有権を取得するために要する売買の価格であるとし，その価格算定にあたっては，その建物の所有者が享受する事実上の利益，別言すればその建物の利用価値を念頭に置くことが必要であり，そのためには交通の便宜，環境の良否等の地理的環境，営業用建物か居住用建物か等の使用目的，使用状況，建坪，敷地面積等の建物及び敷地の状況その他一切の場所的環境を参酌しなければならないと判示した。もとより一般論とし

第7節　建物買取請求権　　〔5〕　場所的利益についての判例の動向　　485

ては妥当である。

⑥　最判昭47・5・23（裁判集民106号87頁・判タ278号136頁・判時673号42頁）は，場所的環境を参酌した建物の価格は，敷地の借地権価格に対する一定の割合をもって一律に示されるものではなく，また，収益還元法に依拠してのみ定めるべきものでもなく，要するに建物自体の価格のほか，建物及びその敷地，その所在位置，周辺土地に関する諸般の事情を総合考察することにより，建物が現存する状態における買取価格を定めなければならないものと解するとして，物理的な本件建物自体の価格が40万5000円ないし45万9000円であることのほか，これに加えて，その所在場所の交通の便，周辺土地の利用状況，本件建物及び敷地の使用目的，面積，並びに過去における取引価格など，適法に認定した諸般の事情を総合して，本件建物価格は130万円をもって相当とする旨判断した原判決認定の本件建物価格は，場所的環境を参酌した価格として相当であると判示した。

　ところで，この判決の前審である前掲東京高判昭43・1・20（前出⑤の判例）は，一般論として場所的環境を参酌しなければならないことを説示したことは前述のとおりであるが，その具体的な認定において，建物自体の価格にいわゆる場所的利益として借地権価格の25％を加算して求めた鑑定結果に対し，「その割合を25％とする根拠が必ずしも明らかでないから，右鑑定結果はただちに採用できない」とし，また建物買取請求価格は本件建物から得られるべき収益を還元することによって算出される価値からも論証され得るとした鑑定結果に対しても，「かくして算出された価値は，ひっきょう借地権のあることを前提にしているかないしはその価値の相当部分は借地権の価値に包含されるべきものと思われるから，買取請求価格に借地権の価格を算入しているものといわざるをえず，右の評価にも従えない」として，いずれも鑑定結果を排斥している。それでは，いかなる認定をしたかといえば，建物買取時よりも7年も前に成立した本件建物の売買価格（適法な譲渡承諾のなされた借地権付であったか否かは不明であるが）130万円をもって買取価格として相当としているが，両鑑定結果に比べると（他に参酌すべき事情はあったにせよ）極めて不合理な認定といわざるを得ない。

⑦　建物の時価について特異な判例として，最判昭53・7・17（裁判集民124

号399頁・判時909号48頁・金法874号28頁・金判560号31頁）がある。これは，借地法10条に関し，原審が本件建物は建築以来ほぼ40年を経過し取引上の価値がないと認め，買取請求権の成立を否定したのに対し，本判決は原審が本件建物を取引上無価値と認める唯一の証拠とした鑑定人の鑑定書には，借地権のない場合の本件建物の売買価格は0円であり，その理由として，借地権のない，すなわち存立の基盤となる土地の使用権を欠く建物は解体撤去するほかなく，その場合古材は解体費用に満たない旨の記載があるにすぎないのに反し，かえって本件建物は医院開業中であり，同鑑定書によれば本件建物の維持，管理は良好であって少なくとも10年の残存耐用年数を有するとするのであるから，一般取引上の価値が零であるというだけで，買取請求の目的となった建物の時価を零と算定して建物買取請求権の成立を否定するのは相当でないとして，原審に差し戻したものである。

　本件の場合，建物が現に医院として開業され使用されている場合であり，前記各判例の場所的利益ないし場所的環境を認める趣旨からして，本件の建物の時価が零となることは通常あり得ないことであるが，たまたま鑑定書に「建物を原状のまま一括して使用する者に売却する場合を仮定し，その相当売買価格」の鑑定評価額として「借地権のない場合0円」と記載されていたため，このような一見常識的には考えられない判決が出てしまったわけである。鑑定の命じ方にも多少問題があったかもしれないが，鑑定人が建物買取請求における建物の時価についての配慮があれば，また異なった結論となっていたものと思われる。

　なお，期間満了直前に建物が火災により焼失し建物としての機能的，経済的効用の98％が失われた場合には，建物買取請求における建物には該当しないとみるのが相当であるとする下級審判例がある（神戸地判昭53・4・5判タ369号271頁）。

〔6〕　場所的利益の算定方法

　いわゆる場所的利益は，借地権価格そのものではないが，建物の価格の問題ではなく，土地の価格の問題であり，場所的利益を考慮するということは，実

質的にはすでに借地権価格の一部を加味していることになる。したがってこの場所的利益の算定にあたっては，借地権の価格に依拠し，当該建物とその敷地の関係等建物がその土地上に存することによる事実上の経済的利益を考慮して，適正なる価格を求めるのが妥当であろう。

　借地権価格を一応の基準とすることの理論的根拠としては，借地権価格の発生原因から考えなければならない。すなわち，土地賃貸借契約時に借地権価格相当額の権利金を支払った場合には，当然その土地の所有権価格の一部が譲渡されたものとみることができるが，権利金の支払がない場合でも都市部においては，相当の借地権価格が認められるのが通常であり，借地権価格発生の原因としては，前者の場合は創設的に借地権価格が発生したとし，後者の場合には自然発生的に借地権価格が発生したものといわれている。

　これに対し，地方農村部においては借地権は存するが，取引の対象となる借地権価格が発生していない地域が存するのも事実である。しかし，その場合であっても公共事業における損失補償にあっては，当該借地権の消滅による被収用者の損失は補償されるのが通常であり，このことは借地権の取引慣行がない場合であっても，借地法によって保護されていることによる経済的利益が存することの一つの証である。

　すなわち，一般に借地権価格といわれているものの中には，借地法によって保護されていることによって発生する法的保護利益部分と，それ以外の部分，すなわち，地価の上昇に対する借地人の寄与配分利益及び取引慣行のある地域では付加価値利益があることがわかる（前述本編第1章第2節〔1〕参照）。このことは，また，借地権が消滅した場合であっても，従前有していた借地権価格から，適法な借地権の存在を前提としたいわゆる法的保護利益及び付加価値利益を控除した残りの，事実上の利益相当分若しくは借地人の寄与配分利益が存するということができるはずである。

　建物買取請求における建物の時価に，建物自体の価格のほか場所的環境ないし場所的利益を含めようとし，またその経済的価値の把握に際して借地権価格を一応の基準として算出する判例，鑑定評価手法には，それなりの合理性が存するのである。したがって，いわゆる場所的利益の算定方法は，借地権価格に依拠し，そのうちの土地上に建物が存することによる事実の利益，借地人の寄

与配分利益がどれだけか，換言すれば，借地権価格から適法な借地権の存在ないしは借地法によって保護される利益の経済価値分を控除することによって求めるのが，理論的にも妥当であろう。

問題は，借地権価格の中に含まれるいわゆる場所的利益をどのように判定するかである。判例に現れた場所的利益の具体的算定方法としては，次のものがある。

① 前掲東京地判昭37・9・21は，以下のとおりとした。

$$\{更地価格 - 建付減価相当額（3\%）\} \times 借地権割合（80\%）\times 場所的利益割合（50\%）= 場所的利益価格$$

② 前掲大阪高判昭40・2・4は，建付地価格の15％相当額をもって場所的利益とした。

③ 横浜地判昭41・12・24（判タ205号166頁）は，他に賃貸し，その賃料によって収益することを目的とする建物の時価を，同建物の残存耐用年数期間中に生ずるであろう純収益総額の現価額に，耐用年数経過後の建物の残存価格を加えた価額をもって，場所的利益価格を反映した本件建物の時価とした。

④ 東京地判平3・6・20（判タ772号208頁・判時1413号69頁・金判892号39頁）は，建物自体の価格に加算すべきいわゆる場所的環境について，借家人付建物で現行の賃料は1ヵ月10万円程度とかなり低廉であって，借家人側の経済状況に鑑みると賃貸用建物としても十分な経済的活用を図るには種々困難が予想されることなども併せ考えると，更地価格の12％，3000万円程度が相当と認められるとした。

未だ判例の数も少ないが，鑑定の実務からいえば，借地権価格の3分の2程度は法的保護利益ないし付加価値利益といえるが，その余はいわゆる寄与配分利益と解することができる。したがって，借地借家法13条，14条により建物買取請求権が行使される場合は，借地権が存しないのであるから，法的保護利益ないし付加価値利益は存しないが，後者の寄与配分利益は残存することになる。この寄与配分利益の全部又は一部について，借地人の寄与度，建物の残存耐用年数，本来の契約期間，更新ありとすれば予定される更新料の額その他の諸事情を考慮して，場所的利益価格を求めることになろう。

〔7〕 建物の時価算定上の個別の問題

(1) 建物に抵当権等が設定されている場合

　建物に抵当権が設定されている場合，あるいは仮登記の設定がある場合の建物買取りの時価は，これらの負担を考慮して求めるのが理論的である。しかし，抵当権が設定されている場合に，その負担の額を定めることは買取請求権者の一般財産との関連もあり不確定要素が多いから，抵当権付建物の時価を求めることは困難といえる。このことは，仮登記（例えば，所有権移転請求権保全の仮登記）がなされている場合も同様である。したがって，抵当権の設定登記がある場合及び仮登記がなされている場合には，建物の時価はこれらの設定がないものとしての価額を求めればよく，ただ，買主である土地所有者は，抵当権付建物にあっては，民法577条の抵当権消滅請求がなされるまで，また，建物に仮登記あるときは，民法576条により仮登記された権利が消滅するまで，代金の支払を拒絶することができるものと解すべきであろう（最判昭39・2・4民集18巻2号233頁）。

(2) 建物が賃貸されている場合

　建物に借家人がいる場合の建物の時価は，借家人が存しないとした場合の（空家としての）建物の時価から借家権価格を控除した価格であるが（東京地判昭33・5・14下民集9巻5号826頁・判タ83号67頁・判時154号12頁），当該借家人に対し同時に明渡しの判決がなされる場合は空家価格によるべきである（東京地判昭36・5・12判タ122号62頁・判時263号14頁）。借家人がいる場合の買取価格の算定について，建物の空家価格を投下資本とみて，妥当と認められる利回りにより資本還元した金額を標準として得られた相当な借家権価格を，空家価格から控除して建物の時価を算定するとの判例もある（東京地判昭43・3・25判時540号45頁）。

　なお，借家人から預け入れられた権利金，敷金等が高額のため，借地人に建物買取請求権行使により土地賃貸人が負担する借家権価格等が建物の時価より大きく，しかも，このような負担の発生が土地の無断譲渡後になされたような場合には，特段の事情がないかぎり，建物買取請求権の行使は許されない（東

京高判昭56・6・2下民集32巻5～8号411頁・東高民時報32巻6号135頁・判時1010号49頁・金判631号20頁)。

(3) 契約に違反した建物が建築されている場合

建物の時価算定の基礎となる建物は，有効な借地契約に基づいて建築されたものであることが必要である。借地人が契約に違反した種類，構造の建物を建築した場合はまったく買取請求権がないとする判例があるが（鳥取地判昭30・3・3下民集6巻3号390頁)，約定どおり建築された場合に残存しているであろう建物の想定残存価格を基準にすべきであろう。これに対し，基礎となる建物が増改築禁止の特約に違反している場合は，建物の時価の基礎となる建物は増改築建物とし，ただ増改築部分の差額については，賃貸人の支払の猶予期限を与えると考えるのが妥当であろう。

(4) 賃借権の無断譲受人が増改築した場合

賃借権を賃貸人の承諾なしに譲り受けた第三者が，同建物に増改築を加えた場合については，第三取得者は原則として譲受当時の原状に回復した上でなければ，買取請求権を行使することはできず，ただ同増築が建物の維持・保存に必要であるとき，又は些細のもので建物の価格を著しく増大せしめることがなく，賃貸人をして予想外の出捐を余儀なくさせるものでないときは，買取請求は否定されるべきでなく，また，第三取得者が同工事の増加した価格を放棄すれば，該建物の譲受当時の状態における価格の範囲内で買取請求権を行使することができるとする判例がある（最判昭42・9・29民集21巻7号2010頁)。

(5) 短期賃貸借期間が満了した場合

民法旧395条により抵当権者に対抗できる土地の短期賃貸借は，抵当権の実行として差押えの効力が生じた後に期間が満了した場合，賃借人は借地法4条，6条の期間の更新をもって抵当権者に対抗できないことについては，判例（最判昭38・8・27民集17巻6号871頁)・学説とも異論がない。

ところで，この場合に賃借人は買受人に対し借地法4条2項の建物買取請求権を行使することができるかについては，建物買取請求権を認めると土地の売却価額は低下を免れず，抵当権者としても土地上にいかなる建物が建築されるかは予想できないため，適正な担保価値を把握することが困難となり，ひいては取引の円滑な運用が阻害され，また民法旧395条但書による解除請求も実効

性に乏しいことを併せ考えると，短期賃貸借には買取請求を認めないことのほうが，抵当権と目的土地の利用権との適正な調和をはかることを目的とした民法旧395条の趣旨に合致するとして，建物買取請求権を否定した判例がある（最判昭53・6・15民集32巻4号729頁）。

しかし，一般的にいえば，更地に抵当権が設定される場合，抵当権者としては地上に建物が建築されるであろうことは予想するのが通常であろうし，これに対し，借地人としては，土地の賃貸借にあたりいちいち登記簿を閲覧して抵当権の設定の有無について調査することは稀であり，また，仮に抵当権の設定がなされていても，将来抵当権が実行され明け渡さざるを得ないようなことになるとは予想もしていない場合がほとんどであろう。このような社会の実態と借地法の規定の趣旨から考えると，買取請求権を認めた原審（東京高判昭52・7・14判時866号129頁・金判552号8頁）の判断がより適切と思われる。

(6) **賃借権の無断譲渡を理由として契約が解除された後に，賃料相当損害金の不払いがあった場合**

第三者が賃借土地上の建物を買い受けたが，地主の承諾が得られず無断譲渡を理由に契約が解除され，さらに解除後の賃料不払いを理由に再度解除がなされた。そこで，第三取得者は建物買取請求権を行使したが，原審（大阪高判昭52・8・31下民集28巻5～8号933頁・判時877号61頁）はこれを認めなかった。これに対し，最判昭53・9・7（裁判集民125号29頁・判タ374号92頁・判時911号112頁・金判561号27頁）は，第三者が賃借土地上に存する建物の所有権を取得した場合において，賃貸人が賃借権の譲渡を承諾しない間に賃貸借契約が賃料不払いを理由に解除されたときは，借地法10条に基づく建物買取請求権は，これによって消滅するが，賃料の不払いはなく，賃貸借契約が賃借権の無断譲渡を理由として解除されたときは，賃貸人はそれ以降の賃料を請求することができず，その後に賃料相当損害金の不払いが生じても，もはやこれを賃料の不払いと同視して賃貸借契約を解除する余地はないものであるから，たとえその不払いを理由とする解除の意思表示がなされたとしても，これによって建物買取請求権が消滅することはないと解するのが相当であるとした。もとより正当である。

(7) **所有者の異なる数筆の土地に跨って建物が存在する場合**

所有者の異なる数筆の土地に跨って存在する建物についての借地法10条の

建物買取請求権は，賃貸人の所有地上の部分について買取請求権があるが（大判昭9・4・24民集13巻7号551頁），当該賃貸人の所有地上に存する建物部分が区分所有権の対象となる場合に限るとするのが最高裁の判例（前掲最判昭42・9・29）である。しかし，このような場合，他の筆の所有者が賃借権の譲渡を承諾しないとしても，借地非訟事件手続により比較的容易に承諾の許可を求め得ること，及び建物の分離による社会経済的損失，たまたま所有者の異なる数筆の土地に跨っているために，買取請求が認められない不合理さ等を考え併せると，かかる場合にも建物全体につき買取請求が認められると解すべきであろう。

◆

第 2 章

借　　家

第1節　借家に伴う経済的問題

　借家に伴う経済的問題は，借地の場合と多くの部分で重なりあうので，ここでは第1章の「借地」において述べたところと異なる事項を主に取り上げる。

〔1〕　借家権設定時の経済的問題

　借家権設定時の経済的問題で最も重要なものは，建物の賃料（家賃）である。借地の場合と同様，当事者の合意により自由に定めることができるが，借地の場合よりも経済合理性に適った額に収斂するようである。すなわち，借家は，昨今においては，一般的に賃料を収受することを目的として建設された建物について採算性を重視し，かつ，近隣の同種建物の賃料との競争原理の下に決定される傾向にあることから，建物賃貸借における新規賃料は，必然的に，地域や建物の種類，構造，用途等により，一定の水準にまとまる傾向が強い。
　このほか，借家権設定時の経済的問題としては，権利金，敷金，保証金あるいは建設協力金等の授受の要否及び額等があげられるが，いずれも地域により慣行も異なり，また，個別の契約内容により異なるものであるから，一般的な水準というものを示すことは困難である。それぞれの一時金の性格，他の契約条件との関連性を考慮して決定することになる。

〔2〕　借家権存続中の経済的問題

　借家権存続中の経済的問題で最も重要なものは，家賃の改定であるが，当事

者間で協議が成立しないときは，借地借家法32条1項の趣旨に則り裁判所が相当額を判断することになる。このほか，修繕費用の負担，必要費償還請求（民608条1項）などが問題となる。

〔3〕 借家権消滅時の経済的問題

借家権消滅時の経済的問題としては，更新拒絶に伴う立退料（借地借家28条），造作買取請求（借地借家33条），有益費償還請求（民608条2項），原状回復費用等があげられる。

第2節　借家権価格

〔1〕 建物賃貸借における敷地の利用関係

建物の賃貸借は，一般的には，建物は貸しているが土地（敷地）は貸していないと考えられているようである。しかし，この考え方は，借地上の建物を他に賃貸した場合に，借地を転貸したことになるかについて，これを否定した判例（大判昭8・12・11裁判例7巻民277頁）が拡大解釈されてきた結果によるものと思われる。わが国の土地・建物の法制度は，多くの諸外国のそれと異なり，土地と建物を別個の不動産としている。このことから，建物の賃貸借においては，建物のみが賃貸借の対象（目的物）であり，土地（敷地）は賃貸借の直接の目的物ではないこととされてきた。それ故に，賃貸建物の敷地の利用関係について議論が展開されてきたし，また，借地借家法（及び借家法）も，賃貸建物の敷地の利用関係については何らの規定も置いていない。

しかし，このような考え方は，極めて非現実的なものであり，建物の賃貸借においては，敷地についてもその建物の利用に必要な範囲の賃借権（それを賃貸借類似の法律関係というかどうかは言葉の問題である）の設定があるものと直截的に理解するのがよいのではないかと思われる（後藤清「建物賃借人の敷地使用権」民商39巻1＝2＝3号39頁）。敷地が賃借権の場合には，無断転貸の問題が生ずるかも知れないが，建物の築造を認めて土地を賃貸した以上，借地人がその建物

を賃貸することによって貸借関係が生じても、それは借地契約の当初から予定されていたことで、民法612条にいう無断転貸にあたらないと解すれば足りるものと思われる。また、土地について転貸借関係が生ずるとした場合、借家人の転借地についての借地借家法上の権利義務が問題となるであろうが、当該権利義務関係は、建物賃貸借関係が存在する限りにおいて、家主を通じてのみ生ずると解すればよい。もっとも、この論を進めれば、家主である借地人が土地の賃料の支払を怠った場合において、地主が借地契約を解除するには借家人に対しても催告する必要も認めざるを得なくなり、催告を要しないとする最高裁の判例（最判昭51・12・14判時842号74頁）にも反することになるが、むしろそれでよいのではないか。いずれにしても、建物賃貸借における敷地の利用関係については、これをめぐる紛争が少なからず存することから、立法的な解決も必要と考えられる。

〔2〕 借家権の価格とは

　借家権とは、借地借家法（又は借家法）が適用される建物の賃借権をいい、借家権価格とは、当該借家権の経済的価値をいう。
　「旧々基準」（本編第1章第2節〔1〕参照。以下同じ）は、「借家権の付着している建物について、借家人に帰属する経済的利益（一時金の授受に基づくものを含む。）が発生している場合において慣行的に取引の対象となっている当該経済的利益の全部又は一部をいう」として、借家権の取引慣行が存在することが前提とされていた。しかし、借地権価格と同様な考慮の下に、「基準」（本編第1章第2節〔1〕参照。以下同じ）は、借家権価格といわれるものには、取引慣行のある借家権である場合と建物の不随意の立退きに伴い事実上喪失することとなる経済的利益等、賃貸人との関係において個別的な形をとって具体的に現れる場合があることを認めた（「基準」各論第1章第3節のⅢ）。
　しかし、借地と異なり（借地については、借地非訟事件手続により、事実上譲渡性が存する）、借家権は一般的には譲渡性を有しないから、借家権価格概念が必要とされるのは、むしろ建物賃貸借の当事者間において、若しくはこれとの関係で（第三者による借家権の侵害等）生ずる借家関係の終了等の場合における利害

調整的な場面が中心となろう。

　借家権価格の内容について，「旧々基準」は，賃料差額の存在とそれが持続する期間を前提に成り立つ借家人に帰属する経済的利益を基礎としていたが，「基準」はこの点特に触れず，借家関係の終了により，不随意の立退きに伴い事実上喪失することとなる経済的利益等としているにすぎない（「基準」各論第1章第3節のⅢ）。しかし，借家権価格についても，法的保護利益及び寄与配分利益は認められるから，その内容については借地権価格と同様に考えてよいものと解する。ただ，借家権そのものは一般に譲渡性を有しないから，付加価値利益は特別の場合を除き，その内容とはならないと解すれば足りる。

　したがって，借家権価格の実質的内容は，法的保護利益と寄与配分利益の複合価値ということになる。借地の場合と異なる点は，法的保護利益について，借地権は正当事由による更新拒絶が認められない限り，ほぼ半永久的に存続し，また，事実上譲渡性を有するが（借地借家19条），借家権については，正当事由による解約等により消滅するほか，建物の滅失によっても消滅するから，その権利は限時的なものといえる。しかし，他方，前述のとおり建物の賃貸借は，事実上敷地の賃（転）貸借を含むものと考えられるから，借家権価格の算定にあたっては，建物のみならず敷地の利用権もその対象とすべきであろう。このことから借家関係の終了にあたっては，それが債務不履行による場合であっても，何らかの利害調整が必要となる場合もあることになる。長期間の借家（戸建ての住宅を50年以上も賃借している場合など）は，借地の場合よりも寄与配分利益が多く認められることもあり，このように考えることが，紛争の現実的な解決に有用となることもある。

〔3〕　借家権価格の評価方法

　借家権価格の評価方法として，「基準」は，借家権の取引慣行がある場合と不随意の立退き等に伴う場合に分け，前者については，当事者間の個別的実情を考慮して求めた比準価格を標準とし，自用の建物及びその敷地の価格から貸家及びその敷地の価格を控除し，所要の調整を行って得た価格（以下「貸家控除法」という）を比較考量し，なお借家権割合が求められる場合には，これに

より求めた価格（建物及びその敷地の価格にそれぞれの借家権割合を乗じて求めた価格）をも比較考量して決定するものとしている。また，後者については，一定の期間の賃料差額の合計額に賃料の前払的性格を有する一時金の額等を加えた額及び貸家控除法による価格を関連づけて決定するとしている（「基準」各論第1章第3節のⅢ）。

両者の基本的差異は，取引慣行がある場合には，割合法により求めた価格をも比較考量すべきとされているのに，不随意の立退きに伴う場合には，この割合法を採用せず，一定期間の賃料差額の合計額等を基本としていることである。しかし，これは妥当ではない。一定期間の賃料差額等とは，要するに「土地収用法第88条の2の細目を定める政令」25条2号のいわゆる借家人補償を意味し，実質的には移転実費にあたり，借家権という権利の価値を表すものではない。また，実務上必要とされる借家権価格は，ほとんどの場合不随意の立退き等に伴うものであって，この場合にこそ，権利の価値としての借家権価格の適正な清算がなされるべきであろう。このような観点からは，不随意の立退き等に伴う場合においても，借地権と同様，割合法により求めた価格を標準とするのが妥当であろう。

第3節 家　　賃

〔1〕 新 規 家 賃

新規家賃は，当事者の合意により自由に定めればよいが，一般的には，次のように算出することができる。一つは，積算法といわれる新規賃料の算定手法で，賃貸の目的物である建物及びその敷地の基礎価格（通常は建物価格に土地価格を加算した価格）に期待利回りを乗じて求めた純賃料に建物の賃貸借に必要な諸経費等を加算して試算（積算）賃料を求めることになる。また，同種の建物の賃貸事例に基づく新規賃料を比準して求める賃貸事例比較法を採用して，比準賃料を求めることもできる。積算賃料は，家主側にとって経済合理性のある賃料といえるが，建物の賃貸借の需給関係によって，比準賃料により修正されることになる。

〔2〕 継続賃料

　継続賃料の性質は，継続地代と同様に，従前賃料について，従前賃料が決定した後，改定時までの経済変動等を考慮して，賃貸借当事者の公平の見地から，従前賃料を見直すというものである。
　継続賃料の算定も，継続地代と同様に，差額配分法，利回り法，スライド法，賃貸事例比較法を適用して行うことになるが，各手法の長所，短所は，継続地代の算定方法において述べたところと同様である。

第4節　借家の立退料

　借家の立退料が特に問題となるのは，家主の更新拒絶，解約申入れに伴う正当事由を補強するための財産上の給付に関する場合である（借地借家28条）。この場合における立退料の内容は，借家権価格，移転実費，営業上の損失補償，造作等買取りないし費用償還請求等が含まれる。ここで求められた総額は，家主に正当事由が存しない場合において，借家人が建物の明渡しにより被る損失を示すものであるが，具体的事案においては，家主の正当事由の充足の程度との関係で，具体的な立退料の額が決定されることになる（前掲・澤野「立退料の算定基準としての借地権価格，借家権価格の評価」参照）。

◆

判 例 索 引

■大審院・控訴院

大判明44・3・3民録17輯79頁 ……………………………………………… 396, 430
大判大5・5・22民録22輯1016頁 ……………………………………………… 69
東京控判大7・3・16新聞1395号24頁 ………………………………………… 398
大判大7・8・14民録24輯1650頁 ……………………………………………… 405
大判大10・7・11民録27輯1378頁 ……………………………………………… 25
大判大11・11・24民集1巻670頁 ……………………………………………… 293
大連判大12・4・7民集2巻5号209頁 ………………………………………… 312
大連判大13・9・24民集3巻440頁 …………………………………………… 374
大判大14・4・23新聞2418号15頁 ……………………………………………… 26
大判大14・7・1新聞2424号6頁 ……………………………………………… 351
大判大15・1・29民集5巻1号38頁 …………………………………………… 53, 443
大判大15・10・12民集5巻11号726頁 …………………………………………… 350
大判昭2・4・25民集6巻4号182頁 …………………………………………… 251, 252
大判昭2・12・27民集6巻12号743頁 …………………………………………… 53
大決昭5・9・23民集9巻11号918頁 …………………………………………… 312
東京控判昭5・10・11新聞3194号14頁 ………………………………………… 358
大判昭5・10・31民集9巻1号1009頁 …………………………………………… 431
大判昭7・1・26民集11巻3号169頁 …………………………………………… 33
大判昭7・3・7民集11巻4号285頁 …………………………………………… 27
東京控判昭7・3・19新聞3339号10頁 ………………………………………… 358
大判昭7・6・2民集11巻13号1309頁 …………………………………………… 481
大判昭8・12・11裁判例7巻民277頁 …………………………………………… 257, 494
大判昭9・3・7民集13巻4号278頁 …………………………………………… 254, 317
大判昭9・4・24民集13巻7号551頁 …………………………………………… 35, 492
大判昭9・6・15民集13巻13号1000頁 …………………………………………… 480
大判昭10・4・1裁判例9巻民86頁 …………………………………………… 398
大判昭10・10・12大審院全集2輯1197頁 ……………………………………… 256
大判昭11・5・26民集15巻12号998頁 …………………………………………… 480
東京控判昭11・6・15新聞4024号16頁 ………………………………………… 482
大判昭12・11・16民集16巻22号1615頁 ………………………………………… 398
大判昭13・6・21民集17巻14号1263頁 ………………………………………… 236
東京控判昭13・8・25評論27巻諸法816頁 …………………………………… 481
大判昭13・11・1民集17巻21号2089頁 ………………………………………… 37
大判昭13・12・17新聞4377号14頁 ……………………………………………… 399

大判昭14・4・28民集18巻7号484頁	399
大判昭15・7・11新聞4604号9頁	284
大判昭15・9・18法律新報11巻17号14頁	49
大判昭15・11・27新聞4646号13頁	53
大判昭16・6・20民集20巻15号937頁	33, 370
大判昭17・5・12民集21巻10号533頁	481, 482
大判昭17・10・27新聞4821号9頁	399
大判昭18・2・18民集22巻91頁	374

■最高裁判所

最判昭25・2・14民集4巻2号29頁	414
最判昭25・5・2民集4巻5号161頁	410
最判昭25・6・16民集4巻6号227頁	414
最判昭25・7・14民集4巻8号333頁	187
最判昭26・4・27民集5巻5号325頁	260
最判昭26・5・31民集5巻6号359頁	34, 50, 64, 260, 320
最判昭26・9・14民集5巻10号565頁	414
最判昭26・10・19民集5巻11号619頁	318
最判昭27・4・25民集6巻4号451頁	70, 419, 423, 425
最判昭27・10・7民集6巻9号772頁	416
最判昭27・12・25民集6巻12号1263頁	414
最判昭28・1・30民集7巻1号116頁	318
最判昭28・3・17民集7巻3号248頁	323
最判昭28・5・8判タ31号61頁	318
最判昭28・9・25民集7巻9号979頁	70, 261, 320, 349
最判昭28・11・20民集7巻11号1211頁	318
最判昭28・12・18民集7巻12号1515頁	26
最判昭28・12・24民集7巻13号1633頁	352
最判昭29・1・14民集8巻1号16頁	53, 443
最判昭29・3・11民集8巻3号672頁	53, 78, 440, 441
最判昭29・6・11判タ41号31頁	369
最判昭29・6・25民集8巻6号1224頁	70, 336
最判昭29・7・22民集8巻7号1425頁	53, 443
最判昭29・10・7民集8巻10号1816頁	258
最判昭29・10・26民集8巻10号1972頁	318
最判昭29・11・16民集8巻11号2047頁	47
最判昭29・12・21民集8巻12号2199頁	339
最判昭29・12・23民集8巻12号2245頁	339
最判昭30・2・18判時48号18頁	319

最判昭30・3・25民集9巻3号385頁 …………………………………………………*340*
最判昭30・4・5民集9巻4号439頁 …………………………………………*372, 373*
最判昭30・5・13民集9巻6号698頁 …………………………………………………*256*
最判昭30・9・23民集9巻10号1350頁 ………………………………………………*284*
最判昭31・2・10民集10巻2号48頁 …………………………………………………*255*
最判昭31・4・6民集10巻4号356頁 …………………………………………………*442*
最判昭31・5・8民集10巻5号475頁 …………………………………………………*320*
最判昭31・5・15民集10巻5号496頁 …………………………………………………*141*
最判昭31・6・19民集10巻6号665頁 …………………………………………………*352*
最判昭31・6・28民集10巻6号730頁 …………………………………………………*425*
最判昭31・10・5民集10巻10号1239頁 ………………………………………………*256*
最判昭31・10・9民集10巻10号1252頁 ………………………………………………*427*
最判昭32・3・28民集11巻3号551頁 …………………………………………………*390*
最判昭33・1・23民集12巻1号72頁 ……………………………………*31, 39, 67, 243*
最判昭33・3・13民集12巻3号524頁 …………………………………………………*442*
最判昭33・6・6民集12巻6号1384頁 …………………………………………………*373*
最判昭33・9・18民集12巻13号2040頁 ………………………………………………*291*
最判昭33・10・14民集12巻14号3078頁 ………………………………………………*441*
最判昭35・2・9民集14巻1号108頁 ………………………………………*33, 369, 479*
最判昭35・3・22民集14巻4号491頁 ……………………………………………………*29*
最判昭35・6・28民集14巻8号1547頁 ………………………………………*70, 423, 425*
最判昭35・9・20民集14巻11号2227頁 ……………………………………………*34, 374*
最判昭35・12・20民集14巻14号3130頁 ……………*33, 64, 457, 460, 468, 481, 482, 483*
最判昭36・7・21民集15巻7号1939頁 …………………………………………………*339*
最判昭36・9・29民集15巻8号2228頁 …………………………………………………*455*
最判昭36・10・10民集15巻9号2294頁 …………………………………………………*47*
最判昭37・4・5民集16巻4号579頁 ……………………………………………………*429*
最大判昭37・6・6民集16巻7号1265頁 …………………………………………………*376*
最判昭37・12・25民集16巻12号2455頁 …………………………………………………*333*
最判昭38・2・21民集17巻1号219頁 ……………………………………*255, 328, 339*
最判昭38・3・1民集17巻2号290頁 …………………………………………*390, 417*
最判昭38・4・12民集17巻3号460頁 ……………………………………………………*254*
最判昭38・4・23民集17巻3号536頁 ……………………………………………*329, 371*
最判昭38・5・21民集17巻4号545頁 ………………………………………*31, 243, 350*
最判昭38・5・24民集17巻5号639頁 ……………………………………………………*288*
最判昭38・8・27民集17巻6号871頁 ……………………………………………………*490*
最判昭38・9・27民集17巻8号1069頁 ……………………………………………*340, 425*
最判昭38・10・15民集17巻9号1202頁 …………………………………………………*349*
最判昭38・11・14民集17巻11号1346頁 ……………………………………………*297, 425*

最判昭38・11・28民集17巻11号1446頁 ……………………………………………… *261*
最判昭38・11・28民集17巻11号1477頁 ……………………………………………… *337*
最判昭39・1・30裁判集民71号557頁 ………………………………………………… *393*
最判昭39・2・4民集18巻2号233頁 ……………………………………………… *34, 489*
最判昭39・6・26民集18巻5号968頁 …………………………………………………… *291*
最判昭39・6・30民集18巻5号991頁 …………………………………………………… *261*
最判昭39・7・28民集18巻6号1220頁 ………………………………… *70, 298, 424, 425, 451*
最判昭39・8・28民集18巻7号1354頁 ………………………………………………… *290*
最判昭39・10・13民集18巻8号1559頁 ………………………………………………… *283*
最判昭39・10・16民集18巻8号1705頁 ………………………………………………… *359*
最判昭39・11・20民集18巻9号1914頁 ………………………………………………… *286*
最大判昭40・3・17民集19巻2号453頁 ………………………………………………… *283*
最判昭40・5・4民集19巻4号811頁 …………………………………………………… *271*
最判昭40・7・2民集19巻5号1153頁 ………………………………………………… *429*
最判昭40・8・2民集19巻6号1368頁 ………………………………………………… *340*
最判昭40・12・17民集19巻9号2159頁 ………………………………………………… *258*
最判昭41・1・27民集20巻1号136頁 …………………………………………… *261, 320*
最判昭41・4・21民集20巻4号720頁 …………………………………… *63, 65, 70, 237*
最大判昭41・4・27民集20巻4号870頁 ………………………………………………… *283*
最判昭41・5・19民集20巻5号989頁 ……………………………………………… *255, 328*
最判昭41・10・21民集20巻8号1640頁 ………………………………………………… *260*
最判昭41・10・27判時467号36頁 ………………………………………………………… *47*
最判昭41・11・10民集20巻9号1712頁 …………………………………………………… *49*
最判昭42・1・17民集21巻1号1頁 …………………………………………………… *261*
最判昭42・2・21民集21巻1号155頁 ………………………………………………… *333*
最判昭42・4・28民集21巻3号780頁 …………………………………………… *187, 333*
最判昭42・7・20民集21巻6号1601頁 …………………………………………………… *33*
最判昭42・9・14民集21巻7頁1791頁 ……………………………………………… *373, 374*
最判昭42・9・21民集21巻7号1852頁 ……………………………………………… *29, 236*
最判昭42・9・29民集21巻7号2010頁 ……………………………………………… *490, 492*
最判昭42・12・5民集21巻10号2545頁 …………………………………………………… *76*
最判昭43・1・25判時513号33頁 …………………………………………………… *70, 336*
最判昭43・3・28民集22巻3号692頁 …………………………………………………… *77*
最判昭43・3・29判時517号49頁 ……………………………………………………… *261*
最判昭43・6・21裁判集民91号441頁・判時529号46頁 …………………… *70, 298, 424, 451*
最判昭43・9・3民集22巻9号1817頁 ………………………………………………… *288*
最判昭43・9・3判時536号48頁 ……………………………………………………… *289*
最判昭43・10・29判時541号37頁 …………………………………………………………… *374*
最判昭43・11・21民集22巻12号2741頁 ………………………………………………… *429*

最判昭44・1・31裁判集民94号143頁・金判153号9頁・判時548号67頁 ……………67
最判昭44・2・13民集23巻2号316頁 …………………………………………………256
最判昭44・4・24民集23巻4号855頁 …………………………………………………349
最判昭44・6・17判時563号51頁 ………………………………………………………338
最判昭44・7・17民集23巻8号1610頁 ……………………………………48, 50, 130, 291
最判昭44・11・13判時579号57頁 ………………………………………………………320
最判昭44・11・21判時581号35頁 ………………………………………………………298
最判昭44・11・21判時583号56頁 ………………………………………………………288
最大判昭44・11・26民集23巻11号2221頁 ………………………………………………26
最判昭44・12・23民集23巻12号2577頁 …………………………………………26, 284
最判昭45・6・4民集24巻6号482頁 ………………………………………………139, 210
最大判昭45・6・24民集24巻6号587頁 …………………………………………………314
最判昭45・7・21民集24巻3号1091頁 ……………………………………………………78
最判昭45・12・11民集24巻13号2015頁 …………………………………………………261
最判昭46・4・23民集25巻3号388頁 ……………………………………………………290
最判昭46・6・25判時645号75頁 ………………………………………………………390
最判昭46・11・25民集25巻8号1343頁 …………………………………………160, 377
最判昭47・2・18民集26巻1号63頁 ……………………………………………………340
最判昭47・2・22民集26巻1号101頁 ……………………………………………………29
最判昭47・3・7判時666号48頁 …………………………………………………………328
最判昭47・3・9民集26巻2号213頁 ……………………………………………251, 252, 257
最判昭47・5・23裁判集民106号87頁・判タ278号136頁・判時673号42頁 ……………485
最判昭47・6・22民集26巻5号1051頁 …………………………………………………283
最判昭47・7・13判時682号23頁 ………………………………………………………283
最判昭47・11・16民集26巻9号1603頁 …………………………………………………297
最判昭48・2・2民集27巻1号80頁 ……………………………………………128, 129, 130
最判昭48・9・7民集27巻8号907頁 ……………………………………………………328
最判昭48・10・5民集27巻9号1081頁 ……………………………………………27, 228
最判昭48・10・30民集27巻9号1289頁 …………………………………………390, 479
最判昭49・3・14裁判集民111号303頁 …………………………………………………398
最判昭49・3・19民集28巻2号325頁 ………………………………………………50, 291
最判昭49・4・26民集28巻3号467頁 ……………………………………………………426
最判昭49・4・26民集28巻3号527頁 ……………………………………………………328
最判昭49・7・12民集28巻5号700頁 ………………………………………………30, 355
最判昭49・9・2民集28巻6号1153頁 ……………………………………………………129
最判昭49・9・20裁判集民112号583頁 …………………………………………………393
最判昭50・2・13民集29巻2号83頁 ………………………………………………26, 283, 284
最判昭50・2・20民集29巻2号99頁 ………………………………………………69, 343, 430
最判昭50・9・11民集29巻8号1273頁 ……………………………………………31, 243

最判昭50・11・6 金法782号27頁 ·· *67*
最判昭51・3・4 民集30巻2号25頁 ·· *134*
最判昭51・10・1 裁判集民119号9頁・判時835号63頁・金判516号42頁
　　·· *66, 363, 456, 470*
最判昭51・12・14判時842号74頁 ·· *495*
最判昭51・12・17民集30巻11号1036頁 ·· *430*
最判昭52・3・15判時852号60頁 ·· *30, 351, 356*
最判昭52・6・20裁判集民121号63頁・金法846号34頁 ················ *33, 372*
最判昭52・9・27金判537号41頁 ··· *284*
最判昭52・12・19判時877号41頁 ··· *67, 353*
最判昭53・3・13民集35巻2号145頁 ·· *358*
最判昭53・6・15民集32巻4号729頁 ·· *491*
最判昭53・7・17裁判集民124号399頁・判時909号48頁・金法874号28頁・
　　金判560号31頁 ·· *485*
最判昭53・9・7 裁判集民125号29頁・判タ374号92頁・判時911号112頁・
　　金判561号27頁 ·· *491*
最判昭53・12・15判時916号25頁 ·· *309*
最判昭53・12・22民集32巻9号1768頁 ································ *253, 269, 316*
最判昭55・10・28判時986号36頁 ·· *330*
最判昭55・12・11判時990号188頁 ·· *260*
最判昭56・3・20民集35巻2号219頁 ·· *298*
最判昭56・6・16民集35巻4号763頁 ·· *261*
最判昭58・1・20民集37巻1号1頁 ··· *32, 390*
最判昭58・4・14判時1077号62頁 ·· *283*
最判昭58・9・9 判時1092号59頁 ··· *76*
最判昭59・4・5 裁判集民141号529頁 ··· *27*
最判昭59・4・20民集38巻6号610頁 ······················· *67, 365, 366, 367, 473*
最判昭60・7・19民集39巻5号1326頁 ·· *312*
最判昭62・2・13判時1238号76頁 ·· *47*
最判昭62・10・8 民集41巻7号1445頁 ··· *261*
最判平元・10・27民集43巻9号1070頁 ·· *310*
最判平2・6・22判時1357号75頁 ·· *47*
最判平2・10・18民集44巻7号1021頁 ··· *189*
最判平3・4・19民集45巻4号477頁 ··· *292*
最判平3・10・1 判時1404号79頁 ······································· *253, 298, 316*
最判平5・2・18判時1456号96頁 ··· *211*
最判平5・3・30民集47巻4号3300頁 ··· *312*
最判平6・7・18判時1540号38頁 ··· *255, 317*
最判平6・10・25民集48巻7号1303頁 ··································· *32, 392, 394*

最判平 7 ・12・15民集49巻10号3051頁 ………………………………………… *33, 373*
最判平 8 ・ 1 ・26民集50巻 1 号155頁 ……………………………………………… *273*
最判平 8 ・ 7 ・12民集50巻 7 号1876頁 …………………………………………… *212*
最判平 8 ・10・14民集50巻 9 号2431頁 ………………………………… *69, 258, 317*
最判平 9 ・ 2 ・25民集51巻 2 号398頁 ……………………………………… *255, 317*
最判平 9 ・ 7 ・ 1 民集51巻 6 号2251頁 …………………………………… *284, 288*
最判平 9 ・ 7 ・17民集51巻 6 号2882頁 …………………………………… *258, 259*
最判平 9 ・11・13判時1633号81頁 ………………………………………………… *344*
最判平10・ 1 ・30民集52巻 1 号 1 頁 ……………………………………… *312, 313*
最判平10・ 3 ・24民集52巻 2 号399頁 ……………………………………………… *310*
最判平10・ 3 ・26民集52巻 2 号483頁 ……………………………………… *312, 313*
最判平10・ 9 ・ 3 民集52巻 6 号1467頁 ……………………………………………… *52*
最判平11・ 1 ・29民集53巻 1 号151頁 ……………………………………………… *309*
最判平11・ 3 ・25判時1674号61頁 ………………………………………………… *290*
最判平11・ 4 ・27民集53巻 4 号840頁 ……………………………………………… *313*
最判平12・ 4 ・14民集54巻 4 号1552頁 …………………………………………… *311*
最判平13・ 3 ・13民集55巻 2 号363頁 ……………………………………………… *314*
最判平13・ 7 ・10民集55巻 5 号955頁 ……………………………………………… *258*
最判平13・10・25民集55巻 6 号975頁 ……………………………………………… *312*
最決平13・11・21民集55巻 6 号1014頁・判時1768号86頁 ……… *34, 253, 269, 274, 456*
最判平13・11・22民集55巻 6 号1056頁 …………………………………………… *309*
最判平13・11・27民集55巻 6 号1090頁 …………………………………………… *309*
最判平14・ 3 ・12民集56巻 3 号555頁 ……………………………………………… *313*
最判平14・ 3 ・28民集56巻 3 号689頁 ……………………………………………… *314*
最判平15・ 6 ・12民集57巻 6 号595頁 …………………………… *38, 83, 208, 304*
最判平15・10・21民集57巻 9 号1213頁 ………………………… *47, 69, 142, 308*
最判平15・10・21判時1844号50頁 ………………………………………………… *210*
最判平15・10・23判時1844号54頁 ………………………………………………… *308*
最判平16・ 6 ・29判時1868号52頁 ………………………………………………… *83*
最判平16・10・29金法1752号50頁 ………………………………………………… *81*
最判平16・11・ 8 判時1883号52頁 …………………………………………… *142, 308*
最判平17・ 3 ・10判時1894号14頁・判タ1179号185頁 ……………………… *69, 141*
最判平17・ 3 ・10判時1895号60頁 ………………………………………………… *152*
最判平17・ 9 ・ 8 民集59巻 7 号1931頁 …………………………………………… *294*
最決平17・12・ 6 民集59巻10号2629頁 …………………………………………… *310*
最判平17・12・16判時1921号61頁・判タ1200号127頁 …………… *72, 148, 436, 437*
最判平18・ 2 ・ 7 民集60巻 2 号480頁 ……………………………………………… *258*
最判平19・12・ 4 民集61巻 9 号3245頁・判時1996号32頁 ……………………… *276*
最判平20・ 2 ・29裁判集民227号383頁・判時2003号51頁 ………………… *217, 465*

最判平21・1・19民集63巻1号97頁 ················338 337
最判平21・11・27判時2066号45頁 ················80
最判平22・7・16判タ1333号111頁 ················167
最判平22・9・9裁判集民234号385頁 ················81
最判平23・2・24民集65巻2号903頁 ················52
最判平23・3・24民集65巻2号903頁 ················72, 439
最判平23・7・12裁判集民237号215頁 ················72, 439
最判平23・7・15民集65巻5号2269頁 ················72, 410
最判平24・9・4判時2171号42頁 ················310
最判平24・9・13民集66巻9号3263頁・裁時1563号5頁 ················56, 165, 452
最判平26・9・25民集68巻7号661頁 ················217

■高等裁判所

東京高判昭24・12・26高民集2巻3号444頁 ················357
東京高判昭26・1・29高民集4巻3号39頁 ················417
東京高判昭31・3・23下民集7巻3号721頁 ················440
福岡高判昭33・7・5下民集9巻7号1238頁 ················441
札幌高函館支判昭34・4・7高民集12巻3号66頁・判タ91号60頁 ················481, 482, 483
東京高判昭34・9・30判タ97号54頁 ················339
東京高判昭39・7・13下民集15巻7号1747頁 ················220
大阪高判昭40・2・4判時405号27頁 ················484, 488
東京高判昭40・7・8下民集16巻7号1193頁 ················427, 428
東京高判昭41・6・17判タ196号159頁 ················341, 415
東京高判昭41・8・8東高民時報17巻8号176頁 ················28
大阪高判昭42・4・24判時495号57頁 ················297
東京高決昭42・9・11判時492号59頁 ················263
東京高判昭42・9・29東高民時報18巻9号142頁 ················427
東京高判昭43・1・20東高民時報19巻1号3頁・判タ221号180頁 ················484, 485
東京高決昭45・9・17判タ257号235頁 ················264
東京高決昭45・11・2下民集21巻11・12号1425頁 ················65
東京高判昭45・12・18判時616号72頁 ················367
東京高判昭47・3・30東高民時報23巻3号40頁・判時666号52頁・判タ278号306頁・金判399号9頁 ················479
高松高判昭47・10・31下民集23巻9～12号586頁 ················220
東京高判昭48・10・30判時728号52頁 ················296
東京高判昭49・6・27判時753号21頁 ················428
東京高判昭49・10・30判時767号35頁 ················338
東京高決昭50・5・29判時788号52頁 ················65, 241
東京高判昭50・7・24判タ333号195頁 ················341

東京高判昭50・8・5判タ333号197頁 ……………………………………………… *415*
東京高判昭51・2・26判時815号55頁 …………………………………………… *392*
東京高判昭51・3・13判タ339号269頁 ……………………………………… *415, 419*
東京高判昭51・3・15判時824号72頁 …………………………………………… *228*
東京高判昭51・7・28判時834号64頁 …………………………………………… *318*
大阪高判昭51・11・9判時843号59頁 …………………………………………… *339*
東京高決昭52・2・25判タ354号274頁 ………………………………………… *240*
東京高判昭52・7・14判時866号129頁・金判552号8頁 ……………………… *491*
大阪高判昭52・8・31下民集28巻5～8号933頁・判時877号61頁 ………… *491*
大阪高判昭52・9・16判時879号85頁 …………………………………………… *388*
東京高決昭53・7・4判時898号50頁 …………………………………………… *238*
名古屋高判昭54・6・27判時943号68頁 ………………………………………… *238*
大阪高判昭54・9・28判時954号40頁 …………………………………………… *294*
東京高判昭54・12・11下民集30巻9～12号680頁 ……………………………… *271*
東京高決昭55・2・13判時962号71頁 ………………………………… *259, 265, 278*
東京高判昭55・5・16判時968号65頁 …………………………………………… *279*
東京高判昭56・1・29判時994号48頁 …………………………………………… *377*
東京高判昭56・2・12判時1003号98頁 ………………………………………… *336*
東京高判昭56・4・28判タ449号90頁 …………………………………………… *388*
東京高判昭56・6・2下民集32巻5～8号411頁・東高民時報32巻6号135頁・
　判時1010号49頁・金判631号20頁 …………………………………………… *489*
東京高決昭56・8・26判時1016号70頁 ………………………………………… *273*
東京高判昭58・1・31判時1071号65頁 ………………………………………… *255*
東京高判昭59・11・8判タ552号178頁 ………………………………………… *378*
東京高判昭59・12・24判タ552号174頁 ………………………………………… *360*
東京高判昭59・12・27判時1158号203頁 ………………………………… *28, 228*
東京高判昭60・3・28判タ571号73頁 …………………………………………… *341*
東京高判昭60・10・24判タ590号59頁 ………………………………………… *418*
東京高判昭61・1・29判時1183号88頁 ………………………………………… *211*
東京高判昭61・2・28判タ609号64頁 …………………………………………… *341*
大阪高決昭61・3・17判時1637号138頁 ………………………………… *263, 273*
東京高判昭61・10・28判時1219号67頁 ………………………………………… *342*
東京高判平元・3・30判時1306号38頁 ………………………………… *416, 422*
東京高判平元・10・30判タ752号179頁 ………………………………………… *391*
東京高決平元・11・10判タ752号231頁 ………………………………………… *231*
大阪高決平2・3・23判時1356号93頁 …………………………………………… *265*
東京高判平2・4・26判時1351号59頁 …………………………………………… *296*
東京高判平3・7・16判タ776号272頁 …………………………………………… *421*
東京高判平4・6・24判タ807号239頁 …………………………………………… *383*

大阪高判平5・4・21判時1471号93頁 ……………………………………………… *318*
東京高決平5・5・14判時1520号94頁 ……………………………………………… *231*
東京高決平5・12・27金法1379号34頁 ……………………………………………… *311*
東京高判平5・12・27金法1397号44頁 ……………………………………………… *417*
東京高判平9・6・5判タ940号280頁 ……………………………………………… *208*
名古屋高判平9・6・25判時1625号48頁 …………………………………………… *343*
大阪高判平9・12・4判タ992号129頁 ……………………………………………… *337*
東京高判平10・1・20判タ989号114頁 …………………………………………… *213, 306*
東京高判平11・6・28金判1077号46頁 …………………………………………… *366*
東京高判平11・12・2判タ1035号250頁 ……………………………………… *380, 387, 389*
東京高判平12・3・23判タ1037号226頁 …………………………………………… *421, 422*
東京高判平12・5・11金判1098号27頁 …………………………………………… *287*
東京高判平12・12・14判タ1084号309頁 ………………………………………… *417*
東京高決平13・2・8金判1120号30頁 …………………………………………… *287*
東京高判平13・10・29東高民時報52巻1～12号18頁・判時1765号49頁 ……… *455*
大阪高判平16・7・30判時1877号81頁 …………………………………………… *437*
大阪高判平16・12・17判時1894号19頁 …………………………………………… *72*
東京高判平17・4・27判タ1210号173頁 ………………………………………… *272*
仙台高判平19・3・30LEX/DB28132159 …………………………………………… *418*
大阪高判平21・8・27判時2062号40頁 …………………………………………… *410*
大阪高判平21・10・29判時2064号65頁 ………………………………………… *410*
大阪高判平22・3・11LEX/DB25470735 …………………………………………… *439*
東京高判平24・11・28判時2174号45頁 ………………………………………… *306*

■地方裁判所

東京地判昭22・7・11司法研究報告書第6輯第2号110頁 ……………………… *12*
京都地判昭25・3・25下民集1巻3号407頁 ……………………………………… *358*
大阪地判昭27・5・30下民集3巻5号753頁 ……………………………………… *319*
東京地判昭28・1・24下民集4巻1号80頁 ……………………………………… *339*
鳥取地判昭30・3・3下民集6巻3号390頁 ……………………………………… *490*
東京地判昭31・10・30下民集7巻10号3056頁 ………………………………… *320*
東京地判昭32・7・17判時123号14頁 …………………………………………… *342*
東京地判昭32・8・2判時130号19頁 …………………………………………… *339*
東京地判昭33・5・14下民集9巻5号826頁・判タ83号67頁・判時154号12頁 ……… *489*
東京地判昭34・9・10判時208号53頁 …………………………………………… *257*
東京地判昭35・1・30判時215号30頁 …………………………………………… *336*
東京地判昭35・11・26判時248号29頁 …………………………………………… *341*
東京地判昭36・5・12判タ122号62頁・判時263号14頁 ……………………… *483, 489*
東京地判昭36・7・8判タ124号45頁 …………………………………………… *421*

東京地判昭36・7・13判タ124号45頁 …………………………………………………319
福岡地小倉支判昭36・7・13下民集12巻7号1678頁 …………………………………259
東京地判昭37・4・6判時296号13頁 …………………………………………………338
東京地判昭37・9・21判タ169号192頁 ……………………………………………484, 488
長野地判昭38・5・8判時340号43頁 …………………………………………………427
東京地判昭38・8・20下民集14巻8号1574頁 …………………………………………360
大阪地判昭38・10・10判時384号39頁 …………………………………………………338
東京地判昭38・11・27下民集14巻11号2308頁 …………………………………………28
東京地判昭39・7・30判時393号38頁 …………………………………………………338
東京地判昭39・11・17判時403号39頁 …………………………………………………336
大阪地判昭39・12・16判時413号73頁 …………………………………………………343
東京地判昭40・1・28判時412号51頁 ……………………………………………………28
名古屋地判昭40・4・27判時419号45頁 ………………………………………………327
東京地判昭40・6・19民集16巻6号1081頁 ………………………………………………80
大阪地判昭41・11・17判タ202号187頁 ………………………………………………339
東京地判昭41・11・30下民集17巻11＝12号1181頁 ……………………………………361
大阪地判昭41・12・20判時485号56頁 …………………………………………………259
横浜地判昭41・12・24判タ205号166頁 ………………………………………………488
東京地判昭42・7・13判時497号55頁 …………………………………………………391
東京地決昭43・2・13判タ216号257頁 …………………………………………………240
東京地決昭43・3・4判タ218号217頁 …………………………………………………264
東京地決昭43・3・21判タ219号185頁 …………………………………………………240
東京地判昭43・3・25判時540号45頁 …………………………………………………489
東京地判昭43・7・6判時537号56頁 …………………………………………………338
東京地決昭43・9・2判タ227号208頁 …………………………………………………263
東京地決昭44・2・19下民集20巻1＝2号56頁 …………………………………………264
前橋地高崎支判昭45・5・31判時643号81頁 ……………………………………………339
東京地決昭45・9・11下民集21巻9＝10号1293頁 ………………………………………266
東京地判昭46・1・25判時633号81頁 …………………………………………………364
東京地判昭46・5・24判時643号58頁 …………………………………………………259
東京地判昭46・5・25判時635号117頁 …………………………………………………338
東京地決昭46・6・16判タ267号352頁 …………………………………………………266
東京地決昭46・7・15判時648号86頁 …………………………………………………266
福岡地小倉支判昭47・3・2判タ277号229頁 …………………………………………398
福岡地判昭47・4・21判時680号66頁 …………………………………………………414
東京地判昭47・5・31判時681号55頁 …………………………………………219, 236
東京地判昭47・6・30判時684号69頁 …………………………………………………318
東京地判昭47・7・13判時688号73頁 …………………………………………………360
東京地判昭47・8・23判時691号50頁 …………………………………………………260

東京地判昭48・2・26判時714号201頁 ·················· *318*
東京地判昭48・3・20判時724号50頁 ··················· *296*
東京地判昭49・8・8下民集25巻5～8号697頁 ········ *319, 341*
東京地判昭50・3・31判時795号58頁 ··················· *296*
東京地判昭50・6・30判タ327号233頁 ·················· *296*
東京地判昭50・7・28判時807号61頁 ··················· *296*
東京地判昭51・5・27判時844号48頁 ··················· *342*
東京地判昭52・9・27判タ365号287頁 ·················· *420*
神戸地判昭53・4・5判タ369号271頁 ··················· *486*
東京地判昭53・12・8判時919号66頁 ··················· *382*
東京地決昭53・12・27判タ378号114頁 ················· *240*
東京地判昭54・10・3判時962号89頁 ··················· *342*
大阪地判昭55・2・14判タ416号168頁 ·················· *339*
東京地判昭55・4・22判時969号83頁 ··················· *388*
東京地判昭55・5・29判時983号92頁 ··················· *343*
東京地判昭55・8・28判時992号87頁 ··················· *428*
東京地決昭56・3・20判タ444号159頁 ·················· *238*
東京地判昭56・4・28判時1015号90頁 ·················· *388*
東京地判昭56・6・17判時1027号88頁 ·················· *296*
東京地判昭56・10・7判時1035号89頁 ·················· *414*
東京地判昭57・3・12判タ475号118頁 ·················· *284*
東京地判昭57・7・19判時1066号77頁 ·················· *327*
東京地判昭58・1・28判時1080号78頁 ·················· *342*
名古屋地判昭58・4・22判時1085号107頁 ··············· *297*
東京地判昭59・1・30判時1129号78頁 ·················· *343*
東京地判昭59・6・7判時1133号94頁 ··················· *366*
東京地判昭59・7・10判時1159号130頁 ················· *378*
名古屋地判昭59・9・26判タ540号234頁 ················ *341*
東京地判昭59・10・4判時1153号176頁 ················· *342*
東京地判昭59・12・21判タ553号185頁 ················· *379*
東京地判昭60・1・30判時1169号63頁 ·················· *339*
東京地判昭60・2・8判時1186号81頁 ··················· *419*
東京地判昭60・4・25判時1178号95頁 ·················· *455*
東京地判昭60・12・10判時1219号86頁 ················· *340*
名古屋地判昭60・12・20判時1185号134頁 ·············· *338*
東京地判昭61・2・28判時1215号69頁 ·················· *418*
東京地判昭61・6・26判時1228号94頁 ·················· *340*
東京地判昭61・12・26判時1252号73頁 ················· *382*
東京地判昭62・3・2判時1262号117頁 ·················· *342*

東京地判昭62・3・23判時1260号24頁 ……………………………………… *379, 386*
大阪地判昭62・4・16判時1286号119頁 ……………………………………… *208*
新潟地判昭62・5・26判夕667号151頁 ……………………………………… *440*
東京地判昭63・2・25判時1290号85頁 ……………………………………… *343*
横浜地判昭63・4・21判時1293号148頁 ……………………………………… *387, 389*
東京地判昭63・5・30判時1300号73頁 ……………………………… *384, 386, 388*
東京地判昭63・5・31判時1303号93頁 ……………………………………… *378, 386*
大阪地判昭63・10・31判時1308号134頁 ……………………………………… *416, 422*
東京地判昭63・12・5判時1322号115頁 ……………………………………… *339*
東京地判平元・1・27判夕709号211頁 ……………………………………… *339*
東京地判平元・8・28判時726号178頁 ……………………………………… *419*
東京地判平元・8・29判時1348号96頁 ……………………………………… *208*
神戸地判平元・12・26判時1358号125頁 ……………………………………… *208*
東京地判平元・12・27判時1353号87頁 ……………………………………… *392*
東京地判平2・3・8判時1372号110頁 ……………………………………… *422*
東京地判平2・4・25判時1367号62頁 ……………………………… *386, 387, 389*
東京地判平2・9・10判時1387号91頁 ……………………………………… *422*
東京地判平3・2・25判時1403号39頁 ……………………………………… *340*
東京地判平3・2・28判夕765号209頁 ……………………………………… *416*
東京地判平3・3・29判時1391号152頁 ……………………………………… *208*
東京地判平3・6・20判夕772号208頁・判時1413号69頁・金判892号39頁 ………… *488*
東京地判平3・7・9判時1412号118頁 ……………………………………… *339*
東京地判平3・7・25判時1416号98頁 ……………………………………… *422*
東京地判平3・7・31判時1416号94頁 ……………………………………… *341*
東京地判平3・9・6判夕785号177頁 ……………………………………… *416*
東京地判平3・11・26判時1443号128頁 ……………………………………… *418, 421*
東京地判平3・12・19判時1434号87頁 ……………………………………… *339*
東京地判平4・2・24判時1451号136頁 ……………………………………… *318*
神戸地判平4・6・19判時1451号141頁 ……………………………………… *318*
東京地判平4・7・16判時1459号133頁 ……………………………………… *296*
東京地判平4・8・27判夕823号205頁 ……………………………………… *343*
東京地判平4・9・14判時1474号101頁 ……………………………………… *419*
東京地判平4・9・25判夕825号258頁 ……………………………………… *421*
東京地判平5・1・22判時1473号77頁 ……………………………………… *419*
東京地決平5・1・25判時1456号108頁 ……………………………………… *238*
東京地判平5・3・29判夕871号252頁 ……………………………………… *296*
東京地判平5・4・20判時1483号59頁 ……………………………………… *211*
東京地判平5・7・28判夕861号258頁 ……………………………………… *428*
大阪地判平5・9・13判時1505号116頁 ……………………………………… *383*

東京地判平 5 ・ 9 ・27判時1494号119頁 ………………………………………… *339*
東京地判平 5 ・10・18判タ865号265頁 …………………………………………… *327*
東京地判平 6 ・ 1 ・25判時1517号78頁 …………………………………………… *297*
東京地判平 6 ・ 3 ・16判時1515号95頁 …………………………………………… *343*
東京地判平 6 ・ 8 ・25判時1539号93頁 ……………………………………*381, 389*
東京地判平 6 ・10・14判時1542号84頁 …………………………………………… *340*
東京地判平 6 ・10・20判時1559号61頁 …………………………………………… *212*
東京地判平 6 ・10・28判時1542号88頁 …………………………………………… *340*
東京地判平 6 ・11・28判時1544号73頁 …………………………………………… *208*
東京地判平 6 ・12・16判時1554号69頁 …………………………………………… *339*
東京地判平 7 ・ 2 ・24判タ902号101頁 ……………………………… *360, 380, 383*
東京地判平 7 ・ 6 ・ 7 判時1560号102頁 ………………………………………… *293*
東京地判平 7 ・ 7 ・12判時1577号97頁 …………………………………………… *342*
東京地判平 7 ・ 8 ・28判時1566号67頁 …………………………………………… *318*
東京地判平 7 ・ 9 ・26判タ914号177頁 …………………………………………… *381*
東京地判平 7 ・10・11判タ915号158頁 …………………………………………… *341*
東京地判平 8 ・ 1 ・23判タ922号224頁 …………………………………………… *417*
大阪地判平 8 ・ 1 ・29判時1582号108頁 ………………………………………… *340*
東京地判平 8 ・ 6 ・21判タ938号132頁 …………………………………………… *298*
東京地判平 8 ・ 7 ・29判タ941号203頁 …………………………………………… *385*
大阪地判平 8 ・ 8 ・21判タ938号252頁 …………………………………………… *26*
東京地判平 9 ・ 1 ・31判タ952号220頁 …………………………………………… *208*
東京地決平 9 ・ 8 ・11判例集未登載 ……………………………………………… *227*
東京地判平10・ 2 ・26判時1653号124頁 ………………………………………… *208*
東京地判平10・ 5 ・12判時1664号75頁 …………………………………………… *342*
東京地判平10・ 5 ・21判タ1020号212頁 ………………………………………… *380*
東京地判平10・ 5 ・28判時1663号112頁 ………………………………………… *212*
東京地判平10・ 6 ・26判タ1010号272頁 ………………………………………… *342*
東京地判平10・11・25判時1685号58頁 …………………………………………… *339*
東京地判平11・ 3 ・31判タ1027号281頁 ………………………………………… *361*
東京地判平12・ 4 ・14金判1107号51頁 …………………………………………… *285*
東京地判平13・ 5 ・30判タ1101号170頁 ………………………………………… *389*
東京地判平13・11・26判タ1123号165頁 ………………………………………… *373*
大阪地判平17・10・20金判1234号34頁 …………………………………………… *327*
東京地判平20・ 2 ・27判タ1284号229頁 ………………………………………… *421*
東京地判平21・ 3 ・19判時2054号98頁 …………………………………………… *448*
東京地（中間）判平21・ 6 ・ 1 判例集未登載 ………………………………… *178*
東京地判平23・ 3 ・29判例集未登載 ……………………………………………… *178*
東京地判平24・ 3 ・23判時2152号52頁 …………………………………………… *166*

東京地判平24・8・1 LEX/DB25496020	*384*
東京地判平24・11・8 LEX/DB25497856	*384*
東京地判平25・1・25LEX/DB25510446	*384*
東京地判平25・3・14判時2204号47頁	*381*
東京地判平26・11・28LEX/DB25522958	*387, 388*
東京地判平27・1・27LEX/DB25524427	*378*
東京地判平28・2・25LEX/DB25533795	*378*
東京地判平29・10・18LEX/DB25539667	*387*
東京地判令元・12・12WLJPCA12128015	*388*
東京地判令2・9・8 WLJPCA09088010	*387*

■簡易裁判所

東京北簡判昭43・8・26判時538号72頁	*342*
新宿簡判昭61・10・7判時1221号118頁	*342*
東京北簡判昭62・9・22判タ669号170頁	*342*
東京簡判平22・1・25LEX／DB25442288	*440*

事項索引

い
- 一時金の種類 …………… 85
- 一時使用目的での借地権 … 77

か
- 介入権 ………………… 275

き
- 期間付死亡時終了建物賃貸借 ………………… 190
- 既存借地権 ……………… 27
- ——の存続期間 ………… 28
- 旧民法 …………………… 3
- 居住用建物の賃貸借の承継 …………………… 54, 332

け
- 継続地代 ……………… 465
- 継続賃料 ……………… 498
- ——の鑑定評価手法 …… 37
- 競売等に伴う土地賃借権譲受許可の裁判 ……… 271
- 契約解除 ……………… 423
- 契約の更新 …………… 347
- 原状回復 ……………… 146
- ——に関する紛争 ……… 71
- 原状回復義務 ………… 52
- 権利金 ……………… 78, 87

こ
- 合意解約 ……………… 426
- 合意更新 ……………… 362
- 更新拒絶・解約申入れによる賃貸借の終了に関する紛争 ……………………… 71
- 更新拒絶と正当事由 …… 49
- 更新後の再築許可の裁判

………………… 242
- 更新請求権排除特約 …… 351
- 更新請求による更新の要件 ………………… 348
- 更新の効果 …………… 361
- 更新料 ……………… 363, 469
- ——の額 ……………… 470
- ——の経済的問題 …… 474
- ——の性格 …………… 469
- ——の不払い ……… 66, 472
- 更新料支払契約 ……… 472
- 更新料支払の慣行の有無 ………………… 469
- 更新料不払いと契約解除 ………………… 367
- 高齢者の居住の安定確保に関する法律 ………… 18

さ
- 再契約 ……………… 160, 452
- サービス付き高齢者向け住宅 ………………… 200

し
- 敷金の返還等に関する紛争 ………………… 72
- 敷金返還請求 ………… 52
- 敷金・保証金の意義 … 126
- 敷地借地権の消滅 …… 328
- 敷引特約 ……………… 52
- 事業用借地権 ………… 42
- 事業用建物 …………… 107
- 事業用定期借地権 … 41, 105
- ——の期間の延長 …… 110
- ——の終了 …………… 402
- 事業用定期借地権等 … 19, 41
- 自己借地権 …………… 46
- 地震売買 ……………… 7

借 地
- ——に伴う経済的問題 ………………… 455
- ——の立退料 ………… 467
- ——の立退料の内容 … 468
- 借地契約上の債務不履行による契約解除等に関する紛争 ………………… 63
- 借地契約中の紛争類型 … 205
- 借地権
- ——の相続 …………… 291
- ——の対抗力 ……… 25, 281
- 借地権価格 …………… 457
- ——の実質的内容 …… 461
- ——の評価方法 ……… 463
- 借地権設定者の建物及び土地賃借権譲受等の裁判 ………………… 275
- 借地・借家法改正に関する問題点 ……………… 14
- 借地借家法の特色 …… 16
- 借地借家臨時処理法 …… 9
- 借地条件の変更 … 35, 64, 217
- ——及び増改築承諾料 ………………… 477
- ——の裁判 …………… 36
- ——の承諾料 ………… 36
- 借地上建物
- ——の増改築 ………… 234
- ——の賃借人の事情 … 389
- ——の賃借人の保護 ………………… 41, 54
- 借地非訟事件手続の概要 ………………… 221
- 借地法・借家法改正要綱試案 ……………………… 15
- 借地法等改正要綱 …… 15
- 借地法の対象 ………… 24

借　家
　　——に伴う経済的問題
　　　　………………………493
　　——の立退料…………498
借家契約上の債務不履行に
　関する紛争……………70
借家契約の終了と更新……409
借家権価格………………494
　　——の評価方法………496
借家権の対抗力…………47
借家人の原状回復義務……430
借家法の対象……………46
終身借家権………………183
修繕義務履行等に関する紛
　争………………………69
従前の経過………………386
新規地代…………………464
新規家賃…………………497

せ
正当事由……………11, 31,
　　　　　　　158, 375, 413
　　——の有無判断の基準時
　　　………………………393
　　——の判断基準………375

そ
増改築
　　——の意義……………234
　　——の制限……………65
増改築許可の裁判……36, 238
増改築禁止特約…………234
増改築承諾料…………36, 477
造　作………………53, 440
造作買取請求……………53
造作買取請求権…………440
　　——の成立時期………442
造作買取請求権排除特約
　　………………………444

た
立退料……………………158

　——その他の財産上の給
　付の申出………………390
建　物……………………46
　　——の朽廃…………29, 67
　　——の朽廃に関する紛争
　　………………………67
　　——の現況……………420
　　——の再築……………39
　　——の時価………33, 480
　　——の修繕……………335
　　——の譲渡……………321
　　——の使用を必要とする
　　事情……………………413
　　——の相続……………335
　　——の転借人の保護……53
　　——の引渡し…………48
　　——の用法……………338
　　——の用法違反………338
　　——の利用状況………420
建物買取請求権…33, 368, 477
建物譲渡特約……………405
建物譲渡特約付借地権
　　………………44, 117, 404
建物譲渡に伴う賃貸人たる
　地位の承継……………327
建物賃借権譲渡・建物転貸
　　………………………315
建物賃借権の相続………332
建物賃貸借契約中の紛争類
　型………………………300
建物保護ニ関スル法律……8
短期賃借権保護制度……323
短期賃貸借の保護………55
担保不動産収益執行……308

ち
地上権ニ関スル法律………5
地租改正事業………………6
地　代……………………464
地代増減請求に関する紛争
　　………………………61
地代等増減請求…………36

地代等増減請求権………207
地代不払い………………63
地代家賃統制令………10, 12
中途解約…………57, 174, 191
中途解約権………………51
中途解約条項……………111
賃借権
　　——の譲渡，借地条件の
　　変更等に関する紛争…62
　　——の譲渡・転貸……34
　　——の無断譲渡・転貸に
　　関する紛争…………69
賃借権譲渡承諾料………476
賃借権優先同意制度……324
賃貸借に関する従前の経過
　　………………………418
賃貸人の修繕義務………335
賃料改定特約……………58
賃料債権
　　——の譲渡と差押え……308
　　——の譲渡と物上代位
　　………………………311
賃料増減請求権………83, 139,
　　　　　　　176, 194, 302
賃料増減請求に関する紛争
　　………………………68

つ
通常損耗分の修補………431

て
定期借地権…………40, 83, 395
　　——における特約……96
　　——の終了……………396
定期借家
　　——の再契約の予約方式
　　………………………164
　　——の終了………58, 445
　　——の中途解約及び解除
　　………………………450
定期借家権……………56, 152
定期建物賃貸借…………55

定借マンション ………… *103*
　　抵当建物使用者の引渡し猶
　　　　予 ……………………… *54*

と

土　地
　　──の譲渡 …………… *280*
　　──の使用の必要性 …… *375*
　　──の相続 …………… *294*
　　──の存する地域の状況
　　　　……………………… *389*
　　──の用法 …………… *294*
　　──の利用状況 ……… *388*
土地賃借権
　　──の譲渡・転貸の承諾
　　　　に代わる許可の裁判
　　　　……………… *34, 261*
　　──の無断譲渡・転貸
　　　　………………… *63, 257*
取壊し予定の建物の賃貸借
　　……………………………… *59*

は

場所的利益 ……………… *482*
　　──の算定方法 ……… *486*

ひ

引渡猶予制度 …………… *325*
非訟事件手続法 ……………… *19*

ふ

普通借地契約の効力 ……… *79*
普通借地権 …………… *38, 75*
普通借家権 ………… *48, 126*
不動産鑑定評価基準 ……… *37*

ほ

法定更新 ………… *29, 39, 354*
　　──と更新料 ……… *366*
　　──の要件 ………… *354*
法定借家権 ………… *45, 406*
法典論争 ………………………… *3*

事項索引　　517

保証金 ……………………… *85*

や

約定解除 ………………… *429*
家　賃 …………………… *497*

よ

用法違反 ………………… *295*
　　──に関する紛争 …… *69*

り

罹災都市借地借家臨時処理
　　法 ………………… *12, 78*
良質な賃貸住宅等の供給の
　　促進に関する特別措置法
　　案 ……………………… *18*

参考文献

[基本書]

星野英一『借地・借家法』〈法律学全集(26)〉(有斐閣, 1969年)

鈴木禄弥『借地法（上・下）』(青林書院, 1980年)

幾代通＝広中俊雄編『新版注釈民法(15)〔増補版〕』(有斐閣, 1996年)

水本浩＝遠藤浩＝田山輝明編『基本法コンメンタール新借地借家法〔第2版補訂版〕』(日本評論社, 2009年)

澤野順彦『論点　借地借家法』(青林書院, 2013年)

田山輝明＝澤野順彦＝野澤正充編『新基本法コンメンタール　借地借家法〔第2版〕』(日本評論社, 2019年)

稲本洋之助＝澤野順彦編『コンメンタール借地借家法〔第4版〕』(日本評論社, 2019年)

[専門書]

塩崎勤＝澤野順彦編『裁判実務大系23借地借家訴訟法』(青林書院, 1995年)

塩崎勤＝中野哲弘編『新・裁判実務大系6借地借家訴訟法』(青林書院, 2000年)

水本浩＝田尾桃二編『現代借地借家法講座1～3』(日本評論社, 1985～1986年)

西村宏一＝菅原晴郎＝寺田逸郎＝澤野順彦編『現代借地・借家の法律実務』(ぎょうせい, 1994年)

渋川満＝塩崎勤＝玉田勝也編『現代裁判法大系3借地借家』(新日本法規出版, 1999年)

稲葉威雄＝内田勝一＝澤野順彦＝田尾桃二＝寺田逸郎＝水本浩編『新・借地借家法講座1～3』(日本評論社, 1998～1999年)

塩崎勤＝澤野順彦編『新・裁判実務大系14・15不動産鑑定訴訟法Ⅰ・Ⅱ』(青林書院, 2002年)

[実務書]

鈴木禄弥＝高島良一＝佐藤繁＝山崎敏彦編『借地の法律相談〔第3版〕』（有斐閣, 1998年）

水本浩＝澤野順彦＝内田勝一編『借家の法律相談〔第3版補訂版〕』（有斐閣, 2002年）

澤野順彦『改訂版・借地借家の正当事由と立退料』（新日本法規出版, 2009年）

澤野順彦『判例にみる　借地・借家契約の終了と原状回復』（新日本法規出版, 2004年）

澤野順彦『判例にみる　地代・家賃増減請求』（新日本法規出版, 2006年年）

澤野順彦『判例にみる　借地・借家における特約の効力』（新日本法規出版, 2008年）

澤野順彦『判例にみる　借地借家の用法違反・賃借権の無断譲渡転貸』（新日本法規出版, 2012年）

[研究書]

澤野順彦『借地借家法の経済的基礎』（日本評論社, 1988年）

澤野順彦『借地借家法の現代的展開』（住宅新報社, 1990年）

澤野順彦＝丸山英気＝内田勝一編『借地借家法の理論と実務』（有斐閣, 1997年）

内田勝一『現代借地借家学の課題』（成文堂, 1997年）

藤井俊二『現代借家法制の新たな展開』（成文堂, 1997年）

澤野順彦編『不動産法論点大系』（民事法研究会, 2018年）

■編　者

　澤野　順彦（さわの　ゆきひこ）

実務解説　借地借家法〔第4版〕

2008年10月 6 日　初版第 1 刷発行
2013年 4 月30日　改訂版第 1 刷発行
2020年 5 月27日　第 3 版第 1 刷発行
2024年11月20日　第 4 版第 1 刷印刷
2024年12月10日　第 4 版第 1 刷発行

　　　　編　者　澤　野　順　彦
　　　　発行者　逸　見　慎　一

発行所　東京都文京区　株式　青林書院
　　　　本郷6丁目4－7　会社
　　　　振替口座　00110-9-16920／電話03(3815)5897～8／郵便番号113-0033
　　　　ホームページ☞ http://www.seirin.co.jp

印刷／藤原印刷　落丁・乱丁本はお取り替え致します。
©2024　澤野
Printed in Japan　ISBN978-4-417-01883-4

〔JCOPY〕〈出版者著作権管理機構　委託出版物〉
本書の無断複製は著作権法上での例外を除き禁じられています。複製される場合は，そのつど事前に，出版者著作権管理機構（電話 03-5244-5088, FAX 03-5244-5089, e-mail；info@jcopy.or.jp）の許諾を得てください。